ALEXANDRE
O GRANDE

© desta edição Contraponto Editora Ltda., 2010
Título original: *Geschichte Alexanders der Grossen*

Vedada, nos termos da lei, a reprodução total ou parcial deste livro,
por quaisquer meios, sem autorização da Editora.

CONTRAPONTO EDITORA LTDA.
Av. Franklin Roosevelt, 23 sala 1405
Centro, Rio de Janeiro, RJ – Brasil
CEP 20021-120
Tel/fax: (21) 2544-0206
Site: http://www.contrapontoeditora.com.br
E-mail: contato@contrapontoeditora.com.br

1ª edição, novembro de 2010
Tiragem: 3.500 exemplares
Impressão: RR Donnelley, SP

Revisão tipográfica: *Tereza da Rocha*
Projeto gráfico: *Traço Design*

CIP-BRASIL. CATALOGAÇÃO-NA-FONTE
SINDICATO NACIONAL DOS EDITORES DE LIVROS, RJ

D854a

Droysen, Johann Gustav, 1808-1884
   Alexandre o Grande / Johann Gustav Droysen ; tradução Regina Schöpke e Mauro Baladi ; revisão da tradução César Benjamin. - Rio de Janeiro : Contraponto, 2010.

   Tradução de: Geschichte Alexanders des Grossen
   Inclui bibliografia
   ISBN 978-85-7866-033-8

   1. Alexandre, o Grande, 356-323 a.C. 2. Grécia - Reis e governantes - Biografia. 3. Grécia - História. I. Título.

10-4364.   CDD: 923.1
                     CDU: 929:320

JOHANN GUSTAV
DROYSEN

ALEXANDRE
O GRANDE

TRADUÇÃO
REGINA SCHÖPKE E MAURO BALADI

REVISÃO DE TRADUÇÃO
CÉSAR BENJAMIN

CONTRAPONTO
EDITORA

Sumário

APRESENTAÇÃO 15
História e poesia

LIVRO PRIMEIRO 33

I 35
Origens legendárias ∽ Idade de Ouro ∽ Nascimento do gênio helênico ∽ Primeira guerra contra os persas ∽ Salamina ∽ Atenas e a democracia ∽ Hegemonia de Esparta ∽ Progresso de Tebas ∽ Paz de Antalcides ∽ Apelo de Isócrates ∽ Campanha de Filipe da Macedônia na Grécia ∽ Oposição de Demóstenes ∽ Batalha de Queroneia ∽ Primeira assembleia de Corinto ∽ Unificação da Grécia

II 51
Império dos persas ∽ Religião de Zoroastro ∽ Aquemênidas ∽ Reinado de Dario I ∽ Organização do império ∽ As satrapias ∽ O poder central ∽ O exército ∽ Os caminhos ∽ Reinado de Dario II ∽ Revolta de Ciro ∽ Batalha de Cunaxa ∽ Decomposição do império ∽ Dario III

III 59
Origens da Macedônia ∽ As tribos pelágicas ∽ Os heracleidas de Argos ∽ Costumes rústicos dos macedônios ∽ A monarquia ∽ As querelas de sucessão ∽ Regência de Filipe ∽ Organização do serviço militar ∽ Unificação do país ∽ A corte de Pela ∽ Os Grandes do reino ∽ Parmênion e Antípater

IV 69
Retrato de Filipe ∽ Caráter de Olímpias ∽ Nascimento de Alexandre (356 a.C.) ∽ Lendas do Oriente ∽ A linhagem de Aquiles ∽ Aristóteles ∽ Retrato de Alexandre adolescente ∽ Alexandre doma Bucéfalo ∽ Primeiros sucessos militares de Alexandre ∽ Desentendimentos entre Filipe e Alexandre ∽ Exílio de Alexandre e de Olímpias ∽ Retorno de Alexandre a Pela ∽ Casamento de Cleópatra e do príncipe de Épiro ∽ Assassinato de Filipe

V 81

Advento de Alexandre ~ Revolta de Atala ~ Defecção da Hélade ~ Insurreição dos bárbaros ~ Campanha da Tessália ~ Passagem do desfiladeiro de Peneia ~ Submissão da Tessália ~ Comoção na Hélade ~ Segunda assembleia de Corinto ~ Estadia de Alexandre em Corinto ~ Encontro de Alexandre com Diógenes

VI 89

Assassinato de Atala ~ Vingança de Olímpias ~ Sucesso de Parmênion na Ásia Menor ~ Campanha contra getas, tribalos e ilírios ~ Travessia do Danúbio ~ Derrota dos bárbaros ~ Cerco de Pelion ~ Situação crítica de Alexandre ~ Derrota de Glaukias ~ Pacificação dos territórios bárbaros

VII 101

Defecção de Atenas ~ Revolta de Tebas ~ Duplicidade de Demóstenes ~ Cerco e destruição de Tebas ~ Os "túmulos dos vivos" ~ Submissão de Atenas ~ Segunda pacificação da Hélade ~ Retorno de Alexandre à Macedônia ~ Preparativos para a grande partida ~ Alexandre se despede da Macedônia

LIVRO SEGUNDO 111

VIII 113

Preparativos de Alexandre ~ Reforma monetária ~ Organização do exército macedônio ~ Cavalaria e infantaria ~ A falange ~ Contingentes aliados ~ Soldados e oficiais ~ Desorganização do império dos persas no governo de Dario III ~ Insolência crescente dos sátrapas ~ Campanha de Mêmnon contra Parmênion

IX 131

Preparativos dos persas ~ Partida de Alexandre ~ Travessia do Helesponto ~ Cerimônias de Ílion ~ O túmulo de Aquiles ~ Rendição de Lâmpsaco ~ Desentendimentos no campo dos persas ~ Preparação para a batalha de Granico ~ Primeira vitória dos macedônios

X 139

Consequências da batalha de Granico ∽ Rendição de Sardes ∽ Construção do templo de Zeus ∽ Tomada de Éfeso ∽ Estadia nessa cidade ∽ Cerco de Mileto ∽ Retirada da frota persa ∽ Licenciamento da frota macedônia ∽ A princesa Ada ∽ Mêmnon é nomeado comandante em chefe ∽ Cerco e tomada de Halicarnasso ∽ Organização da Cária ∽ Envio dos soldados licenciados para a Macedônia ∽ Entusiasmo das tropas

XI 155

Estadia em Faselis ∽ Traição de Alexandre, o Linceste ∽ Marcha sobre Górdion ∽ Tomada da Lícia e da Frígia ∽ Organização dos territórios conquistados ∽ Fim da campanha na Ásia Menor

XII 167

Campanha naval e morte de Mêmnon ∽ Ofensiva persa no mar ∽ Estadia em Górdion ∽ Alexandre corta o nó górdio ∽ Banho no Cydnus e doença de Alexandre ∽ Conquista da Cilícia ∽ Tomada de Tarso e de Soles ∽ Chegada de Dario a Issus ∽ Massacre dos feridos macedônios ∽ Preparativos para a batalha de Issus ∽ Discurso de Alexandre aos generais

XIII 183

Batalha de Issus ∽ Fuga de Dario ∽ Captura da mãe e da mulher do Grande Rei ∽ Mensagem de Dario a Alexandre ∽ Resposta de Alexandre ∽ Efervescência na Grécia ∽ Declínio do poderio naval persa ∽ Tomada de Damasco ∽ Organização da Cilícia

XIV 197

Constituição das cidades fenícias ∽ Rivalidade entre Tiro e Sidon ∽ Embaixada tiriana a Alexandre ∽ Tomada de Sidon, de Biblos e de Arados ∽ Cerco de Tiro ∽ Submissão das tribos do Líbano ∽ Supremacia naval de Alexandre ∽ Defesa heroica dos tirianos ∽ Invenções prodigiosas dos engenheiros tirianos e gregos ∽ Fracassos sucessivos de Alexandre

XV 209

Cerco de Tiro (continuação) ∾ Tomada da cidade ∾ Dissolução da realeza tiriana ∾ Sacrifício de Alexandre no templo de Héracles ∾ Cerco e tomada de Gaza ∾ Conquista da Síria ∾ Submissão da Palestina ∾ Conquista do Egito ∾ Sacrifício no templo de Mênfis ∾ Fundação de Alexandria

XVI 217

Contraste entre Alexandre e Dario ∾ Desespero de Dario ∾ Reunião dos povos armados na planície da Babilônia ∾ Peregrinação de Alexandre ao templo de Zeus-Amon ∾ Oráculo do deus ∾ Alexandre, filho de Zeus ∾ Esoterismo helênico ∾ Aristóteles ∾ Esoterismo egípcio ∾ Prece dos faraós

XVII 229

Organização do Egito ∾ Retorno a Tiro ∾ Travessia do Eufrates e do Tigre ∾ Preparativos para a batalha de Gaugamelo ∾ Batalha de Gaugamelo ∾ Derrocada do exército persa ∾ Fuga de Dario ∾ Entrada de Alexandre na Babilônia

XVIII 243

Primeira estadia na Babilônia ∾ Evolução das concepções políticas de Alexandre ∾ Tomada de Susa ∾ Campanha da Pérsia ∾ Tomada de Persépolis e de Pasárgada ∾ Alexandre, rei da Ásia ∾ Exigências a Dario

XIX 257

Fuga de Dario ∾ Conquista da Média ∾ Chegada de Alexandre a Rhagai ∾ Cavalgada de Alexandre e assassinato de Dario ∾ Consequências dessa morte ∾ Defecção dos Grandes da Pérsia ∾ Conquista da Pártia e da Hircânia ∾ Chegada de Alexandre às margens do mar Cáspio ∾ Submissão dos mardos ∾ Capitulação dos mercenários gregos a serviço da Pérsia

LIVRO TERCEIRO 271

XX 273
Estadia na Hircânia ～ Usurpação de Bessus ～ Traição de Satibarzanes ～ Conquista da Ária ～ Submissão dos ariaspes ～ Concepções políticas de Aristóteles ～ Concepções de Alexandre ～ Herança de Dario ～ Reconciliação entre Europa e Ásia ～ Decepção crescente dos macedônios

XXI 285
Estadia de Alexandre na Drangiana ～ Revelações de Dimnos ～ Atitude suspeita de Filotas ～ Detenção dos conjurados ～ Julgamento e execução de Filotas e de Parmênion ～ Julgamento de Alexandre, o Linceste

XXII 291
Reorganização do exército ～ Campanha de Oxiana ～ Sublevação dos arianos de Aracósia ～ Travessia do Cáucaso ～ Fundação da Alexandria do Cáucaso ～ Chegada a Drapsaca ～ Configuração da Báctria ～ Chegada a Nautaca ～ Passagem do Oxus ～ Perseguição e captura de Bessus

XXIII 301
Campanha da Sogdiana ～ Os hiparcos ～ Configuração geográfica da Sogdiana e da Oxiana ～ Revolta de Espitameno ～ Tomada das Sete Cidades ～ Fundação de Alexandria do Tanais ～ Combate contra os citas ～ Submissão das tribos nômades do Jaxarta

XXIV 311
Massacre dos macedônios na Sogdiana ～ Chegada de Alexandre ～ Fuga de Espitameno ～ Submissão da Báctria ～ Estadia em Zariaspa ～ Embaixada dos citas ～ Proposições de Farasmano ～ Unidade dos objetivos de Alexandre ～ Segunda revolta na Sogdiana ～ Pacificação definitiva desse território ～ Retorno a Maracanda

XXV 319

Estadia em Maracanda ∽ Demissão de Artabazes ∽ Assassinato de Kleitos ∽ Desespero de Alexandre ∽ Morte de Espitameno ∽ Tomada das falésias sogdianas ∽ Soldados alados ∽ Alexandre se apaixona por Roxane ∽ Rendição de Oxiarte ∽ Tomada do castelo de Corieno ∽ Pacificação da Sogdiana

XXVI 329

Casamento de Alexandre e Roxane ∽ Transformação dos macedônios ∽ Importância da civilização helênica ∽ Racionalismo e democracia ∽ A corte de Alexandre ∽ Calístenes e Anaxarco ∽ Extensão da *proskynese* aos macedônios ∽ Recusa de Calístenes ∽ Conspiração dos efebos ∽ Condenação de Hermolaos e de seus cúmplices ∽ Condenação à morte de Calístenes

XXVII 339

A Índia ∽ Configuração geográfica e étnica do país ∽ A porta das Índias ∽ Relações de Alexandre com alguns príncipes indianos ∽ Retorno a Alexandria do Cáucaso ∽ Temporada em Nicaia ∽ Travessia do Cofen ∽ Submissão dos aspasianos ∽ Tomada de Andaka e de Arigaion ∽ Chegada a Nysa ∽ A lenda de Baco ∽ Tomada de Massaga, de Ora e de Bazira ∽ Cerco e tomada do rochedo de Aornos ∽ Campanha contra os assacenos ∽ Caçada aos elefantes ∽ Primeira frota fluvial no Indo ∽ O exército macedônio no limiar das Índias

XXVIII 359

Travessia do Indo ∽ Submissão do príncipe Taxiles ∽ Estadia em Taxila ∽ Desafio do rei Porus ∽ Derrota de Espitakes ∽ Chegada à margem do Hidaspe ∽ Fingimentos e falsas manobras ∽ Travessia do rio ∽ Morte do filho de Porus ∽ Batalha do Hidaspe ∽ Massacre dos elefantes ∽ Morte de Bucéfalo ∽ Captura de Porus ∽ Vitória dos macedônios ∽ Reconhecimento da realeza de Porus ∽ Fundação de Bucefália e de Niceia

XXIX 375

Estadia em Niceia ∿ Perseguição a Abisares e a Porus II ∿ Submissão dos glausos ∿ Travessia do Acesines ∿ Constituição da frota do Indo ∿ Travessia do Hidraotes ∿ Campanha contra os cateanos ∿ Tomada de Sangala ∿ Submissão de Sopithes e de Fegelas ∿ Chegada ao Hifase ∿ Desencorajamento dos macedônios ∿ Discurso de Alexandre ∿ Limites do mundo ∿ Presságios funestos ∿ Alexandre renuncia a alcançar o Ganges ∿ Intenções políticas de Alexandre nas Índias

XXX 391

Cerimônias religiosas à beira do Hifase ∿ Morte de Koinos ∿ Projetos do rei ∿ Construção da frota do Indo ∿ Os trierarcas ∿ Últimas recomendações de Alexandre ∿ Nearco almirante ∿ Partida da frota ∿ Travessia das corredeiras ∿ Campanha contra os malianos ∿ Travessia do deserto ∿ Tomada de Agalassos ∿ Tomada da capital dos malianos ∿ Temeridade de Alexandre ∿ Ferida do rei ∿ Consternação no exército ∿ Cura do rei ∿ Retorno ao acampamento ∿ Recepção triunfal ∿ Submissão dos malianos e dos oxidracos ∿ Entrada no Indo ∿ Fundação de Alexandria do Indo

XXXI 407

Estadia em Alexandria da Sogdia ∿ Configuração da bacia inferior do Indo ∿ Influência dos brâmanes ∿ Submissão do príncipe Sambos ∿ Submissão de Musicanos ∿ Campanha contra Porticanos ∿ Morte do príncipe ∿ Revolta de Sambos ∿ Fuga de Musicanos ∿ Repressão à revolta ∿ Submissão de Moeris ∿ Chegada de Oxiarte ∿ Revolta dos helenos de Bactres ∿ Chegada a Patala ∿ Comunicações do império ∿ Rota marítima entre a Índia e a Pérsia ∿ Exploração do delta ∿ Descoberta das marés ∿ Chegada ao oceano Índico ∿ Sacrifícios a Poseidon ∿ Retorno a Patala ∿ Preparativos para a partida ∿ Nomeação de Nearco para a chefia da expedição naval

LIVRO QUARTO 421

XXXII 423

Constituição da Gedrósia ∾ Deserto da miséria ∾ Partida de Patala ∾ Submissão dos arbitas, dos oritas e dos gedrosianos ∾ Litoral dos ictiófagos ∾ Miséria assustadora do exército ∾ Chegada à Carmânia ∾ Périplo de Nearco ∾ Encontro de Nearco com Alexandre ∾ Emoção do rei ∾ Chegada de Cratero e dos sátrapas ∾ Júbilos e sacrifícios aos deuses

XXXIII 437

Retorno de Alexandre à Pérsia ∾ Punição dos sátrapas revoltosos ∾ Profanação do túmulo de Ciro ∾ Condenação de Orxines ∾ Escândalo e fuga de Harpalo ∾ Festas nupciais de Susa ∾ Fusão de Oriente e Ocidente ∾ Pagamento das dívidas do exército ∾ Morte de Calanos ∾ Confrontação do helenismo com o budismo ∾ Reorganização do exército ∾ Alistamento dos recrutas asiáticos ∾ Descontentamento crescente dos macedônios

XXXIV 451

Partida de Susa ∾ Descida do Eulaios ∾ Visita aos canais do Tigre e do Eufrates ∾ Chegada a Opis ∾ Revolta dos veteranos ∾ Discurso de Alexandre ∾ Alexandre dá baixa no exército macedônio ∾ Constituição da Guarda Persa ∾ Parentes do rei ∾ Remorsos dos veteranos ∾ Perdão de Alexandre ∾ Festim de reconciliação ∾ Consequências da revolta de Opis ∾ Retorno dos veteranos para os lares

XXXV 461

Indiferença dos gregos ∾ Honras divinas ∾ Caráter antropomórfico da mitologia ∾ Significação da apoteose ∾ Retorno dos proscritos ∾ Leitura do decreto de anistia ∾ Indignação em Atenas ∾ Processo de Harpalo ∾ Corrupção dos democratas ∾ Assassinato de Harpalo ∾ Comissão de inquérito ∾ Condenação e exílio de Demóstenes ∾ Derrota política de Atenas ∾ Submissão da Grécia ∾ Fim da era democrática

XXXVI 471

Obra de Alexandre ∾ *Política* de Aristóteles ∾ Civilização dos "bárbaros" ∾ Reforma fiscal e administrativa de Alexandre ∾ Prosperidade do império ∾ Rotas terrestres ∾ Mercados e portos ∾ Rotas marítimas ∾ Escultura e arquitetura ∾ Poesia ∾ Ciências ∾ Vida social ∾ Helenismo, estilo universal ∾ Transformação dos povos asiáticos ∾ Evolução dos macedônios e dos gregos ∾ Teossincrasia

XXXVII 483

Retorno de Alexandre à Média ∾ Os campos niceios ∾ Disputa entre Eumeno e Heféstion ∾ Chegada a Ecbatana ∾ As dionisíacas de 324 ∾ Morte de Heféstion ∾ Desespero de Alexandre ∾ Submissão dos cosseanos ∾ Marcha para a Babilônia ∾ Chegada das embaixadas ocidentais ∾ Criação da grande frota ∾ Predição dos magos da Babilônia ∾ Entrada de Alexandre na Babilônia ∾ Predições de Pitágoras de Anfípolis ∾ Angústia crescente de Alexandre

XXXVIII 495

Chegada dos navios da Fenícia ∾ Projeto de conquista da Arábia ∾ Exploração das costas arábicas ∾ Ilha de Ícaro ∾ Inspeção nos canteiros de obras do Pallacopas ∾ Visita à região ∾ Fundação de Alexandria da Arábia ∾ Visita aos túmulos reais ∾ Alexandre perde o diadema ∾ Retorno à Babilônia ∾ Incorporação dos novos recrutas ∾ Dioniso, o Messênio senta-se no trono ∾ Funerais de Heféstion ∾ Doença do rei ∾ Morte do rei (323)

APRESENTAÇÃO

História e poesia

O SACERDOTE: *Sólon, Sólon, vós gregos sois sempre crianças.*
Um grego jamais é velho.

SÓLON: *O que quereis dizer com isso?*

O SACERDOTE: *Enquanto existirdes, sois jovens*
pela alma que vive em vós.

Platão, Timeu, 22, VI

Imaginem o mundo na primeira juventude, quando o homem, mal desperto para o reino das ideias, povoa a Terra e o céu com imagens nascidas da força, da imaginação e do desejo; onde as ilhas, emergindo das águas, são rapidamente cobertas de templos e de cidades; onde em todo bloco de mármore dormita uma coluna perfeita e no fundo de cada fonte há uma divindade sem rosto. Assim é a Grécia legendária dos heróis e dos deuses. No século IV antes da nossa era, a lembrança dessas origens ainda enche as memórias. Ésquilo e Sófocles acabam de fazer ouvir pela primeira vez o murmúrio das Oceânides e a prece de Antígona. O homem se interroga sem temor e, sentindo em si um passado tão leve, fundamenta sua esperança no acordo com as coisas.

Imaginem, nesse cenário, o mais jovem conquistador que o mundo conheceu arrastando todos os povos da Grécia para as fontes do Sol, esse Oriente fabuloso que, antes dele, só o cortejo das bacantes havia percorrido. Tal é a vida de Alexandre, o Grande. É a *Anábase*[1] ultrapassada, o Velo de Ouro[2] reconquistado, as

---

1. Título da obra de Xenofonte que conta a expedição de Ciro, o Jovem contra seu irmão Artaxerxes II e a Retirada dos Dez Mil após a batalha de Cunaxa (401 a.C.), na qual Ciro foi morto. [N.T.]

2. Na mitologia grega, o velo era a lã de ouro de um carneiro alado que Jasão precisava recuperar para assumir o trono na Tessália. [N.T.]

falanges desembarcando na orla do paraíso terrestre. São mares singrados pela primeira vez, rotas abertas no desconhecido, novas cidades que surgem depois de cada vitória e o rumor dos povos inebriados pelo maravilhoso desígnio de um adolescente: fundar um império humano que tenha a forma da Terra.

Imaginem, agora, outro jovem inflamado pelo estudo da Antiguidade clássica, cuja segura erudição confrontasse e verificasse incessantemente fatos e lendas; que aos 25 anos tentasse uma das tarefas intelectuais mais arriscadas; que nos legasse uma vida de Alexandre que seria uma obra-prima de compreensão, lucidez e fervor. Vocês não diriam que tal livro, se existisse, seria um dos mais belos do mundo?

Tal livro existe: é a *História de Alexandre, o Grande* por Droysen. Publicada originalmente em 1833, a obra suportou vitoriosamente a prova do tempo. Os maiores sábios contemporâneos inclinam-se diante dela e são unânimes em reconhecer suas qualidades excepcionais. Radiante de uma dupla juventude – a do herói e a do autor –, ela apresenta-se a nós como um objeto sem idade, um afresco maravilhoso no qual a inteligência disputa com a inspiração.

O autor, Johann Gustav Droysen, nasceu em Treptow, na Pomerânia, em 6 de julho de 1808. Filho do capelão protestante da guarnição, recebeu desde a primeira infância a disciplina e a piedade como as duas virtudes mais belas e mais meritórias. Cresceu nesse meio austero e um tanto rigorista até o dia em que, tendo perdido o pai, foi mandado para o colégio de Stettin.

Desde a entrada nos bancos da escola, o jovem Droysen deu provas de uma tendência muito acentuada para a Antiguidade clássica. Aprendeu rapidamente grego e latim. Devorou com avidez os textos antigos que lhe caíam nas mãos. Passava noites inteiras, dizem, lendo Plutarco e Quinto Cúrcio, Tucídides e Xenofonte. Assim, quando foi para a Universidade de Berlim, em 1826, possuía uma bagagem singularmente extensa para um rapaz de dezoito anos.

Inscreveu-se imediatamente nos cursos de filologia clássica de August Boeckh, cuja magistral obra *O sistema orçamentário dos atenienses*, publicada em 1817, era um marco no renascimento dos estudos helênicos. Rompendo com as idealizações temerárias que até então caracterizavam trabalhos desse tipo, Boeckh foi o primeiro a submeter os fatos a uma crítica objetiva, identificando as bases materiais e econômicas do poderio ático. Mostrou que a Acrópole, que elevava aos céus o seu friso de cavaleiros juvenis, havia sido construída sobre poderosos alicerces, porões nos quais se acumularam os tesouros da Jônia e do Ponto, da Calcídica e do Peloponeso. Com esse mestre, Droysen iniciou-se nas severas disciplinas de sua arte, aprendendo a decifrar a mensagem das moedas, das inscrições e dos papiros.

Boeckh era animado pelo espírito de Herder, esse Herder que, cerca de meio século antes, havia revelado Goethe a si próprio. Graças a ele, a história encontrou uma nova via, elevando-se a um nível nunca antes atingido.

"Para Herder", escreve Gundolf, "a história – entendida no sentido mais amplo da palavra, de modo a incluir a cosmogonia e a história das origens, da civilização, das línguas, da literatura, da arte e dos Estados – era a expressão tangível da energia divina manifestando-se nas ações dos homens." Os dois aspectos sob os quais essa energia se manifestava eram o devir e a língua. O deus da história e o deus da poesia eram as duas faces de uma mesma força atuante que, renovando-se incessantemente, tornava-se evolução. O que Erasmo e os humanistas do século XVI haviam feito pelas letras latinas, Herder fez pela Grécia. Panteísta e universalista, ele chamou a atenção de Goethe para a extensão e a profundidade do mundo helênico.

Mas Goethe não foi o único a sofrer a influência dele. As lições do filósofo de Estrasburgo tiveram considerável repercussão na Alemanha. Já Winckelmann, em *História da arte antiga* (1765) e no ensaio *O sentimento do belo entre os gregos*, dera, no plano estético, o primeiro impulso aos espíritos, refinando a sensibilidade dos contemporâneos e lhes ensinando a distinguir a arte grega autêntica da arte dos romanos, com a qual ela fora confundida até então. Seu exemplo havia lançado Goethe pelas estradas da Itália. Mais tarde, tomando conhecimento da morte trágica do amigo, o autor de *Egmont* anotou no diário: "De seu túmulo sobe até nós o alento do seu gênio. Ele desperta em nós o desejo de prosseguir sem descanso a obra que realizou com tanto zelo e que consiste em explorar esse mundo antigo, do limiar do qual ele nos disse adeus."

Podemos julgar esse alento pelo conjunto das obras que se seguiram: em menos de vinte anos foram publicadas a *Ifigênia* de Goethe, a *Pentesileia* de Kleist, *Os discípulos em Sais* de Novalis, o *Empédocles*, o *Arquipélagos* e os

Hinos de Hölderlin. Por fim, coroando essa floração de poemas, Goethe celebrou o casamento simbólico de Fausto e Helena. O gênio moderno se curvava aos pés da beleza antiga:

Não desdenhe, ó mulher soberba,
A posse do soberano bem,
Porque a suprema felicidade te devolveu, a ti somente,
A glória da beleza que a todas as coisas ultrapassa.
Será que reconheceriam o herói
Se ele não avançasse com andar altaneiro
Precedido pelo clamor do seu nome?
Enquanto o homem mais rude inclina-se
Diante de ti, simplesmente porque tu és
Irresistivelmente bela...

Apaixonado desde a infância pelo culto à Antiguidade, Droysen sentiu-se levado e sustentado por uma corrente que se ampliava à sua volta.

Acrescentemos outro fator que teve influência decisiva sobre seu espírito. A carreira fulgurante de Napoleão acabava de provar ao mundo que a espécie dos grandes conquistadores não estava extinta e que a forma na qual haviam sido moldados César e Alexandre não estava quebrada. Em Santa Helena, o imperador proclamara que havia "ampliado os limites do possível". Tornara a cobrir o abismo, cavado pelo tempo, entre a crônica e a lenda, a história e a mitologia. Deixara para trás a mescla de medo e respeito que demônios e semideuses inspiravam nos antigos gregos.

Nova concepção do papel da história, nova concepção do gênio helênico, nova concepção do poder do indivíduo: tais foram os três elementos que modelaram a personalidade nascente de Droysen. Para além do ensino meticuloso dos primeiros professores, sua alma se voltava por si própria para os seus verdadeiros mestres: Herder e Winckelmann, Goethe e Napoleão. Eles permitiram que Droysen aprofundasse os juízos, tornasse mais amplo o olhar e mais estável a efervescência das emoções.

Poderia causar espanto, a partir disso, que o jovem estudante da Universidade de Berlim tivesse pensado em orientar os estudos para a poesia, um domínio no qual Boeckh quase não podia segui-lo? Ele não havia aprendido com Herder que ela constituía uma das duas vertentes da história? Já ambicionava traduzir Ésquilo, mas o projeto foi contrariado pelos acontecimentos: Droysen experimentou a dor de perder a mãe.

Agora está órfão, sem fortuna e abandonado a si mesmo. Que aconteceria com ele? Deveria renunciar aos estudos? Engajar-se no exército?

Boeckh, que pressentia o gênio nascente de Droysen, interveio em seu favor e apresentou-o a uma família de ricos banqueiros berlinenses, os Mendelssohn-Bartholdy, cujo filho Félix, seis meses mais jovem que Droysen, começava uma carreira musical que prometia ser brilhante. Em 1828, com base na recomendação do mestre, Droysen tornou-se preceptor do jovem compositor.

Qual não foi o seu deslumbramento diante dessa reviravolta imprevista do destino! A entrada na casa dos Mendelssohn transformou-lhe a vida. O futuro historiador foi acolhido com rara benevolência, tratado de igual para igual. O pobre estudante pomerano foi bruscamente transportado para um meio patrício e altamente cultivado, frequentado pelas personalidades mais brilhantes da capital. Ali encontrou Hegel e Schadow, Alexandre von Humboldt e Zelter, Rahel Varnhagen e Heinrich Heine. Esses contatos quase cotidianos o iniciaram nos modos e na elegância da "alta sociedade", nessa vida cômoda e liberal que era, outrora, um dos privilégios da fortuna.

Uma tocante camaradagem não tardou a se estabelecer entre mestre e aluno. Somadas as idades, tinham apenas quarenta anos. Na época, Mendelssohn compunha a partitura para *Sonho de uma noite de verão*, de Shakespeare. Droysen ficou entusiasmado com os trabalhos do "discípulo". Estudaram juntos as obras dos grandes mestres: as primeiras sinfonias de Beethoven e as óperas de Mozart. Porém, acima de tudo, sua admiração ia para o velho mestre de capela de Eisenach: Johann Sebastian Bach, cuja obra havia praticamente caído no esquecimento. Mendelssohn apresentaria, pouco depois, uma execução integral de *A paixão segundo São Mateus*. Droysen escreveu artigos nos jornais – seus primeiros textos assinados – para preparar o público para a audição da obra-prima.

Esses anos representaram um período de repouso e de felicidade em sua vida. Pois o que ele aprendia na casa dos Mendelssohn era justamente a felicidade. Sua timidez natural se dissolvia pouco a pouco para dar lugar a um encanto atestado por todos os que o conheceram nesse período.

Esses anos não lhe ensinaram somente a arte de ser feliz: despertando-lhe a sensualidade, formaram seu estilo. Em um escritor de boa estirpe, os dois fenômenos estão quase sempre ligados. Nesse momento Droysen adquiriu o gosto por períodos medidos e cadências harmoniosas. Começou a se esforçar para dar a tudo o que saía de sua pena o caráter de obra de arte: para retomar, modificando-a um pouco, a célebre fórmula de Nietzsche, foi "o nascimento da história fora do espírito da música".

Droysen pôs-se então a traduzir os sete grandes dramas de Ésquilo, esforçando-se para conservar o ritmo e a disposição dos coros, assim como a sombria beleza das imagens do texto original. Foi um dos primeiros a demonstrar que esses dramas eram fragmentos de vastos conjuntos, cujas outras partes, lamentavelmente, haviam sido perdidas. Chegou a tentar reconstituir as peças ausentes, notadamente os "dramas satíricos" que encerravam as diversas trilogias. Esse trabalho foi publicado em dois volumes alguns anos mais tarde (1832), precedido por uma introdução em grande estilo.

A tradução, transbordante de fantasia criadora, denota um poderoso temperamento artístico, mas a introdução é séria, circunspecta, inspirada nas mais rigorosas disciplinas científicas. Droysen nela descreve os redemoinhos políticos que matizam o pensamento do poeta da *Oresteia*.[3] Analisa a repercussão dos acontecimentos na alma do antigo combatente de Salamina[4] e mostra o fermento que depositara em seu coração a guerra contra os persas e as grandes lutas internas que atormentavam o povo ático.

Como devia ser belo viver em uma época na qual pensamento e ação se fecundavam sem cessar. História, poesia, religião e política não eram atividades distintas e quase hostis umas às outras – como depois se tornaram –, mas

---

3. Trilogia da autoria de Ésquilo, composta pelas tragédias *Agamenon*, *Coéforas* e *Eumênides*. [N.T.]

4. Batalha na qual os gregos, comandados por Temístocles, derrotaram a frota persa de Xerxes em 480 a.C. [N.T.]

simplesmente expressões diversas de uma mesma atitude diante da vida. Teria sido um espectador distante e desinteressado, um erudito confinado nos trabalhos livrescos, que havia escrito essas linhas?

Existe, não longe de Salamina,
Uma ilha estreita e sem ancoradouro
Da qual só Pã, o deus dos coros,
Frequenta a orla marítima.

Foi para lá que Xerxes enviou
A flor das suas tropas
Para abrigá-las das correntes marinhas
E massacrar os gregos, aqui fáceis de vencer
Se um vento benevolente os levasse para a ilha.

Ah! Era conhecer mal o futuro!

Porque logo que o céu deu vantagem
À frota helênica,
Os gregos, encouraçando o peito com bronze,
Pulam em um único impulso para fora dos navios
E cercam a ilha inteira
De modo que nenhum persa pode encontrar saída.

Primeiro milhares de pedras
Lançadas por gregas mãos
Chovem sobre eles de todos os lados
Enquanto, jorrando da corda dos arcos,
Setas semeiam a morte em suas fileiras.
Enfim, avançando todos juntos,
Os gregos ferem e cortam em pedaços
Os corpos desses desgraçados
Não deixando nenhum com vida.

É longo o lamento de Xerxes
Diante dessa voragem de dores.
Ele havia mandado erguer, para ali se postar,

Um outeiro elevado perto da planície marinha,
Em um ponto de onde o seu olhar
Descortinava todo o exército...

Ele dilacera seu manto,
Lança um soluço agudo
Depois, subitamente, dá uma ordem
Ao seu exército em terra
E precipita-se para a Ásia
Em fuga alucinada...

....

Como um grande revoar de pássaros
Vestidos de azul-escuro
A infantaria e os marinheiros
Partiram nos barcos
Mas soçobraram no mar
E sob os golpes dos gregos
Todos desapareceram.

Geme toda a Ásia
Pela juventude ceifada,
Massacrada em prol de Xerxes,
O provedor do Hades!

Levados como rebanhos
Os homens aos milhares,
Arqueiros triunfantes
E coortes compactas,
Para sempre pereceram!

Chorai! Chorai, mulheres persas,
Pelos vossos valentes esteios!
Porque a Ásia, rainha do mundo,
Lastimavelmente, lastimavelmente
Dobrou os joelhos.

A inspiração de Ésquilo não nasceu de documentos empoeirados. Brotou da ação. Nela sentimos a brisa do mar. Sua paixão veemente é a dos combatentes e dos fundadores de cidades. Seus dramas são os alicerces morais do futuro imperialismo helênico. História e poesia neles se confundem, assim como se confundem em nosso espírito Xenofonte e Pausânias, Tucídides e Péricles.

Droysen, cujo pensamento formara-se no estrépito das vitórias napoleônicas e no estudo do prodigioso impulso das guerras da independência grega, ficou impressionado com a apatia e o estreitamento dos espíritos que se seguiram, na Alemanha, às guerras de libertação. A unidade, forjada no entusiasmo, se dissolveu logo depois do Congresso de Viena. Quase todos os gigantes de 1813 estavam mortos ou eliminados dos negócios públicos. Só Goethe sobrevivia, mas como uma espécie de personagem mítico: não pertencia mais às forças atuantes da nação.

Droysen sofria cruelmente com esse rebaixamento, tanto mais porque não encontrava na universidade uma resposta às suas aspirações. Excitado com preocupações que ultrapassavam o quadro dos estudos, tornou-se menos assíduo nos cursos dos mestres. Nem o tedioso romantismo de Raumer nem a erudição indigesta de Wilcken podiam satisfazê-lo.

Hegel o atraía mais. Droysen seguiu suas conferências com o mais vivo interesse. A dialética hegeliana corrigiu na sua obra aquilo que poderia ter havido de sumário na ideia de evolução, tal como ela sobressaía dos escritos de Herder. A história não progride em linha reta; segue alternativas de ação e de reação aparentemente contraditórias. Para isolar dessas oscilações um grande desígnio permanente é necessário admitir que um determinismo rigoroso rege o encadeamento dos fenômenos históricos.

Esse ensino, enriquecido e confirmado pelos trabalhos geográficos e etnográficos de Ritter, deu a Droysen uma compreensão mais orgânica da ascensão e do declínio das civilizações. Ajudou-o a apreender a importância dos "períodos intermediários". Ao mesmo tempo, porém, desagradou seu senso inato de liberdade. Esse determinismo acarretava uma despersonalização da história. Não deixava lugar nem para o empirismo nem para a Providência. Enfim, censura mais grave, não fornecia resposta para esse grande fenômeno histórico que também lhe ocupava o pensamento: o advento do cristianismo.

Droysen sentia-se cada vez mais atraído pelos séculos seguintes ao desmembramento do império de Alexandre, que lhe pareciam injustamente depreciados. Viam-se neles apenas períodos de decadência, mas eles haviam preparado o advento de Jesus.

Seus instintos mais profundos, aqueles que brotavam das fontes do seu Ser – o amor pelo helenismo, o patriotismo e a fé nascidos na infância –, convergiram para Alexandre, o Grande. Desde então, o filho de Filipe da Macedônia tornou-se um personagem providencial. Por suas conquistas, havia sido a culminação e o coroamento da civilização grega; por sua confrontação com as religiões antigas, havia aberto o caminho para o monoteísmo cristão. Enfim, pela concórdia que soube impor às cidades gregas, erguidas umas contra as outras por contínuas dissensões, era um exemplo a ser proposto aos que alimentavam a ideia da unificação alemã.

Droysen sempre se comovera com a cena tocante que os antigos nos relatam. Antes de partir para conquistar a Ásia, Alexandre e Heféstion haviam ido a Ílion[5] para coroar com flores o túmulo de Aquiles. Porém, menos afortunado que seu ancestral da *Ilíada*, o vencedor de Issus[6] não havia tido o seu Homero. Nenhum dos que o haviam cantado parecia ter captado a força do seu caráter e a grandeza dos seus desígnios. Droysen jurou reparar essa lacuna, descrevendo todos os fatos e gestos do herói. Havia, enfim, encontrado o tema para o qual tudo o predestinava.

Droysen pôs-se imediatamente a trabalhar com energia decuplicada. "É possível tratar romanos e gregos como românticos, quando nós mesmos o somos", escreveu Baudelaire. Para além dos séculos, o gênio do herói antigo parecia fecundá-lo e instruí-lo. Ele queria edificar para Alexandre um monumento semelhante à Acrópole de Atenas, assentando-se, como ela, sobre alicerces inquebrantáveis: a estrutura política, social, militar e econômica do mundo mediterrânico do século IV. Porém, também queria – tarefa mais delicada – trazer à luz o feixe de ideias metafísicas e místicas que haviam dado

---

5. Nome latino da cidade de Troia. [N.T.]

6. Como se verá neste livro, Alexandre venceu a batalha de Issus, contra os persas de Dario, em 333 a.C. [N.T.]

à realeza de Alexandre uma auréola sobre-humana. Por fim, esperava distinguir, naquele século tumultuoso, as forças que se aferravam cegamente ao passado e as que preparavam o futuro. Não esqueçamos: o futuro, a seu ver, não era nada menos que a revelação de Deus e a evangelização do mundo.

Não há dúvida de que o futuro estava do lado do vencedor de Dario, não do lado das democracias helênicas; do lado da unificação imperial, não do particularismo insular e municipal. "Vós sabeis que sou admirador do movimento, daquilo que vai para a frente", escreve Droysen a Welcker. "Minha paixão é César e não Catão, Alexandre e não Demóstenes."

Na bela introdução à edição do centenário, Helmuth Berve escreveu muito justamente:

A graça e a facilidade da exposição de Droysen fazem esquecer
o incrível labor científico que precedeu a redação definitiva da
obra. O estabelecimento e a combinação dos detalhes de ordem
histórica, geográfica ou filológica, as pesquisas sobre a estratégia
e os meios com os quais foram executadas as grandes operações
militares, os estudos de cronologia e todos os trabalhos
preliminares desse tipo se dissolvem e desaparecem na
arquitetura do conjunto. Droysen estudou com especial interesse
as medidas administrativas adotadas pelo vencedor nos
territórios conquistados. Sem dúvida, o rei submete os países
orientais pelas armas, mas o objetivo que ele perseguia não era
simplesmente submetê-los. Ele chegava à Ásia como campeão
dos países livres, aos quais nem ele nem seu pai jamais haviam
pensado em impor o jugo da escravidão. Do mesmo modo, suas
vitórias deviam trazer a liberdade aos povos capazes de desfrutar
dos seus benefícios. Daí o respeito pelas tradições, pelas leis,
pelos cultos. Essa concepção logo levou Alexandre a considerar
que todos os povos que ele contava unir sob seu cetro, no início,
só dele poderiam obter a unidade. Por conseguinte, a diferença
entre gregos e bárbaros devia apagar-se diante da majestade da
sua monarquia. Seu objetivo era a reconciliação entre Oriente
e Ocidente. O casamento com Roxana, o conflito com Calístenes,

as bodas coletivas de Susa, o trágico licenciamento dos veteranos em Ópis – para citar somente os episódios mais marcantes da vida de Alexandre – não surgem para Droysen como frutos irracionais de um temperamento despótico, mas como atos políticos maduramente refletidos. A animação pitoresca da corte, o frêmito da Ásia com a passagem das falanges, a fundação das colônias, a reposição em circulação dos tesouros dos reis da Pérsia, a vida comercial intensa que logo se estabeleceu em toda a bacia ocidental do Mediterrâneo, tudo isso fazia parte de um programa coerente. Considerada sob esse ângulo, a estatura de Alexandre ultrapassava muito a de um *condottiere* macedônio perseguindo a realização de uma ambição pessoal. Droysen jamais se cansa de sublinhar que Oriente e Ocidente estavam maduros para a fusão, pois aspiravam secretamente a pôr em contato suas qualidades essenciais: aqui a vitalidade ardente da Grécia, que carecia de espaço; lá as massas inertes da Ásia, que careciam de vitalidade. Eram, um para o outro, um complemento indispensável. Havia já alguns séculos buscavam-se confusamente, esperando o homem que pressentiria esse desejo insatisfeito e traduziria em atos as necessidades da época. A própria história estava com o rei, encarnava-se nele.

Publicado no inverno de 1833-1834, o livro ficou muito acima da capacidade de compreensão dos contemporâneos, desconcertados por suas proporções inusitadas e pela exposição, digamos assim, sinfônica, na qual os menores detalhes são organizados em função da história universal. Eles se mostraram insensíveis às qualidades excepcionais de um estilo cujo ritmo e imagens parecem refletir a impetuosidade do próprio Alexandre. "Essa obra", diz Helmuth Berve, "é como o mar: nela vemos rebentar as vagas sucessivas da história. Uma delas, que se chama Alexandre, arrasta atrás de si todo o oceano do devir, sobre o qual plana, imóvel, o espírito do Criador."

Como os leitores, apanhados de surpresa, poderiam ter compreendido que Droysen, com apenas 25 anos, acabava de realizar uma obra-prima de história inspirada (algo bem diferente da história romanceada)? Em vão, o autor adotara como divisa esta bela fórmula de um antigo: *Pectus fecit historicum* [o coração faz o historiador]. Acusaram-no de ter reverenciado demais Alexandre, descrevendo uma época em função de um indivíduo. Zombaram do número dos efetivos que ele atribuiu ao exército de Dario (parece, com efeito, que ele cita cifras superiores à realidade). Odiaram sua crítica impiedosa à demagogia ateniense. Em resumo: ele defendia a causa do despotismo e renegava a liberdade, crime imperdoável aos olhos dos liberais que preparavam a Revolução de 1848.

No entanto, a obra foi vivamente apreciada por uma pequena elite, que encorajou Droysen a prosseguir sua tarefa. Para ele, a vida de Alexandre era só a introdução a uma *História do helenismo* que devia ir da morte do conquistador ao nascimento de Jesus.

O primeiro volume da *História do helenismo* foi publicado em 1836, descrevendo os acontecimentos que tiveram lugar de 323 a 277 a.C. O segundo volume seguiu-se em 1843: ia de 277 a 220 a.C. Entrementes, Droysen foi nomeado professor na Universidade de Kiel.

Por influência desse meio provinciano, no qual ressuscitava o ambiente austero e um pouco sufocante do colégio de Stettin, ou por nostalgia do centro voluptuoso e cosmopolita que conhecera em Berlim, quanto mais ele se afastava de Alexandre, mais a história da Grécia parecia perder o interesse. A tarefa que havia assumido começou logo a lhe pesar. Além disso, a história dos ptolomeus e dos selêucidas não fornecia alimento ao seu fervor patriótico. Ao descrever as figuras de Filipe e de Alexandre, ele havia desejado propor um exemplo aos seus concidadãos (não sob a forma de um banal paralelo histórico, pois ele era culto demais para isso). Porém, sabia a força que libera aquele que consegue unir povos cuja energia dissipara-se inutilmente, até ali, em querelas internas.

As dissensões entre os príncipes alemães lhe forneciam uma imagem muito semelhante às rivalidades entre as cidades gregas. Ele não chamava, com seus votos, por um novo Filipe. Tinha a impressão de perder tempo consagrando-se à Antiguidade, quando o presente apresentava problemas tão angustiantes. Escreveu em 1841 ao amigo Heydemann: "Sou louco por me enterrar nesse velho passado poeirento em vez de me lançar de corpo inteiro nas épocas vivas, ao mesmo tempo mais coloridas e mais próximas de nós."

Será que ele comunicou sua crescente tristeza a Mendelssohn? É provável, pois este o aconselhou a retomar a tradução das *Comédias* de Aristófanes, que ele havia preparado no final da sua estadia em Berlim. Elas foram publicadas em três volumes no decorrer dos anos seguintes. Porém, a distração foi de curta duração. Droysen renunciou a terminar a *História do helenismo*. Encerrou-a com uma longa introdução, publicada em 1843, no início do segundo volume, que culminava na afirmação – não isenta de um certo pessimismo – de que "o maior ato do paganismo foi consentir na sua própria dissolução".

A partir desse momento, Droysen dedicou-se exclusivamente à história da Prússia. Porém, distanciando-se das fontes da inspiração helênica, parecia que o próprio gênio da juventude o havia abandonado. Podemos passar rapidamente pelos anos que se seguiram. Pois, apesar do inegável valor de seus trabalhos, neles não palpita a mesma chama de outrora.

Em 1846 foram publicadas, em dois volumes, suas conferências sobre as guerras de libertação e, em 1851-1852, sua grande biografia do conde York de Wartenburg. Deixou Kiel em 1851, nomeado professor na Universidade de Jena. Lá empreendeu a monumental *História da Prússia*, que prosseguiu em Berlim, para onde foi transferido em 1859.

Porém, enquanto Droysen trabalhava na biografia dos primeiros Eleitores de Brandemburgo e no ensaio intitulado *As bases da ciência histórica* – que trata de questões de técnica e de metodologia –, um recém-chegado na política começou a fazer tremer os membros da Confederação Germânica: Bismarck.

No início, Droysen olhou com desconfiança esse fidalgo de província, duro e inflexível, que, ao ouvir a música de Mendelssohn, dizia "esse homem é verdadeiramente muito ruim" e afirmava com voz surda que resolveria as questões da época "pelo ferro e pelo sangue". Será que ele perseguiria uma política pessoal? Será que pensava em destronar os Hohenzollern? Mas Droysen, inicialmente hostil, logo reconheceu que o vencedor da Dinamarca e da

Áustria tinha a postura de um mestre. Ele o tinha visto galgar um a um os escalões do poder, até o dia em que impôs a hegemonia da Prússia aos príncipes da Confederação Germânica reunidos na Galeria dos Espelhos, em Versalhes. Será que o historiador de York e de Frederico II poderia não ver que Bismarck era o homem que ele esperava havia muito tempo? Esse homem não havia usado com os príncipes e os reis da Confederação uma linguagem semelhante à de Filipe nas assembleias de Corinto?

Depois de 1870, porém, a Alemanha começa a se transformar. O ouro francês havia espalhado sobre o país um "orvalho de bilhões". A era guilhermiana começava sob os auspícios do materialismo triunfante. Uma civilização de mestres de forja havia suplantado o idealismo das gerações anteriores. Por toda parte surgiam estaleiros, fábricas e siderúrgicas. Os banqueiros diletantes de Berlim e os artistas de 1830 haviam sido sucedidos por uma casta de realistas rapaces e arrogantes. Ocupados exclusivamente com o equipamento industrial do império, eles tratavam com desdém os trabalhos do espírito. O céu estava sujo com a fumaça dos altos-fornos.

Não era esse o império com o qual Droysen havia sonhado? Que secreta desilusão fez com que ele se voltasse para dentro de si mesmo, em vez de cantar louvores aos seus fundadores? Talvez pressentisse que o nacionalismo suspeitoso, que havia presidido a unificação das nações europeias, logo iria levantá-las umas contra as outras em lutas estéreis, infinitamente mais assassinas do que aquelas que haviam confrontado Atenas e Esparta, Tebas e Pela, terminando por dilacerar a civilização ocidental; ele sabia que a disputa entre as cidades gregas havia destruído a civilização helênica. O pensador, já ancião, retornou naturalmente para as ideias e as emoções que haviam nutrido sua juventude. Não temos, quanto a esse ponto, nenhum documento preciso. O fato é que, a partir de 1870, Droysen trabalha com menos ardor na *História da Prússia* (ele a deixou inacabada em seu décimo quarto volume, que se detém em 1756).

"Retorno", disse, "aos meus primeiros amores." Muito tempo havia se passado. Ele reencontrou sua velha liberdade de espírito em relação aos séculos antigos. Retomou a *História do helenismo* e revisou as passagens dedicadas ao período dos diádocos e dos epígonos.⁷ Remanejou-a completamente e incorporou a ela a *Vida de Alexandre*, que também refundiu. A nova edição, em três volumes, foi publicada em 1878. Porém, ao retocar a obra primitiva, Droysen a ressecou. As Musas o haviam abandonado. O milagre de 1833 não se reproduziu. A erudição impecável não substituía a emoção deslumbrada da adolescência.

Então ele reviu em pensamento todos os anos de labor, esperança e decepção que o separavam do início. Quanto caminho havia percorrido desde as primeiras traduções de Ésquilo! Agora, ele não passava de um velho amargo e desiludido. Talvez pressentisse que os trabalhos da idade madura seriam relegados um dia às estantes das bibliotecas e que a morte (ocorrida em 1884) não lhe deixaria tempo para terminar a *História da Prússia*...

Porém, voltando-se para o passado, ele via a juventude iluminada pelos fulgores da aurora, de uma aurora que parecia emprestada da juventude do mundo. Acontecesse o que acontecesse com as obras posteriores, podia morrer tranquilo: sua tarefa estava cumprida. Ele permaneceria para a posteridade o historiador de Alexandre.

Este livro pode ser lido como uma epopeia antiga, a narrativa de uma existência fabulosa, inspirada pelas duas mais nobres paixões do homem: o espírito de unificação e o espírito de realização. Também pode ser lido como uma das mais poderosas sínteses históricas que nos foram legadas pelo século XIX, uma obra que deve ser colocada na mesma estante que as de Mommsen, Burckhardt, Carlyle ou Michelet.

Mas também se pode lê-la – de maneira mais imediatamente proveitosa, creio – como o exemplo daquilo que é capaz de realizar uma personalidade de gênio em uma época na qual a história parece perder fôlego e esperar de um indivíduo que ele lhe forneça um novo impulso. Desse ponto de vista, descobre-se na reflexão sobre os atos de Alexandre, melhor do que em qual-

---

7. No regime monárquico grego, diádoco era o príncipe herdeiro. Epígonos eram os generais de Alexandre que, depois da sua morte, partilharam entre si os territórios que ele conquistara. Droysen foi o primeiro a efetuar essa periodização na história da Antiguidade. Ela foi muito usada por outros autores. [N.T.]

quer outra parte, os elementos de um "culto da pessoa" – que não se deve confundir com a idolatria da personalidade –, do qual temos hoje a mais premente necessidade. Sobre isso, a lição das Anfictionias[8] e das assembleias de Corinto é das mais instrutivas. Nossa confiança excessiva nos pactos e nas instituições mascara perigosamente as fraquezas da democracia. Faz-nos esquecer de bom grado que só o indivíduo é capaz de dominar o tumulto dos acontecimentos e que só atinge a grandeza um povo que dirige sua história. Se forem dotadas de suficiente vitalidade, as nações terminam por encontrar o guia que lhes imprime uma continuidade da qual elas são incapazes por si mesmas. Esse guia lhes relembra a verdade, muitas vezes ignorada, de que são os homens que fazem as coisas, não as coisas que fazem os homens.

Sob qualquer ângulo, *Alexandre, o Grande* continua sendo uma das obras feitas para encantar todas as fases da vida. Podemos aplicar-lhe as belas palavras de Rousseau quando, sozinho e cansado de tudo, passeava sob a sombra das folhagens da ilha de Saint-Pierre, meditando sobre a vida dos homens ilustres da Antiguidade: "No pequeno número de livros que ainda leio algumas vezes, Plutarco é aquele que mais me interessa e me é proveitoso. Foi a primeira leitura da minha infância e será a última da minha velhice. É praticamente o único autor que eu sempre li retirando dele algum fruto."

Benoist-Méchin

---

8. Forma de confederação adotada pelas cidades gregas, com a finalidade de administrar assuntos de interesse comum. [N.T.]

LIVRO
Primeiro

I

ORIGENS LEGENDÁRIAS ∼ IDADE DE OURO ∼ NASCIMENTO DO GÊNIO HELÊNICO ∼ PRIMEIRA GUERRA CONTRA OS PERSAS ∼ SALAMINA ∼ ATENAS E A DEMOCRACIA ∼ HEGEMONIA DE ESPARTA ∼ PROGRESSO DE TEBAS ∼ PAZ DE ANTALCIDES ∼ APELO DE ISÓCRATES ∼ CAMPANHA DE FILIPE DA MACEDÔNIA NA GRÉCIA ∼ OPOSIÇÃO DE DEMÓSTENES ∼ BATALHA DE QUERONEIA ∼ PRIMEIRA ASSEMBLEIA DE CORINTO ∼ UNIFICAÇÃO DA GRÉCIA

Raros são os indivíduos e os povos aos quais é concedido o privilégio de uma missão superior ao simples fato de existir ou uma função mais alta do que as que bastam para a vida vegetativa. Todos são chamados. Mas a história só confere imortalidade àqueles que ela escolhe para fazer deles os pioneiros de suas vitórias e os artesãos de seu pensamento. Ela lhes permite brilhar, como astros solitários, no crepúsculo do eterno devir.

Porém, aquele cujo destino eleva-se acima da penumbra desolada dos séculos deve renunciar a desfrutar de uma existência pacífica e das delícias do presente. Ele carrega nos ombros o peso do futuro. Seus atos tomam a forma de crimes; suas esperanças se transformam em angústias solitárias. Está condenado a um trabalho obstinado para atingir um objetivo que só se realizará pela morte. Até mesmo a paz do seu túmulo é perturbada pelo estrépito das lutas guerreiras daqueles que disputam suas armas e pela rivalidade sangrenta dos povos que ele mesmo suscitou à vida.

Assim comprime-se, onda após onda, o caos das gerações humanas. O espírito de Deus paira sobre as águas, *fiat* eterno, criação sem repouso. E do mesmo modo como, no começo de tudo, Deus separou luz e trevas e criou o primeiro dia com nascente e poente, o primeiro dia da história cindiu os povos do Oriente e do Ocidente e lhes insuflou, junto com uma inimizade eterna, a nostalgia eterna da reconciliação. Tal é a lei de tudo que se cria: consumir-se e, em seguida, recair na noite silenciosa das origens.

Se os povos do Oriente e do Ocidente lutam para destruir um ao outro, é porque ambos aspiram a reencontrar a paz.

A nostalgia dos povos é o paraíso perdido. O terror diante do despertar do pensamento, que lutava em vão para conquistar a liberdade, esse terror expulsou do paraíso os filhos do Oriente. Exilados em um imenso deserto cortado de montanhas e desfiladeiros, atacados pelas hordas errantes da pré-história (que eles conseguiam vencer, mas não ordenar), condenados à dualidade eterna instaurada por Arimã[9] entre a lei e a impotência, eles partiram em guerra contra o Ocidente, contra os povos da liberdade.

Reencontraremos a mesma nostalgia no mito da Idade de Ouro, lenda maravilhosa que os gregos nunca esqueceram em sonhos, poemas e cantos. Nela reinavam deuses bem-aventurados. Os homens viviam na piedade e na felicidade, acompanhando as divindades pelos bosques sagrados. O céu era na Terra; a alegria, ilimitada. Tais eram os cantos do poeta grego. Seu sonho forjava lendas, narrando combates e sofrimentos dos heróis no esforço para atingir a suprema liberdade. O Universo era palco de um combate incessante, arena do pensamento. A vida estava consagrada a essas lutas, cujo vencedor devia receber uma palma que crescia além dos mares, nas margens do Ganges, situado depois do império dos persas.

Subitamente, o sonho dos poetas torna-se realidade: o herói adolescente luta e triunfa, cercado da falange de seus companheiros. Os povos tremem de alegria e de júbilo, da aurora ao pôr do sol. Mas ele retorna do Ganges sem trazer a palma legendária, e em torno do seu túmulo precoce ressoam as vagas de um segundo caos.

Os séculos repetem incansavelmente esse combate. O mesmo terror lança os povos da Ásia à conquista do Ocidente. A mesma nostalgia empurra os povos do Ocidente para o Santo Sepulcro, para os tesouros de Golconda, para o ouro enterrado em Altai. Novos povos irrompem na arena, com todas as armas que lhes fornecem a violência e a astúcia, a civilização e a barbárie, a ciência e a fé, a matéria e o espírito. Só diferem os elementos com os quais se compõe a potência. Já a Ásia se aninha no coração da Europa, já a Europa

---

9. No antigo zoroastrismo persa, o espírito do mal, oposto a Orosmade. [N.T.]

arromba as portas da Ásia. Quem pode conhecer o futuro? Porém, chegará o dia que definirá a luta milenar entre Oriente e Ocidente. O derradeiro combate será travado. A paz silenciosa das origens desdobrar-se-á novamente sobre todas as coisas, e a história deslizará para um novo ciclo.

O início e o fim dessa luta secular estão prefigurados nos limites e na estrutura geográfica do mundo antigo. Europa e Ásia se defrontam no mar Jônio e se misturam nas estepes do Volga. Os dois séculos da luta encarniçada que os helenos travaram contra os persas – o primeiro grande conflito entre Oriente e Ocidente que a história nos legou –, Alexandre os encerrou ao aniquilar o império dos persas, ao conquistar todo o território situado entre o deserto africano e a Índia, ao afirmar a supremacia da civilização grega sobre a cultura declinante dos povos asiáticos. Enfim, ao gerar o helenismo. Seu nome assinala o fim de uma época e o começo de uma nova.

A história não conhece acontecimento mais impressionante. Nunca, nem antes nem desde então, um povo tão pequeno conseguiu lançar por terra tão rapidamente um império tão colossal e substituir o edifício demolido por novas formas sociais e políticas.

Onde o minúsculo mundo grego encontrou a audácia necessária para tal empreitada? Onde foi buscar a força para alcançar semelhante vitória? Por quais meios conseguiu conferir, à sua conquista, repercussões tão vastas? Como se deu, enfim, que os macedônios tenham feito desabar o império dos persas logo no primeiro choque – esse império que conquistara tantas províncias e reinos, que os governara durante dois séculos, que por duas gerações consecutivas mantivera sob controle os gregos do litoral da Ásia Menor e que exercera o papel de árbitro entre os habitantes das ilhas e os da mãe-pátria?

Parte da resposta é fornecida pelo contraste entre esses dois mundos, contraste que tornamos a encontrar nas formas mais humildes da vida, assim como nas mais elevadas concepções do pensamento. A oposição fora pré-formada pela geografia, e a história a levara ao ponto culminante. Ela chegou à maturidade quando Alexandre partiu em campanha contra Dario.

Na Ásia Central, poderosos maciços montanhosos abraçam e protegem os impérios da Índia e da China, entregues ao budismo, enquanto a inclinação dos rios indicava o caminho do Mediterrâneo aos povos da Babilônia e da Assíria. Esses últimos pagaram com um rápido declínio a sua marcha para o Ocidente.

Os povos litorâneos também estavam animados de uma intensa vitalidade, mas o Egito havia recaído para sempre na poeira. Israel, o povo eleito, havia sido rejeitado por seu Deus; o fenício havia se tornado um estrangeiro em sua própria pátria. Foi então que os medos,[10] ameaçados na retaguarda pelos turanianos, puseram-se em marcha para o Ocidente e avançaram vitoriosamente em direção ao sul, para finalmente se corromperem no clima voluptuoso e debilitante dos vales.

Os persas foram os primeiros a dominar todos esses povos e a levar suas armas e seus grilhões do elevado planalto fortificado da Pérsia até o coração do Ocidente. Reduziram à escravidão as terras baixas situadas no norte e no sul, os bactrianos[11] e os sírios. Conquistaram as províncias do Taurus e do Líbano, os vales do Halys e do Nilo, as passagens que levavam à Europa e à África. No leste, esse gigantesco império apoiava-se nos contrafortes do maciço montanhoso que divide a Ásia. No oeste e no sul, seus limites eram o mar e o deserto. Sua hegemonia rompia-se aqui contra a fornalha ardente da Líbia; ali, contra a força viva da Europa. A massa gigante do império, cuja unidade só era mantida pela agregação mecânica de novas conquistas, logo começou a se desagregar.

Oposto à morna uniformidade da terra asiática, o continente europeu oferece a imagem de um corpo harmoniosamente constituído. Favorecido por um desenvolvimento espiritual mais rico e mais rápido, nós o vemos individualizar-se em uma série de países cujo desenvolvimento histórico se decifra fácil.

Mais próximos do continente asiático, os habitantes das montanhas do Hemus estavam predestinados a se tornar os adversários imediatos da Ásia. Muito rica de todos os bens que nascem de um céu sempre clemente para extenuar os habitantes em uma luta estéril contra a fome e, no entanto, bas-

---

10. Os medos foram uma das tribos de origem ariana que migraram da Ásia Central para o Planalto Iraniano, região depois conhecida como Média. No final do século VII a.C., fundaram um reino cuja capital era a cidade de Ectabana. [N.T.]

11. A Báctria, ou Bactriana, é uma região cuja capital era a cidade de Bactros, situada no antigo império dos persas e hoje parte do Afeganistão. [N.T.]

tante pobre para impedi-los de adormecer em uma segurança enganosa, essa região bem-aventurada muito cedo despertou nas suas gentes o gosto pela ação, pela força e pelos gozos rápidos. O contraste entre montes e vales, entre regiões férteis e rochedos áridos suscitou, em um espaço muito restrito, necessidades e costumes muito diversos, favorecendo o espírito de invenção e de comércio. Os habitantes dali, que pertenciam à família dos povos ocidentais, deram provas, desde a origem, de grande mobilidade e surpreendente engenhosidade. Foram atraídos antes de tudo pelas esplêndidas ilhas do mar Egeu e por seu litoral oriental, recortado e protegido por montanhas como as praias de sua pátria. Pode-se dizer que a natureza conduziu os helenos para a Ásia. Para o Oriente desciam as montanhas e os vales de seu país. Para o Oriente avançavam os promontórios que permitiam que seus frágeis barquinhos vagassem de ilha em ilha, operando em pequenas escalas, sem perigo, impulsionados pelos ventos que sopram regularmente até o fim do dia. As ilhas e o belo litoral da Jônia cobriram-se rapidamente de cidades e colônias gregas que não tardaram a rivalizar com sua pátria de origem em opulência, em alegria de viver e em sorridentes obras de arte. Os cantos dos homéridas são o testamento dessa época feliz, na qual o grego aprendeu a decifrar as causas primeiras da vida no quadro limitado e, no entanto, muito rico de sua existência local.

O círculo de montanhas que cerca o mar Egeu, desde o Helesponto[12] até o Istmo e os contrafortes do Tenare, foi o berço do gênio grego. Através do mar, Cítera, Creta e Rodes dão continuidade à cadeia que se eleva em poderosos maciços sobre o litoral da Cária, alongando-se até a Ida coberta de neve. Durante séculos, esse círculo serviu de moldura para a vida helênica. O impulso para o Oriente, que dissemos ter sido inspirado nos povos europeus pela própria inclinação de seu solo, parece ter sido satisfeito e saciado nessa segunda pátria que se abria diante deles em solo asiático.

No entanto, o sentimento popular continuava a ver no Oriente e nos povos da Ásia os adversários do gênio helênico.

---

12. Hoje chamado Darnadelos, o antigo Helesponto é uma estreita passagem que separa a Ásia Menor e uma das extremidades meridionais da Europa, a antiga Trácia, na atual Turquia. [N.T.]

Assim nasceram as lendas, e o povo continuou assombrado por pressentimentos funestos. Quando os cantos dos homéridas se calaram no litoral do mar Egeu, as apreensões proféticas começaram a ganhar corpo. Os exércitos dos persas irromperam do Oriente longínquo. Combateram às margens do Halys, na Anatólia, e logo depois sob as muralhas de Sardes. As cidades helênicas do litoral caíram com o reino da Lídia. Curvadas sob o punho dos bárbaros, suplicaram aos helenos que lutassem até o último alento por sua libertação. Essas cidades se revoltaram, apoiadas pelos atenienses. Os jônios avançaram vitoriosamente até Sardes, mas sofreram uma derrota ainda mais completa. Após a tomada de Mileto, o litoral inteiro foi reduzido à escravidão. As ilhas se submeteram. O mar foi dominado pelas frotas fenícias, e o litoral setentrional foi ocupado pelos persas. Os embaixadores do Grande Rei,[13] colocando os pés no continente europeu, já reclamavam os tributos. Na planície de Maratona, porém, os atenienses salvaram suas liberdades nascentes e afastaram da pátria o jugo da escravidão asiática.

O rei dos persas armou-se pela segunda vez. Todos os povos do Indo e do Nilo lançaram-se para a Europa através do Helesponto. Os trezentos homens das Termópilas[14] lutaram em vão. Tebas aliou-se aos exércitos dos escravos de Xerxes. Atenas caiu; seus templos foram destruídos, os túmulos profanados. Os trezentos navios gregos – a última esperança – foram cercados pela frota dos persas na enseada de Salamina. No topo de uma duna, sentado em um trono de ouro, Xerxes preparava-se para contemplar a vitória de sua gente e o esmagamento definitivo dos helenos quando os gregos lançaram-se, cantando seu canto de guerra. Lutaram e venceram. Na noite da batalha, os destroços e os cadáveres espalhavam-se pelo mar e pelas praias vizinhas. O Grande Rei dilacerou seu manto, urrando. Dominado por um pânico cego, fugiu para a Ásia. A jornada de Micala,[15] que libertou a Jônia, aniquilou o que subsis-

---

13. Trata-se do rei da Pérsia. [N.T.]

14. No desfiladeiro das Termópilas, trezentos espartanos, sob o comando de Leônidas, enfrentaram milhares de persas do exército de Xerxes em 480 a.C. O combate desigual ficou como um marco do heroísmo grego. [N.T.]

15. Em Micala, em 479 a.C., ocorreu uma das principais batalhas que terminaram com a invasão da Grécia pela Pérsia. [N.T.]

tia das esquadras persas, e as últimas colunas persas que haviam penetrado na Grécia caíram sob as muralhas de Plateia.

Essas lutas despertaram nos gregos o sentimento de uma nova vida: haviam tomado consciência de sua força e do valor de sua independência ameaçada. Tal consciência era ao mesmo tempo o fruto e a semente da liberdade. A nova liberdade que daí germinou foi infinitamente mais elevada do que aquela, inconsciente, que haviam desfrutado outrora.

Essa liberdade inconsciente da época pré-pérsica encontrou a mais pura encarnação nos Estados dórios e, particularmente, em Esparta. Suas qualidades dominantes foram austeridade e energia, seriedade e constância na vida pública, culto à honra e à virtude na vida privada. Porém, a escravidão coexistindo com os privilégios de casta, a pobreza da inteligência somada à sede de dominação, a brutalidade unida à astúcia e à hipocrisia foram os seus defeitos mais graves quando as cobiças pessoais solaparam a severa disciplina de Licurgo. Não somente os defeitos mais graves, mas os meios aos quais ela recorreu para impor sua hegemonia ao restante da Hélade.

Que contraste oferece, em contrapartida, a liberdade democrática de Atenas! Esta baseava-se na consciência de que os cidadãos deviam usufruir de direitos iguais, já que todos haviam participado das lutas pela independência. Esse sentimento levou os atenienses a combater sem descanso, quando a liberdade fosse ameaçada pelos persas ou quando ainda contivesse germes de desigualdade. A guerra chegou ao fim sob o governo de Simon, o último aristocrata de Atenas. Péricles sucedeu-o à frente do Estado. Sua chegada ao poder assinala o apogeu da democracia e da potência atenienses.

Porém, a luta pela liberdade sobreviveu à luta contra os persas e voltou-se contra si mesma. As consequências funestas conduziram Atenas à ruína. Com que direito, perguntavam-se os atenienses, um punhado de indivíduos favorecidos pelo nascimento ou pela fortuna disporia de uma autoridade maior do que todos os outros membros da cidade? Assim tombou a aristocracia e, com ela, a estabilidade das funções públicas. Por que os atos realizados outrora por um homem o colocariam acima de seus concidadãos? Por que o futuro permaneceria acorrentado a um passado havia muito tempo terminado? Aristides, Temístocles, Simon e Tucídides foram banidos com base na lei do ostracismo. O Areópago[16] foi derrubado e todas as decisões foram entregues às mãos do povo, esse povo no seio do qual Péricles não cessava de aumentar o gosto pelas ideologias democráticas. Anaxágoras, amigo de Péricles, fez com que essa consciência nova passasse para a filosofia: transferiu a ordem das coisas, dos deuses, para a razão. Agora, tudo podia ser questionado. Quando começou a Guerra do Peloponeso,[17] os sofistas pretenderam levar às últimas consequências esse "por quê?" destruidor, enquanto os demagogos verteram-no nas veias do povo como um veneno delicioso. Eles chamaram a lei e o direito de acaso e costume. Erigiram a consciência individual como suprema juíza do homem. Declararam que o interesse era o motor de todos os atos e que o Estado tinha como única finalidade aumentar o poder e a riqueza dos indivíduos. Os mistérios – que haviam escondido das vistas tudo o que devia permanecer protegido da ironia e da dúvida, para que a democracia conservasse o mínimo de dignidade – viram o respeito abandoná-los. Zombou-se deles abertamente. A nação inteira foi entregue à oclocracia,[18] as funções públicas foram postas em leilão e vendidas pela melhor oferta. Foi um turbilhão desenfreado de paixões e cobiças. A lei ancestral dissolveu-se no ateísmo esclarecido dos sofistas. Assim, Atenas sucumbiu diante do poder austero e conservador de Esparta, com toda a razão, condenando à cicuta o sábio que, em vez de escutar os deuses da pátria, não obedecia senão ao seu próprio demônio[19] e levava os jovens a abandonar as famílias para seguir as seduções da nova doutrina.

O fim da Guerra do Peloponeso assinala uma virada decisiva na história da Grécia. A hegemonia transferiu-se para o Estado que havia conservado o

---

16. Conselho dos integrantes da aristocracia, que governou Atenas. Funcionava como tribunal de justiça e desempenhava importante papel não só na política mas também em assuntos religiosos. [N.T.]

17. Importante conflito entre duas coligações de cidades gregas, lideradas, respectivamente, por Atenas e Esparta. A guerra durou de 431 a 404 a.C. e abriu um período de hegemonia de Esparta entre os gregos. [N.T.]

18. Governo dominado pela plebe, pela multidão. [N.T.]

19. Sócrates dizia ter um "demônio" que o aconselhava em diversas ocasiões. O termo deve ser entendido no contexto do politeísmo, no qual "demônios" eram simplesmente gênios inspiradores que podiam ser bons ou maus. [N.T.]

ideal da era pré-pérsica. Porém, quanto mais Esparta permanecia ligada ao passado, mais a sua dominação se tornava odiosa e opressiva. Traiu todas as esperanças que haviam sido postas nela e começou a curvar amigos e inimigos sob um jugo comum.

Além disso, Esparta não era mais a antiga Lacedemônia.[20] Os primeiros mandamentos de seus grandes legisladores haviam sido pobreza, austeridade e disciplina. Agora os ricos tributos da Jônia e das ilhas afluíam para Esparta. Educados em obediência servil, os chefes tiranizavam a seu bel-prazer as cidades helênicas e traziam devassidão, cupidez e corrupção para a cidade de Licurgo. Combatiam os persas, mas não mais pelo ideal grandioso da liberdade helênica, essa liberdade que eles próprios haviam vencido graças ao ouro dos bárbaros. Formaram um exército de mercenários e puseram-no à disposição de Ciro, que partiu com ele em guerra contra seu irmão, o rei Artaxerxes. Enviaram generais e capitães para cidades asiáticas, a fim de conservar o benefício dos ricos tributos dos persas. Deixaram, enfim, que o arrogante rei Agesilau entrasse em campanha contra as satrapias da Ásia Menor. Esse último, tal como um segundo Agamenon, inaugurou orgulhosamente sua campanha em Aulis, com um sacrifício no qual foram massacradas centenas de vítimas. Além disso, exigiu que sua expedição fosse considerada como uma guerra nacional, embora nenhum dos grandes Estados tomasse parte nela. Mais ainda: durante sua ausência, uma revolta eclodiu em Esparta, revolta tanto mais inquietante porque Esparta praticamente não podia mais contar com o apoio dos seus antigos aliados. Agesilau mal teve tempo de voltar da Ásia para assegurar à cidade a supremacia terrestre, graças à batalha de Coroneia.[21] Porém, durante esse período sua frota foi quase totalmente aniquilada pela vitória de Conon, obtida com a ajuda dos navios persas. De Conon, as ilhas receberam sua autonomia. Atenas teve o direito de reconstruir suas muralhas. Esparta, esgotada, incapaz de lutar sozinha contra Atenas, Argos, Corinto e Tebas, apressou-se a negociar uma aliança com os reis dos persas.

---

20. Lacedemônia ou Lacônia é a região onde fica Esparta. [N.T.]

21. Em 447 a.C. os atenienses foram derrotados nessa batalha pelos habitantes locais e perderam a supremacia na região da Beócia. [N.T.]

Antalcides concluiu com o Grande Rei a paz vergonhosa em virtude da qual todas as cidades helênicas na Ásia, incluindo Chipre, retornaram aos persas, enquanto as outras cidades, grandes ou pequenas, permaneciam independentes. Aqueles que se recusassem a reconhecer essa paz seriam combatidos ao mesmo tempo pelos persas e por todos os signatários do tratado.

Embora essa paz tivesse sacrificado o litoral asiático, ela teve um resultado diametralmente oposto àquele que esperava Esparta: contribuiu poderosamente para difundir as liberdades democráticas. Por toda parte desapareceram os antigos laços que haviam sujeitado diversas regiões a uma só cidade. Os habitantes das pequenas cidades apressaram-se a se proclamar "cidadãos livres", com uma altivez igual à dos habitantes de Atenas ou de Tebas. A Grécia começou a se fragmentar em uma infinidade de lugarejos rivais. Porém, a efervescência que resultou disso fez nascerem por toda parte as forças e as formas necessárias para a conquista e a fecundação espiritual da Ásia, objetivo supremo da civilização helênica.

Esparta impôs a autonomia das pequenas comunas e a dissolução dos acordos provinciais em todo lugar onde se tratava, para ela, de enfraquecer Estados mais poderosos. Porém, longe de conceder independência aos súditos e aos próprios aliados, ela reforçou sua hegemonia na Symmachie;[22] onde pôde, fez com que fossem adotados regimes oligárquicos e tirou proveito de todas as oportunidades para aumentar seu poder sobre a Hélade sob o pretexto de assegurar a independência das municipalidades. Em uma violação flagrante do direito, Tebas foi ocupada pelos espartíatas; fundou-se ali uma oligarquia, e todos os elementos não espartíatas foram banidos. Com esse ato iníquo, Esparta assinou sua sentença de morte. Alguns fugitivos, tendo à frente Pelópidas, voltaram a Tebas, massacraram os oligarcas e seus partidários e dirigiram uma proclamação ao povo, convidando-o a defender a democracia e a reconquistar o antigo poder sobre a Beócia. As cidades beócias, que o tratado havia libertado das suas obrigações, juntaram-se à liga, com exceção de Orcomene, Plateia e Téspia. Essas últimas foram tomadas de assalto, e seus cidadãos foram exilados ou reduzidos à escravidão. Depois, os

---

22. Aliança militar dos gregos. [N.T.]

tebanos, conduzidos por Epaminondas e por Pelópidas, prosseguiram a marcha vitoriosa para o norte e para o sul, incitando as cidades do continente a proclamarem independência e se juntarem à causa da liberdade. A batalha de Leuctra abriu-lhes o caminho do Peloponeso, onde fermentava uma nova vida, já que não mais se temiam as represálias espartíatas. O jugo execrado da oligarquia foi questionado por toda parte. A Messênia libertou-se graças ao apoio de Tebas. E a batalha de Mantineia assinalou o fim do poder lacedemônio: agora, o Peloponeso inteiro possuía uma novo arranjo democrático, em conformidade com o espírito dos novos tempos.

Epaminondas foi morto no transcurso dessa batalha. Com ele, desabou o sustentáculo do poder tebano, o qual, criado e enobrecido pela personalidade poderosa de indivíduos isolados, recaiu rapidamente no nível da sua mediocridade primitiva. Os antigos vícios ressurgiram com a nova impotência, mas acrescidos da embriaguez de ter ocupado durante certo tempo o primeiro lugar na Hélade. Atenas, que havia sempre desempenhado o papel de terceira potência no duelo entre Esparta e Tebas, e que se havia mantido sempre pronta a desferir-lhes um golpe decisivo, deixou de levar em conta os seus aliados. Mal governada por demagogos indignos, entregou-se ao desleixo e à cupidez. Negligenciou a tal ponto o interesse dos Estados marítimos aliados que estes aproveitaram a primeira oportunidade para se livrar dela. Pela segunda vez, Atenas perdeu a supremacia naval. Não mais existia na Grécia um Estado capaz de fazer contrapeso aos outros. A independência das comunas isoladas, promessa da paz de Antalcides, tornara-se realidade.

Não sejamos injustos. É certo que os traços predominantes dessa época foram venalidade, anarquia e ausência de caráter. É verdadeiro que toda a virtude havia desertado da vida pública e todo o pudor havia abandonado a vida privada; que os chefes do povo se deixavam comprar por não importa quem; que os mercenários gregos haviam se espalhado pelo mundo, lutando ora a favor, ora contra os persas; ora a favor, ora contra a liberdade, a tirania e mesmo a própria pátria. Mas isso só prova uma coisa: a era do antigo ideal democrático e municipal havia passado; nesse momento aspirava-se a uma profunda renovação. Muita força havia sido despendida em combates, um após outro, durante a mesma geração. Muitas necessidades, prazeres e hábitos novos haviam nascido. Muita vida havia se tornado a própria condição da vida, para que as energias desencadeadas pudessem se contentar doravante com o espaço estreito de uma pequena cidade ou com as disputas mesquinhas entre duas municipalidades rivais. Uma formidável efervescência manifestava-se por toda parte, uma febre suscetível de remodelar o mundo. Aprisionado no estreito quadro da pátria helênica, esse excedente de energia só podia ter consequências desastrosas. Era necessário encontrar um escoadouro para ele e um campo bastante vasto para permitir que se manifestasse.

No entanto, a Grécia nunca havia renunciado totalmente a destruir o inimigo asiático. Os planos fantásticos de Alcibíades haviam fracassado por causa da frivolidade dele mesmo e de seu povo. Agesilau era demasiado espartíata para entusiasmar os gregos. Os tiranos da Tessália esqueceram que a tirania era incapaz, ao longo do tempo, de fazer triunfar a causa da liberdade. Porém, quanto mais os contatos com a Ásia se intensificavam, mais as trocas aumentavam e mais se tornavam manifestas a impotência e a corrupção do império dos persas. Pareceu cada vez mais fácil e mais proveitoso aniquilá-lo; tal pensamento espalhou-se entre os povos da Grécia. Alguns espíritos profundos e lúcidos já se haviam dado conta de que a vida dos povos helênicos tornara-se muito rica e muito móvel para o estreito espaço em que estava confinada. Os helenos só encontrariam unidade e paz se extravasassem suas forças transbordantes.

Foi então que Isócrates, com frases sonoras, convidou os Estados da Hélade a se reconciliar para empreender a luta final contra a Ásia. Essa palavra de ordem foi retomada pelo rei Filipe da Macedônia, que empreendeu a gigantesca tarefa de unir esses Estados para a cruzada contra os persas. Ele realizou habilmente esse gigantesco trabalho. Sem dúvida, é possível criticar os meios que usou, mas, nesse caso, é aos gregos que se dirige a censura mais grave: foi necessário recorrer a meios discutíveis para reuni-los em um projeto que a parcela mais nobre do povo jamais havia deixado de considerar como a missão essencial do gênio helênico.

Os sucessos de Filipe foram devidos, antes de mais nada, à unidade dos objetivos, à rapidez da execução e à lógica dos atos. Estes passaram despercebidos dos gregos até o dia em que foi tarde demais para opor-se a eles. Enquanto os atenienses estavam absortos pela rivalidade dos aliados, enquanto toda a atenção dos tebanos concentrava-se na guerra santa, enquanto os espartíatas esforçavam-se em vão para reconquistar a supremacia perdida no Peloponeso, Filipe ampliava a tal ponto suas fronteiras, no leste e no sul, que as montanhas de Filípia trouxeram-lhe minas de ouro, o litoral da Macedônia abriu-lhe acesso ao mar e a tomada de Metona ofereceu-lhe uma saída para a Tessália. Nesse momento, os tessalianos, ameaçados pelos fóceos, pediram-lhe que os socorresse. Ele ocupou as cidades da Tessália, sob pretexto de melhor protegê-las, e preparou-se para perseguir os fóceos até o território deles através do desfiladeiro das Termópilas. Foi então que os gregos abriram os olhos e viram o que tinham a temer do macedônio. Atenas, sob o comando de Demóstenes, empreendeu uma luta furiosa para salvaguardar sua impotência, tal como um Estado vestido com os falsos brilhos do antigo esplendor.

Demóstenes, o porta-voz do partido antifilípico, empregou todo seu talento, além dos meios mais diversos, para desmantelar os planos do monarca inimigo. Seu zelo contra a Macedônia nascia em um sentimento infinitamente mais elevado que o de Ésquines e dos outros demagogos favoráveis ao rei. Mas a história oferece poucas figuras tão entristecedoras quanto a do grande orador ateniense, que ignorou seu tempo, seu povo, seus adversários e a si próprio. Sua vida e seu erro fundamental não tiveram outro resultado além de tornar mais manifesto o triunfo do macedônio. Não reconheceu esse erro nem mesmo depois da vitória total da Macedônia: cego pelo amor-próprio, pela impotência e pela força do hábito, continuou a nutrir antigas quimeras sem ver que ele mesmo sobrevivera a elas e começara uma nova era, que revolucionaria o mundo.

Filipe, em contrapartida, com prudência e firmeza dignas de admiração, avançou passo a passo, no caminho que havia traçado para si, em conformidade com as aspirações da época. Atenas era a inimiga mais perigosa; era preciso isolá-la, cercá-la e finalmente esmagá-la. Filipe destruiu as cidades da Calcídica, conquistou para sua causa os tiranos de Eubeia e obrigou o litoral trácio do Kersobleptes a se submeter. Depois, desembarcou em Lemnos e em Imbros, penetrou na Ática e levou de volta para a Macedônia as trirremes[23] de

---

23. Grande embarcação antiga, com três níveis de remos, além de velas. Era bastante veloz, para os padrões da época, e podia levar cerca de duzentas pessoas. [N.T.]

Salamina. A paz que então concluiu com Atenas deu-lhe a tranquilidade necessária para prosseguir a guerra santa empreendida por Tebas contra a Fócia. Enquanto Atenas ainda prometia aos fócios uma paz honrosa, os anfictiões,[24] convencidos por Filipe, já se haviam pronunciado contra eles. Suas comunas foram dissolvidas e suas cidades, arrasadas. Algumas centenas de habitantes foram transplantados para a Macedônia. Os votos deles nas reuniões anfictiônias e a fiscalização dos jogos píticos[25] foram transferidos para Filipe, que então pôde envolver-se com pleno direito em todos os negócios da Grécia. Ele seduziu ou dividiu o Peloponeso pelo ouro e pela promessa de uma ofensiva comum contra Esparta. Seu partido tornou-se preponderante em Élis, em Sicione, em Megara, na Arcádia, na Messênia e em Argos. Aproveitou-se disso para instalar-se solidamente na Acarnânia e na Etólia. Do lado terrestre, a potência de Atenas encontrava-se, por assim dizer, paralisada. Porém, ela ainda comandava o mar, graças à posse de Chersoneso e do litoral Propôntida.[26] Filipe voltou os olhares para lá. Enquanto renovava para os atenienses a certeza da sua amizade e das suas intenções pacíficas, prosseguia o avanço. Já Perinto e Bizâncio, a chave do Helesponto, estavam ameaçados. Se essas cidades caíssem, Atenas seria aniquilada. Em um esforço sobre-humano, os atenienses armaram-se, assim como seus aliados – Rodes, Cós e Quios. O rei dos persas deu ordem aos sátrapas para que defendessem Perinto a qualquer preço. Filipe teve que suspender o cerco. De novo, Atenas era vitoriosa, apenas para que caísse ainda mais.

Os locrianos de Anfissa tinham conspurcado com uma charrua algumas terras pertencentes ao templo de Delfos. Ésquines deu queixa diante do Conselho dos Anfictiões, que decidiu castigar os culpados. Porém, os locrianos repeliram os anfictiões e os délfios. Foi convocada uma assembleia extraordinária para vingar a honra do deus e do conselho ultrajados e infligir aos cam-

---

24. Cada um dos representantes do conselho dos Estados confederados gregos, que se reunia regularmente para deliberar sobre assuntos de interesse geral. [N.T.]

25. Jogos que se realizavam a cada quatro anos em Delfos, em homenagem a Apolo. Tinham alguma semelhança com os jogos olímpicos, mas incorporavam música e poesia. [N.T.]

26. O atual mar de Mármara, que separa o mar Negro e o mar Egeu, onde estão os estreitos de Bósforo e de Dardanelos, no litoral da Turquia. [N.T.]

poneses locrianos um castigo exemplar. Somente os delegados de Atenas não compareceram à assembleia. Além disso, os locrianos receberam socorros, a pedido de Demóstenes, e expulsaram de seu território todos os partidários dos anfictiões. Então, a assembleia instou Filipe a "defender Apolo e os anfictiões e não tolerar que o deus fosse achincalhado a esse ponto pelos ímpios anfissianos, pois os helenos que faziam parte da assembleia lhe haviam conferido por unanimidade o poder de chefe absoluto".

Filipe veio, mas não somente para castigar os anfissianos. Os atenienses pediram um armistício antes mesmo que as hostilidades fossem abertamente declaradas. Tebas, exasperada pela guerra santa no decorrer da qual Filipe havia apoiado Orcômenes e ocupado Niceia, percebeu rapidamente por que Filipe estabelecera quartéis de inverno em Locris. Enquanto mantinha Tebas e Atenas na expectativa, enviando-lhes cartas amistosas ou embaixadores habilidosos, Filipe ocupou Plateia, um dos pontos estratégicos mais importantes da região. Seus adversários ficaram em pânico. Demóstenes pediu ao povo que fizesse tudo para combater Filipe. Foi com muita pressa a Tebas e lá pronunciou um discurso tão eloquente que conseguiu fazer com que os tebanos esquecessem o antigo rancor contra Atenas. Ambos armaram-se com igual frenesi. O exército dos aliados, engrossado com os habitantes de Eubeia, Megara, Corinto e Leucade, entrou em campanha. Os dois exércitos encontraram-se na planície de Queroneia em agosto de 338.[27]

Os macedônios eram 32 mil, e os aliados, cerca de 50 mil. A batalha, por muito tempo indefinida, foi ganha no último momento graças a um ataque da cavalaria que já era comandada por Alexandre. Foi uma vitória completa. O exército dos aliados foi partido em pedaços e aniquilado. O destino da Grécia repousava doravante nas mãos de Filipe.

Mesmo assim, Filipe recusou-se a transformar a Grécia em uma província da Macedônia. Ele só havia empreendido e realizado seu plano para poder fazer a guerra contra os persas. A paz que impôs após a batalha de Queroneia só teve um objetivo: unir sob seu comando todos os Estados livres da Grécia,

---

27. O leitor deve sempre lembrar que todas as datas referidas neste livro correspondem ao período antes de Cristo (a.C.). [N.T.]

tendo em vista a campanha asiática. Em quase toda parte ele deixou as coisas como as encontrou. Somente Tebas foi punida, condenada a aceitar de volta trezentos proscritos e obrigada a banir do país os inimigos de Filipe, que colocou seus amigos à frente do governo e estabeleceu na Cadmeia uma forte guarnição. Esta tinha como objetivo vigiar não somente Tebas, mas a Ática e toda a Hélade, fazendo com que ali reinasse a paz. Por fim, Orcômenes e Plateia, que Tebas havia destruído nos tempos da sua hegemonia, foram reconstruídas.

Quanto mais provas de severidade deu Filipe em relação a Tebas, mais tratou Atenas com brandura. Não penetrou em seu território e restituiu-lhe todos os prisioneiros sem exigir resgate. Os atenienses só tiveram que se comprometer a enviar delegados à assembleia de Corinto, convocada para a primavera seguinte. Depois, o rei foi para o Peloponeso a fim de resolver os assuntos locais, notadamente a delimitação das fronteiras entre messênios, arginianos, tegeatas, megalopolitanos e espartanos. No dia marcado, todos os delegados dos Estados gregos, com exceção de Esparta, reuniram-se no istmo de Corinto.

A magnanimidade e a clemência de Filipe conquistaram todos os corações. Os oradores do rei expuseram os desejos dele, aos quais ninguém ousou se opor. Ele foi nomeado comandante-em-chefe dos exércitos gregos, com poderes ilimitados para vingar as profanações cometidas pelos bárbaros nos templos da pátria e conduzir com êxito a grande cruzada nacional dos gregos contra os persas. A partir daí, não lhe restava mais do que retornar à Macedônia para organizar os detalhes da próxima campanha.

Foi assim que Filipe assumiu a chefia da Grécia, fragmentada até então em uma infinidade de Estados, esgotada por incessantes rivalidades intestinas, mas dotada de energias transbordantes que continham, além da mobilidade, todas as virtudes requeridas para insuflar vida nova às massas inertes da Ásia. Filipe não privou os gregos da independência, no interior da monarquia macedônia. A paixão pela independência que animava os helenos, dispersa até então em lutas estéreis, foi orientada para um objetivo. Os espartíatas das Termópilas tinham sabido morrer pela liberdade. Os atenienses, em Salamina e às margens do Eurymedon, tinham sabido vencer por ela. Porém, nem Esparta nem Atenas tinham sabido triunfar sobre o império dos persas: seria necessário para isso um rei da Macedônia colocado na chefia de uma Grécia unificada.

II

IMPÉRIO DOS PERSAS ∾ RELIGIÃO DE ZOROASTRO ∾ AQUEMÊNIDAS ∾ REINADO DE DARIO I
∾ ORGANIZAÇÃO DO IMPÉRIO ∾ AS SATRAPIAS ∾ O PODER CENTRAL ∾ O EXÉRCITO ∾
OS CAMINHOS ∾ REINADO DE DARIO II ∾ REVOLTA DE CIRO ∾ BATALHA DE CUNAXA
∾ DECOMPOSIÇÃO DO IMPÉRIO ∾ DARIO III

Do lado europeu, tudo estava pronto para a decisão final. Do lado asiático, o imenso império dos persas atingira o ponto no qual seu poderio começava a se desagregar. O majestoso edifício, solapado internamente, só se mantinha pela força do hábito.

A história nos transmitiu pouca coisa acerca da natureza desse império. A maioria dos documentos que possuímos, quase todos superficiais, emana de homens que consideravam os persas como bárbaros dignos de desprezo. Só a figura de Dario, tal como Ésquilo a descreveu, nos permite adivinhar alguns traços do gênio desse povo altivo.

Talvez seja permitido completar essa impressão com os testemunhos que esse próprio povo nos legou sobre sua vida interior, sua religião e sua história sagrada. Eles nos confirmam o elevadíssimo ideal moral que distingue o persa e os outros habitantes da Ásia, bem como sua concepção ao mesmo tempo austera e solene do destino individual e coletivo.

Na origem, hordas nômades galopavam do rio Indo ao mar Cáspio através dos altos planaltos da Pérsia. Um dia, o anunciador da antiga lei, Hom, apareceu ao pai de Djemschid, comunicou-lhe a verdade e os nômades começaram a fundar aldeias e a cultivar a terra. Quando Djemschid tornou-se rei, regulamentou a vida do povo e as funções dos súditos. Sua soberania era tão bela que os animais não morriam mais e sempre havia água e frutos em abundância. O gelo, o calor, a morte e a paixão deixaram de existir. Ele disse: "A inteligência existe por mim; nenhum Ser semelhante a mim jamais usou a coroa. A Terra tornou-se tal como eu a desejo; de mim os homens tiram sustento, sono e alegria. O poder está em minhas mãos e eu retirei a morte da Terra; assim, vós devíeis me chamar de o Criador." Então, a sabedoria de Deus o abandonou; esse foi o começo de uma época de conflitos sanguinários, que terminou com a vitória do herói Feridun.

Na sequência desses combates, o povo iraniano, aguerrido e temperado pela luta, estava maduro para o novo ensinamento que lhe foi trazido por Zoroastro, o mensageiro do céu. Permanecer puro em pensamentos, palavras e ações, servir à verdade, exaltar a vida e cumprir o dever – mesmo ao preço de um sacrifício absoluto –, tal é a lei divina formulada pelo profeta.

Essa lei se fundamenta no eterno combate entre Ormuzd e os sete arcanjos da luz, de um lado, contra Arimã e os sete demônios das trevas, do outro. À frente de suas coortes aladas, ambos lutam pela conquista da Terra. Tudo que é criado pertence à luz, mas as trevas nunca param de combater. Só o homem é livre entre os dois; só ele pode escolher entre colaborar para o triunfo do bem ou alimentar a vitória do mal. Os iranianos combatem a favor de Ormuzd a fim de submeter a ele o Universo, ordená-lo seguindo as injunções da luz e restituir-lhe a pureza edênica, aguardando o retorno da Idade de Ouro destruída pela loucura de Djemschid.

Assim era a religião dos persas, da qual encontramos um reflexo em sua história. Esse povo de agricultores e pastores descia dos elevados planaltos da Pérsia, cujos inumeráveis palácios fortificados atravessaram os séculos. Ciro viu os medos soçobrarem na voluptuosidade e no orgulho. Esse espetáculo deu-lhe coragem para convocar seu povo, mais vigoroso e mais disciplinado. Tendo reunido as tropas, ordenou-lhes que capinassem os campos durante um dia inteiro e lhes fez sentir cruelmente o peso da servidão. No dia seguinte, convocou-as para um suntuoso festim. Então lhes disse que escolhessem entre a existência obscura e servil dos escravos presos à gleba e o esplendor fulgurante da vida de conquistadores. Os homens responderam que prefeririam lutar. Ciro marchou então contra a Média e a submeteu. A vida efervescente que começava a animar os persas permitiu que ele estendesse as conquistas: os reinos da Babilônia e da Lídia sucumbiram, um após o outro. O filho de Ciro, Cambises, acrescentou o Egito a esse crescente edifício. Nenhum dos povos asiáticos pôde resistir a tal transbordamento de vida nova; todos foram arrastados como pela força de um turbilhão. Porém, muitos aspiravam a reencontrar a época pacífica e feliz da dominação dos medos. Os magos tiraram proveito da ausência de Cambises para se revoltar. Escolheram um dos seus e o proclamaram rei, declarando que era o filho mais jovem de Ciro. Liberaram todos de pagar tributos e dispensaram-nos do serviço militar durante três anos. As pessoas ficaram satisfeitas com esse retorno à facilidade. Porém, os persas estavam furiosos. Sete nobres conspiraram para arrancar a coroa do mago. Eles o apunhalaram, assim como aos seus partidários, chamaram o povo persa às armas e incitaram-no a seguir o seu exemplo. Um grande número de magos foi massacrado nesse mesmo dia. Proclamaram depois um novo rei: Dario, filho de Hystaspe, da linhagem dos Aquemênidas.

Foi ele o primeiro organizador do império. Mas não existia civilização persa comparável às mais antigas, de Babel e de Assur, capaz de assimilar as populações conquistadas. Por outro lado, a religião da luz, esse privilégio exclusivo do povo persa, não podia aceitar adeptos e não se esforçava para aceitá-los. Seria necessário basear a segurança do império na organização da potência que o havia fundado. Tratava-se de uma concepção diametralmente oposta à da Grécia: esta, constituída por um único povo que desfrutava de extensa autonomia, era diferenciada ao extremo e dotada de um gênio inventivo tão vigoroso quanto sutil. O império dos persas era um mosaico de nações quase sempre atingidas por uma apatia senil, incapazes de encontrar por si próprias uma forma de governo que lhes conviesse, indissoluvelmente presas umas às outras pela autoridade do Grande Rei, esse homem "igual aos deuses" que presidia os seus destinos. Ele era o sol em torno do qual a constelação dos povos gravitava em círculos sempre mais amplos.

Essa monarquia, que se estende do mar Egeu ao Himalaia e do deserto africano ao lago Aral, deixa aos povos os seus costumes particulares, protege os seus "direitos" ameaçados, pratica a tolerância em relação às outras religiões, zela pela rede de estradas e pelo bem-estar das populações e permite que elas conservem seus príncipes hereditários, desde que se submetam e paguem tributos. Mas ela lhes impõe, como poderosa superestrutura, uma unidade administrativa e militar cujos chefes são escolhidos dentro da linhagem dominante dos persas e dos medos. Uma religião única; uma vida dura e disciplinada nas florestas e nos campos; a educação da juventude nobre, visando ao serviço do Estado, na corte e sob os olhares do Grande Rei. O exército dos imortais, dos carregadores de lanças e dos cavaleiros que afluem ao palácio imperial de todos os confins do império; os tributos e os presentes acumulados no tesouro real; a hierarquia severa dos nobres reunidos no palácio conforme sua categoria e suas funções, desde os humildes oficiais até os "companheiros de mesa" e os "parentes" do Grande Rei – tais são os elementos que conferem à metrópole do império uma potência ao mesmo tempo grandiosa e refinada.

A rede de estradas militares através do império, os postos de correio, com seus estafetas sempre mais numerosos, as fortalezas construídas em todos os desfiladeiros e nos pontos estratégicos das fronteiras, tudo isso assegura uma ligação constante entre a província e a metrópole e permite ao poder central agir com rapidez. Os mensageiros do Grande Rei podem percorrer em pouco menos de dez dias as 350 léguas que separam Susa e Sardes, e tropas acantonadas em todas as províncias estão prontas a executar imediatamente as ordens do soberano.

Do ponto de vista administrativo, Dario dividiu o império em vinte satrapias, territórios geográficos delimitados por fronteiras naturais. Os deveres dos habitantes da satrapia em relação ao império consistem em respeitar o juramento de obediência, pagar tributos e, quando uma convocação em massa é decretada, servir no exército. Eles devem, além disso, prover o sustento do sátrapa e da sua corte, assim como o das tropas do Grande Rei aquarteladas em seu território. Os sátrapas – "reis que só obedecem ao Grande Rei" – são responsáveis pela administração e pela ordem de suas satrapias. Têm o direito de declarar guerra sem esperar ordens de Susa, se ela tem como objetivo proteger o território ou aumentar o tributo. Eles próprios confiam de bom grado alguns distritos de suas províncias a nativos ou a favoritos, que podem arrecadar impostos e constituir um governo local. As tropas de cada satrapia estão à disposição do sátrapa, mas são comandadas por generais nomeados diretamente pelo rei e cujo poder estende-se às vezes às satrapias adjacentes. A vigilância e o devotamento das tropas, a lealdade dos sátrapas, constantemente controlados por emissários do Grande Rei, em uma organização monárquica construída degrau por degrau como uma gigantesca pirâmide, assim é o quadro rígido que cimenta as províncias e os povos submetidos.

Por meio das ricas dotações e das honrarias principescas que confere aos dignitários, bem como dos soldos elevados que outorga aos soldados, o rei conserva em todos os súditos a sensação de participar do poder real. Esses favores, juntamente com uma vigilância e um controle incessantes, uma disciplina de bronze e o poder discricionário do soberano – que pode punir e fazer correr sangue quando e como lhe apraz –, conservam no temor e no respeito pelo dever todos os que estão encarregados do serviço do Estado. Desgraçados dos sátrapas que negligenciam, um pouco que seja, a agricultura ou o bem-estar das suas províncias, que deixam de construir parques ou que oprimem os súditos! A vontade do rei é que eles sejam os servidores consumados da pura doutrina. Todos devem olhar para o rei, só para ele. Tal como Ormuzd, de quem ele é ao mesmo tempo imagem e instrumento terrestre, o rei comanda o mundo da luz. Do mesmo modo que combate como Ormuzd contra Arimã, o destruidor, ele é dotado de sabedoria absoluta, ilimitada e infalível.

Tais são as características essenciais desse governo fundado nas concepções religiosas dos persas e que ainda conserva os traços de sua antiga constituição patriarcal.

O poderio persa atingiu o apogeu nos tempos de Dario I. Mesmo os povos submetidos abençoaram o seu reinado. Nas cidades gregas, muitas vezes, homens se curvaram de livre e espontânea vontade ao jugo do tirano. Porém, depois de Dario I, depois das derrotas de Salamina e de Micala, os sinais precursores do declínio começaram a se manifestar. Tornou-se evidente que o império, incapaz de desenvolver-se por forças internas, soçobraria no dia em que deixasse de vencer e de crescer. Depois da morte de Xerxes, o relaxamento da autoridade real se fez sentir cruelmente. As conquistas no litoral da Trácia, no Helesponto e no Bósforo, as ilhas helênicas e as cidades gregas do litoral da Ásia Menor foram perdidas. Logo alguns povos submetidos tentaram reconquistar a independência. A revolta do Egito e as tentativas de restaurar a antiga dinastia dos faraós foram apoiadas pelos gregos. Quanto mais os sátrapas das províncias avançadas combatiam com sucesso, mais viam curvar-se a vontade pessoal e a potência do soberano, e mais se tornavam insolentes, esforçando-se para aumentar seu prestígio e trabalhando para assegurar o poder hereditário nas satrapias. Porém, o arcabouço do império ainda era bastante sólido, a fidelidade e a lealdade da nobreza e do povo ainda eram bastante grandes para reprimir as perturbações que eclodiam aqui e ali. O perigo definiu-se com a morte de Dario II (424-404), que deixou dois filhos, Artaxerxes II e Ciro. O primeiro, que já herdara a tiara, nascera antes da chegada do pai ao poder, ao passo que Ciro nascera quando Dario já estava no trono. Assim, ele acreditava deter direitos maiores à coroa e apoiava suas reivindicações em um precedente famoso: a sucessão de Xerxes a Dario I. Além disso, era o favorito da mãe, Parysatis. Ainda muito jovem, seu pai o havia enviado à Ásia Menor como *karanos* [senhor] e tinha lhe dado as satrapias da Capadócia, da Frígia e da Lídia. Enquanto os dois sátrapas do litoral, Tissaferno e Farnabazes, haviam apoiado sucessivamente Esparta e Atenas no decorrer da rivalidade delas, Ciro discerniu imediatamente a política mais proveitosa para o império e colocou-se do lado de Esparta. Mesmo os gregos concordam em reconhecer que esse jovem príncipe era cheio de gênio e de ímpeto. Educado nas severas disciplinas tradicionais, seu talento militar não tinha rival. Um dia ele mostrou ao espartíata Lisandro um parque que havia criado inteiramente com as próprias mãos. O espartíata, incrédulo, apontou com o dedo para a corrente de ouro e as vestimentas suntuosas que ele usava, mas Ciro jurou por Mitra que nunca se alimentava antes de ter realizado a tarefa diária, quer se tratasse de trabalho agrícola ou de exercício militar. Conhecia e apreciava a arte estratégica e a resistência dos helenos. Graças a seu apoio Lisandro venceu os atenienses, provocando a queda do poderio naval que havia infligido tantas derrotas ao império. Esse primeiro sucesso deixou-o exaltado. O fato de Esparta ter consentido formalmente em reconhecer a soberania dos persas sobre as cidades gregas da Ásia Menor acabou de lhe tirar qualquer escrúpulo. Com um exército formado por 13 mil mercenários gregos, aos quais os espartíatas juntaram mais tarde setecentos hoplitas,[28] ele partiu para tomar posse da he-

---

28. Soldados de infantaria pesadamente armados. Normalmente, um hoplita levava capacete, escudo, couraça, caneleiras e protetores de coxas metálicos, lança e espada. [N.T.]

rança que reivindicava. Mas Tissaferno, sátrapa da Jônia e inimigo pessoal de Ciro, preveniu Susa a tempo. Artaxerxes mobilizou todas as tropas do império e marchou contra o revoltoso. Encontrou-o em Cunaxa, na entrada da Babilônia. Os gregos começaram por abrir brechas em uma ala do exército inimigo. Em seguida, Ciro, à frente de seiscentos cavaleiros, lançou-se sobre os 6 mil guardas a cavalo que cercavam o rei. Ciro chegou até ele e o feriu, mas sucumbiu aos golpes de Artaxerxes e de seu estado-maior. As feridas do rei foram curadas por Ctésias, médico grego. O harém de Ciro caiu nas mãos de Artaxerxes: ele incluía, segundo dizem, duas princesas gregas de rara beleza, das quais uma, Milto da Fócia, desempenhou em seguida um papel considerável na corte do Grande Rei.

A vitória de Cunaxa aparentemente restabeleceu o poderio do Grande Rei. Porém, pouco antes da batalha, muitos nobres haviam deixado o exército regular e passado para o campo do inimigo. Era um sinal de profunda decadência. Que um punhado de gregos tenha conseguido abrir brechas nas imponentes massas dos exércitos imperiais e voltado para o litoral sem ser incomodado, era igualmente um sintoma alarmante. A segurança do império não mais existia se uma tropa inimiga, desafiando as fortalezas das fronteiras, podia atravessar impunemente três ou quatro satrapias. Os revoltosos jamais teriam podido transpor os desfiladeiros do Taurus se o sátrapa da Cilícia – pertencente à antiga linhagem dos Syennesis – e o egípcio Tamos, que comandava a frota persa, tivessem cumprido com o dever. Antes de tudo, o fato de Ciro, a quem havia sido concedido um enorme poder nas satrapias ocidentais, ter conseguido agrupar em torno de si tão grande número de mercenários helênicos prova a necessidade de ser mais prudente no futuro e tratar os sátrapas com mais severidade. Porém, se os sátrapas haviam se habituado pouco a pouco a conduzir uma política própria, a governar como se fossem soberanos independentes e a reunir partidários entre tiranos municipais, coletores de impostos e favoritos, a culpa disso não cabia ao sistema das satrapias, mas ao relaxamento do poder central.

No período final do reinado de Filipe, o governo estava nas mãos de Dario III. Era um rei como os persas não tinham havia muito tempo. Belo e sério, bem de acordo com a imagem que o asiático aprecia em seu soberano, unanimemente admirado e respeitado, dotado de todas as virtudes dos ancestrais mas desprovido dos vícios atrozes que haviam manchado de sangue a vida de alguns deles, Dario parecia chamado a curar os males desse império que herdara sem crime nem derramamento de sangue. Nenhuma revolta perturbou o início do reinado. O Egito havia sido devolvido ao império; a Báctria e a Síria eram fiéis e obedientes ao rei. Do litoral da Jônia até o rio Indo, a Ásia pacificada parecia mais calma do que jamais havia sido. No entanto, esse rei foi o último da dinastia dos aquemênidas a reinar sobre a Ásia.

Formava-se no Ocidente a tempestade que aniquilaria a Pérsia. Os sátrapas das províncias marítimas já haviam enviado mensageiros anunciando que o rei da Macedônia concluíra a paz e uma aliança com todos os Estados da Hélade, e que seu exército se preparava para invadir as províncias da Ásia Menor na primavera seguinte. Dario desejava evitar a guerra a qualquer custo. Talvez pressentisse que o gigantesco império, vetusto e carcomido, só esperava, para desmoronar, um choque vindo de fora. Incapaz de tomar uma decisão, ele contemporizou e deixou passar o momento oportuno para antecipar-se ao ataque, que temia.

No próprio dia em que subiu ao trono, as primeiras tropas do rei Filipe, comandadas por Atala e Parmênion, atravessaram o Helesponto a fim de se apoderar das cidades gregas e das satrapias vizinhas. Os membros da liga helênica já haviam recebido ordem de enviar contingentes para a Macedônia e de juntar as suas trirremes às esquadras macedônias. O próprio Filipe contava marchar brevemente, à frente dos exércitos heleno-macedônios, a fim de concretizar a obra-prima de sua vida.

III

ORIGENS DA MACEDÔNIA ∾ AS TRIBOS PELÁGICAS ∾ OS HERACLEIDAS DE ARGOS ∾
COSTUMES RÚSTICOS DOS MACEDÔNIOS ∾ A MONARQUIA ∾ AS QUERELAS DE SUCESSÃO ∾
REGÊNCIA DE FILIPE ∾ ORGANIZAÇÃO DO SERVIÇO MILITAR ∾ UNIFICAÇÃO DO PAÍS ∾
A CORTE DE PELA ∾ OS GRANDES DO REINO ∾ PARMÊNION E ANTÍPATER

Filipe e os macedônios eram gregos? Podiam retomar o combate contra os persas como os povos helênicos haviam travado até ali?

Os defensores da velha política particularista e das "liberdades" helênicas contestaram isso muitas vezes. Seu maior porta-voz, Demóstenes, em zelo patriótico, chegou até a sustentar que Filipe não era nem heleno nem aparentado com os helenos, mas um desses bárbaros "impossíveis de se usar, mesmo como escravos".

Velhas tradições nos transmitiram outra concepção das coisas. Para Ésquilo, que havia combatido em Salamina, as povoações da bacia de Haliacmon e de Axios eram da mesma raça que as antigas populações do território do Olimpo, do Tenara e da região situada a oeste do Pindo. O alto cume do Pindo, que separa a Tessália do maciço montanhoso de Dodona e do Épiro, constitui, em seu prolongamento setentrional – o antigo Scardos –, a linha de demarcação entre a Macedônia e a Ilíria. Depois, a cadeia de montanhas inclina-se para o leste, aproximando-se das fontes do Strymon, e em seguida para o sudoeste, deixando o Orbelos à esquerda, formando assim a fronteira natural entre a Macedônia e a Paiônia, que ele protege no leste e no norte contra os povos da Trácia. No território assim constituído, o Haliacmon, o Axios com seus afluentes e o Strymon atravessam uma segunda e depois uma terceira fileira de montanhas concêntricas àquela formada pelo Pindo, o Scardos e o Orbelos. Estes últimos cercam a planície interior de Pela e de Tessalônica, na altura do golfo de Thermias. Essa configuração do solo havia dividido as populações da região, naturalmente, em uma série de tribos cantonais cujo centro e ponto de reunião era a rica planície costeira.

Se há de se acreditar nas narrativas de Heródoto, os dórios, expulsos da Tessália, desceram ao longo do Haliacmon e adotaram mais tarde o nome de macedônios. Segundo outra tradição, de origem popular, três heracleidas da linhagem principesca de Argos, subindo para o norte, penetraram na terra dos ilírios, chegaram ao alto planalto da Macedônia e estabeleceram-se em Edessa, no pé das poderosas cascatas cujas águas despejam-se borbulhando em direção ao litoral. Em Edessa, Pérdicas, o mais jovem dos três irmãos, teria fundado um reino que, sob o nome de Macedônia, teria unido os territórios vizinhos de Hematia, Midona, Pieries e Anfaxitis.

Os macedônios pertenciam, portanto, a povoações espalhadas outrora por todo o território helênico, mas que os helenos – cujo desenvolvimento intelectual e político as havia ultrapassado amplamente – tinham terminado por considerar como bárbaras ou semibárbaras. A religião e os costumes dos macedônios atestam essa origem comum. É possível que, nas fronteiras, alguns cruzamentos tenham se produzido com tribos ilírias ou trácias. E a língua macedônia é estreitamente aparentada com os mais antigos dialetos helênicos.

Até nos períodos contemporâneos de Filipe encontramos o termo *heterias* na base da organização militar macedônia. Se esse termo, como quase não se pode duvidar, foi introduzido no país no momento da fundação do reino, seria necessário concluir disso que os heracleidas macedônios conheceram a mesma sorte que seus ancestrais do Peloponeso: tendo penetrado em terra estrangeira, foram forçados a abolir os costumes preexistentes para substituí-los e enraizar os seus. Aqui, porém, mais ainda que nos outros países dórios, os novos hábitos misturaram-se às tradições antigas em uma síntese que conservou intacto o frescor nativo e o vigor um tanto rude dos ancestrais da época heroica. Aquele que ainda não havia matado nenhum inimigo devia usar uma correia de couro em torno da cintura. Aquele que ainda não havia abatido um javali em uma caçada não tinha o direito de ficar sentado nos banquetes; devia permanecer em pé. Por ocasião dos festejos fúnebres, era a filha do defunto que devia apagar a fogueira depois que o corpo tivesse sido consumido. Conta-se que os troféus da primeira vitória alcançada por Pérdicas sobre as tribos indígenas haviam sido destruídos, durante a noite, por leões. Assim, os deuses haviam mostrado que "não se vencem inimigos; conquistam-se novos amigos". Desde então, abstiveram-se na Macedônia de erguer troféus sobre o túmulo dos vencidos, quer se tratasse de bárbaros, quer de helenos.[29] Nem Filipe, depois da batalha de Queroneia, nem Alexandre, depois das vitórias sobre os persas e os indianos, infringiram esse costume.

Eis o que escreveu Aristóteles na época dessa batalha: "De todos os Estados helênicos, a monarquia só havia se conservado em Esparta, entre os molossianos e na Macedônia. Nas outras partes a monarquia havia sido derrubada pela aristocracia, que havia por sua vez sucumbido sob os ataques do povo. Na Macedônia, porém, o povo, excluído por demasiado tempo dos negócios públicos para conhecer as vantagens da democracia, havia permanecido fiel às tradições reais. Também os elementos de ódio e as rivalidades de classes não se desenvolveram ali como nos Estados vizinhos, e a antiga monarquia havia sobrevivido, cumulada de riquezas e de honrarias."

Ali, os perigos eram de outra ordem. O poder pertencia à dinastia real. Porém, os direitos à sucessão não eram claramente definidos de modo a excluir qualquer motivo de incerteza e de discórdia. Quanto mais absoluto era o poder real, mais vigor e caráter exigia daquele que o exerce. Muitas vezes, menores de idade, incapacitados ou idosos foram forçados a ceder o lugar a irmãos ou netos mais capazes que eles. Em certos casos, a tutela – forma jurídica da *prostasia*[30] – abria portas à usurpação.

Outros elementos de instabilidade somavam-se a esses. Muitas vezes ocorria que os filhos mais jovens dos reis, ou mesmo estrangeiros – conhecemos diversos exemplos disso –, recebessem uma parcela do território.[31] Eles per-

---

29. Alguns povos da Antiguidade tinham o hábito de exibir armas e outros despojos de guerra pendurados em armações de madeira colocadas sobre as covas coletivas dos inimigos mortos. [N.T.]

30. Termo grego que significa "proteção" ou "patrocínio". Era usado principalmente para designar a proteção que um cidadão grego dava a um residente estrangeiro, ou meteco. [N.T.]

31. Trata-se de uma porção de terra dada por um rei como compensação aos filhos excluídos da herança paterna. [N.T.]

maneciam, é verdade, dependentes do soberano, mas estavam investidos de atribuições tão amplas que tinham o direito de impor o serviço militar e de recrutar tropas.

A monarquia só podia crescer mantendo o equilíbrio entre essas linhagens principescas, pelo menos enquanto elas foram sustentadas por paiônios, agrianos, lincestes e outras povoações de fronteira que tinham chefes quase independentes.

A história nos transmitiu pouca informação sobre a administração da Macedônia. Não sabemos exatamente até onde se estendia o poder do rei. Porém, se Filipe pôde reformar e unificar o sistema monetário do país, se pôde criar as bases um novo exército, deduz-se daí que seu poder era extenso. É certo, no entanto, que os habitantes decidiam sobre o direito, e o costume supria as deficiências das leis. Podemos afirmar, sem temor, que a realeza estava tão distanciada do despotismo asiático quanto o povo da escravidão e da prisão por dívidas. "Os macedônios são homens livres", escreve um antigo, "não menestes,[32] como a grande massa dos tessalianos, nem hilotas,[33] como entre os espartíatas, mas um povo de camponeses, dono de propriedades livres e transmissíveis por herança, dotado de tribunais locais, embora sujeitos ao serviço militar." Mesmo no decorrer dos séculos posteriores, o exército, que encarnava a vontade do povo, era convocado por assembleias populares para emitir opinião ou fazer julgamentos.

Distingue-se claramente, nesse exército, a presença de grande número de nobres, que levam o nome de heteres ou "companheiros de armas", como já os designam os cantos homéricos. Porém, é preciso tomar cuidado para não considerar essa nobreza como uma casta à parte. O que a distinguia das outras classes da sociedade eram as propriedades mais vastas, a lembrança de

---

32. "Alguns dos beócios que haviam habitado Arnaia não retornaram para a Beócia. Retidos pelos atrativos do território de Arnaia, entregaram-se aos tessalianos para serem servos, com a condição de que não fossem vendidos para sair dessa região e de que não se tivesse o direito de vida e morte sobre eles; em troca, cultivariam a terra e pagariam um tributo anual em produtos. Tendo se fixado ali, mediante essas condições, eles foram chamados de 'menestes'." (Lucien Rerolle, *Du Colonage partiaire et spécialement du métayage*. Paris, Chevalier-Marescq, 1888.) [N.T.]

33. Em Esparta, escravos que cultivavam o campo. [N.T.]

uma origem mais nobre e relações mais estreitas com a pessoa do rei, que recompensava seus serviços com honrarias e presentes. Porém, mesmo as famílias principescas, que outrora haviam desfrutado de um poder absoluto e conservado a propriedade de seus territórios (embora ficando sob a dependência do rei da Macedônia), mantinham com os súditos relações semelhantes às que prevaleciam no restante do reino. Não existiam cidades, no sentido grego da palavra, nesse país aristocrático e camponês. As cidades do litoral eram colônias helênicas, municipalidades livres, conscientes do contraste que existia entre elas e o interior do país.

Sem dúvida, a simplicidade dos costumes arcaicos – tal como a encontramos nos hinos homéricos – fora partilhada, no início, por todos os helenos, sem distinção de território. Porém, ela havia se dissipado como consequência dos combates travados nos séculos posteriores. A essas lutas a Grécia devia sua alta cultura – obtida, é verdade, em detrimento da felicidade e da virtude. A Macedônia, com sua rusticidade primitiva e sua simplicidade terreal, havia ficado para trás. Assim, porém, ela podia realizar, com forças intactas, essa longa e penosa ascensão ao fim da qual a Grécia havia chegado esgotada. Podia efetuar a fusão entre o ideal dos novos tempos – cujos primeiros sinais se manifestavam no seio da monarquia heroica – e o antigo patrimônio moral que havia piedosamente conservado. Podia realizar aquilo que os maiores pensadores de Atenas consideravam a mais alta missão de uma coletividade humana.

Relações muito fortes começaram a se estabelecer entre a Macedônia e a Grécia na época da primeira guerra pérsica, durante o reinado de Alexandre – o "filo-heleno", como o chama Píndaro. Tendo podido provar que descendia dos temênidas de Argos, ele foi autorizado a participar dos jogos olímpicos, o que equivalia a uma certidão oficial de helenismo.

Assim como ele, seus sucessores imediatos esforçaram-se, com maior ou menor habilidade e energia, para manter o país em estreitas relações com a vida política e a civilização helênica. A proximidade das colônias de Calcídica, ricas e comerciantes, os frequentes contatos que daí resultavam com as principais potências da Hélade e as rivalidades quase ininterruptas que ensanguentavam a Grécia e forçavam muitas personalidades conhecidas a fugir da pátria para procurar asilo na faustosa corte de Pela, todos esses elementos contribuíram para o desenvolvimento da Macedônia.

Filipe assumiu o governo em 359, em lugar de Amintas, o filho menor de Pérdicas. Em consequência de um compromisso que parece ter sido inspirado em Pérdicas por Platão, Filipe recebeu um semiprincipado. As tropas que ele ali recrutou forneceram-lhe um apoio inicial. O perigo era grande. Os paiônios ocupavam o país. Alguns pretendentes mais antigos, Argaios e Pausânias, chegaram de Atenas, apoiados pelos príncipes da Trácia. Três bastardos de seu pai também reivindicavam a coroa. Fundando-se na vontade do país, Filipe suplantou as primeiras dificuldades. Com prudência, habilidade e espírito de decisão, libertou o reino dos ilírios, dos trácios e dos paiônios. Salvou a monarquia dos pretendentes e pôs a casa real ao abrigo de novas intrigas. Porém, os atenienses, que haviam cometido a falha de ignorá-lo – embora ele tivesse reconhecido os direitos deles sobre a cidade de Anfípolis –, alarmados por seus crescentes sucessos, concluíram com Gratos, o Ilírio, Lipeios, o Paiônio e Ketriporis, o Trácio um tratado ofensivo e defensivo, segundo o qual os bárbaros invadiriam a Macedônia por três lados ao mesmo tempo. Filipe – que nesse meio-tempo havia se apoderado de Anfípolis – lançou-se em direção às fronteiras. Os bárbaros, que ainda não estavam prontos para a luta, só tiveram tempo de bater em retirada.

Por volta de 356 as fronteiras estavam asseguradas contra os bárbaros, pelo menos por um tempo. Rapidamente desapareceram os partidos que dividiam a corte. Por fim, Filipe uniu os interesses de Amintas aos seus, fazendo com que ele desposasse sua filha Cinane.

A Macedônia estava nas mãos de um príncipe que soubera utilizar e desenvolver as forças do país com uma consumada habilidade e que havia levado o reino a tal grau de poderio que ele podia tratar agora do seu ambicioso projeto: entrar em campanha contra o império dos persas à frente dos Estados gregos coligados.

As tradições históricas que conhecemos não falam dos meios com os quais Filipe alcançou seus assombrosos sucessos. Projetam uma viva claridade sobre a mão que soube atrair sucessivamente cada um dos Estados gregos, mas deixam em quase total obscuridade o corpo ao qual essa mão pertencia e que lhe conferia vigor e segurança. Podemos observar cada um dos seus estratagemas. Vemos Filipe espalhando o ouro sedutor no momento oportuno. Porém, a corrupção não foi nem o único meio nem mesmo o meio essencial do qual se serviu para atingir seus objetivos.

No passado, sem dúvida, homens haviam deixado seus lares em tempo de guerra e retomado os arados depois de terminada a luta. Os perigos que ameaçavam Filipe quando assumiu o poder e os combates muito árduos dos quais teve que participar, notadamente durante os primeiros anos de reinado, forneceram-lhe a oportunidade de reinstaurar esse sistema como algo honroso. Com base no serviço militar obrigatório, criou um exército nacional que, aumentando de ano para ano, atingiu 40 mil homens.

Ele não se limitou a constituí-lo. Infundiu-lhe uma disciplina e um valor militar incomparáveis. Conta-se que suprimiu todo equipamento inútil e aliviou consideravelmente as bagagens dos soldados da infantaria; só permitiu aos cavaleiros levarem consigo um escudeiro; e muitas vezes mandou que as tropas efetuassem marchas de seis a sete léguas, levando equipamento e víveres para vários dias. Junto com o serviço militar, instituiu corpos de oficiais dotados de hierarquia muito estrita: as promoções dependiam do mérito pessoal e dos serviços prestados.

Os resultados dessa instituição militar não tardaram a aparecer. O primeiro efeito foi unificar todas as províncias da Macedônia e dar aos macedônios o sentimento de pertencerem a uma nação homogênea. Isso facilitou a assimilação das províncias recém-conquistadas. E, acima de tudo, firmou no povo macedônio a consciência de seu valor e de suas capacidades militares. Filipe encontrou nas populações camponesas o material humano dócil e vigoroso que precisava e ofereceu aos nobres das heterias a oportunidade de rivalizar entre si em resistência e bravura. Um exército desse tipo era necessariamente superior às tropas de mercenários e às milícias dos Estados helênicos. Um povo tão fortemente temperado devia fatalmente levar vantagem, ao longo do tempo, sobre os gregos debilitados pela vida nas cidades.

Em contrapartida, era necessário conferir ao povo macedônio uma cultura – essa flor suprema da vida helênica – e prosseguir a obra preparada pelos fundadores do reino. Nisso, o exemplo do rei e da corte foi da maior importância, e a nobreza do país não tardou a tornar-se a parcela mais culta da população – o que não acontecia em nenhum outro Estado da Grécia. Os espartíatas eram brutais e tratavam os hilotas com desdém, os atenienses consideravam-se supremamente civilizados, e por toda parte a democracia havia triunfado sobre a aristocracia. Disso tinham resultado conflitos entre ricos e pobres, que rebaixavam incessantemente o nível da vida intelectual.

Filipe vivera em Tebas no tempo de Epaminondas. Desde cedo seu pensamento fora decisivamente influenciado por Eufraios, discípulo de Platão. Isócrates chama o rei de "amigo da literatura e das artes", e essa avaliação é confirmada pelo fato de que ele escolheu Aristóteles para ser preceptor de seu filho. Parece que se preocupou em organizar escolas para as crianças nobres do seu séquito e dedicou cuidado especial à educação dos jovens aristocratas. Esforçou-se tanto quanto possível para atraí-los ao palácio e prepará-los desde a adolescência para o serviço pessoal do rei. Como crianças nobres, como efebos das heterias fazendo parte da guarda pessoal do rei, como oficiais comandando as diversas falanges do exército e como embaixadores junto aos Estados helênicos, os nobres tinham oportunidade de mostrar suas capacidades, recebendo recompensas pelos serviços prestados. Porém, em todas as circunstâncias, eles deviam dar provas de cultura ática e da elevação moral que o rei exigia deles, e que ele próprio possuía. No que dizia respeito à elegância das suas palavras e das suas maneiras, seu adversário mais ferrenho reconheceu que "a própria Atenas teria dificuldade para opor-lhe um rival". Se é verdade que a corte se entregava, algumas vezes, seguindo os antigos costumes macedônios, a uma embriaguez turbulenta e a uma algazarra "digna dos centauros e dos lestrigões",[34] como escreve Teopompo, as festas oficiais, a recepção dos embaixadores estrangeiros e os jogos atléticos nem por isso deixavam de ser brilhantes e refinados, segundo o estilo e o gosto helênicos. Tudo ali era luxuoso e grande, nada traía um espírito mesquinho ou parcimonioso. Os domínios da casa real, os impostos fundiários, as alfândegas dos portos, as minas do Pangaion – que davam rendimentos consideráveis – e, acima de tudo,

---

34. Povo mítico da Itália que, segundo Homero e outros antigos poetas, praticava a antropofagia. [N.T.]

o modo ordenado e econômico como Filipe administrava o reino, tudo isso levou a Macedônia a um grau de esplendor que o mundo grego só havia conhecido uma única vez, na Atenas de Péricles.

A corte de Pela, com seu fausto, seu poderio militar e seus nobres reunidos em torno do soberano, deslumbrava até mesmo os embaixadores áticos. Várias de suas famílias aristocráticas eram de origem principesca, como dissemos acima, tal como a linhagem dos baquíades de Lincéstia ou a de Polisperchon, que havia reinado sobre os territórios tinfeanos. Também era a de Oronte, à qual parece ter pertencido a província de Orestis. O filho primogênito de Oronte, Pérdicas, recebeu o comando da falange de Orestis, que transmitiu, parece, a seu jovem irmão Alcete, quando ele próprio se tornou hiparco.[35] A mais importante de todas essas linhagens principescas era um ramo mais novo da dinastia real, a casa dos elimiotas. Se Filipe nela escolheu uma de suas mulheres, Fila, foi sem dúvida para obter seus favores e evitar querelas. Porém, entre Filipe e essa família subsistiu uma rivalidade surda que nem sempre foi mascarada com suficiente habilidade – ou que talvez o rei conservasse intencionalmente, a fim de manter os elimiotas longe da corte, embora cumulando-os de favores equívocos.

Entre as inumeráveis famílias nobres reunidas na corte de Pela, duas merecem especial atenção: a de Jollas e a de Filotas. O filho de Filotas era Parmênion, general escrupuloso e leal, a quem Filipe confiou em diversas ocasiões o comando de expedições muito importantes. Ele lhe devia a vitória alcançada sobre os dardanianos, em 356, e deixou que ocupasse a Eubeia, em 343. A glória de Parmênion derramou-se sobre seus irmãos, Asandro e Agaton, e mais tarde sobre seus filhos, Filotas, Nicanor e Heitor. Suas filhas se casaram com os filhos das melhores famílias do país: uma se tornou mulher de Koinos, o chefe da falange, e a outra se tornou mulher de Atala, tio de uma esposa tardia do rei. O filho de Jollas, Antípater – ou Antipas, como o chamavam os macedônios –, desfrutava de uma posição que não era nem menos influente nem menos gloriosa. Estas palavras do rei atestam isso: "Dormi pacificamente, pois Antipas velava." Sua lealdade absoluta e a luci-

---

35. General que comandava uma divisão de cavalaria. [N.T.]

dez infalível com a qual ele sabia julgar os acontecimentos militares e políticos o designavam naturalmente para o posto de regente, que ele não tardou a assumir e no qual se mostrou sob todos os aspectos à altura da tarefa. Seus filhos – Cassandro, Arquias e Jollas – só vieram a desempenhar um papel muito mais tarde.

IV

RETRATO DE FILIPE ∾ CARÁTER DE OLÍMPIAS ∾ NASCIMENTO DE ALEXANDRE (356 A.C.) ∾ LENDAS DO ORIENTE ∾ A LINHAGEM DE AQUILES ∾ ARISTÓTELES ∾ RETRATO DE ALEXANDRE ADOLESCENTE ∾ ALEXANDRE DOMA BUCÉFALO ∾ PRIMEIROS SUCESSOS MILITARES DE ALEXANDRE ∾ DESENTENDIMENTOS ENTRE FILIPE E ALEXANDRE ∾ EXÍLIO DE ALEXANDRE E DE OLÍMPIAS ∾ RETORNO DE ALEXANDRE A PELA ∾ CASAMENTO DE CLEÓPATRA E DO PRÍNCIPE DE ÉPIRO ∾ ASSASSINATO DE FILIPE

Assim eram a corte e a nação que Filipe soubera criar. Se o elemento monárquico desempenhava um papel preponderante, isso se devia menos à evolução histórica da Macedônia do que à personalidade excepcional de Filipe. É importante manter esses fatos presentes na memória se quisermos julgar equitativamente o caráter e a maneira de agir do rei. Abarcando em si as contradições e os contrastes mais singulares – grego para seu povo e macedônio para os gregos, superior aos gregos na inteligência e na perfídia, mais forte que os macedônios em resistência e em energia –, ele ultrapassava a ambos pela concepção magistral dos seus desígnios, pela lógica rigorosa dos seus projetos e pela dissimulação dos seus atos. Soube ser um enigma para os adversários, aparecendo sempre em um lugar diferente daquele onde o esperavam. Dotado pela natureza de um temperamento sensual e voluptuoso, era tão violento quanto impulsivo em suas inclinações. Às vezes parecia dominado pelas paixões; mas, chegado o momento, dominava a si mesmo sem esforço e se mostrava tão lúcido e tão frio quanto exigiam as circunstâncias. Podemos nos perguntar sobre o que melhor o descreve, se suas virtudes ou seus defeitos. Ele era a encarnação viva do espírito do seu tempo. Como sua época, sua fisionomia nos oferece uma mistura desconcertante de simplicidade, inteligência e astúcia. Sua mulher, Olímpias, filha de Neoptolemo, rei do Épiro e descendente de Aquiles, fazia com ele um contraste absoluto. Filipe a havia encontrado na juventude, no transcurso dos mistérios da Samotrácia,[36] e a havia desposado com o consentimento de seu tio Aribdas. Bela, desconfiada e cheia de ardores contidos, ela havia se consagrado inteiramente ao culto misterioso de Orfeu e de Baco, e à magia oculta das mulheres da Trácia. No decorrer das orgias noturnas, era vista algumas vezes precedendo os cortejos rituais, correndo através das montanhas possuída por um delírio sagrado, agitando acima da cabeça o tirso[37] e a serpente. Seus sonhos reproduziam as imagens fantásticas que lhe preenchiam a alma. Durante a noite que precedeu suas núpcias, dizem que ela sonhou que estava cercada por uma assustadora tempestade. Um raio penetrou em seu seio, de onde logo se lançou uma coluna de fogo que desapareceu, espalhando turbilhões de chamas.

Os antigos afirmam que a noite em que nasceu Alexandre, no outono de 356, foi marcada por diversos prodígios. O templo de Ártemis em Éfeso – um culto pagão asiático, aos olhos dos gregos – foi destruído por um incêndio e desabou, soterrando o sumo sacerdote, os eunucos e os hierodulos.[38] Também afirmam que o rei Filipe soube do nascimento do filho no momento em que lhe traziam a notícia de três vitórias. Esses testemunhos parecem resumir em uma síntese legendária o destino do maior herói que a humanidade já conheceu. Assentam-se na ideia de que existe uma correlação misteriosa entre as almas e as coisas, que a ciência às vezes tem se esforçado para elucidar, mas quase sempre preferiu ignorar. No entanto, desde o início, a vida de Alexandre confirma, de um modo ao mesmo tempo surpreendente e irrefutável, a existência dessas relações invisíveis. Teopompo, falando do rei da Macedônia, escreve que "tudo bem considerado, a Europa jamais produziu um homem comparável a Filipe, filho de Amintas". Porém, para cumprir a tarefa que era

---

36. O santuário situado na ilha de Samotrácia era célebre em todo o mundo grego pelo culto dos mistérios que ali se praticava. Chegou a ser uma espécie de santuário nacional da Macedônia. A identidade e a natureza das divindades cultuadas permanecem enigmáticas, até mesmo porque era proibido pronunciar seus nomes. [N.T.]

37. Dardo recoberto com ramo de videira e hera, com o qual as bacantes estavam armadas. Era o símbolo de Baco. [N.T.]

38. Na Grécia antiga, escravo eunuco ligado ao serviço de um templo. [N.T.]

o objetivo da sua vida, faltava-lhe um não-sei-quê indefinível. Trabalhador ferrenho e calculador frio, a ideia da cruzada asiática chegou a lhe parecer um meio de unificar a Grécia e de erguer sempre mais alto o olhar dos macedônios. Essa concepção, aliás, não era só dele: era fornecida pela história e a civilização helênicas. A dureza das circunstâncias deve ter lhe confirmado essa necessidade. Porém, duvidamos que ele tenha acreditado nisso, quando o vemos adiar constantemente a decisão para o dia seguinte e demorar-se em preparativos sempre renovados. Sem dúvida, toda essa minúcia era necessária. Porém, não é colocando o Pelion em cima do Ossa que se atinge o Olimpo.[39] Seu gênio adivinhava, para além dos mares, a terra onde se decidiria o futuro dos macedônios. No entanto, seu olhar se perturbava em alguns momentos, e os planos se dissolviam nas criações nebulosas dos sonhos. Sua ambição era partilhada por aqueles que o cercavam, pela nobreza, pelo povo inteiro. Essa era a base contínua, sempre perceptível, da vida macedônia, o segredo sedutor do futuro. Lutava-se contra os trácios, triunfava-se sobre os gregos. Porém, o objetivo inconfesso pelo qual se lutava e se triunfava era o Oriente.

Alexandre passou os anos da infância nesse ambiente. Desde pequeno, não há dúvida de que as lendas do Oriente – do rio de ouro silencioso e das fontes do Sol, da vinha com cachos de esmeralda e das campinas de Dioniso – encantaram sua alma. Ao crescer, ouviu falar das vitórias de Maratona e de Salamina, dos templos sagrados e dos túmulos que o rei dos persas havia profanado. Soube como seu ancestral, o primeiro Alexandre, fora obrigado a pagar tributos aos persas e como ele havia sido forçado a subordinar-lhes seus exércitos para lutar contra os helenos. Ouviu falar em torno de si que os macedônios preparavam-se para invadir a Ásia a fim de vingar o ultraje feito aos antepassados. No dia em que embaixadores da Pérsia chegaram a Pela, ele os interrogou longamente sobre as nações e os povos que constituíam o seu império, sobre suas leis e costumes, sua maneira de ser e suas instituições; os persas ficaram estupefatos com as perguntas da criança. Aristóteles, o maior filósofo da Antiguidade, foi encarregado da educação do ado-

---

39. O Pelion e o Ossa são duas montanhas da Tessália. Segundo a mitologia, quando os gigantes, revoltados contra Júpiter, quiseram escalar os céus, colocaram o Pelion em cima do Ossa. Como expressão, significa "acumular dificuldades para não chegar a nenhum resultado". [N.T.]

lescente (345-344). Parece que Filipe solicitou isso desde o nascimento do filho:[40] "O que me enche de júbilo não é que ele tenha nascido, mas que tenha nascido na época em que tu vives; instruído e formado por teus cuidados, será digno de nós e poderá cumprir a missão que um dia legarei a ele." Aquele que havia conquistado o mundo com o pensamento educou aquele que devia conquistá-lo com a espada. A Aristóteles cabe a glória de ter iniciado Alexandre na grandeza das ideias e na ideia da grandeza. Ele o ensinou a desprezar e a fugir dos prazeres dos sentidos,[41] enobreceu suas paixões e deu à sua força medida e profundidade. Alexandre conservou, por toda a vida, um afetuoso respeito pelo mestre: ao pai, dizia ele, devia a vida; ao mestre, devia uma vida digna.

Sob tais auspícios se formaram seu caráter e seu gênio, favorecidos em todos os pontos pela felicidade. Impetuoso e ávido de glória, tinha ciúmes das vitórias do pai, temendo que não lhe restasse mais nada a realizar. Seu modelo era Aquiles, a cuja linhagem dizia pertencer e com o qual esperava se assemelhar um dia. Do mesmo modo como esse último amou Pátroclo, Alexandre amou seu amigo de infância Heféstion. Ele invejava seu grande ancestral por ter sido imortalizado por Homero, que transmitiu para a posteridade a narrativa de suas façanhas. Porém, a legenda heroica dos povos do Oriente e do Ocidente jamais deixou acumular sobre o nome de Alexandre os esplendores de um destino ao mesmo tempo humano e sobre-humano. Ele preferia a mãe ao pai. A ela devia o entusiasmo petulante e o ardor da sensibilidade – aquilo que o distingue de todos os outros conquistadores,

---

40. Plutarco: "Considerando que sua natureza era difícil de manejar, porque ele teimava em nunca aceitar a ser forçado a nada, mas com repreensões era facilmente conduzido à razão, ele próprio [Filipe] tratou sempre de persuadi-lo com a razão daquilo que queria que ele [Alexandre] fizesse, preferindo isso a dar-lhe ordens. Não confiando demasiadamente a educação e a criação de seu filho aos professores de música e de letras humanas, que ele havia posto em torno de Alexandre para ensiná-lo, mas considerando que esse encargo era importante demais para eles e que havia necessidade, como diz Sófocles, de freios e timões, ele mandou buscar Aristóteles, o mais renomado e mais sábio filósofo do seu tempo, pagando-lhe um muito honroso salário para que educasse seu filho." [N.A.]

41. Quando era adolescente, ele estava a tal ponto afastado da volúpia que seus pais, cheios de inquietação, procuraram fazer com que fosse seduzido por uma bela cortesã que se introduziu uma noite no seu leito. Alexandre afastou-se dela, cheio de vergonha, e queixou-se amargamente desse procedimento. [N.A.]

antigos e modernos. Ao pai devia a energia e o vigor físico. Dizem-nos que "tudo nele trazia a marca dos heróis": as passadas rápidas, o olhar faiscante, a cabeleira esvoaçante e a voz imperiosa. Não tinha rival nos exercícios de equitação. Ainda criança, domou um garanhão selvagem da Trácia, chamado Bucéfalo,[42] que lhe serviu mais tarde de cavalo de batalha em todas as campanhas. Recebeu o batismo de armas no reinado do pai; enquanto Filipe sitiava Bizâncio, ele venceu os maidas e fundou nesse território uma cidade que recebeu seu nome. Alexandre conquistou glória ainda maior no transcurso da batalha de Queroneia, vencida graças ao seu espírito de decisão e à sua bravura pessoal. No ano seguinte, venceu o príncipe ilírio Pleurias na sequência de um combate encarnecido. Parece que Filipe via sem desprazer esses sucessos do filho, pressentindo que ele realizaria as suas mais acalentadas ambições. Depois de tantos abalos infligidos ao país pela questão da sucessão real, ele deve ter se sentido seguro vendo crescer ao seu lado um her-

---

42. Plutarco: "Como Filônico, o Tessaliano tivesse levado ao rei Filipe o cavalo Bucéfalo, para vender-lhe, pedindo treze talentos, eles desceram em uma bela carreira para testá-lo e ferrá-lo. Ele foi considerado tão avesso e tão feroz que os escudeiros diziam que jamais seria possível fazer uso dele, pois não queria suportar que montassem nele e tampouco tolerava o som da voz e as palavras de nenhum dos fidalgos que estavam em torno de Filipe, empinando-se na direção deles. De modo que Filipe aborreceu-se e mandou que ele fosse devolvido como uma besta viciosa, selvagem e inútil. E isso teria sido feito se não fosse por Alexandre, que, estando presente, disse: 'Ó, deuses! Que cavalo eles rejeitam por não saberem, por falta de destreza e de ousadia, servirem-se dele!... Eu manejarei melhor esse animal do que eles fizeram.' Filipe perguntou: 'Se tu não tiveres êxito, tal como eles, que multa pagarás por tua temeridade?' 'Fico satisfeito de perder o equivalente ao valor do cavalo', respondeu Alexandre. Todos se puseram a rir diante dessa resposta e os dois concordaram em apostar uma soma em dinheiro. Então, Alexandre, correndo para o cavalo, pegou-o pela rédea e virou-lhe a cabeça na direção do sol, tendo percebido – como eu creio – que o cavalo estava atormentado porque ele via a sua sombra, que caía e se mexia diante dele à medida que se movimentava. Depois, acariciando-o um pouco com a voz e com a mão, enquanto o via roncando e bufando de cólera, Alexandre deixou por fim o seu manto cair suavemente no chão e, erguendo-se com um leve salto, montou nele sem nenhum perigo. Segurando as rédeas firmemente, sem espancá-lo nem cansá-lo, acalmou-o gentilmente. Depois, quando viu que ele havia gasto todo o seu fogo de contrariedade e que não pedia mais do que correr, deixou que galopasse com a rédea solta, incitando-o ainda mais com uma voz mais áspera do que a que lhe era habitual e esporeando-o com os pés. Filipe, no início, olhou o que o filho fazia com grande aflição, com medo de que ele se saísse mal, sem, no entanto, dizer palavra. Porém, quando o viu retornar tranquilamente com o cavalo, no final da corrida, orgulhoso e satisfeito por ter tido êxito, então todos os outros espectadores soltaram clamores de admiração. Mas, pelo que dizem, ao pai vieram aos olhos lágrimas de alegria; e quando Alexandre desceu do cavalo, ele lhe disse, beijando a sua testa: 'Ó, meu filho, é preciso que procures um reino que seja digno de ti, porque a Macedônia não poderia te satisfazer.'" [N.A.]

deiro que parecia votado a um futuro brilhante: "A Macedônia seria muito pequena para satisfazê-lo."

Surgiram desentendimentos entre pai e filho. Alexandre viu a mãe ser deixada de lado por Filipe, que começou a preferir as dançarinas tessalianas e as cortesãs gregas. O rei escolheu como segunda esposa uma das moças nobres do país, Cleópatra, sobrinha de Atala. As bodas, como nos diz a história, foram celebradas segundo o costume macedônio, de maneira faustosa e brilhante, com muito riso e bebida. Todos os convivas já estavam excitados pelo vinho quando Atala, tio da jovem rainha, exclamou: "Macedônios, rogai aos deuses que abençoem o ventre da rainha e deem ao país um herdeiro legítimo!" Alexandre estava presente. Roxo de cólera, gritou: "Serei, pois, um bastardo aos teus olhos, difamador?", e atirou uma taça em seu rosto. O rei ergueu-se furioso, sacou a espada e correu para o filho para trespassá-lo. Mas o vinho, a cólera e a ferida que havia recebido em Queroneia tornaram seus passos inseguros. Cambaleou e caiu. Alguns amigos aglomeraram-se em torno de Alexandre e o aconselharam a abandonar o salão. "Vejam", disse enquanto se afastava, "meu pai quer ir da Europa para a Ásia, mas não é capaz de ir de uma mesa para outra." Ele deixou a Macedônia junto com a mãe. Ela voltou para Épiro, sua terra natal. Alexandre foi morar entre os ilírios. Algum tempo depois, o coríntio Demaratos foi convidado a ir a Pela. Após as saudações costumeiras, o rei perguntou-lhe o que se passava entre os gregos e se eles conservavam entre si a concórdia e a paz. Com uma altaneira independência, o convidado respondeu: "Ó, rei, não convém a ti inquirir sobre a paz e a concórdia no território helênico, tu que encheste a tua casa de discórdia e de ódio, e transformaste em estrangeiros aqueles que deveriam ser para ti os mais próximos e os mais queridos!" O rei permaneceu em silêncio. Sabia que Alexandre era amado. Conhecia sua popularidade e seu valor, e temia fornecer aos gregos um pretexto para a calúnia, talvez para projetos ainda mais pérfidos. Rogou a Demaratos que assumisse pessoalmente o papel de mediador. Pai e filho se reconciliaram. Alexandre retornou à corte.

Mas Olímpias não esqueceu os insultos e as humilhações. Permaneceu em Épiro. Insistiu junto a seus irmãos para que pegassem em armas contra Filipe e proclamassem independência. Não terá deixado também de incitar o filho e de atiçar o seu rancor. Ela possuía razões suficientes para a desconfiança. Atala e seus amigos haviam açambarcado todas as principais posições. No dia em que propuseram a Pixodaro – embaixador da dinastia cariana, que desejava concluir um tratado com Filipe e oferecia aliar as duas famílias por meio de um casamento – unir à filha do dinasta um filho do rei com uma tessaliana, chamado Arredaios, Alexandre acreditou que seus direitos à sucessão estavam ameaçados. Os amigos o impeliram a desfazer sem tardança os projetos do pai. Tessalos, um confidente, foi enviado à corte do dinasta. Desaconselhou-o a ceder a filha a um bastardo imbecil, quando Alexandre, filho legítimo do rei e herdeiro do trono, estava disposto a se tornar seu genro. Filipe soube da coisa e caiu em violenta cólera. Na presença do jovem Filotas, um dos amigos de Alexandre, censurou abertamente este último por causa da desconfiança e da dissimulação. Disse que ele era indigno do seu alto nascimento, da sua fortuna e da sua missão, se não sentisse nenhuma vergonha de trazer para casa a filha de um cariano, escrava de um rei bárbaro. Os amigos de Alexandre que lhe tinham dado esse mau conselho – Harpalo, Nearco, Ptolomeu, filho de Lagos, e os irmãos Trígios e Laomedon – foram banidos da corte e proscritos. Filipe exigiu que Corinto lhe entregasse Tessalos.

Chegou o ano de 336. Acentuaram-se os preparativos visando à guerra contra os persas; os contingentes dos Estados aliados foram convocados. Um grande exército, conduzido por Parmênion e Atala, foi enviado como vanguarda para a Ásia Menor, a fim de ocupar as fortalezas do outro lado do Helesponto, libertar as cidades helênicas e abrir caminho para o grande exército dos coligados. É estranho que o rei tenha fragmentado suas forças, tanto mais que o contingente que enviou à Ásia era insuficiente para defender-se sozinho. Por outro lado, a situação política na Macedônia não era estável. Os movimentos que se esboçavam em Épiro não podiam passar despercebidos. Pareciam pressagiar uma guerra que ameaçava obrigar Filipe a adiar a campanha asiática. Pior: ela podia arruinar com um só golpe o fruto de vinte anos de labor ferrenho. Tratava-se de evitar a qualquer custo as hostilidades. Filipe safou-se dessa delicada situação por meio de uma proposição que reforçava o próprio poder, mas honrava o adversário. Prometeu-lhe Cleópatra, sua filha com Olímpias.

As bodas seriam celebradas no outono do mesmo ano. No espírito do rei, essas festas também serviriam para comemorar a união de todos os helenos às vésperas da abertura da campanha contra os persas. Assim, ele decidiu celebrá-las com suprema magnificência. Tendo perguntado ao oráculo de Delfos se venceria o rei dos persas, o deus respondera: "O touro está coroado. O fim se aproxima. Será que o sacrificador está pronto?"

Filipe estava no apogeu. Esquecia-se de que nenhuma existência humana atinge o objetivo que determinou a si própria.

Entre os jovens nobres da corte estava Pausânias, um adolescente de notável beleza que desfrutava dos favores do rei. Algum tempo antes, ele havia sido cruelmente insultado por Atala no decorrer de um festim e, cheio de indignação, pedira justiça ao rei. Este, embora censurando a conduta de Atala, contentara-se em oferecer alguns presentes a Pausânias e em fazer com que ele entrasse para sua guarda pessoal. Pouco depois desse incidente, Filipe havia desposado a sobrinha de Atala, o qual havia desposado a filha de Parmênion. Pausânias perdeu a esperança de obter uma reparação. Sua amargura e sua cólera tornaram-se mais profundas. Ele não era, aliás, o único a nutrir ressentimentos ocultos. Os irmãos Linceste não haviam esquecido o papel desempenhado outrora por seu pai e seu tio. Entraram em confabulações secretas com o rei dos persas. Eram mais perigosos porque pareciam ser menos. Em silêncio, o número dos descontentes crescia dia a dia. Hermócrates, sofista que soprava as brasas com a arte sutil da dialética, soube captar a confiança de Pausânias. "Como posso obter a glória mais alta?", perguntou-lhe um dia o jovem. "Mate aquele que realizou as façanhas mais brilhantes", respondeu o sofista.

No outono, chegou a data fixada para as bodas de Cleópatra, filha de Filipe, com o príncipe de Épiro. A cerimônia nupcial teria lugar em Aegae, a antiga residência e a necrópole dos reis. De todos os lados afluíam convidados. Alguns teoros[43] vieram da Grécia, cercados de grande pompa, trazendo

---

43. "Os teoros eram representantes sagrados, enviados das diferentes partes da Grécia aos jogos públicos e às festas solenes celebradas em Delfos, Delos, Olímpia, Nemeia e Corinto, sempre com sacrifícios e procissões pomposas." (Nicolas Artaud, *Fragments pour servir à l'histoire de la comédie antique*, 1863.) [N.T.]

inumeráveis coroas douradas destinadas a Filipe. Atrás deles vinham os príncipes agrianos, paiônios e odrisianos, a nobreza equestre do país e as delegações do povo. O primeiro dia transcorreu em divertimentos, cerimônias militares, festins e procissões. No dia seguinte, os arautos chamaram os convidados para o teatro. Antes do alvorecer, uma multidão animada já se comprimia nas ruas, indo para o teatro em coloridas coortes. Cercado por seus efebos e por sua guarda pessoal, o rei apareceu em traje de gala, usando as insígnias da realeza. Deu ordem ao seu séquito para que o precedesse no teatro, pensando não ter necessidade dele no meio da multidão transbordante de alegria. No mesmo momento, Pausânias atirou-se sobre ele, trespassou seu peito com um punhal e, enquanto o rei sucumbia, correu para os cavalos que o esperavam nas portas da cidade. Na fuga, porém, tropeçou e caiu. Foi alcançado por Pérdicas, Leonatos e outros membros da guarda pessoal, que por sua vez o apunhalaram.

A reunião dissolveu-se em uma desordem indescritível. Todo o país ficou em ebulição. Com quem deve ficar o reino? Alexandre era o filho mais velho do rei, mas temia-se o ódio selvagem de sua mãe, que muitos, para agradar Filipe, tinham desprezado e insultado. Logo ela aparece em Aegae para celebrar os funerais do esposo. Parece que tinha previsto o acontecimento fatal. Será que o conhecia de antemão? Cochicham que a morte do rei foi obra sua e que ela preparou a fuga do assassino. Quanto a Alexandre, ele também devia estar a par do complô – mais um sinal de que não era filho de Filipe: fora concebido e posto no mundo graças aos sortilégios da magia negra. Daí a antipatia do rei para com ele e para com sua mãe, daí seu segundo casamento com Cleópatra. É ao filho de Cleópatra que deve caber o reino. Além disso, seu tio, Atala, não desfrutava da confiança do rei? Ele, certamente, seria digno de assumir a regência...

Outros sustentam que o herdeiro direto do trono é Amintas, o filho de Pérdicas que, sendo menor, teve que ceder temporariamente o poder a Filipe. Este último salvou o reino, ameaçado por todos os lados. Só o seu valor pôde fazer com que fosse perdoada a usurpação. Segundo um direito imprescritível, Amintas deve receber agora o poder do qual se tornou digno pela longa abstenção. Em contrapartida, os Linceste e seus partidários defendiam a seguinte tese: se algumas reivindicações mais antigas deviam ser contrapostas aos herdeiros diretos de Filipe, então, antes de Pérdicas e do pai de Filipe, o pai e o irmão deles tinham possuído a Macedônia. Eles não tolerariam ser despojados dela por mais tempo. Além do mais, Amintas e Alexandre eram quase crianças, o primeiro desacostumado ao exercício do poder e o segundo dominado pela influência de uma mãe vingativa e tornado ainda mais perigoso que seu pai Filipe, pelo orgulho, a má educação ao gosto moderno e o desprezo pelas tradições de liberdade, caras ao país. Eles, em compensação, eram amigos do povo. Pertenciam a uma linhagem que, em todos os tempos, havia se esforçado para preservar os antigos costumes. Seus cabelos haviam embranquecido servindo a Macedônia. Conheciam os desejos do povo, gozavam da amizade do Grande Rei em Susa e eram os únicos capazes de proteger o país contra a cólera dele, se ele resolvesse pedir satisfações à Macedônia pela guerra temerária empreendida por Filipe contra o império dos persas. Por felicidade, o país, graças à mão de Pausânias, se libertara de um rei que espezinhara o direito, a vontade do povo, os juramentos e a virtude.

Assim se exprimiam os partidos. Mas o povo odiava os assassinos do rei e não temia a guerra. Esqueceu o filho de Cleópatra porque Atala, seu porta-voz, estava na Ásia Menor. Ignorou o filho de Pérdicas, cuja inação provava abundantemente a sua incapacidade. O direito estava com Alexandre, acrescido de toda a simpatia que despertavam os tormentos que lhe haviam sido infligidos. Além do mais, ele tinha a seu favor a glória das vitórias sobre os maidas e os ilírios, a glória que lhe tinha valido a coragem na batalha de Queroneia e a glória ainda mais pura da sua cultura, sua afabilidade e sua grandeza de alma. Já havia se ocupado com sucesso dos negócios do país. Gozava da confiança e do amor do povo. Podia contar com o exército. Alexandre, o Linceste reconheceu que não lhe restava esperança. Apressou-se a comparecer junto do filho de Olímpias e foi o primeiro a prestar-lhe homenagem como novo rei da Macedônia.

Os primeiros tempos de Alexandre estiveram longe de ser, como se pretendeu, "a simples tomada de posse de uma herança inconteste". O adolescente de vinte anos precisou provar desde o início que tinha a força e as capacidades requeridas para o ofício de rei. Agarrou as rédeas do poder com mão firme, e as perturbações se dissiparam. Segundo o costume macedônio, convocou o exército para jurar fidelidade, pois só o nome do rei havia mudado. O poderio da Macedônia, a ordem das coisas e a esperança de novas conquistas permaneciam os mesmos. Conservou o antigo serviço militar. Dispensou de todas as outras obrigações os que serviam no exército. Restabeleceu entre as tropas o antigo espírito de disciplina, com a ajuda de manobras e de marchas frequentemente repetidas. Retomou o controle sobre os soldados abalados pelos acontecimentos recentes e tornou-se rapidamente dono da situação.

O assassinato do rei exigia uma punição exemplar. Esse era, além do mais, o melhor meio de consolidar o novo reino. Soube-se que os irmãos Linceste haviam sido pagos pelo rei dos persas, que temia uma guerra com Filipe. Eles haviam urdido o complô, na esperança de se apoderarem do reino. Pausânias fora apenas um cego instrumento. Os conjurados foram executados sobre o túmulo de Filipe. Entre os condenados estavam dois Linceste, Arrhabaios e Herômenes. Seu irmão Alexandre foi perdoado como recompensa de sua submissão. Neoptolemo, filho de Arrhabaios, refugiou-se entre os persas.

V

ADVENTO DE ALEXANDRE ∼ REVOLTA DE ATALA ∼ DEFECÇÃO DA HÉLADE ∼ INSURREIÇÃO DOS BÁRBAROS – CAMPANHA DA TESSÁLIA – PASSAGEM DO DESFILADEIRO DE PENEIA ∼ SUBMISSÃO DA TESSÁLIA ∼ COMOÇÃO NA HÉLADE ∼ SEGUNDA ASSEMBLEIA DE CORINTO ∼ ESTADIA DE ALEXANDRE EM CORINTO ∼ ENCONTRO DE ALEXANDRE COM DIÓGENES

Alexandre agarrou o poder com vigor e rapidez. Restabeleceu a calma no interior, mas as notícias mais alarmantes chegavam de fora.

Na Ásia Menor, Atala, contando com suas tropas, das quais soubera captar a confiança, havia elaborado o projeto de apoderar-se do reino, sob o pretexto de defender os interesses de seu sobrinho-neto, o filho de Cleópatra. Seu poderio militar, acrescido de todas as relações que havia travado com os inimigos da Macedônia, fazia dele um adversário perigoso. Um movimento começou a despontar nos Estados helênicos, ameaçando dissolver a liga. Os atenienses não haviam escondido a alegria com a morte de Filipe, votando uma moção em memória do assassino. O primeiro a receber a notícia fora Demóstenes, informado pelos emissários secretos do estratego Caridemo, que devia estar postado nas proximidades do litoral da Trácia. Ele próprio dera o sinal para as festas públicas e, falando à assembleia, chamara Alexandre de "um simplório que jamais ousaria transpor as fronteiras da Macedônia". Fez de tudo para incitar Atenas, Tebas, a Tessália e a Hélade inteira a romper com a corte de Pela, como se o tratado, estabelecido com o pai sob juramento, não comprometesse esses Estados com o filho.

Ele enviou algumas cartas e mensageiros a Atala e negociou com a Pérsia para obter subsídios contra a Macedônia. Atenas armou-se e mobilizou sua frota. Tebas preparou-se para expulsar a guarnição macedônia da Cadmeia. Os etólios, até então amigos da Macedônia, decidiram trazer de volta sob escolta os proscritos que Filipe havia exilado da Acarnânia. Os ambraquiotas expulsaram as tropas de ocupação e instauraram a democracia. Argivos, eleatas e arcadianos estavam prontos a sacudir o jugo da Macedônia, ao qual Esparta jamais havia se submetido.

Alexandre despachou em vão embaixadores a Atenas, afirmando benevolência para com a Hélade e respeito pelas liberdades existentes. Os helenos se inebriaram com a ideia de que a antiga era de glória e de independência havia voltado.

Em Queroneia, todas as forças militares da Macedônia, sob comando de Filipe e de Parmênion, só com grande dificuldade haviam vencido os exércitos de Atenas e de Tebas. Agora, todos os helenos estavam unidos. Contrapondo-se a eles estava uma criança ainda mal segura no trono, que certamente preferia discorrer com os peripatéticos de Pela a se expor às vicissitudes da guerra. Seu único general experiente, Parmênion, estava na Ásia, e com ele, um importante destacamento do exército, já assediado pelos sátrapas da Pérsia. Outro destacamento do exército, sob o comando de Atala, preparava-se para desertar e se colocar do lado dos helenos. Os cavaleiros tessalonianos e os povos guerreiros da Trácia e da Paiônia também haviam se libertado do jugo da Macedônia. Mesmo o caminho da Hélade estava bloqueado, caso Alexandre tivesse a temeridade de sacrificar o seu reino às incursões dos vizinhos setentrionais e aos ataques de Atala. Com efeito, os povos do Norte e do Leste ameaçavam também proclamar independência e preparavam-se para marchar sobre o país na primeira oportunidade.

A situação de Alexandre era angustiante. Seus amigos – os recentemente banidos por Filipe haviam voltado com toda a pressa – suplicaram-lhe que cedesse, antes que tudo estivesse perdido. Aconselharam-no a se reconciliar com Atala, a chamar de volta o exército enviado para a Ásia Menor, a poupar os helenos até que o primeiro momento de exaltação tivesse passado, a seduzir os trácios, os getas e os ilírios com presentes; enfim, a conquistar a afeição dos dissidentes por meio de atos de clemência. Agindo assim, Alexandre poderia reforçar sua autoridade na Macedônia e governar o país em paz. Teria, talvez, terminado por reconquistar o mesmo poder que seu pai tinha sobre a Hélade e sobre os bárbaros circunvizinhos, podendo considerar a longo prazo uma cruzada contra a Ásia Menor, semelhante àquela que fora o sonho de

Filipe. Mas Alexandre não podia acomodar-se a esses métodos. A decisão que tomou nos revela a potência e a audácia de seu espírito. Como se disse de um herói dos séculos ulteriores, "seu gênio o iluminou".

O turbilhão de perigos que o cercavam ordenou-se, no seu pensamento, em três grupos distintos: o Norte, a Ásia e a Hélade. Se ele partisse para a guerra contra os povos do Norte, daria a Atala tempo de consolidar sua posição e talvez mesmo de chegar à Europa. A revolta no litoral helênico seria reforçada, e então ele seria obrigado a castigar os Estados por terem traído os juramentos; mas ele podia considerar a coisa, até nova ordem, como uma querela de partidos, criminosamente fomentada por demagogos pagos pelo ouro dos persas. Se partisse em guerra contra a Hélade, em contrapartida, bastaria uma tropa relativamente pouco numerosa para imobilizá-lo nos desfiladeiros por tempo suficiente para permitir que Atala se juntasse aos trácios revoltados. Porém, o mais perigoso de tudo teria sido marchar contra Atala. Os Estados gregos teriam sido deixados livres para agir a seu bel-prazer. Macedônios teriam se voltado contra macedônios em uma guerra fratricida no decorrer da qual os sátrapas talvez lhes desferissem um golpe mortal. Enfim, Atala, que devia ser considerado um sedicioso, teria sido tratado como uma potência. Lutando contra ele, o rei teria se rebaixado aos olhos dos helenos e dos bárbaros. Se fosse possível eliminá-lo discretamente, a corrente dos seus inimigos estaria rompida e o resto se resolveria por si.

Acusado de alta traição, Atala foi condenado à morte. Um dos "amigos" de Alexandre, Hecateu de Cardes, recebeu ordem de ir para a Ásia à frente de um destacamento do exército, para se juntar às tropas de Parmênion, prender o traidor e trazê-lo vivo ou morto para a Macedônia. O que se tinha a temer de pior dos inimigos do Norte eram algumas incursões devastadoras, mas sem continuidade. Por conseguinte, o rei decidiu marchar contra a Hélade antes que a região pudesse formar um exército numeroso.

Naquele momento, alguns emissários de Atala chegaram a Pela; declararam que os boatos espalhados sobre ele eram calúnias e se esforçaram para provar sua obediência e lealdade. Para apoiar aquilo que diziam, entregaram a Alexandre as cartas que Demóstenes tinha enviado a Atala, narrando os preparativos da Hélade. Desses documentos e das tentativas de reaproximação de Atala o rei pôde deduzir que só encontraria uma resistência mínima na Hélade. Portanto, nada modificou nas suas disposições. Embora Parmênion fosse genro de Atala, ele podia confiar inteiramente em sua lealdade.

Alexandre pôs-se a caminho da Tessália. Seguiu ao longo do litoral, em direção às gargantas de Peneia. Encontrou o desfiladeiro principal do Tempé, assim como a passagem lateral de Callipeuké, fortemente ocupados. Era difícil tomar o desfiladeiro, e o menor retardo podia gerar perigos. Ele decidiu prosseguir por um novo caminho. As altas massas rochosas do Ossa, que se elevam no sul da passagem, são menos escarpadas do lado do mar que do lado de Peneia. Alexandre conduziu seu exército para os trechos menos abruptos, mandou talhar degraus na pedra e, transpondo a montanha, tornou a descer na planície da Tessália, contornando os postos avançados inimigos. Sem desferir nenhum golpe, tornou-se senhor do país que contava aliar à sua causa, com a única finalidade de assegurar a colaboração dos maravilhosos cavaleiros tessalianos na guerra contra os persas. Convocou os nobres da Tessália para uma assembleia e lembrou-lhes que pertencia, como eles, à linhagem de Aquiles. Evocou os benefícios de seu pai, que havia libertado o país do jugo sangrento do tirano de Feres e o tinha garantido contra as revoltas e a tirania. Não lhes pediu nada além daquilo que eles já tinham de bom grado concedido a Filipe, ou seja, o reconhecimento da sua hegemonia sobre a Hélade, tal como havia sido formulado pela primeira assembleia de Corinto. A exemplo do pai, prometeu conservar e proteger as famílias e as províncias, deixar-lhes seus direitos e suas franquias e conceder a seus cavaleiros uma parte do butim. Decidiu, além disso, homenagear especialmente a cidade de Fties, terra natal de Aquiles, o ancestral comum, isentando-a de impostos. Os tessalianos apressaram-se a aceitar essas condições inesperadas. Confirmaram para Alexandre os mesmos direitos de seu pai e se comprometeram, se chegasse a ocasião, a juntar-se a ele para reprimir perturbações na Hélade. Fortalecido pelo sucesso junto aos tessalianos, Alexandre conquistou então, uma após outra, todas as tribos vizinhas – anianos, malianos e dolopes –, cada uma das quais dispunha de voz no conselho dos anfictiões e cuja submissão lhe abria o caminho das Termópilas.

A rápida conquista e a pacificação da Tessália não tinham dado tempo para que os Estados helênicos fortificassem os importantes desfiladeiros do maciço do Oita. Com medidas repressivas, Alexandre queria evitar ampliar e dar consistência a um movimento que ele preferia considerar como o trabalho irrefletido de um partido político. Assustados com a proximidade do exército macedônio, os helenos renunciaram às intenções belicosas. As condições estabelecidas por Filipe subsistiam. Alexandre convocou os anfictiões às Termópilas, exigiu e obteve um voto coletivo de reconhecimento da sua hegemonia. Não quis punir os ambraquiotas por terem expulsado as tropas de ocupação macedônias: sua intenção, declarou, era conceder-lhes independência. Eles nada mais tinham feito do que se anteciparem a ele.

Embora tessalianos e anfictiões tivessem reconhecido a hegemonia de Alexandre, nenhum delegado de Tebas, de Atenas ou de Esparta tinha comparecido às Termópilas. Talvez Tebas ainda decidisse pela guerra. Podia contar com o apoio moral de muitos Estados e talvez mesmo com a colaboração efetiva deles. Certamente, eles não estavam armados. Esparta não se reerguera desde o dia em que Epaminondas estabeleceu seus quartéis às margens do Eurotas. Guarnições macedônias ainda estavam estacionadas na Cadmeia, em Calquis, na ilha de Eubeia e em Acrocorinto. Em Atenas, como sempre, discursava-se muito e agia-se pouco. Mesmo quando se soube que o rei já havia chegado à Tessália, planejava marchar sobre a Hélade e estava encolerizado com a cegueira dos atenienses, nem por isso os preparativos militares foram feitos com mais ardor do que antes, embora Demóstenes não se cansasse de pregar a guerra. Um avanço rápido do exército macedônio ainda podia salvar a Hélade de uma grande desgraça.

Alexandre deixou as Termópilas, desceu para a planície e estabeleceu-se perto da Cadmeia. Tebas não lhe opôs resistência. Quando se soube, em Atenas, que Tebas havia caído nas mãos de Alexandre e que em dois dias de marcha o inimigo poderia estar às portas da cidade, todos perderam a coragem, inclusive os mais fanáticos partidários da independência. Decidiram pôr as defesas em estado de alerta, evacuar a parte plana do território e levar todos os rebanhos para dentro dos muros, "de modo que a cidade tão admirada e tão cobiçada tornou-se semelhante a um estábulo cheio de bois e de carneiros". Decidiram, ao mesmo tempo, enviar ao rei alguns embaixadores encarregados de sensibilizá-lo e de implorar o seu perdão, assegurando-lhe que sua hegemonia seria imediatamente reconhecida pelos atenienses. Talvez ainda fosse possível salvar a posse de Oropos, que a cidade recebera das mãos de Filipe dois anos antes. Demóstenes, que estava entre os embaixadores, mandou dar meia-volta em seu carro, fosse porque se lembrou de suas cartas a Atala, fosse porque estava preocupado em não revelar suas relações com a Pérsia. Para transmitir os votos do povo ático, os outros embaixadores poderiam passar muito bem sem ele! Alexandre recebeu-os com magnanimidade, perdoou as faltas do passado, renovou os tratados concluídos antes com seu pai e só exigiu que Atenas enviasse alguns prenipotenciários à próxima assembleia de Corinto. O povo julgou conveniente prestar ao jovem rei homenagens maiores do que aquelas que havia concedido dois anos antes a Filipe.

Alexandre prosseguiu o caminho até Corinto, onde estavam convocados os plenipotenciários dos Estados helênicos. Parece que Esparta também tinha sido convidada. Assim se pode explicar a resposta dos espartíatas: "Não temos o hábito de obedecer, mas de comandar." Alexandre conseguiria forçá-los a ir sem dificuldade, mas isso não teria sido nem hábil nem vantajoso. Seu único objetivo era pacificar a Grécia tão rapidamente quanto possível e impor-lhe o reconhecimento da sua hegemonia. Nesse espírito, a segunda assembleia de Corinto renovou a fórmula e o juramento da liga. Alexandre foi proclamado estratego supremo dos helenos, com poderes ilimitados.

Alexandre obteve o que desejava. Estava interessado em conhecer a opinião que se tinha sobre ele nas províncias helênicas. Sem dúvida, ela não seria nem tão indignada nem tão submissa quanto buscavam fazer crer o zelo fanático dos oradores áticos ou o ódio à tirania que inspirava os moralistas gregos. Délios de Éfeso, discípulo de Platão, foi enviado para junto de Alexandre pelos helenos do litoral asiático para "incitá-lo e apressá-lo a empreender a guerra contra os persas". Entre seus amigos mais íntimos estavam Erígios e Laomedon, dois lésbios emigrados para Anfípolis, que certamente haviam visto de perto a aflição de sua pátria dominada pelos persas – uma triste consequência da pretensa "autonomia" que o Grande Rei havia prometido às ilhas, de Rodes a Tenedos, quando a paz de Antalcides foi assinada. Para os gregos dessas regiões, a única chance de salvação era uma vitória de Alexandre. Na Hélade propriamente dita, só Tebas tinha a deplorar – aliás, por culpa dela – a perda da independência. Em Atenas, o humor da multidão versátil mudava ao sabor dos ventos. Quanto à recusa rabujenta de Esparta, ela atestava mais fraqueza do que força, mais amargura do que confiança em si. É lícito pensar que a parcela mais inteligente do povo helênico considerava com simpatia a grande cruzada nacional e o jovem herói que se identificava com ela. Os dias que Alexandre passou em Corinto parecem confirmar isso. De todos os lados, artistas, filósofos e políticos acorreram para ver o adolescente real, aluno de Aristóteles. Todos se comprimiam em torno dele, buscando obter um olhar, uma palavra. Só Diógenes de Sínope permaneceu tranquilamente em seu barril, perto do estádio situado na entrada da cidade. Alexandre foi fazer-lhe uma visita. Encontrou-o deitado no barril, aquecendo-se ao sol. Saudou-o e perguntou-lhe se ele gostaria de apresentar um desejo qualquer. "Saia da frente do meu sol", foi a resposta do filósofo. O rei disse à sua escolta: "Por Zeus, se eu não fosse Alexandre, gostaria de ser Diógenes." Talvez isso não passe de uma anedota apócrifa, como tantas que foram atribuídas a esse original ancião. Mas, de fato, para aquele que não se sente com força para obter tudo, resta a glória de saber renunciar a tudo. Se a pergunta era de um rei, a resposta era de um sábio.[44]

---

44. Provavelmente nessa época se situa a lenda inventada, mas plausível, da visita de Alexandre ao templo de Delfos. Como a Pítia se recusava a profetizar, porque não era o dia, Alexandre agarrou-a pelo braço para conduzi-la, contra a vontade, ao seu tripé. Ela exclamou: "Ó, filho, tu és irresistível!" Alexandre, feliz, interpretou essa exclamação como um oráculo. [N.A.]

VI

ASSASSINATO DE ATALA ∼ VINGANÇA DE OLÍMPIAS ∼ SUCESSO DE PARMÊNION NA
ÁSIA MENOR ∼ CAMPANHA CONTRA GETAS, TRIBALOS E ILÍRIOS ∼ TRAVESSIA DO DANÚBIO ∼
DERROTA DOS BÁRBAROS ∼ CERCO DE PELION ∼ SITUAÇÃO CRÍTICA DE ALEXANDRE ∼
DERROTA DE GLAUKIAS ∼ PACIFICAÇÃO DOS TERRITÓRIOS BÁRBAROS

Quando chegou o inverno, Alexandre retornou para a Macedônia a fim de realizar a campanha, até ali adiada, contra os povos bárbaros das fronteiras setentrionais. Nesse meio-tempo, Hecateu havia se juntado a Parmênion. Porém, temendo não dispor de forças suficientes para apoderar-se de Atala no meio das tropas dele, os dois generais mandaram assassiná-lo, conforme as ordens recebidas. Os regimentos que Atala desviara do seu dever – formados em parte por soldados macedônios e em parte por mercenários gregos – voltaram para o acampamento e prestaram juramento de fidelidade.

Assim estava a situação na Ásia. Na própria Macedônia, Olímpias havia se aproveitado da ausência do filho para saborear até a última gota a volúpia da vingança. O assassinato do rei, embora não fosse obra sua, estava manifestamente em conformidade com seus desejos. Porém, os culpados por tantos ultrajes contra ela e contra seu filho ainda viviam! A jovem viúva Cleópatra e o filho que ela trazia também deviam morrer. Olímpias mandou matar a criança no ventre da mãe e obrigou esta última a enforcar-se com o próprio cinturão. Conta-se que Alexandre censurou severamente a mãe ao saber do que ocorrera. O que poderia fazer, além disso? A arrogância dos adversários ainda não estava quebrada. A cada dia eram descobertas novas maquinações. Amintas, filho do rei Pérdicas, que Filipe tinha feito desposar sua filha Cinane, viu-se comprometido em um complô para assassinar Alexandre. Foi executado.

Durante esse tempo, o destacamento do exército enviado na vanguarda para a Ásia havia se desdobrado ao longo do litoral em direção ao leste e ao sul. A cidade livre de Cízico apoiava o seu flanco esquerdo. No flanco direito, Parmênion havia ocupado Grineia, no sul do Kaikos. O povo já havia se sublevado em Éfeso e expulsado de lá a oligarquia favorável aos persas, oferecendo a Parmênion um importante ponto de apoio para seu avanço. Em muitas localidades, o povo, curvado sob a disciplina dos persas e oprimido – por tiranos, como na ilha de Lesbos, ou por oligarcas, como em Quios e em Cós –, via com crescente entusiasmo o progresso das tropas macedônias. O envio prematuro desse destacamento do exército para a Ásia tinha sido, sem dúvida, um erro; colocara o rei em uma situação delicada. Agora, porém, essas tropas e a frota macedônia ancorada no Helesponto cobriam a ofensiva de Alexandre e impediam os persas de penetrar na Trácia.

Com efeito, antes de empreender a grande campanha contra a Ásia, era urgente mostrar a trácios, getas, tribalos e ilírios a superioridade das armas macedônias, impondo-lhes um tratado duradouro. As povoações que cercavam a Macedônia por três lados tinham sido ora sujeitadas por Filipe, ora obrigadas a fazer uma aliança defensiva com ele. Depois de reiteradas derrotas, os ilírios tinham sido forçados a pôr fim às suas incursões. Porém, agora que Filipe estava morto, esses bárbaros imaginavam que era chegado o momento de retomar a independência e os antigos hábitos de pirataria.

Os ilírios sublevaram-se sob o comando de seu chefe, Kleitos, cujo pai, Bardilo, um carvoeiro que se tornara rei, havia agrupado os diversos cantões adjacentes, tendo em vista realizar atos de pirataria. Bardilo também havia ocupado os territórios fronteiriços da Macedônia até o dia em que Filipe, após um combate mortífero, o rechaçara até o outro lado do lago de Lictínia. Kleitos esperava reconquistar ao menos os desfiladeiros situados no sul desse lago. Aliando-se aos ilírios, os taulantinos também se armaram sob o comando do príncipe Glaukias, que ocupava o território situado atrás do deles, até o litoral marítimo de Apolônia e de Dirraqueia. Os antariatos, que ocupavam havia duas gerações os vales do Bronzos e do Angros (o Morava sérvio e búlgaro), fizeram o mesmo, incitados pela sublevação geral dos ilírios e atraídos pela isca do butim. Todas essas tribos se puseram em marcha para invadir a Macedônia.

A tribo trácia dos tribalos, que vivia então no norte do maciço montanhoso do Hemus e ao longo do Danúbio, parecia ainda mais perigosa, tanto pelo número quanto pela hostilidade para com a Macedônia. Se ela também se sublevasse, as povoações vizinhas, "tão terríveis que os próprios ladrões as temiam como se fossem bandidos", os maidos, os bessos e os corpilos, certamente se juntariam a ela. Até mesmo os trácios "livres", que habitavam as colinas meridionais do Ródope até o vale do Nessus, podiam ser arrastados nesse movimento. Quanto ao território semissubmisso situado na fronteira setentrional do reino, que compreendia o principado da Paiônia, ele não estava seguro, apesar da calma aparente. Também não era possível confiar nos trácios da bacia do Hebron, que povoavam toda a região situada entre o Ponto, no leste, e o Proponto, no sul. Embora essas tribos não tivessem se aproveitado do assassinato de Filipe para manifestar hostilidade nem para associar-se com os conjurados, com Atala ou com os atenienses, elas inspiravam um tal temor nos amigos de Alexandre que eles rogaram que o rei fosse complacente com elas, em vez de exigir pela força respeito aos tratados. Mas Alexandre sabia que a mansidão e as meias medidas aumentariam a audácia dos bárbaros e acabariam por tornar impossível a guerra contra os persas.

Todo o perigo parecia afastado pelo lado dos Estados helênicos, e a estação estava suficientemente avançada para permitir a travessia das montanhas sem grandes dificuldades. Como, entre as tribos citadas, aquelas que pertenciam à Macedônia ainda não haviam cometido nada de grave e pareciam ter renunciado aos projetos aventurescos depois que Alexandre voltara da Grécia, e como, por outro lado, para lhes tirar qualquer desejo de sublevação, era importante lhes mostrar a superioridade das armas macedônias, assim como a vontade de fazer uso delas quando se apresentasse a ocasião, o rei decidiu entrar em campanha contra os tribalos, que ainda não tinham sido punidos desde o dia em que haviam atacado e pilhado os comboios de Filipe quando ele retornava da campanha contra os citas.

Bizâncio recebeu ordens para enviar certo número de navios de guerra à embocadura do Danúbio, para permitir a travessia do rio. Antípater ficou em Pela, a fim de garantir a administração do reino.

Partindo de Anfípolis, o rei dirigiu-se primeiramente para o leste, através do território dos trácios livres. Depois, deixando o Orbelos à esquerda, subiu o vale do Nessus e transpôs esse rio. Atravessou em seguida o maciço do Ródope para chegar aos desfiladeiros do Hemus através do território dos odrisianos. Alexandre chegou ao sopé da montanha após dez dias de marcha. O caminho estreito e escarpado que subia para os desfiladeiros estava ocupado pelo inimigo – em parte pelos montanheses da região, em parte pelos trácios livres –, que parecia decidido a defender a passagem custasse o que custasse. Os bárbaros, armados somente com punhais e dardos, cobertos com uma simples pele de raposa que servia de elmo, não podiam lutar em campo aberto contra macedônios pesadamente armados. Assim, seu plano era romper a linha das tropas de Alexandre quando elas subissem de assalto pelos desfiladeiros, atirando sobre elas as numerosas carroças que eles haviam içado para os cumes. Alexandre, que previa esse perigo e sabia que era impossível atravessar a montanha por outro local, deu ordem à infantaria para que abrisse fileiras em toda parte onde o terreno permitisse, deixando que as carroças passassem pelos espaços vazios assim formados. Nos lugares onde não pudessem se colocar de lado, os soldados deviam pôr um dos joelhos no chão, juntar seus escudos acima das cabeças e deixar que as carroças escorregassem por essa plataforma improvisada. As carroças foram empurradas e atravessaram as linhas sem causar dano, passando pelos intervalos ou por cima da cabeça dos soldados ajoelhados. Soltando fortes gritos, os macedônios lançaram-se então sobre os trácios. Avançando pela ala direita, os arqueiros repeliram os agressores com uma chuva de flechas e cobriram a subida da infantaria pesada, que desalojou facilmente os bárbaros das suas posições. Estes jogaram fora as armas e fugiram em desordem. Perderam 1,5 mil homens. Suas mulheres, seus filhos e todos os seus bens caíram nas mãos dos macedônios. Lisânias e Filotas foram encarregados de conduzir os prisioneiros para as cidades marítimas, para serem vendidos como escravos.

Alexandre desceu então as colinas setentrionais da montanha, penetrou no vale dos tribalos e atravessou o Liginos (o rio Jantra, perto de Tirnovo), a cerca de três dias de marcha do Danúbio. Avisado do avanço de Alexandre, Sirmos, o príncipe dos tribalos, enviara as mulheres e as crianças da tribo para o Danúbio e fizera com que fossem transportados para a ilha de Peuké, onde os encontrara alguns dias depois. Os trácios, vizinhos dos tribalos, também haviam se refugiado nessa ilha. Mas o grosso dos tribalos, virando as costas para o rio Liginos, que Alexandre atravessara na véspera, dirigiu-se para as montanhas para ocupar os desfiladeiros e cortar a retirada dos macedônios. Mal o rei soube disso, deu meia-volta para surpreendê-los e precipitou-se sobre eles de forma imprevista, sem deixar que tivessem tempo de fortificar o acampamento. Os tribalos recuaram rapidamente para a orla da floresta que margeava o rio. Depois de ter mandado que as colunas das falanges avançassem, Alexandre despachou arqueiros e fundeiros,[45] a fim de atrair o inimigo para campo aberto. Os tribalos se deixaram enganar pelo estratagema. Lançaram-se imprudentemente e, quando deixaram a descoberto a ala direita, três esquadrões de cavalaria fizeram carga sobre eles e os separaram em vários fragmentos. Outros esquadrões os perseguiram a galope, enquanto a falange os cercava pela esquerda. Os inimigos, que haviam lutado valentemente até ali, não puderam resistir ao assalto combinado dos cavaleiros armados e da falange. Fugiram através da floresta para tornar a chegar ao rio. Três mil homens pereceram na fuga. Outros conseguiram se salvar, favorecidos pela penumbra da floresta e pela noite que caía.

Alexandre retomou então a marcha para a frente. Três dias depois chegou às margens do Danúbio, onde já o aguardava a esquadra de Bizâncio. Os navios foram imediatamente equipados com arqueiros e infantaria pesada, a fim de atacar a ilha onde tribalos e trácios haviam se refugiado. Porém, a ilha era bem defendida, o litoral era abrupto, a corrente era impetuosa, os navios eram poucos e os getas da margem setentrional pareciam querer aderir aos sitiados. Alexandre mandou que os navios retornassem e decidiu atacar logo os getas na margem oposta. Quando se apoderasse das duas margens, a ilha não poderia mais resistir por muito tempo.

Os getas – cerca de 4 mil homens a cavalo e mais de 10 mil a pé – haviam se desdobrado em formação de batalha diante de uma cidade mal fortificada, situada na margem setentrional do Danúbio. Pareciam ter acreditado que o inimigo levaria vários dias para atravessar o rio e que eles achariam oportunidade para atacar e aniquilar as divisões uma após outra, na medida em que

---

45. Soldado que manejava a funda, tira de couro com a qual eram arremessadas pedras sobre o inimigo. [N.T.]

elas desembarcassem. Era meados de maio. Os campos de trigo que cercavam a cidade dos getas estavam cobertos de espigas suficientemente altas para esconder as tropas. O projeto do rei era desembarcar sem ser visto e cair sobre os getas de surpresa. Como os navios de Bizâncio não podiam transportar um número suficiente de homens, foram requisitadas na região muitas embarcações leves que os nativos usavam para pescar, caçar ou visitar amigos nas aldeias vizinhas. Além disso, os macedônios encheram de palha as peles de animais que serviam de tendas e ataram-nas umas às outras. No silêncio da noite, 1,5 mil cavaleiros e 4 mil soldados da infantaria atravessaram o rio, guiados pelo rei, e desembarcaram em um ponto situado abaixo da cidade, disfarçados pelos vastos campos de trigo. Durante a madrugada, avançaram através das espigas que os soldados tinham recebido ordem de ceifar com suas sarissas.[46] Chegaram assim a campo aberto. A cavalaria, que até então havia seguido a infantaria, tomou posição na ala direita, sob o comando do rei, enquanto na esquerda a falange estendida em formação de batalha pôs-se em movimento sob as ordens de Nicanor. Os getas, estupefatos diante da incrível audácia de Alexandre, que havia atravessado em menos de uma noite "o maior de todos os rios", apressaram-se a voltar para a cidade, não se sentindo com força para lutar contra os cavaleiros ou a falange. Quando viram a aproximação dos inimigos, fugiram para mais longe, para o interior, levando mulheres, filhos e tudo aquilo que os cavalos podiam carregar. O rei entrou na cidade, arrasou-a, encarregou Filipe e Meleagro de levarem para a Macedônia o butim conquistado e ofereceu às margens do Danúbio um sacrifício a Zeus salvador, a Hércules e ao rio, a fim de testemunhar-lhes reconhecimento. Ele não pretendia anexar as imensas planícies que se estendem ao norte do Danúbio. O largo rio constituía uma fronteira segura, depois que os getas haviam aprendido a conhecer o poderio dos macedônios, e em toda a região não havia mais nenhum povo a ser temido. Tendo sinalizado com os sacrifícios que havia atingido o limite setentrional da expedição, o rei voltou ao acampamento, estabelecido no sul do rio, sem ter perdido um só homem.

---

46. Lança de duas pontas, muito comprida (chegando a ter sete metros), usada pelas falanges macedônias. [N.T.]

Atingidas tão pesadamente, tão subitamente, as populações que habitavam nas proximidades do Danúbio apressaram-se a enviar ao rei alguns embaixadores com presentes, encarregados de pedir a paz, que lhes foi concedida de boa vontade. Syrmos, príncipe dos tribalos, também se submeteu, vendo que não poderia defender por muito tempo sua ilha no meio do Danúbio. Uma delegação de celtas, estabelecidos nas montanhas do mar Adriático, também veio prestar homenagem a Alexandre. Esses últimos, segundo uma testemunha ocular, "eram grandes de corpo e pensavam grandes coisas sobre si mesmos". Tinham sido informados das proezas do rei e queriam ganhar sua amizade. No transcurso de um festim, o jovem rei perguntou-lhes o que eles mais temiam, pensando que os celtas designariam a ele próprio. Porém, eles responderam "que não temiam nada, a não ser que o céu caísse sobre suas cabeças; em contrapartida, aquilo a que eles davam maior valor era à amizade de um herói como ele". O rei os chamou de amigos e aliados, e os mandou de volta para casa cobertos de ricos presentes. Mas declarou mais tarde que os celtas eram fanfarrões.

Alexandre tinha vencido os trácios livres e forçado os odrisianos à paz. Sua vitória sobre os tribalos tinha assegurado o poderio da Macedônia sobre todos os povos estabelecidos na parte sul do rio. Ele havia conquistado a fronteira do Danúbio com a vitória sobre os getas. O objetivo da expedição tinha sido alcançado. Alexandre apressou-se a descer novamente para o sul, a fim de voltar à Macedônia atravessando o território dos agrianos, seus aliados. Ele acabara de saber que o príncipe Kleitos havia se apoderado, com os ilírios, dos desfiladeiros do Pelion, que Glaukias, príncipe dos taulantinos, aprontava-se para juntar suas forças às dele e que os antariatos preparavam-se para lançar-se sobre o exército macedônio no momento em que ele entrasse nos desfiladeiros.

A situação de Alexandre tornou-se crítica. Mais de oito dias de marcha ainda o separavam das fronteiras ocidentais da Macedônia, cujos desfiladeiros os ilírios já haviam transposto: era tarde demais para salvar Pelion, a chave dos dois vales do Haliakmon e do Apsos (o Devol). Um ataque dos antariatos poderia imobilizá-lo durante dois dias, o suficiente para permitir que ilírios e taulantinos coligados penetrassem até o centro da Macedônia, ocupassem a importante linha estratégica do Erigmon e o separassem das províncias meridionais do seu reino. Eles já barravam a rota para a Grécia, onde uma perigosa ebulição recomeçava a se manifestar. Sem dúvida, Filotas ainda estaria ocupando a Cadmeia com uma forte guarnição e Antípater dispunha, na Macedônia, de tropas suficientes para se defender. Porém, privados do grosso do exército, que estava com o rei, eles não podiam fazer grande coisa. O futuro de Alexandre estava em jogo. Bastaria uma escaramuça infeliz, um atraso imprevisto, para que desabasse de uma só vez a obra tão penosamente edificada por seu pai e por ele.

Langaros, o príncipe dos agrianos, que tinha lhe dado em diversas oportunidades provas manifestas de fidelidade, e cujo contingente havia se batido com bravura exemplar no decorrer da recente campanha, chegou diante dele com seus hipaspistas,[47] as tropas mais belas e mais valentes que possuía. Quando Alexandre, preocupado com o atraso que poderiam lhe causar os antariatos, indagou a Langaros sobre a força e os armamentos deles, este lhe disse que ele cometeria um erro caso se inquietasse com essa gente: eram as tribos menos aguerridas da montanha. Propôs-se a fazer uma investida no território deles e a atormentá-los o suficiente para impedi-los de efetuar outros ataques. Alexandre consentiu. Langaros precipitou-se sobre os seus vales e os arrasou, de modo que os antariatos não perturbaram de maneira alguma a marcha dos macedônios. O rei premiou os leais serviços de seu fiel aliado dando-lhe como noiva sua meia-irmã, Cinane. Ele convidou-o a ir a Pela, no fim das hostilidades, para celebrar suas bodas. Porém, Langaros contraiu uma doença e morreu alguns dias após o fim da campanha.

Uma brecha, com cerca de duas milhas de largura, se abre no sudeste do lago de Licnitia (o lago de Ocrida) na poderosa muralha de montanhas que serve como linha divisória das águas entre os rios da Macedônia e da Ilíria. Ela constitui uma porta natural entre as terras altas das duas regiões. De todas as cidadelas e obras fortificadas que controlavam o acesso à brecha, Pelion era a melhor e a mais segura. Essa importante posição havia caído nas

---

47. Tropa de elite da infantaria macedônia, cujos soldados lutavam armados com um escudo e uma longa lança chamada sarissa. [N.T.]

mãos do príncipe da Ilíria. Com marchas forçadas, Alexandre apressou-se a subir novamente o curso do Erigmon a fim de reconquistar a fortaleza, se possível antes da chegada dos taulantinos.

Chegando diante da cidade, ele ergueu um acampamento provisório em Apsos, a fim de atacar logo no dia seguinte. Kleitos já tivera tempo de ocupar, além da cidade, as colinas arborizadas que a cercavam, ameaçando o inimigo pelas costas no momento em que ele passasse ao ataque. Segundo o costume de seu país, o príncipe bárbaro sacrificou três rapazes, três moças e três carneiros negros. Depois, lançou-se sobre os macedônios para forçá-los a um corpo a corpo. Porém, logo que esses últimos subiram as colinas, os ilírios evacuaram suas posições apressadamente, abandonando até mesmo as vítimas do sacrifício, que caíram nas mãos dos atacantes. Retiraram-se para a cidade, sob cujas muralhas Alexandre ergueu acampamento. Porém, já no dia seguinte, Glaukias, seguido por um imponente exército, surgiu nas colinas. Alexandre teve que renunciar a tomar a fortaleza de assalto. Preso entre Kleitos e Glaukias, era necessário agir com muita prudência. Filotas, que fora enviado, com uma tropa de cavaleiros e de carroças, para requisitar forragem e víveres, estava quase caindo nas mãos dos taulantinos. Só uma meia-volta de Alexandre, executada com os hipaspistas, os agrianos, alguns arqueiros e trezentos cavaleiros, assegurou o retorno de Filotas e salvou o comboio. A situação do exército tornava-se a cada dia mais crítica. Quase cercado na planície, Alexandre não tinha nem tropas suficientes para tentar um ataque frontal nem víveres suficientes para esperar a chegada de reforços. A única saída era bater em retirada. Kleitos e Glaukias já pensavam ter o rei à sua mercê. Eles tinham ocupado as montanhas dominantes com numerosa cavalaria, alguns acontes,[48] fundeiros e a infantaria pesada, que já se preparava para lançar-se sobre os macedônios e massacrá-los logo que eles entrassem no desfiladeiro.

Graças a uma manobra audaciosa, que apenas um exército macedônio era capaz de executar, Alexandre reduziu a nada a esperança dos adversários. Enquanto o grosso da cavalaria e toda a infantaria levemente armada se vol-

---

48. Os acontes eram lançadores de dardos. [N.T.]

tavam contra os ocupantes da cidade, afastando qualquer perigo por esse lado, a falange, enfileirada em uma profundidade de 120 homens e com os flancos protegidos por duzentos cavaleiros, avançou na planície em silêncio para que as ordens fossem rapidamente ouvidas. A planície era cercada de colinas em forma de ferradura, do cume das quais os taulantinos ameaçavam os flancos da massa que avançava. Porém, todo o quadrado, tendo baixado as lanças, lançou-se para as colinas. Depois, efetuando uma brusca conversão da linha de frente, ele marchou para a direita e, revirando-se mais uma vez, dirigiu-se para o novo grupo de inimigos que ameaçava seu flanco esquerdo. Evoluindo sem cessar e modificando constantemente a linha de frente, os macedônios avançaram entre as duas colinas inimigas e finalmente agruparam-se "em cunha" a fim de abrir passagem. Ao verem essa manobra impecável, executada com precisão e rapidez, os taulantinos não ousaram mais atacar e se retiraram para as colinas. Os macedônios deram então seu grito de guerra e bateram com as lanças nos escudos. O pânico apoderou-se dos bárbaros, que desceram com toda a pressa as colinas, em direção à cidade. Somente uma pequena tropa ainda ocupava uma encosta, que barrava o caminho. Alexandre ordenou que os integrantes da sua guarda de honra montassem os cavalos e fizessem carga sobre esse montículo. Se o inimigo demonstrasse intenção de resistir, a metade deles devia apear dos cavalos e combater a pé, misturados com os outros cavaleiros. Porém, os inimigos se retiraram para a direita e para a esquerda da colina logo que viram a carga dos macedônios. O rei ocupou essa posição e ordenou aos outros esquadrões de cavalaria, aos 2 mil arqueiros e aos agrianos que batessem rapidamente em retirada. Em seguida, fez com que os hipaspistas atravessassem o rio e, depois deles, as falanges, e mandou que elas se estendessem em posição de combate na outra margem, enquanto ele próprio permanecia na colina com a retaguarda para observar os movimentos dos taulantinos. Esses últimos mal tinham tido tempo de constatar que o exército macedônio havia atravessado o rio enquanto eles estavam ocupados em escalar as colinas para cair sobre Alexandre e os últimos contingentes da retaguarda. Um ataque dirigido contra eles pelo rei e os gritos de guerra da falange, que dava a impressão de que tornaria a atravessar o rio para retomar a ofensiva, foram suficientes para dispersá-los.

Alexandre conduziu os arqueiros e os agrianos através do rio, que ele próprio foi o primeiro a transpor. Porém, quando viu a retaguarda assediada pelo inimigo, deu ordem às catapultas, montadas na outra margem, para que atirassem no adversário, e fez com que os arqueiros dessem meia-volta no ponto mais forte da corrente.

Enquanto Glaukias e os taulantinos se mantinham fora do alcance dos arremessos, os últimos macedônios atravessaram o rio. A difícil retirada efetuou-se sem que se perdesse um único homem. Alexandre havia combatido nos pontos mais expostos, sendo ferido na nuca por um golpe de clava e na testa por uma pedra.

Além de salvar seu exército de um perigo iminente, Alexandre, dominando a margem do rio, podia vigiar os caminhos e todos os movimentos do inimigo. Este logo lhe forneceu imprudentemente a oportunidade de executar um ataque de surpresa que pôs fim à guerra. Pensando que a retirada de Alexandre era sinal de medo, os taulantinos ergueram tendas diante de Pelion, sem protegê-las com suficientes trincheiras e postos avançados. Alexandre foi informado disso. Na terceira noite, sem chamar atenção, ele atravessou o rio com hipaspistas, agrianos, arqueiros e duas falanges e mandou os arqueiros e os agrianos avançarem sem esperar a chegada das outras colunas. Eles atacaram o acampamento de surpresa, pelo lado onde havia menos resistência. Bruscamente arrancados do sono, desarmados e privados de comando, os inimigos foram massacrados nas tendas, nas longas ruelas do acampamento ou durante a fuga desvairada. Muitos foram feitos prisioneiros, outros perseguidos até as montanhas. Os fugitivos só conseguiram se salvar abandonando as armas. O próprio Kleitos correu para a cidade, pôs fogo nela e fugiu para a casa de Glaukias, na terra dos taulantinos, protegido pelas chamas e pela fumaça do braseiro. Assim, a antiga fronteira foi restabelecida desse lado. A paz foi concedida, parece, aos príncipes vencidos – com a condição de que reconhecessem a soberania de Alexandre.

VII

DEFECÇÃO DE ATENAS ～ REVOLTA DE TEBAS ～ DUPLICIDADE DE DEMÓSTENES ～ CERCO E DESTRUIÇÃO DE TEBAS ～ OS "TÚMULOS DOS VIVOS" ～ SUBMISSÃO DE ATENAS ～ SEGUNDA PACIFICAÇÃO DA HÉLADE ～ RETORNO DE ALEXANDRE À MACEDÔNIA ～ PREPARATIVOS PARA A GRANDE PARTIDA ～ ALEXANDRE SE DESPEDE DA MACEDÔNIA

Os golpes rápidos e vigorosos que o rei havia aplicado nos ilírios traíam o desejo de terminar com aquilo o mais rapidamente possível. Com efeito, enquanto ele ainda estava às voltas com os bárbaros do norte, um movimento havia se esboçado no sul. Se não fosse reprimido imediatamente, ameaçaria retardar por muito tempo a guerra contra os persas e talvez até mesmo torná-la para sempre impossível.

Os helenos tinham reconhecido a hegemonia de Alexandre, renovando o juramento de aliança na segunda assembleia de Corinto. Mas eis que o rei da Macedônia guerreava longe com todo o seu exército, e as palavras insidiosas daqueles que evocavam a antiga glória e a liberdade perdidas encontraram rapidamente o caminho dos ouvidos e dos corações. Enquanto a juventude de Alexandre era menosprezada no palácio real dos persas, os atenienses faziam prudentes rodeios. Eles deviam se lembrar daquilo que o Grande Rei lhes escrevera ainda bem recentemente: "Eu não vos darei dinheiro; não me peçam isso, porque não obtereis nada." Porém, pouco a pouco, os persas perceberam que Alexandre prometia se tornar um temível adversário para o império. O Grande Rei enviou Mêmnon à frente de 5 mil mercenários helênicos para combater as tropas macedônias que acabavam de desembarcar no Ponto. A efervescência que reinava entre os helenos da Ásia Menor deu-lhe mais trabalho do que ele havia previsto. O meio mais seguro de aniquilar o inimigo, meio que muitas vezes havia sido posto em prática, era atingi-lo na própria Hélade.

Dario enviou uma mensagem aos helenos para incitá-los à guerra contra Alexandre. Mandou dinheiro aos diversos Estados; trezentos talentos foram para Atenas. O povo ateniense foi bastante prudente para recusá-los. Mas Demóstenes aceitou-os e prometeu usá-los de acordo com os interesses do Grande Rei. Ele mantinha uma correspondência contínua com os estrategos de Dario para receber e dar informações sobre as campanhas de Alexandre. De mãos dadas com Licurgo e com os outros chefes da oposição, fez tudo o que pôde para preparar e deslanchar a luta contra a Macedônia. Esforçou-se notadamente para incitar os numerosos refugiados tebanos que estavam asilados em Atenas. Quanto mais Alexandre permanecia longe, quanto mais sua ausência se prolongava, mais cresciam a coragem e a insolência desse partido. Já se dizia que o rei tinha sofrido uma derrota no país dos tribalos, e a notícia encontrou crédito imediato. Igualmente entre os arcádios, na Messênia e entre os etólios, a antiga sede de independência renascia com as novas esperanças. Os que mais sofriam com o jugo da Macedônia eram, naturalmente, os tebanos. As tropas de ocupação, aquarteladas em seus palácios, lhes lembravam incessantemente da sua queda e da perda da antiga glória.

Logo espalhou-se o boato de que Alexandre tinha sido morto no transcurso da campanha contra os tribalos. Demóstenes fez com que comparecesse diante do povo de Atenas um homem que tinha sido ferido junto com o rei, na mesma batalha. Ele afirmou que vira Alexandre morrer. Ainda era possível ter dúvidas? Era possível recusar-se a ver que chegara o momento de terminar com a tutela macedônia? Os tratados concluídos com Alexandre não expiravam com ele? O Grande Rei, pronto para proteger a independência dos Estados helênicos, concedera subsídios consideráveis àqueles que, como ele, só pensavam "no bem e na liberdade dos helenos". Esses eram os argumentos de Demóstenes.[49] Porém, o que pesava em prol deles, tanto quanto o ouro persa, é que o incorruptível Licurgo havia se pronunciado a seu favor. O mais urgente era desferir um grande golpe que juntasse todos os indecisos e desse corpo à revolta nascente. Imaginamos facilmente a agitação dos espíritos,

---

49. Alguns documentos que Alexandre encontrou mais tarde, em Sardes, comprovavam irrefutavelmente a falta de integridade de Demóstenes. [N.A.]

tanto na cidade de Tebas, tão duramente castigada, quanto entre os refugiados tebanos em Atenas. Sem dúvida, as cidades haviam se comprometido solenemente a não permitir que os exilados voltassem para suas casas. Nesse momento, porém, pensava-se que o rei, ao qual haviam prestado esse juramento, estava morto.

Com o assentimento de Demóstenes, e talvez mesmo sustentados por uma parcela do dinheiro persa de que ele dispunha, vários refugiados tebanos deixaram secretamente Atenas. Chegaram durante a noite a Tebas, onde seus amigos já os esperavam. Começaram por apunhalar dois chefes militares do partido macedônio, imprudentemente vindos da Cadmeia. Depois, convocaram os cidadãos para a assembleia, puseram-nos a par da situação e lhes expuseram seus projetos. Rogaram que o povo, pelo sagrado nome da antiga liberdade e da antiga glória, sacudisse o jugo da Macedônia, afirmando-lhes que a Grécia inteira, assim como o rei dos persas, estava pronta a apoiá-los. Quando eles anunciaram, enfim, que Alexandre não mais precisava ser temido, pois tinha morrido na Ilíria, o povo exultou e decidiu restabelecer a antiga liberdade, expulsar a guarnição da Cadmeia e enviar embaixadores aos outros Estados para pedir-lhes que os imitassem.

Tudo parecia marchar às mil maravilhas. O sucesso recompensaria a audácia dos revoltosos. Os eleatas se mobilizavam, Atenas se preparava. Demóstenes enviou armas a Tebas. Os arcádios puseram-se a caminho para ajudar os tebanos. Quando os embaixadores de Antípater chegaram ao Istmo para cobrar respeito aos tratados, os revoltosos, em vez de escutá-los, tomaram o partido dos embaixadores de Tebas, que pediam adesões para defender a causa sagrada, agitando ramos de oliveira entremeados de lã. Em Tebas, o ardor da rebelião foi ainda maior. A Cadmeia foi cercada de paliçadas e de fortificações, de modo que as tropas da guarnição não podiam receber víveres nem reforços. Os escravos foram libertados e armados para a guerra, assim como os metecos.[50] A cidade estava abundantemente provida de armas. A Cadmeia seria forçada a se render; então, Tebas e toda a Hélade estariam livres, a vergonha de Queroneia seria apagada e a assembleia de Corinto, esse

---

50. Estrangeiros que residiam na Grécia sem usufruir dos direitos de cidadania. [N.T.]

fantasma enganador da independência e da segurança, se dissiparia diante da radiosa claridade de uma nova aurora!

Subitamente, espalhou-se o boato de que um exército macedônio marchava para o sul e já havia chegado a Onquéstias, a duas léguas de Tebas. Os chefes tranquilizaram o povo: devia ser Antípater. Depois da morte de Alexandre não havia razão para temer os macedônios. Porém, chegaram mensageiros: disseram que o próprio Alexandre estava à frente das tropas. Foram mal recebidos. Só podia ser Alexandre, o Linceste, filho de Aeropas.

No dia seguinte, o rei que acreditavam morto acampava com seu exército diante das muralhas da cidade.

Essa marcha, como tudo nessa primeira campanha de Alexandre, é surpreendente, rápida, cheia de impetuosidade e de gênio. Quinze dias antes, Alexandre desferira o último golpe em Pelion. A partir do momento em que tomara conhecimento do que estava ocorrendo em Tebas, pusera-se em rota para o sul. Em menos de sete dias havia atravessado as montanhas até Pelineia. Prosseguindo o avanço com marchas forçadas, atingira Espérquias, depois descera para a Beócia após ter atravessado as Termópilas. Estava agora em Onquéstias, a duas léguas de Tebas e a mais de sessenta léguas de Pelion. Sua súbita aparição teve como primeiro resultado impedir que os povos que se inclinavam a ajudar os tebanos atravessassem o Istmo e fazer com que os atenienses decidissem esperar o resultado do combate entre Alexandre e os revoltosos. Por fim, orcomenianos, plateios, tespianos, fócios e outros inimigos dos tebanos, que já se acreditavam entregues sem clemência à vingança dos antigos carrascos, juntaram-se aos macedônios com ardor redobrado. O rei não pretendia usar logo a violência. Conduziu seu exército para fora de Onquéstias e fez com que acampasse junto das muralhas setentrionais da cidade. Imaginava que os tebanos reconheceriam a loucura, ao verem a aproximação das suas tropas, e pediriam perdão. Porém, embora privados de toda esperança de socorro, os tebanos estavam tão longe de querer se render que efetuaram uma investida contra os postos avançados inimigos. Depois, assediaram cada vez mais a guarnição da Cadmeia. Nesse momento, Alexandre ainda hesitava em dar o sinal para um ataque que, se realizado, teria consequências trágicas para uma cidade helênica. No segundo dia, aproximou-se da porta meridional da cidade, que conduzia a Atenas e no interior da qual estava a Cadmeia. Ali estabeleceu acampamento, a fim de permanecer próximo da guarnição macedônia sitiada e poder ir em seu socorro. Continuava hesitando em deslanchar o ataque. Afirmam que ele fez saber à cidade que lhe concederia perdão e esqueceria o passado se lhe entregassem os dois refugiados, Fênix e Protito, que estavam na origem das perturbações. Mais de um tebano aconselhou que se enviassem embaixadores ao rei para implorar sua mercê. Mas os beotarcas,[51] os exilados e todos os que haviam fomentado a insurreição, e que temiam o castigo de Alexandre, rogaram aos habitantes que lutassem até o fim. Responderam ao rei que, se desejava a paz, bastaria entregar Antípater e Filotas, o governador da Cadmeia. Do alto de uma torre, um arauto convidou a entrar na cidade todos os que queriam lutar junto com os tebanos e o Grande Rei pela libertação da Hélade. Apesar da provocação, Alexandre continuou sem atacar.

Pérdicas, que ocupava com sua falange os postos avançados do acampamento macedônio e estava nas proximidades das fortificações do inimigo, julgou o momento tão favorável que não esperou a ordem de Alexandre. Tomou de assalto as trincheiras, penetrou nelas e caiu de surpresa sobre as sentinelas inimigas. Amintas, por sua vez, saiu do acampamento com sua falange, enfileirada ao lado da de Pérdicas, e partiu para atacar a segunda muralha defensiva. O rei percebeu o movimento e, não querendo deixá-los sozinhos, mandou rapidamente que os arqueiros e os agrianos ocupassem os fossos. Depois, mandou que a agema[52] avançasse ao lado dos outros hipaspistas, mas ordenou-lhes que se detivessem diante das fortificações externas. Subitamente, Pérdicas tombou, gravemente ferido, do alto da segunda parede. As duas falanges, em ligação com os arqueiros e os agrianos, logo escalaram a muralha e penetraram na cidade. Soltando gritos, os tebanos se arrojaram sobre os macedônios. Estes fugiram com sérias perdas – setenta arqueiros foram mortos – e se enroscaram com os hipaspistas. Nesse momento, Alexandre, vendo

---

51. Nome dado aos chefes da liga beócia. [N.T.]
52. Tropa de elite do exército macedônio, usualmente composta de cavaleiros. [N.T.]

os tebanos se precipitarem em desordem sobre seus homens, atirou-se sobre eles com uma falange. Os tebanos, rechaçados, fugiram com tal pressa que os macedônios, lançados em perseguição, transpuseram os portões em fileiras cerradas, enquanto, em outros lugares, as paredes sem defesa eram escaladas e ocupadas. A ligação com a Cadmeia foi restabelecida. Os tebanos tinham perdido a batalha. A guarnição macedônia partiu para a parte baixa da cidade com uma parcela daqueles que tinham forçado as muralhas. Outros pularam os muros e foram correndo em direção ao mercado. Os tebanos lutaram com bravura, mas os macedônios avançavam por todos os lados ao mesmo tempo. Alexandre estava em toda parte, inflamando seus homens com palavras e o exemplo. A cavalaria, disseminada pelas ruas, expulsava os habitantes. Foi um salve-se-quem-puder generalizado nos campos, nas casas e até nos templos, que estavam repletos de mulheres e de crianças berrando de aflição. Cheios de raiva, macedônios, fócios, plateios e outros beócios não tiveram clemência. Foi uma horrível carnificina. Nem mulheres e crianças foram poupadas. O sangue delas jorrou até sobre os altares dos deuses. Só o cair da noite pôs fim à matança e à pilhagem. Os macedônios tinham perdido quinhentos homens, e 6 mil tebanos haviam perecido no momento em que o rei deu ordem para cessar o combate.

No dia seguinte, ele convocou os membros da liga de Corinto que tinham tomado parte no ataque e deixou para eles a tarefa de decidir o destino da cidade. Agora, os juízes de Tebas eram esses mesmos plateios, orcomenianos, fócios e tespianos que tinham suportado por muito tempo a odiosa dominação dos tebanos, que tinham outrora incendiado as suas cidades, violado diante dos seus olhos os seus filhos e as suas filhas, e os tinham vendido como escravos. Eles decidiram que a cidade devia ser arrasada – com exceção dos templos e dos terrenos sagrados –, o território partilhado entre os aliados de Alexandre e todos os tebanos vendidos como escravos, assim como suas mulheres e seus filhos. A liberdade só devia ser concedida aos sacerdotes e às sacerdotisas, assim como aos amigos de Filipe, de Alexandre e dos macedônios. Alexandre pediu que fosse poupada a casa e a descendência de Píndaro. Então, 30 mil homens de todas as idades e de toda condição foram vendidos e espalhados pelo mundo, as muralhas desmanteladas, as casas evacuadas e destruídas. O povo de Epaminondas deixou de existir. Agora, a cidade era um amontoado de escombros fumegantes, "o túmulo de sua glória". Estabelecida na cidadela solitária, uma guarda macedônia vigiava os templos e os "túmulos dos vivos".

O destino de Tebas foi dramático. Vinte e cinco anos antes ela era hegemônica na Hélade; suas coortes sagradas haviam libertado a Tessália; seus cavalos haviam bebido no Eurotas.[53] Agora, estava riscada da superfície da Terra. Os gregos de todos os partidos fizeram queixas amargas sobre a queda de Tebas, muitas vezes de maneira bastante injusta em relação ao rei, que fizera o possível para poupar a cidade. Mais tarde, quando tebanos engajados como mercenários nos exércitos asiáticos caíram em suas mãos, ele tratou-os sempre de maneira magnânima. Uma pequena história mostra que naquele momento ele agiu com igual generosidade. Contam que uma mulher pertencente à nobreza tebana foi feita prisioneira e levada a ele. Sua casa tinha sido pilhada pelos trácios de Alexandre; ela mesma tinha sido violada pelo chefe deles, que, à força de ameaças, lhe indagara onde estavam seus tesouros. Ela o conduziu até um poço oculto atrás de arbustos, dizendo que ali os tinha enterrado. Enquanto ele descia até o fundo do poço, ela o sufocou com pedras. Agora os trácios a traziam diante do rei para que ele a julgasse. Ela declarou altivamente que era Timocleia, irmã do general Teágenes. Seu irmão havia combatido durante toda a vida contra Filipe e morrido na batalha de Queroneia. Tão digna de fé quanto seja essa narrativa, o seu fim não o é menos: Alexandre perdoou a mulher e concedeu-lhe a liberdade, assim como aos seus filhos.

A queda e o fim de Tebas foram bem adequados para impressionar a imaginação dos helenos e acalmar seu ardor. Os eleatas apressaram-se a chamar de volta os partidários de Alexandre, que eles tinham exilado. Os arcadianos fizeram com que suas tropas retornassem do Istmo e condenaram à morte os que os haviam incitado a tomar parte na revolta contra a Macedônia. As diversas tribos dos etólios enviaram separadamente embaixadores ao rei e imploraram perdão. A mesma cena repetiu-se em muitos lugares.

---

53. Rio mais importante da Lacônia, que banhava Esparta. [N.T.]

Apesar das estipulações do tratado, os atenienses deixaram os refugiados tebanos voltar para suas casas, apoiando a moção de Demóstenes. Tinham prometido ajudar Tebas e mobilizado sua frota. Porém, não se aproveitaram dos dois dias de espera, durante os quais Alexandre adiara o ataque, para fazer as suas tropas avançarem. Eles festejavam justamente os grandes mistérios, no início de setembro, quando alguns fugitivos anunciaram a queda da cidade. As festas foram suspensas em meio a uma angústia mortal. O povo se reuniu e decidiu enviar ao rei uma delegação de dez membros para felicitá-lo pela maneira exemplar como ele havia castigado os tebanos. Ao mesmo tempo, os embaixadores deviam lhe pedir que não obrigasse os atenienses a romper com suas tradições de hospitalidade e de generosidade, permitindo que conservassem os refugiados tebanos aos quais tinham concedido asilo. O rei exigiu que lhe entregassem Demóstenes, Licurgo e Caridemo, o adversário mais ferrenho do poderio macedônio, para quem a guerra era um ofício lucrativo. Também exigiu que lhe entregassem Efialto, que acabava de ser enviado a Susa como embaixador junto ao Grande Rei. Esses homens não eram responsáveis apenas pela derrota de Atenas em Queroneia; eram os instigadores de todas as perturbações ocorridas na Grécia desde a morte de Filipe. A parte que lhes cabia na queda de Tebas era tão grande quanto a dos agitadores tebanos. Quanto a estes, Alexandre exigiu que lhe fossem entregues imediatamente todos os que haviam se refugiado em Atenas. As condições apresentadas por Alexandre provocaram debates apaixonados na assembleia. Demóstenes suplicou a seus concidadãos que não "entregassem seus cães de guarda ao lobo, como os carneiros da fábula". O povo, em sua desordem, esperou o veredicto do venerável Focion. Este aconselhou obter a qualquer preço o perdão do rei e não somar a ruína de Atenas à de Tebas. Os dez homens, que Alexandre exigia, deviam provar grandeza de alma, sacrificando-se pela pátria. Mas Demóstenes, com um hábil discurso, sugeriu ao povo oferecer cinco talentos ao orador Dêmades, que tinha influência sobre os macedônios, para que ele persuadisse o rei a deixar ao tribunal do povo ático o cuidado de julgar os acusados. O rei consentiu nisso, movido em parte pelo respeito a Atenas e em parte pelo desejo de empreender logo a campanha da Ásia. Não queria deixar atrás de si motivos de ressentimento. Só exigiu o banimento de Caridemo, aventureiro sem escrúpulos, cuja cupidez havia sido deplorada pelo próprio Demóstenes. Caridemo fugiu para a Ásia, para a corte do Grande Rei. Pouco depois, Efialto deixou Atenas e foi para o mar.

Tendo pacificado a Hélade e reforçado a guarnição macedônia da Cadmeia, Alexandre levantou o acampamento montado diante de Tebas e retornou à Macedônia no outono de 335. Um ano lhe bastara para consolidar sua autoridade e salvar seu reino. Seguro doravante da obediência dos bárbaros, da calma da Hélade e do devotamento de seu povo, ele pôde fixar para a primavera seguinte o começo da empreitada que decidiria a sorte da Ásia e abriria caminho para os séculos futuros.

Os meses que se seguiram foram dedicados aos preparativos da grande expedição. Os contingentes aliados chegaram da Grécia, da Tessália, das montanhas e dos vales da Trácia. Foram contratados alguns mercenários e construídos os navios para atravessar o Helesponto.

O rei realizou alguns conselhos de guerra a fim de delinear as grandes linhas da campanha. Baseou-se nas informações que possuía sobre a situação dos territórios orientais, sobre a importância estratégica de cada rio, montanha, cidade e província. Como ficaríamos felizes se soubéssemos mais sobre esse assunto! Será que se tinha, na corte de Pela, uma imagem exata da configuração geográfica do império que se iria atacar e da sua extensão para além do Taurus e do Tigre? Conheciam, é claro, a *Anábase*, de Xenofonte,[54] e talvez também a *História dos persas*, de Ctésias. Deviam ter recolhido informações preciosas da boca dos helenos que haviam combatido nas tropas asiáticas. Tinham interrogado os embaixadores persas, assim como Artabazes e Mêmnon, que viveram durante alguns anos na corte da Macedônia. Porém, por mais que se prestasse atenção a essas informações, elas só podiam ser uma documentação incerta, utilizável no máximo para a guerra até o Eufrates. Não se tinha noção precisa da estrutura nem da dimensão dos territórios situados mais a leste.

Alexandre resolveu em seguida os assuntos internos do reino. O fiel Antípater foi nomeado regente, com tropas suficientes para garantir a paz na Gré-

---

54. Ver nota 1, p. 15. [N.T.]

cia, cobrir as fronteiras da Macedônia e manter no respeito as povoações limítrofes. Os príncipes bárbaros aliados foram convidados pessoalmente a tomar parte na guerra, a fim de preservar o país e aumentar o valor combativo das tropas nativas que comandavam. Outra questão, que preocupava seriamente Antípater e Parmênion, foi debatida no decorrer das reuniões do conselho. Quem ocuparia a sucessão do reino em caso de uma desgraça imprevista? Eles suplicaram ao rei que se casasse antes de partir em campanha e esperasse o nascimento de um herdeiro, mas Alexandre rejeitou o pedido: ele seria indigno de si próprio, dos macedônios e dos helenos se pensasse em casamento e no leito nupcial quando a Ásia inteira se armava para combatê-los. Será que ele devia esperar a chegada das esquadras fenícias e cipriotas? Será que devia deixar que o exército do Grande Rei tivesse tempo para se reunir e atravessar o Taurus? Não havia mais tempo a perder se ele queria conquistar a Ásia Menor e servir-se dela como base para as operações ulteriores.

Conta-se que ele agiu como se quisesse se despedir definitivamente da Macedônia. Doou aos amigos tudo o que lhe pertencia: terras, florestas, aldeias e até mesmo as alfândegas dos portos e suas outras rendas. Uma vez que tudo fora repartido, Pérdicas perguntou-lhe sobre o que lhe restava. Alexandre respondeu: "A esperança." Então Pérdicas, renunciando à sua parte, disse-lhe: "Deixe que nós, que vamos combater ao teu lado, partilhemos contigo da esperança." Muitos amigos seguiram o exemplo de Pérdicas. Essa lenda talvez seja uma invenção. Nem por isso é menos reveladora do entusiasmo que reinava em Pela na véspera da grande partida. O rei sabia erguer as almas mais alto, sempre mais alto. A exaltação que o animava era compartilhada por generais, oficiais e soldados. Conduzidos por um herói e antecipadamente certos da vitória, eles desejavam ardentemente enfrentar o Universo inteiro.

LIVRO
Segundo

VIII

PREPARATIVOS DE ALEXANDRE ∾ REFORMA MONETÁRIA ∾ ORGANIZAÇÃO DO EXÉRCITO MACEDÔNIO ∾ CAVALARIA E INFANTARIA ∾ A FALANGE – CONTINGENTES ALIADOS ∾ SOLDADOS E OFICIAIS ∾ DESORGANIZAÇÃO DO IMPÉRIO DOS PERSAS NO GOVERNO DE DARIO III ∾ INSOLÊNCIA CRESCENTE DOS SÁTRAPAS ∾ CAMPANHA DE MÊMNON CONTRA PARMÊNION

À primeira vista, o empreendimento de Alexandre parece desproporcional aos meios de que dispunha. Vencer o inimigo nos campos de batalha era só uma fraca parcela da sua obra: seria necessário organizar e tornar duráveis os sucessos alcançados pelas armas.

Ele só podia contar com territórios que equivaliam a 1/30 da superfície do império dos persas. O número dos habitantes e o das tropas que comandava estavam, em face dos exércitos persas da terra e do mar, em uma relação quase idêntica. Sua leviandade parece temerária e quase insensata quando acrescentamos que o tesouro da Macedônia tinha um déficit de 500 talentos quando Filipe morreu, enquanto imensas reservas de ouro amontoavam-se nos cofres do Grande Rei, em Susa, em Persépolis e em Ecbatana. Terminados os preparativos, para os quais precisou usar oitocentos talentos, Alexandre só dispunha de sessenta talentos.

Os documentos que temos não nos permitem responder a todas as questões. Mesmo Arriano, sempre tão explícito quando se trata de acontecimentos externos ou de operações militares, só cita o nome daqueles que ajudaram Alexandre com atos ou conselhos. Nada diz sobre administração, finanças, organizações políticas, chancelaria, gabinete do rei, nem sobre as pessoas que executavam a vontade real nesses diferentes serviços. Deixa de explicar aos leitores como se tornaram possíveis os altos feitos que descreve, com quais meios eles foram realizados, até que ponto eram decididos de antemão e a que objetivos práticos correspondiam. Seriam obra de uma energia indomável, de uma perspicácia sem falhas ou de um gênio político e militar incomparável?

Muitos historiadores acreditaram fazer justiça a Alexandre apresentando-o como um exaltado que se havia posto a caminho da Ásia à frente de povos não menos exaltados que ele, a fim de bater os persas onde os encontrasse, esperando que o acaso lhe ditasse a decisão do dia seguinte. Outros sustentaram que o pensamento inspirado em Filipe lhe havia sido constantemente devolvido à memória por filósofos, oradores e patriotas. Ele se limitara a executar uma obra que estava contida em potência na civilização helênica.

Mas o pensamento, antes de se tornar ato, é apenas devaneio, fantasma, jogo de imaginação. Só adquire forma, força e fecundidade por meio daquele que o realiza.

Será que Alexandre pôs-se a caminho como um aventureiro, um sonhador, com a ideia sumária de conquistar a Ásia até os mares desconhecidos que lhe servem de fronteiras? Ou sabia o que queria, o que podia querer? Será que traçou de antemão um programa militar e político? Tomou decisões com pleno conhecimento de causa?

É possível perguntar se existem fatos que demonstrem que, antes mesmo de realizar sua obra, ele a via em espírito tal como ela seria um dia.

Permito-me usar aqui um elemento que nossas fontes não mencionam: a numismática. Todas as moedas daquela época que foram conservadas – de ouro, de prata ou de cobre – trazem a efígie de Alexandre. São testemunhas mudas que a ciência moderna conseguiu retirar do mutismo. Comparadas com as peças de ouro e de prata dos reis persas, das inumeráveis cidades gregas e dos reis da Macedônia anteriores a Alexandre, elas oferecem uma informação singular e reveladora.

Dissemos que o rei Filipe introduzira um novo sistema monetário no país. Para retomar a fórmula de um sábio ilustre, tratava-se de um primeiro e longínquo preparativo para a conquista da Pérsia. O padrão-prata estava em vigor em todo o mundo helênico, enquanto o império dos persas havia conservado o padrão-ouro. Filipe começou por cunhar moedas de ouro com valor sensivelmente igual aos "daríocos" persas. Porém, ele não substituiu por moedas de ouro as moedas de prata que circulavam no conjunto do mundo helênico. Usou essas peças de ouro em concorrência com as de prata. Introduziu o bimetalismo no reino. Baseando-se na relação entre ouro e prata – que era, no comércio, de 1 para 12,5 –, deu às peças de prata, das quais quinze deviam equivaler a uma peça de ouro de 8,6 gramas, o peso uniforme de 7,2 gramas. Era quase o peso das peças de prata cunhadas pela ilha de Rodes.

As peças de ouro de Alexandre têm o mesmo peso e os mesmos dizeres dos "escudos filipinos", mas suas peças de prata obedecem a um sistema muito diferente: são tetradracmas cujo peso varia entre 17 e 17,2 gramas. Essas últimas estão, em relação ao ouro, em uma proporção de 1 para 12,3. É uma diminuição interessante. Indica a intenção de abandonar o bimetalismo instaurado por Filipe para retornar à moeda de prata dos helenos, mas não só isso. Ela é decisiva para a questão que nos ocupa porque, na considerável quantidade de dracmas de Alexandre que foram conservados, nenhum foi cunhado segundo a taxa estabelecida por Filipe.

Terá sido essa reforma efetuada por acaso? Introduzindo o bimetalismo na Macedônia, Filipe quis estabilizar os valores dos dois metais nobres. Uma baixa do ouro ameaçava acarretar algumas flutuações de preços incômodas para o comércio com a Grécia, onde a prata estava em vigor em toda parte. Se o valor do ouro baixasse ainda mais, toda a prata escoaria para fora da Macedônia, assim como já havia escoado para fora da Pérsia, na proporção em que o valor da prata ultrapassasse o do ouro.

Por meio do novo sistema monetário, Alexandre, por assim dizer, declarou guerra ao ouro persa. O ouro havia se tornado uma simples mercadoria que também podia se desvalorizar no dia em que os tesouros do rei dos persas fossem conquistados e a massa de ouro que neles dormia fosse reposta em circulação. Essa baixa não mais acarretaria perturbações graves para os mercados gregos, onde os preços eram baseados no valor da prata.

A prata, à maneira grega, permaneceu como o padrão em vigor. O tetradracma tornou-se a unidade de uma moeda uniforme; servia de denominador comum a quase todos os sistemas monetários da Hélade. Cinquenta anos depois, o "dracma de Alexandre" era moeda universal.

Porém, será que a reforma do sistema monetário da Macedônia teve como objetivo, simultaneamente, trazer um alívio imediato para o caixa do Estado? Será que Alexandre e seus conselheiros pressentiram as repercussões econômicas da medida? Será que previram a desvalorização posterior do ouro, quando os tesouros persas fossem colocados em circulação? Todas as hipóteses são possíveis.

Outra questão se apresenta: o empreendimento no qual iria engajar-se Alexandre baseava-se na Macedônia? Ou será que, quando atravessasse o Helesponto, seus planos incluiriam "queimar os navios", para empregar a locução corrente?

O território sobre o qual se estendia o poder de Alexandre ia de Bizâncio ao Eurotas, penetrando no interior, passando o Hemus e o Pindo até o Danúbio e o Adriático. Esse território costeava o mar Egeu por dois lados – no norte e no oeste – como em um ângulo reto, enquanto o litoral leste, fechado pela Ásia Menor, povoada por cidades gregas, pertencia aos persas. Quanto a Creta, que barrava o litoral sul do mar Egeu, também era grega, mas constituía um mundo à parte, como a Sicília e as cidades gregas edificadas no norte e no sul do Ponto.

Alexandre considerava seguro o território situado no ângulo esquerdo superior desse quadrilátero. Este constituía, de algum modo, o fecho da abóbada do império. Lá, nos territórios macedônios – incluindo a Tinfeia e a Paraunia no oeste e, no leste, a bacia do Strymon –, ele era o rei hereditário e inconteste. A nobreza, os camponeses e as cidades – mesmo a cidade de Anfípolis, de fundação grega – lhe eram totalmente devotados.

A esse bloco central vinham se juntar à direita, à esquerda e por trás outros territórios dotados de diversas formas políticas, da dependência absoluta a um vago laço federativo.

O mais importante de todos esses territórios era a Trácia, que se estendia da entrada do Helesponto à saída do Bósforo, constituindo o litoral situado em frente à Ásia Menor. O império dos trácios, que havia dominado outrora toda a bacia do Hébron até as montanhas, tinha sido derrotado por Filipe e se tornado tributário dos exércitos macedônios. Se nos for permitido antecipar uma concepção romana, podemos dizer que a Trácia havia se tornado uma "província" do Estado macedônio. O território da Trácia – temos uma prova segura disso a partir de 335 a.C. – era governado por um estratego macedônio. As cidades gregas situadas ao longo do litoral trácio do Ponto – Apolônia e Messêmbria até Callatis e Istros – mantinham relações amistosas com Filipe. Mas limitava-se a isso o seu relacionamento com a Macedônia, mesmo depois da campanha de 335. No transcurso dessa campanha, alguns navios de Bizâncio foram enviados ao Danúbio. Porém, deve ter sido em virtude de uma simples aliança militar. O fato de que Bizâncio, mesmo nos tempos dos diádocos, jamais cunhou moedas com a efígie de Alexandre permite concluir que ela permaneceu uma cidade livre, tal como as cidades gregas da liga de Corinto.

As relações com o reino de Épiro eram mais complexas. O rei Filipe o havia arrancado de Arybdas para dá-lo a Alexandros, sobrinho de Arybdas e irmão de Olímpias. Depois, ele o havia aumentado até a baía de Ambrácia. Desde então, esse país se mantinha ao lado da Macedônia como um sustentáculo natural. O casamento do jovem rei com a filha de Filipe deveria tornar esses laços ainda mais estreitos. Não será estranho, nessas condições, que os soldados de Épiro não tenham tomado parte na guerra de 335 nem na grande campanha contra a Ásia? Mais ainda: um ano depois, vemos o rei de Épiro partir em campanha em direção à península Itálica, à frente de "quinze navios de guerra e de carros de todos os tipos destinados ao transporte dos homens e dos cavalos", e nem mesmo sabemos se essa expedição efetuou-se com o consentimento da Macedônia. Se esse ponto fosse elucidado, poderíamos formar uma opinião mais exata sobre as concepções políticas da época. Mas talvez seja preciso lembrar que o regime político dos molosseanos estava longe de ser tão absolutista quanto o da Macedônia. O rei estava atado ao juramento que prestava ao povo e ao juramento que o povo lhe prestava em troca. Assim, é possível que o rei de Épiro não tenha realizado aquela campanha em nome do seu Estado, mas por sua própria conta, a fim de prestar serviços a um príncipe estrangeiro, como muitos reis espartíatas haviam feito antes dele.

Vimos acima a atitude dos Estados gregos em relação à Macedônia. Os tessalianos estavam ligados à Macedônia bem antes da liga de Corinto, em virtude das instituições que Filipe lhes havia outorgado e que Alexandre havia renovado após a morte do pai. Essas permitiam que os macedônios dispusessem livremente dos recursos financeiros e militares do país.

Parece que os etólios não fizeram parte da liga de Corinto, mas renovaram com a Macedônia os tratados precedentemente concluídos e em virtude dos quais eles haviam se tornado senhores de Naupacte em 338.

A liga de Corinto compreendia "toda a Hélade até as Termópilas". Só Esparta não estava representada. O objetivo da liga não era somente ajudar a Macedônia a conquistar a hegemonia na Grécia e a assegurar-se da colaboração dos contingentes helênicos para a guerra contra os persas. Ela também visava manter a paz no interior dos territórios confederados e impedir qualquer intervenção futura da Pérsia nos assuntos da Grécia. Se Filipe contentou-se com uma fórmula tão vaga, quando da fundação da liga de Corinto, e se Alexandre não procurou impor-lhe uma fórmula mais precisa, embora a possibilidade de fazer isso lhe tenha sido oferecida duas vezes, foi sem dúvida porque lhes pareceu inútil ou impossível transformar essa federação em uma união política propriamente dita.

A maneira como a liga fora fundada e como, por duas vezes, se dissolvera demonstrava a Alexandre que os juramentos feitos não eram suficientes, por si sós, para assegurar-lhe a colaboração dos Estados confederados. Não era possível confiar na sua fidelidade. Assim, por prudência, ele reforçara as guarnições macedônias em Acrocorinto, Calquis, Eubeia e Cadmeia. Para apoiá-las, deixou na Macedônia forças militares importantes que, acrescidas a cada ano pelos novos recrutamentos, não tinham somente como objetivo manter no respeito as tribos bárbaras para além das montanhas do Hemus e na Ilíria, mas também servir de centro de instrução para os reforços do exército da Ásia.

A fórmula da liga apresentava outro inconveniente. A frota macedônia era muito inferior à frota persa. Como veremos, o Grande Rei podia facilmente mobilizar quatrocentos navios no mar Egeu. Sua frota era composta de fenícios e de cipriotas, os melhores marinheiros do mundo antigo. Graças às ilhas do litoral ocidental da Ásia Menor que, embora autônomas em virtude da paz de Antalcides, eram governadas por tiranos ou por oligarquias devotadas ao Grande Rei, este último era o senhor inconteste do mar. Se os Estados que faziam parte da liga de Corinto tivessem juntado seus navios aos da Macedônia – só Atenas possuía 350 deles em seus arsenais –, teriam facilmente se tornado senhores do mar antes que as frotas persas aparecessem. Mas nunca, nem quando da fundação da liga, nem quando da sua renovação, os reis da Macedônia acreditaram ser possível ou oportuno exigir dos Estados helênicos uma colaboração naval mais estreita. Se Alexandre escolheu dar um caráter quase exclusivamente terrestre à sua campanha contra os persas, ele foi, portanto, obrigado a isso mais por necessidades políticas do que por razões militares.

Por conseguinte, Alexandre devia calcular muito exatamente a força, o armamento e a organização do seu exército de terra, a fim de pôr do seu lado as chances de sucesso.

O rei Filipe já elevara o exército macedônio a 30 mil soldados de infantaria e a 4 mil cavaleiros. Dera-lhe uma instrução muito severa. Era a antiga organização helênica, porém ampliada e adaptada às necessidades da Macedônia. Suas características essenciais eram grande mobilidade e insuperável liberdade na combinação e no emprego tático das diversas armas: infantaria e cavalaria, tropas pesadas e leves, milícias camponesas e mercenários.

Quando partiu para a Ásia, Alexandre deixou na Macedônia 12 mil soldados de infantaria e 1,5 mil cavaleiros sob o comando de Antípater. Para substituí-los, ele levou consigo 1,5 mil cavaleiros tessalianos, seiscentos cavaleiros e 7 mil infantes escolhidos entre os contingentes gregos aliados, 5 mil infantes que eram mercenários helênicos e, por fim, alguns trácios a pé e alguns odrisianos e paiônios a cavalo. Segundo a tradição mais segura, parece que as forças totais do exército que se pôs em marcha para o Helesponto quase não ultrapassavam 30 mil infantes e 5 mil cavaleiros.

O exército que Alexandre conduzia para a Ásia conservou, em suas grandes linhas, a organização macedônia. Os contingentes mercenários e aliados que o acompanhavam só lhe davam mais flexibilidade e coesão.

Na estratégia helênica, a arma mais importante sempre fora a infantaria pesada, até o dia em que juntaram-se a ela algumas formações de infantaria leve, os peltastas, que deram um golpe decisivo nos espartíatas. No exército macedônio, igualmente, esses dois tipos de infantaria pesada e leve, os falangitas e os hipaspistas, constituíam, pelo número, a arma principal.

O caráter peculiar da falange residia no armamento de cada soldado e na ordem de formação da tropa. Os falangitas eram hoplitas,[55] segundo o modelo grego, embora equipados um pouco menos pesadamente. Armavam-se com elmo, couraça, protetores de coxa e um escudo que cobria a largura de um homem. Sua arma principal era a sarissa, uma lança de quatorze a dezesseis pés de comprimento, e a curta espada grega. Destinados ao combate de perto e em massa, eles assumiam uma formação que podia suportar sem se curvar os mais violentos assaltos do inimigo. Eram agrupados com uma profundidade de dezesseis homens, de modo que as lanças das cinco primeiras filas ultrapassassem a sua frente de ataque, formando uma muralha intransponível. Os soldados das filas seguintes colocavam suas sarissas sobre os ombros de seus camaradas posicionados diante deles, de modo que essas "massas de combate", duplamente vantajosas pelo peso e pela mobilidade, constituíam para o inimigo um obstáculo temível. Somente o perfeito treinamento físico de cada soldado permitia a execução rápida e precisa das manobras, tornadas muito difíceis pelo pequeno espaço disponível no interior da falange. No transcurso das batalhas, essas tropas desempenhavam o papel de "cidadelas moventes". O exército que partia para a Ásia incluía seis dessas falanges, ou taxeias, compostas de falangitas ou "pezeteros", conduzidas sob o comando dos estrategos Pérdicas, Koinos, Amintas (filho de Andrômeno), Meleagro, Filipe (filho de Amintas) e Cratero. As taxeias parecem ter sido recrutadas por localidades. A de Koinos vinha de Elimiótia, a de Pérdicas vinha de Oréstia e de Lincéstia e a de Filipe, comandada mais tarde por Polisperchon, de Tinfeia.

A infantaria pesada helênica – aliados e mercenários – mantinha-se sob um comando especial. O estratego dos aliados era Antígono, que mais tarde tornou-se rei. O estratego dos mercenários era Menandro, um dos heteres. No decorrer das operações de grande envergadura, aliados e mercenários eram combinados com os falangitas macedônios.

---

55. Ver nota 28, p. 56. [N.T.]

Examinemos agora a tropa exclusivamente macedônia dos hipaspistas. O ateniense Ifícrates, desejando possuir um exército ao mesmo tempo mais ágil que os hoplitas e mais bem armado que a infantaria leve, havia sido o primeiro a criar, sob o nome de peltastas, uma corporação armada com couraças de linho, escudos leves e espadas mais longas que as dos hoplitas. A Macedônia adotou esse sistema, provavelmente para as tropas que, ao contrário da milícia, permaneciam constantemente em formação, como parece indicar o seu nome – trabantes, ou tropas de proteção do rei.

A campanha de 335 forneceu diversos exemplos do uso que se fazia dessas tropas. Muitas vezes, o terreno se opunha ao emprego da falange. Mais ainda, era necessário executar ataques rápidos, deslocamentos e ataques de surpresa para os quais as falanges não eram bastante móveis e as tropas leves não estavam armadas com força suficiente. Os hipaspistas eram muito indicados quando se tratava de ocupar colinas, atravessar rios ou suportar ataques de cavalaria. A corporação inteira, "os hipaspistas dos heteres", como eram chamados, era comandada por Nicanor. A primeira falange levava o nome de agema, ou escolta real dos hipaspistas.

Na cavalaria, o primeiro lugar cabia aos esquadrões macedônios e tessalianos, formados pela nobreza equestre desses dois países. Iguais em armas, em força e em glória, os cavaleiros nobres rivalizavam em bravura ao lado do rei, que combatia ele próprio à frente deles. O papel capital desempenhado por essa arma na expedição de Alexandre é atestado por cada uma das grandes batalhas que ele ganhou e, mais ainda, por suas cavalgadas fulgurantes durante as perseguições de Dario e de Bessus. Igualmente temíveis em combate organizado e em combate individual, os cavaleiros de Alexandre eram superiores aos cavaleiros asiáticos pela disciplina e pelo treinamento. De modo geral, seus ataques contra a infantaria inimiga sempre foram decisivos. Esses cavaleiros usavam um elmo, um gorjal,[56] uma couraça e protetores para as coxas. Armavam-se com lança e espada. Seus cavalos também tinham a cabeça e o peitoral protegidos por uma couraça. Os heteres macedônios eram comandados, ao que parece, por Filotas, filho de Parmênion, que usava o tí-

---

56. Parte da armadura que protegia o pescoço. [N.T.]

tulo de hiparco.⁵⁷ Essa "cavalaria dos heteres" constituía oito esquadrões, ou "iles", cada um comandado por um ilarca, chamados ora pelo nome do chefe, ora pelo nome da província da qual eram originários. Na batalha de Arbeles, os esquadrões eram comandados por Kleitos, Glaukias, Ariston, Sopolis, Heracleido, Demétrios, Meleagro e Hegéloco. O esquadrão de Sopolis usava o nome de Anfípolis, às margens do Strymon; o de Heracleido usava o nome de Boteias; o de Kleitos era chamado de "esquadrão real" e constituía a escolta da cavalaria. Entre os esquadrões tessalianos, o mais forte e o mais bravo era o de Farsália. O comando da cavalaria tessaliana havia sido entregue a Calas, filho de Harpalo.

Alguns cavaleiros helênicos e contingentes aliados também faziam parte do exército. Esses últimos estavam geralmente associados às tropas tessalianas. Mas formavam uma corporação à parte, comandada por Filipe, filho de Menelau.

Por fim, havia as tropas leves a pé e a cavalo. Essas últimas provinham em parte da alta Macedônia e em parte da Trácia, da Paiônia e de Agriana. Estavam armadas segundo o costume de seus respectivos países. Endurecidas pela caça e pela vida no campo, aguerridas pelas permanentes guerrilhas que lhes eram impostas pelos príncipes, essas tropas eram usadas, sobretudo, em combates volantes e na cobertura das marchas.

Entre a infantaria leve, o primeiro lugar cabia aos trácios, numericamente mais fortes. Eram comandados por Sitalco, que pertencia sem dúvida à casa real. De acordo com seu número, deviam formar diversas falanges. Eram designados pelo nome de acontes, ou lançadores de dardos. Pareciam usar um pequeno escudo que serviu mais tarde de modelo para o dos peltastas atenienses. O segundo lugar cabia aos agrianos, que também eram acontes. Estavam sob o comando de Atala, talvez filho do príncipe Langaros. Por fim, vinham os arqueiros, recrutados em parte entre os macedônios, em parte entre os mercenários cretenses. Nós os vemos precederem os agrianos em quase todos os combates. Em um ano foi necessário substituir três vezes o seu chefe, que usava o título de toxiarca. No início da campanha, o chefe era Clearco.

---

57. Ver nota 35, p. 67. [N.T.]

Ao lado deles vinha a cavalaria leve, formada em grande parte por paiônios e odrisianos, cujo valor equestre sempre foi reconhecido. É impossível precisar o seu número. Os paiônios eram comandados por Ariston e os odrisianos por Agaton, filho de Tirimas, ambos da linhagem principesca. Associados à corporação macedônica dos sarissóforos, sob o comando de Amintas, o Linceste, eles eram designados pelo nome coletivo de podromos.

Graças à assimilação dessas tropas leves, o exército de Alexandre havia se enriquecido com um elemento que a estratégia helênica até então subestimara. Pois as tropas leves incorporadas aos exércitos gregos jamais haviam desempenhado um papel importante, nem pelo número nem pelo valor. Eram consideradas com certo desprezo, formadas sobretudo por soldados recrutados entre as classes baixas e por mercenários bárbaros. Além disso, suas principais missões consistiam em ataques de surpresa, muitas vezes improvisados, ataques barulhentos e retiradas fingidas que os oficiais helênicos julgavam "repugnantes e indignas". Agora, essas tropas, solidamente enquadradas pelas falanges, constituíam uma engrenagem essencial do exército de Alexandre, que usou o caráter especial da sua maneira de combater, mas aumentou ainda mais o seu poder de ataque, impondo-lhe a severa disciplina macedônia.

Dois outros elementos assinalam a originalidade do exército de Alexandre.

Nos exércitos gregos, o número de cavaleiros sempre fora muito pequeno. Nas batalhas de Epaminondas, havia um cavaleiro para dez soldados da infantaria. No exército de Alexandre a cavalaria era quase duas vezes mais numerosa: havia um cavaleiro para seis soldados da infantaria.

Já em Queroneia, Alexandre havia decidido vitoriosamente a sorte da batalha, atacando à frente de cavaleiros colocados na ala esquerda. Mais tarde, ele reforçou ainda mais a cavalaria, prevendo a luta contra os exércitos do Grande Rei, cuja força principal consistia em cavaleiros recrutados entre os povos asiáticos. Alexandre deu à cavalaria um papel muito ofensivo, a fim de atingir o inimigo no ponto em que ele era mais forte.

Os gregos e os macedônios não conheciam nem estribos nem ferraduras. Devia acontecer o mesmo com os povos da Ásia, pois, caso contrário, esses últimos não teriam tardado a demonstrar superioridade. Precisamos sempre recordar isso quando lemos sobre as marchas fatigantes que Alexandre impunha aos cavalos, no decorrer de suas últimas campanhas, e em suas longas jornadas efetuadas em pleno inverno, através da neve e da geada. O fato de montar sem sela nem estribos, com uma simples cobertura fixada por uma correia, representava para os cavaleiros uma fadiga suplementar. A ausência de estribos devia incomodá-los consideravelmente nos combates corpo a corpo. Não podendo se erguer na sela para aplicar os golpes, eles só dispunham, por assim dizer, da metade de sua força. Assim, não era possível contar com ela para muito mais do que as cargas, nas quais a simples violência do choque conseguia deslocar a frente inimiga. Parece que as escolas de equitação daquela época esforçavam-se, sobretudo, para dar aos cavaleiros grande liberdade de movimentos e um estilo muito flexível, de que os baixos-relevos e as estátuas equestres nos dão uma imagem.

Outra característica do exército de Alexandre é que ele não tinha somente alguns chefes, mas um verdadeiro corpo de oficiais. Os "somatofilaquias", ou corpo dos "efebos reais", eram, do ponto de vista científico e militar, a escola preparatória dos jovens aristocratas macedônios. Desse viveiro saíam os heteres da cavalaria, os oficiais dos hipaspistas, dos pezeteros, dos sarissóforos etc. O grau mais elevado pertencia aos sete somatofilactas, ou majores-generais, que se mantinham constantemente à disposição do rei, quer ele tivesse um conselho a lhes pedir ou um comando temporário a lhes confiar. Constituíam, de alguma maneira, o grande estado-maior. Os dois oficiais mais elevados depois do rei eram Parmênion, no exército, e Antípater, em Pela. Ignoramos se esses últimos tinham uma patente específica. Depois vinham os hiparcos dos diferentes corpos de cavalaria: os estrategos das falanges, dos hipaspistas, dos aliados helênicos e dos mercenários. Depois, sem dúvida, os ilarcas da cavalaria, os quiliarcas,[58] os hipaspistas, os taxiarcas dos pezeteros etc. Quando lemos que os *hegemons* dos aliados e dos mercenários eram às vezes convocados para o conselho, deve tratar-se de comandantes como Sitalco, chefe dos acontes da Trácia; Atala, chefe dos agrianos; Agaton e Ariston, chefes dos cavaleiros odrisianos e paionianos; e talvez também dos chefes dos contingentes helênicos.

---

58. Comandante de uma quiliarquia, formação de 1.024 homens da infantaria Macedônia. [N.T.]

O combate de Pelion mostra que o exército transportava algumas fundas e catapultas. As parelhas que eram necessárias para o transporte dessas peças, assim como das carroças de forragem e de víveres, aumentavam consideravelmente o número de cavalos, cujo abastecimento era necessário prever. Mas isso não era tudo. Segundo um decreto de Filipe, cada cavaleiro só tinha direito de levar consigo um único escudeiro, mas um escudeiro montado. Se contarmos, como hoje em dia, quatro medidas de cevada ou de aveia por cavalo e por dia – essa ração era duplamente necessária durante as longas jornadas através da Ásia – e se o exército levava consigo forragem e víveres para três dias, o segundo cavalo praticamente só podia levar, além do escudeiro, uma grande quantidade de feno e 24 medidas de aveia. Seria necessário, portanto, um terceiro cavalo, uma besta de carga, que também transportava as bagagens do hetere. Esse uso era certamente difundido na cavalaria macedônia e tessaliana. Se levarmos em conta que o total dessas duas tropas elevava-se a 3 mil combatentes, isso leva a 9 mil o número de cavalos. Não sabemos como procediam os cavaleiros helênicos, os sarissóforos e os paionianos. Um segundo decreto de Filipe autorizara um carregador de bagagens para cada dez falangitas. O critério deve ter sido o mesmo para os aliados e os mercenários.

Era necessário, evidentemente, que o quartel-general do rei possuísse chancelaria, intendência, tesouraria etc. Harpalo, um dos 337 amigos de Alexandre banidos por Filipe e inapto para o serviço militar, foi encarregado de administrar o caixa do rei. Outro de seus íntimos, Laomedon de Mitilene, foi colocado no comando da guarda dos prisioneiros bárbaros, pois falava fluentemente a língua deles. Por fim, um detalhe da campanha da Báctria projeta um clarão fugaz sobre a existência de um serviço de saúde.

Tal era o exército de Alexandre. Seu pai o havia organizado e aguerrido por meio de manobras reiteradas e de campanhas muito árduas. Acrescentando alguns cavaleiros tessalianos aos cavaleiros macedônios, ele criara uma cavalaria como o mundo helênico jamais havia visto. Porém, Filipe não extraíra dela o máximo de força e de eficácia.

Ele pareceu não ter tido consciência muito clara da superioridade militar do instrumento que havia forjado. Em Queroneia, onde comandava os cavaleiros macedônios da ala direita, Filipe não forçou passagem pelas linhas do inimigo e deu ordem à falange para bater em retirada. A batalha teria sido perdida se Alexandre não se tivesse lançado fogosamente, à frente dos cavaleiros da ala esquerda, decidindo assim a sorte da jornada. A partir desse momento e mais ainda no transcurso da campanha de 335, Alexandre mostrou que sabia usar a irresistível força ofensiva desse exército com mais audácia, rapidez e vigor que o pai. Ele era o comandante em chefe, o melhor soldado de suas tropas e o combatente de vanguarda, no sentido mais forte do termo. O modo como arriscava a própria vida, lançando-se sempre sobre o inimigo na linha de frente dos cavaleiros, inflamava oficiais e soldados.

Do ponto de vista numérico, o exército de Alexandre era infinitamente mais fraco que o do Grande Rei. Mas estava tão impecavelmente organizado, tão maravilhosamente treinado e tão admiravelmente comandado, que se pôs a caminho da Ásia com a arrasadora superioridade moral que confere a certeza da vitória.

O império dos persas, em contrapartida, não estava mais em condições de resistir. A fatalidade de sua queda estava inscrita na sua extensão, no seu despotismo em relação aos povos vencidos, assim como na sua má organização militar e administrativa.

Basta examinar rapidamente a situação do império no momento em que Dario III subiu ao trono para ver como tudo ali estava em decomposição. Seria um erro responsabilizar por isso a corrupção moral da corte, da dinastia reinante e dos povos submetidos. A desgraça da Pérsia não veio daí, mas de uma série de soberanos débeis que não souberam segurar o poder nas mãos com a energia que o governo de tão vasto império exigia. Sua fragilidade acarretou a desaparição progressiva do temor entre os povos, da obediência entre os sátrapas e da concórdia entre os poderosos. A unidade que consolidava as províncias afrouxou-se rapidamente. A indiferença pelo Grande Rei e pela dinastia dos Aquemênidas logo sobrepujou o respeito, mesmo entre os povos que haviam conservado a antiga religião, as leis, os costumes e, em alguns lugares, os príncipes hereditários. A sede de independência cresceu entre os sátrapas, que já se viam como regentes de províncias poderosas e distanciadas da capital. No transcurso do século de inação quase total que se seguiu à campanha de Xerxes, os generais helênicos criaram e regularam uma arte estratégica muito aperfeiçoada, com a qual a Ásia evitou cuidadosamente se medir. A Pérsia foi desaprendendo pouco a pouco a lutar. A Campanha dos Dez Mil havia provado que a tática dos gregos era mais forte que a estratégia incoerente das multidões asiáticas. Por isso os sátrapas a adotaram quando se revoltaram contra o seu rei.

O império, fundado sobre as vitórias dos exércitos persas, foi obrigado, para sobreviver, a recorrer a mercenários helênicos.

Sem dúvida, Ochos restabelecera – pelo menos na aparência – a unidade do império e soubera fazer suas vontades serem respeitadas com o rigor implacável de um déspota. Mas já era tarde. Ele mesmo soçobrou na inação e na fraqueza. Os sátrapas conservaram o poder usurpado, e os povos – notadamente os das satrapias ocidentais –, curvados sob a nova opressão, não esqueceram que haviam estado perto de libertar-se dela.

Após algumas perturbações sangrentas, o trono havia enfim sido dado a Dario III. Para salvar o império, ele deveria ter mostrado mais energia que virtude, mais severidade que mansidão. Deveria ter reinado como um tirano, não como um conciliador. Ele desfrutava da estima dos persas. Os sátrapas lhe eram devotados. Mas isso não era suficiente. Era amado, mas não temido. E os poderosos do reino não tardaram a mostrar como o interesse pessoal e a cupidez sobrepujavam neles o respeito por um príncipe que possuía todas as qualidades, com exceção das de um chefe.

O poder de Dario estendia-se do Indo ao mar Egeu e do rio Jaxarta ao deserto da Líbia. Mas sua suserania, ou antes a dos sátrapas, não soubera adaptar-se ao caráter dos diferentes povos que precisavam ser governados. Não fincara raízes no sentimento popular, mas assentava-se em exigências brutais e numa espécie de transmissão hereditária do poder administrativo. Esses abusos haviam sido implantados no transcurso dos longos anos em que o controle do governo central se enfraquecera. Quando as províncias não se submetiam de boa vontade por razões de interesse ou de oportunidade política, o Grande Rei não podia forçá-las, a não ser pelas armas. Será que podemos nos espantar que um tal estado de coisas – estendido a quase todas as regiões do império – tenha posto o colosso na impossibilidade de se defender? Sem dúvida, os povos da Pérsia, da Ária e dos territórios bactrianos eram povos guerreiros, indiferentes ao regime, desde que ele lhes permitisse satisfazer a sua sede de guerra e de rapina. Os cavaleiros iranianos, bactrianos e sogdianos constituíam o núcleo das tropas acantonadas na maior parte das satrapias; mas em vão se teria buscado, entre eles, a mínima devoção pela pessoa do rei. Do mesmo modo como haviam representado uma força terrificante na época de Ciro, de Cambises e de Dario I, eles haviam se tornado impotentes diante da nova arte estratégica dos gregos.

Os povos do Ocidente, curvados sempre com muita dificuldade – e, às vezes, não sem derramamento de sangue – sob o jugo da Pérsia, esperavam a primeira oportunidade para recuperar a independência. Os gregos do litoral da Ásia Menor só eram mantidos na obediência graças ao pulso firme dos oligarcas ou dos tiranos. Quanto aos povos que residiam no interior da península, esmagados havia dois séculos, apáticos, indolentes e sem lembranças do passado, não tinham mais força nem desejo de se revoltar. A mesma coisa poderia ser dita dos sírios. Uma servidão secular havia quebrado sua energia, de modo que eles deixaram que os acontecimentos se desenrolassem sem neles tomarem parte. Só os fenícios haviam conservado a antiga atividade. Mas ela era, para a Pérsia, mais perigosa do que tranquilizadora. Pois a fidelidade de Tiro não se baseava de maneira alguma em amor pelo Grande Rei, mas em ódio por Sídon. O Egito, por fim, jamais havia renunciado à velha hostilidade contra os estrangeiros; as depredações de Ochus o haviam arruinado, mas não vencido. Todos esses países seriam perdidos pela Pérsia na primeira ofensiva vinda do Ocidente. Assim, a política dos Grandes Reis havia consistido em manter a discórdia entre os Estados helênicos, em enfraquecer os fortes, em incitar os fracos e em agravar suas querelas por meio de um sistema muito desenvolvido de corrupção e delações. Tal política dera frutos durante longo tempo, até o dia em que o impulso rápido e vitorioso da Macedônia pusera fim a essas intrigas. Depois da vitória de Queroneia e da fundação da liga pan-helênica, devem ter começado a temer pelo futuro no palácio real de Susa.

Dario III, que subiu ao trono pouco antes do assassinato de Filipe, foi o primeiro a tomar medidas contra as tropas que haviam transposto o Helesponto.

Entregou ao ródio Mêmnon todos os mercenários helênicos de que dispunha, com ordem de marchar contra os macedônios e proteger as fronteiras do império. Era possível deter dessa maneira um corpo isolado, mas não o exército greco-macedônio inteiro, do qual as tropas de Parmênion constituíam a vanguarda. Já não havia mais tempo para mobilizar o exército persa e enviá-lo para a Ásia Menor antes da chegada das forças inimigas. Pareceu mais fácil e mais oportuno cortar o mal pela raiz. Relações secretas foram estabelecidas com a corte da Macedônia. O rei Filipe foi assassinado "seguindo as ordens e pela vontade expressa do Grande Rei", assim como Alexandre declarou mais tarde em uma mensagem dirigida a esse rei.

Com isso, o empreendimento tão temido parecia aniquilado. Os problemas que eclodiram na Tessália, na Hélade, na Trácia e na Ilíria dissiparam as últimas apreensões do Grande Rei. Quando Atala, à frente de suas tropas e de acordo com os dirigentes da política ateniense, tomou partido contra Alexandre, pareceu que as intrigas persas haviam triunfado mais uma vez. Mêmnon já se aproximava da Magnésia, ocupada por Atala e Parmênion. Com manobras habilidosas, havia lhes infligido sérias perdas. Mas, nesse meio-tempo, Alexandre resolvera os assuntos da Macedônia e pacificara a Grécia. Atala fora eliminado. Parmênion tomara Grineia com uma parte do seu exército, enquanto Calas, filho de Harpalo, dirigia-se com o restante de suas tropas ao interior do território para apoderar-se da Troade.

A guerra que Alexandre foi obrigado a fazer contra os trácios, os tribalos e os ilírios permitiu que a corte da Pérsia tomasse fôlego. Mobilizaram o exército e todas as forças navais, mas ficaram na expectativa, contando com uma insurreição pelo lado da Hélade. Queriam ver também até onde avançariam as tropas de Mêmnon.

O ponto defensivo mais importante contra uma invasão vinda do Helesponto era Cízico. Edificada sobre uma ilha, separada da terra por um braço de mar pouco profundo, cercada de muralhas construídas no transcurso dos dez últimos anos e provida de duzentos abrigos para trirremes, essa cidade muito populosa comandava o Proponto, o litoral asiático até Lâmpsaco e a entrada oriental do Helesponto. Separar Cízico da causa persa teria sido uma grande vitória para o exército macedônio na Ásia. Mêmnon pensou em tomar a cidade com uma investida rápida. Deixou furtivamente a Bitínia, onde estava, e com marchas forçadas chegou diante de Cízico. Era necessário apoderar-se dela de surpresa, pois as portas da cidade estavam abertas: acreditaram que o exército que se aproximava era o de Calas. Vendo frustrada a sua tentativa, Mêmnon arrasou os campos circunvizinhos e precipitou-se para a Élida, onde Parmênion sitiava Pitano. A aparição de Mêmnon assustou a cidade e forçou Parmênion a levantar o cerco. Depois, tendo garantido, na passagem, a cidade de Lâmpsaco, Mêmnon dirigiu-se rapidamente para Troia, onde se encontrou com Calas, que tinha avançado consideravelmente. Lâmpsaco oferecia a Mêmnon uma excelente base de movimentação. Além disso, suas tropas eram superiores em número. Ele derrotou Calas e obrigou-o a retirar-se para o Helesponto. As tropas macedônias entrincheiraram-se em uma praça-forte de Réties.

Não sabemos com certeza se Calas conseguiu manter essa posição. Parmênion, por seu lado, havia regressado a Pela, chamado por Alexandre – que julgava suficiente, até nova ordem, ocupar as cabeças de ponte que cobriam a passagem para a Ásia. É estranho que Mêmnon não tenha tirado proveito dessa oportunidade para seguir adiante e expulsar do litoral os inimigos. Os sátrapas acusaram-no mais tarde de ter feito com que a guerra se arrastasse por mais tempo para que ele mesmo se tornasse indispensável. Talvez, ao contrário, o desentendimento entre os sátrapas tenha paralisado sua ação.

IX

PREPARATIVOS DOS PERSAS ∾ PARTIDA DE ALEXANDRE ∾ TRAVESSIA DO HELESPONTO ∾ CERIMÔNIAS DE ÍLION ∾ O TÚMULO DE AQUILES ∾ RENDIÇÃO DE LÂMPSACO ∾ DESENTENDIMENTOS NO CAMPO DOS PERSAS ∾ PREPARAÇÃO PARA A BATALHA DE GRANICO ∾ PRIMEIRA VITÓRIA DOS MACEDÔNIOS

Na primavera de 334, a frota do Grande Rei estava pronta para içar velas. Os sátrapas e os governadores da Ásia Menor tinham recebido ordem para marchar em direção ao litoral e impedir que os macedônios transpusessem o limiar da Ásia. As forças asiáticas – 20 mil cavaleiros persas, bactrianos, medos, hircanianos e paflagonianos, aos quais se havia juntado uma igual quantidade de mercenários gregos – concentraram-se na planície de Zeleia. Era um exército corajoso e bastante forte para barrar o caminho do inimigo, se fosse bem dirigido. Porém, o Grande Rei não havia designado um comandante em chefe. Um conselho de guerra formado por todos os generais presentes decidiria a marcha das operações. Estavam nele, além de Mêmnon, Arsites (hiparco da Frigia), Spitridates (sátrapa da Lídia e da Jônia), Atizyes (sátrapa da Grã-Frígia), Mitrobuzanes (hiparco da Capadócia), o persa Omar e outros Grandes do império. Não há dúvida de que o mais capaz era Mêmnon. Porém, sendo grego e favorito do Grande Rei, ele era odiado por todos. Sua autoridade no conselho de guerra era muito menor do que teria sido desejável para a causa persa.

Enquanto a Ásia Menor armava-se, Alexandre progredira tão ativamente em seus preparativos que pôde se pôr a caminho já na primavera de 334. Depois de algumas festas e cerimônias magníficas, solenemente celebradas em Olímpia e em Aegae, na presença de todo o exército, as tropas tomaram a grande estrada de Anfípolis, às margens do Strymon. Então margearam o litoral, passando por Abdera, Maroneia e Cardes. Vinte dias depois estavam em Sestos. Ali, Alexandre despediu-se da mãe e da pátria. Sua frota já estava reunida no Helesponto. Parmênion recebeu ordens para conduzir a cavalaria e grande parte da infantaria de Sestos até Abidos. O rei, seguido pelo restante da infantaria, foi para Eleia, defronte ao litoral troiano, a fim de fazer um sacrifício sobre o túmulo de Protesilau, o primeiro herói grego a tombar no transcurso da guerra de Tróia. Depois o exército embarcou. Naqueles dias, 160 trirremes e muitos barcos de transporte cruzaram as magníficas margens do Helesponto, adornadas com todas as graças da primavera. Alexandre, segurando nas mãos o leme da trirreme real, deixou atrás de si o túmulo de Protesilau e navegou para a baía em frente, que era chamada de "porto dos aqueus" desde os tempos de Aquiles e de Agamenon. Nas margens erguiam-se os outeiros funerários de Ajax, Aquiles e Pátroclo. Chegando ao meio do Helesponto, Alexandre, com uma taça de ouro, fez libações às Nereidas e a Poseidon. Então aproximou-se da praia. A trirreme de Alexandre foi a primeira a atracar. Da proa, o rei lançou seu dardo na terra para tomar posse dela e foi o primeiro a descer na praia, vestido com sua armadura brilhante. Ordenou que fosse erguido um altar naquele local, para designá-lo à veneração dos séculos futuros.

Alexandre, seguido por seus estrategos e por uma escolta de hipaspistas, dirigiu-se para as ruínas de Ílion,[59] onde fez um sacrifício no templo de Atena. Consagrou suas armas à deusa e pegou no seu lugar as armas que estavam no templo, notadamente o escudo sagrado que diziam ter sido forjado para Aquiles. Ele ofereceu sobre o altar de Zeus, protetor dos rebanhos, um sacrifício à alma de Príamo, para apaziguar sua cólera contra a linhagem de Aquiles, que havia ferido o real ancião diante do fogo sagrado. Sobretudo, homenageou a memória de seu venerado ancestral. Ungiu e coroou com flores o túmulo do herói de quem Alexandre logo não teria nada a invejar a não ser o poeta que havia cantado suas façanhas. Seu amigo Heféstion fez o mesmo sobre o túmulo de Pátroclo. Depois realizaram-se jogos de todos os tipos. Muitos nativos e helenos vieram trazer ao rei coroas douradas, entre outros o ateniense Cares, senhor de Sigeia, cuja restituição Ale-

---

59. Ver nota 5, p. 24. [N.T.]

xandre havia exigido um ano antes. No fim das cerimônias, o rei ordenou que Ílion fosse reconstruída. Prometeu aos habitantes da nova cidade que lhes outorgaria autonomia, os isentaria de impostos e lhes daria mais tarde sinais renovados de proteção.

Depois ele voltou para a planície de Arisbeia, onde o restante do exército tinha montado acampamento. Puseram-se imediatamente a caminho para encontrar o inimigo, que estava concentrado em torno de Zeleia, quinze milhas a leste. O exército atravessou Percote e Lâmpsaco, a cidade de Mêmnon. Os lampsaquianos nada souberam fazer, para salvar sua cidade, além de enviar uma embaixada ao rei a fim de implorar sua graça. À frente deles encontrava-se Anaxímenes, homem de reconhecido saber e por quem o rei Filipe tivera amizade outrora. A pedido dele, Alexandre concedeu perdão à cidade.

De Lâmpsaco, o exército avançou para o leste sem afastar-se do litoral. A vanguarda, comandada por Amintas o Linceste, compunha-se de um esquadrão de cavalaria, o de Apolônia, e de quatro esquadrões de sarissóforos. Ao ver a sua aproximação, a cidade de Príapo, situada não longe da embocadura do Granico, rendeu-se. Agora, essa praça-forte havia se tornado mais importante do que nunca, pois dominava a planície de Adrasteia, banhada pelo Granico. Como os relatórios de Amintas indicavam que o exército persa avançava ao longo desse rio, era lá que se poderia esperar encontrar o inimigo pela primeira vez.

Alexandre estava visivelmente animado pelo desejo de atacar o mais cedo possível, enquanto os persas tinham toda a vantagem em postergar o combate. No conselho de guerra de Zeleia, Mêmnon havia desaconselhado a travar uma batalha que, mesmo coroada de sucesso, só ofereceria vantagens mínimas. A infantaria macedônia era muito superior à dos persas. Ela era duplamente perigosa porque combatia diante dos olhos de seu rei, enquanto Dario não estava lá para encorajar suas tropas. Se os persas fossem vencedores, os macedônios seriam salvos pela deficiência do ataque; se fossem vencidos, perderiam todo o território que precisavam defender. A única tática recomendável era evitar qualquer combate decisivo. Alexandre estava abastecido de víveres para poucos dias. Seria preciso efetuar a retirada lentamente, devastando tudo atrás de si, de modo que o inimigo não encontrasse nem forragem, nem rebanhos, nem abrigo. Então Alexandre seria vencido sem combate, e o maior perigo seria conjurado às custas de mínimos sacrifícios.

A tese de Mêmnon não encontrou eco entre os generais, que consideraram o plano indigno da grandeza persa. Arsito, sátrapa da Frígia Helespôntica, combateu-o asperamente: ele não toleraria – declarou – que uma única casa da sua província fosse incendiada. Os outros chefes persas aferraram-se à mesma opinião e optaram pela batalha, menos pelo desejo de lutar do que por antipatia em relação ao estrangeiro grego, que já era bem visto demais pelo Grande Rei e queria prolongar a guerra para subir na sua estima. Decidiram marchar ao encontro dos macedônios até a borda do Granico e dar combate a Alexandre nas margens escarpadas do rio. Estenderam-se ao longo da margem direita, postando a cavalaria na beira do rio e os mercenários gregos no terreno inclinado situado um pouco atrás. Alexandre dirigia-se para o Granico através da planície de Adrasteia. A infantaria pesada havia sido dividida em duas colunas, flanqueadas à direita pela cavalaria macedônia e à esquerda pelas cavalarias tessaliana e grega. As bestas de carga seguiam com o grosso da infantaria leve. A vanguarda era formada pelos sarissóforos e por cerca de quinhentos homens da infantaria leve, sob o comando de Hegéloco. A massa principal já se aproximava do rio quando alguns sariossóforos deram meia-volta com toda a pressa para anunciar que os persas haviam se posicionado em ordem de batalha do outro lado do Granico. Anunciaram que a cavalaria havia tomado posição ao longo da margem lamacenta e a infantaria estava reunida um pouco atrás dela. Alexandre vislumbrou imediatamente o proveito que podia tirar dessa disposição desastrada, que transformava os excelentes mercenários em espectadores impotentes de um combate que eles sozinhos teriam tido condições de ganhar. Uma carga de cavalaria devia bastar para varrer a margem persa, e os falangitas se lançariam para consolidar o terreno conquistado. Alexandre ordenou, pois, que as colunas da direita e da esquerda se agrupassem em ordem de batalha. Nesse momento, Parmênion adiantou-se para desaconselhá-lo a travar o combate. Parecia-lhe preferível, disse, montar primeiro o acampamento na margem do rio. O inimigo, mais fraco em infantaria, não ousaria passar a noite na proximidade dos macedônios. Ele se retiraria, permitindo que eles atravessassem o rio ao alvorecer sem perigo, ao passo que naquele momento essa manobra não poderia ser efetuada sem risco. Caía a tarde. Em muitos lugares a margem era escarpada; o rio era profundo e impetuoso. Só se podia atravessá-lo obliquamente e por colunas. A cavalaria inimiga os atacaria pelo flanco sem lhes deixar tempo para se defenderem. Esse primeiro fracasso não seria somente desastroso para aquele momento; comprometeria o resultado de toda a campanha. O rei respondeu-lhe: "Eu me dou conta disso perfeitamente, mas teria vergonha de ter atravessado tão facilmente o Helesponto se esse pequeno curso de água viesse a barrar o nosso caminho. Seria indigno da Macedônia e contrário à minha maneira de afrontar o perigo. Os persas recuperariam a coragem. Se não conhecerem imediatamente a sorte que os espera, pensarão que podem enfrentar os macedônios." Tendo dito essas palavras, enviou Parmênion para a ala esquerda, enquanto voltava a cavalo para a frente dos esquadrões da ala direita.

Os persas reconheceram Alexandre pelo brilho fulgurante de suas armas, pelo penacho branco do seu elmo e pelos sinais de veneração de todos os que o cercavam. Viram que ele se encontrava em frente à sua ala esquerda, e que era dali, por conseguinte, que deviam esperar o ataque decisivo. Apressaram-se a reforçar a cavalaria naquele lado e a se apoiar solidamente na margem. Ali encontravam-se Mêmnon, com seus filhos, e Arsames, com sua cavalaria pessoal. Depois vinham, em ordem de batalha, o hiparco frígio Arsites, Spitridates, sátrapa da Lídia, com seus cavaleiros hircanianos acompanhados de quarenta fidalgos persas, depois o grupo central de cavaleiros formando uma massa compacta e, por fim, a ala direita, sob o comando de Reomitra. Durante um curto instante, os dois exércitos se encararam em silêncio: os persas prontos a pular sobre o inimigo logo que ele transpusesse o rio, Alexandre buscando com o olhar o local mais favorável para atacar. Montado em sua sela, ele gritou para que as tropas o seguissem e combatessem como bravos. Depois deu o sinal de ataque. Amintas, o Linceste marchava à frente com os sarissóforos, os paionianos e uma falange de hipaspistas: depois vinha o esquadrão de Apolônia, conduzido por Ptolomeu, filho de Filipe, ao qual tinha sido dada, naquele dia, a honra de colocar-se na primeira linha. A partir do momento em que atingiram o rio, o rei se pôs em marcha à frente das outros esquadrões de heteres, entre os cantos de guerra e o soar das trombetas. Enquanto Ptolomeu ocuparia a ala esquerda do inimigo, Alexandre tinha a intenção de movimentar-se obliquamente para a direita, à frente de seus sete esquadrões, e forçar passagem pelo centro apoiando-se, à direita, em Ptolomeu e, à esquerda, na linha avançada da infantaria. Na extrema esquerda, Parmênion devia subir o leito do rio, seguindo uma segunda linha oblíqua, e paralisar a ala direita do inimigo.

O combate começou logo que Amintas e Ptolomeu aproximaram-se da outra margem. Os persas, comandados naquele ponto por Mêmnon e seus filhos, os impediram por todos os meios de escalar a margem, lançando sobre eles uma chuva de dardos e avançando até ficarem com a metade do corpo dentro da água. Os macedônios, consideravelmente incomodados pelos bancos de lodo que bordeavam o rio, só com dificuldade conseguiam se defender. O inimigo lhes infligiu perdas severas, sobretudo do lado direito. Do lado esquerdo o rei, seguido pela escolta da cavalaria, já havia atravessado o rio e subia de assalto a margem, no lugar onde as tropas persas eram mais densas e onde todos os chefes encontravam-se reunidos. Logo fez-se uma confusão indescritível; as outros esquadrões lançaram-se no conflito, um após outro. Esse confronto de cavalaria era comparável a um combate de infantaria pela dureza, a continuidade e a violência do corpo a corpo. Espremidos, homem contra homem e cavalo contra cavalo, os macedônios combatiam com lanças e os persas, ora com dardos, ora com suas espadas de lâmina curva, os primeiros para repelir os persas da margem, os outros para jogar os macedônios no rio. O penacho branco do rei flutuava no lugar onde a luta era mais encarniçada. No decorrer da refrega, sua lança se partiu. Ele gritou para seu escudeiro-mor que lhe desse outra. Porém, o escudeiro também havia quebrado a sua, de modo que o rei continuou a se bater com o pedaço que lhe restava. Logo que Demarato de Corinto estendeu sua arma ao rei, uma nova nuvem de cavaleiros persas abateu-se sobre eles. Seu chefe, Mitrídates, que os precedia a galope, lançou-se sobre Alexandre e feriu-o no ombro com um dardo. Com um golpe de lança, Alexandre desmontou o príncipe da Pérsia, que rolou morto no chão. No mesmo instante Rosaikes, pai de Mitrídates, precipitou-se sobre Alexandre e fendeu seu elmo com um único golpe de sabre, ferindo sua testa. Alexandre atravessou a lança no peito do adversário, e Rosaikes caiu do cavalo de costas. Nesse meio-tempo o sátrapa da Lídia, Spitridates, havia se aproximado de Alexandre por trás. Ele já levantava seu sabre acima da nuca do rei, pronto a desferir-lhe um golpe fatal, quando o negro Kleitos antecipou-se: com um golpe, cortou o braço do bárbaro, que se soltou do tronco e caiu no chão. Kleitos liquidou sua vítima.

A luta se tornava cada vez mais encarniçada. Os persas combatiam com a máxima bravura a fim de vingar a morte de seus príncipes, enquanto colunas sempre mais numerosas de macedônios atravessavam o rio correndo e vinham entrar no conflito. Nifrates, Petines e Mitrobuzanes buscaram em vão resistir. Farnácio, cunhado de Dario, e Arbupales, neto de Xerxes, esforçaram-se para manter as tropas, que começavam a fugir, mas também eles logo eram cadáveres. O centro do exército persa tinha sido forçado. Seguiu-se uma debandada geral. Um batalhão de soldados persas – 1 mil segundo uns, 1,5 mil segundo outros – ainda resistia. Todo o restante do exército tinha fugido, espalhando-se pelos campos. Alexandre renunciou a perseguir os fugitivos, pois o grosso da infantaria inimiga ainda se mantinha nas colinas, comandada por Omar e pronta para defender a reputação dos mercenários gregos. Era, aliás, tudo o que lhes restava fazer. Espectadores ociosos de um combate que sua intervenção talvez tivesse decidido, mas sem ordens precisas para atacar porque o orgulho dos príncipes persas havia se recusado a considerar essa eventualidade, eles tinham permanecido nas colinas, imóveis, em fileiras cerradas, a fim de cobrir a retirada do exército. A fuga desesperada dos cavaleiros os tinha destinado à morte. Reduzidos à impotência, esperavam o ataque do exército macedônio, resolvidos a fazer com que ele pagasse caro pela vitória. Alexandre lançou a falange contra eles; ao mesmo tempo, mandou que fossem atacados por todos os lados pelo conjunto da cavalaria, inclusive os cavaleiros tessalianos e helênicos. Os mercenários foram vencidos após um combate rápido mas sangrento, no decorrer do qual o rei teve um cavalo morto sob ele. Nenhum escapou, a não ser aqueles que conseguiram se esconder sob as pilhas de cadáveres. Os 2 mil mercenários sobreviventes foram feitos prisioneiros.

As perdas de Alexandre foram relativamente pequenas. Quando do primeiro ataque, cerca de 25 cavaleiros do esquadrão de Apolônia tinham sido arrastados pela corrente; sessenta cavaleiros e trinta soldados da infantaria tinham sido mortos no transcurso da batalha. Foram enterrados no dia seguinte, cobertos com suas armas e com honras militares. Isentaram-se de impostos seus pais e seus filhos que tinham permanecido na Macedônia. Alexandre ocupou-se pessoalmente dos feridos. Foi visitá-los, examinou as feridas e fez com que cada um deles lhe contasse como as tinha recebido.

Ele deu ordem para que fossem enterrados os chefes persas, assim como os mercenários gregos, cujos cadáveres cobriam o vale do Granico. Os prisioneiros gregos, em contrapartida, foram amarrados com correntes, açoitados e enviados como escravos para a Macedônia, pois haviam combatido pelos persas contra a Grécia, violando os tratados. Só os de Tebas foram perdoados. O suntuoso acampamento persa caiu nas mãos de Alexandre, que partilhou o butim com os aliados. Ele enviou à mãe, Olímpias, uma parcela das taças de ouro, dos tapetes de púrpura e dos outros objetos preciosos encontrados nas tendas dos príncipes persas. Para homenagear a memória dos 25 primeiros cavaleiros caídos no campo de honra, mandou fundir igual número de estátuas de bronze, devidas ao escultor Lisipo, e deu ordem para que elas fossem erigidas em Dion. Por fim, enviou a Atenas, como oferenda a Palas-Atena, trezentas armaduras completas trazendo a seguinte inscrição: "Conquistadas dos bárbaros na Ásia por Alexandre, filho de Filipe, e pelos helenos, com exceção dos lacedemônios."[60]

---

60. Ver nota 20, p. 43. [N.T.]

X

CONSEQUÊNCIAS DA BATALHA DE GRANICO ∽ RENDIÇÃO DE SARDES ∽ CONSTRUÇÃO DO TEMPLO DE ZEUS ∽ TOMADA DE ÉFESO ∽ ESTADIA NESSA CIDADE ∽ CERCO DE MILETO ∽ RETIRADA DA FROTA PERSA ∽ LICENCIAMENTO DA FROTA MACEDÔNIA ∽ A PRINCESA ADA ∽ MÊMNON É NOMEADO COMANDANTE EM CHEFE ∽ CERCO E TOMADA DE HALICARNASSO ∽ ORGANIZAÇÃO DA CÁRIA ∽ ENVIO DOS SOLDADOS LICENCIADOS PARA A MACEDÔNIA ∽ ENTUSIASMO DAS TROPAS

A batalha de Granico teve como efeito aniquilar as forças persas situadas aquém do Taurus, desagregar o poderio das satrapias que formavam o bastião avançado do império e desencorajar os sátrapas a tal ponto que eles não ousaram mais enfrentar os macedônios em campo aberto. As tropas de ocupação persas estacionadas nas cidades isoladas, muito fracas para resistir a um exército vitorioso, podiam ser consideradas vencidas de antemão. Muitos generais persas tinham sido mortos no decorrer da batalha, notadamente o sátrapa da Lídia. Afirmam que Arsites, hiparco da Frígia Helespôntica, suicidou-se no dia seguinte à derrota, por remorso ou por temor do castigo real. Enfim, as regiões litorâneas mais importantes seriam presa fácil para as tropas de Alexandre. Nas ricas cidades gregas, sempre havia homens animados por tendências democráticas que viam na chegada dos macedônios uma chance inesperada de sacudir o jugo da Pérsia e dos oligarcas devotados ao Grande Rei.

Alexandre via claramente o rumo que devia seguir para explorar e ampliar a vitória. Um avanço rápido para o interior do país teria feito cair nas suas mãos um vasto território e um imenso butim. Porém, seu objetivo não era conquistar a Ásia Menor; ele queria aniquilar o poderio do Grande Rei. Se avançasse para o interior, a frota persa, reunida no mar Egeu, ameaçava operar nas suas costas e tornar-se senhora do litoral. Antes de marchar para o

Oriente, era necessário que ele tornasse as suas bases de operação tão amplas e tão seguras quanto possível. Se ele se apoiasse apenas no Helesponto, as satrapias situadas nas margens do mar Jônio permaneceriam nas mãos do inimigo, que poderia ameaçar seus dois flancos. Antes de transpor o Taurus, era necessário ocupar todo o litoral ocidental e meridional da Ásia Menor. Essas regiões, semeadas de cidades helênicas ou helenizadas, se aliariam com tanto mais ânimo à causa do vencedor quanto mais rapidamente ele agisse, beneficiando-se do efeito moral criado pela vitória.

Alexandre confiou a satrapia da Frígia Helespôntica a Calas, filho de Harpalo. Este já era conhecido por lá pela estadia de dois anos que acabara de efetuar na região e parecia o mais bem escolhido para administrar essa província de enorme importância estratégica.

Nada foi modificado na administração; mesmo os tributos permaneceram idênticos aos que os frígios pagavam anteriormente ao Grande Rei. Os habitantes não gregos do interior acorreram em massa para demonstrar submissão. Deixou-se que eles voltassem em paz para seus lares. Os zelitos, que haviam se juntado ao exército persa de Granico, foram anistiados porque tinham sido constrangidos e forçados a participar do combate. Parmênion foi enviado a Daskilia, residência do sátrapa da Frígia, para tomar posse da cidade, já evacuada pela guarnição persa.

O próprio Alexandre marchou para Sardes, capital da satrapia da Frígia. A cidade era célebre por causa da sua antiga cidadela, construída no cume de uma falésia isolada. Essa praça-forte, cercada por uma tripla muralha, tinha a reputação de ser inconquistável. Continha o tesouro dessa rica satrapia, aquilo que permitia ao governador da cidade conservar e aumentar a guarnição ao seu bel-prazer. Uma forte guarnição estabelecida em Sardes podia oferecer uma base naval de primeira ordem para as esquadras persas. Assim, Alexandre ficou muito feliz ao ver Mitrines, o governador persa da guarnição, vir ao seu encontro, a duas léguas da cidade, acompanhado pelos notáveis de Sardes, que haviam decidido entregar-lhe, uns, a cidade, os outros, a cidadela e o tesouro. O rei designou Amintas, filho de Andrômeno, para ocupar a cidade e seguiu em frente após um curto repouso. A contar desse dia, conservou constantemente Mitrines a seu lado e encheu-o de honrarias, tanto para recompensá-lo por ter se submetido quanto para mostrar-lhe como sabia tratar aqueles que o serviam lealmente. Concedeu liberdade aos sardianos, assim como a todos os lídios, devolvendo-lhes as suas antigas leis. Para homenagear a cidade, decidiu embelezar a cidadela, fazendo com que fosse construído nela um templo a Zeus olímpico. Enquanto visitava o terreno da acrópole para procurar o local mais propício, uma tempestade desencadeou-se subitamente e uma tromba d'água caiu, entre relâmpagos e trovões, no lugar onde outrora se erguia o palácio dos reis da Lídia. Alexandre escolheu esse lugar para nele edificar o templo, que passou a adornar a antiga cidadela de Creso.

Sardes tornou-se o segundo ponto importante na linha estratégica de Alexandre, a porta que dava acesso ao interior da Ásia Menor, a encruzilhada para a qual convergiam todas as rotas comerciais do Oriente próximo. Asandro, irmão de Permênion, recebeu a regência da Lídia. Uma tropa de cavaleiros e de soldados da infantaria leve foi deixada sob suas ordens. Niceia e Pausânias, da coorte dos heteres, também ficaram com ele, um como comandante da cidadela e da guarnição de Sardes – à qual se juntou o contingente de Argos – e o outro como recebedor e repartidor dos impostos. Um terceiro regimento, formado pelos peloponesianos e outros heteres, foi enviado para o território pertencente ao ródio Mêmnon, sob as ordens de Calas, enquanto Alexandre, o Linceste assumia em seu lugar o comando da cavalaria tessaliana. Depois da queda de Sardes, parecia necessário estender a zona de ocupação para a esquerda, a fim de assenhorar-se da estrada que conduzia ao interior das terras, subindo o leito do Sangarios. Por fim, a frota – comandada por Nicanor – recebera ordens, logo depois da vitória de Granico, de zarpar para Lesbos e Mileto. Ao ver a aproximação da esquadra, Mitilene juntou-se à liga macedônia.

O rei deixou Sardes com o grosso das suas forças e dirigiu-se para a Jônia, cujas florescentes cidades já suportavam havia muito tempo o jugo da ocupação persa. Essas cidades, curvadas sob o comando estrangeiro, suspiravam pela antiga independência, que de repente parecia dever ser-lhes miraculosamente restituída. Certamente, esse estado de espírito não era expresso abertamente em toda parte: nos lugares onde o partido oligárquico era bastante poderoso, o povo estava reduzido a calar-se. Mas podia-se considerar como certo que o *demos* inflamara-se de chofre com a aproximação do libertador. Um ódio apaixonado contra o opressor e uma alegria transbordante com a notícia da sua derrota pareciam os sinais antecipadores da nova liberdade.

Éfeso, a rainha das cidades jônias, queria ser a primeira a dar o exemplo. O povo de lá já se havia libertado em 338, quando Filipe ainda vivia, talvez em consequência das decisões tomadas na assembleia de Corinto. Porém, Autofradate entrara na cidade à frente de um exército, convocara as autoridades municipais para um conselho e, enquanto essas últimas deliberavam, fizera com que suas tropas massacrassem a população. Desde então, uma guarnição persa havia sido restabelecida em Éfeso. O poder havia passado para as mãos de Sirfax e de sua família.

Muitos macedônios haviam abandonado a corte de Pela depois da morte de Filipe. Entre eles estava Amintas, filho de Antíoco, cujo irmão Heracleido comandava o esquadrão de Boteias. Embora Alexandre sempre tivesse se mostrado benevolente em relação a ele, Amintas fugira da Macedônia, estabelecendo-se em Éfeso, onde os oligarcas o tratavam com especial consideração. Será que ele tinha a consciência perturbada ou nutria más intenções?

Nesse meio-tempo, os persas tinham sido vencidos em Granico; Mêmnon havia recuado para o litoral com o restante de suas tropas e fugia então para Éfeso. A notícia dessa derrota havia suscitado ali forte emoção. A oligarquia estava em perigo. O povo esperava reconquistar a liberdade. Subitamente, Mêmnon apareceu diante da cidade. O partido de Sirfax abriu-lhe as portas e começou a perseguir o partido do povo com apoio dos persas. O túmulo de Herópito, o primeiro libertador da cidade, foi violado e conspurcado, o tesouro sagrado do templo de Ártemis foi saqueado, a estátua de Filipe, erguida no templo, foi derrubada. Os persas entregaram-se a todos os excessos que habitualmente acompanham o declínio do poder. Enquanto isso, Alexandre aproximava-se, à frente de seu exército vitorioso. Mêmnon já havia partido para Halicarnasso, a fim de entrincheirar-se ali tão fortemente quanto possível. Amintas, vendo que a cidade não poderia ser defendida contra os macedônios, apoderou-se de duas trirremes ancoradas no porto e fugiu com o restante dos mercenários da guarnição em direção às quatrocentas unidades da frota persa que já estava concentrada no mar Egeu. Mal o povo viu-se livre da guarnição persa, rebelou-se em massa contra o partido oligárquico. Muitos notáveis deixaram Éfeso apressadamente. Sirfax buscou asilo no tempo, acompanhado do filho e dos sobrinhos. O povo exasperado arrancou-os dos altares e os apedrejou. Buscaram os outros para fazer com que tivessem a mesma sorte. Porém, Alexandre entrou na cidade no dia seguinte à fuga de Amintas e pôs fim ao massacre. Mandou trazer de volta todos os que haviam sido proscritos sob o pretexto de que eram favoráveis à sua causa e decretou que a cidade seria governada doravante por uma democracia. Decidiu que os tributos pagos aos persas seriam no futuro entregues ao templo de Ártemis, cujo direito de asilo ele estendeu até a distância de um estádio[61] dos degraus do templo.

A nova delimitação do distrito sagrado tinha como finalidade impedir qualquer disputa entre as autoridades religiosas e a comuna. A arbitragem do rei também pôs fim às dissensões que reinavam no seio da municipalidade. "Se alguma coisa merece passar à posteridade", escreve Arriano, "é o que o rei fez naquele dia em Éfeso."

Enquanto Alexandre estava em Éfeso, alguns delegados de Trales e da Magnésia foram até ele para entregar-lhe essas duas cidades, as mais importantes da Cária setentrional. Parmênion foi encarregado de tomar posse delas à frente de um regimento composto de 5 mil soldados de infantaria e de duzentos cavaleiros. Simultaneamente, Alcímaco, irmão de Lisímaco, foi destacado com iguais forças para as cidades setentrionais da Eólia e da Jônia, com ordem para dissolver as oligarquias, restabelecer a soberania do povo, restaurar as antigas leis e transferir para as municipalidades os tributos pagos até então à Pérsia. Em consequência dessa expedição, a oligarquia, cujo chefe era Apolônides, foi expulsa da ilha de Quios; as tiranias estabelecidas em Antissa e em Ereso, na ilha de Lesbos, foram derrubadas; e a ilha de Mitilene foi dotada de uma guarnição macedônia.

O rei ainda permaneceu algum tempo em Éfeso. Suas relações com Apeles, o maior pintor daquele tempo, deviam lhe tornar a estadia duplamente agra-

---

61. Antiga medida de distância dos gregos, equivalente a pouco mais de 205 metros. [N.T.]

dável. Nessa época foi pintado o retrato de Alexandre segurando o raio nas mãos, que durante muito tempo ornamentou o templo de Ártemis.[62]

O rei dedicou grande parte dos seus dias a elaborar planos para o desenvolvimento das cidades costeiras. Sua primeira preocupação foi reconstruir a cidade de Esmirna, cuja população havia se espalhado por diversos lugares desde o dia em que a cidade fora destruída pelos reis da Lídia. Ele mandou ligar com um dique a cidade de Clezomene à ilha que lhe servia de porto. Projetou mandar abrir um canal através da língua de terra que se estendia de Clezomene a Teos a fim de evitar que os barcos tivessem que se desviar do promontório. Essa obra não foi executada. Porém, muito tempo depois, alguns jogos ainda aconteciam no promontório, em um bosque consagrado a Alexandre pela "liga dos jônios", para comemorar seu libertador.

Depois de ter feito um último sacrifício no templo de Ártemis, Alexandre passou em revista as tropas alinhadas em ordem de batalha e cobertas com todas as armas. Pôs-se em marcha no dia seguinte, pela porta de Mileto, à frente de um exército composto de quatro esquadrões de cavaleiros macedônios, dos cavaleiros trácios, dos agrianos, dos arqueiros e de cerca de 12 mil hoplitas e hipaspistas. O porto de Mileto era essencial para a frota persa, se ela não quisesse perder o domínio do mar Egeu.

O comandante da guarnição persa, o grego Hegesístrato, já havia enviado um mensageiro ao rei, oferecendo-se a entregar-lhe a cidade; porém, sendo informado da aproximação de Farnabazes e de sua esquadra, mudara de opinião, decidindo conservar para os persas essa poderosa base naval. Alexandre havia ficado ainda mais impaciente para conquistar a cidade. Mileto estava

---

62. Plutarco: "Quanto à forma de toda a sua pessoa, as imagens feitas pela mão de Lisipo são aquelas que melhor a representam ao natural. Assim, ele não queria de jeito nenhum que outro artista além de Lisipo o representasse; depois, vários dos seus sucessores e dos seus amigos o copiaram bem; mas foi esse artífice, acima de todos os outros, que observou e representou com perfeição sua maneira de manter o pescoço um pouquinho inclinado para o lado esquerdo, e também a doçura do seu olhar e dos seus olhos. Porém, quando Apeles pintou-o segurando o raio nas mãos, ele não representou a sua tez natural, mas o fez mais moreno e o seu rosto mais escuro do que era; porque ele era naturalmente branco, e a brancura de sua pele estava misturada com uma vermelhidão que aparecia principalmente na sua face e no seu abdômen. Lembro-me de ter lido, nos comentários de Aristoxeno, que seu corpo cheirava bem e que ele tinha o hálito muito doce, e de toda sua pessoa exalava um aroma muito suave, de tal modo que as vestimentas que tocavam sua carne ficavam como se estivessem perfumadas." [N.A.]

construída sobre uma língua de terra situada no litoral meridional do golfo de Latmia, três milhas ao sul do promontório de Micala e quatro da ilha de Samos, que se via emergir no horizonte. A cidade, dividida em cidade exterior e cidade interior, cercada de fossos profundos e de muralhas espessas, tinha quatro portos no golfo, dos quais o mais vasto e mais importante estava na ilha de Ladé, a alguma distância do litoral. Os três pequenos portos locais estavam separados uns dos outros por algumas ilhotas rochosas. Embora muito cômodos para o comércio, eram bastante exíguos; somente a enseada da ilha de Ladé era suficientemente vasta para oferecer um abrigo para a frota.

A rica cidade comercial de Mileto não havia sido oprimida pelos persas. Ali eles tinham mantido intocadas as instituições democráticas. Pode ser que a municipalidade esperasse poder manter-se neutra entre as duas potências adversárias. Seja como for, ela enviou mensageiros a Atenas, para pedir auxílio.

Antecipando a frota persa, Nicanor, que comandava a "frota helênica", apareceu ao largo de Mileto e ancorou diante da ilha de Ladé com suas 160 trirremes. Simultaneamente, Alexandre apareceu diante das muralhas, ocupou a cidade exterior e mandou cavar um fosso profundo em torno da cidade interior. A fim de reforçar a importante posição de Ladé, mandou transportar os trácios e cerca de 4 mil mercenários para a ilha, dando ordens à frota para bloquear Mileto pelo lado do mar. Três dias depois, a frota persa, com quatrocentas trirremes, surgiu no horizonte. Vendo a baía ocupada pelos navios helênicos, ela dobrou para o norte e ancorou diante do promontório de Micala.

A proximidade das frotas persa e helênica parecia tornar inevitável uma batalha naval, aliás desejada por muitos estrategos de Alexandre. Eles acreditavam na vitória porque – tais são as palavras que Arriano atribui ao velho general Parmênion – haviam visto uma águia pousada na margem, perto do castelo de popa da trirreme de Alexandre. Os gregos sempre venceram os bárbaros no mar, e a águia não deixava dúvida quanto à vontade dos deuses. Uma vitória naval teria enorme alcance na sequência das operações. Mesmo uma derrota não teria grandes consequências, já que os persas, com seus quatrocentos navios, continuariam sendo os senhores do mar, acontecesse o que acontecesse. Parmênion declarou-se pronto para subir a bordo e dar início ao combate. Alexandre se opôs. Declarou que se engajar em uma batalha naval nessas circunstâncias seria perigoso e inútil. Seria uma temeridade querer lutar, com 160 trirremes, contra as esquadras persas e opor tripulações pouco treinadas aos excelentes marinheiros cipriotas e fenícios. Os macedônios, imbatíveis em terra firme, não deviam ser sacrificados aos bárbaros em um elemento que lhes era estranho, no qual mil azares imprevistos poderiam ocorrer. Se o resultado do encontro fosse desfavorável, não destruiria somente sua reputação de invencibilidade, mas desiludiria todos os que observavam seus movimentos e ofereceria aos helenos um pretexto para dissolver a liga. Os frutos de uma vitória seriam insignificantes, já que mais cedo ou mais tarde as operações terrestres aniquilariam a frota persa, sem combate. Tal era, aliás, o verdadeiro sentido do presságio: do mesmo modo que a águia havia pousado na margem, era a partir da margem que ele se tornaria senhor da força naval dos persas. A frota macedônia permaneceu ancorada na enseada da ilha de Ladé.

Nesse ínterim, Glaupicos, um milésio notável, em nome do povo e das tropas de mercenários que ocupavam a cidade, foi ao acampamento do rei para declarar que Mileto, desejando conservar a neutralidade, estava pronta a abrir suas portas e seus portos, tanto aos persas quanto aos macedônios, com a condição de que Alexandre levantasse o cerco.

O rei respondeu que não viera à Ásia para se contentar com o que se dignassem a lhe oferecer e era forte o bastante para fazer prevalecer a sua vontade. Somente dele dependia a severidade ou a clemência que usaria em relação à cidade que, violando as promessas, tinha optado por uma resistência tão inútil quanto criminosa. Disse a Glaupicos que retornasse e informasse aos milésios que a cidade logo seria tomada de assalto.

No dia seguinte, aríetes e catapultas começaram a atingir as muralhas, abrindo nelas uma larga brecha. Os macedônios lançaram-se e irromperam na cidade, enquanto a frota helênica apressava-se a remar para o porto e bloquear as saídas. Com isso, os milésios ficaram incapacitados de se juntar à frota persa e se refugiar nos navios do Grande Rei. Os milésios e os mercenários da cidade, assediados por todos os lados e sem esperança de salvação, buscaram fugir. Uns nadaram em cima dos escudos até uma das ilhotas rochosas do porto. Outros, embarcados em canoas, esforçaram-se para atravessar a barragem das trirremes heleno-macedônias. A maioria dos mercenários foi morta na cidade. Senhores da situação, os macedônios, conduzidos pelo rei em pessoa, saltaram nas embarcações e dirigiram-se para a ilhota. As passarelas e as escadas de corda já haviam sido lançadas sobre a abrupta falésia. Então o rei, reconhecendo o valor desses bravos que ainda buscavam se defender e pareciam prontos a perecer de maneira gloriosa, fez-lhes saber que os pouparia e lhes concederia perdão, com a condição de que passassem a servir nos seus exércitos. Trezentos mercenários gregos escaparam da morte. Alexandre deu garantias de vida aos milésios e condeceu-lhes a liberdade.

Do promontório de Micala, a frota persa observara a queda de Mileto sem fazer nenhum esforço sério para salvar a cidade. Dia após dia, ela lançava-se à frente da frota helênica, provocando-a para o combate, e a cada noite voltava, decepcionada, para a enseada do promontório. Essa base era muito mal escolhida, pois os marinheiros deviam ir buscar água potável na embocadura do Meandro, situada a três milhas dali. O rei pensou em desalojar o adversário da sua posição, sem, no entanto, obrigar sua frota a deixar o lugar muito seguro que ela ocupava. Enviou alguns cavaleiros e três falanges de infantaria, sob o comando de Filotas, em direção ao promontório de Micala, com ordem de se postarem ao longo do litoral para impedir qualquer desembarque inimigo. Separadas da terra, desprovidas de víveres e de água doce, as esquadras persas foram forçadas a se reabastecer em Samos. Depois, voltaram e avançaram em ordem de batalha, como para desafiar a frota helênica. Vendo que ela permanecia tranquilamente ancorada, os persas enviaram cinco navios na direção do porto, situado entre o acampamento e as ilhotas, na esperança de se apoderarem dos barcos macedônios no momento em que as tripulações tivessem descido à terra para buscar madeira e provisões. A partir do momento em que Alexandre viu a aproximação dos cinco navios persas, deu ordem a todos os marinheiros presentes para que embarcassem em dez trirremes e perseguissem o inimigo. Os navios persas deram meia-volta antes de serem alcançados e recuaram rapidamente para sua frota, mas um deles, que pegou um vento ruim, caiu nas mãos dos macedônios. A frota persa não tentou mais nada para salvar Mileto e retirou-se para Samos.

Esses últimos incidentes haviam provado ao rei que a frota persa não teria influência sobre os movimentos do seu exército de terra. A ocupação progressiva do litoral não tardaria a separá-la radicalmente das suas bases, obrigando-a a ancorar ao largo ou perto das ilhas. Em terra, a ofensiva de Alexandre se desdobrava em toda sua amplitude. O rei se deu conta de que sua marinha, incapaz de dominar o mar diante de um inimigo três vezes superior em número, devia contentar-se doravante com um papel estritamente defensivo. A frota lhe prestara bons serviços no início da campanha, mas sua utilidade tornara-se mínima, agora que o poderio persa na Ásia Menor estava aniquilado. Em contrapartida, ela ocasionava gastos enormes. Uma frota de 160 trirremes necessitava de 30 mil homens como tripulação, ou seja, era equivalente a todo o exército em terra. Custava mensalmente mais de cinquenta talentos em soldos e talvez outro tanto em manutenção, sem proporcionar a cada dia, como o exército de terra, butins e novas conquistas.

O tesouro de Alexandre estava vazio. Ele não tinha nenhuma grande entrada de dinheiro em perspectiva, já que as rendas pagas pelas cidades gregas tinham sido deixadas para elas, e as cidades do interior não eram nem pilhadas nem saqueadas. Por essas razões, em 334 o rei decidiu licenciar a frota. Conservou apenas alguns navios para assegurar o transporte ao longo do litoral. Entre esses estavam os vinte navios postos à sua disposição por Atenas, fosse para homenagear a cidade, fosse para manter alguns reféns que lhe garantiriam a fidelidade dos atenienses no caso, muito provável, em que a frota persa buscasse apoio na Hélade.

Licenciada a frota, tornava-se ainda mais necessário que Alexandre ocupasse cada província marítima, cada cidade costeira, cada porto, a fim de tornar efetivo o bloqueio continental graças ao qual ele contava aniquilar as forças navais da Pérsia. Restava-lhe apoderar-se da Cária e de sua capital, Halicarnasso, duplamente importante pela localização na entrada do mar Egeu e pelo fato de que os últimos vestígios do exército persa da Ásia Menor haviam se reunido ali. Logo que Alexandre penetrou na Cária, Ada, a princesa destronada desse país, apresentou-se a ele. Prometeu ajudá-lo a conquistar o país, dizendo que apenas o seu nome bastaria para fazer amigos em toda parte. Afirmou que os ricos habitantes locais, descontentes com as relações com a Pérsia, se pronunciariam imediatamente em seu favor porque, tal como seu irmão, ela não havia cessado de lutar pelo partido da Grécia, contra os opressores. Rogou ao rei que a adotasse como penhor da sua sinceridade. O rei não se recusou e deixou-lhe a suserania de Alinda. Estimulados pelo exemplo das cidades gregas, os carianos disputaram para ver quem seria o primeiro a se submeter. Alexandre restabeleceu as suas antigas democracias, concedeu-lhes autonomia e isentou-os de tributos.

Só lhe restava tomar Halicarnasso. Para lá havia se retirado o sátrapa da Cária, Otontopato. Mêmnon havia feito a mesma coisa, à frente dos restos do exército vencido em Granico. Não tendo encontrado, nem em Éfeso nem em Mileto, tempo para organizar uma resistência vitoriosa, havia se juntado ao sátrapa da Cária para tentar salvar a última posição importante no litoral da Ásia Menor. Três lados da cidade estavam cercados por poderosas muralhas. O quarto, orientado para o sul, estava voltado para o mar. Halicarnasso possuía três cidadelas célebres: a Acrópole, situada no alto das colinas setentrionais; a Salmácia, na entrada da península que fechava a baía pelo lado do ocidente; e o palácio real, edificado sobre uma pequena ilha que dominava a entrada do porto. Mêmnon começou por enviar sua mulher e seu filho para junto do Grande Rei, sob o pretexto de subtraí-los ao perigo, mas na realidade para oferecer a Dario um penhor da sua lealdade, que sua origem grega tinha muitas vezes posto sob suspeita. Para recompensar essa prova de devotamento e permitir que seu talento militar, tantas vezes comprovado, pudesse ser exercido com o máximo de eficácia, o rei dos persas entregou-lhe o comando supremo da frota e do litoral. Se ainda fosse possível salvar alguma coisa, Mêmnon parecia ser o homem indicado para essa tarefa. Com energia indomável, ele havia reforçado ainda mais a posição de Halicarnasso com novas fortificações e um fosso profundo. Havia feito com que seus navios entrassem no porto, a fim de aumentar o número dos persas e dos mercenários da guarnição e poder abastecer a cidade no caso de um cerco prolongado. Mandara fortificar a ilha de Arconeso, que dominava a baía pelo lado oeste, e estabelecera guarnições em Mindos, Kaunos, Thera e Kalipolis. Enfim, realizara tudo para fazer de Halicarnasso um centro estratégico importante e um formidável bastião contra o avanço dos macedônios. Muitos membros do partido vencido na

Hélade, os atenienses Efialto e Trasíbulo, haviam se refugiado em Halicarnasso. Neoptolemo, o Linceste, que fugira de Pela depois do assassinato do rei Filipe, os havia imitado. Parece que Amintas, filho de Antíoco, também buscou refúgio ali com os restos da guarnição de Éfeso. Se Mêmnon e suas tropas conseguissem resistir às forças macedônias, estas ficariam separadas da sua pátria – pois a frota persa continuava dominando o mar – e então seria fácil suscitar um novo levante geral em Atenas, invocando o antigo ideal da liberdade.

Nesse ínterim, Alexandre aproximou-se de Halicarnasso. Prevendo um cerco de longa duração, mandou erguer o acampamento a cerca de mil passos das muralhas da cidade. Os persas deram início às hostilidades com um ataque aos postos avançados macedônios, que foi rechaçado sem dificuldade. Alguns dias depois, o rei, acompanhado por grande parte do exército, contornou a cidade na direção noroeste, para examinar as muralhas, mas sobretudo para ocupar a cidade de Mindos, situada não longe dali e cuja tomada poderia exercer influência considerável na sequência das operações. A guarnição dessa localidade tinha prometido a Alexandre que se renderia se ele aparecesse diante das portas da cidade. Alexandre foi até lá, mas as portas permaneceram fechadas. Desprovido de escadas e de máquinas, pois não pensara em realizar um ataque, e furioso por ter sido enganado dessa maneira, ordenou que sua infantaria pesada avançasse para as muralhas e começasse os trabalhos de demolição. Uma torre desmoronou, sem entretanto abrir uma brecha suficiente para permitir que os macedônios atacassem com sucesso. No alvorecer, os habitantes de Halicarnasso observaram a partida de Alexandre. Eles logo enviaram, por mar, alguns reforços para Mindos, e Alexandre teve que voltar para o acampamento, estabelecido diante de Halicarnasso, sem ter atingido o seu objetivo.

O cerco começou. Primeiramente foi fechado o fosso das muralhas, que tinha 45 pés de largura e 20 de profundidade. Protegidos por tetos móveis, chamados "carapaças de tartaruga", os soldados trabalharam para instalar torres que lhes permitiriam expulsar das muralhas os seus defensores. As torres já estavam erguidas e colocadas junto das muralhas quando os sitiados executaram uma saída noturna a fim de incendiá-las. O barulho do ataque espalhou-se rapidamente. Despertados em sobressalto, os macedônios lançaram-se em socorro dos seus postos avançados, iluminados pelas fogueiras do acampamento. Obrigaram os atacantes a bater em retirada. Entre os 175 cadáveres do inimigo, descobriu-se o de Neoptolemo, o Linceste. Do lado macedônio houve apenas dez mortos, mas trezentos homens tinham sido feridos, pois os soldados, surpreendidos em pleno sono, não tinham tido tempo de vestir as couraças.

As máquinas puseram-se em movimento. Logo, duas torres de defesa, situadas na face noroeste da muralha, e a parte do muro que as ligava ficaram em escombros. Uma terceira torre estava de tal modo abalada que uma simples escavação devia bastar para fazê-la desabar.

Numa tarde, dois macedônios da falange de Pérdicas estavam bebendo em tendas e se vangloriavam reciprocamente das suas façanhas. Embriagados pelo vinho e por suas bazófias, juraram atravessar todos os halicarnassianos com a ponta de suas lanças, incluindo os poltrões persas da guarnição. Armados com escudos e com lanças curtas, avançaram sozinhos em direção às muralhas agitando as armas e desafiando os sitiados. Os que estavam no alto da muralha os escutaram e efetuaram um ataque contra os dois fanfarrões, que não recuaram: abatiam os que se aproximavam deles e trespassavam a golpes de lança os que recuavam. Mas o número dos inimigos crescia a cada instante. Os dois homens, que estavam em um nível inferior, logo sucumbiriam à quantidade de atacantes. Até então, seus camaradas de acampamento observavam com divertimento o estranho duelo. Porém, vendo a situação se deteriorar, acorreram para lhes prestar auxílio. Um combate encarniçado logo teve início no pé das muralhas. Os macedônios rapidamente levaram vantagem. Repeliram o inimigo até as portas. Como, naquele local, as muralhas estavam parcialmente demolidas e quase totalmente desprovidas de defensores, teria bastado que o rei desse o sinal de um ataque geral para que a cidade fosse tomada de assalto. Porém, Alexandre ficou em sua tenda. Queria poupar a cidade, esperando que capitulasse.

Nesse ínterim, os adversários haviam reconstruído, por trás da brecha, uma segunda muralha em forma de meia-lua. O rei mandou apontar suas máquinas contra ela. Telas de junco trançado, altas torres de madeira, "carapaças de tartaruga" e catapultas foram posicionadas no ângulo que já estava limpo de escombros e nivelado, tendo em vista novos ataques. Os inimigos fizeram uma nova investida, tentando pôr fogo nas catapultas. Várias telas e uma torre já estavam em chamas. Os guardas postados por Filotas tiveram grande dificuldade para defender os outros mecanismos. Subitamente, Alexandre acorreu para lhes prestar auxílio. Quando o viram, os inimigos apressaram-se a largar as tochas e as armas, e se retiraram com toda a pressa para trás da muralha, de onde puderam, sem nenhum risco, lançar dardos nas costas e no flanco dos macedônios.

Diante de uma resistência tão obstinada, Alexandre intensificou os trabalhos do cerco. Mandou que todas as máquinas fossem usadas intensamente, assistindo ele próprio aos trabalhos e dirigindo-os pessoalmente. Então, Mêmnon decidiu efetuar um ataque geral. Afirma-se que ele agiu a conselho de Efialto, que o pressionou a atacar antes que fosse tarde demais. Uma parte da guarnição, sob o comando de Efialto, lançou-se através da brecha da muralha, enquanto o restante das tropas irrompeu por uma segunda porta, pelo lado em que o inimigo menos esperava, lançando-se sobre o acampamento. Os homens atiraram sobre as máquinas algumas vasilhas com líquidos inflamáveis e coroas embebidas em piche. Porém, um vigoroso contra-ataque do rei, efetuado do alto das torres de aproximação, conseguiu repeli-los. Muitos atacantes, entre os quais Efialto, tombaram no campo de batalha. Muitos outros, embaraçados pelos escombros da muralha demolida, sucumbiram na fuga. Nesse ínterim, duas falanges de hipaspistas e uma coluna de infantaria leve, comandada pelo guarda-costas Ptolomeu, haviam se lançado de encontro ao inimigo. O combate furioso durou longo tempo. Adeu, quiliarca dos hipaspistas, Clearco, chefe dos arqueiros, e certo número de outros destacados macedônios já haviam perecido quando as tropas de Alexandre conseguiram fazer com que o inimigo recuasse. A estreita ponte que passava sobre o fosso da cidade ruiu sob o peso dos fugitivos. Muitos se afogaram, outros foram trespassados pelas lanças dos macedônios. Ao verem a debandada geral, aqueles que haviam ficado no interior das muralhas mandaram fechar as portas, temendo que os macedônios penetrassem na cidade favorecendo-se da noite que caía. Grupos de soldados persas se acotovelaram, urrando diante das portas fechadas, sem armas, sem esperança de salvação, entregues ao furor dos macedônios, que os massacraram até o último homem. Aterrorizados, os sitiados viram que as tropas de Alexandre, animadas por esse sucesso, aprontavam-se para arrombar as portas e irromper na cidade. Porém, para sua grande estupefação, eles subitamente ouviram soar o sinal de retirada: o rei ainda desejava salvar a cidade. Esperava que os habitantes, tomando juízo com essa jornada que lhes havia custado mais de mil mortos, se dessem conta de que um novo ataque acarretaria a queda da cidade em breve prazo e lhe fizessem propostas de paz. Ele só esperava por elas para pôr fim a essa luta fratricida, conduzida por gregos contra uma cidade helênica.

Em Halicarnasso, os dois governadores, Mêmnon e Otontopato, entraram em acordo para analisar as medidas a serem tomadas. Era evidente que o cerco não duraria muito tempo, pois uma parte das muralhas havia desabado e outra estava muito danificada. Além disso, a guarnição estava enfraquecida pelo número considerável de mortos e feridos. De que servia, aliás, obstinar-se em defender a cidade, visto que o território já estava perdido? Para conservar o porto, bastava manter nas mãos a Salmácia, o palácio real e as praças-fortes que cercavam o golfo da Cária. Decidiram, portanto, sacrificar a cidade. À meia-noite, as sentinelas macedônias viram erguer-se subitamente um turbilhão de chamas. Alguns fugitivos, que haviam corrido para os postos avançados macedônios para escapar do incêndio, anunciaram que a grande torre, o arsenal e todos os bairros situados na proximidade das muralhas queimavam. Um vento violento empurrava as chamas para o interior da cidade. Embora já fosse noite, Alexandre logo deu ordem para que a praça fosse ocupada. Todos os que foram apanhados propagando o incêndio foram abatidos. Os macedônios não encontraram resistência e pouparam os habitantes que haviam permanecido em suas casas.

Surgiu a alvorada. O inimigo tinha evacuado a cidade. Havia se retirado para a Salmácia e para a ilha real, de onde ainda dominava o porto e podia importunar os macedônios que ocupavam os escombros fumegantes da cidade.

O rei mandou enterrar os soldados mortos durante a noite. Depois, sem perder tempo em sitiar a cidadela que não mais teria utilidade, direcionou a sua maquinaria para Trales – um arrabalde da cidade que havia se posicionado violentamente contra os helenos – e mandou arrasá-lo. Os habitantes, que o dinasta Mausolo outrora havia agrupado em sua residência, foram disseminados por seis lugares diferentes. Alexandre restituiu a satrapia da Cária à princesa Ada, mas as cidades helênicas mantiveram autonomia e foram isentadas de tributo. As rendas da província couberam à princesa. Alexandre deixou atrás de si, tanto para assegurar a proteção pessoal da princesa quanto a da região, cerca de 3 mil mercenários e duzentos cavaleiros sob o comando de Ptolomeu.

Esse último também ficou encarregado de expulsar o inimigo de todas as praças-fortes costeiras que ele ainda ocupava, de efetuar a junção com o governador da Lídia e de começar logo o cerco da Salmácia, cercando-a com uma circunvalação.

O outono havia chegado. Depois da queda de Halicarnasso, Alexandre podia considerar a conquista do litoral ocidental terminada. As novas liberdades outorgadas às cidades gregas litorâneas e as guarnições macedônias estabelecidas na Frígia helespôntica, na Lídia e na Cária protegiam essas regiões contra um retorno ofensivo da frota persa. O objetivo da campanha seguinte devia ser separar esta última do litoral meridional da Ásia Menor e submeter as províncias situadas no interior do território. Como era possível prever que nem as cidades marítimas (às quais não era possível levar socorro por mar por causa da estação avançada) nem o interior (que os persas haviam evacuado quase completamente) ofereceriam resistência séria, parecia inútil forçar o exército inteiro a participar dessa expedição fatigante. Por outro lado, era necessário mandar vir da Macedônia novos recrutas para as operações de grande envergadura que marcariam o início da próxima campanha. Muitos soldados eram recém-casados. Alexandre os autorizou a voltar para suas casas e passar o inverno na Macedônia. Eles partiram sob o comando de três também recém-casados que tinham o grau de general: Seleucos, filho de Ptolomeu e genro de Parmênion, Koinos e Meleagro, ambos estrategos da falange. Esses últimos receberam ordem de trazer de Pela, ao mesmo tempo que os licenciados, tantas tropas frescas quantas fosse possível e de se reunir ao grande exército em Górdion na primavera seguinte. Podemos imaginar quantas aclamações saudaram essa notícia inesperada e com que alegria os guerreiros foram acolhidos quando voltaram para seus lares! Eles não se cansaram de narrar as suas proezas e as do seu rei, de descrever o butim conquistado e as maravilhosas províncias asiáticas: a Ásia e a Macedônia tinham deixado de ser, uma para a outra, terras longínquas e desconhecidas.

XI

ESTADIA EM FASELIS ∽ TRAIÇÃO DE ALEXANDRE, O LINCESTE ∽ MARCHA SOBRE GÓRDION ∽ TOMADA DA LÍCIA E DA FRÍGIA ∽ ORGANIZAÇÃO DOS TERRITÓRIOS CONQUISTADOS ∽ FIM DA CAMPANHA NA ÁSIA MENOR

Depois de ter deixado vários milhares de homens em guarnições do litoral, Alexandre formou duas colunas de marcha com o restante das tropas móveis que permaneceram na Ásia. A menor, composta pela cavalaria macedônia e tessaliana, pelas tropas aliadas e pelo comboio dos equipamentos e das máquinas, sob o comando de Parmênion, foi para Sardes, passando por Trales, tendo em vista estabelecer quartéis de inverno na planície da Lídia e se pôr a caminho de Górdion no início da primavera seguinte. A maior, formada pelos hipaspistas, pelas taxeias da falange, pelos agrianos, pelos arqueiros e pelos trácios, deixou a Cária sob o comando pessoal do rei para tomar posse do resto do litoral e das províncias interiores da Ásia Menor.

A rota que essa segunda coluna seguiu para chegar à Lícia passava pela cidade fronteiriça de Hiparna. As tropas da guarnição local, compostas por mercenários gregos, renderam-se depois de obterem a promessa de que teriam garantias de vida. A Lícia havia sido incorporada ao império dos persas na época de Ciro, mas não havia conservado somente suas antigas instituições: reconquistara pouco a pouco a autonomia, de modo que suas relações com Susa limitavam-se a pagar um tributo, aliás, ínfimo. Esse costume permanecera em vigor até o dia em que a Lícia foi incorporada à satrapia da Cária. Como não havia guarnições persas na Lícia, Alexandre não se deparou com nenhuma resistência quando se apoderou dessa província rica em cidades e provida de portos numerosos e excelentes: Telmissus e, do outro lado do rio, Xantos e Pinara. Xantos e Patara renderam-se ao mesmo tempo que trinta pequenas localidades situadas na Lícia superior. Depois, Alexandre subiu em direção às fontes do Xantos – em pleno inverno – e à região de Milvas. Lá, recebeu os delegados dos faselitas (que lhe trouxeram uma coroa dourada, segundo o costume grego) enviados de diversas cidades da Lícia inferior; eles se propuseram a assinar alguns tratados. Alexandre prometeu aos faselitas que logo lhes faria uma visita e pediu aos embaixadores lícios – que recebeu com igual benevolência – que entregassem suas cidades àqueles que ele designaria para tomar posse delas. Encarregou logo um de seus amigos, Nearco de Anfípolis, originário de Creta, de ir para junto do sátrapa que comandava a Lícia e o território costeiro limítrofe. Alguns acontecimentos posteriores nos informam que navios lícios integravam a frota persa. É possível pensar que Alexandre exigiu o retorno imediato deles, fosse como condição preliminar da paz, fosse como contrapartida dos favores que ele lhes havia feito. Os lícios – ou termelos, como eles próprios se denominavam – conservaram a sua antiga constituição federativa. O país era composto de 23 cidades, possuindo cada qual o seu conselho e a sua assembleia, administrada por um estratego que usava o título lício de "rei urbano". O conjunto do território era governado pela assembleia dos "reis urbanos", no seio da qual as seis municipalidades mais importantes possuíam três votos cada, as municipalidades medianas, dois votos, e as menores, um voto. Os impostos eram repartidos na mesma proporção. O chefe da federação era o liciarca, cujo nome talvez fosse sinônimo de rei. Era eleito pela assembleia, como o restante dos funcionários e dos juízes federais.

Alexandre foi em seguida para Faselis. A cidade, de origem dória e bastante florescente para sustentar orgulhosamente a reputação de cidade helênica, estava situada em um lugar maravilhoso, às margens do golfo de Panfília, onde três portos lhe garantiam a prosperidade. A oeste, as montanhas elevavam-se em terraços superpostos até a altura de 7 mil pés, delineando em torno do golfo um majestoso anfiteatro. Elas ficavam tão próximo do mar que a estrada que conduzia a Pergé só estava ao abrigo das vagas quando o vento do norte as repelia para alto-mar. Se alguém quisesse evitar esse caminho, era necessário tomar outro, muito mais penoso e mais longo, que passava pela montanha. Esse caminho era bloqueado por uma tribo de pisidianos, que havia construído uma fortaleza na entrada dos desfiladeiros, de onde às vezes descia para fazer incursões no litoral. Com a ajuda dos faselitas, Alexandre apoderou-se desse ninho de águia e o desmantelou. Festins suntuosos celebraram a vitória do rei da Macedônia e a libertação da cidade, aterrorizada até então pelos bandoleiros montanheses. Era a primeira vez que Faselis hospedava um exército helênico, desde a vitória alcançada por Simon às margens do Eurimedon. O próprio Alexandre parece ter ficado cheio de animação e de alegria durante a temporada em que permaneceu na cidade. Na saída de um banquete, ele foi visto dirigindo-se com seus amigos para o mercado onde estava a estátua de Teodeto, coroando-a com rosas para homenagear a memória do poeta que admirava.[63]

Durante esses dias felizes foi descoberto um complô infame, que envolvia um dos generais mais nobres do exército, a quem Alexandre muito já perdoara e honrara com especial confiança. Talvez o rei tivesse sido advertido. Pouco tempo antes, Olímpias lhe enviara uma carta, suplicando que ele fosse muito prudente em relação a antigos inimigos que agora considerava como amigos.

Os próprios deuses, dizem, lhe haviam enviado um sinal inequívoco. Um dia em que Alexandre, fatigado pelo combate, deitara-se para fazer a sesta sob as muralhas de Halicarnasso, uma andorinha pôs-se a voejar em torno de sua cabeça, dando gritos muito mais agudos e mais numerosos que os habituais. O pássaro pousara em diferentes pontos da sua coberta, como para alegrá-lo, mas o rei, que buscava o sono, o espantara suavemente com a mão. Então a andorinha pousara sobre sua cabeça, chilreando ainda mais forte, até que ele ficou completamente desperto. Aristandro, o áugure de Telmessos, interpretou o sinal: Alexandre seria traído por um de seus amigos, mas o complô seria frustrado a tempo, pois, entre todos os pássaros, a andorinha era o que demonstrava ter maior amizade pelo homem, sendo o mais tagarela e o mais familiar.

O traidor era Alexandre, o Linceste, que sustentava com obstinação as duvidosas reivindicações de sua família ao trono da Macedônia. Embora suspei-

---

63. Contam até mesmo que Alexandre, um tanto embriagado, dançou em torno da estátua. Diz um historiador: "Foi uma verdadeira cena de orgia sagrada, bem em conformidade com os costumes macedônios." [N.A.]

to de ter participado do assassinato de Filipe – seus dois irmãos, reconhecidos como culpados, tinham sido executados –, Alexandre não só lhe concedera a impunidade, para recompensá-lo por ter se submetido e por ter sido o primeiro a saudá-lo com o nome de rei. Ele o havia conservado no seu séquito, havia lhe confiado mais de um posto importante e o havia nomeado recentemente chefe da cavalaria tessaliana, no contexto dos preparativos de uma ofensiva contra a Bitínia. Porém, nem mesmo a confiança do rei fora capaz de vencer o rancor do Linceste. A lembrança de um crime do qual ele não se arrependia, o orgulho impotente, duplamente ofendido pela generosidade de seu benfeitor, a inveja em relação ao rival vitorioso, a memória de seus dois irmãos cujo sangue havia sido derramado, sua própria sede de dominação – tornada ainda mais desenfreada pela desesperança –, em resumo, inveja, ódio, ambição e temor, tais foram sem dúvida os sentimentos que o levaram a restabelecer ou talvez prosseguir suas relações secretas com a corte de Susa.

Neoptolemo, que encontrara a morte em Halicarnasso combatendo pelos persas, era seu sobrinho. O traidor havia entrado em contato com Dario por intermédio de Amintas, filho de Antíoco, que, antes de refugiar-se em Susa, fugira da Macedônia para Éfeso e de Éfeso para Halicarnasso.

Sizinos, um dos confidentes do Grande Rei, logo se pôs a caminho das províncias marítimas, levando instruções secretas, sob o pretexto de transmitir ordens a Atizyes, sátrapa da Grã-Frígia, mas na realidade para se infiltrar nos acampamentos tessalianos. Detido por Parmênion, Sizinos confessou o objetivo da missão. Levado sob escolta a Faselis, confirmou diante do rei que estava encarregado de prometer a Linceste mil talentos e o reino da Macedônia se ele conseguisse assassinar Alexandre.

O rei logo convocou os amigos para decidir que castigo convinha infligir ao culpado. Eles acharam que Alexandre fora imprudente, confiando a elite da cavalaria a um homem tão pouco confiável. Era necessário prendê-lo antes que ele pudesse pôr seu projeto em execução. Na saída desse conselho, um dos oficiais mais devotados ao rei, Anfótero, irmão de Cratero, foi despachado para junto de Parmênion. Vestido com uma roupa emprestada por uma tribo local e escoltado por alguns pergaianos, chegou ao seu destino sem ser reconhecido. Depois de ter posto Parmênion a par da decisão do rei – que não quis pôr por escrito coisas tão importantes, porque uma carta podia facilmente ser interceptada –, o Linceste foi apanhado de surpresa e mantido incomunicável. Mas o rei adiou seu julgamento para mais tarde, em parte por consideração a Antípater, que era seu cunhado, em parte para não deixar que boatos inquietantes se espalhassem pelo exército e pela Grécia.

Depois desse dia, Alexandre deixou Faselis para ir a Panfília e a Pergé, a cidade mais importante da região. Enviou uma parte do exército na frente, pelo caminho da montanha – que tinha sido alargado pelos trácios para permitir que a infantaria passasse por ali –, enquanto ele próprio tomava o caminho do litoral com a cavalaria e uma parte da infantaria pesada. Tratava-se de uma empreitada audaciosa, pois no inverno a estrada ficava quase completamente submersa pelas ondas. Era necessário um dia inteiro para abrir passagem através da água, que em alguns momentos subia até a cintura dos soldados. Porém, o exemplo e a presença do rei, para quem a palavra "impossível" não existia, eletrizavam as tropas e as incitavam a suplantar as piores dificuldades com ânimo e resistência. Quando os soldados se voltaram e viram o caminho percorrido, recoberto pelas vagas espumejantes, a façanha que acabavam de realizar pareceu-lhes um prodígio. A notícia dessa marcha espalhou-se entre os helenos, adornada com mil detalhes fantásticos. Afirmavam que o rei, apesar do poderoso vento sul que fazia a água jorrar até as montanhas, havia descido até a praia; o vento, virando logo para o norte, havia feito com que as vagas recuassem até o horizonte. O peripatético Calístenes, que acompanhou essa campanha e foi seu primeiro historiador, chegou a escrever que o mar, querendo prestar homenagem ao rei, havia se prostrado diante dele. Ele usou a palavra *proskynese*, com a qual os helenos designavam a genuflexão dos persas diante do trono do Grande Rei. O próprio Alexandre, porém, usou palavras mais simples para descrever a façanha: "Mandei escavar um caminho nas calancas[64] panfilianas e segui por ele para sair de Faselis."

Foi assim que Alexandre penetrou, à frente do exército, na orla marítima da Pisídia, também chamada de Panfília. Essa província costeira, limitada ao norte

---

64. Esse termo, de origem provençal, designa uma espécie de angra rochosa, estreita e profunda. [N.T.]

pelo maciço montanhoso do Taurus, estendia-se até além da cidade de Sidé, onde a montanha encontrava novamente o mar; assim, após ter ocupado a Panfília, Alexandre podia considerar terminada a conquista do litoral aquém do Taurus. Pergé, a chave da passagem que levava às províncias interiores, através das montanhas do norte e do leste, rendeu-se sem dificuldade. A cidade de Aspendos enviou embaixadores ao rei para oferecer-lhe submissão, com a condição de que ele não lhe impusesse uma guarnição macedônia. O rei consentiu nisso. Porém, exigiu que Aspendos lhe entregasse cinquenta talentos para pagar o soldo das tropas, além de certo número de cavalos que ela enviava todos os anos a Susa como forma de tributo. Marchou então para Sidé, que tinha a fama de ter sido fundada outrora por emigrados vindos de Cimé e da Eólida. O dialeto desses helenos – que haviam esquecido a língua da pátria de origem e não tinham conseguido aprender a língua da pátria adotiva – era dos mais estranhos. Alexandre deixou uma guarnição na cidade, que foi colocada sob o comando de Nearco, assim como todo o litoral da baía de Panfília.

O rei retomou em seguida o caminho para Pergé. Tentou apoderar-se de improviso da fortaleza de Syllion, defendida por uma guarnição de nativos e de mercenários estrangeiros, mas não teve êxito. Deixou para um general o cuidado de tomá-la, depois de ser advertido de que os aspendianos, violando os compromissos, recusavam-se não somente a entregar os cavalos e os cinquenta talentos combinados, mas armavam-se para lhe opor resistência. Alexandre marchou sobre Aspendos e ocupou a cidade baixa, que seus habitantes já haviam evacuado. Depois, sem se deixar abalar pela força da cidadela e pelo fato de que suas tropas estavam desprovidas de catapultas, mandou embora os embaixadores que os cidadãos, assustados com a sua aproximação, tinham enviado ao seu encontro. Recusando-se a manter o tratado precedentemente assinado, exigiu que a cidade, como penalidade, lhe entregasse cinquenta talentos suplementares e deixasse como reféns os seus principais cidadãos. Os aspendianos haviam arrancado à força um território dos seus vizinhos. Alexandre exigiu que o caso fosse julgado por um tribunal e que a cidade prometesse doravante obedecer ao representante dele naquela região e lhe pagasse um tributo anual. A resistência dos aspendianos foi de curta duração: eles cederam.

O rei retornou a Pergé e foi logo para a Frígia, através do território selvagem e montanhoso dos pisidianos. Não podia pensar em submeter, vale após vale, esse povo de montanheses divididos em uma infinidade de clãs separados por uma infinidade de rivalidades locais. Bastaria fazer-lhes sentir a sua vontade para abrir caminho através da região. Deixou para os futuros governadores das províncias adjacentes o cuidado de assegurar as comunicações entre o litoral panfiliano e a Frígia.

O caminho que escolheu ao deixar Pergé passava pela planície costeira situada no pé das montanhas, indo depois para o oeste. Atravessava um desfiladeiro muito escarpado, dominado pela cidadela de Telmessos. Tal fortaleza estava tão bem situada que bastava uma guarnição ínfima para impedir um exército de transpor o desfiladeiro. O caminho subia em zigue-zague do fundo de um despenhadeiro profundo, encimado dos dois lados por montanhas a pique. A cidade estava construída no fundo da pequena bacia situada atrás do desfiladeiro. O rei encontrou as duas montanhas fortemente ocupadas pelos bárbaros: toda a população de Telmessos estava em armas. Decidiu estabelecer acampamento no sopé do desfiladeiro, persuadido de que os inimigos, vendo os macedônios pararem para descansar, pensariam que o perigo não era iminente e se contentariam em fazer com que os desfiladeiros fossem guardados por poucas sentinelas. Foi o que aconteceu: a multidão se retirou. Só algumas sentinelas ficaram postadas sobre as colinas. O rei logo as atacou com a infantaria leve, obrigando-as a abandonar o terreno. O exército transpôs a passagem sem ser incomodado e montou acampamento diante da cidade. Alguns enviados dos selgianos foram encontrar o rei. Esses últimos pertenciam ao povo pisidiano, tal como os telmessianos, mas estavam em constante desentendimento com eles. Contra o inimigo comum, fizeram um tratado de amizade com o rei e permaneceram fiéis ao juramento. Conquistar Telmessos teria exigido uma estadia prolongada. Alexandre preferiu renunciar a esse objetivo, para não atrasar a marcha.

Dirigiu-se então para Sangalessos, habitada pelos mais belicosos de todos os pisidianos. Essa cidade, situada no sopé do terraço superior dos Alpes pisidianos, defendia o acesso ao planalto elevado da Frígia. Os sangalessianos, unidos aos telmessianos, haviam ocupado as colinas situadas no sul da cidade, barrando o caminho dos macedônios. Alexandre desdobrou logo a sua linha de ataque. Os arqueiros e os agrianos avançaram pela ala direita, seguidos imediatamente pelos hipaspistas e pelas taxeias da falange. A ponta da ala esquerda era formada pelos trácios de Sitalco. Alexandre entregou o comando da ala esquerda a Amintas, o Linceste e assumiu o comando da ala direita. As tropas já haviam avançado até o lugar onde a inclinação era mais forte quando os bárbaros caíram subitamente sobre as duas alas do exército macedônio. O ataque teve ainda mais sucesso pelo fato de que eles desciam pela inclinação da montanha, ao passo que os macedônios procuravam escalá-la. Os arqueiros da ala direita sofreram o choque mais duro. Seu chefe foi morto, e eles foram forçados a recuar. Porém, os agrianos resistiram. A infantaria pesada, conduzida por Alexandre, já se aproximava da linha inimiga. Os violentos assaltos dos bárbaros se chocaram contra as fileiras cerradas dos falangitas pesadamente encouraçados. Um corpo a corpo teve lugar, no transcurso do qual os pisidianos, só levemente armados, sucumbiram sob os golpes dos macedônios. Quinhentos deles pereceram no campo de batalha. Os outros fugiram, favorecidos pelo terreno, que lhes era familiar. Alexandre avançou ao longo da estrada principal e apoderou-se da cidade.

Depois da tomada de Sangalessos, todas as outras praças-fortes da Pisídia capitularam ou foram tomadas de assalto. O caminho para a alta Frígia ficou aberto. O lago de Egerdir está situado em um recôncavo do alto platô frígio, que começa logo atrás das montanhas de Sangalessos; poderosos maciços o cercam no sul e no leste. A oito milhas mais a oeste encontra-se um segundo lago, menor, no norte do qual nasce o rio Meandro: é o lago de Ascânia. Os desfiladeiros que conduzem ao leito do Meandro são dominados pela cidade de Celaenae – ou Kalainai –, onde Xerxes havia mandado edificar uma poderosa cidadela depois da batalha de Salamina a fim de deter o avanço dos helenos revoltados. Desde então, Celaenae havia se tornado a capital da satrapia da Frígia e a residência do sátrapa.

Ao deixar Sangalessos, Alexandre dirigiu-se para Celaenae. Deixando atrás de si o lago de Ascânia, atingiu a cidade após cinco dias de marcha. Como o sátrapa Atizyes havia fugido, ele encontrou a cidadela nas mãos de mil soldados carianos e de cem mercenários helênicos. Esses últimos propuseram entregar-lhe a cidade e a cidadela se as tropas substitutas persas, que lhes haviam sido prometidas, não chegassem na data marcada. O rei consentiu nisso. Apoderar-se da cidadela custaria considerável perda de tempo. Quanto mais rápido chegasse a Górdion e marchasse para o Taurus, após ter reencontrado a outra metade do seu exército, mais dificultaria a chegada das tropas de revezamento. Por isso deixou atrás de si um pequeno destacamento de 1,5 mil homens e entregou a satrapia da Frígia a Antígono, filho de Filipe, que até então havia comandado os contingentes aliados. Nomeou para o seu lugar Balacros, filho de Amintas, que recebeu o grau de estratego. Depois de ter repousado dez dias em Celaenae, Alexandre prosseguiu caminho para Górdion pelas margens do Sangarios, de onde partia a grande estrada que levava a Susa através do vale do rio Halys e da Capadócia.

A julgar pelas dimensões materiais, o que Alexandre realizara no transcurso desse primeiro ano de campanha não era considerável. Os estadistas e os estrategos da Hélade devem ter feito uma careta ao serem informados de que a vitória de Granico, tão celebrada, não havia trazido nada além da conquista do litoral ocidental e da metade do litoral meridional da Ásia Menor. Mêmnon, por um hábil cálculo, havia deixado que tais conquistas ocorressem, enquanto se tornava senhor do mar e das ilhas para separar Alexandre das suas bases na Macedônia.

É fácil compreender os motivos que guiavam Alexandre. Ele não podia pretender ocupar novos territórios e avançar para o interior do país enquanto a frota persa dominasse o mar e pudesse suscitar perturbações imprevistas na Hélade. Graças à sua primeira grande batalha, para ele era suficiente ter isolado a frota persa dos litorais e dos portos, de onde ela teria podido ameaçá-lo pelas costas no momento em que ele marchasse para o Oriente, no transcurso da sua segunda campanha.

Sua maneira de proceder diferia consideravelmente das tradições helênicas. O poderio ático, no tempo de Simon e de Péricles, jamais havia se aventurado para além das cidades costeiras da Ásia Menor. Os espartíatas, na época de Timbron e de Agesilau, tinham se contentado em incendiar algumas cidades para se retirar em seguida, ao passo que as decisões estratégicas tomadas por Alexandre tinham como finalidade estabelecer um Estado permanente e a organização definitiva dos territórios conquistados.

As medidas políticas adotadas pelo rei seriam de natureza a favorecer esse desígnio?

No decorrer dessa primeira campanha, ele conservou e alterou as instituições existentes. As satrapias da Frígia helespôntica, da Lídia e da Cária subsistiram. Mas, na Lídia, Alexandre juntou ao sátrapa um funcionário especialmente encarregado de receber e repartir os impostos. Na Cária, a satrapia foi entregue à princesa Ada, mas a forte guarnição regional ficou nas mãos de um estratego macedônio. Também na Lídia um chefe militar autônomo foi colocado ao lado do sátrapa. Talvez a administração das finanças da satrapia já estivesse diretamente vinculada ao serviço do tesouro, cuja gestão foi confiada a Harpalo, filho de Macalo.

A autoridade dos sátrapas foi consideravelmente diminuída. Eles deixaram de ser soberanos em seus territórios, tornando-se funcionários submetidos à vontade real. Esse fato nos é atestado pelo seguinte detalhe: até 306, nenhuma moeda foi cunhada com a efígie dos sátrapas do império de Alexandre, ao passo que desde Dario I, criador do sistema monetário do império, o direito de cunhar moeda era oficialmente reconhecido. Um interessante documento da época dos diádocos[65] permite visualizar a amplitude da reforma instaurada por Alexandre. Nele encontramos enumeradas as diversas relações econômicas existentes entre o rei, os sátrapas, as cidades e os particulares. Esse texto indica como sendo da alçada do rei a cunhagem de moeda, a regulamentação das importações e das exportações, assim como a administração da corte. Entre as atribuições dos sátrapas estava a gestão dos impostos fundiários, das receitas provenientes das minas e dos empórios, além das taxas arrecadadas sobre colheitas, mercados e rebanhos.

Não é menos interessante ver como Alexandre organizou o estatuto político das populações. Seu principal pensamento parece ter sido deixar as coletividades em completa liberdade para regular por si mesmas as questões de ordem local. As cidades helênicas da Ásia não foram as únicas a recuperar a

---

65. Ver nota 7, p. 30. [N.T.]

autonomia e a ver seu poder reforçado pela instauração do regime democrático: a antiga federação dos lícios também foi respeitada. Quanto aos lídios, as fontes nos dizem que eles "recobraram suas leis" e se tornaram livres.

Não sabemos em que consistiam essas leis, mas o que prevaleceu doravante na Lídia foram "as antigas leis" e não, como outrora, a arbitrariedade ou a violência dos conquistadores. Vemos por aí que Alexandre libertou do jugo estrangeiro o povo de Creso, corajoso, trabalhador e outrora muito cultivado.

A grande ideia de Alexandre era ajudar os povos a recuperar a personalidade perdida. Das populações que se submetiam de bom grado e não constituíam uma coletividade bem definida – como os "bárbaros" das montanhas da pequena Frígia – ele se contentou em exigir "o mesmo tributo que elas pagavam outrora ao Grande Rei". Também é característico ver que o tributo que os efésios haviam pago até então à Pérsia passou a ser atribuído ao templo de Ártemis, enquanto a Eritreia (como atesta uma inscrição), Ílion (que Alexandre mandou reconstruir) e numerosas outras cidades gregas litorâneas foram isentas de impostos. As cidades da Panfília, que só eram gregas no nome, e notadamente Aspendos – que tentara enganar o rei no transcurso das negociações – foram condenadas a pagar um tributo e recolocadas sob autoridade do sátrapa. A cidadela de Halicarnasso e diversas ilhas permaneceram muito tempo nas mãos dos persas. A municipalidade de Halicarnasso foi dissolvida e a população, repartida entre as diversas comunas que haviam sido desarticuladas pelos dinastas carianos. As ilhas – em várias delas, o povo sublevou-se em favor de Alexandre – foram tratadas da mesma maneira que as cidades gregas litorâneas.

As moedas dessa época provam que todas essas cidades não só recuperaram a autonomia como passaram a ser municipalidades independentes, conforme eram antes da paz de Antalcides. As moedas não trazem a efígie do rei, mas o brasão da cidade; nem mesmo estão em conformidade com o sistema monetário instaurado por Alexandre: inspiram-se em sistemas importados da Hélade ou de outros lugares.

Podemos nos perguntar se essas *politias* livres das ilhas e do litoral asiático juntaram-se aos outros Estados gregos representados na assembleia de Corinto. Um documento irrefutável nos permite responder afirmativamente no que concerne a Tenedos. Porém, o fato de que os termos empregados para designar essa ilha não sejam reencontrados para designar Mitilene, Lesbos e as outras cidades nos permite concluir que essas últimas não aderiram à liga. Parece, aliás, que Alexandre teve interesse em agrupar essas cidades para fazer um contrapeso à liga de Corinto, cujos membros só à força se haviam aliado à causa macedônia e não eram confiáveis. Além do mais, a "liga dos helenos para aquém das Termópilas" não havia sido criada somente para guerrear contra os persas, mas para manter a concórdia e a paz no interior dos territórios confederados. As ilhas e as cidades da Ásia Menor estavam muito afastadas do sinédrio[66] de Corinto para que pudessem participar dessa tarefa; sua situação geográfica as colocava, por assim dizer, na impossibilidade de enviar para lá delegações regulares.

Embora não tenhamos informação precisa a esse respeito, podemos supor que Alexandre solicitou às cidades gregas não integrantes da liga que também reconhecessem o seu título de estratego supremo e contribuíssem para a luta contra o inimigo comum.

Já vimos como Alexandre estava preocupado em favorecer o desenvolvimento das cidades helênicas. Se ele lhes dava, assim, testemunhos renovados do seu favor, se as tratava com incansável generosidade, é porque esperava delas uma adesão entusiasmada à nova ordem. Ele devia esperar também que, diante dos benefícios inestimáveis que a nova situação lhes trazia, elas se esquecessem dos pequenos privilégios duvidosos e do baixo favoritismo com que por vezes haviam sido gratificadas pelos dominadores estrangeiros.

Dessas municipalidades, outrora sujeitas aos caprichos de tiranos, Alexandre havia feito *politias* autônomas, cidades livres e altivas que a partir de então só dependiam do seu libertador.

Para os helenos que habitavam as províncias asiáticas, do Proponto até o mar de Chipre, o contraste entre passado e presente deve ter sido prodigioso: finalmente, voltavam a ter ar e luz.

---

66. Assembleia de anciãos das famílias dominantes, que exercia diversas funções políticas, religiosas, legislativas a educacionais. [N.T.]

XII

CAMPANHA NAVAL E MORTE DE MÊMNON ∼ OFENSIVA PERSA NO MAR ∼ ESTADIA EM GÓRDION ∼ ALEXANDRE CORTA O NÓ GÓRDIO ∼ BANHO NO CYDNUS E DOENÇA DE ALEXANDRE ∼ CONQUISTA DA CILÍCIA ∼ TOMADA DE TARSO E DE SOLES ∼ CHEGADA DE DARIO A ISSUS ∼ MASSACRE DOS FERIDOS MACEDÔNIOS ∼ PREPARATIVOS PARA A BATALHA DE ISSUS ∼ DISCURSO DE ALEXANDRE AOS GENERAIS

A notícia da batalha de Granico foi acolhida em Susa com mais indignação que espanto. Os persas provavelmente subestimaram a ofensiva realizada pelos macedônios e o perigo que ameaçava o império. Não devem ter visto que Alexandre, tão ousado no campo de batalha e tão prudente nos desígnios, havia se tornado duas vezes mais temível porque lutava pela libertação dos povos e porque era, aos olhos deles, o campeão dos novos tempos. Sua grandeza exercia uma espécie de atração mágica nos oprimidos, e a esperança os prendia à sua causa. Os persas acreditaram que o rei da Macedônia era apenas um aventureiro temerário. As vitórias que obtivera, devidas a uma sorte inesperada, haviam sido facilitadas pelos erros que as tropas do Grande Rei haviam cometido. Bastaria evitar novos erros para afastar o perigo. O desastre de Granico fora provocado pela ausência de unidade no alto comando. Teria sido necessário seguir o conselho de Mêmnon – agora percebiam isso –, o qual devia ter sido investido do poder supremo desde o início da campanha. Assim, embora tardiamente, ele recebeu o comando das forças de terra e de mar nas satrapias avançadas.

Parecia que o rei da Macedônia havia encontrado nesse heleno um adversário à altura. Sua defesa de Halicarnasso provava energia e capacidade. Expulso de quase todo o litoral, mas favorecido pela inação da frota macedônia, Mêmnon havia concebido o audacioso projeto de isolar Alexandre em relação à Europa, levar a guerra para a Hélade e, uma vez lá, cortar pela raiz o poderio do adversário.

Ele ainda dispunha de uma frota imponente, composta de navios fenícios e cipriotas, aos quais se haviam juntado dez navios lícios, dez de Rodes e três de Mallos e de Soles, na Cilícia. A cidadela marítima de Halicarnasso continuava em seu poder; Rodes, Cós e todas as Espórades estavam certamente ao seu lado, assim como os cleroucos[67] áticos, que controlavam Samos. Oligarcas e tiranos de Quios e de Lesbos só aguardavam o seu sinal para pôr fim à democracia e à aliança com a Macedônia. E os patriotas atenienses esperavam que ele restabelecesse a antiga liberdade helênica.

Deixando a enseada de Halicarnasso, Mêmnon foi para Quios com a frota, apoderando-se da ilha graças à traição dos oligarcas que outrora a haviam governado, tendo à frente Apolônides. Ele restaurou o regime oligárquico e depois zarpou para Lesbos, onde Cares da Sigeia já havia desembarcado com mercenários e navios a fim de expulsar o tirano Aristônico de Metimne. Esse mesmo Cares havia saudado Alexandre com deferência em Sigeia. Ele pediu a Mêmnon que não o atrapalhasse na sua empreitada. Mas Mêmnon, que vinha a Lesbos "na condição de amigo paternal e hóspede do tirano", não teve dificuldade para desalojar dali o antigo estratego ático. As outras cidades das ilhas já se haviam rendido; porém, a mais importante de todas, Mitilene, repelira seus avanços, fiel à aliança com Alexandre e confiante na força da guarnição macedônia. Mêmnon começou por sitiá-la e a assediou da maneira mais cruel. Cercada pelo lado terrestre por uma muralha e cinco campos de trincheiras, paralisada pelo lado do mar por uma primeira esquadra que bloqueava o porto e por uma segunda que vigiava o caminho para a Hélade, privada de qualquer auxílio, a cidade logo esgotou seus recursos. Os embaixadores das outras ilhas já chegavam ao acampamento dos persas para prestar homenagem a Mêmnon. As cidades da Eubeia, que permaneciam favoráveis aos macedônios, tremiam com a ideia da sua chegada. Esparta estava pronta para se rebelar. Nesse momento, porém, Mêmnon caiu doente. Só teve tempo de entregar o comando provisório ao neto Farnabazes, filho de Artabazes, esperando a decisão posterior de Dario, e desceu à sepultura, se não

---

67. Cidadãos (geralmente das classes mais pobres) que o governo de Atenas instalava em terras estrangeiras confiscadas. Ao contrário dos colonos, os cleroucos continuavam cidadãos atenienses. [N.T.]

cedo demais para sua glória, pelo menos cedo demais para as esperanças do Grande Rei.

Quando Dario recebeu a notícia da morte de Mêmnon, convocou um conselho de guerra, sem saber se ele próprio devia enfrentar o adversário à frente do exército imperial ou enviar ao combate os sátrapas mais próximos da zona de operações. Os persas o aconselharam a assumir o comando das tropas. Sob o olhar do Rei dos Reis, o exército venceria. Uma só batalha bastaria para aniquilar as forças de Alexandre. Porém, o ateniense Caridemo, que havia fugido de Alexandre e fora recebido faustosamente pelo Grande Rei, aconselhou-o a agir com prudência e não arriscar tudo em um único lance. Os Grandes da Pérsia o desaprovaram. Ele instou-os então a não sacrificarem a Ásia no limiar da própria Ásia, reservando para mais tarde o exército imperial e a presença do soberano. Se fosse colocado no comando de 100 mil homens, 1/3 dos quais mercenários gregos, ele teria força suficiente para arrasar o inimigo. Os persas, orgulhosos, insurgiram-se violentamente contra esses projetos, indignos da sua grandeza. Consideravam essa medida como uma censura injustificada à sua bravura e, da parte do Grande Rei, como um atestado de impotência. Suplicaram ao hesitante suserano que não entregasse o exército nas mãos de um estrangeiro cuja secreta ambição era, sem dúvida, trair o império de Ciro. Furioso, Caridemo acusou-os de cegueira, covardia e presunção: eles não conheciam nem a sua própria impotência nem a potência dos gregos. Levariam o país à ruína se o Grande Rei lhes desse razão. Dario, sem confiança em si mesmo e ofendido no sentimento de orgulho asiático, tocou com o dedo na cintura do estrangeiro. Logo, as tropas de proteção ao rei atiraram-se sobre ele e o arrastaram para fora para estrangulá-lo. Caridemo dirigiu ao rei suas últimas palavras: "Teu remorso provará meu valor; meu vingador não está longe!"

O conselho de guerra decidiu que o Grande Rei assumiria o comando do exército imperial e marcharia de encontro ao exército macedônio para derrotá-lo no momento em que ele transpusesse o limiar da Ásia superior. Com esse objetivo, o exército seria engrossado com todos os mercenários gregos disponíveis entre as tripulações da frota. Farnabazes recebeu ordens para reuni-los e desembarcá-los o mais cedo possível em Trípoli, no litoral fenício.

Timondias, filho de Mentor, foi enviado a Trípoli para recebê-los e encaminhá-los ao grande exército. Todo o antigo poderio de Mêmnon foi transferido para Farnabazes.

Nesse ínterim, Farnabazes e Autofradate tinham prosseguido o cerco a Mitilene, com êxito. A cidade se rendera sob certas condições: os proscritos retornariam e os tratados assinados com Alexandre seriam rasgados; em compensação, a guarnição macedônia poderia se retirar sã e salva, e Mitilene voltaria a ser aliada da Pérsia em virtude da paz de Antalcides. Porém, mal tomaram posse da cidade, os dois persas violaram indignamente as promessas. Instalaram uma guarnição persa na cidadela, sob o comando do ródio Licomedon, e restabeleceram como tirano um antigo proscrito chamado Diógenes. Oprimiram Mitilene e lhe impuseram pesadas contribuições, das quais algumas foram pagas por cidadãos isolados e outras pela cidade inteira. Depois, Farnabazes apressou-se a levar os mercenários gregos para a Síria. Lá recebeu ordem para retomar o posto de comandante em chefe, em substituição a Mêmnon – cujos planos, na verdade, haviam se tornado inexequíveis por causa do desembarque de uma parte da tripulação da frota. A ofensiva rápida e decisiva que teria inflamado Esparta, Atenas e todo o continente helênico era doravante impossível.

Farnabazes e Autofradate nem por isso deixaram de tentar algo semelhante. Enviaram o persa Datames com dez trirremes para as Cíclades e partiram com cem navios para Tenedos. Obrigariam as ilhas, que haviam se aliado aos helenos, a retornar às cláusulas da paz de Antalcides – tal foi, aqui também, a fórmula adotada. A medida preparava uma ocupação do Helesponto.

Querendo assegurar pelo menos as comunicações por mar com a Macedônia, Alexandre já enviara Hegéloco ao Proponto, com ordem de deter todos os barcos que saíssem do estreito e transformá-los em navios de guerra. Também havia enviado Antímaco a Atenas para solicitar aos aliados um contingente de barcos e permissão para armar navios da frota macedônia nos portos da Ática. Seu pedido foi recusado. Então Antípater encarregou Proteu de requisitar alguns navios na Eubeia e no Peloponeso, a fim de poder observar a esquadra de Datames, que já havia ancorado na ilha de Sifnos. Tal medida era ainda mais indispensável pelo fato de que os atenienses haviam enviado novos embaixadores ao rei da Pérsia. Eles tinham sido informados de que os macedônios haviam tomado a liberdade de apreender seus navios, que voltavam do Ponto carregados de grãos, transformando-os em navios de guerra. Exasperados com a notícia, decidiram mobilizar uma frota de cem veleiros, colocados sob o comando de Menesto, filho de Ifícrates. Hegéloco julgou mais prudente liberar os navios áticos apreendidos, de modo a tirar dos atenienses esse pretexto para juntar suas cem trirremes à frota persa. Com isso, a frota macedônia ficou ainda mais reduzida, e a coragem de Proteu foi mais meritória: à frente de uma esquadra de quinze navios, ele conseguiu não somente manter a frota persa diante de Sifnos como surpreendê-la com um ataque de surpresa. Oito navios caíram em suas mãos, com toda a tripulação. Os dois outros fugiram, conduzidos por Datames, e foram se juntar ao grosso da frota persa que cruzava ao largo de Quios e de Mileto, devastando o litoral.

Esse sucesso teve como efeito afastar o maior perigo que os projetos de Mêmnon trariam aos macedônios. O ataque rápido de Proteu havia prevenido a cisão dos helenos. Porém, será que esse mesmo sucesso não mostrava que Alexandre havia cometido um erro grave ao licenciar sua frota, já que os acontecimentos o obrigaram a constituir outra, apenas seis meses depois? O futuro não tardaria a lhe dar razão. Com um instinto muito seguro, Alexandre estimara em seu justo valor a dose de energia e de perspicácia de que os almirantes persas eram capazes. Ele também não se iludia com a fidelidade dos aliados helênicos. Se esses últimos estivessem inclinados à defecção e se mostrassem dispostos a juntar seus navios com os dos inimigos, cabia a Antípater impedi-los de fazer isso com uma intervenção por terra. Por fim, não era difícil armar rapidamente uma nova frota para proteger o litoral contra um adversário que não sabia atacar no momento oportuno e no lugar propício. Sem se deixar perturbar pela guerra naval, Alexandre podia prosseguir seu plano estratégico com menos inquietação, já que cada passo à frente comprometia mais a existência da frota persa. Tal era o objetivo da sua segunda campanha.

As diferentes divisões do exército macedônio se reuniram em Górdion na primavera de 333. As tropas com as quais Alexandre havia levado adiante a campanha de inverno voltaram de Celaenae. O comboio dos equipamentos e da cavalaria, conduzidos por Parmênion, chegaram de Sardes. Por fim, os licenciados voltaram da Macedônia, acompanhados de um importante contingente de novos recrutas, notadamente 3 mil macedônios a pé e 300 a cavalo, 200 cavaleiros tessalianos e 150 eleatas. Apesar das numerosas guarnições deixadas no caminho, Alexandre dispunha de um número de homens sensivelmente superior àquele que comandara na batalha de Granico. Podemos fazer uma ideia do moral dessas tropas pelos êxitos alcançados até então e os que elas contavam alcançar em futuro próximo. Orgulhosos das vitórias passadas e certos de novas vitórias, os soldados macedônios já se consideravam senhores da Ásia.

A antiga cidadela de Górdion continha dentro de suas muralhas os palácios de Gordios e de Midas, assim como o legendário carro dos reis da Frígia. A canga desse carro estava amarrada por uma corda de cânhamo cujo nó era tão sutil que não se podia ver nem o seu começo nem o seu fim. Segundo um oráculo muito antigo, quem conseguisse desatar esse nó se tornaria senhor da Ásia. Alexandre pediu que lhe mostrassem a cidadela, o castelo e depois o carro. Foi informado da profecia e logo decidiu concretizá-la, desatando o nó. Procurou por um instante a ponta da corda; os espectadores, vendo a inutilidade dos seus esforços, olhavam-no com incômodo crescente. O império da Ásia lhe escaparia? Então, Alexandre sacou a espada e cortou o nó com um só golpe: embora de maneira inesperada, o oráculo estava realizado.[68] Na verdade, esse audacioso golpe de espada era mais digno dele e mais rico de futuro do que uma longa paciência. A paciência não lhe teria permitido tornar-se senhor do Universo. Somente sua espada

---

68. Não é tanto o resultado quanto a ousadia da solução que traz a marca do gênio. Eis o que escreveu Plutarco sobre esse assunto: "Feito isso, ele subjugou os pisidianos que tentaram lhe resistir e conquistou também toda a Frígia. Quando estava na cidade de Gordius, que dizem ter sido antigamente a morada habitual do rei Midas, viu a carruagem da qual tanto se tem falado atada com uma corda de casca de sorveira. E lhe contaram, sobre ela, que os habitantes do país tinham como verdadeira a profecia de que aquele que pudesse desatar essa corda estaria predestinado a ser um dia o rei de toda a Terra. Dizem que Alexandre, não podendo desatar esse nó – já que não era possível ver suas pontas, de tal maneira elas estavam entrelaçadas por várias voltas umas dentro das outras –, desembainhou a espada e cortou o nó ao meio, de modo que se viram então as diversas pontas da amarração. Porém, Aristóbulo escreve que ele o desatou com muita facilidade, tendo primeiramente tirado a cavilha que segura a canga amarrada ao timão e tirando depois a canga para fora." [N.A.]

podia desfazer os problemas insolúveis e libertar os povos do jugo da Ásia, conforme o oráculo. Durante a noite que se seguiu, os deuses fizeram saber, por meio de estrondos de trovão e relâmpagos, que Alexandre havia adivinhado a vontade deles. O rei ofereceu um sacrifício a Zeus para agradecer por ter-lhe revelado a única solução possível e por ter-lhe confirmado a sua aprovação por meio de sinais inequívocos.

No dia seguinte, o exército se pôs em marcha para Ancira, seguindo a vertente setentrional do maciço montanhoso que servia de fronteira com a Paflagônia. Uma embaixada de paflagonianos compareceu diante do rei para oferecer-lhe a submissão de seu país com a condição de que nenhuma guarnição macedônia lhe fosse imposta. O rei consentiu. A Paflagônia continuou sendo governada pela dinastia reinante, sob controle dos regentes da Frígia e do Helesponto.

O exército dirigiu-se então para a Capadócia. Atravessou sem obstáculos essa imensa satrapia até o território situado perto de Íris. Embora os distritos setentrionais da província não tenham sido ocupados, ela foi transformada em satrapia macedônia e confiada a Sabictas. Nas cidades gregas do Ponto, o partido democrático esperava com impaciência a vinda de Alexandre. Porém, o partido persa (como em Sínope) ou a tirania (como em Heracleia) permaneciam provisoriamente no poder. Alexandre não podia retardar seus empreendimentos mais importantes com a única finalidade de ocupar margens longínquas do Ponto. Dirigiu-se, portanto, para o litoral do Mediterrâneo. O caminho que escolheu estendia-se ao longo da vertente setentrional do Taurus até as passagens da Cilícia, essas mesmas passagens que Ciro havia atravessado à frente dos Dez Mil, menos de um século antes.

Alexandre encontrou os desfiladeiros fortemente ocupados. Mandou o grosso do exército acampar e avançou com os hipaspistas, os arqueiros e os agrianos, a fim de surpreender o inimigo com a ajuda da noite. Mal as sentinelas ouviram a aproximação, fugiram, abandonando o desfiladeiro que teriam defendido facilmente, se não estivessem se sentindo sacrificadas de antemão. Parece, com efeito, que Arsames, sátrapa da Cilícia, só as havia postado ali para ganhar tempo. Enquanto elas retivessem o inimigo, ele contava pilhar a região e fugir para junto do exército de Dario, que já subia o curso do Eufrates.

Por isso Alexandre transpôs ainda mais rapidamente as passagens e lançou-se sobre Tarso com a cavalaria e os soldados da infantaria mais levemente armados. Chegou tão rápido que Arsames, que não tinha acreditado que o inimigo estava tão próximo nem que era tão impetuoso, só teve tempo de fugir, sem conseguir devastar o país.

Fatigado pelas noites de vigília, pelas marchas forçadas e pelo sol abrasador de um dia quente de verão, Alexandre chegou com as tropas à beira do Cydnus, uma torrente límpida e gelada que desce borbulhando em direção a Tarso. O rei teve vontade de se banhar; tirou rapidamente o elmo, a couraça e a túnica, atirando-se na água. Uma congestão o abateu e ele afundou. Foi retirado inanimado da torrente e levado para a tenda. Alguns espasmos e uma febre abrasadora pareciam ser os derradeiros vestígios de uma vida que os médicos perdiam a esperança de salvar. Alexandre recuperou a consciência, mas foi para suportar novos tormentos: noites de insônia e o horror da morte que se aproximava tiravam-lhe as poucas forças que lhe restavam. Seus amigos choravam. O exército estava em desespero. O inimigo se aproximava. Ninguém via salvação. Por fim, o médico acarniano Filipe, que conhecia o rei desde a infância, propôs preparar-lhe uma beberagem que talvez o curasse. Alexandre só pediu uma coisa: que tivesse um alívio. Filipe prometeu-lhe isso. Alexandre recebeu nesse momento uma mensagem de Parmênion, recomendando-lhe prudência: o médico Filipe havia recebido, ao que parece, mil talentos de Dario e a promessa de obter em casamento uma das filhas do Grande Rei se envenenasse Alexandre. Alexandre estendeu a carta ao médico e esvaziou o copo, enquanto esse último a lia. O médico leu a carta até o fim sem se abalar, pois sabia estar a salvo de qualquer suspeita. Instou o rei a ter confiança nele e a seguir suas prescrições, prometendo-lhe terminar rapidamente com os seus sofrimentos. Falou-lhe da sua pátria, da sua mãe e das suas irmãs, das suas próximas vitórias e das terras fabulosas do Oriente. O sucesso recompensou a sua solicitude e a sua lealdade: o rei ficou logo curado e não tardou a retomar seu lugar à frente dos macedônios.

Na cadeia das satrapias da Pérsia, a província da Cilícia constituía o elo que ligava a Ásia Menor à Ásia Central. Apoderando-se rapidamente das passagens do Taurus, Alexandre se tornara senhor da posição defensiva mais forte que tinham os persas pelo lado do Ocidente. Agora lhe era necessário assegurar-se de todo o território situado na vertente meridional das montanhas, a fim de conquistar o segundo grupo de desfiladeiros que davam acesso à Síria. Parmênion avançava para o leste com os mercenários, os esquadrões tessalianos e os trácios de Sitalco, a fim de ocupar as passagens que conduziam à Ásia Central. Enquanto isso, o rei marchou para oeste, para assegurar-se da rota que conduzia à Laranda e a Icônion, através da Cilícia, cujos habitantes – tribos de bandoleiros montanheses semelhantes aos seus vizinhos da Pisídia – facilmente poderiam atrapalhar suas comunicações com a Ásia Menor.

De Tarso, Alexandre foi para a cidade de Anquialos, fundada por Sardanápalo. Nela se via uma estátua desse último sobre um pedestal no qual se lia esta curiosa inscrição: "Sardanápalo fundou Anquialos e Tarso em um dia. Mas tu, estrangeiro, beba, coma e ame: o que o homem possui além disso não merece ser mencionado." Depois ele foi para Soles. Embora de origem grega, essa cidade era tão devotada aos persas que Alexandre não só deixou nela uma guarnição macedônia como impôs-lhe um resgate de duzentos talentos de prata. De lá, fez uma rápida incursão na Cilícia, com três falanges, os arqueiros e os agrianos. Em sete dias ele havia terminado a conquista da região, assegurando sua ligação com as províncias ocidentais. Depois retornou a Soles. Lá, os governadores da Cária informaram-lhe que Otontopato, que ocupara até então a cidadela marítima de Halicarnasso, tinha sido vencido após um duro combate e que mais de 10 mil homens tinham sido aprisionados. Festas públicas de todos os tipos foram organizadas em Soles para celebrar o início feliz da campanha e a cura do rei. O grande sacrifício oferecido a Asclépios, o desfile do exército inteiro, as corridas de tochas e os jogos atléticos e poéticos, que se desenrolaram segundo o costume grego, devem ter despertado nos solianos a lembrança já meio apagada de sua pátria e de seus ancestrais. O tempo dos bárbaros havia chegado ao fim. A vida helênica renascia nas províncias, curvadas havia 1/4 de século sob o jugo estrangeiro. A origem helênica, renegada e desprezada em meio à barbárie asiática, tornava-se novamente um glorioso privilégio. Alexandre outorgou aos solianos instituições democráticas.

Algumas semanas depois – após a batalha de Issus –, deu ordens para que eles fossem isentados do tributo e recebessem de volta os seus reféns.

Após ter voltado para Tarso, o rei mandou que a cavalaria avançasse, sob o comando de Filotas, enquanto ele ladeava o litoral com o restante do exército, passando por Magarsos e Malos, duas cidades nas quais ainda subsistiam muitas recordações gregas. Em Malos, notadamente, o povo havia se rebelado contra os opressores desde antes da chegada de Alexandre. A aparição do rei pôs fim à sangrenta rivalidade entre o partido persa e o partido do povo. Os malianos pretendiam ser originários de Argos, tal como a casa real da Macedônia. Alexandre isentou a cidade do tributo que ela pagava ao Grande Rei, devolveu-lhe a liberdade e homenageou com funerais simbólicos a memória de seu fundador, Anfílocos de Argos.

Enquanto ainda estava em Malos, Alexandre soube que Dario se aproximava à frente de um imenso exército que já estava na cidade síria de Sochos, a dois dias de marcha das passagens. Convocou então um conselho de guerra. Todos concordaram em que era necessário marchar sem tardança, transpor os desfiladeiros e atacar os persas onde eles fossem encontrados. O rei deu ordem para levantar acampamento no dia seguinte. O exército deixou Malos e dirigiu-se para Issus, seguindo os contornos chanfrados da baía.

Dois caminhos levam de Issus para a Síria. Um, o menos transitável, sobe primeiro para o norte (na direção de Topra Kalessi), depois dobra-se em direção ao leste, através das gargantas e dos desfiladeiros dos montes Amanus. Alexandre não escolheu esse, pois os soldados, duplamente fatigados pela alternância entre as montanhas e os vales e pelo deplorável estado do caminho, se defrontariam com o inimigo em más condições. Por outro lado, ele não devia afastar-se da baía enquanto ela não estivesse inteiramente em suas mãos, fechada aos navios inimigos. Deixando para trás doentes e feridos, para não expô-los inutilmente, ele deixou Issus pelo caminho habitual, bem conhecido dos gregos graças à descrição de Xenofonte, e dirigiu-se para o sul, seguindo o litoral. Depois de atravessar os desfiladeiros da praia, atingiu a cidade costeira de Miriandros, construída não longe da entrada das principais passagens para a Síria (o desfiladeiro de Bailan). Mandou que o exército se instalasse em abrigos naturais, contando descer novamente, no dia seguinte, para a planície síria. Porém, uma terrível tempestade irrompeu durante a noite. Eram os primeiros dias de novembro. A tormenta e a chuva impediram que as tropas marchassem. O exército permaneceu no acampamento de Miriandros, cerca de três milhas ao sul dos desfiladeiros. Alexandre esperava encontrar o inimigo alguns dias mais tarde, na planície de Sochos, e obrigá-lo a travar uma batalha que decidiria o futuro.

O encontro, que se aproximava, entre os dois exércitos inimigos seria decisivo. O exército imperial contava com várias centenas de milhares de homens, incluindo os 30 mil mercenários gregos recentemente desembarcados sob o comando do acarniano Bianor e do tessaliano Aristomedes. Os contingentes asiáticos propriamente ditos compreendiam 100 mil homens da infantaria pesada (os cardaces) e os cavaleiros persas encouraçados. Dario se fiava no seu poderio, no seu direito e na sua glória militar. Gostava das adulações de seus Grandes e dava, dizem, a máxima importância a um sonho que tinha tido pouco depois de sair da Babilônia: vira o acampamento dos macedônios iluminado pelos clarões de um imenso incêndio e o rei da Macedônia, vestido com os trajes dos príncipes da Pérsia, percorrer a cavalo as ruas da Babilônia; depois, o rei e sua montaria haviam se desvanecido em fumaça. Os adivinhos tinham interpretado esse sonho de maneira favorável. Certo de alcançar a vitória, Dario atravessara o Eufrates cercado de toda a pompa militar digna de um Rei dos Reis. Acompanhado pela corte e pelo harém, pelos haréns dos sátrapas e pelos dos príncipes de sangue, e por suas legiões de eunucos e de mudos – que formavam, seguindo o exército, uma interminável caravana de carruagens faustosamente decoradas, recobertas por baldaquins dourados e conduzidas por cocheiros barulhentos –, ele havia estabelecido acampamento perto de Sochos. Queria esperar pelo inimigo para aniquilá-lo ali, naquela vasta planície que lhe oferecia bastante espaço para desdobrar seu gigantesco exército, permitindo-lhe usar a cavalaria com toda a eficácia.

Foi Arsames, fugindo da Cilícia, quem primeiro lhe trouxe a notícia da proximidade de Alexandre. Segundo suas informações, o inimigo dava a impressão de que iria atravessar os desfiladeiros. Os persas esperavam ver uma coluna de poeira elevar-se de um momento para outro no Ocidente. Passou um dia, depois outro. Acabaram por ficar indiferentes ao perigo que nunca se aproximava. Esqueceram aquilo que já fora perdido. Zombaram do inimigo que não ousava abandonar o estreito território costeiro, pressentindo, sem dúvida, que não tardaria a ser pisoteado pelos cascos dos cavalos asiáticos. Dario escutava de bom grado as fanfarronices dos seus Grandes. O macedônio, diziam, intimidado pela aproximação dos persas, jamais ousaria sair de Tarso. Era necessário atacá-lo e esmagá-lo lá. Amintas buscou em vão dissuadi-los disso. Alexandre bem cedo marcharia ao seu encontro. Não era possível, a preço nenhum, meter-se pelos estreitos vales da Cilícia. A planície de Sochos era o campo de batalha ideal para o exército do Grande Rei. Ali, a massa podia vencer ou, vencida, salvar-se. Mas Dario, inebriado pelas adulações e pelos próprios desejos, levado para a frente por sua instabilidade interior e pela fatalidade, decidiu abandonar a posição em Sochos e partir à procura do inimigo que se escondia.

As bagagens inúteis, os haréns, a maior parte do tesouro e tudo o que podia retardar a marcha do exército foi enviado para Damasco, sob a condução de Cofenes, irmão de Farnabazes, enquanto o Grande Rei, querendo evitar o desvio por Miriandros, penetrava na Cilícia através dos desfiladeiros do Amanus e chegava a Issus. Essa manobra efetuou-se no mesmo dia em que Alexandre havia partido para Miriandros. Os persas encontraram em Issus os doentes e feridos do exército macedônio. Massacraram-nos até o último homem, depois de tê-los submetido a tortura. Os bárbaros não se continham de alegria, imaginando que Alexandre fugia deles. Acreditavam que ele já estava separado da pátria e certo da ruína. As tropas persas puseram-se a caminho sem demora, pensando capturar facilmente os macedônios em fuga.

É verdade que a retirada de Alexandre estava cortada. Ele vinha sendo acusado de ter agido com muita imprudência por não se preocupar em ocupar os desfiladeiros do Amanus e não deixar uma guarnição em Issus; vinha sendo severamente censurado por ter abandonado os feridos sem defesa a um inimigo sanguinário. Seu exército inteiro teria perecido, afirmava-se, se os persas, mesmo evitando o combate, tivessem dado ordem para que sua frota bloqueasse o litoral; se tivessem impedido o avanço dos macedônios – semeando a desordem nas suas fileiras por meio de algumas cargas de cavalaria reiteradas – e os tivessem deixado famintos, devastando tudo diante deles, como Mêmnon recomendara. Mas Alexandre conhecia o poderio militar dos persas. Sabia que era materialmente impossível, a longo prazo, abastecer tamanha multidão nos vales pedregosos da Cilícia; não ignorava que esse exército era incapaz de executar uma série de manobras estratégicas para cercá-lo e que, na pior das hipóteses, bastaria que ele efetuasse rápidas contramarchas para obrigar essa massa heterogênea a retirar-se em desordem diante dele. Ele certamente não esperava ver os persas renunciarem a um terreno tão favorável e avançarem ao longo do estreito leito do Pinaros.

No entanto, Dario fizera isso. Alguns camponeses tinham-lhe informado que Alexandre encontrava-se do outro lado dos desfiladeiros, a algumas horas de marcha, e preparava-se para fugir. Não tendo mais tempo para fazer com que seu imenso exército recuasse, e não ousando fazê-lo avançar mais em direção às Termópilas da Cilícia, ele preparou-o para acampar, deixando para os macedônios a vantagem do ataque. Na verdade, se tivesse havido um estratagema capaz de fazer com que o Grande Rei deixasse a planície de Sochos e fosse atraído para a Cilícia, Alexandre o teria usado sem hesitar, mesmo se isso viesse a lhe custar alguns sacrifícios ainda mais consideráveis que o dos enfermos de Issus. Os rumores sobre a proximidade de Dario lhe pareceram tão incríveis que ele encarregou alguns oficiais de seguirem de barco ao longo do litoral para efetuar um reconhecimento e avaliar a verdadeira distância do inimigo.

Esses mesmos rumores tiveram um efeito totalmente diferente sobre os soldados de Alexandre. Eles só esperavam encontrar o inimigo em alguns dias mais, em campo aberto, e eis que tudo acontecia de maneira febril e inesperada. O inimigo estava nas suas costas. Lutariam contra ele no dia seguinte. Murmuravam que seria necessário arrancar dele, uma segunda vez, alguns territórios já conquistados, e que cada passo no caminho da volta deveria ser pago a preço de sangue. Porém, talvez os desfiladeiros já estivessem ocupados e embarreirados! Talvez fosse necessário, como outrora com os Dez Mil, abrir caminho através da Ásia Menor, ficando felizes se pudessem apenas voltar todos para a pátria, em vez de retornar coroados de glória e carregados com o butim! Tudo isso só porque não se tinha avançado com suficiente prudência! Não se dava nenhum valor ao simples soldado. Sua vida não contava. Quando era ferido, abandonavam-no sem defesa à cólera do inimigo. Assim resmungavam os soldados, enquanto poliam as armas e afiavam as lanças, menos por falta de coragem do que pelo fato de que as coisas aconteciam de modo diferente do que haviam previsto, tentando sufocar o sentimento de angústia que se apodera das tropas, mesmo as mais bravas, na véspera de uma decisão por tanto tempo adiada.

Alexandre conhecia o espírito dos seus homens. Essa franqueza que é engendrada e desenvolvida pela guerra não o inquietava. Logo que os oficiais voltaram da incursão de reconhecimento e lhe deram conta daquilo que tinham visto – notadamente que a planície formada pela embocadura do Pinaros estava coberta de tendas e que Dario não estava longe –, ele convocou os estrategos, os ilarcas e os chefes dos contingentes aliados, relatou as notícias recebidas e demonstrou-lhes que, de todas as eventualidades possíveis, a posição atual do inimigo era a que lhes oferecia mais chances de sucesso. "Não se deixem abater pela impressão de estarem cercados!", tais são as palavras que Arriano põe em sua boca. Eles haviam se coberto de glória muitas vezes para agora perder a coragem diante de um perigo que não existia. Vencedores, avançavam sem cessar ao encontro dos vencidos. Macedônios contra medos e persas; guerreiros experimentados, encanecidos sob as armas, contra asiáticos efeminados; homens livres contra escravos; helenos que combatiam pelos deuses e pela pátria contra gregos abastardados que traíam os altares e a glória dos ancestrais por um soldo irrisório; os europeus mais aguerridos contra os povos mais indolentes e mais desprezíveis do Oriente – em poucas palavras, a força contra a degenerescência, a vontade contra a impotência, com todas as vantagens do terreno, da estratégia e da bravura. Seria preciso mais do que isso para estar certo da vitória? O fruto dessa batalha não seria uma ou duas satrapias, mas o império inteiro. Eles não venceriam somente alguns esquadrões de cavalaria ou um punhado de mercenários, como em Granico, mas o exército imperial. O adversário não eram mais sátrapas insignificantes, mas o Rei dos Reis em pessoa. Depois dessa vitória, tomariam posse do continente asiático e receberiam a recompensa pelas provações sofridas em comum. Depois, Alexandre lembrou a cada um os seus altos feitos. Agradeceu a Parmênion pela constante fidelidade; felicitou Filotas pela bravura em Granico; louvou Perdicas por ter feito o primeiro assalto a Halicarnasso; cumprimentou Atala pela valentia no cerco de Sangalessos; elogiou Antíoco por ter a felicidade de comandar os arqueiros, essa tropa cuja audácia era atestada pela morte sucessiva de seus dois chefes. Quanto a ele, carregava com mais orgulho as suas cicatrizes do que o seu diadema. Alexandre lhes disse todas essas coisas, e ainda muitas outras que, na boca de um general valoroso, são produzidas para inflamar os homens cuja bravura se iguala à sua. O rei falou-lhes com a elevação e o entusiasmo costumeiros. Todos os espectadores ficaram comovidos. Comprimiram-se em torno dele para apertar-lhe as mãos e suplicaram que acreditasse em um devotamento absoluto. Pediram que levantasse acampamento imediatamente e não adiasse o ataque. Alexandre deu ordens para que eles se assegurassem primeiro de que as tropas haviam comido bem. Depois, para que enviassem cavaleiros e arqueiros na vanguarda para os desfiladeiros. Finalmente, para que estivessem prontos para marchar naquela mesma noite com o restante do exército.

XIII

BATALHA DE ISSUS ∽ FUGA DE DARIO ∽ CAPTURA DA MÃE E DA MULHER DO GRANDE REI ∽ MENSAGEM DE DARIO A ALEXANDRE ∽ RESPOSTA DE ALEXANDRE ∽ EFERVESCÊNCIA NA GRÉCIA ∽ DECLÍNIO DO PODERIO NAVAL PERSA ∽ TOMADA DE DAMASCO ∽ ORGANIZAÇÃO DA CILÍCIA

Mais tarde, naquela mesma noite, o exército se pôs em marcha, atingiu os desfiladeiros por volta da meia-noite e deteve-se no pé dos rochedos para repousar um pouco. Tornou a partir no alvorecer do dia seguinte, a fim de atravessar as passagens e descer para a planície.

Essa planície estende-se dos "desfiladeiros marítimos" – assim chamados porque estão situados na orla do mar – até a cidade de Issus, situada cerca de cinco milhas ao norte. Limitada a oeste pelo mar e a leste por uma fileira de altas montanhas, alarga-se à medida que se afasta dos desfiladeiros. A meio caminho, no lugar onde tem mais de meia milha de largura, é atravessada por uma pequena torrente, o Pinaros (ou Deli-Tchai), cujas margens setentrionais são quase verticais. O acampamento persa começava um pouco ao norte desse curso de água.

Logo que Dario soube que Alexandre tinha atravessado os desfiladeiros marítimos e parecia aceitar o combate, ele dispôs as massas persas em ordem de batalha, tão rápido e tão bem quanto lhe permitia o terreno. O vale encaixotado quase não era propício para um grande desdobramento de forças; prestava-se melhor à defensiva. As margens escarpadas do Pinaros formavam como que uma trincheira natural ao abrigo da qual o exército persa podia tomar posição.

A fim de facilitar a manobra, Dario começou por enviar 30 mil cavaleiros e 20 mil soldados da infantaria leve para o outro lado do rio. Desdobrou depois sua linha de infantaria, dispondo, na ala direita, os 30 mil mercenários gregos comandados por Timondas e, na ala esquerda, 60 mil cardaces. Outros

20 mil cardaces foram colocados em uma elevação situada mais à esquerda, a fim de ameaçarem a ala direita de Alexandre. A estreiteza do vale só permitia que uma parte das tropas tomasse posição. Por conseguinte, a maioria das tropas, composta de infantaria pesada e leve, enfileirou-se atrás da primeira linha para se lançar no combate à medida que fosse necessário. Uma vez executada essa manobra, Dario ordenou aos esquadrões de cavalaria enviados para a outra margem que tornassem a atravessar o rio e se repartissem entre as duas alas do exército. Porém, a configuração do terreno parecia tornar impossível o uso da cavalaria na ala esquerda. Os cavaleiros, que Dario havia decidido colocar ali, foram transferidos para a ala direita, de modo que toda a cavalaria persa ficou reunida do lado do mar sob o comando de Nabarzanes. Seguindo o costume persa, Dario subiu em seu carro de guerra, colocou-se no centro da linha de ataque, cercado por uma escolta a cavalo, composta pelos príncipes mais nobres do país, comandados por seu irmão Oxatres. O plano estratégico era o seguinte: a infantaria devia defender sua posição situada atrás do Pinaros; com esse objetivo, os lugares menos escarpados da margem haviam sido reforçados com entulho. Durante esse tempo, a cavalaria persa da ala direita devia se lançar com toda a força sobre a ala esquerda dos macedônios, enquanto as tropas reunidas nas elevações cairiam nas costas do inimigo.

    A partir do momento em que o terreno permitiu, Alexandre retirou a infantaria pesada da sua coluna de marcha e a dispôs em linha de batalha com dezesseis homens de profundidade. Quanto mais se avançava, mais a planície se alargava, de modo que a cavalaria pôde se desdobrar, tendo na ala esquerda todos os contingentes helênicos, inclusive os recrutados em Élis, e na direita os cavaleiros tessalianos e macedônios que, como de hábito, deviam abrir o combate. Já se distinguia ao longe a longa linha do exército persa. Alexandre viu que a infantaria inimiga ocupava as elevações que encimavam sua ala direita. Também observou que grandes massas de cavalaria se destacavam da ala esquerda do exército persa e desfilavam à frente para se juntar à ala direita, onde o terreno parecia mais favorável a um ataque geral.

    Ele logo ordenou que os esquadrões tessalianos fossem a trote para a ala esquerda (passando por trás das falanges, a fim de não serem percebidos pelos persas) para se colocarem na linha de combate imediatamente depois dos arqueiros cretenses e dos trácios de Sitalco. Depois, deu ordem a Parmênion, que comandava a ala esquerda, para que se mantivesse tão próximo quanto possível do mar com os cavaleiros recrutados em Élis, que agora vinham na sequência dos cavaleiros tessalianos para evitar que o exército macedônio ficasse desguarnecido por aquele lado. Mandou avançar em sua outra ala, à direita da cavalaria macedônia, os esquadrões dos sarissóforos, dos paiônios e dos arqueiros, comandados respectivamente por Protômaco, Ariston e Antíoco. Por fim, para resistir aos cardaces postados nas elevações, que ameaçavam seu flanco direito, ele constituiu, com a ajuda dos agrianos de Atala, de uma parte dos arqueiros e de alguns cavaleiros, uma segunda frente que formava um ângulo de quarenta graus com sua linha de ataque principal.

Quanto mais se aproximavam do Pinaros, mais distintamente viam a largura considerável da frente inimiga. Como ela ultrapassava bastante a ala direita do exército macedônio, o rei julgou necessário empurrar para a sua ala externa dois esquadrões de cavalaria – os de Peróidas e de Pantardonos. Mandou avançar, para o lugar deles, na linha de combate, os agrianos, os arqueiros e os cavaleiros da frente lateral.

A manobra foi executada sem interromper a marcha mas com curtas pausas, para permitir que as tropas tomassem fôlego. Graças a ela, Alexandre não somente preveniu o ataque de flanco do destacamento persa colocado sobre as elevações como ainda estendeu sua frente para a direita, inserindo nela as tropas leves a pé e a cavalo, de modo que ela agora ultrapassava a ala esquerda do inimigo. Alexandre contava abrir o combate com o esquadrão dos heteres. Pensava que suas tropas leves poderiam conter a esquerda do inimigo enquanto ele próprio se precipitaria sobre o centro do exército persa, seguido pelos hipaspistas, cuja falange estava colocada bem ao lado da escolta da cavalaria. Uma vez que essa primeira manobra fosse executada com êxito, ele contava prender a ala esquerda do adversário em um torno, fazendo com que fosse atacada simultaneamente pelo flanco por seus esquadrões de cavalaria e pela frente por seus hipaspistas. O primeiro choque devia ser ainda mais decisivo pelo fato de que o Grande Rei não comandava a cavalaria da ala direita, mas havia se colocado no centro da frente asiática.

Ora, essa última, embora protegida pelos entulhos e pelas muralhas naturais formadas pelas margens do Pinaros, não parecia ser capaz de resistir a uma carga vigorosa.

Alexandre mandou que sua linha de batalha avançasse lentamente para alcançar o inimigo em boa ordem e em fileiras cerradas. Galopou ao longo da frente, dirigindo-se aos diferentes corpos da tropa, chamando pelo nome ora um chefe, ora outro, e evocando os altos feitos que já haviam realizado juntos. Por toda parte, os soldados lhe respondiam com aclamações, pedindo que ele não adiasse por mais tempo o sinal do ataque. Logo que a linha inteira avançou até ficar ao alcance das flechas do inimigo, Alexandre, dando o grito de guerra, lançou-se no Pinaros à frente dos cavaleiros. Eles atravessaram o rio, escalaram a margem oposta e se precipitaram sobre a linha do adversário com tal impetuosidade que esta não tardou a se curvar e a se deslocar. Alexandre já tinha percebido o carro de guerra do rei dos persas. Partiu para cima dele. Um sangrento corpo a corpo teve início entre os nobres persas que defendiam Dario e os cavaleiros macedônios comandados por Alexandre. Arsames, Reomitra, Atizyes e Sabakes, sátrapa do Egito, tombaram um a um. O próprio Alexandre foi ferido na coxa. Os macedônios, com isso, combateram com mais ardor. Então Dario, virando seu carro, fugiu para fora da confusão, seguido pelas fileiras mais próximas do seu séquito. Logo, a debandada foi geral. Os paiônios, os agrianos e os dois esquadrões que formavam a extremidade da ala direita macedônia lançaram-se por sua vez no combate, rematando a vitória nessa parte do campo de batalha.

Mas a rapidez com que Alexandre tinha atravessado o rio não havia permitido que a infantaria pesada o seguisse. Produzira-se na frente Macedônia uma perigosa lacuna que não parava de se alargar. Apesar dos esforços para alcançar a cavalaria, os soldados da infantaria eram retardados pelas margens escarpadas e escorregadias do Pinaros. Enquanto Alexandre já batalhava no centro do inimigo, os helenos a soldo de Dario lançaram-se sobre os hoplitas macedônios no lugar onde a brecha era mais larga. Eles sabiam ser seus iguais em estratégia e em bravura. A situação tornou-se precária. Se os macedônios fossem rechaçados da margem e expulsos para o outro lado do rio, Alexandre estaria descoberto e perdido. A iminência do perigo eletrizou os pezeteros e decuplicou sua coragem. Se cedessem, sabiam que estariam sacrificando a vitória já conquistada pelo rei.

Helenos e macedônios combatiam uns contra os outros com todo o velho ódio ressuscitado. Obstinavam-se com uma raiva ainda mais feroz porque compreendiam as injúrias e as imprecações mútuas. Ptolomeu, filho de Seleucos, que comandava a penúltima falange, e numerosos oficiais já haviam perecido. As forças das tropas macedônias pareciam no fim. A sorte das armas se voltava em favor dos persas.

Nabarzanes atravessara o Pinaros à frente dos cavaleiros asiáticos e lançara-se sobre os cavaleiros tessalianos com tal violência que um de seus esquadrões foi completamente deslocado e os outros foram salvos somente pela agilidade dos cavalos; conseguiu conservar o terreno reunindo-se rapidamente ora aqui, ora ali, devolvendo golpe por golpe com a energia do desespero. Mas um combate tão desigual não podia durar muito tempo. Logo ficou evidente que a cavalaria macedônia sucumbiria sob o peso e o ímpeto dos cavaleiros inimigos. No entanto, a ala esquerda dos persas já tinha sido penetrada e Dario, em vez de continuar a encorajar as tropas com sua presença, procurava a salvação na fuga. Alexandre viu suas falanges em perigo. Renunciando naquele momento a perseguir o Grande Rei, lançou-se em seu socorro. Fazendo com que os hipaspistas efetuassem uma conversão à esquerda, lançou-os no flanco dos mercenários gregos, enquanto os hoplitas da falange partiam novamente para o ataque. Incapazes de resistir a essa dupla ofensiva, os adversários foram logo repelidos, deslocados e arrasados. As massas agrupadas por trás da frente persa, que serviam de reserva e que teriam podido intervir agora no combate, tinham seguido a fuga do Grande Rei. Subitamente, os cavaleiros de Nabarzanes, que ainda estavam no coração do combate, ouviram elevar-se o clamor: "O rei fugiu, o rei fugiu!" Começaram a perder terreno, a debandar, a voltar atrás. Perseguidos pelos tessalianos, espalharam-se pela planície. As tropas persas arrojaram-se para as montanhas e encheram os desfiladeiros. Foi uma aniquilação generalizada. As vociferações da multidão – na qual se misturavam todas as armas e todas as nações –, o barulho dos cascos pisoteando os feridos, os uivos dos moribundos, o rumor dos escudos e das espadas entrechocadas e, por fim, os gritos de vitória dos macedônios ecoaram por muito tempo de vale em vale. Tal foi o fim da gloriosa jornada de Issus.

Os persas sofreram perdas enormes; o campo de batalha estava coberto de cadáveres. As gargantas estavam bloqueadas por uma muralha de mortos empilhados. Atrás desse amontoado, o Grande Rei fugia, buscando segurança.

Mal tinha visto o êxito do primeiro ataque de Alexandre, Dario ordenou que sua quadriga desse meia-volta e fugiu para a entrada das montanhas. Ali, como o solo rochoso atrasasse a corrida, desceu do carro e, tirando o manto, o arco e o escudo, saltou sobre um cavalo que galopou para o nordeste com a rapidez de um raio. Alexandre o perseguiu até o cair da noite, pensando que sua captura coroaria dignamente essa jornada memorável. Em um despenhadeiro, encontrou o carro de guerra, o escudo, o manto e o arco. Carregado com esses troféus, voltou para o acampamento dos persas, que nesse ínterim havia sido ocupado pelas tropas macedônias. Com exceção das bagagens e das armas dos Grandes da Pérsia, o butim não foi considerável, pois os tesouros, o material de campanha e o comboio do Grande Rei, como vimos, tinham sido enviados para Damasco. Porém, a rainha-mãe Sisygambis, Estatira (esposa de Dario), sua filha e seu filho, esquecidos na confusão da derrota, caíram junto com o acampamento nas mãos do inimigo.

Enquanto Alexandre, retornando da perseguição, jantava com seus oficiais sob a tenda imperial, escutou gritos e gemidos não longe dali. Disseram-lhe que eram as mulheres reais que pranteavam Dario. Acreditavam que ele estava morto, vendo o carro, o arco e o manto carregados em triunfo através do acampamento. Alexandre logo enviou para junto delas Leonatos, um de seus amigos, para lhes dizer que Dario estava vivo, que nem sua vida nem a delas estavam em perigo, que Alexandre não era nem inimigo pessoal nem delas nem do Grande Rei, que se tratava de um combate honorável pela posse da Ásia e que ele saberia tratá-las com o respeito devido à sua condição. Manteve a palavra: não somente manifestou para com elas toda a circunspecção que exigia a desgraça que viviam, mas continuou a lhes conceder as honras às quais estavam habituadas. O serviço foi assegurado segundo o cerimonial persa. Alexandre não quis que fossem tratadas como prisioneiras, mas como rainhas. Desejava que a majestade do princípio real prevalecesse sobre a rivalidade entre gregos e bárbaros. Entrevemos aqui, pela primeira vez, a atitude que ele contava adotar mais tarde em relação à Pérsia.

Em semelhantes circunstâncias, atenienses e espartíatas teriam feito as princesas inimigas sentirem o peso da sua raiva ou da sua cupidez. A conduta de Alexandre prova não somente sua elevação moral, mas a profundidade do seu gênio político. Seus contemporâneos louvaram muito a sua magnanimidade, mas só mais tarde compreenderam a grandeza dos seus desígnios. Não pouparam elogios à sua clemência para com a família imperial. Aquilo que lhes pareceu sobretudo admirável foi que, ultrapassando nisso o seu grande ancestral Aquiles, ele renunciou a fazer valer seus direitos sobre a esposa do vencido, tida como a mais bela mulher da Ásia. Proibiu até mesmo que louvassem a beleza dela na sua presença, a fim de que nenhuma palavra deslocada viesse a aumentar o seu pesar.[69] Relatam que Alexandre entrou na tenda das princesas, acompanhado somente de Heféstion. A rainha-mãe, não sabendo qual dos dois era o rei, porque nada nos seus trajes os distinguia um do outro, lançou-se aos pés de Heféstion, que era o mais alto, a fim de adorá-lo segundo o costume persa. Porém, advertida de seu erro pelo recuo de Heféstion, levantou-se terrificada, acreditando que sua vida estava em perigo. Mas Alexandre lhe disse, sorrindo: "Tu não te enganaste, ó mãe, porque aquele também é Alexandre." Depois, ele tomou em seus braços o jovem filho de Dario, que tinha seis anos, o acariciou e o abraçou. Outro exemplo confirma a extraordinária bondade do rei. Foi a maneira tocante como se ocupou daqueles que haviam sido feridos no decorrer da batalha. Embora ele próprio tivesse sido atingido na coxa, foi visitá-los, agradeceu-lhes o devotamento e elogiou-lhes a bravura. Estima-se em 300 soldados de infantaria

---

69. Plutarco: "Mas Alexandre, considerando – no meu modo de ver – ser coisa mais digna de um rei vencer a si mesmo do que suplantar os seus inimigos, não tocou nelas nem em outra moça ou mulher antes de tê-las desposado – com exceção de Barsena, que, tendo ficado viúva depois da morte de Mêmnon, foi presa perto de Damasco. Ela conhecia as letras gregas, era doce e afável; e era filha de Artabazus, que tinha nascido da filha de um rei. Alexandre a possuiu por instigação de Parmênion, que o instou a obter seu prazer com uma tão bela e tão nobre dama. Porém, quando ficava olhando as outras damas persas, que estavam prisioneiras, belas e benfeitas, ele dizia, brincando, que as damas da Pérsia faziam mal aos olhos de quem as contemplava. Porém, mostrando em oposição às suas belas faces a beleza da sua continência e da sua castidade, seguia em frente sem se afeiçoar a nenhuma delas, como se fossem imagens de pedra sem alma." [N.A.]

e em 150 cavaleiros as perdas sofridas pelo exército macedônio. Alexandre mandou enterrar os mortos com honras militares. O exército inteiro, em ordem de batalha, desfilou diante dos túmulos. Foram erigidos três altares à beira do Pinaros para homenagear a memória dos tombados. Por fim, para comemorar a grande jornada de Issus, que havia aniquilado com um golpe o poderio da Pérsia, o rei fundou uma cidade na entrada das passagens sírias e chamou-a de Alexandria.[70]

Pelo fato de que Alexandre havia arrasado primeiramente a ala esquerda do inimigo e a havia repelido para o mar, o restante do exército persa fora separado em diversos pedaços. A maior parte das tropas fugiu através das montanhas até o Eufrates. Os soldados que haviam dobrado para o norte, através dos Alpes cilicianos, para se espalharem em seguida através da Capadócia, da Licaônia e da Paflagônia, foram capturados em parte por Antígono da Frígia e em parte por Calas da Grã-Frígia. Cerca de 8 mil mercenários helênicos buscaram refúgio na Síria, depois dos montes Amanus, e chegaram em boa ordem a Trípoli, conduzidos por Amintas, o refugiado macedônio. As trirremes que os haviam levado ainda estavam na praia. Eles ocuparam um certo número delas, incendiaram as outras para que não caíssem nas mãos do inimigo e zarparam para Chipre. Outros mercenários devem ter alcançado o mar por conta da sorte e conseguido chegar à região do Tenara, onde retomaram o serviço a mando de novos príncipes. Uma vez chegado a Chipre, Amintas conduziu suas tropas a Pelusa, a fim de antecipar-se ao persa Mazakes, que havia sido nomeado sátrapa do Egito no lugar de Sabakes, morto em Issus. Amintas já havia chegado diante das portas de Mênfis e havia retomado o controle de toda uma parte do baixo Egito quando seus mercenários, que haviam se dispersado na campanha e estavam entregues à pilhagem, foram atacados pelos egípcios, comandados pelo sátrapa, e massacrados até o último homem, incluindo o próprio Amintas.

No transcurso da fuga para Onchos, Dario havia reunido o restante de seus soldados pertencentes à nação persa e cerca de 4 mil mercenários helê-

---

70. Atualmente, Alexandreta (ou Iskanderun). [N.T.]

nicos. Seguido por essa escolta, havia continuado com toda a pressa o caminho para Tapsaco, acreditando que só estaria em segurança quando ultrapassasse o Eufrates. O que mais o humilhava e mais o fazia sofrer não era tanto a perda da batalha e de algumas satrapias, mas o horror de saber que sua adorada esposa ficara nas mãos do inimigo. Acreditava que ela estava perdida. Não compreendia a virtude de seu adversário nem seus planos estratégicos. A dor que lhe causava a desgraça familiar fez com que esquecesse o perigo que ameaçava o império, mas nem por isso ele renunciou à dignidade suprema que estava vinculada ao seu título. Cego pela imensidão do orgulho dinástico e por essa arrogância que sempre foi, aos olhos dos gregos, o sinal distintivo do despotismo e da barbárie, ele acreditou dar provas de grandeza de alma sendo o primeiro a buscar uma conciliação com o vencedor. Depois da batalha de Issus, enviou alguns embaixadores até Alexandre, portadores de uma carta na qual ele lhe expunha que Filipe, o pai do rei macedônio, fora amigo e aliado de Artaxerxes, o Grande Rei; depois da morte deste, Filipe havia declarado guerra a Arses, o novo Grande Rei, sem que a Pérsia lhe tivesse dado motivos para a hostilidade. Ele lhe dizia, em seguida, que no momento da sua subida ao trono da Pérsia, Alexandre não se preocupara em enviar-lhe embaixadores para renovar os laços de paz e amizade existentes entre os dois países. Mais ainda: havia invadido a Ásia, causando aos persas um prejuízo considerável. Por isso ele reunira todos os seus povos e os colocara em marcha. Como o resultado do combate lhe havia sido desfavorável, o rei Dario pedia ao rei Alexandre que lhe devolvesse a esposa, a mãe e os filhos, que haviam caído prisioneiros. Em troca, ele lhe oferecia a paz e um tratado de amizade, rogando-lhe que fizesse com que os portadores da mensagem, Menico e Arsimas, voltassem na companhia de alguns plenipotenciários capazes de dar e de receber as garantias necessárias. Alexandre respondeu a essa mensagem e às outras declarações dos delegados persas por meio de uma carta que encarregou seu embaixador Tersipo de entregar ao Grande Rei, sem contudo acompanhá-la de nenhum comentário verbal. Eis o que a carta continha:

Vossos ancestrais foram à Macedônia e ao restante da Hélade, sem que os helenos tenham fornecido o menor pretexto para isso. Eles só nos trouxeram infelicidade e lágrimas. Eu, Alexandre, eleito estratego supremo dos helenos e resolvido a vingar o ultraje feito aos meus, vim até a Ásia como consequência de novos motivos de guerra que vós nos haveis dado. Porque vós haveis apoiado os perintianos, que haviam insultado meu pai, e Ochos enviou tropas até a Trácia, da qual nós somos os senhores. Meu pai pereceu sob golpes assassinos que agiram por vossa instigação, como vós mesmos vos haveis vangloriado em certo número de cartas públicas. De acordo com Bogoas, tu assassinaste o rei Arses e te apoderaste do trono da Pérsia de maneira ilegítima, não seguindo os costumes do país, mas violando direitos sagrados. A fim de incitar os helenos a fazerem guerra contra mim, tu lhes enviaste escritos que não eram nem um pouco amistosos. Concedeste subsídios aos espartíatas e a outros helenos. Os helenos, é verdade, recusaram esse dinheiro, mas os espartíatas o aceitaram. Por fim, teus emissários procuraram incitar meus amigos contra mim e perturbar a paz que eu havia trazido aos helenos. Tais são as razões que me decidiram a me pôr em campanha contra ti. Nada mais fiz do que responder aos atos de hostilidade dos quais tu tomaste a iniciativa. Comecei por vencer teus generais e teus sátrapas em um combate leal. Depois, venci a ti mesmo, assim como ao exército que te acompanhava. Tornei-me, pela graça dos deuses imortais, senhor deste país que tu chamas de teu. Eu sou o amigo e o defensor de todos aqueles que, tendo combatido contra mim nas tuas fileiras, não prosseguiram a luta, mas vieram até mim e imploraram proteção. Ninguém tem nada do que se queixar de mim. Mais ainda, todos se alinharam sob minhas ordens, voluntariamente e de bom grado. Já que, por conseguinte, eu sou o senhor da Ásia, venhas tu também para junto de mim. Se tu crês dever suspeitar da sinceridade das minhas palavras, envia-me alguns dos teus Grandes, a fim de que eles recebam as garantias necessárias. Chegando junto a mim, tu me encontrarás propenso a escutar favoravelmente as tuas petições concernentes à restituição de tua mãe, tua esposa e teus filhos. Tudo aquilo que me pedires te será concedido. Todavia, se me enviares novas mensagens, endereça-as doravante ao rei da Ásia. Saiba igualmente que tu não deves mais me escrever como a um igual, mas me submeter teus votos com o respeito que me é devido, como o senhor inconteste de tudo aquilo que outrora te pertencia, na falta do que me verei obrigado a usar de rigor contra ti por ter ofendido minha real majestade. Se tu tens um ponto de vista diferente do meu, em relação à posse do poder, enfrenta-me uma segunda vez em campo aberto para que decidamos isso e, dessa vez, não fuja. Da minha parte, saberei te encontrar, onde quer que te escondas.

Se essa mensagem foi concebida na forma em que nos foi transmitida, podemos concluir disso que ela não foi redigida somente para o seu destinatário: era uma proclamação dirigida pelo vencedor a todos os povos da Ásia, ao mesmo tempo que aos helenos.

Talvez, sobretudo, aos helenos. A frota persa sempre passava pelo mar Egeu, e sua proximidade suscitava grande efervescência na Grécia. Bastaria uma vitória na Hélade, um desembarque ousado no Istmo ou em Eubeia para provocar um levante geral. A própria Macedônia teria sido exposta aos piores perigos. Talvez por isso Alexandre só deixou Górdion no último momento. Em caso de emergência, podia retornar ao Helesponto em cinco dias de marcha. Foi, sem dúvida, a notícia do desembarque dos marinheiros gregos em Trípoli que o fez decidir se pôr a caminho. Com infalível perspicácia, deve ter julgado que as provocações da frota persa, diminuída dessa tripulação e privada de todos os navios desativados em Trípoli, não mereciam mais ser levadas a sério.

Porém, os patriotas na Hélade estavam longe de partilhar esse ponto de vista. Como a coragem deles deve ter crescido quando Hegéloco, assustado com a súbita decisão dos atenienses de colocar cem trirremes no mar, liberou os navios áticos que havia detido! Como devem ter se rejubilado quando a guarnição macedônia de Mitilene foi obrigada a capitular, quando a ilha inteira retornou à paz de Antalcides e quando Tenedos, constrangida a fazer o mesmo, teve de renunciar à aliança com Alexandre e com a liga de Corinto! Essa gloriosa paz de Antalcides era um princípio libertador para os patriotas helênicos, a bandeira sob a qual eles contavam terminar de uma vez com todas com os horrores do pacto de Corinto. Os oradores subiram à tribuna e conjuraram o povo a romper com Alexandre, apesar dos tratados assinados. "Podemos ler nos tratados: 'se quisermos tomar parte na paz comum'; isso significa, portanto, que somos livres para não querer."

Apesar de reveses sem importância, a frota persa ainda era senhora do mar Egeu. Ela sabia que Dario já tinha atravessado o Eufrates, à frente de um gigantesco exército no qual os mercenários gregos eram, sozinhos, tão numerosos quanto todas as forças macedônias reunidas.

Não se compreende claramente a que motivos obedeceram nesse momento os almirantes persas. Será que foram intimidados pelo avanço de Hegéloco, que havia constituído uma nova frota no Helesponto e havia se apoderado de Tenedos, depois de ter vencido Aristomedes e sua esquadra? Será que esperavam a notícia da derrota de Alexandre para provocar uma revolta geral na Hélade? Seja como for, eles deixaram uma guarnição em Quios e alguns navios em Cós e em Halicarnasso. Depois foram para Sifnos com os cem melhores navios. Lá, o rei Agis III os visitou. Tendo atrás de si só uma trirreme, arquitetara um plano de grande envergadura, para o qual desejava assegurar a colaboração deles. Pediu-lhes que enviassem para o Peloponeso tantas tropas quantas fosse possível e lhe fornecessem subsídios para recrutar outras. Também em Atenas os espíritos estavam superaquecidos, e os patriotas esforçavam-se para excitá-los ainda mais. No entanto, Demóstenes pregava paciência. Mas nem por isso Hipérides, Moirocles e Calístenes deixavam de suplicar ainda mais ardentemente aos atenienses que se juntassem a Agis e se pusessem à frente de todos os Estados helênicos, que só esperavam um sinal para se rebelarem contra Antípater e a Macedônia.

Porém, em vez das notícias que eles esperavam da Cilícia, os gregos, consternados, foram informados da derrota do Grande Rei e do aniquilamento do exército persa. Os atenienses tiveram que agradecer aos céus por não terem entrado por um caminho que seria sem saída. Os almirantes persas se apressaram a salvar os navios que lhes restavam. Farnabazes zarpou para a ilha de Quios, da qual ele temia a defecção, com doze trirremes e 1,5 mil mercenários gregos. Autofradato retornou para Halicarnasso com a maior parte da frota – os navios tirianos o acompanhavam sob o comando de seu rei, Azemilkos. No lugar das imponentes forças de terra e de mar prometidas a Agis, este recebeu ao todo trinta talentos e dez navios. Enviou-os ao seu irmão Agesilau com ordens de pagar o soldo das tripulações e de apoderar-se rapidamente de Creta. Farnabazes, após uma curta estadia nas Cíclades, juntou-se novamente a Autofradato em Halicarnasso. Não podia mais pensar em prosseguir a campanha naval, pois logo se tornou evidente que Alexandre não marchava para o Eufrates, mas para a Síria. As esquadras fenícias só esperavam o retorno da estação favorável para voltar para a pátria, ameaçada pelo avanço das tropas macedônias. Os reis de Chipre também começaram a temer pela ilha logo que viram Alexandre aproximar-se do litoral fenício.

Alguns historiadores modernos criticaram Alexandre por não ter se lançado no encalço do inimigo logo depois da batalha de Issus e por não ter se apressado a atravessar o Eufrates a fim de acabar de uma vez por todas com o império dos persas. Acusaram-no de leviandade e de incoerência. Porém, teria sido uma loucura aprofundar-se na Ásia enquanto não contava com bases completamente asseguradas. Os frutos da vitória de Issus não eram a Babilônia e Susa, mas o litoral do Mediterrâneo. Agora, esse mar estava aberto para ele até a praia deserta do Syrto. Era necessário primeiramente apoderar-se de Tiro, arsenal inesgotável do império dos persas, obrigando os fenícios a trazer sua frota do mar Egeu e quebrando assim a revolta que começava a despontar em Esparta. Era necessário, enfim, ocupar o vale do Nilo. Então – somente então – ele poderia avançar sem temor para o Oriente, pois a base de operações para a campanha asiática teria atingido a amplitude e a solidez desejáveis.

Esse deveria ser o objetivo das expedições seguintes. Alexandre ordenou a Parmênion que tornasse a subir o vale do Oronte com os cavaleiros tessalianos e fosse para Damasco, capital da Coele-Síria,[71] onde estavam o tesouro imperial, o material de guerra e todos os tesouros de Dario e de seus Grandes. Graças à trai-

---

71. Ou "Síria Oca", região correspondente ao atual vale do Bekaa, no Líbano. [N.T.]

ção do sátrapa da Síria, que tentou fugir com a caravana, esta caiu nas mãos de Parmênion junto com a cidade.[72] O butim foi enorme. Entre os prisioneiros – seu número elevava-se a vários milhares – encontravam-se os embaixadores de Atenas, de Esparta e de Tebas, que estavam com Dario até antes da batalha de Issus. Ao receber o relatório de Parmênion, Alexandre ordenou-lhe que levasse de volta a Damasco, sob forte escolta, tudo o que havia caído em suas mãos, mas que lhe remetesse imediatamente os embaixadores gregos. Quando estes chegaram ao acampamento, ele libertou os embaixadores de Tebas, em parte por respeito a eles – um, Tessalisco, era o filho do nobre Ismênias, e o outro, Dionisidoro, tinha sido vencedor nos jogos olímpicos –, em parte por comiseração por sua desgraçada cidade, cujo ódio contra os macedônios era bem perdoável. Encheu de honrarias o ateniense Ifícrates, filho do general do mesmo nome, e o manteve no seu séquito por estima a seu pai e para dar aos atenienses uma prova da sua indulgência. O espartíata Eutikles, em contrapartida, cuja cidade acabava de abrir hostilidades contra a Macedônia, foi mantido provisoriamente como refém, sendo libertado mais tarde. Ele pôde voltar à pátria quando o sucesso crescente das armas macedônias modificou as relações existentes entre Esparta e o rei.

Enquanto Parmênion tomava Damasco, Alexandre resolvia os assuntos da Cilícia. Sabemos pouca coisa sobre isso, mas o pouco que sabemos é característico. Esse território, o mais importante de todos do ponto de vista estratégico e que estava cercado por vizinhos perigosos – as tribos livres e intrépidas do Taurus –, precisava ser governado com mão firme. O rei confiou a Cilícia ao seu guarda-costas Balacros, filho de Nicanor. Parece que foi nomeado ao mesmo tempo sátrapa e estratego dessa província, pois encontramos o nome de Balacros citado em uma campanha contra os isauros. Acreditamos reconhecer certo número de peças cilicianas entre as mais antigas moedas cunhadas com a efígie de Alexandre. A Síria, ou pelo menos a parte ocupada por Parmênion – ou seja, a Coele-Síria –, foi entregue a Mêmnon, filho de Kerdimas. Quanto à Fenícia, o rei ainda não podia dispor dela, pois nessa província tropeçaria com dificuldades insuspeitadas.

---

72. Parmênion fez o inventário da seguinte maneira: "Encontrei 329 cortesãs do rei para a música e para a dança, 46 trançadores de guirlandas, 275 cozinheiros para preparar iguarias, 29 cozinheiros para cuidar do fogo, 13 leiteiros, 17 copeiros para misturar as bebidas, 70 copeiros para aquecer o vinho e 40 perfumistas para preparar os bálsamos." [N.A.]

XIV

CONSTITUIÇÃO DAS CIDADES FENÍCIAS ∽ RIVALIDADE ENTRE TIRO E SIDON ∽ EMBAIXADA TIRIANA A ALEXANDRE ∽ TOMADA DE SIDON, DE BIBLOS E DE ARADOS ∽ CERCO DE TIRO ∽ SUBMISSÃO DAS TRIBOS DO LÍBANO ∽ SUPREMACIA NAVAL DE ALEXANDRE ∽ DEFESA HEROICA DOS TIRIANOS ∽ INVENÇÕES PRODIGIOSAS DOS ENGENHEIROS TIRIANOS E GREGOS ∽ FRACASSOS SUCESSIVOS DE ALEXANDRE

O estatuto político das cidades fenícias decorria da sua situação geográfica e da sua organização interna. Embora desfrutassem havia alguns séculos de domínio nos mares, essas cidades haviam perdido a insubstituível vantagem da insularidade, sendo tomadas por assírios, babilônios e persas, sucessivamente. Porém, quase completamente isoladas do interior pela alta cadeia do Líbano e construídas em parte sobre ilhotas costeiras que lhes permitiam escapar, em certa medida, à influência das potências continentais, elas tinham conseguido manter a autonomia e as suas antigas instituições. Os reis da Pérsia haviam se contentado com uma espécie de soberania nominal e com o direito de mobilizar a frota fenícia conforme suas necessidades. A rivalidade muito áspera que outrora havia posto os fenícios em luta contra os gregos por tudo aquilo que dizia respeito à cabotagem, ao comércio e à hegemonia marítima havia desaparecido quando a velha liga naval da Ática fora dissolvida. Mesmo no tempo em que essas cidades desfrutavam de completa independência, não é certo que sua prosperidade tenha sido maior do que sob a dominação persa, cujo império assegurava imensa clientela para suas mercadorias. Enquanto a civilização e os antigos costumes haviam pouco a pouco se perdido nas outras províncias incorporadas ao império dos persas, o espírito mercantil e de autonomia, que o desenvolvimento do comércio exige, havia permanecido vivo na Fenícia. Sem dúvida, os fenícios tinham tentado em diversas ocasiões libertar-se da dominação do Grande Rei. Se não conseguiram isso, apesar da diminuição do poderio persa, seu fracasso deveu-se tanto às instituições locais quanto à aguda rivalidade que separava as diferentes cidades.

Os navios dos fenícios, comandados por seus "reis" – os de Tiro, por Azemilkos; os dos aradianos, por Heróstrato; e os de Sidon e de Chipre, por Pitágoras e por outros príncipes –, haviam sido convocados pelo rei dos persas e zarpado para águas helênicas, onde não alcançaram nenhum sucesso apreciável. A culpa disso cabia, sobretudo, à falta de energia dos almirantes persas. A batalha de Issus acarretara uma completa reviravolta na política das cidades fenícias. Elas tinham se coligado; tinham unido suas frotas e decidido defender em comum todos os pontos sobre os quais o inimigo poderia se lançar; os almirantes do Grande Rei tinham renunciado a uma ofensiva na Grécia (a essa altura, sem nenhum sentido), deixando as águas helênicas para voltar aos portos fenícios; o poderio puramente continental e terrestre de Alexandre não poderia triunfar sobre essas cidades marítimas poderosamente fortificadas.

Porém, apesar da aliança, as cidades fenícias estavam longe de ter chegado a um acordo. Os sidonianos haviam saudado com alegria a vitória de Issus. Graças a Alexandre, esperavam reconquistar tudo o que os déspotas estrangeiros haviam tomado deles. Em contrapartida, Biblos – que devia sua prosperidade à queda de Sidon – temia perder tudo, pois era incapaz de resistir por terra ao exército vitorioso da Macedônia. Arados e Tiro estavam construídas sobre o mar. No entanto, Arados, mais poderosa por suas possessões terrestres do que pela extensão do seu comércio marítimo, era mais vulnerável que Tiro, que acreditava estar em segurança na sua ilha, protegida pelos oitenta navios que ainda possuía.

Quando Alexandre aproximou-se das cidades fenícias, Estraton, filho do príncipe aradiano Heróstrato, foi ao seu encontro em nome de seu pai, levou-lhe uma coroa dourada e entregou-lhe toda a parte setentrional do litoral fenício. Esse território estendia-se para o interior das terras até a cidade de Mariamne. Prosseguindo o caminho, o rei da Macedônia tornou-se senhor de Biblos por meio de um tratado. Os sidonianos, que detestavam os persas, apressaram-se a abrir as portas ao vencedor. Alexandre logo tomou posse da cidade, devolveu-lhe o antigo território e suas instituições. Depois seguiu para Tiro.

Foi saudado no meio do caminho por uma delegação dos cidadãos mais ricos e mais influentes de Tiro, conduzida pelo filho do príncipe Azemilkos. Eles declararam que Tiro estava pronta para se render. O rei agradeceu-lhes e fez o elogio da cidade, acrescentando que contava ir até lá para fazer um sacrifício solene no templo de Héracles.

Era justamente o que os tirianos queriam evitar. Para eles, o essencial era assegurar a independência, conservando a neutralidade para tirar proveito da guerra, qualquer que fosse o resultado dela. Eles podiam fazer isso porque a frota tiriana, mesmo diminuída das esquadras que cruzavam o mar Egeu, ainda era bastante forte para obrigar as partes a respeitarem os compromissos. A frota persa continuava a ser senhora de todos os mares, e Dario mobilizava um novo exército para conter o avanço macedônio: se fosse vencedor, o Grande Rei recompensaria a fidelidade dos tirianos de maneira ainda mais generosa pelo fato de que as outras cidades fenícias haviam traído a sua causa. Se Dario fosse vencido, Alexandre, desprovido de frota, buscaria em vão apoderar-se da cidade, construída sobre o mar, e Tiro, defendida pelas suas esquadras e pela posição inexpugnável da sua cidadela, teria tempo de pedir socorro aos seus aliados de Chipre, do Peloponeso e da Líbia. Convencidos de ter encontrado uma solução ao mesmo tempo astuciosa e segura, os tirianos responderam ao rei da Macedônia que ficariam muito honrados se ele quisesse fazer um sacrifício ao seu deus nacional no templo da velha Tiro, edificado em terra firme, mas que a cidade insular devia permanecer fechada tanto aos macedônios quanto aos persas, sem distinção de partido.

Alexandre rompeu as negociações. Decidiu usar a força para apoderar-se dessa posição estratégica indispensável para a sequência de suas operações. Aceitar a neutralidade de Tiro atrás de si teria sido incitar os países helênicos a desertar e encorajar a guerra empreendida pelo rei Agis, cujo irmão acabava de conquistar Creta. Alexandre convocou os estrategos, os ilarcas (comandantes dos esquadrões de cavalaria), os taxiarcas (comandantes das falanges) e os chefes dos contingentes aliados. Ele os pôs a par da situação e lhes comunicou a decisão de tomar Tiro, custasse o que custasse. Seria uma loucura marchar sobre o Egito enquanto os persas conservassem o seu poderio naval, ou perseguir o rei Dario tendo pelas costas a cidade de Tiro visivelmente animada de intenções hostis. Além do mais, as perturbações na Grécia tornavam essa solução impossível. Com a ajuda dos tirianos, os persas poderiam reconquistar a supremacia naval. Quando os exércitos macedônios marchassem sobre a Babilônia, eles estariam livres para levar a guerra para a Hélade, onde os espartíatas estavam em estado de revolta aberta e onde só o temor aos macedônios ainda mantinha no respeito os outros Estados. Nem os marinheiros nem as tripulações dos navios fenícios estariam propensos a prosseguir a luta por mar, sabendo que sua própria cidade estava sitiada. Chipre também deveria escolher: ou se submetia imediatamente ou seria tomada pela frota da Macedônia e da Fenícia; uma vez de posse dessas forças navais combinadas – às quais viriam se juntar os navios de Chipre –, a preponderância marítima da Macedônia estaria assegurada e a campanha do Egito seria coroada de êxito. Ora, uma vez submetido o Egito, não haveria mais motivo para se inquietar com a situação na Hélade. Seria possível marchar sobre a Babilônia com mais tranquilidade pelo fato de que os persas estariam isolados de todas as partes do continente situadas aquém do Eufrates. O conselho de guerra percebeu a necessidade de se apoderar da cidade. Conquistá-la sem frota parecia impossível, pelo menos à primeira vista. Porém, Alexandre, habituado a realizar projetos audaciosos por meios ainda mais audaciosos, tinha concebido um plano verdadeiramente assombroso: ligar a cidade insular à terra firme, a fim de submetê-la a um cerco completo.

A nova Tiro, construída sobre uma estreita ilha com meia milha de comprimento, estava separada da terra por um braço de mar com cerca de mil metros de largura, bastante profundo no lado da ilha, mas lodoso e atoladiço no lado da praia. Nesse ponto, Alexandre decidiu construir um dique através do mar. Os materiais necessários seriam fornecidos pelas casas abandonadas da antiga Tiro e pelos cedros do Líbano, situado não longe dali. Era fácil enterrar as pilastras no fundo lodoso do mar; o limo serviria para cimentar entre si os diferentes elementos da construção. Trabalhou-se nesse dique com ardor febril. O próprio rei acompanhava os trabalhos, estimulando os soldados com elogios e presentes.

Confiantes em seus navios e na espessura das suas muralhas, os tirianos começaram por observar os macedônios com indiferença. Logo, pareceu-lhes que chegara o momento de mostrar ao inimigo quão inútil era o seu empreendimento e de deixá-lo sentir a secular maestria dos engenheiros e artífices da cidade. O dique já atingia o canal navegável. Os tirianos reuniram todas as máquinas de que dispunham sobre a parte das muralhas voltada para a terra e começaram a fazer chover uma saraivada de pedras e flechas sobre os operários que trabalhavam a descoberto sobre o paredão; simultaneamente, fizeram com que fossem atacados à direita e à esquerda por algumas trirremes. A fim de proteger os pontoneiros, Alexandre deu ordem para que fossem construídas duas torres à frente do paredão, recobertas com couros de animais e escudos para abrigar os soldados. O dique avançava dia a dia, embora sempre mais lentamente por causa da crescente profundidade da água. Os tirianos recorreram a um estratagema: encheram um navio mercante com resina e outros materiais inflamáveis, amarraram dois mastros no espaço reservado aos remadores e construíram ali uma galeria que foi enchida com feno e madeiras resinosas. Além disso, vergas duplas foram fixadas nos dois mastros, na ponta das quais foram pendurados alguns caldeirões com piche. Para completar, a popa do navio foi pesadamente carregada, a fim de que a sua proa se erguesse bem acima da linha de flutuação. Os tirianos puseram esse barco no mar. Algumas trirremes o levaram a reboque e o empurraram contra a ponta do dique. Depois a tripulação ateou fogo no porão e nos mastros e voltou para as trirremes a nado. Favorecido por um poderoso vento noroeste, esse barco incendiário atingiu plenamente o seu objetivo. Em pouco tempo, as torres, os tetos de proteção, os andaimes e os feixes empilhados sobre o dique foram tomados pelas chamas, enquanto trirremes fenícias impediam que os pontoneiros apagassem o incêndio. Simultaneamente, os tirianos efetuaram uma investida. Lançaram-se em muitas pequenas embarcações, atravessaram a baía a remo, arrancaram as pilastras erigidas na parte frontal do paredão e puseram fogo nas últimas balistas poupadas pelas chamas. A ousada manobra desmantelou toda a parte inacabada do paredão, que foi levada pelas vagas.

    Essa jornada custou aos macedônios não somente todas as suas máquinas, mas um grande número de vidas humanas. Provou-lhes que era impossível apoderar-se de Tiro pelo lado da praia. Com esse fracasso, Alexandre talvez devesse ter aceitado o tratado que lhe propunham os tirianos, levantado o cerco e partido para o Egito. Porém, levando-se em conta o seu caráter indomável, reconhecer-se vencido era para ele bem mais difícil do que apoderar-se da ilha. Quanto mais a cidade de Tiro o desafiava, mais ele considerava necessário abater o orgulho dela. Quanto mais o sucesso parecia incerto para os espíritos timoratos e inquietos, mais Alexandre queria alcançar a vitória. Um único passo atrás, um único projeto abandonado, uma única meia medida teria bastado para comprometer tudo.

Deve ter sido por volta dessa época que novos embaixadores de Dario chegaram ao acampamento macedônio. Eles traziam para Alexandre um resgate de 10 mil talentos pela mãe, a esposa e os filhos do Grande Rei, oferecendo-lhe, além disso, todo o território situado a oeste do Eufrates, a mão de sua filha e um tratado de aliança e de amizade. Quando Alexandre reuniu seus generais e lhes pôs a par dessa proposta, as opiniões deles ficaram divididas. Parmênion, notadamente, declarou que se fosse Alexandre, aceitaria a oferta do rei dos persas e não se exporia por mais tempo aos acasos da guerra. Alexandre respondeu que ele também agiria assim se fosse Parmênion. Porém, como ele era Alexandre, a resposta a Dario seria diferente: ele não precisava nem do dinheiro nem de uma parcela de um país que queria conquistar por inteiro. Tudo o que Dario possuía em matéria de homens, riquezas e terras lhe pertencia desde já, e se ele, Alexandre, desejasse desposar sua filha, poderia fazê-lo sem pedir consentimento. Quanto ao rei dos persas, se ele quisesse implorar por clemência, devia vir encontrá-lo em pessoa.

Os trabalhos do cerco foram retomados com ardor redobrado. Refez-se o dique, alargando-o, para lhe dar mais solidez e dispor de mais lugar para as torres e as máquinas. Simultaneamente, os arquitetos militares do rei receberam ordens de conceber novos engenhos para a construção do dique e para o assalto às muralhas. O próprio Alexandre ficou durante esse tempo em Sidon, com os hipaspistas e os agrianos, a fim de lá reunir uma esquadra capaz de bloquear a cidade de Tiro pelo lado do mar. Nesse preciso momento – devia ser no início da primavera – os navios de Arados, de Biblos e de Sidon retornaram das águas helênicas. Haviam se desligado da frota de Autofradato ao saberem da derrota dos persas em Issus, zarpando para a pátria logo que o tempo lhes permitira. Essa frota se compunha de oitenta trirremes sob o comando de Heróstrato de Arados e de Enilos de Biblos. A cidade de Rodes, que recentemente tomara o partido de Alexandre, enviou também dez navios. A maravilhosa esquadra dos reis de Chipre, com a força de 120 unidades, também chegou diante de Sidon. Alguns navios da Lícia e da Cilícia vieram engrossá-la, e até mesmo um navio macedônio comandado por Proteu, sobrinho do negro Kleitos que havia se distinguido no decorrer do ataque de Sifnos. O poderio naval de Alexandre elevou-se a cerca de 250 navios, alguns dos quais com quatro e até cinco fileiras de remadores.

Enquanto era completada a equipagem da frota e se fazia progredir ativamente a construção das máquinas, Alexandre realizou uma expedição contra as tribos árabes do Antilíbano. Era indispensável submetê-las porque elas percorriam as estradas que iam do vale do Oronte ao litoral, podendo assaltar as caravanas que vinham de Damasco. Acompanhado por alguns esquadrões de cavalaria, pelos hipaspistas, pelos agrianos e pelos arqueiros, o rei atravessou os belos vales do Líbano. Várias cidadelas pertencentes a tribos locais foram tomadas de assalto, outras se renderam de bom grado e todas reconheceram sua suserania. Ao final de onze dias, Alexandre voltou para Sidon, onde acabavam de chegar, em momento muito oportuno, 4 mil mercenários gregos recrutados por Cleandro. Os preparativos para o cerco de Tiro estavam tão avançados que, logo depois de retornar, Alexandre pôde fazer com que seus navios saíssem da enseada de Sidon. Tendo desdobrado a esquadra em linha de batalha, ele tomou o rumo de Tiro, com Cratero e Pnitágoras na sua ala esquerda e os outros comandantes e os reis de Chipre na sua ala direita. Contava expulsar rapidamente a frota tiriana e apoderar-se em seguida da cidade, sitiando-a ou mesmo tomando-a de assalto.

Tiro possuía dois portos, ambos situados na face da ilha voltada para a terra: o porto de Sidon, à direita do dique dos macedônios, e, mais à esquerda, o porto do Egito, separado do alto-mar por um promontório natural. Ignorando que as esquadras cipriotas e fenícias tinham se aliado a Alexandre, os tirianos desejavam forçá-lo a um combate no mar. Qual não foi a perplexidade deles ao verem despontar no horizonte a imensa linha de batalha da frota inimiga! Os navios tirianos, três vezes menos numerosos, não podiam pensar em rivalizar com ela, pois deviam proteger os dois portos contra um eventual ataque vindo de terra, o que diminuía consideravelmente o número de unidades disponíveis. Os tirianos se contentaram em bloquear a barra do porto setentrional com uma fileira de trirremes ligadas entre si por meio de correntes e com a proa voltada para o alto-mar. Alexandre, por seu lado, ordenara que sua frota se detivesse ao largo de Tiro, a fim de esperar as forças inimigas e de provocá-las ao combate. Porém, não vendo nenhum navio tiriano se aproximar, ele navegara em direção à cidade com vigorosas remadas, talvez esperando penetrar no porto graças à velocidade adquirida. Porém, a fileira cerrada de trirremes resistiu ao choque e obrigou-o a se retirar. Somente os três navios tirianos mais avançados no mar foram afundados. Suas tripulações voltaram para a cidade a nado.

Alexandre deu ordem para que sua frota ancorasse perto da praia abrigada pelo dique construído pelos macedônios. O bloqueio da cidade começou no dia seguinte. Os navios cipriotas, colocados sob o comando do nautarca Andrômaco e de seu próprio rei, ficaram diante do porto setentrional, enquanto os navios comandados por Alexandre tomaram posição diante do porto meridional. Tratava-se agora de levar as torres e as máquinas perto o bastante dos muros para neles abrir uma brecha ou para lançar algumas pontes levadiças sobre o topo das muralhas.

Nem todas as máquinas foram montadas sobre o dique: grande quantidade de navios de transporte e quase todas as trirremes sem condições de navegar foram armados com catapultas, fundas e aríetes. No entanto, as muralhas, feitas de pedras espessas e com cinquenta pés de altura, resistiam a todos os assaltos. Os tirianos as tinham elevado ainda mais com a ajuda de pequenas torres de madeira, o que impedia os macedônios de lançar as suas pontes levadiças. Quando os navios armados com catapultas aproximaram-se das partes das muralhas situadas à direita e à esquerda do dique, foram recebidos por uma saraivada de projéteis e de flechas incendiárias. Obrigados a se retirar, voltaram para a praia e ali ancoraram. Percebeu-se então que o acesso tinha sido bloqueado por uma massa de pedras mergulhadas no canal. Foi necessário começar a retirá-las. Esse trabalho, muito penoso por causa da instabilidade dos barcos, tornava-se ainda mais difícil pelos reiterados ataques de pequenas embarcações tirianas, cobertas com tetos de proteção, que vinham cortar os cabos que seguravam as âncoras dos navios. As ondas logo os punham à deriva. Imitando o exemplo do adversário, Alexandre mandou colocar tetos sobre alguns barcos e os dispôs em leque em torno das âncoras para proteger os cabos. Porém, alguns mergulhadores tirianos nadaram sob a água até a proximidade dos navios e seccionaram as cordas abaixo dos pontos de imersão. Foi necessário prender as âncoras com correntes de ferro. A partir daí, os navios puderam prosseguir o trabalho sem serem incomodados. Com grande dificuldade, os blocos de pedra foram retirados do canal e amontoados ao lado do dique. Os navios armados com aríetes puderam aproximar-se novamente das muralhas. O exército de Alexandre estava cheio de raiva, pois os tirianos tinham levado alguns prisioneiros macedônios para o cume das muralhas e os tinham mutilado horrorosamente diante dos olhos dos seus antigos companheiros de armas, atirando em seguida os cadáveres no mar. Os tirianos se davam conta perfeitamente de que o perigo crescia dia a dia; a cidade estaria perdida se não recuperasse a supremacia naval. Eles pensaram que seus aliados viriam em seu socorro e não imaginaram que os cipriotas se juntariam ao inimigo. Todos os dias espiavam o horizonte, esperando ver aparecer a frota de Cartago, mas a expectativa se frustrava. Por fim, a fragata sagrada chegou da África, mas conduzia uma embaixada extraordinária encarregada de dizer aos tirianos que Cartago não podia vir em seu auxílio. A cidade já estava, por assim dizer, encurralada, pois a frota cipriota tinha ancorado diante do porto setentrional, enquanto a esquadra fenícia bloqueava o porto meridional. Os sitiados não podiam mais concentrar seus navios para tentar uma ofensiva generalizada, que parecia, no entanto, ser a única chance de salvação. Sem perder a coragem, eles estenderam no porto setentrional gigantescas cortinas que mascaravam totalmente a visão. Protegidos pela tela, armaram com toda a pressa uma esquadra composta de três pentarremes, o mesmo número de quadrirremes e sete trirremes, nas quais colocaram marinheiros de elite. Para atacar, escolheram a hora calma do meio-dia, quando Alexandre tinha o costume de se retirar para a tenda e fazer a sesta e as tripulações dos barcos ancorados iam para a terra buscar água doce e víveres. Deixando o porto sem serem observados, eles chegaram às proximidades dos navios dos príncipes cipriotas, ancorados no lado norte do dique. Estes últimos estavam desguarnecidos. Os tirianos lançaram-se sobre eles, com gritos de guerra, perfuraram as pentarremes de Pnitágoras, de Androcles, de Amatos, de Pasícrates e de Curion, e as afundaram. Depois, empurraram os outros navios para o litoral, onde se quebraram contra os recifes. Alexandre, que havia voltado para o acampamento mais cedo do que de costume, não tardou a perceber a insólita animação que reinava diante do porto situado do outro lado da cidade. Ordenou a seus homens que embarcassem imediatamente, equipou seus navios e dividiu-os em dois grupos. Fez com que um deles avançasse para a frente do porto meridional a fim de impedir que os tirianos atacassem por aquele lado. Depois, tendo dado a volta em torno da ilha, à frente do outro grupo, composto por cinco trirremes e por todas as pentarremes de que dispunha, o rei lançou-se sobre as esquadras tirianas já vitoriosas. Os sitiados, reunidos sobre as muralhas, viram a manobra de Alexandre. Deram fortes gritos para advertir as tripulações tirianas do perigo que as espreitava. Porém, o estrépito da batalha e o vento contrário impediram que os tirianos ouvissem o que lhes gritavam da cidade. Quando perceberam a esquadra inimiga, já era tarde. Com toda a pressa, os navios tirianos deram meia-volta e tentaram retornar ao porto, mas poucos conseguiram isso. A maioria foi afundada ou colocada fora de combate. Justamente na entrada da barra, uma pentarreme e uma quadrirreme caíram nas mãos do inimigo. Suas tripulações salvaram-se a nado.

O resultado dessa jornada foi fundamental para a sequência das operações. Tiro havia perdido o terreno em declive diante da fortificação e o domínio do mar. Os navios tirianos encontravam-se doravante engarrafados nos dois portos, que o inimigo vigiava noite e dia e que os tirianos, por seu lado, tinham fechado com pesadas correntes para impedir que os macedônios penetrassem de surpresa. Começou o último ato do cerco. Os dois lados em luta rivalizaram em invenções extraordinárias. Foi uma prodigiosa manifestação de ardis e de estratagemas. Tirianos e macedônios deram prova de um gênio inventivo e de uma arte estratégica como jamais se tinha visto, nem entre bárbaros nem entre helenos. Se os fenícios, considerados os técnicos e os artífices mais fortes do mundo antigo, faziam milagres para defender sua cidade, os engenheiros de Alexandre, por sua vez – entre eles Diados e Cairias, da escola de Poliedo –, os ultrapassavam em arte e em habilidade. O dique oferecia aos navios macedônios um sólido ponto de apoio. O fundo do mar tinha sido dragado e todas as catapultas estavam apontadas contra as muralhas. A frota tiriana tinha sido rechaçada e obrigada a refugiar-se nos portos. Nada mais restava, portanto, além de abrir uma brecha nas muralhas ou então escalá-las. Mas aí estava a parte mais difícil e mais perigosa da empreitada. A raiva dos tirianos crescia com o perigo, e seu fanatismo se exaltava ainda mais porque eles sentiam que o fim se aproximava.

De frente para o dique, as muralhas eram muito altas e muito espessas para poderem ser abaladas ou tomadas de assalto. Do lado norte da cidade, os aríetes também não deram resultados satisfatórios. A grossura das pedras misturadas na argamassa parecia desafiar todos os esforços dos macedônios. Nem por isso Alexandre deixou de prosseguir o cerco com ainda mais tenacidade. Mandou que suas balistas fossem avançadas para o lado sul da cidade e que trabalhassem sem descanso até que a parede apresentasse uma brecha bastante larga para deixar passar os atacantes. No momento em que esse resultado foi alcançado, Alexandre mandou lançar algumas pontes levadiças sobre as muralhas e deu ordem para que suas tropas subissem ao ataque. Seguiu-se um terrível combate. Os sitiados lutavam com frenesi, e os macedônios tiveram que bater em retirada diante do furor dos tirianos, que se defendiam com a ajuda de catapultas, foices circulares e pinças gigantes. O rei foi obrigado a abandonar a brecha muito estreita. Sem perder um segundo, os tirianos logo a reconstruíram.

XV

CERCO DE TIRO (CONTINUAÇÃO) ∾ TOMADA DA CIDADE ∾ DISSOLUÇÃO DA REALEZA TIRIANA ∾ SACRIFÍCIO DE ALEXANDRE NO TEMPLO DE HÉRACLES ∾ CERCO E TOMADA DE GAZA ∾ CONQUISTA DA SÍRIA ∾ SUBMISSÃO DA PALESTINA ∾ CONQUISTA DO EGITO ∾ SACRIFÍCIO NO TEMPLO DE MÊNFIS ∾ FUNDAÇÃO DE ALEXANDRIA

Seria surpreendente que a confiança do exército estivesse abalada e que a coragem dos soldados começasse a fugir? Isso deixava o rei impaciente para acabar com o cerco. A primeira brecha lhe havia indicado por onde devia atacar a cidade. Ele esperava que o tempo ficasse bom para renovar a tentativa. Em 20 de agosto, três dias depois do assalto fracassado, o mar estava calmo, o ar, límpido e o horizonte, sem nuvens. Todas as condições estavam reunidas. O rei convocou os chefes das tropas designadas para realizar o ataque e deu-lhes instruções precisas. Depois mandou que os mais poderosos navios armados avançassem para o sul e colocou-os junto do muro, que começaram a atacar com disposição. Outros dois navios – um carregado com os hipaspistas de Admeto, o outro com os falangitas de Koinos – esperavam o momento oportuno para se lançar sobre a cidade. O próprio Alexandre colocou-se à frente dos hipaspistas. Ao mesmo tempo, mandou que todas as trirremes saíssem e ordenou-lhes que navegassem em direção ao porto para tentar quebrar as correntes que impediam o acesso e irromper nas bacias. Os demais navios, providos de fundas, bestas, catapultas e aríetes, receberam ordem de cercar a ilha e chegar o mais perto que pudessem, a fim de atormentar o inimigo em todos os pontos ao mesmo tempo e impedi-lo de se reunir no lugar onde se efetuaria o ataque principal.

As máquinas entraram em ação. As pedras e os projéteis voavam contra as muralhas. A cidade parecia ameaçada por todos os lados. Subitamente, a parte das fortificações escolhida por Alexandre desabou com um estrondo terrível, e os dois navios carregados de soldados macedônios se dirigiram para a brecha. Os hipaspistas lançaram passarelas sobre os escombros e partiram para o ataque. Admeto, que foi o primeiro a chegar ao topo da muralha, foi também o primeiro a tombar. Furiosos com a morte do chefe, os hipaspistas arrojaram-se ao ataque com ardor redobrado, sob os olhares do rei, que os seguia à frente da agema.[73] Os defensores foram logo repelidos da brecha, as torres foram conquistadas e a muralha foi ocupada. O caminho de ronda que conduzia à cidadela real foi liberado, e o rei mandou que ela fosse tomada de assalto; partindo dali, era fácil penetrar na cidade.

Enquanto isso, os navios de Sidon, de Biblos e de Arados haviam penetrado no porto do sul, depois de terem quebrado as correntes que barravam o acesso, e tinham afundado vários navios ancorados nas bacias. Os outros foram empurrados em desordem para a costa. Do mesmo modo, os navios cipriotas haviam irrompido no porto do norte, e suas tripulações haviam tomado pela força o bastião e os bairros vizinhos da cidade. Expulsos de quase todas as fortificações, os tirianos estavam agrupados diante do Agenorion[74] para organizar a resistência final. Então, o rei, descendo a toda a carga da cidadela de Koinos, à frente dos falangitas e seguido pelos hipaspistas, acorreu ao porto para fazer um último ataque ao que restava das tropas tirianas, exterminadas após um curto mas sangrento corpo a corpo. Oito mil tirianos morreram no decorrer dessa jornada. Os demais habitantes, cerca de 30 mil, foram capturados e vendidos como escravos. Alexandre perdoou os que haviam se refugiado no templo de Héracles, notadamente o rei Azemilkos, o mais alto funcionário da cidade, e alguns embaixadores cartagineses.

É possível que os sidonianos e os fenícios tenham oferecido refúgio em seus navios a certo número de compatriotas. Também é possível que uma parcela da antiga população tenha se reencontrado e se agrupado novamente. Alexandre tinha razões para proteger e favorecer essa cidade, cujo excelente porto oferecia a melhor base naval da costa síria. Mas parece que as institui-

---

73. Ver nota 52, p. 105. [N.T.]

74. "Eles barricaram as ruas e concentraram suas forças sobretudo em um posto defensivo chamado Agenorion, ou capela de Agenor." (George Grote, *Histoire de la Grèce*, edição francesa de 1866, tomo XVIII, p. 166.) [N.T.]

ções e a realeza da cidade foram dissolvidas. Tiro tornou-se o arsenal macedônio nessa região e um dos principais portos de ligação da frota.

Alexandre celebrou a vitória com um sacrifício a Héracles no templo da cidade insular – aquilo que os tirianos lhe haviam recusado. A totalidade do exército desfilou com suas armas diante do Heracleion – o santuário de Héracles – enquanto a frota evoluía diante da ilha em formação de batalha. À tarde, ocorreram torneios e desfiles com tochas, na sequência dos quais a catapulta que havia aberto a brecha na muralha foi transportada com grande pompa através da cidade e exposta no Heracleion.

O anúncio da tomada de Tiro deve ter enchido de perplexidade as populações do litoral do Mediterrâneo. Tal como a batalha de Issus havia feito com o Oriente, ela revelou aos povos do Ocidente o formidável poderio do rei da Macedônia. Nada parecia poder resistir à cólera aquiliana do vencedor.

Porém, Alexandre devia encontrar novas resistências na Síria meridional. Durante o cerco de Tiro ele exigira que os judeus se submetessem imediatamente e entregassem uma grande contribuição e víveres ao exército. Os judeus recusaram a exigência com o argumento de que o juramento que haviam prestado ao rei persa lhes proibia de prover as necessidades do invasor. Mas Sanballat, nomeado sátrapa de Samaria pela corte de Susa, ficou do lado do vencedor.

Essas disputas quase não tinham importância. Alexandre estava mais preocupado com a fortaleza de Gaza. Essa cidade, de longe a mais importante da Síria palestina, situava-se na rota comercial que ligava Tiro ao mar Vermelho e Damasco ao Egito. Sempre fora objeto de particular solicitude da parte dos reis da Pérsia, pois constituía uma praça-forte de primeira ordem na fronteira da satrapia do Egito, tantas vezes em estado de revolta. Dario confiara sua defesa a um de seus mais fiéis servidores, o eunuco Batis, que – não sem temeridade – acreditou poder deter o avanço dos macedônios. Ele havia reforçado a guarnição persa, já importante, alistando grande número de homens tirados das tribos da região situada entre o sul de Gaza e a costa. Havia acumulado víveres, prevendo um cerco muito longo. Se conseguisse resistir por bastante tempo ao adversário, supunha, permitiria que o Grande Rei terminasse os preparativos na Ásia superior, descesse em direção às satrapias avançadas e repelisse o macedônio até o Helesponto, através dos desfiladeiros do Taurus e do Halis. A longa resistência de Tiro aumentou a coragem do eunuco, tanto mais que a frota, graças à qual Alexandre havia se apoderado da cidade, não podia ser usada contra Gaza. Essa praça estava situada a cerca de meia milha do litoral; baixios e lagunas impediam os navios de se aproximarem dela. Um banco de areia estendia-se desde o mar até a colina rochosa sobre a qual estava construída a cidadela. A própria cidade era muito vasta; estava cercada por uma muralha alta e fortificada que parecia desafiar os aríetes mais poderosos.

Alexandre deixou Tiro no início de setembro de 332. Sem se deparar com nenhuma resistência na cidade fortificada de Aké, que controlava o acesso à Síria palestina, avançou em direção a Gaza e estabeleceu acampamento no sul da cidade, no lugar onde a muralha parecia mais abordável. Logo ordenou que as catapultas fossem postas em bateria. Estava decidido a tomar essa fortaleza, custasse o que custasse.

Quanto mais intransponíveis pareciam as dificuldades, mais ele desejava transpô-las. Como sempre, queria realizar o impossível. Deu ordem para que fosse construído um aterro no lado sul da cidade, tão alto quanto os contrafortes sobre os quais estavam construídas as muralhas. Os trabalhos foram executados com pressa febril. Sem demora, máquinas foram erguidas contra os muros e começaram a atacá-los com disposição. Coroado com folhas de carvalho e paramentado com atributos guerreiros, Alexandre ofereceu um sacrifício aos deuses e esperou um presságio. Conta-se que naquele momento uma ave de rapina sobrevoou o altar, deixou cair uma pedrinha na cabeça do rei, mas foi em seguida prender-se nos cabos de uma máquina. O adivinho Aristandro interpretou a coisa da seguinte maneira: o rei se apoderaria da cidade, mas não devia expor-se inutilmente no transcurso da jornada. Alexandre permaneceu na proximidade dos aríetes que martelavam as muralhas – não sem sucesso, aliás. Subitamente, os sitiados tentaram uma investida. Atiraram piche incandescente sobre as catapultas e cobriram com uma saraivada de projéteis os macedônios que tentavam apagar o incêndio. Importunaram-nos a tal ponto que os sitiantes foram obrigados a abandonar o aterro. Vendo que os seus recuavam, Alexandre não pôde se manter afastado do combate. Lançou-se à frente dos hipaspistas e atirou-se no ponto mais forte da refrega, no lugar onde o perigo era maior. Reagrupou os macedônios com fortes brados, impedindo que fossem expulsos do aterro. Uma flecha lançada por uma besta atravessou seu escudo e sua couraça, ferindo-o no ombro. O rei caiu. Os inimigos acorreram dando gritos de alegria, e os macedônios foram rechaçados do muro. A ferida era dolorosa, mas sem gravidade. Já que o preságio havia parcialmente se realizado, nada mais restava além de cumprir o resto do vaticínio, apoderando-se da cidade. As máquinas que haviam servido para demolir as muralhas de Tiro acabavam justamente de chegar ao porto de Maguma, não muito longe dali. A fim de poder servir-se delas, o rei deu ordem para que fosse construído um plano inclinado com 1.200 pés de largura e 250 de altura, concêntrico aos muros da cidade. Galerias foram abertas até o pé das muralhas. Algumas partes delas não tardaram a desmoronar sobre os aterros, ora arrastadas pelo próprio peso, ora quebradas por golpes de aríete. As tropas atacaram algumas brechas. Uma primeira vez, depois uma segunda vez, os macedônios foram rechaçados. Partiram uma terceira vez para o ataque, novamente sem sucesso. As catapultas trabalhavam com toda a força, derrubando pedaços de muro cada vez mais largos. Na quarta vez, os hipaspistas conseguiram lançar algumas escadas na brecha, escalar os escombros e abrir as portas da cidade, permitindo que todo o exército entrasse atrás deles. Um selvagem corpo a corpo desencadeou-se nas ruas. Os valorosos habitantes de Gaza defenderam suas posições com o furor do desespero. A jornada terminou em um banho de sangue. Estima-se em 10 mil o número de bárbaros massacrados. Suas mulheres e seus filhos foram vendidos como escravos. Um rico butim caiu nas mãos do vencedor, sobretudo especiarias, para as quais Gaza servia de entreposto. Alexandre repovoou a cidade, fazendo com que viessem os habitantes das localidades vizinhas. Estabeleceu ali uma guarnição permanente e fez dela um acampamento fortificado que dominava ao mesmo tempo o Egito e a Síria.

As tradições hebraicas nos dizem que, depois da queda de Gaza, Alexandre realizou uma expedição pelas províncias judias e samaritanas. Contam que, nas cercanias de Jerusalém, o sumo sacerdote, acompanhado por todo o clero paramentado com os ornamentos sacerdotais, compareceu diante do rei e saudou-o como sendo aquele que os livros santos anunciavam como destruidor do poderio persa. O rei teria sido muito benevolente em relação a eles. Teria deixado que mantivessem em vigor suas leis e os teria exonerado do imposto a cada sete anos. Além disso, teria feito um sacrifício solene no templo de Jeová, seguindo as indicações do sumo sacerdote. Esse sacrifício motivou muitos comentários, mas é difícil saber a verdade, pois os autores dignos de fé não o mencionam, e as afirmações dos judeus e dos samaritanos se contradizem.

A resistência de Tiro e depois a de Gaza não retardaram por muito tempo a marcha do rei sobre o Egito. Em fins de dezembro de 332, um ano depois da batalha de Issus, ele finalmente deixou Gaza. Tratava-se agora de apoderar-se da última província do Grande Rei situada às margens do Mediterrâneo. Se ela estivesse sob o comando de mãos leais e experientes, teria sido capaz de resistir por muito tempo ao invasor. Porém, por que o povo egípcio lutaria por um rei que, a seus olhos, era um déspota impotente, duplamente odioso? Por temperamento, os egípcios eram mais inclinados à resignação que à revolta. O Egito caíra em um estado de estagnação absoluta. Os vestígios da era gloriosa dos faraós, havia muito tempo findada, só sublinhavam mais cruelmente as humilhações que o Egito sofrera. As tentativas dos reis saitas para reanimar seu povo, estabelecendo algumas relações comerciais com o estrangeiro, haviam resultado em fracasso. Essas faíscas de vida nova suscitaram, sob a dominação persa, um desgosto surdo e sempre crescente pelos estrangeiros impuros, mas tal sentimento nunca se tornara violento o bastante para provocar uma cisão definitiva entre o povo egípcio e o governo de Susa. Voltado para si mesmo, afundando na indolência e na sensualidade africanas, entregue sem defesa a todas as taras de um carcomido sistema de castas, o Egito, mais do que as outras províncias, precisava dessa vivificação profunda e salutar que só podia vir pelo vigoroso gênio helênico.

Desde a aproximação de Alexandre, o Egito estava perdido para os persas. Seu sátrapa Mazakes, sucessor de Sabakes (morto em Issus), em vez de retomar o serviço dos mercenários gregos levados ao país por Amintas, deixou que todos fossem massacrados, por ciúme ou por excesso de zelo. Agora, Tiro e Gaza haviam caído, o Egito estava isolado da Babilônia e a frota vinda de Tiro havia ancorado diante de Pelusa. Ao sátrapa e ao punhado de persas residentes no país restava submeterem-se sem demora.

Foi o que fizeram. Quando Alexandre deixou Gaza e chegou a Pelusa, após sete dias de marcha, Mazakes entregou-lhe o Egito sem pensar em defendê-lo. Depois de ter dado ordem para que seus navios subissem o Nilo, o rei foi para Mênfis, passando por Heliópolis, a fim de lá encontrar a frota. Todas as cidades diante das quais se apresentou renderam-se de bom grado. Ele entrou em Mênfis, a capital do Baixo Egito, e submeteu todo o vale inferior do Nilo de uma só vez.

Para ele, porém, submeter não era suficiente. Os povos deviam reconhecer que ele vinha com o objetivo de libertação e edificação, que respeitaria sua fé e suas crenças e deixaria subsistir seus hábitos e seus costumes. Nada ofendera mais profundamente os egípcios do que ver o rei Ochos abater com um golpe de gládio o touro sagrado. Alexandre ofereceu sacrifícios a todos os deuses do Egito, notadamente ao boi Ápis, no templo de Fta. Encarregou os artistas helênicos de organizarem jogos atléticos e torneios poéticos em Mênfis para mostrar que doravante, sob a égide do vencedor, estrangeiros e nativos seriam igualmente honrados. O respeito que demonstrou pelos sacerdotes egípcios conquistou o apoio dessa casta, que havia sido cruelmente maltratada pela intolerância dos usurpadores asiáticos.

Apoderando-se do Egito, Alexandre terminara de conquistar as costas mediterrânicas que estavam sob domínio persa. O pensamento político mais audacioso de Péricles – libertar o Egito, a fim de rematar o poderio naval e comercial de Atenas – não só fora realizado, mas amplamente ultrapassado. Toda a bacia oriental do Mediterrâneo abria-se doravante aos navios helênicos, assim como as rotas marítimas que levavam à Etiópia e à fabulosa terra das Índias. Perspectivas incomensuráveis abriam-se diante dos gregos...

Os grandiosos projetos de Alexandre ficam claros, a partir dessa época, nos atos que realizou depois de chegar a Mênfis.

Não era difícil discernir as razões do declínio do Egito, tão maravilhosamente dotado pela natureza. Elas provinham do fato de que as comunicações com os povos de além-mar e as relações comerciais, esboçadas durante o reinado de Psamético e de seus sucessores imediatos, tinham sido abandonadas sob o domínio persa, passando desde então para mãos estrangeiras. A fim de restituí-las ao Egito e devolver-lhe o lugar que lhe cabia no vivificante tráfico dos povos mediterrânicos, Alexandre decidiu fundar um novo porto na costa egípcia.

Como o Nilo era dificilmente navegável, pois carregava um limo espesso durante parte do ano, e como o formato da sua embocadura se modificava com as estações, o rei decidiu situar esse novo porto um pouco afastado do rio.

Alexandre havia deixado uma forte guarnição em Pelusa, no ângulo oriental do Delta. Era de lá que contava partir na primavera seguinte para marchar em direção ao interior da Ásia. Acompanhado pelos hipaspistas, pela agema da cavalaria macedônia, pelos agrianos e pelos arqueiros, desceu o braço ocidental do Nilo até Canóbica e seguiu a costa até Rakotis, um antigo posto militar que guardava a fronteira com a Líbia. A localidade situava-se em uma língua de terra, com oito milhas de comprimento, que separa o lago Mareotis e o mar, a sete estádios[75] da ilha de Faros – a ilha das focas da legenda homérica.

O rei percebeu as vantagens que esse lugar apresentava para a construção de um porto. Ele próprio – contam – quis mostrar a Deinócrates, seu arquiteto, como desejava que a cidade fosse construída: a disposição das ruas e dos mercados, a localização dos templos para os deuses helênicos e a Ísis egípcia. Como não tinha giz ao alcance da mão, deu ordem aos macedônios para que traçassem as linhas do plano espalhando farinha na terra. Então, de todos os cantos do horizonte chegaram em vôo rápido os inumeráveis pássaros dos arredores, a fim de comer a farinha – o que o adivinho Aristandro interpretou como um presságio da futura prosperidade da cidade.[76] Os desejos do rei foram rapidamente atendidos: a população da cidade cresceu com rapidez assombrosa. Seu comércio voltou a ligar o mundo ocidental às Índias, novamente acessíveis. No decorrer dos séculos, Alexandria tornou-se o centro da vida helênica, a pátria da cultura e da literatura universais e o monumento mais duradouro a seu ilustre fundador.

---

75. Ver nota 61, p. 143. [N.T.]

76. Plutarco: "Alexandre ordenou que prontamente traçassem e desenhassem para ele a forma da cidade segundo a topografia do lugar. Ora, não encontraram ali, naquele momento, nem giz nem terra branca para fazer a marcação. Por esse motivo, pegaram farinha, com a qual traçaram sobre a terra – que era negra – um grande recinto curvado em forma de meia-lua, cujas pontas se voltavam para dentro em duas bases retas de igual comprimento que vinham fechar toda a extensão desse recinto na forma de um manto macedônio. Alexandre considerou o quadro belo e teve um grande prazer com isso. Porém, subitamente, uma infinita multidão de grandes pássaros de todas as espécies levantou-se do lago e das margens, em tão grande número que escureceram o céu, como teria feito uma grande nuvem. Indo pousar naquele recinto, comeram toda a farinha sem que restasse coisa alguma." [N.A.]

XVI

CONTRASTE ENTRE ALEXANDRE E DARIO ~ DESESPERO DE DARIO ~ REUNIÃO DOS POVOS ARMADOS NA PLANÍCIE DA BABILÔNIA ~ PEREGRINAÇÃO DE ALEXANDRE AO TEMPLO DE ZEUS-AMON ~ ORÁCULO DO DEUS ~ ALEXANDRE, FILHO DE ZEUS ~ ESOTERISMO HELÊNICO ~ ARISTÓTELES ~ ESOTERISMO EGÍPCIO ~ PRECE DOS FARAÓS

Toda vitória é o triunfo de um direito superior. A força heroica do indivíduo, investido de uma missão histórica, sublinha a impotência daquele que, para se justificar, só tem virtudes particulares ou direitos hereditários. A grandeza histórica, manifestação suprema do gênio humano, é mais poderosa que a lei e o costume, a virtude e o dever, o espaço e o tempo. Ela triunfa por tanto tempo quanto ousa, combate e destrói por tanto tempo quanto o herói da ação luta contra o herói da dor. Porém, logo que o primeiro sucumbe, o vencedor herda o sofrimento que ele causou. Cansado de destruir, começa a construir sobre os escombros que enchem o caminho. Edifica o trono sobre as ruínas dos antigos costumes. Os degraus desse trono são o medo, o ódio e a traição.

A Nêmesis da história, tão justa para com o que é grande, parece perseguir a impotência com um ódio implacável, sobretudo quando a encontra sob os traços da bondade, da moderação e das virtudes domésticas. Tal é a situação de Dario diante do conquistador macedônio.

Os historiadores sublinham o contraste entre Alexandre, o herói da ação, e Dario, o herói da dor. Nos descrevem Dario como um homem brando, nobre e leal, um modelo de piedade filial para com sua mãe, de amor e ternura para com a mulher e os filhos, um soberano venerado pelos súditos por sua justiça, sua bravura cavalheiresca e seu senso de dignidade real. Em tempos mais calmos ele poderia ter sido um rei exemplar para os povos da Ásia. Porém, irresistivelmente arrastado por um turbilhão de acontecimentos que um Cambises ou um Ciro talvez pudessem enfrentar, prestou-se a combinações duvidosas, na esperança de salvar a si mesmo e ao império, sem tirar disso outros frutos além do tormento de saber que ele próprio foi responsável por sua ruína. Quanto mais crescia o perigo, mais aumentavam sua perturbação, sua instabilidade interior e o caráter pusilânime de seus atos e desígnios. O futuro do reino da Pérsia toldava-se cada vez mais. As portas da Ásia já estavam arrombadas, as ricas satrapias da costa já estavam em poder do vencedor, o poderio dos Aquemênidas já estava abalado até os fundamentos. Talvez o Grande Rei, levado por uma brandura inata, aceitasse o irreparável e se resignasse a sacrifícios ainda maiores para obter a paz. Porém, estando menos ligado ao trono e ao império do que à mulher e ao filho, a imensidão da dor lhe revelava cruelmente a imensidão da perda.

Tal é o tema que os historiadores da Antiguidade gostam de descrever sob cores vivas. Eles insistem no fato de que a mãe do Grande Rei, Sisygambis, e sua esposa, Estatira, a mulher mais bela da Ásia – que lhe era duplamente cara porque trazia uma criança no ventre –, caíram cativas de Alexandre. Dario oferece ao inimigo tesouros fabulosos e a metade do seu império para obter a restituição das prisioneiras; porém, o adversário orgulhoso exige a submissão completa ou o prosseguimento da luta. Naquele momento, o eunuco Tireu, servidor da rainha cativa, que conseguira evadir-se do acampamento inimigo, surge diante de Dario, trazendo a notícia fúnebre: a rainha morrera no parto. Urrando de dor, Dario soca a fronte. A rainha dos persas será privada de sepultura. O eunuco o consola. Nem durante o cativeiro de Estatira nem depois da sua morte o macedônio esqueceu que ela era esposa de um rei. Tratou-a com as honras devidas à sua condição. Fez com que os despojos reais fossem sepultados com o cerimonial costumeiro nos funerais persas. Ele próprio homenageou sua memória, derramando lágrimas sobre ela.

Transtornado, Dario pergunta se ela permaneceu casta, se não o traiu, se Alexandre não a forçou a entregar-se. O fiel eunuco atira-se a seus pés. Exorta-o a não insultar a memória de sua augusta senhora e a não se privar do único consolo que lhe resta: o de ter sido vencido por um inimigo que parece mais que mortal. Ele lhe jura, em nome daquilo que há de mais sagrado, que Estatira morreu casta e fiel; a virtude de Alexandre corresponde à sua audácia.[77] Dario levanta as mãos para o céu e implora aos deuses: "Grande Ormuz e vós, príncipes da luz, conservai meu império e restabelecei meu poder, a fim de que eu possa vencer Alexandre e vingar o ultraje feito aos meus; porém, se não devo mais ser o senhor da Ásia, então não deem a tiara de Ciro a nenhum outro que não seja ele."

A ordem de mobilização logo foi enviada a todas as satrapias do império, das quais uma porção vasta, mas desprezível quando comparada ao conjunto do território, estava em poder do inimigo. A Pérsia, a Ária, a Báctria e a região que ia até as fontes do Eufrates permaneciam intactas. Esses territórios eram habitados pelos povos mais valorosos e mais fiéis da Ásia, que só esperavam uma ordem do rei para se mobilizar. Que eram o Egito, a Síria e a Ásia Menor em comparação com esse gigantesco território que se estende do Taurus ao Indo, do Eufrates ao Jaxartes? Que significa a perda de algumas povoações costeiras, aliás pouco confiáveis, comparadas aos persas e aos medos, às nuvens de cavaleiros da planície da Báctria, aos intrépidos guerreiros das montanhas cáspias e curdas? Desde o reinado de Dario I, os territórios marítimos, agora perdidos, e as pretensões à hegemonia naval decorrentes de sua posse haviam atraído perigo e infelicidade ao império de Ciro. Eles, somente eles, tinham conduzido os persas à ruína, incitando-os a se intrometer nas eternas disputas entre os helenos. Agora, tratava-se de salvar o coração do Oriente, de defender a alta fortaleza da Pérsia, que dominava a Ásia. Agora, o Rei dos Reis convocaria os nobres de sua estirpe, os descendentes dos Sete Príncipes e os sátrapas fiéis, pedindo-lhes que lutassem à frente de seus povos pela glória da Pérsia e pela soberania do continente. Ele entregava sua sorte nas mãos deles. Havia passado o tempo em que alguns mercenários helênicos e refugiados macedônios podiam atiçar ciúme e desconfiança entre a sua gente. A desgraça comum havia forjado um laço indissolúvel entre o filho da Ásia e os poucos milhares de estrangeiros que haviam fugido de Issus. Um exército autenticamente asiático enfrentaria o exército europeu no pé das falésias da Pérsia.

---

77. Eis as palavras que Plutarco atribui a Alexandre: "Quanto a mim, ninguém poderá me acusar de ter visto ou de ter desejado ver a mulher de Dario, quando nem mesmo tolerei que comentassem sobre sua beleza diante de mim." [N.A.]

A planície da Babilônia foi designada como local de reunião. Dos confins da Ásia vieram bactrianos, sogdianos e povos belicosos do Cáucaso indiano, sob o comando de Bessus, sátrapa de Báctria, aos quais haviam se juntado os saces, povo cavaleiro do Turquestão, sob o comando de Manakes, e os daerianos da estepe do lago Aral. Os povos de Aracósia e de Brangiana, assim como os montanheses indianos do maciço de Paraveti, chegaram sob o comando do sátrapa Barsaentes. Seus vizinhos do oeste, originários de Ária, também vieram, comandados pelo sátrapa Satibarzanes. Fratafernes e seus filhos trouxeram as hordas de cavaleiros hircanianos e tapureus de Korassan. Depois vieram os medos, que outrora tinham sido senhores da Ásia, sob o comando do sátrapa Atropatos, que comandava também os cadusianos, os sakasenos e os albanos dos vales do Kur, do Araxe e do lago de Urmea. Do sul, do litoral do Golfo Pérsico, afluíram os povos de Gedrósia e da Caramânia, comandados por Otontopato e Ariobarzanes, filhos de Artabazes, e os persas comandados por Orxines, da linhagem dos Sete Príncipes. Oxatros, filho de Abulites, sátrapa de Susa, comandava os susianos e os uxianos. As legiões da Babilônia reuniram-se sob as ordens de Bupalo, as da Armênia sob as ordens de Oronte e de Mitraustes, as da Síria e da Transjordânia sob as ordens de Mazaios. Chegaram até mesmo tropas da Capadócia – da qual o exército macedônio só havia atingido a fronteira ocidental –, sob o comando do dinasta Ariarato.

Assim foi reunido na Babilônia, na primavera de 331, um colossal exército com a força de 40 mil cavalos e de várias centenas de milhares de homens, sem contar duzentos carros armados com foices e quinze elefantes trazidos do Indo. Ao contrário dos costumes, o rei ocupou-se pessoalmente da preparação das tropas, notadamente da cavalaria. Era necessário elaborar um plano de campanha que permitisse ao exército persa usar a supremacia arrasadora da infantaria e o ímpeto irresistível da cavalaria.

Dois rios, o Eufrates e o Tigre, cortam em diagonal a imensa planície que se estende ao pé das falésias da Pérsia, atravessadas pelos caminhos que conduzem do litoral do Mediterrâneo à Ásia superior. O mais simples era esperar o inimigo no local onde ele seria obrigado a transpor os rios. Prudentemente, o Grande Rei decidiu estender o grosso das suas forças atrás do Tigre, o rio mais difícil de se atravessar. Além do mais, uma batalha perdida à beira do

Eufrates teria repelido os persas para o lado da Armênia, abrindo aos macedônios a estrada para a Babilônia e as grandes artérias que conduziam à Pérsia e à Média, enquanto a linha do Tigre cobria a antiga capital Semíramis.[78] Em caso de vitória, a planície deserta da Mesopotâmia permitiria arrasar o inimigo no decorrer de sua fuga. Em caso de derrota, as tropas persas poderiam bater em retirada em direção às satrapias orientais. Dario contentou-se em enviar alguns milhares de homens na vanguarda para o Eufrates, sob as ordens de Mazaios, a fim de vigiar as passagens rasas do rio. Ele próprio deixou a Babilônia e foi para a região de Arbelos, uma das principais cidades que demarcavam a rota estratégica que levava, para além do Lycos, até a vasta planície de Nínive. Contava avançar dali em direção ao Tigre logo que fosse avisado da aproximação de Alexandre.

No limiar da Ásia, Dario, à frente das tropas, preparava-se para defender a parcela oriental do império. No Extremo Oriente, porém, os últimos vestígios do poderio persa acabavam de sucumbir.

Que papel a frota persa não teria desempenhado no mar Egeu se, intervindo no momento certo e de maneira decisiva, tivesse apoiado com todas as forças a insurreição fomentada pelo rei Agis no Peloponeso! Porém, hesitante, sem planos precisos, sem comando resoluto, ela havia deixado escapar, em 333, o momento oportuno para passar à ofensiva. Consideravelmente enfraquecida pela partida dos navios que conduziam os mercenários a Trípoli, nem por isso deixou de persistir em ocupar as estações ocidentais, doravante sem interesse, em vez de voltar rapidamente à Fenícia para apoiar a defesa de Tiro e proteger o litoral ameaçado pelo invasor. Privada de qualquer iniciativa na Grécia, pela vigilância e a atitude muito firme de Antípater, ela só mantinha relações diretas com Agis. Porém, a revolta que esse último tentara suscitar no Peloponeso abortou por causa do licenciamento progressivo da frota persa. Ele só conseguiu que seu irmão ocupasse Creta. Já a frota macedônia, dirigida pelos nautarcas Hegéloco e Anfotero, adquirira total preponderância nas águas helênicas. Em 332, os habitantes da ilha de Tenedos abriram seu

---

78. Semíramis foi uma rainha mitológica que, segundo lendas gregas e persas, reinou sobre a Ásia, fundou a Babilônia e construiu a cidade bíblica de Babel. [N.T.]

porto para os macedônios e restabeleceram com Alexandre o antigo tratado, ao qual tinham sido obrigados a renunciar pela força. Seu exemplo logo foi seguido pelos habitantes da ilha de Quios, que se rebelaram contra a guarnição persa e abriram as portas da cidade aos macedônios logo que viram a frota deles surgir no horizonte. Os tiranos das ilhas e o almirante persa Farnabazes, que estava naquele momento no porto de Quios com quinze trirremes, foram capturados.

Quando Aristônico, o tirano de Metimne, na ilha de Lesbos, apareceu à noite com navios de corsários diante do porto – que ele acreditava ainda estar nas mãos dos persas –, a guarda macedônia deixou-o entrar, massacrou as tripulações das trirremes e aprisionou o tirano na cidadela. O prestígio dos persas e de seu partido declinava rapidamente. Os habitantes de Cós declararam-se prontos para se aliar à causa de Alexandre. Enquanto Anfotero partia para essa ilha com sessenta navios, Hegéloco voltou-se com o restante da frota para Lesbos, que só se mantinha obediente por causa dos seus tiranos e da guarnição persa. A tropa de Mitilene foi vencida e a cidade tomada; sua queda acarretou a capitulação de todas as outras cidades da ilha, que concluíram um tratado com os macedônios, entregaram os tiranos e instauraram a democracia. Depois, Hegéloco zarpou para Cós, que já estava nas mãos de Anfotero. Os persas haviam sido expulsos das Cíclades. Todas as ilhas do mar Egeu estavam conquistadas. Só Creta permanecia ocupada pelos lacedemônios. Decidido a submetê-la, Anfotero partiu para lá com parte da frota, enquanto Hegéloco zarpava para o Egito a fim de levar a notícia de que o poderio naval persa estava aniquilado. Aproveitou-se disso para entregar todos os prisioneiros ao rei, com exceção de Farnabazes, que havia encontrado um meio de fugir da ilha de Cós. Alexandre ordenou que os tiranos fossem enviados às respectivas cidades para serem julgados – com exceção daqueles que, por traição, haviam entregado a ilha de Quios a Mêmnon. Esses foram deportados para a ilha de Elefantina, situada no meio do Nilo, que constituía o limite meridional do império, onde foram deixados para morrer de fome.

No final de 332 estavam aniquilados os últimos vestígios de um poderio naval persa que fosse capaz de ameaçar a retaguarda do exército macedônio e paralisar seus movimentos. A cadeia ininterrupta de praças-fortes que se estendia desde as margens do Bósforo até o recentemente fundado porto de Alexandria, seguindo as costas da Ásia Menor e da Síria, oferecia uma base sólida para as operações. A próxima campanha de Alexandre iria levá-lo a um universo desconhecido, a povos que ignoravam os costumes helênicos e para os quais um soberano era um ser de extração superior. Não podiam compreender a natureza dos laços que ligavam os macedônios ao seu rei. Como Alexandre não teria adivinhado que os povos que ele pretendia unir sob o mesmo cetro só nele poderiam encontrar unidade? O escudo sagrado de Ílion[79] o designava, para as cidades gregas, como um herói helênico; os habitantes da Ásia Menor, ao vê-lo cortar o nó górdio, haviam-no reconhecido como senhor, o anunciado pelos deuses; o conquistador estrangeiro havia se reconciliado com as divindades dos vencidos, oferecendo um sacrifício a Héracles no templo de Tiro e tomando parte nas cerimônias do templo de Fta, em Mênfis. Agora, porém, precisaria de uma iniciação mais secreta e uma consagração mais elevada se quisesse que os novos povos reconhecessem nele o Rei dos Reis, o senhor esperado desde a origem do mundo.

Na vasta planície da Líbia, na entrada na qual se erguem, corroídas pelas intempéries, a figura protetora da Esfinge e as pirâmides dos faraós, meio enterradas nas areias, nessa extensão desolada que parte do vale do Nilo e se estende até se perder de vista na direção do Ocidente, no fundo desse melancólico deserto onde paira um silêncio de morte e o vento abrasador do meio-dia apaga os rastros dos camelos, nessa vasta planície surge, como no seio do mar, uma ilhota verdejante sombreada por altas palmeiras, banhada pelo orvalho do céu, onde fontes e riachos sussurram noite e dia. Trata-se do derradeiro refúgio da vida no meio da natureza expirante, o derradeiro lugar de repouso para o viajante extenuado. Entre as palmeiras desse oásis ergue-se o templo de um deus misterioso, vindo outrora em um barco sagrado do país dos etíopes para a Tebas de cem portas e que, tendo deixado Tebas, atravessou o deserto para manifestar-se sob uma forma estranha para o filho que o procurava. Uma piedosa comunidade de sacerdotes vivia nesse santuário, retirada do

---

79. Ver nota 5, p. 24. [N.T.]

mundo e santificada pela presença de Zeus-Amon, deus da vida. A missão dos sacerdotes consistia em celebrar o culto e em transmitir os oráculos que alguns mensageiros de todos os cantos da Terra, carregados de oferendas e de ouro, vinham consultar. O rei da Macedônia decidiu ir ao templo do deserto a fim de interrogar o maior dos deuses.

O que desejava perguntar? Os macedônios segredavam histórias fabulosas sobre as origens do rei. Poucos acreditavam nelas, alguns riam, mas todos as conheciam. Essa peregrinação fez com que elas ganhassem atualidade. Lembravam-se dos rituais noturnos aos quais Olímpias se entregava nas montanhas natais. Sabiam que ela se dedicava à magia e que por isso Filipe a tinha rejeitado: uma noite, espreitando-a no quarto de dormir, ele vira um dragão penetrar em seu seio.[80] Afirmavam que também Héracles era filho de uma mortal. Acreditava-se que Olímpias revelara ao filho o segredo do seu nascimento quando o acompanhara a caminho do Helesponto. Outros preferiam crer que o rei desejava obter os conselhos do deus para continuar a campanha, como haviam feito Héracles antes de combater o gigante Anteu e Perseu antes de empreender a viagem às Górgonas. Ambos eram ancestrais do rei, o qual desejava seguir o exemplo deles. Mas ninguém conheceu o seu verdadeiro objetivo: ele só permitiu que pouquíssimos soldados o escoltassem.

Depois de ter deixado Alexandria, a coluna avançou ao longo da costa em direção a Paretonion, a cidade mais próxima da Cirenaica, cujos habitantes enviaram ao rei embaixadores e presentes – trezentos cavalos de batalha e cinco grandes quadrigas – e lhe solicitaram uma aliança, que lhes foi concedida. Dali, o caminho se dobrava para o sul, através de regiões arenosas e desérticas em cujo horizonte monótono não se erguia nem uma colina ou uma árvore sequer. Um vento abrasador levantava turbilhões de poeira e soprava o dia inteiro. A areia era por vezes tão fina que os viajantes se afundavam nela até o meio das pernas. Nenhuma extensão de relva para repousar.

---

80. Plutarco: "Dizem também que algumas vezes, enquanto ela dormia em seu leito, perceberam uma grande serpente estendida ao seu lado. Pelo que se presume, essa foi a principal causa do esfriamento do amor e do carinho que seu marido tinha por ela, de maneira que ele não ia mais tantas vezes dormir com ela, como antes costumava fazer – fosse porque tivesse medo de que ela lhe fizesse encantamentos e feitiçarias, fosse porque se julgasse indigno de estar na sua companhia, convencido de que ela era amada ou desfrutada por algum deus." [N.A.]

Nenhuma fonte. Nenhum poço para aplacar a sede. No deserto, as raras pancadas de chuva, que traziam de tempos em tempos um reconforto passageiro, eram consideradas um presente miraculoso. A marcha prosseguia sempre. Nenhum vestígio indicava o caminho. No oceano de areia, as dunas baixas, que mudavam incessantemente de forma e de orientação, aumentavam a confusão dos guias, que logo perderam a direção do oásis. Então, dois corvos surgiram à frente da coluna. Pareciam ser mensageiros do deus. Confiando nesse sinal, Alexandre deu ordem para segui-los. Eles esvoaçaram, crocitando diante da tropa, descansando junto com ela e retomando o voo quando a tropa se punha novamente em marcha. Enfim, o cume das palmeiras surgiu no horizonte. O belo oásis de Amon acolheu o rei e sua escolta.

Quais não foram a surpresa e o encantamento de Alexandre ao perceber a graça sorridente do território sagrado, rico em olivas e em tâmaras, em sais cristalinos e em fontes balsâmicas! A natureza parecia ter criado esse lugar para o culto do deus e a vida pacífica dos sacerdotes. Quando o rei pediu para consultar o oráculo, o decano dos sacerdotes avançou em sua direção pelo adro do templo, solicitou que todos os acompanhantes ficassem do lado de fora e introduziu Alexandre no santuário.[81] Pouco depois o rei reapareceu com o rosto sorridente e assegurou que a resposta do deus tinha sido "em todos os pontos conforme aos seus desejos". Repetiu as palavras em uma carta à mãe, dizendo-lhe que na volta falaria com ela sobre o oráculo secreto. Depois fez algumas doações suntuosas ao templo e aos hospitaleiros habitantes do oásis e voltou para Mênfis.

Alexandre não divulgou a resposta do deus, o que aguçou a curiosidade e o interesse dos macedônios. Os que o tinham acompanhado ao templo de Amon contaram os prodígios que haviam testemunhado. A primeira saudação do sumo sacerdote, que todos tinham escutado claramente, fora a seguinte: "Saudações, ó, meu filho." Ao que o rei respondera: "Pai, que assim seja; eu quero ser teu filho. Dai-me o império do mundo." Outros zombaram dessa fábula. O sacerdote, que falava mal o grego, desejara saudar o rei com a

---

81. A imagem do deus podia falar e mexer a cabeça, assim como aceitar ou recusar os rolos nos quais estavam inscritas as perguntas. Ela saiu da penumbra e se aproximou de Alexandre. [N.A.]

fórmula Paidion, mas, enganando-se, tinha pronunciado Paidios – o que podia ser interpretado, a rigor, como "filho de Zeus". Uma coisa, em todo caso, era certa: o rei havia perguntado ao deus se todos os que tinham participado do assassinato de seu pai haviam sido castigados. A resposta foi "que ele pesasse melhor as palavras, pois nenhum mortal feriria aquele que o havia engendrado; porém, naquilo que dizia respeito aos assassinos do rei Filipe, todos tinham sido castigados". Em segundo lugar, Alexandre havia perguntado se venceria os inimigos. O deus respondera que o império do mundo lhe estava destinado e ele venceria até o dia em que retornasse para os deuses. Essas histórias, e outras semelhantes, que Alexandre se abstinha de confirmar ou de desmentir, acabaram por tecer, em torno dele, um mistério que lhe conferia um encanto sobrenatural e reforçava a confiança dos povos. Quanto aos helenos cultivados, essas histórias não deviam lhes parecer mais estranhas do que o misterioso pensamento de Heráclito – "Os deuses são homens imortais, e os homens são deuses mortais" –, do que o culto heroico aos "fundadores" nas antigas e nas novas colônias ou do que os altares erigidos em honra ao espartíata Lisandro, duas gerações antes.

Desde o aforismo de Heráclito e da célebre fórmula de Ésquilo – "Deus é um único ser com muitos nomes" –, pensadores e poetas do mundo helênico buscavam, por trás das inumeráveis divindades e dos mitos que constituíam a religião do país, o sentido profundo com o qual esperavam justificar sua fé. Sabemos quanto Aristóteles ocupou-se dessas questões. Alexandre certamente leu o famoso texto no qual o filósofo afirma que um primeiro olhar lançado sobre o esplendor do mundo e o movimento dos astros bastaria para convencer qualquer um de que "os deuses existem e tais maravilhas são seu efeito e sua obra". Além disso, das lições do grande pensador ele deve ter recolhido a certeza de que os homens das primeiras eras consideraram o firmamento e as constelações que gravitam em "esferas eternas" como divindades cujos feitos descreveram "sob forma mítica"; esses mitos foram conservados, amplificados e embelezados por novas lendas, a fim de "convencer as multidões e manter o respeito pelas tradições e pelas leis"; mas a verdadeira divindade, o "motor imóvel", o Ser "que não tem nenhuma causa fora de si mesmo", é imaterial, único e indivisível, pura forma, puro espírito pensando em si mesmo, e tudo tende para ele "por amor, assim como para o soberano bem".

Será que Alexandre não encontrou no santuário de Amonion uma doutrina baseada em especulações semelhantes, mais aprofundadas? Ou um ensinamento que estabelecia alguma ligação entre a vida terrestre e a vida futura, e entre a essência do sacerdócio e a da realeza?

Alguns monumentos da antiga época dos faraós já falam do "deus que se fez deus por si mesmo, que existe por si próprio, o único criador incriado na Terra e no céu, o Senhor do ser e do não ser". Por uma inscrição do reinado de Dario II sabemos que esses pensamentos mantinham todo o vigor na época de Alexandre. Ela nos fala de Amon-Rá, o deus que engendrou a si mesmo, que se revela em tudo o que é, que está presente desde as origens e permanece em tudo o que existe. Os outros deuses são apenas atributos seus, atos emanados dele: "Os deuses estão em tuas mãos e os homens estão a teus pés. Tu és o céu e tu és o abismo. Os homens te glorificam porque tu és infatigável em teu cuidado para com eles. Em ti as obras deles são santificadas." Depois, segue-se a prece do rei: "Concede a felicidade ao teu filho, que está sentado no trono; torna-o semelhante a ti, deixa-o reinar como rei, revestido com as tuas virtudes. Do mesmo modo como tu espalhas teus benefícios quando te manifestas como Rá, as obras de teu filho estão de acordo com os teus desejos. Que Dario viva eternamente! Que o temor que inspira e a glória que irradia estejam no coração de todos os homens deste país, assim como o temor e o respeito que tu inspiras residem no coração dos deuses e dos homens."

Se os sacerdotes do templo de Amon saudaram Alexandre como filho de Amon-Rá e de Zeus-Hélios, eles o fizeram com pleno conhecimento de causa, com a completa sinceridade de suas convicções religiosas e em conformidade com a simbologia oculta da qual eles se serviam para traduzir sua doutrina esotérica. Alexandre – pelo menos é o que se conta – ouviu com atenção a preleção do sacerdote Psamon, o filósofo. "Cada homem", disse-lhe o sábio, "é regido por um deus, pois tudo o que é poderoso e dominante no homem é divino." Alexandre respondeu: "Sem dúvida, Deus é o pai comum de todos os homens; porém, por uma misteriosa predileção, ele escolheu os melhores para fazer deles os seus filhos."

XVII

ORGANIZAÇÃO DO EGITO ∾ RETORNO A TIRO ∾ TRAVESSIA DO EUFRATES E DO TIGRE ∾ PREPARATIVOS PARA A BATALHA DE GAUGAMELO ∾ BATALHA DE GAUGAMELO ∾ DERROCADA DO EXÉRCITO PERSA ∾ FUGA DE DARIO ∾ ENTRADA DE ALEXANDRE NA BABILÔNIA

Voltando a Mênfis na primavera de 331, Alexandre encontrou uma embaixada de todos os gregos que haviam tomado parte dos jogos ístmicos daquele ano, cujos delegados deram-lhe uma coroa de ouro e felicitações pelos magníficos sucessos. Outras embaixadas tinham vindo dos países helênicos. O rei ouviu as queixas com ouvidos benevolentes e mandou-os de volta para a Grécia depois de ter satisfeito os pedidos na medida do possível. Novos contingentes também haviam chegado da Grécia, notadamente quatrocentos mercenários helênicos conduzidos por Mênidas, quinhentos cavaleiros trácios sob o comando de Asclepiodoro e também, ao que parece, muitos milhares de soldados de infantaria que foram imediatamente incorporados ao exército. As tropas estavam acabando os preparativos para a nova campanha. Depois, Alexandre pôs em ordem os assuntos administrativos do país, tomando o cuidado de dividir o poder. Entregar todo o Egito a uma só pessoa teria sido perigoso, dadas a importância estratégica e a riqueza dessa imensa satrapia.

Peuceste, filho de Macartato, e Balacros, filho de Amintas, foram nomeados estrategos da província e governadores de todas as guarnições que estavam estacionadas nela, incluindo as de Mênfis e de Pelusa, com uma força de cerca de 4 mil homens. O nautarca Polemon recebeu o comando de uma frota de trinta trirremes. Os gregos residentes no Egito foram colocados sob a jurisdição de um funcionário especial. Os distritos egípcios, ou nomas, conservaram seus antigos nomarcas, aos quais continuaram pagando as mesmas contribuições de antes. O controle dos distritos puramente egípcios foi confiado primeiramente a dois e depois a um único egípcio. Os distritos da Líbia foram administrados por um funcionário grego; o administrador dos distritos do interior, Cleômeno, um grego de Naucratis (no Egito), que conhecia a língua e os costumes do país, foi encarregado de centralizar os tributos pagos pelas diferentes províncias e de prosseguir a construção de Alexandria.

Após ter resolvido essas questões, Alexandre promoveu certo número de oficiais. Depois, novas cerimônias ocorreram em Mênfis, no decorrer das quais o rei ofereceu um sacrifício solene a Zeus. Por fim, o exército se pôs novamente em marcha para a Fenícia. A frota chegou ao porto de Tiro ao mesmo tempo que Alexandre. A curta estadia do rei em Tiro foi consagrada a magníficas festividades públicas que seguiram os costumes gregos. Além dos sacrifícios efetuados no templo de Héracles, o exército entregou-se a jogos atléticos e a combates de todos os tipos. Mandaram vir da Grécia os atores mais ilustres a fim de realçar o brilho das festas. Os reis de Chipre, que formavam os coros segundo as tradições helênicas, rivalizaram entre si no fausto e na elegância. A Patalia, ou quadrirreme sagrada, usada somente em circunstâncias excepcionais ou em embaixadas extraordinárias, chegou da Ática naqueles dias e entrou no porto com todas as velas desfraldadas. Os embaixadores que transportava vinham desejar ao rei o coroamento de todos os seus votos e assegurar-lhe a fidelidade inquebrantável de sua cidade. Alexandre respondeu a esse testemunho de amizade colocando em liberdade todos os atenienses aprisionados em Granico.

Tratava-se de se despedir por longo tempo dos territórios ocidentais. Com exceção de Esparta e de Creta – onde havia um persistente descontentamento –, a calma reinava na Hélade. Numerosos piratas, porém, tornavam o mar pouco seguro, a última consequência da campanha naval dos persas. Alexandre ordenou que Anfotero agilizasse a expulsão das guarnições espartíatas e persas de Creta, pusesse fim às incursões dos piratas e prestasse assistência aos habitantes do Peloponeso molestados pelos lacedemônios. Os cipriotas e os fenícios receberam ordens de colocar cem trirremes à disposição do nautarca e de enviá-las em direção ao istmo de Corinto. Modificações menores foram feitas na administração das províncias conquistadas.

Finalmente, o exército deixou Tiro e desceu ao longo da rota estratégica que segue o leito do Oronte na direção do Eufrates. Com uma força de 40 mil soldados de infantaria e 8 mil cavaleiros, ele atingiu Tapsaco no início do mês de agosto.

Uma divisão de macedônios fora enviada na frente para construir duas pontes sobre o Eufrates. Elas não haviam sido terminadas, pois o persa Mazaios reunira 10 mil homens na margem asiática, impedindo que os macedônios prosseguissem os trabalhos. Quando Mazaios viu a aproximação do grosso do exército inimigo, recuou com toda a pressa, sentindo-se numericamente fraco para lutar contra o conjunto das forças macedônias. Travando o combate, ele teria simplesmente sacrificado suas tropas – embora desse, é verdade, um último prazo ao Grande Rei. Porém, como o exército persa havia terminado os preparativos, o tempo ganho teria sido desproporcional às perdas previstas.

Alexandre ordenou que a construção das duas pontes fosse concluída e mandou que as falanges passassem para a margem oriental do Eufrates. Mesmo se acreditasse que o exército persa estava reunido na planície da Babilônia, pronto para defender a cidade imperial, ele teria cometido uma falha grave tomando a rota do sul, que margeava o curso do rio, como haviam feito os Dez Mil da Anabase cerca de setenta anos antes. Pois os desertos que ela atravessava teriam tornado o avanço extremamente penoso por causa do calor tórrido, e o abastecimento de um exército tão considerável seria muito difícil nessas regiões.

Ele escolheu portanto a rota do norte, que levava à planície da Babilônia passando por Nisibis, através de um território cheio de vales e mais temperado, que os macedônios mais tarde denominaram Migdônia.

Um dia, levaram à presença do rei um dos pelotões de cavalaria persa que percorriam a região que tinha sido capturado no transcurso de um reconhecimento. Os prisioneiros informaram a Alexandre que Dario já deixara a Babilônia e se mantinha na margem esquerda do Tigre, resolvido a impedir a qualquer custo que seu adversário atravessasse o rio; suas forças atuais eram infinitamente maiores do que aquelas reunidas na batalha de Issus.

Alexandre não podia pensar em atravessar um rio tão largo e tão impetuoso quanto o Tigre sob flechas inimigas. Sabia que Dario ocupava o lugar onde a rota estratégica cruzava o rio. O importante para ele era passar o mais rapidamente possível para a mesma margem que o adversário. Seria necessário atravessar o Tigre sem ser visto. Enquanto Dario o aguardava na vasta planície onde se erguem as ruínas de Nínive, o rei mudou de itinerário e tornou a subir com marchas forçadas para o norte, em direção a Bedzabde. Como nenhum inimigo fosse visível, os macedônios começaram a atravessar o rio, cuja corrente era muito violenta. Atingiram a margem oposta à custa dos maiores esforços, mas sem sofrer perdas. Alexandre concedeu um dia de repouso às tropas extenuadas, que levantaram acampamento à beira do Tigre.

Era 20 de setembro. A noite caiu. As primeiras sentinelas tomaram posição na margem do Tigre e nas colinas vizinhas. A Lua iluminava o território que se parecia muito com certas regiões montanhosas da Macedônia. O disco da Lua cheia logo começou a escurecer, e o acampamento foi mergulhado em trevas. As tropas acreditaram ver nisso um sinal dos deuses. Os soldados ansiosos saíram das tendas. Muitos afirmavam que os deuses estavam coléricos. Outros lembraram que quando Xerxes se pusera a caminho da Grécia, seus magos haviam interpretado o eclipse do Sol, que ele tinha visto em Sardes, dizendo que o Sol era o astro dos helenos e a Lua, o dos persas; agora, os deuses escureciam o astro dos persas para mostrar que o poderio deles se aproximava do fim. Aristandro interpretou esse eclipse como um sinal favorável ao rei. Declarou que era um excelente augúrio: uma batalha decisiva seria travada antes do fim do mês. Alexandre ofereceu então um sacrifício à Lua, ao Sol e à Terra, e as entranhas das vítimas também anunciaram vitória. O exército macedônio pôs-se em marcha no alvorecer, a fim de encontrar o exército inimigo.

O rei dirigiu-se primeiramente para o sul, costeando a margem direita do Tigre, mas sem encontrar sinal do adversário. Por fim, no dia 24, a vanguarda anunciou que alguns cavaleiros persas tinham sido vistos manobrando em um campo plano, sem que tivesse sido possível avaliar o seu número. O rei mandou enfileirar o exército em formação de batalha. Logo chegou uma segunda mensagem: o número de cavalos podia ser estimado em cerca de mil. Alexandre fez com que montassem os cavalos o esquadrão real e um outro esquadrão dos heteres, assim como a cavalaria dos paiônios, e avançou para o inimigo, dando ordem para que o restante do exército o seguisse lentamente. A partir do momento em que os persas o avistaram, deram meia-volta e fugiram a galope. Alexandre lançou-se no encalço deles. A maioria conseguiu se salvar, mas alguns foram derrubados e capturados. Levados diante do rei, declararam que Dario encontrava-se não longe dali, na direção sul. Ele estabelecera acampamento em uma vasta planície situada na margem do Bumodos, a algumas milhas de Gaugamelo. Afirmaram que o seu exército contava provavelmente com 1 milhão de soldados de infantaria e mais de 40 mil cavaleiros, e que eles mesmos tinham sido enviados por Mazaios para fazer um reconhecimento. Alexandre mandou imediatamente que suas tropas se detivessem. Um acampamento, cuidadosamente fortificado, foi erguido na beira do rio. A proximidade de um exército inimigo tão formidável estimulava o rei a agir com a máxima prudência. Os quatro dias de repouso que concedeu aos seus homens permitiram que eles terminassem os preparativos.

Como não se avistava nenhuma nova tropa inimiga, era de prever que Dario ocupava um terreno favorável às suas multidões armadas e não se deixaria arrastar pela segunda vez a um terreno desfavorável, pela demora do adversário ou pela própria impaciência. Assim, Alexandre teria decidido marchar ao seu encontro. Deixando no acampamento as bagagens e todos os homens inaptos para o combate, o exército macedônio pôs-se a caminho na noite de 29 para 30 de setembro, na hora do primeiro revezamento das sentinelas. Por volta do raiar do dia, ele atingiu as últimas colinas. Não estava a mais do que sessenta estádios do inimigo, mas pequenos montes ainda o impediam de vê-lo. A trinta estádios dali, quando o exército chegou ao cume da última colina, Alexandre percebeu subitamente, a uma hora de marcha, as massas escuras das forças imperiais. Logo deu ordem para que as colunas estacionassem, convocou amigos, estrategos, ilarcas e chefes dos contingentes aliados e dos mercenários. Perguntou-lhes se seria necessário atacar imediatamente ou erguer acampamento ali mesmo para primeiro reconhecer o campo de batalha. A maioria foi da opinião de que era necessário atacar sem demora, pois o exército queimava de ardor belicoso. Parmênion adotou um ponto de vista contrário. As tropas estavam fatigadas pela marcha. Os persas, que ocupavam o terreno havia vários dias, certamente haviam explorado todas as suas vantagens. Não se sabia se as linhas inimigas estavam protegidas por toras farpadas enterradas no chão ou por trincheiras invisíveis. As regras estratégicas requeriam que eles se informassem antes de travar a batalha. O ponto de vista do velho general terminou por prevalecer. Na manhã de 30 de setembro, Alexandre deu ordem para que as tropas erguessem suas tendas, na mesma sequencia em que estavam organizadas para o combate, nas colinas nos arredores de Bortela, situadas defronte ao inimigo.

Dario mandara arrancar todos os arbustos do campo de batalha e nivelar até os montículos de areia que poderiam atrapalhar as cargas impetuosas de seus cavaleiros e dos carros com foices. Embora esperasse os macedônios já havia algum tempo, a aproximação deles e a fuga rápida de suas tropas avançadas, comandadas por Mazaios, tinham-no enchido de angústia. No entanto, graças à orgulhosa segurança de seus sátrapas, que nenhum estrangeiro vinha mais perturbar com conselhos inoportunos; graças às imensas colunas de seu exército, que nenhum Caridemo e nenhum Amintas ousavam mais comparar com o pequeno pelotão cerrado dos macedônios; graças, enfim, à sua própria presunção, que o levava quase sempre a confundir sua cegueira com força e seus desejos com realidade, o rei dos persas recobrou a serenidade e a confiança. Os Grandes não tiveram dificuldade para convencê-lo de que em Issus ele havia sucumbido não ao inimigo, mas à falta de espaço. Agora, ele dispunha de toda a extensão necessária para o desdobramento das suas centenas de milhares de homens, para as foices dos carros de guerra e para os elefantes trazidos das Índias. Chegara o momento de mostrar a Alexandre o que era um exército imperial. No alvorecer de 30 de setembro os persas viram o exército macedônio avançar em fileiras cerradas, pronto para travar o combate. Esperava-se vê-lo atacar de um momento para o outro; as nações armadas também se enfileiraram em ordem de batalha na imensa planície asiática.

Porém, o ataque não veio. Viu-se o inimigo erguer acampamento. Somente um pelotão de cavaleiros, seguido por colunas de infantaria leve, desceu das colinas, atravessou uma parte da planície e tornou a recuar para o acampamento, sem ter se aproximado da linha de frente persa. A noite caiu. Será que o inimigo planejava um ataque noturno? O acampamento persa, sem fossos nem muralhas, não teria podido resistir a uma ofensiva de surpresa. As nações receberam ordem para ficar de vigília, armadas, com os cavalos selados ao lado das fogueiras. Durante a noite, Dario percorreu a cavalo a linha de frente do exército, a fim de inflamar as tropas com sua presença e suas palavras. No ponto extremo da ala esquerda encontravam-se os povos comandados por Bessus – bactrianos, daerianos e sogdianos –, tendo diante deles, à guisa de cobertura, cem carros com foices, mil cavaleiros bactrianos e os citas de Massagétia, encouraçados dos pés à cabeça, assim como seus cavalos. À direita de Bessus seguiam-se os aracosianos e os montanheses indianos, depois uma massa compacta de persas, formada por uma mistura de infantaria e cavalaria; depois vinham os susianos e os cadusianos, que serviam como traço de união entre ela e o corpo central do exército. Este compreendia primeiramente as tropas persas mais nobres, os "parentes do rei" e a guarda pessoal dos meláforos, ou "carregadores de pomos."[82] De ambos os lados desses últimos estavam os mercenários gregos que permaneciam a serviço do Grande Rei. O corpo central do exército compreendia, além disso, os indianos com seus elefantes, os carianos – ou seja, descendentes dos habitantes da Caria, outrora deportados para as satrapias da Ásia Central – e os arqueiros mardos, cobertos por cinquenta carros com foices. A fim de reforçar ainda mais esse centro, que tinha cedido tão facilmente em Issus, haviam condensado nele, em uma segunda linha, os uxianos, os babilônios, os povos costeiros do golfo pérsico e os sitacenos. Tudo ali parecia bastante forte e compacto para permitir que o Grande Rei tomasse posição. Na ala direita encontravam-se, em primeiro lugar, os mardos, os albanos e os sacasenos; Fratafernes com seus partas, hircanianos, tapurianos e saces; depois, Atropato com os medos, seguidos pelos povos da Síria e da Transjordânia. Por fim, o ponto extremo da ala direita era formado pelos povos cavaleiros da Capadócia e da Armênia, protegidos por cinquenta carros com foices.

A noite passou sem incidentes. Alexandre havia voltado para o acampamento após ter efetuado um reconhecimento do campo de batalha com seu esquadrão macedônio e alguns soldados da infantaria leve. Reuniu os oficiais e declarou que esperava atacar no dia seguinte. Disse-lhes que conhecia a

---

82. Esses soldados recebiam tal nome porque carregavam uma lança cuja ponta do cabo tinha a forma de um fruto. [N.T.]

bravura deles e das suas tropas, por tê-la muitas vezes posto à prova. Talvez fosse necessário refreá-la mais do que estimulá-la. Ordenou-lhes que lembrassem aos homens de avançar em silêncio, a fim de entoar o canto de guerra de maneira impressionante no momento de desencadear o ataque. Os próprios oficiais deviam fazer tudo para compreender rapidamente suas ordens, a fim de executar as manobras com o máximo de velocidade e precisão. Deviam se compenetrar da ideia de que o resultado da jornada dependia de cada um. Não se tratava mais de combater pela Síria e pelo Egito, mas pela posse do Oriente: no dia seguinte ficaria claro quem reinaria sobre a Ásia.

Os generais lhe responderam com ovações. O rei os dispensou e deu ordem para que as tropas fizessem a refeição noturna e em seguida repousassem. Alguns íntimos de Alexandre ainda estavam junto dele, sob a tenda real, quando Parmênion entrou e, apreensivo, descreveu a quantidade inusitada de fogueiras e o rumor surdo que se elevava do acampamento persa. Declarou que o exército inimigo parecia demasiadamente arrasador em número para que se pudesse pensar em enfrentá-lo à luz do dia. Aconselhou a atacar imediatamente, em plena noite. O terror causado por uma ofensiva de surpresa seria decuplicado pelas trevas. Afirmam que o rei respondeu-lhe que não queria apoderar-se da vitória como um ladrão. Nesse momento, dizem, Alexandre deitou e dormiu placidamente até o dia seguinte. O sol já levantara-se havia muito tempo e tudo estava pronto para o ataque; porém, o rei não aparecia. Inquieto, Parmênion decidiu entrar na tenda e teve que chamar Alexandre três vezes pelo nome antes que ele despertasse. Uma vez de pé, armou-se rapidamente para a batalha.

Na manhã de 1º de outubro, o exército macedônio deixou o acampamento situado nas colinas, confiando a guarda das bagagens a alguns soldados de infantaria trácios. Desdobrou-se na planície em formação de batalha: no centro encontravam-se as seis taxeias da falange, tendo à direita os hipaspistas, aos quais se seguiam as oito esquadrões da cavalaria macedônia, e, à esquerda, a taxeia de Cratero, em seguida as cavalarias aliada e tessaliana. Parmênion comandava a ala esquerda, cuja extremidade era formada pelo esquadrão de Farsália, o mais forte da cavalaria tessaliana. Na extremidade da ala direita, com a qual Alexandre pretendia abrir o combate, encontravam-se o esquadrão real, uma parte dos agrianos e dos arqueiros, e Balacros com os acontes. Como o adversário era infinitamente mais numeroso, um movimento transbordante do exército persa era, por assim dizer, inevitável. A fim de evitar esse perigo, Alexandre mandou formar à direita e à esquerda, atrás das alas da linha de frente, uma segunda linha de combate suscetível de dar meia-volta se o inimigo a ameaçasse pelas costas, e de efetuar um movimento lateral se ele atacasse pelo flanco. Porém, como o resultado da batalha dependia em grande parte da força do primeiro choque, ele só podia desviar poucas tropas da frente principal. As reservas da ala esquerda eram formadas pela infantaria tessaliana, por uma parcela dos cavaleiros aliados (sob o comando de Koiranos) e pelos cavaleiros odrisianos (sob o comando de Agaton). Na extrema esquerda estavam os cavaleiros mercenários sob as ordens de Andrômaco. As reservas da ala direita eram formadas por Cleandro, que comandava mercenários veteranos, pela metade dos arqueiros e pelos agrianos, conduzidos respectivamente por Brison e Atala. Depois, vinham Aretas com os seus sarissóforos, Ariston com os cavaleiros paiônios e, na extrema direita, sob o comando de Mênidas, os cavaleiros helênicos recentemente recrutados. Esses últimos, naquele dia, estavam no lugar mais exposto e deviam mostrar bravura.

    Os dois exércitos avançam um em direção ao outro. Alexandre, com a cavalaria macedônia da ala direita, encontra-se diante do centro do exército persa, que estava protegido por elefantes e tropas de elite agrupadas em uma dupla camada. Toda a ala esquerda do inimigo o ultrapassa amplamente. Por isso ele dá ordens para que as tropas invistam cada vez mais para a direita, fazendo avançar escalonadamente o esquadrão de Kleitos e a infantaria leve, depois o segundo e o terceiro esquadrões e, por fim, os hipaspistas. Essa manobra efetuou-se no maior silêncio e com perfeita precisão, enquanto o inimigo esforçava-se, não sem desordem, para efetuar uma contramanobra no seu flanco esquerdo. A linha de frente persa ainda ultrapassa em muito a dos macedônios, e os cavaleiros citas da ponta extrema já avançam a trote para atacar as tropas leves que formam o flanco de Alexandre. Sem se deixar perturbar por essa manobra de distração, Alexandre prossegue a marcha para a direita. Logo ele terá entrado no espaço preparado para o ataque dos carros com foices, nos quais o Grande Rei funda tão grandes esperanças. Dario ordena agora aos seus cavaleiros citas e aos mil cavaleiros bactrianos que contornem a ala esquerda do inimigo, a fim de entravar seu avanço. Alexandre envia de encontro a eles os cavaleiros helênicos de Mênidas. Estes, muito fracos em número, são rechaçados. Vendo o fracasso, o rei dá ordem para que os cavaleiros paiônios sigam em socorro de Mênidas sob o comando de Ariston. Ambos atacam os citas e os bactrianos com tal ímpeto que esses últimos são obrigados a ceder. Mas a massa dos outros cavaleiros bactrianos já contorna a galope a ala de Alexandre, os esquadrões rechaçados tornam a se formar e todos precipitam-se ao mesmo tempo sobre Ariston e Mênidas. Trava-se um furioso combate. Os citas, armados dos pés à cabeça, assim como as suas montarias, aplicam golpes bastante duros nos paiônios e nos veteranos, muitos dos quais caem por terra e são pisoteados pelos cavalos. Mas não cedem o passo, sustentam o choque, esquadrão após esquadrão, e conseguem rechaçar o ataque por algum tempo.

Enquanto isso, efetuando um movimento oblíquo, a frente macedônia avança cada vez mais para a direita. Agora, os esquadrões macedônios e os hipaspistas encontram-se diante dos cem carros com foices da ala esquerda persa. No mesmo momento, esses últimos se põem em movimento e atacam a frente macedônia. Os agrianos e os arqueiros os recebem dando fortes gritos e disparam sobre eles uma rajada de flechas, pedras e dardos. Muitos cocheiros são capturados; os cavalos, agarrados pelas rédeas, são detidos e apunhalados, seus arreios são cortados e os ocupantes dos carros são apeados. Outros, que atacam os hipaspistas, vão se espetar contra as lanças em riste; ou então, passando sem fazer vítimas através das fileiras dos macedônios – que se afastam para a sua passagem –, embaraçam-se nos seus arreios e vão cair nas mãos dos combatentes da segunda linha.

O grosso do exército persa pôs-se em movimento enquanto o combate de cavalaria prosseguia no flanco de Alexandre, penosamente defendido por Ariston e Mênidas. Agora que o exército inimigo está ao alcance das flechas, Alexandre manda acelerar a marcha da sua linha de frente principal para adiante, enquanto envia Aretas e os sarissóforos – ou seja, a sua última reserva de cavalaria – em socorro de Mênidas e Ariston. A partir do momento em que os persas percebem essa manobra, destacam os cavaleiros mais próximos para socorrer os bactrianos, abrindo assim uma brecha na sua ala esquerda. Eis aí o momento decisivo, que Alexandre espera. Ele dá imediatamente o sinal de ataque e se lança, ele mesmo, à frente do esquadrão de Kleitos. Os outros esquadrões e os hipaspistas o seguem a galope, dando o grito de "Alalá!". O ataque em cunha desloca inteiramente a frente inimiga. As falanges vizinhas – as de Koinos e de Perdicas – acorrem com toda a força. Com lanças em riste, precipitam-se sobre os grupos compactos dos susianos, dos cadusianos e dos guarda-costas que cercam o carro de Dario. Nenhuma resistência parece capaz de contê-los então. O Grande Rei, vendo o inimigo aproximar-se em meio a um tumulto ensurdecedor, e sentindo-se ameaçado por um perigo que aumenta a cada instante, abandona a partida que já acreditava perdida. Dá a volta em seu carro para se salvar. Os persas agrupam-se corajosamente em torno dele para proteger-lhe a retirada. Porém, a confusão causada pela sua fuga chega pouco a pouco às tropas da segunda linha. O centro do exército persa foi penetrado.

Nesse ínterim, a violência inaudita com a qual Aretas investiu sobre as formações inimigas definiu a sorte da batalha. Os cavaleiros citas, bactrianos e persas procuram fugir, perseguidos pelos sarissóforos, assim como pelos cavaleiros paiônios e helênicos. A ala esquerda do exército persa é arrasada.

Porém, acontece de outro modo na ala direita. Os movimentos rápidos do ataque não permitiram que a infantaria pesada de Alexandre avançasse na mesma cadência da infantaria leve. Formou-se uma lacuna entre a última taxeia – a de Cratero – e aquela que estava imediatamente à sua direita, comandada por Símias. Este teve que fazer uma parada, pois Cratero e toda a ala de Parmênion estavam em perigo. Os indianos e os cavaleiros persas do centro tiraram vantagem da situação e, sem serem impedidos pelas tropas da segunda linha, atiraram-se sobre o acampamento. Os poucos trácios deixados para trás junto com os prisioneiros e as bagagens, levemente armados e de modo algum preparados para sofrer um ataque, defendem com grande dificuldade a entrada do acampamento. Subitamente, os prisioneiros conseguem quebrar suas correntes e os atacam pelas costas. Os trácios são massacrados. Os bárbaros precipitam-se pelo acampamento com urros de alegria e transformam tudo em fogo e sangue. É uma espantosa carnificina. Percebendo a situação, os chefes da segunda linha, Sitalco, Koiranos, o odrisiano Agaton e Andrômaco, mandam que suas tropas deem meia-volta, lançam-se para o acampamento e atiram-se sobre o inimigo já ocupado em pilhar as bagagens. Os bárbaros são vencidos após um curto combate. Grande quantidade deles é massacrada, outros fogem desvairados para o campo de batalha, onde são empalados pelos ferros dos esquadrões macedônios.

Enquanto se efetua essa passagem, outros indianos e persas, seguidos pelos cavaleiros partas, atacam no flanco dos cavaleiros tessalianos. Parmênion envia então uma mensagem a Alexandre para dizer-lhe que está em grande perigo e vai sucumbir se não receber reforços rapidamente. O rei responde que Parmênion deve ter perdido a cabeça para pedir reforços em tal momento; ele certamente saberá vencer ou perecer com a espada na mão. Mesmo assim, Alexandre abandona a perseguição ao Grande Rei para ir em seu auxílio. Reunindo todas as tropas que lhe restam, marcha rapidamente para a ala direita dos persas, que ainda resiste. Defronta-se primeiramente com os indianos e os partas expulsos do acampamento, que dão rápida meia-volta e agrupam-se em esquadrões; segue-se um terrível ataque de cavalaria, e tudo permanece por longo tempo indefinido. É um corpo a corpo apavorante. Os persas lutam pela vida. Sessenta heteres são mortos, muitos outros são feridos, entre os quais Heféstion e Mênidas. Por fim, os macedônios alcançam, também aqui, a vitória. Tudo o que subsiste das tropas persas põe-se em fuga.

Antes que Alexandre tivesse conseguido abrir caminho até a ala direita dos persas, a cavalaria tessaliana, embora duramente atingida por Mazaios, consegue se reaprumar e rechaçar os cavaleiros capadócios, medos e sírios. Ela já começa a persegui-los quando Alexandre chega. Vendo que também aqui a situação está restabelecida, Alexandre torna a partir com toda a pressa na direção para onde fugiu o Grande Rei, que persegue até o anoitecer. Enquanto Parmênion apoderava-se do acampamento inimigo, situado às margens do Bumodos, e apreendia uma enorme quantidade de elefantes, camelos, carroças e bestas de carga, Alexandre atingia o rio Lykos, a quatro horas do campo de batalha. Ali encontrou multidões de bárbaros que fugiam em indescritível desordem, acrescida ainda pela angústia das trevas e pelo desabamento das pontes pelas quais eles procuravam atravessar o rio. Logo a rota estratégica ficou novamente livre, mas Alexandre teve que conceder algumas horas de repouso às suas tropas, pois os cavaleiros e os cavalos estavam exaustos.

Por volta da meia-noite, quando a Lua levantou-se, ele tornou a se pôr em marcha na direção de Arbelos, onde esperava apoderar-se de Dario, do seu equipamento de guerra e dos seus tesouros. Os macedônios ali chegaram no decorrer do dia seguinte, mas Dario já tinha deixado a cidade. Seus tesouros, seu arco e seu escudo, seu equipamento de guerra e o dos seus Grandes, um fantástico butim, caiu nas mãos de Alexandre.

Segundo Arriano, a vitória de Gaugamelo causou sessenta mortes só nas fileiras da cavalaria tessaliana. Mais de mil cavalos tinham sido mortos, dos quais a metade do lado macedônio. Segundo as estimativas mais elevadas, quinhentos macedônios pereceram no transcorrer do combate. Essas perdas parecem irrisórias comparadas com as do inimigo, estimadas em cerca de 30 mil homens. Porém, é preciso lembrar que poucos macedônios sucumbiam no corpo a corpo porque eram protegidos por pesadas couraças, e o número das vítimas aumentava sobretudo no decorrer das perseguições. Todas as batalhas – não somente na Antiguidade – mostram que o número de mortos é sempre infinitamente maior entre os fugitivos do que entre os atacantes.

A batalha de Gaugamelo quebrou definitivamente o poder de Dario. Os últimos fragmentos do seu exército reuniram-se como era possível: alguns milhares de cavaleiros bactrianos, o resto dos mercenários helênicos (cerca de 2 mil homens, sob o comando do etólio Glaukias e do fócio Patron), os meláforos e os "parentes" do rei, ao todo 3 mil cavaleiros e 6 mil soldados de infantaria. Acompanhado por essas derradeiras tropas, Dario retomou a fuga através dos desfiladeiros da Média até Ecbatana, onde ele pensava estar protegido. Pretendia ficar ali, esperando que Alexandre se contentasse com os reinos de Susa e da Babilônia e lhe deixasse ao menos a velha terra pérsica que poderosos maciços de montanhas separavam das terras baixas aramaicas. Se parecesse que o insaciável conquistador escalaria os altos planaltos da Pérsia, então o plano do Grande Rei era fugir em direção a Báctria, o último reduto do seu império, devastando tudo atrás de si.

Quanto à grande massa de soldados que tinha fugido para o sul, em direção a Susa e à Pérsia, 25 mil – alguns autores dizem 40 mil – reuniram-se sob as ordens de Ariobarzanes, filho de Artabazes, e se entrincheiraram nos desfiladeiros pérsicos. Se o império dos persas ainda podia ser salvo, era ali.

Talvez ele tivesse sido salvo se Dario não tivesse buscado o caminho mais curto para o norte, abandonando à própria sorte as satrapias do sul. Porém, nem todos os seus sátrapas estavam animados pela mesma lealdade que Ariobarzanes. Muitos deles queriam esquecer o soberano em fuga e consolidar suas respectivas posições pessoais. Submetendo-se de bom grado ao conquistador, que tantas vezes tinha dado provas de magnanimidade, esperavam ganhar mais do que haviam perdido com a defecção do rei. Se Dario tivesse combatido nas portas da Pérsia, para defender o império, sem dúvida as nações da Ásia média e superior teriam se agrupado em torno dele. Eles talvez tivessem conseguido expulsar o invasor, pois a sequência dos acontecimentos mostra que só com grande dificuldade Alexandre venceu muitos desses povos semi-nômades e que chegou até mesmo a renunciar a atacar certo número deles. Porém, as consequências da vitória de Gaugamelo foram ainda mais consideráveis porque Dario se sentia pronto a abandonar tudo para salvar ainda que fosse uma fração do império, e porque a derrocada assumiu proporções cada vez mais vastas, arrastando o poderio persa para a ruína.

Alexandre não perseguiu o Grande Rei que fugia pelas montanhas nem os soldados que se comprimiam na rota de Susa. Marchou ao longo dos contrafortes do maciço da Pérsia em direção à Babilônia, a metrópole da vasta planície aramaica e, desde a época de Dario, o Histaspe, capital do império dos persas. A posse da cidade era o primeiro fruto da vitória. Alexandre pensava que ela lhe oporia forte resistência. Conhecia a reputação de força das "muralhas de Semíramis" – cujas proximidades eram defendidas por uma rede de canais – e sabia que a cidade de Ciro e de Dario suportara vitoriosamente cercos prolongados. Foi informado, além disso, de que Mazaios, seu adversário mais temível, se refugiara lá. Tudo levava a crer que as cenas de Tiro e de Halicarnasso se renovariam. A partir do momento em que avistou a Babilônia, Alexandre mandou que o exército se desdobrasse em formação de batalha. Porém, as portas da cidade se abriram, os babilônios, os caldeus e os chefes da municipalidade, tendo à frente alguns altos funcionários persas, compareceram diante de Alexandre com coroas de flores e ricos presentes. Mazaios entregou-lhe a cidade, a cidadela e os tesouros. O rei do Ocidente entrou em triunfo na capital de Semíramis.

XVIII

PRIMEIRA ESTADIA NA BABILÔNIA ∾ EVOLUÇÃO DAS CONCEPÇÕES POLÍTICAS DE ALEXANDRE ∾ TOMADA DE SUSA ∾ CAMPANHA DA PÉRSIA ∾ TOMADA DE PERSÉPOLIS E DE PASÁRGADA ∾ ALEXANDRE, REI DA ÁSIA ∾ EXIGÊNCIAS A DARIO

Na Babilônia, as tropas puderam ter um longo repouso. Era a primeira metrópole oriental que encontravam, uma cidade imensa, cheia de monumentos prodigiosos: as muralhas gigantescas, os jardins suspensos de Semíramis e a torre quadrada de Bel – que Xerxes tinha tentado em vão destruir para acalmar seu furor após a derrota de Salamina.[83] A esse espetáculo grandioso vinham se juntar o rebuliço ininterrupto das multidões que afluíam da Arábia, da Armênia, da Pérsia e da Síria, o fausto inimaginável e a doçura voluptuosa da vida, o refinamento das maneiras e a diversidade dos costumes. Toda a magia fabulosa e o turbilhão de prazeres do Oriente recompensavam as provações e os sofrimentos dos filhos do Ocidente. Macedônios vigorosos, trácios selvagens e gregos de sangue ardente beberam em grandes goles as delícias da vitória, entregando-se à embriaguez dos festins babilônios entre as taças de ouro e os tapetes perfumados, aumentando o desejo de vencer novos inimigos e celebrar novos triunfos. Foi assim que os soldados de Alexandre descobriram e assimilaram pouco a pouco essa vida asiática, que preconceitos seculares lhes haviam feito considerar como a barbárie mais desprezível. Oriente e Ocidente começaram a se fundir e a preparar um futuro no qual ambos terminariam por se dissolver.

Não sabemos se as medidas tomadas por Alexandre lhe foram ditadas por uma consciência muito clara da situação, por um acaso feliz ou pela lógica das coisas. Em todo caso, suas decisões foram não somente as mais judicio-

---

83. Ver nota 4, p. 20. [N.T.]

sas, mas as únicas possíveis. Na Babilônia, mais do que em qualquer outra parte, o gênio local havia atingido potência, naturalidade e perfeição inigualáveis. A Ásia Menor permanecera muito próxima da vida helênica; na Fenícia, os costumes gregos estavam infiltrados havia muito tempo nas moradas de príncipes e de negociantes ricos; o Delta do Nilo mantivera, desde a época dos faraós, estreitas relações com os Estados helênicos, graças às colônias gregas e à vizinhança de Cirene. Mas a Babilônia estava afastada de qualquer contato com o Ocidente. Situada na descida dos dois rios mais importantes da região aramaica, era capital de um território florescente cuja configuração do solo, o comércio, os costumes, a religião e uma história várias vezes secular faziam-no tender mais para a Índia e a Arábia do que para a Europa. Aqui, na Babilônia, ainda se vivia imerso em uma cultura milenar; escrevia-se em caracteres cuneiformes sobre plaquetas de argila; observava-se e calculava-se o curso dos astros; empregava-se um sistema métrico extremamente aperfeiçoado; e os habitantes haviam conservado a antiga mestria em todos os domínios das ciências e das artes. Eis que os primeiros elementos helênicos penetravam nessa vida refinada, estranha e matizada, insignificantes em número, mas dotados de um poder de assimilação e de fecundação no qual residia o segredo da sua superioridade.

Acrescentemos a esse quadro um segundo elemento. O poderio persa fora vencido nos campos de batalha, mas não fora nem aniquilado nem extirpado da Ásia. Se Alexandre só quisesse suplantar o governo do Grande Rei por uma administração macedônia, ele não deveria ter transposto as fronteiras dos territórios das margens do Mediterrâneo, nem estendido as conquistas para além do deserto da Síria. Se tivesse desejado apenas mudar o nome do poder despótico que sujeitava a Ásia, para substituí-lo pelo jugo ainda mais duro e mais humilhante de um conquistador estrangeiro, uma única revolta popular, uma única epidemia, um único episódio duvidoso teria bastado para arruinar esse frágil edifício. O poder de Alexandre, ínfimo quando comparado com a extensão das terras e a densidade das populações, devia extrair força e legitimidade dos benefícios que fosse capaz de trazer para os vencidos. Devia se basear no respeito aos costumes, às leis e à religião preexistentes, sempre que fossem compatíveis com a conservação do império.

O regime despótico que tão pesadamente oprimira os persas não fora instaurado pelo direito: nascera da fraqueza e da indolência das populações asiáticas. Para remediar o mal, seria necessário reavivar nelas o sentimento do seu valor, despertar energias latentes e provocar sua fusão com a vida helênica. Os gregos não tinham sempre atuado assim, no decorrer da sua admirável expansão colonizadora? Os citas da Táurida e os africanos de Sirte, os habitantes da Cilícia e os celtas do vale baixo do Ródano não haviam recebido um acréscimo de vida nova, acolhendo e assimilando as contribuições estrangeiras? Em compensação, não haviam conferido ao helenismo um dinamismo e uma irradiação que ele não tinha? Os pensamentos de Alexandre gravitavam em torno desses problemas, como demonstra sua preocupação de celebrar, em Mênfis e em Tiro – para não falar de Jerusalém –, algumas festas em conformidade com as tradições locais, de restaurar os edifícios sagrados da Babilônia, devastados por Xerxes, de reconstruir a torre de Bel e de restabelecer em toda a pureza e magnificência o culto aos deuses babilônios tal como era praticado na época de Nabucodonosor. Um a um, ele aglutinou os povos, restituindo-lhes a personalidade e as tradições perdidas, permitindo-lhes encontrar seu lugar natural no seio do império e suplantar a dualidade histórica que até então havia indisposto Oriente e Ocidente, helenos e bárbaros, dissolvendo esses antagonismos na majestosa unidade de uma monarquia universal.

Porém, como organizar e administrar tal império? Como realizar, no plano político e militar, esse pensamento inspirado nas formas da vida cívica e religiosa? Se o governo das satrapias, o séquito do rei, as altas funções da corte e o comando do exército permanecessem exclusivamente macedônios, a unificação não passaria de ilusão ou de engodo; a individualidade fundamental dos povos não seria oficialmente reconhecida, mas só tolerada. O passado não se vincularia ao futuro a não ser pela lembrança pungente da derrota, e a dominação asiática – que tinha ao menos o mérito de ter nascido no mesmo solo que os persas – seria substituída por um jugo estrangeiro duplamente odioso.

Responder a essas questões é tocar com o dedo no dilema trágico que solapa a prodigiosa carreira de Alexandre: aqui reside o verme que rói as raízes da sua grandeza, a maldição inerente às suas vitórias, à qual ele devia sucumbir.

Enquanto Dario foge pelos últimos caminhos que lhe restam, Alexandre começa a se cercar do fausto real, a reunir em torno de si os Grandes da Pérsia, a se reconciliar com aqueles que combateu e a acolher a nobreza asiática nas fileiras da aristocracia macedônia.

Já desde o outono de 334, Mitrines de Sardes e, depois da queda de Tiro e de Gaza, Mazakes e Amininapes do Egito ocupam altíssimas funções junto a ele. A jornada de Gaugamelo quebrou a altivez e a segurança dos Grandes da Pérsia, que aprenderam a ver as coisas com outros olhos. Os desertores tornam-se cada vez mais numerosos, sobretudo depois que Mitrines obteve de Alexandre o governo da rica satrapia da Armênia, sempre muito cobiçada, e Mazaios recebeu a da Babilônia, embora tivesse lutado contra Alexandre com mais animosidade do que qualquer outro. Boa parte da nobreza persa abandona a causa do aquemênida em fuga e se alia ao vencedor.

É natural que Alexandre se mostre flexível em relação a eles. Também é natural que estacione uma guarnição macedônia, sob o comando de oficiais macedônios, em satrapias entregues à governança de um persa. É natural, enfim, que as finanças das satrapias sejam retiradas da gestão dos sátrapas e a arrecadação dos impostos seja confiada a administradores helênicos.

Tal foi o método empregado na satrapia da Babilônia. Asclepiodoro foi colocado junto a Mazaios para receber os tributos. A cidade da Babilônia ficou com uma forte guarnição macedônia, que se estabeleceu na cidadela sob as ordens de Agaton, irmão de Parmênion, enquanto a chefia das tropas que residiam junto ao sátrapa foi confiada a Apolodoro de Anfípolis. Além disso, Mênon, um dos sete somatofilactas, foi nomeado hiparco único para a Síria, a Fenícia e a Cilícia, e colocado à frente de tropas suficientes para assegurar a ligação entre a Babilônia e a costa, os transportes da Ásia para a Europa e vice-versa. Essas tropas tinham muita coisa a fazer, já que os comboios frequentemente eram atacados pelos beduínos do deserto. O primeiro transporte consistiu em cerca de 3 mil talentos de prata, que Alexandre enviou a Antípater para permitir que prosseguisse com vigor a guerra contra Esparta e efetuasse compras para o exército.

Durante os trinta dias em que permaneceu na Babilônia, Alexandre conseguiu uma aliança com a cidade de Susa, onde estavam a corte e os tesouros do Grande Rei. Antes de deixar Arbelos, ele havia enviado na vanguarda o macedônio Filoxeno com um pequeno pelotão do exército para assegurar-se da capital e dos tesouros imperiais. Filoxeno lhe reportou que Susa renderase de bom grado, que os tesouros estavam em segurança e que o sátrapa Abulites implorava a clemência do rei. Alexandre chegou a Susa vinte dias depois de ter deixado a Babilônia. Logo tomou posse dos fabulosos tesouros acumulados desde os primeiros reis da Pérsia na elevada cidadela da cidade, o Memnônion sassânida celebrado pelos poetas gregos. O ouro e a prata elevavam-se a 50 mil talentos, aos quais se somava uma profusão extraordinária de púrpura, incenso e pedras preciosas, os móveis e a equipagem da mais faustosa das cortes e, por fim, o butim pilhado na Grécia em diversas ocasiões desde a época de Xerxes, notadamente as estátuas de bronze dos tiranicidas Harmodius e Aristogiton, que Alexandre devolveu aos atenienses.

Enquanto o exército ainda estava em Susa e às margens do Choaspe, o estratego Amintas, que depois da tomada de Gaza havia sido enviado para buscar reforços na Grécia, voltou da Macedônia com tropas frescas. A incorporação delas nas diferentes falanges motivou uma completa reorganização do exército, que prosseguiu no decorrer do ano seguinte e se beneficiou de experiências em operações nas altas satrapias.

Voltaremos adiante a tratar dessa reorganização: primeiro indício de uma profunda transformação nas concepções políticas de Alexandre, ela decorria diretamente das novas necessidades que ele experimentava.

No meio de dezembro, Alexandre pensou em marchar sobre as cidades reais da Pérsia propriamente dita, cuja posse, no espírito das populações do império, estava estreitamente ligada à soberania da Ásia. Quando essas populações o vissem sentado no trono dos Grandes Reis, no palácio de Ciro, de Dario e de Xerxes, não poderiam mais ignorar que a dinastia dos Aquemênidas havia desmoronado. Alexandre apressou-se a resolver os negócios da Susiana. Confirmou Abulites no posto de sátrapa, entregou a cidadela da cidade de Susa a Mazaios e a chefia geral da satrapia – assim como o comando de um destacamento de 3 mil homens – a Arquelau. Destinou os palácios de Susa à mãe e aos filhos do Grande Rei, que até então haviam permanecido junto dele; expressou o desejo de que estabelecessem residência ali e cercou-os com a criadagem da casa real. Deixou alguns eruditos helênicos na corte das princesas, a fim de ensinar-lhes o grego. Tomadas essas disposições, pôs-se em marcha para a Pérsia, à frente do exército.

No transcurso das campanhas, um dos problemas mais delicados que Alexandre precisou resolver foi o dos itinerários. Tratava-se agora de abandonar a planície para subir até o alto platô da Pérsia, em direção a países que a Grécia ignorava completamente: a configuração, a extensão, os recursos, os caminhos e o clima eram desconhecidos. Podemos pensar que Alexandre informou-se junto aos persas, grande número dos quais já estava com ele. Os dados que lhe forneceram foram sem dúvida suficientes para permitir que ele formasse uma imagem aproximada das regiões desconhecidas onde iria penetrar. Porém, só podia recolher detalhes precisos nos próprios locais.

Em primeiro lugar, era necessário deixar a planície de Susa e atravessar desfiladeiros muito escarpados que levavam às cidades reais da alta Pérsia. O caminho que Alexandre precisou seguir – ou melhor, precisou abrir – era a estrada que os Grandes Reis haviam construído entre Persépolis e Susa a fim de permitir que sua corte se deslocasse. Ela atravessava, em primeiro lugar, a rica planície da Susiana, transpunha o Copratas (o Dizful) e o Eulaios (o Kuran, perto de Chuster) e depois dois outros rios cujos nomes antigos não nos foram transmitidos: o Jerahi, perto de Ram Hormuz, e o Tab (Arosis?). Esses dois rios estão separados por um desfiladeiro que os antigos parecem ter chamado de "desfiladeiro dos uxianos", pois essa tribo habitava em parte na planície e em parte nas montanhas que a limitam a nordeste. Só os uxianos da planície foram submetidos pelo Grande Rei. Os da montanha tinham adquirido o hábito de só deixar a caravana real atravessar o desfiladeiro em troca de ricos presentes. Era uma espécie de direito de pedágio que recebiam cada vez que a corte se deslocava. Essas montanhas da alta Pérsia, que vão de Nínive até o Tigre, elevam-se em terraços sobrepostos até a região das neves eternas. Mais ao sul, lá onde o "mar eritreu" enfia nas terras a sua profunda chanfradura, o número dos terraços que sobem desde a costa eleva-se a oito ou nove, acima dos quais arroja-se a massa faiscante do Kuh-i-Baena. Esse labirinto de cadeias de montanhas é cortado por algumas torrentes, por pequenas planícies interiores e por gargantas e desfiladeiros através dos quais passa a estrada imperial. Depois de ter atravessado o desfiladeiro dos uxianos, ela se dirige para Babehan, atravessa a sudoeste a planície de Lasther, depois a de Basht e por fim a de Fahiyan, cercada por montanhas tão altas que as aldeias só recebem sol pela manhã, permanecendo mergulhadas na escuridão durante o resto do dia. Esse vale encaixotado, orientado de leste para oeste, é fechado pela falésia de Kelah-i-Sefid, dominada por uma poderosa fortaleza. São os "desfiladeiros pérsicos", situados na grande artéria que liga Shiraz a Persépolis. Aquele que quer evitá-los deve dirigir-se para o sudoeste a partir de Fahiyan e chegar a Shiraz por Kazerun, seguindo um caminho pedregoso que sobe e desce incessantemente. Porém, a marcha de Alexandre também prova que é possível contornar esses desfiladeiros pelo norte, tomando um itinerário mais curto que parte do Tab. Na saída de Babehan, com efeito, um caminho vira-se para a esquerda na direção nordeste, escala o terraço seguinte nos arredores de Tang-i-Tebak e parece juntar-se novamente à estrada principal na altura de Basht. Um segundo caminho também começa perto de Fahiyan, mergulha diretamente nas montanhas, na direção norte, ultrapassa Kelah-i-Sefid e torna a descer até a pequena planície situada atrás da fortaleza.

    Tais eram os caminhos que Alexandre devia tomar para atingir Persépolis e Pasárgada. A época do ano era das mais desfavoráveis: as montanhas já estavam cobertas de neve. O pequeno número de lugares onde o exército podia acampar e as noites glaciais tornavam a marcha ainda mais penosa. Acrescentemos que os macedônios esperavam encontrar uma viva resistência da parte dos uxianos e de Ariobarzanes, que estava entrincheirado nos desfiladeiros no comando de tropas consideráveis. No entanto, Alexandre apressou-se a marchar para a Pérsia, não só para apoderar-se do país e dos tesouros de Persépolis e de Pasárgada, mas também para assegurar-se da rota que levava ao coração do país, evitando que o Grande Rei tivesse tempo de voltar para a Média à frente de um novo exército.

    Alexandre atravessou a planície susiana, transpôs em alguns dias o Pasitigris e penetrou no território dos uxianos da planície. Esses, já submetidos ao Grande Rei e sujeitos ao sátrapa de Susiana, renderam-se sem resistir. Os uxianos da montanha, em contrapartida, enviaram-lhe emissários com a seguinte mensagem: só lhe concederiam direito de passagem mediante presentes idênticos àqueles que recebiam do rei dos persas. Os desfiladeiros que conduziam às terras altas eram importantes demais para que Alexandre aceitasse deixá-los em mãos de povos insubmissos; mandou responder aos uxianos que bastava que descessem dos desfiladeiros para receber os presentes que lhes destinava.

Seguido pela agema, pelo restante dos hipaspistas e por cerca de 8 mil homens da infantaria leve, Alexandre, guiado por alguns susianos, dirigiu-se durante a noite para outro desfiladeiro, muito difícil de escalar e que os uxianos não tinham se preocupado em ocupar. Atingiu as aldeias dos uxianos no raiar do dia. Os que tinham permanecido em suas casas foram massacrados enquanto dormiam; suas casas foram pilhadas e entregues às chamas. Depois, o exército avançou para os desfiladeiros onde os bárbaros se haviam reunido. Alexandre enviou Cratero com uma parte do exército para as colinas situadas atrás da garganta ocupada pelo inimigo enquanto avançava com toda a pressa para o desfiladeiro, de modo que os bárbaros, cercados e assustados com a rapidez do adversário, fugiram gritando. Muitos escorregaram para o fundo dos abismos; outros foram massacrados pelos macedônios e pelas tropas de Cratero, que lhes barravam o caminho. Alexandre quis deportar dessa região toda a tribo dos uxianos, mas Sisigambis, a rainha-mãe, implorou perdão: o chefe deles, Madates, era marido de sua sobrinha. A pedido da rainha, Alexandre permitiu que essas tribos de pastores ficassem nas montanhas: impôs-lhes um tributo anual de mil cavalos, quinhentos animais com chifres e 30 mil carneiros. Eles não possuíam nem terras aráveis nem dinheiro.

Com isso, o acesso aos altos platôs estava liberado. Enquanto Parmênion avançava ao longo da grande estrada imperial com a metade do exército, que incluía a infantaria pesada, os cavaleiros tessalianos e o comboio com os equipamentos, Alexandre apressava-se a chegar aos desfiladeiros pérsicos tomando um atalho muito escarpado através da montanha, seguido pela infantaria macedônia, pela cavalaria, pelos sarissóforos, pelos agrianos e pelos arqueiros. Em cinco dias de marcha forçada chegou à entrada das gargantas, que encontrou barradas por um formidável muro. O sátrapa Ariobarzanes havia se entrincheirado atrás dessa muralha com 40 mil soldados de infantaria e setecentos cavaleiros, decidido a impedir a passagem a qualquer custo. Alexandre montou acampamento. No dia seguinte, à direita e à esquerda, penetrou no desfiladeiro, do qual se elevavam falésias inacessíveis. Quis atacar a muralha, mas foi recebido por uma saraivada de flechas e de projéteis lançados por fundas e catapultas. Das alturas, os persas faziam cair enormes blocos de pedra. Os macedônios deviam enfrentar o inimigo por três lados ao mesmo tempo. Soldados isolados procuraram, em vão, escalar a falésia. A posição do inimigo era inexpugnável. Alexandre retirou-se para o acampamento, situado a uma hora dos desfiladeiros.

A situação era crítica. Esse desfiladeiro era o único que levava à alta Pérsia; era necessário apoderar-se dele a qualquer custo para não estabelecer um hiato no prosseguimento das operações. Todo o futuro dependia da conquista dos desfiladeiros, mas os esforços combinados da arte e da bravura pareciam se romper contra as muralhas de pedra. Alguns prisioneiros informaram a Alexandre que as montanhas eram cobertas em grande parte por espessas florestas, mas que, em certos intervalos, um atalho quase vertical permitia escalar os cumes. Esses atalhos tinham se tornado extremamente perigosos por causa do acúmulo das neves, mas só eles permitiam contornar as passagens e chegar ao território ocupado por Ariobarzanes. Alexandre resolveu utilizá-los. Seria, talvez, a expedição mais audaciosa da sua vida.

Cratero ficou no acampamento com sua falange, a de Meleagro, uma parte dos arqueiros e quinhentos cavaleiros. Tinha ordem de acender fogueiras e impedir que o inimigo percebesse que o exército se dividira em dois. Quando ouvisse ressoar as trombetas macedônias do outro lado das montanhas, deveria tomar de assalto a muralha com todas as forças de que dispunha. O próprio Alexandre pôs-se a caminho durante a noite com as falanges de Amintas, de Perdicas e de Koinos, os hipaspistas e os agrianos, a outra parte dos arqueiros e o grosso da cavalaria comandada por Filotas. Efetuou uma marcha extremamente penosa, com duas milhas de extensão, através de montanhas cobertas com neve espessa. Chegou ao topo das cristas na manhã seguinte. Tinha, à direita, a cadeia de montanhas que terminava nos desfiladeiros situados acima do acampamento inimigo; diante dele, o vale que descia para a planície do Araxe e atravessava a rota para Persépolis; atrás, as montanhas escarpadas que acabara de transpor com tanta dificuldade. O menor acidente bastaria para tornar o retorno impossível. Depois de ter deixado seus homens repousarem até a tarde, dividiu-os em dois grupos: ordenou que Amintas, Koinos e Filotas descessem com suas tropas para a planície, para construir uma ponte sobre o rio que atravessava a rota para Persépolis e cortar a retirada dos persas, quando ele os tivesse desalojado das suas posições. Ele próprio fez um movimento oblíquo para a direita e dirigiu-se para as passagens com seus hipaspistas, a taxeia de Perdicas, a escolta da cavalaria, uma tetrarquia de homens a cavalo, os arqueiros e os agrianos: essa marcha, extremamente delicada, havia se tornado ainda mais perigosa por causa dos barrancos cheios de árvores das montanhas, da tempestade que caía com toda a força e da escuridão da noite. Antes do alvorecer, os macedônios encontraram e apunhalaram as primeiras sentinelas persas. Aproximaram-se em seguida da segunda fileira da vanguarda, também morta a golpes de punhal. Alguns soldados conseguiram se salvar e se juntaram ao terceiro cordão de sentinelas, que fugiu na direção das montanhas.

Os persas continuavam sem desconfiar de nada. Acreditavam que os macedônios estavam no fundo do vale e se mantinham nas tendas; o vento e as tempestades de neve pareciam impossibilitar um ataque. Tudo estava calmo quando subitamente, nas primeiras horas da manhã, as trombetas macedônias se puseram a soar em fanfarra nas colinas situadas à direita do acampamento. No mesmo instante, as tropas do vale lançaram-se impetuosamente ao assalto da muralha. Alexandre já caía sobre as costas dos persas enquanto Cratero arrombava facilmente os portões mal guardados. Os inimigos procuraram fugir, mas tombaram sob os golpes dos soldados do rei, que atiravam das colinas. Quando quiseram retomar a posição abandonada, encontraram-na ocupada por Ptolomeu, que tinha sido deixado na metade do caminho com seus 3 mil homens. Os macedônios arrojaram-se sobre o acampamento inimigo de todos os lados ao mesmo tempo. Foi uma espantosa carnificina. Os fugitivos corriam, mas eram empalados pelas espadas dos mercenários helênicos. Grande número deles foi atirado no barranco. A derrocada foi completa.

Ariobarzanes conseguiu abrir uma passagem através das fileiras inimigas. Fugiu para a montanha com um punhado de cavaleiros e conseguiu atingir a Média setentrional.

Após curto repouso, Alexandre tornou a partir para Persépolis. No caminho, recebeu uma mensagem de Tiridates, que tinha a guarda dos tesouros reais, informando-o de que havia risco de pilhagem se ele não chegasse rapidamente. A fim de atingir logo a cidade, Alexandre, deixando a infantaria para trás, partiu a todo o galope com seus cavaleiros. Ao alvorecer, já tinha chegado à ponte que a vanguarda acabara de lançar sobre o rio. Sua inesperada chegada – ele quase se antecipara ao mensageiro que levava a notícia da batalha – tornou impossíveis qualquer resistência e qualquer desordem. Ele apoderou-se sem luta da cidade, do palácio e do tesouro. Pasárgada caiu não menos rapidamente nas mãos do vencedor, com tesouros ainda mais fabulosos que os de Persépolis: foram encontrados ali, acumulados, vários milhares de talentos de ouro e de prata, tecidos de alto valor e objetos preciosos em quantidade incalculável. Conta-se que foram necessários 10 mil parelhas de mulas e 3 mil camelos para transportar o butim.

Aos olhos de Alexandre, a conquista desse território, o berço da realeza persa, era mais importante do que a posse dessas riquezas. No vale de Pasárgada, Ciro vencera a dominação dos medos. Ali estabelecera sua corte, para comemorar o triunfo, e ali mandara edificar seus palácios e seu túmulo. Este último, cercado de monumentos de uma incrível riqueza, era uma simples casa de pedra diante da qual os magos, todos os dias, faziam preces e sacrifícios rituais. A planície de Persépolis, prolongada a leste e a oeste pelos vales do Araxe e do Medos, estava recoberta de construções ainda mais maravilhosas. Dario, filho de Hystaspe, que fora o primeiro a exigir dos helenos um tributo em terra e em água e transformara Alexandre, o Filo-heleno em um sátrapa persa, ali fora proclamado rei depois da morte do traidor Smerdes. Lá construiu seu palácio e fixou sua corte, cercada por uma gigantesca colunata, e mandou edificar seu túmulo. Seus sucessores haviam enchido o vale rochoso do Bendemir de parques de caça e de belíssimos jardins, de palácios e de necrópoles. A porta real "de quarenta colunas", a altaneira construção em triplo terraço cuja entrada era flanqueada por estátuas colossais de cavalos e de touros alados, um conjunto de edifícios majestosos, marcados por uma grandeza solene, ornamentavam o distrito sagrado que os povos da Ásia consideravam o santuário da realeza, o núcleo e o umbigo do império. Eis que o império desmoronara! Alexandre sentou-se no trono desse mesmo Xerxes que outrora erguera sua tenda sobre a duna de Salamina, cuja mão ímpia pusera fogo na acrópole de Atenas e profanara os templos dos deuses e os túmulos dos mortos! Agora, o rei da Macedônia, estratego supremo da liga helênica, era o senhor desses palácios e dessas cidades. Parecia chegado o momento de vingar todas as iniquidades do passado e de apaziguar os deuses e os mortos do Hades. Ali, no centro do esplendor persa, soaria a hora das represálias e do castigo. Era necessário mostrar aos povos da Ásia, por um sinal irrecusável, que estava aniquilado e extirpado o poderio que por tanto tempo os subjugara. Alexandre deu ordem para que pusessem fogo nas paredes de cedro do palácio real. Os antigos nos dizem que essa decisão não foi um gesto impensado, mas o resultado de uma vontade maduramente refletida. Parmênion, ao que parece, era de opinião contrária: teria aconselhado ao rei que poupasse esse belo monumento que agora era propriedade sua e não ofendesse os persas destruindo esses testemunhos da sua grandeza passada. Mas o rei manteve a decisão. Respondeu a Parmênion: "Quero punir os persas pelo incêndio de Atenas e pela profanação dos templos helênicos. Quero vingar todos os males que trouxeram para a Hélade." Parte do palácio de Persépolis foi incendiada. Depois o rei ordenou que apagassem as chamas. Esse foi o último ato de hostilidade cometido pelos gregos em relação aos persas.

Doravante não devia mais haver ódio dos sobreviventes do império desmoronado. Quando Alexandre celebrou a entronização solene, subindo ao trono dos reis da Pérsia, e recebeu as homenagens dos Grandes, sentado sob um dossel de ouro, o fiel coríntio Demaratos escreveu que os helenos que haviam morrido antes desse dia não sabiam de que alegria tinham sido privados, pois o rei da Macedônia não era mais o inimigo do Oriente e o adversário vitorioso da Pérsia, mas o senhor da Ásia e o herdeiro do poderio dos Aquemênidas. O próprio Alexandre considerou as coisas dessa maneira. Celebrou a memória dos reis que haviam fundado o império. Homenageou o túmulo de Ciro e fez com que ele fosse ornamentado e guardado. Encarregou Tiridates de vigiar os palácios de Persépolis e confiou a satrapia da Pérsia a Frasaortes, filho do general Reomitres, morto em Issus.

A resposta que Alexandre dirigiu a Dario depois da batalha de Issus permite conhecer de que forma e sobre quais bases ele pensava poder pôr fim às hostilidades. Suas exigências decorriam dos acontecimentos, com lógica implacável. Outrora, os ancestrais de Dario tinham obrigado o rei da Macedônia a reconhecer a sua suserania e a tornar-se seu sátrapa. Reclamaram terra e água aos Estados helênicos. Passaram a se considerar, de nascença, os senhores dos helenos e dos bárbaros europeus. Pela paz de Antalcides, enviaram ordens aos Estados helênicos, exigindo que as executassem imediatamente. Quando o rei Filipe lutou contra Bizâncio e Perinto, mandaram tropas contra ele, como se achassem que controlavam o mundo grego e podiam intervir nos assuntos helênicos. Como essa pretensão à hegemonia universal – inerente à índole da Pérsia e à "monarquia da Ásia" – também se estendia à Grécia, essa guerra, pela qual Alexandre se pusera à frente dos macedônios e dos helenos coligados, devia pôr fim, de uma vez por todas, a essas pretensões descabidas. Assim, depois da batalha de Issus, a primeira, Alexandre respondeu com uma exigência às propostas de Dario: este devia reconhecer que, doravante, o senhor da Ásia não era mais ele, mas Alexandre. Em troca desse reconhecimento, o vencedor estava pronto a fazer concessões ao vencido. Caso contrário, Dario seria obrigado a enfrentá-lo em mais uma batalha; o resultado decidiria a sua sorte. Diante dessa alternativa, Dario escolhera prosseguir a luta. Perdera também a segunda batalha, assim como todos os territórios que se estendiam do mar até os contrafortes da Pérsia. Será que ele agora se daria conta de que não estava à altura de lutar contra Alexandre? Será que a última campanha não tinha provado que seu vitorioso adversário era, de fato, aquilo que pretendia ser, o senhor da Ásia? E que dali por diante não existia nenhuma potência capaz de se opor à sua vontade? Será que Dario ainda podia duvidar de que só lhe restava submeter-se e curvar a cabeça, se desejava salvar alguns fragmentos do seu império e retomar a posse dos reféns que lhe eram caros?

Depois da batalha de Gaugamelo, Alexandre deve ter esperado receber embaixadores de Dario com propostas mais aceitáveis do que aquelas que lhe haviam sido feitas depois de Issus. Não podendo tomar a iniciativa das conversações, é possível que tenha feito saber à rainha-mãe – cujos desejos concernentes aos uxianos ele tinha atendido – que teria ouvidos compassivos para as propostas de seu filho. Ele ainda estava disposto, ao que parece, a concluir com o inimigo vencido uma paz que lhe deixaria territórios e súditos, bem como restituir-lhe a família, com a condição de que Dario reconhecesse formalmente a sua realeza sobre a Ásia. Tudo o que Alexandre possuía já constituía um conjunto homogêneo, bastante vasto e bastante rico, ligado à Macedônia e à Hélade, para conferir-lhe a hegemonia na Ásia e assegurar-lhe a supremacia naval no Mediterrâneo, que havia sido garantida pela conquista do Egito e a fundação de Alexandria. Uma paz desse gênero teria posto fim à guerra e coroado a obra de seus exércitos, trazendo-lhe a confirmação da vitória pela boca do vencido.

Alexandre esperou durante meses, mas as propostas aguardadas não vieram. Apesar da queda de Susa, da conquista dos desfiladeiros que conduziam à alta Pérsia e da tomada das antigas cidades reais, Dario persistiu inexplicavelmente mudo. Alexandre renunciou então a pôr fim à guerra por meio de um tratado e decidiu desferir um grande golpe para mostrar à Ásia aterrorizada que o poderio dos Aquemênidas estava morto para sempre.

O objetivo da campanha seguinte seria executar essa sentença, sem apelação.

XIX

FUGA DE DARIO ∼ CONQUISTA DA MÉDIA ∼ CHEGADA DE ALEXANDRE A RHAGAI ∼ CAVALGADA DE ALEXANDRE E ASSASSINATO DE DARIO ∼ CONSEQUÊNCIAS DESSA MORTE ∼ DEFECÇÃO DOS GRANDES DA PÉRSIA ∼ CONQUISTA DA PÁRTIA E DA HIRCÂNIA ∼ CHEGADA DE ALEXANDRE ÀS MARGENS DO MAR CÁSPIO ∼ SUBMISSÃO DOS MARDOS ∼ CAPITULAÇÃO DOS MERCENÁRIOS GREGOS A SERVIÇO DA PÉRSIA

Alexandre permaneceu durante quatro meses nas cidades reais da Pérsia. Seu objetivo não era somente permitir que o exército repousasse. As fontes menos autorizadas têm, sem dúvida, razão quando dizem que ele usou esses meses de inverno para fazer expedições contra as tribos selvagens das montanhas, tendo em vista pôr fim às pilhagens e às incursões. Os mardos, notadamente, ainda viviam – tal como os uxianos – em uma independência quase absoluta. Alexandre os tinha obrigado a se submeter depois de penosas manobras efetuadas nos altos vales cobertos de neve. A satrapia da Carmânia, da qual Alexandre teve que se aproximar no decorrer de seu avanço, submeteu-se de bom grado, e o sátrapa Aspastes foi confirmado nas suas funções. Como vimos, a satrapia da Pérsia tinha sido entregue ao nobre Frasaortes, filho de Reomitres (que morrera na batalha de Issus). Não é certo que uma guarnição de 3 mil homens tenha sido deixada em Persépolis. Também não sabemos se os reforços de 5 mil soldados de infantaria e de mil cavaleiros chegaram naquele momento ou no decorrer da campanha seguinte. O fato é que, por volta de meados de abril, o exército se pôs em marcha para a Média, onde Dario havia buscado refúgio com os sobreviventes do exército de Arbelos.

Depois de ter perdido a batalha, Dario havia se retirado para Ecbatana, através das montanhas médicas, para observar os movimentos de Alexandre. Se esse último marchasse naquela direção, ele tinha decidido fugir para as províncias setentrionais do império, devastando tudo atrás de si, a fim de tornar impossível a perseguição. Com esse objetivo, havia deixado a caravana com seu harém, seus tesouros e seus objetos preciosos na entrada das portas cáspias da costa de Rhagai,[84] a fim de não ser estorvado por eles se fosse obrigado a bater em retirada com rapidez. Passou-se um mês, depois outro, sem que um único batalhão do exército inimigo aparecesse nos desfiladeiros do Zagros ou nas fronteiras interiores da Média. Então, Ariobarzanes, o heroico defensor dos desfiladeiros pérsicos, chegou a Ecbatana e preveniu o Grande Rei de que devia esperar ver os macedônios surgirem pelo sudeste. Mas o inimigo continuava a não se mostrar. Será que os tesouros de Persépolis e de Pasárgada agradavam mais o vencedor do que um novo combate? Será que as seduções do Oriente o mantinham cativo, assim como ao seu exército? Dario ainda contava com tropas fiéis e príncipes valorosos. O núcleo da nobreza persa estava com ele: os quiliarcas conduzidos por Nabarzanes, Atropatos da Média, Autofradato de Tapúria, Fratafernes de Hircânia e da Pártia, Satibarzanes de Ária, Barsaentes de Aracósia e de Drangiana e, por fim, seu parente Bessus, o audacioso príncipe da Báctria, com os 3 mil cavaleiros que o haviam acompanhado na fuga. Ali também estavam seu irmão Oxatres e, sobretudo, o velho Artabazes – talvez o homem mais venerável da Pérsia – com os filhos. Bistanes, filho do Grande Rei Ochos, e Artabelos, filho do traidor Mazaios da Babilônia, também estavam em Ecbatana. Dario, que esperava para qualquer momento a chegada de muitos milhares de cadusianos e de citas, dispunha ainda do restante dos mercenários gregos, conduzidos por Patron da Foceia. Também podia convocar para Ecbatana os povos de Turan[85] e da Ariana, reunindo-os atrás de seus sátrapas para defender o leste do Império. A província da Média oferecia excelentes posições estratégicas, notadamente as passagens cáspias que dominavam o acesso às satrapias orientais e setentrionais, nas quais era possível se entrincheirar facilmente e deter o inimigo por muito tempo. Dario resolveu tentar a sorte uma última vez. Os embaixadores de Esparta e de Atenas, que estavam em seu acampamento, devem tê-lo informado do estupor causado na Ática pela notícia da batalha de Gaugamelo, mas ele

---

84. A sudeste da atual Teerã. [N.T.]
85. O atual Turquestão. [N.T.]

também sabia que o partido antimacedônio estava pronto para dissolver a liga: muitos Estados já haviam se aliado a Esparta ou esperavam apenas um sucesso do rei Agis para desertar. Uma profunda mudança de rumo parecia iminente na Grécia. Isso obrigaria o macedônio a retirar-se da Ásia. Dario acreditava que o fim das suas desgraças estava próximo.

No entanto, Alexandre prosseguia a ofensiva. A Paretacena, situada entre a Pérsia e a Média, já fora submetida, e Oxatres, filho de Abulites, havia conservado o governo. Ao ser informado de que Dario o esperava diante dos muros de Ecbatana, à frente de um importante exército formado de bactrianos, gregos, citas e cadusianos, Alexandre apressou-se a marchar ao seu encontro. Para avançar mais com mais rapidez, deixou para trás as bagagens, com algumas tropas de cobertura, e penetrou na Média após doze dias de marcha. Lá, ele soube que os cadusianos e os citas, aguardados por Dario, ainda não haviam chegado e que o Grande Rei preparava-se para bater em retirada na direção das passagens cáspias a fim de retardar o combate decisivo. Alexandre acelerou a marcha. Estava impaciente para ter Dario à sua mercê, a fim de encerrar a luta pelo trono da Pérsia. Ele ainda estava a três dias de marcha de Ecbatana quando Bistanes, filho do rei Ochos – um daqueles que haviam seguido, até então, o Grande Rei –, passou para o lado dos macedônios. Ele confirmou o rumor segundo o qual Dario teria fugido para o norte. Declarou que havia deixado Ecbatana cinco dias antes, acompanhado por 6 mil soldados de infantaria e 3 mil cavaleiros. Trazia consigo todos os tesouros da Média, estimados em 7 mil talentos.

Alexandre marchou rapidamente para Ecbatana. Lá, sem perder tempo, resolveu certo número de assuntos. Uma parcela dos tessalianos e dos outros aliados, que se recusavam a renovar seu compromisso, foi mandada de volta para suas casas com o soldo integral e um bônus de 2 mil talentos. O persa Oxidates, que havia sido condenado por Dario à prisão perpétua, foi libertado por Alexandre. Este confiou a ele a satrapia da Média em lugar de Atropato, que havia fugido com Dario. Parmênion foi encarregado de tirar todos os tesouros da Pérsia da cidadela de Ecbatana e entregá-los a Harpalo. Para isso recebeu uma escolta de 6 mil macedônios, com os cavaleiros e os soldados de infantaria necessários para defender o comboio. Depois de pôr os tesouros em lugar seguro, ele devia ir para a Hircânia com os mercenários, os trácios e as outras tropas disponíveis, passando pela terra dos cadusianos. Kleitos, que estava doente, permanecera em Susa. Logo que sua saúde estivesse restabelecida, ele deveria assumir o comando dos 6 mil homens postos provisoriamente à disposição de Harpalo, conduzindo-os para a Pártia, para se juntarem ao grosso do exército.

Em seguida, Alexandre recomeçou a perseguição a Dario, com a cavalaria macedônia, os cavaleiros mercenários da Erígia, os sarissóforos, os agrianos e os arqueiros. Atingiu Rhagai no fim de onze dias de marcha fatigante, no decorrer dos quais muitos homens e cavalos morreram de cansaço. Restavam-lhe oito milhas para percorrer antes de chegar às portas cáspias. Porém, os habitantes lhe disseram que Dario já estava do outro lado das passagens e tomara uma dianteira considerável no caminho para a Báctria. Essa notícia, somada ao esgotamento de seus homens, convenceu o rei a tirar alguns dias de repouso em Rhagai.

Dario encontrava-se menos distante do que Alexandre pensava. Naquele momento, estava acampado a alguns dias de marcha, a leste das passagens cáspias, com apenas vinte milhas de dianteira. Ele deve ter percebido que a rapidez de Alexandre não lhe daria tempo para alcançar a Báctria; se quisesse combater, devia desacelerar a marcha a fim de permitir que as tropas enfrentassem o inimigo com forças renovadas. Muitos oficiais persas já haviam passado para o lado de Alexandre. Se ele continuasse a fugir, as deserções se tornariam cada vez mais numerosas. Dario reuniu, portanto, os Grandes do seu séquito e lhes comunicou a intenção de não adiar por mais tempo o combate. A declaração causou profundo estupor entre os oficiais. Os sucessivos reveses os tinham desmoralizado, e a maioria deles temia uma nova batalha. Raros, como Artabazes, eram os que se sentiam prontos a sacrificar tudo pelo rei. Nabarzanes, o Quiliarca declarou que a iminência do perigo o obrigava a pronunciar palavras duras: travar o combate naquele local era caminhar seguramente para o desastre; seria preferível fugir para o leste e recrutar novas tropas. Porém, os povos tinham perdido a confiança na boa estrela do seu rei. Só restava uma chance de salvação. Bessus havia conservado um prestígio considerável aos olhos dos povos orientais. Os citas e os indianos eram seus aliados, e ele era aparentado com a dinastia real. O rei deveria entregar-lhe a tiara até que o inimigo fosse vencido. Furioso, Dario sacou um punhal do cinturão, e Nabarzanes só escapou dele com grande dificuldade, abandonando o acampamento do rei com suas tropas. Bessus fez o mesmo com os povos da Báctria. Ambos agiam de comum acordo e seguiam um plano minuciosamente concebido. Eles conquistaram facilmente para sua causa Barsaentes, sátrapa de Drangiana e de Aracósia. Os outros sátrapas das províncias orientais, embora indecisos, estavam mais inclinados a buscar o seu interesse do que a cumprir o seu dever. Assim, Artabazes teria convencido o rei a refrear sua cólera. A maioria das tropas estava com os rebeldes. Se elas desertassem, o jogo estaria perdido. Seria preferível reconduzi-las à obediência, mesmo que fosse preciso manifestar uma benevolência que elas não mereciam. Entrementes, Bessus havia tentado levar suas tropas para a Báctria. Porém, elas ainda hesitavam em trair abertamente o soberano e não queriam ser acusadas de fugir, abandonando o rei. O plano dos conjurados parecia estar a ponto de abortar. Porém, Bessus não se deixou desencorajar. Descreveu para seus homens o perigo que lhes fazia correr a covardia do Grande Rei e habituou-os à ideia de perpetrar um crime que salvaria a situação. Então, Artabazes surgiu no acampamento. Ele fez saber que o rei estava pronto a perdoar as palavras irrefletidas de Nabarzanes e a teimosia de Bessus. Ambos apressaram-se a retornar à tenda do rei, a fim de se prosternar diante dele e – hipocritamente – lhe pedir desculpas.

O exército pôs-se em marcha para Thara no dia seguinte. O silêncio opressivo e a atmosfera angustiante que reinavam entre as tropas pareciam pressagiar um perigo invisível. O chefe dos mercenários gregos esforçou-se para se aproximar do rei, cujo carro estava cercado por Bessus e seus cavaleiros. Por fim, o fiel estrangeiro chegou até Dario. Comunicou-lhe suas apreensões e pediu que se colocasse sob proteção das tropas gregas, pois sua vida estava em perigo. Bessus não compreendeu as palavras do grego, mas adivinhou o seu sentido pela fisionomia dos interlocutores. Decidiu não perder mais um instante. Chegaram nesse mesmo dia a Thara, onde as tropas estabeleceram acampamento. Os bactrianos armaram as tendas nas proximidades da tenda do rei. No silêncio da noite, Bessus, Nabarzanes, Barsaentes e alguns outros entraram na tenda real, amarraram o rei e o transportaram em seu carro. Esperavam levá-lo para a Báctria e entregá-lo a Alexandre em troca de um tratado de paz que reconhecesse sua suserania sobre as satrapias orientais. A notícia do golpe espalhou-se rapidamente pelo acampamento. Os soldados debandaram. Houve um pânico indescritível. Os bactrianos retomaram sua marcha para leste, seguidos a contragosto pela maioria dos persas. Artabazes e seus filhos despediram-se do desgraçado Dario, a quem doravante não podiam mais servir, e retiraram-se para o norte, para as montanhas dos tapurianos, com os mercenários gregos e os embaixadores da Hélade. Outros persas, entre os quais Mazaios, Artabelos e Bagistanes da Babilônia, fizeram o caminho de volta a fim de implorar clemência ao rei da Macedônia.

Alexandre havia concedido alguns dias de repouso às suas tropas em Rhagai. Retomou o caminho na manhã do sexto dia. Depois de uma dura etapa, chegou à entrada oriental das passagens (Aiwan-i-Keif). Atravessou os desfiladeiros no dia seguinte. Essa subida, que lhe tomou três horas, tornou consideravelmente mais lenta a sua marcha. Nem por isso ele deixou de chegar nesse mesmo dia à orla da estepe, depois de ter atravessado a fértil planície de Coarene (Khuar). De lá, a estrada se dirigia para Hecatompilo, situada na encruzilhada dos caminhos que levavam a Hircânia, Báctria e Ária. Ali ele montou acampamento. Enquanto algumas tropas requisitavam feno nos arredores para a travessia da estepe, Bagistanes e Artabelos chegaram ao acampamento macedônio e lançaram-se aos pés de Alexandre. Informaram-no de que Bessus e Nabarzanes haviam se apoderado do Grande Rei e fugido com toda a pressa em direção à Báctria. Ignoravam o que havia ocorrido depois disso. Sem perder um instante, Alexandre decidiu perseguir os fugitivos. Deixando para trás a maioria das tropas sob as ordens de Cratero, partiu à procura de Bessus, levando consigo a cavalaria, os acontes e os soldados de infantaria mais ágeis e mais vigorosos. Marcharam durante toda a noite, até o dia seguinte. Ao meio-dia tiraram algumas horas de repouso e marcharam de novo durante toda a noite seguinte. Ao alvorecer, atingiram Thara, onde quatro dias antes Dario tinha sido capturado pelos amotinados. Lá, Alexandre foi informado por Melon, o intérprete grego do Grande Rei, de que Artabazes e os mercenários helênicos haviam se retirado para o norte, Bessus tomara o poder no lugar de Dario, fora proclamado rei pelos persas e pelos bactrianos e que o plano dos conjurados era se retirar para as províncias orientais, a fim de negociar a entrega de Dario em troca da posse do leste do império. Se Alexandre rejeitasse as propostas e marchasse contra eles, a intenção era reunir um grande exército e defender-se até o fim, deixando provisoriamente o poder nas mãos de Bessus por causa de seu parentesco com a casa real e de seu direito legítimo ao trono. Tudo incitava Alexandre a agir com a máxima celeridade. Foi com dificuldade que ele concedeu aos seus homens um repouso durante as horas mais quentes do dia. Retomou a perseguição no entardecer e galopou até de manhã. Homens e cavalos estavam completamente esgotados. Por volta do meio-dia, chegou a uma aldeia (provavelmente Bak-Schabad), na qual os conjurados tinham erguido acampamento na tarde do dia anterior. A dianteira deles, portanto, era de apenas algumas milhas. Porém, cavalos e homens estavam exaustos, e o calor era tórrido. Tendo perguntado aos habitantes se não havia um caminho mais direto do que aquele usado pelos fugitivos, Alexandre foi informado de que um atalho passava através do deserto, mas ali não havia água. Mesmo assim, decidiu segui-lo. Escolheu quinhentos cavalos, entre os que lhe restavam, e deu ordem para que os mais resistentes oficiais e soldados da infantaria montassem nas selas com todas as armas. Encarregou Atala e Nicanor de segui-lo o mais rapidamente possível com os agrianos e o restante das tropas e partiu com a infantaria montada para atravessar a planície calcinada, aproveitando-se do crepúsculo. Muitos homens sucumbiram ao excesso de fadiga; seus corpos foram deixados para os abutres do deserto. No alvorecer, avistaram a caravana dos conjurados. Não estava guardada e avançava em desordem. Alexandre logo atirou-se sobre ela. Um súbito terror apoderou-se dos condutores, semeando o pânico entre a longa fileira de carroças. Os bárbaros correram para todos os lados, através da planície, dando gritos selvagens. Alguns procuraram resistir, mas foram mortos sem sair do lugar. Outros fugiram, carregando a quadriga do Grande Rei. Dario estava cercado pelos traidores. Vendo a aproximação de Alexandre, Bessus e Barsaentes apunhalaram o rei acorrentado e desapareceram, abandonando o corpo da vítima. Dario não tardou a dar o último suspiro. Alguns soldados macedônios descobriram o seu cadáver e Alexandre – dizem – recobriu-o com a sua púrpura.[86]

---

86. Na Antiguidade, a vestimenta dos reis. [N.T.]

Assim pereceu o último Grande Rei da dinastia dos Aquemênidas. Não sucumbiu sob os golpes daquele contra o qual buscara em vão defender o império. Suas derrotas não lhe tinham custado só o poder e as terras: elas tinham feito com que perdesse a fidelidade dos Grandes e a confiança do povo. Quando tombou, trespassado pelos punhais de seus sátrapas e de seus parentes consanguíneos, era apenas um fugitivo entre traidores, um rei carregado de correntes. Restou-lhe, no entanto, a glória de ter morrido dignamente e de não ter salvado a vida abdicando da tiara. Alexandre tratou-o com as honras devidas à sua posição. Enviou os seus restos mortais para Persépolis, para serem sepultados nas tumbas de seus ancestrais. Sisigambis celebrou os funerais do filho.

Nas batalhas de Issus e de Gaugamelo, Alexandre deixara o vencido escapar duas vezes. Porém, depois que se tornara senhor das cidades reais do império, sentara no trono de Ciro e recebera – segundo o costume asiático – a homenagem dos Grandes do reino, ele não podia mais permitir que o rei deposto desfraldasse a bandeira de antigo esplendor e incitasse os povos à revolta. Desde então, a vontade de capturar Dario tornara-se uma questão vital, uma cólera aquiliana. Alexandre perseguiu-o em uma cavalgada furiosa que beirou o prodígio. Ela custou a vida de muitos dos seus mais valentes soldados e justificaria a acusação de despotismo que lhe fizeram, se ele mesmo não tivesse partilhado a sede e a fadiga de seus homens, resistindo até o fim às marchas noturnas e lutando até o limite de suas forças. Contam que um dia alguns soldados trouxeram-lhe água em um elmo. Ele morria de sede e tomou o elmo nas mãos. Porém, vendo os olhares tristes e pálidos dos cavaleiros, devolveu-o a eles dizendo: "Se eu bebesse sozinho, meus homens perderiam a coragem." Os macedônios soltaram brados de alegria: "Conduza-nos até o fim do mundo! Não sentimos fadiga, não sofremos sede, não somos mortais enquanto tu fores o nosso rei!" Esporeando audaciosamente os cavalos, tornaram a partir atrás de Alexandre, até o momento em que alcançaram o inimigo e descobriram o cadáver de Dario.

Viu-se uma prova da boa sorte de Alexandre no fato de que o inimigo já estava morto quando caiu em suas mãos. Vivo, Dario teria sido objeto de contínuas preocupações para Alexandre e um constante pretexto para a revolta dos persas, insuflando os projetos mais quiméricos. O domínio do novo rei só podia ser edificado sobre o cadáver do vencido. Alexandre tinha sido favorecido ao colher os frutos de um crime do qual não era culpado. Podia até mesmo aparentar, aos olhos dos persas, deplorar a morte de seu soberano. Além disso, é possível que o horror sincero que lhe inspirou a morte trágica do inimigo tenha impedido que desfrutasse de todas as vantagens desse sangue derramado. Um laço misterioso une os grandes espíritos aos adversários, uma necessidade invisível, semelhante àquela que proporciona o golpe desferido e o obstáculo a transpor. Basta lembrar a consideração com a qual Alexandre tratou a rainha-mãe, a esposa e os filhos do Grande Rei para imaginar a sorte que ele teria reservado a Dario se o tivesse feito prisioneiro. Esse último teria estado em mais segurança nas mãos do macedônio do que nas dos generais persas e dos membros da sua própria família.

Um segundo ponto nesse acontecimento permite mensurar a boa sorte de Alexandre – ou a má sorte, de acordo com o ângulo considerado. Se Dario tivesse caído vivo em suas mãos, talvez Alexandre tivesse obtido dele o reconhecimento da sua realeza sobre as províncias já conquistadas, em troca do abandono das satrapias orientais. Como faria mais tarde nas Índias com o rei Porus, ele teria deixado subsistir nas fronteiras do seu império um reino que, embora independente, teria reconhecido a sua suserania. O assassinato de Dario tornou impossível essa solução. Se, em algum momento, Alexandre acreditou que podia assinalar um limite para seu avanço, o crime cometido contra o adversário obrigou-o a retomar a campanha e a alargar indefinidamente os limites do seu império. O testamento moral do rei assassinado obrigava o sucessor a castigar os culpados. A majestade da monarquia persa, conquistada pela espada, se tornava, nas mãos de Alexandre, instrumento da justiça e do direito. Essa monarquia não tinha outros adversários além dos seus derradeiros representantes e não tinha outro defensor além do seu inimigo vitorioso.

Os atrozes acontecimentos desses últimos anos modificaram completamente a atitude dos Grandes da Pérsia. Os que não haviam abandonado seu rei depois da batalha de Gaugamelo – sobretudo os sátrapas das províncias orientais – tinham defendido, em suma, a sua própria causa, agrupando-se em torno dele. Logo que os reveses do Grande Rei puseram em jogo os seus privilégios, e até mesmo a manutenção do seu poder, eles começaram a defender interesses pessoais e não o soberano. Eles não o acusavam de ter arruinado o império por fraqueza e cegueira? A perpétua fuga de Dario, depois de ter causado a perda de tantas belas províncias, punha as satrapias em perigo. Correndo o risco de perder tudo, pareceu-lhes preferível abandonar o vencido. Visto que Dario só continuava rei graças a eles, pensavam poder conservar sem ele as províncias que governavam.

Assim, tinham se apoderado de Dario. A chegada inesperada de Alexandre frustrara o projeto. Bessus e Barsaentes apunhalaram o rei para salvar a si mesmos. Eles haviam se dividido em dois grupos para tornar a perseguição mais difícil. Voltando para a Báctria, Bessus fugira pela rota de Khorassan. Nabarzanes e Frataternes dirigiram-se para a Hircânia, esperando se juntar novamente a Bessus quando as circunstâncias permitissem. Sua intenção era manter a monarquia persa na parte oriental do império e eleger um novo Rei dos Reis, como ocorrera depois do assassinato de Smerdes. Porém, Frataternes, Satibarzanes e Barsaentes logo perceberam que se deixassem respectivamente a Pártia, a Ária e a Drangiana para combater ao lado de Bessus, como haviam prometido, suas satrapias cairiam nas mãos de Alexandre e eles sacrificariam suas terras por uma esperança muito longínqua. Assim, Frataternes e Nabarzanes permaneceram na Hircânia, Satibarzanes voltou para a Ária e Barsaentes foi para a Drangiana, a fim de observar de lá os movimentos do vencedor. Os sentimentos de orgulho e de cupidez, que os tinham unido quando se tratara de assassinar o rei, voltaram-nos uns contra os outros, destruindo a última força que ainda era capaz de resistir ao inimigo. Isolados, não tendo mais outra preocupação além dos interesses individuais, eles caíram ainda mais rapidamente sob os golpes do vingador. Por causa do completo esgotamento de seus homens, Alexandre não perseguira os assassinos de Dario, que fugiam em direções opostas. Descansou na planície de Hecatompilo, a fim de reunir as tropas – dispersas no decorrer da cavalgada – e resolver os negócios da satrapia da Pártia, a qual confiou ao parta Aminapes, que havia se submetido ao rei quando ele entrara no Egito. Alexandre deixou junto dele Tlepolemo, da tropa dos heteres.

No norte da cidade elevavam-se os primeiros contrafortes do Elbruz, habitados pelos tapurianos. Cortada por raros desfiladeiros, essa cadeia de montanhas serve de linha de demarcação entre a Pártia e a Hircânia. Era muito necessário apoderar-se dos desfiladeiros, traço de união entre o mar Cáspio e o interior do território, pois os mercenários gregos de Thara haviam se refugiado nas montanhas tapurianas, e Nabarzanes e Fratafernes estavam na Hircânia. Alexandre abandonou a rota de Khorassan, pela qual Bessus fugira, para apoderar-se primeiro dos desfiladeiros. Zadrakarta, uma das capitais da Hircânia, situada na vertente setentrional das montanhas, fora designada como centro de reunião para os diferentes pelotões do exército com os quais Alexandre havia decidido apoderar-se dessa província. Erígios, seguido por alguns esquadrões de cavalaria, pelas bagagens e pelas carroças, tomou a estrada mais longa, porém mais cômoda. Cratero, acompanhado pela falange de Amintas, por seiscentos arqueiros e pelo mesmo número de cavaleiros, atravessou as montanhas a fim de obrigar os tapurianos a se submeterem, com a ajuda dos mercenários gregos – se, porventura, os encontrasse. Escoltado pelo restante das tropas, Alexandre escolheu o caminho mais curto, porém mais difícil, que penetrava pelas montanhas a noroeste de Hecatompilo. As colunas avançaram com a máxima circunspecção. A vanguarda era formada ora pelo rei com seus hipaspistas, ora pelos mais leves dos falangitas e por uma parte dos arqueiros. Algumas sentinelas foram postadas em intervalos, à direita e à esquerda do caminho, a fim de proteger a marcha da retaguarda e manter em respeito as tribos selvagens das montanhas, sempre prontas a cair sobre os macedônios. Combatê-las teria sido uma enorme perda de tempo. Tomando a dianteira com os arqueiros, Alexandre chegou à vertente setentrional das montanhas e se deteve à beira de um imenso rio a fim de esperar os retardatários. Depois de quatro dias, os agrianos que constituíam a retaguarda desceram das montanhas, suportando numerosos ataques dos bárbaros. Depois, Alexandre tomou a rota de Zadrakarta, onde Cratero informou-lhe que não havia encontrado os mercenários helênicos, mas havia submetido os tapurianos – uns pela persuasão, outros pela força. Emissários já haviam chegado ao acampamento macedônio para dizer ao rei que Nabarzanes estava disposto a abandonar a causa de Bessus e a implorar a mercê de Alexandre. Durante o percurso, o sátrapa Fratafernes, assim como outros notáveis persas que faziam parte do séquito do Grande Rei, haviam se encontrado com Alexandre para formalizar a submissão. Ele – um dos que haviam amarrado Dario – teve que se contentar com a impunidade. Seu nome, um dos primeiros do império, deixa então de ser mencionado. Em contrapartida, Fratafernes e seus dois filhos, Farismanes e Sissines, logo conquistaram a confiança de Alexandre, da qual se mostraram dignos em mais de uma circunstância. O rei devolveu ao pai as satrapias da Pártia e da Hircânia. Artabazes também chegou com seus três filhos, Arsames, Cofenes e Ariobarzanes – esse último, o defensor dos desfiladeiros pérsicos. Alexandre recebeu-os com benevolência e fez questão de recompensar sua fidelidade em relação ao infeliz Dario. Ele conhecia Artabazes desde a época já longínqua em que este buscara asilo na corte de Pela com o cunhado, o ródio Mêmnon. Ele não era estranho, portanto, aos costumes ocidentais. Artabazes e seus filhos ocuparam um lugar preponderante no séquito de Alexandre, em pé de igualdade com a nobreza macedônia. Autofradato, sátrapa dos tapurianos, os tinha acompanhado; também foi recebido com as honras devidas à sua posição e confirmado nas suas funções. Alguns delegados das tropas gregas, encarregados de negociar a capitulação dos mercenários, haviam chegado ao mesmo tempo que Artabazes. Alexandre lhes disse que o crime daqueles que combatiam a favor dos bárbaros, contra a vontade da Hélade inteira, era grande demais para que pudesse haver negociações com eles, mas ele lhes deixava a escolha: podiam se defender com todas as forças ou se render incondicionalmente, entregando-se à sua clemência. Os plenipotenciários declararam então que preferiam se render e pediram ao rei que designasse alguém sob cuja salvaguarda pudessem vir ao acampamento. Alexandre escolheu Artabazes, que os tinha comandado durante a retirada de Thara, e Andrônico, um dos macedônios mais estimados, cunhado do negro Kleitos.

Alexandre logo se deu conta da extraordinária importância da satrapia hircaniana, com desfiladeiros, costas ricas em portos e florestas propícias à construção naval. Arquitetou um vasto plano: constituir uma frota cáspia e estabelecer transportes regulares entre essas costas e as do Leste Asiático, organizando uma rede de rotas. Mais ainda do que esses projetos, as comunicações entre as províncias conquistadas e as que pretendia conquistar no decorrer de campanhas posteriores obrigavam-no a tomar posse desse território montanhoso. Alexandre acabava de apoderar-se dos desfiladeiros dos distritos tapurianos. Parmênion foi encarregado de atravessar a Média setentrional, transpor as gargantas ocidentais e descer para o país dos cadusianos, a fim de abrir a rota que ligava a Armênia à Média e o vale do Kur ao mar Cáspio. Quando chegasse lá, devia ladear a costa e prosseguir a marcha para a Hircânia, sempre à frente do grande exército. Os mardos, que parecem ter tirado o seu nome do rio Amardos, em cujas margens habitavam, ainda não haviam se submetido. O rei decidiu realizar imediatamente uma expedição contra eles. Enquanto o grosso do exército permanecia no acampamento, Alexandre partiu para o oeste seguindo a costa, à frente dos hipaspistas, das falanges de Koinos e de Amintas, da metade da cavalaria e dos acontes a cavalo. Os mardos, que não haviam sido incomodados por nenhum inimigo no fundo de seus covis, acreditavam estar em segurança; pensavam que o conquistador ocidental prosseguiria a marcha para a Báctria. Subitamente, Alexandre surgiu na planície. As primeiras povoações foram tomadas sem resistência, e os habitantes fugiram para as montanhas. Os macedônios tiveram uma dificuldade inusitada para abrir caminho através de florestas densas e sem rotas, onde reinava uma penumbra angustiante. Eram muitas vezes obrigados a cortar os arbustos com as espadas, enquanto grupos de mardos invisíveis caíam sobre eles de surpresa ou os perfuravam a distância com suas azagaias. Mas Alexandre prosseguia sempre, cercando o território à medida que avançava. Logo os mardos lhe enviaram uma delegação e pediram para se submeter. Alexandre exigiu alguns reféns, mas deixou-lhes a livre disposição das suas terras, colocando-os sob a vigilância de Autofradato, sátrapa da Tapúria.

Voltando para o acampamento de Zadrakarta, Alexandre encontrou lá os mercenários helênicos, em número de cerca de 1,5 mil, e com eles os embaixadores que Esparta, Atenas, a Calcedônia e Sínope tinham enviado à corte de Dario, mas que haviam se retirado com os gregos depois da traição de Bessus. Alexandre mandou colocar em liberdade os mercenários gregos que estavam a soldo da Pérsia antes da fundação da liga de Corinto. Quanto aos outros, prometeu-lhes impunidade, com a condição de que se alistassem no exército macedônio. Andrônico, que havia servido de avalista, recebeu o comando deles. No que dizia respeito aos embaixadores, Alexandre decidiu mandar de volta os de Sínope e da Calcedônia, pois essas províncias, que não faziam parte da liga helênica, não tinham infringido nenhum tratado ao ir à corte de um rei que era seu soberano. Em contrapartida, deu ordem para que os embaixadores de Esparta e de Atenas ficassem sob custódia: eles haviam mantido relações criminosas com o inimigo comum de todos os helenos.

Depois, Alexandre levantou acampamento e foi para a residência do sátrapa da Hircânia, a fim de repousar um pouco antes de começar sua nova campanha.

LIVRO
Terceiro

XX

ESTADIA NA HIRCÂNIA ∽ USURPAÇÃO DE BESSUS ∽ TRAIÇÃO DE SATIBARZANES ∽ CONQUISTA DA ÁRIA ∽ SUBMISSÃO DOS ARIASPES ∽ CONCEPÇÕES POLÍTICAS DE ARISTÓTELES ∽ CONCEPÇÕES DE ALEXANDRE ∽ HERANÇA DE DARIO ∽ RECONCILIAÇÃO ENTRE EUROPA E ÁSIA ∽ DECEPÇÃO CRESCENTE DOS MACEDÔNIOS

Alexandre estava na Hircânia, na vertente setentrional da cadeia de montanhas que separa a Pérsia e a Turânia. Diante dele estendiam-se a perder de vista as rotas que levavam à Báctria e às Índias, em direção ao "mar desconhecido" que ele esperava encontrar atrás dessas duas províncias, onde pretendia estabelecer a fronteira oriental do seu império. Atrás dele desdobrava-se a metade do império dos persas; a minúscula pátria helênica estava a várias centenas de léguas. Ele conhecia as intenções do rei Agis; sabia da defecção dos Estados do Peloponeso; nada ignorava do espírito volúvel do restante da Grécia, que tornava duas vezes mais perigosas as alternativas de vitória e de derrota, inerentes a qualquer guerra. Não subestimava nem a força nem a prudência nem a atividade do adversário. No entanto, levou a marcha adiante sem enviar reforços a Antípater nem esperar receber notícias mais tranquilizadoras. O que teria acontecido se Agis tivesse vencido? Será que Alexandre confiava na sua boa estrela? Será que desprezava os perigos que não podia enfrentar por si mesmo? Será que não ousava – mesmo para salvar a Grécia – perseguir os assassinos de Dario com a metade das tropas que haviam vencido as batalhas de Issus e de Gaugamelo?

Outrora, sem dúvida, a manutenção da paz na Grécia e o reconhecimento da hegemonia macedônia haviam sido as bases do seu poder e das suas vitórias. Agora a situação se invertera. Suas vitórias lhe garantiam a paz na Grécia e a posse da Ásia lhe assegurava uma hegemonia que ninguém seria insensato o bastante para contestar. Se Antípater fosse vencido, as satrapias da Lídia e da Frígia, da Síria e do Egito não teriam deixado de exigir, em nome do rei, não um tributo de terra e de água, mas o respeito aos tratados. É possível afirmar que nem o "amor pela liberdade", invocado pelos descontentes, nem o "heroísmo" duvidoso, baseado na cupidez e na perfídia, teriam inspirado uma nova batalha de Maratona. Sem se deixar perturbar pela insurreição espartíata, Alexandre podia prosseguir a tarefa que lhe impunha a traição de Bessus e de seus cúmplices.

O rei deixou o exército recompor-se da fadiga e organizou jogos e festas segundo os costumes helênicos. Ofereceu sacrifícios aos deuses e deixou a capital da Hircânia. Dispunha naquele momento de 20 mil soldados de infantaria e 3 mil cavaleiros, ou seja, os hipaspistas (cujo estratego experiente era Nicanor, filho de Parmênion), a maior parte dos falangitas e, por fim, o conjunto da cavalaria macedônia, sob o comando de Filotas, irmão de Nicanor. Parmênion recebera o comando da importante guarnição deixada em Ecbatana. Como tropas leves, Alexandre tinha consigo os arqueiros e os agrianos. No decorrer do avanço, as outras divisões do exército vieram engrossar, uma após outra, o efetivo do exército.

Alexandre começou por percorrer a grande estrada que liga a Hircânia à Báctria, seguindo a vertente norte das montanhas. Mal ele transpôs a fronteira da Ária, Satibarzanes, sátrapa dessa província, foi encontrá-lo em Suzia, a cidade mais próxima, para oferecer-lhe submissão e trazer-lhe notícias alarmantes de Bessus. Alexandre confirmou Satibarzanes nas suas funções. Deixou Anaxipo para trás, com os acontes a cavalo, a fim de vigiar o lugar e esperar as colunas que fechavam a marcha. Todas essas disposições provam que ele desconfiava do sátrapa e queria mantê-lo paralisado por todo o tempo em que ele estivesse em seu flanco. Além disso, não tinha um momento a perder se quisesse acabar com Bessus. Segundo as informações de Satibarzanes e de diversos outros persas recentemente chegados da Báctria, Bessus acabava de se coroar com a tiara sob o nome de Artaxerxes IV e, na qualidade de rei da Ásia, reagrupara todas as tropas persas em fuga. Esperava, além disso, poderosos reforços da Cítia e da Báctria.

Alexandre avançou ao longo da rota de Bactres. A cavalaria aliada, trazida de Ecbatana por Filipe, os cavaleiros mercenários e os tessalianos já haviam efetuado a junção com o grande exército. Com as forças aumentadas e a celeridade costumeira, o rei podia esperar ter logo o usurpador à sua mercê. Ele já avançava com pressa quando notícias muito inquietantes chegaram da Ária. Satibarzanes, rompendo os juramentos, havia investido contra a guarnição macedônia e massacrado até o último homem, incluindo Anaxipo. Depois, chamara às armas os habitantes da satrapia. O lugar de reunião dos revoltosos era Artacona, a capital da província. O traidor, que estava mancomunado com Bessus, só esperava o momento em que Alexandre tivesse transposto a fronteira da Ária para atacar os macedônios em toda parte onde os encontrasse. Alexandre não podia negar que esse movimento de revolta em seu flanco representava grave perigo. Ele corria o risco de ser completamente isolado da Ária, e Bessus poderia então agrupar todos os seus partidários. Além do mais, o sátrapa das províncias limítrofes da Ária, a Drangiana e a Aracósia, era Barsaentes, o regicida. Era de supor que ele se aliaria aos arianos. Teria sido imprudente, nessas condições, prosseguir a marcha para a Báctria. Embora desse, assim, um prazo suplementar para que Bessus terminasse os preparativos, ele decidiu reprimir primeiro essa insurreição imprevista e reparar o erro cometido ao confiar a um aliado tão incerto todo o território situado em seu flanco de operações. Renunciou momentaneamente a perseguir Bessus e a submeter a Báctria, contando retomar a campanha contra o usurpador com mais segurança quando tivesse se tornado senhor da Ária e dos territórios limítrofes.

O rei pôs-se rapidamente em marcha para combater o sátrapa rebelde, à frente de duas falanges e dos acontes a cavalo, enquanto o restante do exército acampava por ali mesmo, sob o comando de Cratero. Após dois dias de marcha estafante, Alexandre chegou diante da cidade de Artacona. Encontrou a população em efervescência. Surpreendido pela chegada inesperada do rei e abandonado por suas tropas, Satibarzanes atravessou as montanhas com um punhado de cavaleiros, a fim de juntar-se a Bessus. Os arianos tinham evacuado suas aldeias e estavam refugiados nas montanhas. Alexandre lançou-se sobre eles: 17 mil homens armados foram cercados; uns foram mortos e outros vendidos como escravos. Esse castigo rápido e exemplar incitou os arianos a se submeterem. A satrapia foi confiada ao persa Arsames.

A Ária, um dos territórios mais importantes da Ásia, fica entre a Pérsia, a Turânia e a Ariana. No local onde o rio Areios curva-se bruscamente para o norte, cruzam-se as grandes rotas estratégicas vindas da Hircânia e da Pártia, da Margiana e da Báctria, dos oásis do Sistão e do alto vale do rio Cabul. O rei fundou uma colônia macedônia na interseção dessas estradas e chamou-a de Alexandria da Ária; ainda hoje, o povo de Herat continua a honrar a memória de Alexandre, fundador da cidade.

As informações recolhidas por Alexandre no transcurso da mudança de itinerário permitiram-lhe formar uma imagem mais exata da configuração geográfica das satrapias arianas situadas ao lado da Báctria e das Índias. Ele considerou necessário ocupar todo o flanco meridional dos territórios bactrianos antes de marchar contra o usurpador, para privá-lo dos reforços que os territórios arianos e indianos poderiam lhe fornecer. Planejava cercá-lo com uma marcha envolvente e atacar o ponto extremo da sua posição de acordo com a tática que lhe tinha sido tão exitosa em Granico, em Issus e em Gaugamelo. Essa manobra, que passava pela Drangiana e a Aracósia, tinha sido esboçada em sua marcha sobre a Ária. Logo que Cratero juntou-se a ele, Alexandre partiu em direção ao norte para submeter os distritos isolados dessa província, que na época era povoada e próspera. Mas Barsaentes não esperou sua chegada. Atravessando a fronteira oriental de sua satrapia, fugiu para junto dos indianos, que mais tarde viriam a entregá-lo a Alexandre. Este desceu então o curso do rio Adreskan, que desemboca no lago de Ária (Haraiva), e chegou ao território dos drangianos ou zarangianos, cuja capital, Proftásia, rendeu-se sem combate.

Os ariaspes, ou "energetas" (como eram chamados pelos gregos), habitavam nas férteis planícies do Sistão meridional, no sul dos drangianos. Eram um povo pacífico de agricultores e de apicultores que desde tempos imemoriais levava, no "país da eterna primavera", a vida simples e rústica que Zoroastro celebrava como o maior dos bens. Alexandre recompensou sua hospitalidade de diversas formas. Ele dava imenso valor à amizade dessa pequena república próspera e rica em oásis, encravada nas montanhas e nos desertos das províncias arianas. Fez ali uma estadia prolongada e aumentou o território dessas tribos, realizando assim um de seus desejos mais almejados. Manteve as suas instituições – em nada inferiores às das cidades gregas – e estabeleceu entre elas e o império um vínculo mais estreito porém mais flexível que o formado com as outras satrapias. Assim Alexandre conquistou os favores desse povo estranho e atraiu os ariaspes para a nova ordem das coisas, sem recorrer à violência nem deixar para trás guarnições macedônias.

As povoações dos gedrosianos, com as quais ele entrou em contato em seguida, também se mostraram pacíficas. Seus vizinhos setentrionais, os aracosianos, cujo território se estendia até os desfiladeiros que levam à bacia do Indo, submeteram-se por vontade própria. Alexandre confiou essa satrapia a Mênon da Macedônia e deixou nela 4 mil soldados de infantaria e seiscentos cavaleiros. Depois, na entrada das passagens, fundou a cidade de Alexandria da Aracósia – conhecida hoje pelo nome de Kandahar[87] –, que continua sendo até os nossos dias, de longe, a mais próspera da região. Alexandre deixou então a Aracósia e dirigiu-se para o Cáucaso, onde encontraria as maiores dificuldades. Era a época em que as Plêiades desapareciam no horizonte, ou seja, meados de novembro. As montanhas estavam cobertas por uma neve espessa. O exército macedônio penetrou no território dos paropamises, o primeiro povo indiano que encontrou. No norte dessa região ergue-se a imponente massa do Cáucaso indiano, que atravessa a rota que conduzia à residência de Bessus.

Essas foram as marchas que Alexandre realizou no decorrer dos últimos meses do ano de 330. Elas o conduziram da orla setentrional do Khorassan ao sopé do Cáucaso indiano. Essa época, rica em provações e pobre em glória, ficou marcada para a posteridade por um complô hediondo: alguns revoltosos decidiram assassinar Alexandre, reservando-lhe o mesmo destino de Dario. Os que tramavam esse projeto criminoso esperavam contar com o apoio do exército, extenuado pelas perpétuas marchas e contramarchas.

Os atos do rei deviam frustrar muitas esperanças, suscitar muitas apreensões e provocar muitos descontentamentos. A cadência acelerada das conquistas, a rapidez das reorganizações às quais elas davam lugar e o sentido no qual evoluíam os pensamentos do rei desconcertavam os macedônios.

---

87. No atual Afeganistão. [N.T.]

Um historiador moderno concluiu daí que Alexandre "era devorado por uma paixão desenfreada pela conquista" e "queria anexar ao mesmo tempo o norte e o sul, o leste e o oeste". Porém, Alexandre jamais teria alcançado vitórias tão brilhantes, jamais teria conseguido destruir a potência que cimentava até então todos os povos da Ásia, e sua queda não teria jamais se tornado o ponto de partida de uma tão prodigiosa renovação, se não tivesse estado seguro de antemão do plano que seguiria para edificar sua obra e não tivesse seguido passo a passo um pensamento diretor capaz de conferir equilíbrio e coesão aos seus projetos.

Aristóteles, o pensador mais profundo da Antiguidade, preceptor do rei, deu-lhe em diversas ocasiões conselhos sobre disso. Recomendou-lhe que se comportasse como hegemon[88] diante dos helenos e como senhor diante dos bárbaros; que considerasse os helenos como amigos e concidadãos, mas tratasse os bárbaros "como animais ou plantas". O Estagirita achava que a própria natureza justificava tais diferenças. Pois, dizia, "os povos das regiões frias da Europa são corajosos, mas pouco dotados para as artes e os trabalhos do espírito, de modo que a maioria deles é livre, mas imprópria para a vida política e incapaz de governar os outros, enquanto os povos da Ásia são de espírito vivo e dotados para as artes, mas desprovidos de coragem; é por isso que precisam de um senhor, sendo escravos. O povo dos helenos, situado entre os dois, possui as qualidades de ambos. Sua coragem é igual ao desenvolvimento do seu pensamento. Assim, ele desfruta ao mesmo tempo da liberdade e das melhores instituições. Será capaz de governar o mundo no dia em que constituir uma verdadeira comunidade política." Aí estava, sem dúvida, um ponto de vista irrefutável, com a condição de que a vida dos povos permanecesse imutavelmente submissa às leis da natureza. Porém, mesmo admitindo que a história – cuja importância Aristóteles subestimou – não traz para os povos novas condições de existência e de capacidade, uma tal concepção era insuficiente diante da tarefa sobre-humana que cabia ao conquistador da Ásia. Ela não teria trazido nenhuma solução prática para os problemas que ele devia resolver e nenhum fundamento moral para o regime

---

88. Chefe militar e político. [N.T.]

que sonhava instaurar. O filósofo só tinha uma finalidade: recensear as coisas existentes e contribuir para conservá-las. O rei via nas transformações sofridas pelas coisas a possibilidade de escapar desse determinismo rigoroso e vencer os decretos da natureza por meio do poder libertador do devir.

Lendo a *Política*, de Aristóteles, Alexandre deve ter encontrado uma passagem de significação mais profunda. É aquela na qual o pensador declara que os cidadãos devem ter direitos e deveres iguais e que essa igualdade é, para os Estados, um fator essencial de ordem e estabilidade. "Porém, se as capacidades e os talentos de um indivíduo são de tal ordem que o poder político dos outros não pode contrabalançar o seu, é impossível considerar esse indivíduo como uma fração da comunidade. Submeter suas qualidades ao padrão comum seria cometer para com elas uma injustiça proporcional à sua grandeza. Tal indivíduo seria como um deus entre os homens. De onde decorre que as leis só se aplicam àqueles que são iguais pelo nascimento e pelo poder. Para os outros, as leis não existem, pois *eles* próprios *são* a lei. Aquele que quisesse impor-lhes a lei se tornaria ridículo e receberia a mesma resposta que as lebres da fábula de Antístenes, quando reclamam – na assembleia dos animais – uma parte igual à do leão."

Tais eram as opiniões de Aristóteles. Sem dúvida, elas não se aplicariam, em seu espírito, a nenhum indivíduo específico. Porém, será que aquele que as lia podia se impedir de pensar em Alexandre? "Todos estavam de acordo", escreve Políbio, "em reconhecer que a genialidade desse rei ultrapassava a medida humana." Seus atos e a lógica rigorosa dos seus desígnios atestam a força pouco comum da sua vontade, a amplidão da sua visão e a superioridade da sua inteligência. Para julgar sua obra, não é possível limitar-se àquilo que ele realizou. Alexandre se mantinha atualizado com a alta cultura e os conhecimentos do seu tempo. Para ele, o rei era "o senhor daqueles que sabem", segundo a definição dos pensadores da época. Mas ele não terá tirado da "vigilância do monarca" e dos deveres que lhe cabem as mesmas conclusões que seu ilustre preceptor. Não terá deduzido daí que devia tratar os bárbaros "como animais ou plantas" nem que seu pai havia chamado os macedônios às armas simplesmente para tornar-se – como dizia o filósofo – "o senhor daqueles aos quais cabia por direito a situação de escravos". Quanto a crer que o rei

Filipe tinha obrigado os helenos a formar a liga de Corinto com a simples intenção de satisfazer ambições pessoais e de devastar a Ásia impotente, esse pensamento não deve ter nem mesmo aflorado em seu espírito.

Sem dúvida, ele havia atingido a Ásia de maneira implacável. Porém, ele deve ter se lembrado da lança de seu ancestral Aquiles. Sabia que o "carisma" da lança real era uma virtude misteriosa que permitia que ele curasse as feridas que ela causara. O desmoronamento do antigo império e a morte de Dario tinham feito dele o herdeiro do poder que durante séculos havia tratado inumeráveis povos como se fossem gado. Libertá-los era fazer uma obra verdadeiramente real, na medida em que eles fossem capazes disso; conservar e desenvolver aquilo que possuíam de melhor, honrar e proteger sua fé e seus costumes. Ele devia reconciliá-los e seduzi-los, fazer deles os colaboradores e os artesãos desse novo império que os vincularia doravante ao mundo helênico. Uma vez alcançada a vitória, não devia mais haver, nessa monarquia, vencedores e vencidos. A diferença entre helenos e bárbaros devia apagar-se progressivamente. Se ele conseguisse fundir esse imenso império oriental e ocidental em um povo único, de modo que seus diferentes elementos pudessem se completar e se harmonizar por meio da troca constante de dons e de saber; se conseguisse conferir-lhe ordem e paz interna; se tivesse sucesso em inculcar nos habitantes "a arte da ociosidade", sem fazer com isso que eles perdessem "a têmpera do aço" – então ele teria realizado uma obra benemérita e, para retomar as palavras de Aristóteles, capaz de "servir de prolegômeno à verdadeira realeza". Se sua ambição e seu entusiasmo o incitavam a criar um império oriental e ocidental de civilização helênica e a "transferir a monarquia dos bárbaros para os helenos" – como disseram os profetas dos séculos ulteriores –, a própria lógica das coisas deve ter lhe mostrado, de maneira cada dia mais clara e mais imperiosa, o caminho que devia seguir para realizar tais desígnios.

Porém, no caminho erguiam-se obstáculos de toda natureza, acasos imprevisíveis e atos de violência, reações brutais e desvios inesperados que pareciam relegar sua obra à categoria dos sonhos irrealizáveis. Longe de desencorajá-lo, essas dificuldades aumentaram sua força de caráter e a certeza que inspirava as suas decisões. A obra que ele empreendeu no ardor da juventude consumiu-o por inteiro. Apossou-se dele e o impeliu para a frente como uma força da natureza, crescendo a cada passo e pontuando seu caminho com ruínas e cadáveres. Mas ele avançava sempre e só via o objetivo, pois esse objetivo era também a sua justificação.

Ele tinha o direito de pensar que a lógica dos seus atos era suficiente para abrir os olhos mais malevolentes. Mesmo que seu império helênico pouco diferisse, na forma, do império dos Aquemênidas, sua diferença essencial – e incomensurável quanto às suas consequências – residia na força nova que ele soubera insuflar na vida asiática. Ele podia remeter-se ao gênio grego, infinitamente límpido, móvel e vivificante, para completar a obra esboçada pelas armas. Naquele momento, a tarefa imediata consistia em estabelecer um estreito contato entre esses dois mundos que deviam misturar-se e fecundar um ao outro. O caráter asiático era mais passivo, mais desconfiado e, no conjunto, mais apático e mais limitado que o dos gregos. Seria necessário, portanto, tratar os persas com muito comedimento e testemunhar simpatia por suas maneiras de pensar e de agir, se quisesse levá-los ao grau de subserviência e de docilidade requerido. A própria existência do império dependia disso. Eles também deviam aprender a considerar Alexandre como seu rei. Sua personalidade encarnava sozinha, naquele momento, a unidade desse vasto edifício, o núcleo em torno do qual deviam gravitar os novos costumes e as novas instituições. Do mesmo modo como havia oferecido sacrifícios aos seus deuses e tomado parte nas suas festas, ele queria mostrar aos orientais que era um dos seus por meio da escolha do séquito e da etiqueta da corte. A partir da morte de Dario, começou a vestir os trajes asiáticos para receber os persas que vinham implorar clemência e a substituir a simplicidade da vida do acampamento macedônio pelo fausto das cortes orientais. Porém, no dia seguinte, reaparecia à frente das tropas, sempre infatigável e o primeiro no combate, compartilhando das provações dos seus homens, ocupando-se deles até nos menores detalhes, acessível a todos.

O caráter macedônio nunca fora muito maleável. A guerra e a natureza quase miraculosa dos sucessos alcançados tinham aumentado ainda mais a arrogância e a dureza dos heteres. Nem todos compreendiam, como Heféstion, a política do rei, e raros possuíam, como Cratero, devotamento e lealdade suficientes para segui-lo cegamente. A maioria censurava sua conduta por não compreendê-la. Enquanto Alexandre se esforçava para atrair para si os persas e fazer com que eles esquecessem a vitória dos macedônios, muitos dos seus oficiais pensavam orgulhosamente que era importante, antes de tudo, criar nos vencidos um espírito de absoluta submissão. Achavam legítimo acrescentar à onipotência dos antigos sátrapas as violências arbitrárias e as crueldades do vencedor. Irritados por verem Alexandre aceitar com igual benevolência as aclamações das suas falanges, as homenagens dos embaixadores helênicos, as genuflexões dos Grandes da Pérsia e a adoração dos povos orientais, os nobres macedônios desejavam que o rei os tratasse como seus iguais e arrastasse na poeira as populações conquistadas. Enquanto eles próprios entregavam-se a todos os excessos da vida asiática, sem outro motivo além de uma sede até então desconhecida de prazeres, censuravam Alexandre por seus trajes e pelo caráter faustoso do seu estilo de vida, graças aos quais as multidões da Ásia reconheciam e veneravam nele o seu deus-rei. Vemos com isso que muitos dos Grandes da Macedônia haviam se tornado persas na pior acepção da palavra e que a tendência asiática ao despotismo, à intriga e aos desregramentos de todos os tipos vinham se juntar, neles, à desmedida, à turbulência e à presunção macedônias.

Quando Alexandre começou a acolher os Grandes da Pérsia na corte, a reuni-los em torno dele e a conquistá-los com favores ou presentes semelhantes aos que dava aos macedônios, a confiar-lhes missões difíceis e a restituir-lhes as satrapias, era fatal que os Grandes da Macedônia se sentissem lesados. Com isso, passaram a exibir ainda mais fortemente o desprezo pelos recém-chegados e o orgulho de serem defensores e depositários das tradições macedônias. Muitos deles, sobretudo os velhos generais da época de Filipe, não dissimularam a aversão pelos persas e a desconfiança em relação a Alexandre. Transmitiram uns aos outros a decepção e a cólera, ao se verem tratados com ingratidão por aquele que lhes devia tudo. Será que tinham lutado durante anos para ver os frutos da vitória serem entregues nas mãos dos vencidos? Alexandre, que agora honrava os Grandes da Pérsia como seus iguais, não tardaria a aplicar-lhes o tratamento que Dario impunha aos escravos. Será que ele procurava afastá-los do poder? Era necessário ficar de prontidão.

Alexandre não ignorava o estado de espírito dos oficiais. Sua mãe, dizem, o havia advertido em diversas ocasiões, criticando-o por confiar demais na velha nobreza macedônia. Ela censurou-o pela excessiva generosidade com a qual recompensava os súditos, tornando-os reis, fornecendo-lhes assim oportunidade para criarem partidários e arrastarem consigo aqueles que ele acreditava serem amigos. Alexandre não podia deixar de ver que, mesmo entre seus acompanhantes mais próximos, numerosos observavam seus atos com crescente desaprovação. Ele continuava considerando Parmênion como um conselheiro íntegro. Mas sabia que seu filho Filotas havia se declarado abertamente contra algumas das suas medidas, expressando-se sobre elas em termos amargos. Pensou que pudesse atribuir esses desvios de linguagem ao temperamento áspero e colérico do hiparco, mas não quis tratá-lo com rigor, pois Filotas era sempre infatigável e pontual no serviço. Ficou mais triste e surpreso ao constatar que o simples e bom Cratero, que ele muito estimava, nem sempre estava de acordo com sua maneira de agir, e que o próprio Kleitos, que comandava a agema da cavalaria, afastava-se dele pouco a pouco. Tornou-se evidente que se esboçava uma cisão entre os generais macedônios. Embora sem consequências graves, ao menos naquele momento, ela envenenava os espíritos e se manifestava no conselho de guerra em contínuas discussões. Os mais violentos exigiam que se pusesse fim às hostilidades, que as tropas fossem licenciadas e que o butim fosse partilhado. Quanto aos soldados, eles pareciam cada vez mais desejosos de voltar para casa.

O descontentamento crescia dia após dia. O rei já não conseguia mais dominá-lo, pois a indulgência e a severidade eram igualmente inoperantes. As coisas não podiam continuar assim por mais tempo. Uma crise iminente ameaçava comprometer a segurança do exército.

XXI

ESTADIA DE ALEXANDRE NA DRANGIANA ∼ REVELAÇÕES DE DIMNOS ∼ ATITUDE SUSPEITA DE FILOTAS ∼ DETENÇÃO DOS CONJURADOS ∼ JULGAMENTO E EXECUÇÃO DE FILOTAS E DE PARMÊNION ∼ JULGAMENTO DE ALEXANDRE, O LINCESTE

Alexandre passou o outono de 330 na capital da Drangiana. Cratero juntara-se a ele pela rota da Báctria. Também estavam lá Koinos, Perdicas e Amintas com suas falanges, Filotas com seus cavaleiros e os hipaspistas. O chefe deles, Nicanor, irmão de Filotas, acabara de morrer, uma perda muito cruel para o rei, que mandou o irmão enterrar solenemente o hiparco. O pai de ambos, Parmênion, estava na longínqua Média com o restante das tropas, a fim de guardar a rota para a Europa e os tesouros do império. Devia juntar-se novamente ao grande exército na primavera seguinte. "Nesse momento Alexandre foi informado da traição de Filotas", diz Arriano, que conta sumariamente como o rei agiu para abater a conjuração. A fonte na qual se inspiram Diodoro, Quinto Cúrcio e Plutarco descreve o incidente com mais detalhes, mas é impossível verificar sua autenticidade. Eis, em substância, o que ela diz.

Entre os descontentes que faziam parte do séquito do rei, havia um certo Dimnos, de Calaistra, na Macedônia. Um dia, ele confiou a Nicômaco, com quem era muito ligado, que o rei havia ofendido sua honra e ele estava resolvido a se vingar. Alguns personagens de alto escalão haviam-lhe prometido apoio porque, de maneira geral, desejava-se uma mudança. O rei, odiado por todos, devia morrer em três dias. Temendo pela vida do rei, mas pusilânime demais para revelar-lhe uma notícia tão grave, Nicômaco falou do plano a seu irmão Kebalinos, exortando-o a levá-lo ao conhecimento de Alexandre. Kebalinos dirigiu-se ao palácio do rei. A fim de não chamar atenção, permaneceu no vestíbulo, esperando ver sair um dos estrategos ao qual pudesse confiar a coisa. O primeiro que ele avistou foi Filotas.

Ele lhe disse o que tinha acabado de saber, encarregou-o de transmitir a notícia ao rei e tornou-o responsável por todas as desgraças que poderiam resultar se Alexandre não fosse advertido a tempo. Filotas voltou para junto do rei, mas só lhe falou de coisas indiferentes. Kebalinos foi visitá-lo na mesma noite e perguntou-lhe se havia transmitido a mensagem ao rei. Filotas respondeu-lhe que não tinha tido oportunidade, mas que ainda haveria tempo para adverti-lo no dia seguinte. Também no dia seguinte Filotas manteve silêncio, embora tenha passado vários momentos em conversa particular com Alexandre. Kebalinos começou a farejar a traição. Dirigiu-se a Metron, um dos efebos reais, informou-o do perigo iminente e suplicou-lhe que lhe arranjasse uma entrevista secreta com o rei. Metron introduziu-o no salão de armas de Alexandre e relatou a coisa ao rei enquanto ele tomava banho; ele mandou que Kebalinos entrasse. Este confirmou e completou a narrativa de Metron. Declarou que não era responsável pela demora ocorrida na transmissão da notícia e que a atitude singular de Filotas havia feito com que decidisse falar diretamente com o rei. Alexandre ouviu-o com profunda emoção. Deu ordem para que Dimnos fosse detido imediatamente. Este, vendo o plano descoberto, suicidou-se. Filotas logo foi convocado para ir ao palácio. Afirmou que considerava tudo como uma simples fanfarronice de Dimnos, coisa pouco importante para merecer ser relatada. Reconheceu que o suicídio de Dimnos o surpreendera e afiançou a inocência dele. Alexandre mandou-o embora sem exprimir dúvida sobre sua sinceridade. Convidou-o para jantar e pediu que ele não deixasse de comparecer ao banquete. Depois, o rei reuniu um conselho de guerra a portas fechadas e comunicou o que acontecera. A inquietação dos generais confirmou as suspeitas: ele percebeu que o complô tinha ramificações mais profundas do que inicialmente pensara e compreendeu a atitude enigmática de Filotas. Recomendou aos assistentes que guardassem silêncio e ordenou que Heféstion, Cratero, Koinos, Erígios, Perdicas e Leonatos retornassem à meia-noite para receber ordens.

Nesse ínterim, os amigos se reuniram junto ao rei. Filotas também compareceu. Separaram-se tarde da noite. À meia-noite chegaram os generais, acompanhados por alguns homens em armas. O rei recomendou que as sentinelas fossem reforçadas, mandou ocupar os portões da cidade – em especial aqueles que conduziam a Ecbatana –, deu ordem aos generais para que prendessem em segredo os que eram suspeitos e enviou trezentos homens ao alojamento de Filotas para deter o hiparco e conduzi-lo ao palácio. A noite transcorreu assim.

No dia seguinte, o exército recebeu ordem de se reunir. Ninguém estava a par do que acontecera. O rei surgiu. Informou então ao exército que o convocara para que ele se constituísse em tribunal de guerra, segundo os costumes macedônios. Uma maquinação abominável havia sido descoberta, um plano para matá-lo. Nicômaco, Kebalinos e Metron depõem; o cadáver de Dimnos dá credibilidade ao que dizem. O rei denuncia em seguida os chefes da conjuração: três dias antes da data fixada para o atentado, Filotas fora advertido do complô, mas nem no primeiro nem no segundo dia falou sobre isso com o rei, embora tenha sido expressamente encarregado de fazê-lo. Depois, Alexandre mostrou cartas de Parmênion, nas quais o general aconselhava os filhos Nicanor e Filotas "a ocuparem-se em primeiro lugar deles próprios e dos seus, se quiserem atingir o objetivo a que se propõem". Ele acrescenta que esse estado de espírito foi confirmado por fatos e palavras que não deixam dúvida sobre as ideias criminosas dos conjurados. Quando do assassinato do rei Filipe, Filotas já havia tomado o partido do pretendente Amintas. Sua irmã fora esposa de Atala, esse Atala que por tanto tempo o tinha perseguido – assim como à sua mãe Olímpias –, que buscara afastá-lo do trono por todos os meios possíveis e finalmente se rebelara quando fora enviado na vanguarda para a Ásia, junto com Parmênion. No entanto, Alexandre desejara honrar essa família e a cumulara de favores. No Egito, ele já soubera de alusões ameaçadoras proferidas a seu respeito por Filotas, mas não quisera maltratá-lo, pondo a violência das palavras dele na conta do seu caráter autoritário e arrebatado. A generosidade equívoca de Filotas, sua dissipação desenfreada e seu orgulho incomensurável tinham inquietado até mesmo seu pai, que havia lhe escrito em diversas ocasiões para aconselhá-lo a moderar a conduta e "não trair prematuramente suas intenções". Desde algum tempo, essa família já não o servia mais com a mesma abnegação de outrora, e a batalha de Gaugamelo quase fora perdida por culpa de Parmênion. A morte de Dario fortalecera o seu desígnio criminoso. Enquanto Alexandre continuava a confiar neles, eles fixavam o dia da sua morte, apoiavam seus assassinos e preparavam-se para colher os frutos do crime.

O autor dessa narrativa nos diz que os macedônios ficaram consternados ao ouvir essas palavras. Mas ficaram perturbados e tomados pela piedade ao verem

Filotas ser trazido acorrentado diante deles. O estratego Amintas toma a palavra para acusar os culpados que, assassinando o rei, privariam todo o exército de qualquer esperança de retorno. O estratego Koinos, cunhado de Filotas, também se manifesta contra os conjurados em termos ainda mais veementes. Agarra uma pedra para proceder à execução dos culpados, segundo o costume macedônio, mas o rei o detém. É preciso deixar que Filotas tenha a possibilidade de se defender. Alexandre se retira da assembleia a fim de não influenciá-la. Filotas nega qualquer participação no complô. Evoca os brilhantes serviços prestados pelo pai, pelo irmão e por ele próprio. Reconhece ter mantido silêncio sobre as revelações de Kebalinos, mas declara que era para não importunar o rei, denunciando um perigo imaginário, como seu pai havia feito em Tarso, quando acusara o médico do rei de querer envenená-lo. Na realidade, diz, as suspeitas de Alexandre têm uma causa diferente. O ódio e o medo dividem agora sua alma, e é isso, infelizmente, o que todos deploram. Em meio a uma agitação indescritível, os macedônios acabam por declarar que Filotas e os outros conjurados são passíveis da pena de morte. O rei adia até o dia seguinte a execução da sentença.

Falta a confissão completa de Filotas, que deve lançar luz sobre o comportamento de seu pai e dos outros conjurados. O rei convoca secretamente o conselho. A maioria dos assistentes pede que os condenados sejam executados imediatamente. Heféstion, Cratero e Koinos, em contrapartida, opinam que primeiro se deve provocar a confissão de Filotas. Terminam por conquistar a maioria para o seu ponto de vista. Os três estrategos recebem ordem de assistir ao suplício. No cavalete de tortura, Filotas confessa ter falado do assassinato de Alexandre com o pai; diz que eles não teriam perpetrado o crime enquanto Dario estivesse vivo, porque os frutos do assassinato caberiam aos persas e não a eles. Além disso, declara que ele, Filotas, pressionara os conjurados a agir sem demora, a fim de que o pai, já idoso, ainda pudesse colher o benefício do atentado; mas jura que urdiu o plano sem o conhecimento de Parmênion. Fortalecido por essas confissões, o rei aparece no dia seguinte diante do exército. Filotas é levado para a arena e trespassado pelas lanças dos macedônios.

Mesmo as fontes mais dignas de fé – aquela que é seguida por Arriano e confirmada por Ptolomeu e Aristóbulo, por exemplo – dizem que já no Egito os desígnios criminosos de Filotas tinham sido levados ao conhecimento de

Alexandre, o qual, levando em conta a amizade que tinha por Filotas e a estima que tinha por Parmênion, não acreditara nisso. Ptolomeu diz que o próprio rei pronunciou o ato de acusação diante da assembleia e que o silêncio de Filotas foi considerado uma confissão do crime. Ele não menciona a tortura.

Parmênion também foi condenado à pena de morte. Pareceu necessário executar essa sentença tão rápido quanto possível. O velho general estava no comando de uma importante divisão do exército; desfrutava de grande popularidade na tropa e podia conquistá-la facilmente com os enormes tesouros, de vários milhares de talentos, que estavam sob sua guarda. Mesmo que não tivesse tido participação na traição, a execução de seu filho o faria não recuar. Ele residia então na Ecbatana, a trinta ou quarenta dias de marcha. O que aconteceria se ele se revoltasse nesse ínterim? O rei não queria fazer uso do seu direito de perdão, mas também não podia mandar deter o general no meio das tropas que ele comandava e entre as quais tinha prestígio. O heleno Polidamas foi enviado a Ecbatana, a fim de entregar a Sitalco, Mênidas e Cleandro uma ordem escrita para que eliminassem Parmênion discretamente.

Montado em dromedários velozes e acompanhado por três habitantes da região, Polidamas chegou a Ecbatana na décima segunda noite. O príncipe da Trácia e os dois comandantes macedônios logo executaram as ordens recebidas.

O inquérito prosseguia em Proftásia. Demétrios, um dos sete guarda-costas de Alexandre, também foi detido como participante do complô. Ptolomeu, filho de Lagos, recebeu o comando em seu lugar. Os filhos de Andrômeno, o Tinfeiano tinham sido muito ligados a Filotas e o mais jovem deles, Ptolemon, que estava em um dos esquadrões da cavalaria, fugira ao saber da prisão de seu hiparco. Com isso, sua participação no complô, assim como a de seu irmão, pareceu mais verossímil. Amintas, Símias e Atala, três estrategos falangitas, foram citados como testemunhas e denunciaram em diversas ocasiões a culpa de Amintas. Porém, este defendeu tão bem a sua causa e a de seus irmãos que o exército macedônio os absolveu. Ele pediu, então, permissão para ir buscar o irmão que havia fugido. O rei o autorizou. Ele partiu no mesmo dia e trouxe de volta Polemon. Esse ato e a morte gloriosa de Amintas, logo depois, no transcorrer de uma escaramuça, dissiparam as suspeitas do rei.

Na sequência, julgaram Alexandre, o Linceste, que desejara assassinar o rei quatro anos antes, durante a campanha na Ásia Menor. O rei, que até então havia se limitado a mantê-lo em confinamento, exigiu que também ele fosse levado ao conselho de guerra. O exército declarou-o culpado e passível da pena de morte. Sem dúvida, o rei tinha razões imperiosas para agir assim. Visto que Filotas reconhecera que a finalidade da conjuração era suprimir Alexandre, uma questão se apresentava: quem os conjurados tinham escolhido para usar o diadema em seu lugar? O pretendente mais direto era Arridaios, filho do rei Filipe. Porém, embora ele fizesse parte do exército, ninguém teria pensado em entregar o poder a esse fraco de espírito. Também não estava em questão transferir a coroa para um personagem que não tinha direito ao trono, como Parmênion, seus filhos ou um dos generais. O Linceste era o único candidato possível dos conjurados. Estes pensavam que Antípater transferiria voluntariamente para ele os juramentos prestados a Alexandre. Talvez valha a pena assinalar que Antípater, logo após ter tomado conhecimento dos acontecimentos de Proftásia e de Ecbatana, adotou medidas que permaneceriam inexplicáveis se não as comparássemos com os fatos que acabamos de descrever. Conta-se que Alexandre tinha lhe recomendado que tratasse muito severamente os etólios, para puni-los por terem destruído a cidade de Oiniadai; mas, ao contrário das instruções recebidas, ele entabulara negociações secretas com eles. Essas conversas tiveram como único resultado despertar a cólera do rei, que logo soube delas. Ele não perdoou Antípater por ter infringido suas ordens, mas só muito mais tarde deu livre curso ao descontentamento.

Assim chegou ao fim esse assunto – que continua sendo lamentável, mesmo que a condenação de Filotas tenha sido legítima e o assassinato de Parmênion, justificado. Pois ficou claro para Alexandre um sintoma inquietante no estado de espírito do exército. Era a primeira fissura grave no instrumento tão bem temperado do seu poderio.

Sua energia indomável e seu espírito dominador decerto perceberam as consequências desmoralizantes desses acontecimentos. Ele soube acalmar a febre dos oficiais e a agitação das tropas. Porém, as mortes de Parmênion e de Filotas foram uma perda irreparável, uma nódoa que nada podia apagar.

XXII

REORGANIZAÇÃO DO EXÉRCITO ∾ CAMPANHA DE OXIANA ∾ SUBLEVAÇÃO DOS ARIANOS DE ARACÓSIA ∾ TRAVESSIA DO CÁUCASO ∾ FUNDAÇÃO DA ALEXANDRIA DO CÁUCASO ∾ CHEGADA A DRAPSACA ∾ CONFIGURAÇÃO DA BÁCTRIA ∾ CHEGADA A NAUTACA ∾ PASSAGEM DO OXUS ∾ PERSEGUIÇÃO E CAPTURA DE BESSUS

Era necessário reorganizar o exército, tanto por razões morais quanto técnicas, pois as operações seguintes seriam dirigidas sobretudo contra massas desorganizadas, que só podiam ser vencidas com ataques bruscos, perseguições fulminantes e guerrilha contínua. A fim de aumentar a mobilidade e a força de ataque das tropas era necessário transformá-las para permitir que se dividissem em grande número de pequenas unidades autônomas. A cavalaria leve devia ser reforçada e aliviada de todas as bagagens inúteis.

Alexandre organizou um sistema de recrutamento na Ásia, menos voltado para aumentar o volume do exército e mais para contar com contingentes mais numerosos à medida que se distanciava da Macedônia.

No transcurso do inverno precedente, os oito esquadrões da cavalaria já tinham sido divididos em dois grupos, ou "loches", comandados cada um por um "locharca". Oito desses loches foram reunidos em uma hiparquia, de modo que, para empregar uma terminologia moderna, em vez de um único regimento de cavalaria existiam dois, cada um deles formado por oito esquadrões mais fracos. Kleitos, filho de Dropidas, o "negro Kleitos", que tinha combatido até então à frente do esquadrão real, recebeu o comando de uma dessas hiparquias. A outra foi confiada a Heféstion. O número dos hiparcos foi aumentado no decorrer da campanha seguinte. Alexandre criou também um corpo de acontes a cavalo, ou "lançadores de dardos" montados. As importantes transformações sofridas pela infantaria – que a campanha das Índias nos revelam – parecem só ter sido efetuadas mais tarde, na Báctria, quando o exército recebeu reforços consideráveis.

Já em Persépolis o rei ordenara aos diversos sátrapas que recrutassem 30 mil jovens, que seriam instruídos segundo os métodos macedônios e incorporados ao exército com o nome de epígonos. Além disso, no decorrer da sua estadia na Báctria, Alexandre recrutou para a cavalaria alguns bactrianos, sogdianos e paropamisianos.

Dito de outro modo, o exército do rei, composto até então exclusivamente por macedônios, helenos e "bárbaros europeus", começou a transformar-se, seguindo diretivas paralelas àquelas que Alexandre contava aplicar à reorganização do império. Enquanto ele deixava, nas capitais das satrapias, guarnições heleno-macedônias mais ou menos fortes, que ali se enraizavam e saíam pouco a pouco da ordem estritamente militar para se transformarem em cidades – ou em "politias", seguindo a fórmula grega –, os asiáticos incorporados nas fileiras do grande exército iniciavam-se na disciplina macedônia e começavam lentamente a se helenizar.

Esse exército não era simplesmente uma corporação de militares. Era um mundo pitoresco e completo em si mesmo, composto de elementos variados e dotados de diversas funções. O acampamento, que era ao mesmo tempo a corte, compreendia a administração central do império, os serviços civis, a tesouraria e a intendência, os armazéns e os entrepostos necessários para reabastecer e equipar homens e cavalos, e, enfim, o serviço de saúde. As tropas eram acompanhadas por uma multidão de mercadores, engenheiros, fornecedores, todo tipo de especuladores, historiógrafos e retóricos encarregados da educação dos rapazes da nobreza. Havia também os "convidados" gregos e asiáticos, religiosos e leigos. Uma numerosa escolta de mulheres também seguia o exército em seus deslocamentos. Em poucas palavras, esse acampamento era ao mesmo tempo o coração, cujas pulsações animavam o reino até as mais longínquas fronteiras, e a capital móvel do império que se deslocava incessantemente de uma província a outra, fazendo sentir por toda parte, com a simples passagem, sua influência e sua irradiação.

Uma questão ainda se apresenta. As tropas tinham deixado a Europa vestidas com uniformes adaptados ao clima da sua pátria. Será que esse equipamento corresponderia às novas condições climáticas, às alternativas de frio glacial e calor tórrido que elas enfrentariam no decorrer de longas caminhadas através da Pérsia, da Turânia e das Índias? Que precauções tinham sido tomadas para pôr suas cabeças a salvo das insolações e proteger seus pés contra o gelo? Não teriam sido essas as preocupações que levaram Alexandre, sob fortes críticas, a introduzir trajes asiáticos no exército? As poucas informações que temos só nos permitem conjecturar sobre isso.

A campanha seguinte foi contra a Oxiana. Bessus, que pusera na cabeça a tiara do Grande Rei com o nome de Artaxerxes IV, reunira ali um exército às pressas. Além das tropas que estavam no seu acampamento no momento do assassinato de Dario, ele recebera cerca de 7 mil cavaleiros da Báctria e alguns milhares de daerianos. Vários Grandes do Reino, notadamente Datafernes e Oxiarte da Báctria, Espitameno da Sogdiana e Catanes de Pareteceno, haviam se agrupado em torno dele; Satibarzanes também fugira para a Báctria depois do fracasso da sua revolta contra Alexandre.

Bessus mandou devastar toda a vertente setentrional das montanhas em uma extensão de vários dias de marcha, a fim de paralisar o avanço do inimigo. Confiou 2 mil cavaleiros a Satibarzanes, que sempre podia contar com a devoção dos seus antigos súditos, e encarregou-o de efetuar com eles uma ação diversionária[89] nas costas dos macedônios que, em caso de êxito, os separaria completamente das suas bases. Os arianos também se revoltaram, encorajados pelo retorno do antigo suserano. Arsames, que Alexandre colocara no comando da satrapia, parecia favorecer a insurreição. Para a Pártia, igualmente, Bessus enviou um de seus fiéis amigos, Barzanes, a fim de suscitar ali um movimento em favor da ressurreição do antigo império dos persas.

Alexandre tomou conhecimento da nova rebelião dos arianos da Aracósia. Apressou-se a enviar para a Ária a cavalaria aliada, com uma força de seiscentos homens sob o comando de seus chefes Erígios e Karanos, assim como 6 mil mercenários gregos sob o comando de Artabazes; entre eles estavam os mercenários de Andrônico, que haviam se rendido a Alexandre quando da passagem dos desfiladeiros cáspios. Ele deu ordem a Fratafernes, sátrapa da Hircânia e da Pártia, para se juntar a eles com suas colunas de cavalaria. Ao mesmo

---

89. Manobra militar realizada com o objetivo de distrair o inimigo. [N.T.]

tempo, o próprio rei deixara a Aracósia no auge do inverno e atravessara em um frio glacial os desfiladeiros desnudos que separavam o território dos aracosianos e o território dos paropamisianos. Encontrou esse planalto densamente povoado. As aldeias receberam-no com benevolência e forneceram-lhe víveres em quantidade suficiente para reabastecer todo o exército, apesar da neve espessa que cobria o solo. Ele apressou-se a descer ao longo do vale mais aberto do Cabul superior, atravessou-o e chegou ao sopé do Hindukutch, que se estende para além da Báctria. Estabeleceu ali os quartéis de inverno.

O território do Cabul, situado quase no mesmo paralelo que Chipre e Creta, é um terraço elevado cerca de 6,3 mil pés acima do nível do mar. De lá, sete desfiladeiros atravessam as montanhas do Hindukutch e descem para o vale do Oxus. Três deles começam nas fontes do Pundschir. O que está mais a leste, o desfiladeiro de Tul, que atinge 13,2 mil pés de altura, conduz a Anderab. Esses desfiladeiros, e mais ainda os três seguintes que descem para as fontes do Surkab, são bloqueados pela neve e permanecem intransponíveis durante quatro ou cinco meses do ano. É preciso usar o desfiladeiro situado mais a oeste, o de Bamihan, pelo qual se chega a Balk, a cerca de 60 milhas de Cabul. O caminho atravessa em seguida várias cadeias de montanhas. Os vales que as separam, habitados por tribos de pacíficos pastores, são ricos em fontes, pastagens e rebanhos. Um viajante contemporâneo atravessou esse desfiladeiro e nos fez dele a seguinte descrição: "Caminhamos durante quatro dias (estávamos em maio) sob falésias íngremes e muralhas de rochedos que escondiam o sol e elevavam-se perpendicularmente acima de nossas cabeças a uma altura de 2 mil a 3 mil pés. Fiquei com o nariz congelado e quase perdi a visão em consequência da reverberação dos campos de neve. Só podíamos avançar pela manhã, quando a neve estava recoberta por uma fina camada de gelo. Essas montanhas são quase desertas. Nosso acampamento, durante o dia, era o leito da torrente."

Alexandre ergueu acampamento de maneira a ter as altas montanhas à esquerda. Estava mais próximo dos difíceis desfiladeiros orientais – notadamente o de Anderab – do que do desfiladeiro ocidental, mais facilmente acessível. Preferiu os desfiladeiros mais próximos porque não podia contar com os cavalos no transcurso das marchas de inverno, e isso permitia que ele concedesse aos seus homens um repouso mais prolongado. Mas o rei também tinha outra razão. O que viu e ouviu na região de Cabul deve tê-lo feito compreender que estava no limiar de um novo mundo, formado por uma multiplicidade de Estados de dimensões muito diversas e povoados por tribos guerreiras que deviam ter entrado em ebulição logo que souberam da chegada do conquistador. Se elas se apoderassem das passagens, ameaçariam cortar-lhe o caminho de volta. A fim de assegurar-se dessa importante posição, ele fundou uma cidade, Alexandria do Cáucaso – atualmente, Begram –, no lugar onde o exército tinha erguido acampamento e instalou nela uma forte guarnição. O persa Proexes foi promovido a sátrapa do território e Neiloxeno, um dos heteres, foi nomeado sacerdote [epíscopos].

Depois que os grandes frios passaram, Alexandre levantou acampamento para marchar através da montanha, o que só pode ser comparado às mais audaciosas proezas de Aníbal. As circunstâncias complicavam a expedição. As montanhas ainda estavam cobertas de neve; o vento era glacial e os caminhos, impraticáveis. As tropas encontraram no percurso numerosas aldeias cujos habitantes estavam prontos a lhes dar tudo o que tinham, mas eram muito pobres e só possuíam rebanhos. As montanhas, completamente desmatadas, eram um deserto de pedra onde tremulavam de longe em longe alguns arbustos de terebinto; a madeira era muito rara para que se pudesse fazer fogueiras. A carne era comida crua, sem pão, tendo como único tempero algumas folhas de sílfio que brotavam entre as pedras. A marcha através da montanha durou catorze dias. Quanto mais eles se aproximavam da vertente setentrional, mais a penúria de víveres se fazia cruelmente sentir. Encontraram os vales devastados e desertos, as aldeias incendiadas e os rebanhos dispersos. Foram obrigados a se alimentar de raízes e tiveram que abater as bestas de carga que levavam as bagagens. Após privações inauditas, descarnadas pela fome e as intempéries, as tropas chegaram na manhã do décimo quinto dia à primeira cidade bactriana, denominada Drapsaca ou Adrapsa (sem dúvida, a atual Anderab), situada muito alto na montanha.

Agora Alexandre se encontrava na entrada de um território muito diferente de todos os que tinha conquistado até então. A Báctria e a Sogdiana eram reinos dotados de uma cultura milenar; haviam constituído outrora um império autônomo, talvez a pátria de Zoroastro e o berço da doutrina religiosa que se havia espalhado por toda a Pérsia. Ocupadas sucessivamente pelos assírios, pelos medos e pelos persas, cercadas ao norte e a oeste pelos povos turanianos e constantemente expostas às suas incursões, essas províncias tinham conservado o caráter de um bastião avançado, indispensável à defesa da Pérsia. Eram uma zona estratégica admiravelmente organizada. O fato de que Bessus, "sátrapa do país dos bactrianos", tenha comandado em Arbelos não só as suas próprias tropas, mas também os sogdianos e os saces da Cítia indica que essa região obedecia a uma espécie de unidade de comando militar que, somada à colaboração das tribos citas, ameaçava tornar a conquista singularmente difícil.

Após um curto repouso, Alexandre atravessou rapidamente os desfiladeiros formados pelos contrafortes setentrionais das montanhas, desceu ao longo do Aornos e atravessou as férteis planícies da Báctria para chegar a Bactres, capital do território. Não encontrou resistência.

Enquanto o inimigo estava longe, Bessus, convencido de que as suas devastações e a altitude das montanhas eram suficientes para proteger o território, pouco havia se preocupado com o avanço de Alexandre. Porém, mal foi informado de que o inimigo estava nos portões de Bactres, fugiu com toda a pressa, atravessou o Oxus e retirou-se para Nautaca com seu exército, depois de ter queimado os barcos com os quais atravessara o rio. Ainda contava com alguns milhares de sogdianos sob as ordens de Espitameno e de Oxiarte, assim como os daerianos de Tanais. Os cavaleiros bactrianos, vendo o país entregue ao inimigo, abandonaram Bessus e se espalharam pelo território, de modo que Alexandre pôde submeter facilmente toda a região até o vale do Oxus. Por volta da mesma época, Artabaze e Erígios voltaram da Ária. Satibarzanes fora vencido após um curto combate; o corajoso Erígios o tinha abatido com as próprias mãos. Os arianos logo depuseram as armas e se submeteram. Alexandre enviou para essa região o soliano Estassanor, com ordens de prender o sátrapa Arsames – que desempenhara um papel equívoco no transcurso dessa revolta – e assumir em seu lugar o governo da província. O velho Artabaze recebeu a rica satrapia da Báctria. A cidade de Aornos, situada na entrada setentrional das passagens, foi escolhida como arsenal.

Os veteranos que haviam se tornado inaptos para o ofício das armas e os voluntários tessalianos cujo tempo de serviço havia acabado foram mandados de volta para casa.

Na primavera de 329 tudo estava pronto para a marcha contra a Transoxiana. A posição estratégica desse território e os elementos que o compunham poderiam permitir que ele resistisse por muito tempo se estivesse sob o comando de um sátrapa enérgico. Era fácil defender o vale fértil e muito povoado de Maracanda, protegido a oeste por imensos desertos e ao sul, a leste e ao norte por altas montanhas nas quais só se abrem desfiladeiros quase intransponíveis. Além disso, o inimigo podia perturbar constantemente a Ária, a Pártia e a Hircânia. Ali era possível reunir facilmente exércitos consideráveis. As nuvens de cavaleiros daerianos e massagetas que percorriam os desertos ocidentais, assim como as hordas citas estabelecidas na outra margem do Jaxarta, estavam sempre prontas a efetuar incursões e ataques de surpresa. Mesmo alguns príncipes indianos haviam se declarado prontos a se juntar em uma guerra contra Alexandre. Em caso de vitória dos macedônios, os desertos do oeste, assim como as cidadelas rochosas da parte montanhosa do território, ofereceriam refúgios seguros e centros de reunião de onde poderiam partir novas insurreições.

Para Alexandre, era muito importante apoderar-se da pessoa de Bessus antes que o título usurpado permitisse que ele provocasse uma rebelião geral.

Alexandre deixou Bactres para persegui-lo. Depois de uma marcha penosa através da região árida que separa Bactres e o Oxus, o exército atingiu a margem desse rio, largo, profundo, poderoso e impetuoso. Não havia canoas. Não era possível pensar em atravessá-lo a nado ou a vau. Construir uma ponte tomaria muito tempo, pois não havia madeira suficiente nas proximidades, e a violência da corrente poderia carregar os pilares. Alexandre decidiu empregar o método que tinha dado bom resultado na travessia do Danúbio. Mandou encher de palha e amarrar umas às outras as peles de animais que os soldados usavam para se deitar. Depois de tê-las consolidado com pranchas e traves, mandou colocá-las na água como pontões. Construiu assim uma passagem flutuante, graças à qual o exército inteiro atravessou o rio em cinco dias. Sem perder tempo, Alexandre tomou o caminho para Nautaca.

Durante esse tempo, Bessus havia chegado a uma curva do seu destino. Sempre em fuga diante de Alexandre, incapaz de agir e de tomar uma decisão, ele parecia reduzir a nada as derradeiras esperanças dos Grandes que o rodeavam. Apesar dos reveses, o título que usava ainda lhes inspirava respeito. Porém, tudo parecia permitido em relação a um regicida. O sogdiano Espitamenes, advertido da aproximação do inimigo, acreditou que era chegado o momento de obter os favores de Alexandre, traindo o assassino. Comunicou seu projeto aos príncipes Datafernes, Catanes e Oxiarte; estes se puseram rapidamente de acordo, prenderam o "rei Artaxerxes" e mandaram dizer a Alexandre que lhe entregariam Bessus se ele lhes enviasse um destacamento do exército para levá-lo. Ao receber a notícia, Alexandre concedeu algum repouso às tropas e despachou na frente Ptolomeu, filho de Lagos, com uma escolta suficiente para manter no respeito o exército dos bárbaros, se este desse a impressão de se opor à entrega do usurpador. Os 6 mil homens percorreram, em quatro dias, um caminho que exige habitualmente dez dias de marcha e chegaram ao local onde Espitamenes tinha acampado na véspera. Lá, Ptolomeu foi informado de que Espitamenes e Datafernes hesitavam em entregar-lhe Bessus. Ele deu à sua infantaria ordem de avançar lentamente, enquanto prosseguia o caminho à frente dos cavaleiros. Logo eles chegaram aos muros de uma localidade na qual Bessus, abandonado pelos conjurados, havia se refugiado com um punhado de homens fiéis. No último momento, os príncipes tinham tido escrúpulos de entregá-lo com as próprias mãos. Ptolomeu cercou a povoação e mandou anunciar por um arauto que se comprometia a poupar a vida dos habitantes se lhe entregassem Bessus. Abriram-se as portas. Os macedônios penetraram na cidade, apoderaram-se de Bessus e se retiraram em fileiras cerradas, a fim de encontrar Alexandre com o prisioneiro. Ptolomeu mandou perguntar ao rei como ele desejava que Bessus lhe fosse levado. Alexandre ordenou que ele fosse deixado nu e com correntes no pescoço à direita da estrada por onde Alexandre passaria com seu exército. Assim foi feito. O exército desfilou diante do traidor. Quando Alexandre chegou onde Bessus estava, parou o carro e perguntou por que ele tinha capturado e assassinado Dario, seu senhor e seu rei, seu parente e seu benfeitor. Bessus respondeu que não tinha agido por conta própria, mas em comum acordo com todos os que naquele momento estavam no acampamento de Dario. Eles esperavam obter assim os favores do rei da Macedônia. Alexandre ordenou que ele fosse açoitado com vergas e mandou que um arauto repetisse as palavras do regicida. As tropas admiraram a equidade do rei. Bessus foi entregue a Oxatres, irmão de Dario, e conduzido a Bactres para ser julgado.

A versão de Aristóbulo difere sensivelmente da de Ptolomeu. Segundo ele, Espitamenes e Datafernes teriam entregue Bessus a Alexandre. Embora o relatório do general encarregado de comandar a expedição pareça mais verossímil, podemos reter da versão de Aristóbulo que Espitamenes e Datafernes logo passaram a fazer parte do séquito de Alexandre, e o rei deixou a ambos a posse dos territórios.

XXIII

CAMPANHA DA SOGDIANA ∽ OS HIPARCOS ∽ CONFIGURAÇÃO GEOGRÁFICA DA SOGDIANA E DA OXIANA ∽ REVOLTA DE ESPITAMENO ∽ TOMADA DAS SETE CIDADES ∽ FUNDAÇÃO DE ALEXANDRIA DO TANAIS ∽ COMBATE CONTRA OS CITAS ∽ SUBMISSÃO DAS TRIBOS NÔMADES DO JAXARTA

Alexandre deixou Nautaca e dirigiu-se para Maracanda (Samarcanda), capital da Sogdiana, onde deixou uma guarnição e prosseguiu na direção de Jaxarta. Exigiu dos habitantes, como tributo, um número considerável de cavalos de montaria para suprir as perdas sofridas por sua cavalaria no decorrer das fatigantes marchas pelas montanhas.

Uma nota de nossas fontes merece ser assinalada. Ela nos informa que Alexandre convocou a Zariaspa os "hiparcos do território da Báctria". Para descrever essa assembleia, os gregos empregaram o termo que serve habitualmente para designar as revistas militares que o rei dos persas efetuava todos os anos na Carmânia. Mesmo que Alexandre tenha convocado os hiparcos bactrianos apenas para passá-los em revista e convidá-los a seguir com seu exército, sabemos que ele não agiu assim em nenhuma outra parte do império. Será que pensava em dar aos territórios ribeirinhos do Oxus uma forma de governo diferente daquela que havia imposto às outras províncias conquistadas? Veremos adiante que, na Sogdiana, ele nomeou "rei" um dos Grandes do país, desposou a filha de outro, deixou para um terceiro – expressamente designado pelo nome de hiparco – sua cidadela e seus domínios, depois de tê-lo obrigado a capitular, e concedeu favores excepcionais a um quarto, restituindo-lhe territórios ainda mais vastos. Evocados pelos autores antigos, os hiparcos, nobres proprietários de fortalezas e de terras, pareciam ser senhores feudais, príncipes que mantinham com o chefe do império relações semelhantes às do vassalo com o suserano. Eles forneciam os quadros que permitiam instaurar no país uma administração em conformidade com a estrutura social. Talvez a nomeação de Artabazes na Báctria correspondesse a uma preocupação desse tipo.

Enquanto avançava para Maracanda, Alexandre pôde ter uma ideia aproximada da configuração geográfica do território transoxiano. Pouco antes, no transcurso da marcha sobre Nautaca (Karschi), ele tivera à esquerda o deserto e à direita os primeiros contrafortes de um maciço montanhoso que chegava a ter 3 mil pés de altura. Vira faiscar um cume nevado – o Hazreti-Sultan – cerca de 10 milhas a oeste no momento em que transpusera o desfiladeiro de Karatube (entre Nautaca e Shehrisebz). Deixando o vale do Kaschka, Alexandre desceu contornando o rio Sogd (atualmente, Zerafschan), que os gregos também chamavam de Polytimetos, na direção de Maracanda, situada mais de 2 mil pés acima do nível do mar, praticamente no mesmo meridiano que Balk. O vale elevado do Polytimetos é ladeado, no norte, por uma nova cadeia de montanhas orientada de leste para oeste, através da qual se abrem passagens que levam ao Jaxarta. Esse rio, vindo do leste, desenha uma dobra brusca na altura de Alexandria (Chodjend) e prossegue o curso em direção ao norte. Nesse local, os poderosos maciços montanhosos do sul e aqueles ainda mais elevados do norte sobrepujam o leito do rio, separando o rico vale do médio Jaxarta – o Fergana – e o vale inferior, à esquerda, que se desdobra em um grande deserto. A distância entre Alexandria e Maracanda é de cerca de 30 milhas em linha reta, entre Balk e Maracanda é de 42 milhas, e entre Balk e Alexandria é de 60 milhas – ou seja, duas vezes a distância entre Milão e a Basileia.

É preciso assinalar um segundo elemento constitutivo desse imenso território. A cidade de Anderab (Drapsaca), na qual Alexandre repousara um pouco no início do ano, depois de ter atravessado os altos desfiladeiros do Cáucaso, está quase no mesmo meridiano que o ângulo setentrional do Jaxarta em Alexandria. Portanto, quando Alexandre deixou Anderab e desceu, como parece, na direção de Kunduz, ele estava a poucas milhas do local em que o Koktscha e o Abi-Pandia – dois poderosos rios que descem dos altos maciços indianos, um, e, o outro, do gigantesco planalto de Pamir, "o teto do mundo" – se lançam no Oxus. Abaixo desse ponto, o Oxus recebe grande número de afluentes que descem do norte, do maciço montanhoso coberto de neve que se prolonga, paralelamente ao Jaxarta, por uma série de contrafortes entre os quais se abrem alguns vales escarpados. No fundo desses vales, que só se comunicam por alguns desfiladeiros quase intransponíveis, correm alguns afluentes do Oxus. A paisagem se modifica depois do quarto e mais ocidental deles, Balk. O poderoso maciço montanhoso situado entre as fontes do Derbent e do Polytimetos, perto de Maracanda, desdobra seus contrafortes em leque, nas direções oeste, sudoeste e sul. Dali jorram cursos de água que convergem para o Kashka, que passa em Nautaca para se perder em seguida nas areias do deserto. Traçando uma vasta curva do oeste para o sul, o Polytimetos também se dirige para o Oxus, passando por Bukhara, mas se perde em um pântano da estepe antes de chegar lá.

A configuração geográfica desse território teve repercussões profundas na estrutura política regional. É preciso lembrar, sobretudo, que a inclinação da bacia do Oxus vira as costas para a do Jaxarta; que o vale do Polytimetos, separado por montanhas nevadas do resto da bacia do Oxus, não passa de um bastião avançado, uma barreira que impede o acesso ao Jaxarta e ao deserto situado a oeste deste; que a cadeia de montanhas pelas quais se consegue passar nas chamadas "portas de ferro" constitui a fronteira natural entre essa parte anterior do território e os vales da Báctria propriamente dita; que, por fim, graças ao planalto do Pamir, a região possui uma clausura e uma defesa contra as hordas da Ásia Central. Esses dados sumários ajudam a compreender as operações militares de Alexandre na região.

Ele deixou Maracanda e dirigiu-se para nordeste a fim de atingir as margens do Tanais, que os habitantes chamavam de Jaxarta, ou "grande rio". A rota estratégica que ia de Maracanda a Cirópolis, a última cidade do império, atravessava a terra de Uratubé e as montanhas oxianas habitadas por tribos de bandoleiros montanheses. Algumas colunas de macedônios, que haviam se perdido nas montanhas enquanto buscavam forragem, foram atacadas de surpresa e massacradas ou aprisionadas pelos bárbaros. Alexandre logo se pôs a caminho, à frente de tropas leves, para castigar os atacantes. Estes, cerca de 30 mil, haviam se retirado para os seus antros – espécie de fortalezas naturais – de onde repeliram os macedônios a pedradas e flechadas, fazendo numerosos feridos. Uma flecha fraturou a tíbia de Alexandre. Inflamados pela cólera, seus homens finalmente escalaram as colinas. Muitos bárbaros foram mortos, outros se atiraram nos precipícios. Apenas cerca de 8 mil deles escaparam e aceitaram submeter-se ao rei.

Alexandre deixou, então, essa região montanhosa e tornou a subir para o norte, dessa vez sem encontrar resistência. A especificidade dessa província, conhecida como Fergana, fez dela em todos os tempos uma fronteira étnica e uma muralha que protegeu os povos cultivados do Oriente das hordas selvagens da estepe turaniana. Limitada no sul e no leste por montanhas elevadas e no norte pelo rio torrencial, ela só está aberta a incursões estrangeiras pelo oeste e o noroeste. Porém, nas estepes selvagens que se desdobram de ambos os lados do Jaxarta inferior galopam as tribos nômades às quais a Antiguidade deu o nome coletivo de citas. São os turanianos das antigas lendas parsis.[90] Contra as invasões deles foi edificada essa curiosa cadeia de fortalezas que conserva importância até hoje, apesar das flutuações étnicas e políticas. Alexandre encontrou sete cidades desse tipo, distantes umas das outras apenas algumas milhas e que margeavam "a orla da estepe". A maior era a cidade de Ciro, considerada a praça-forte mais importante da região. O rei mandou que as tropas macedônias ocupassem os desfiladeiros, enquanto ele erguia acampamento com o restante do exército algumas horas a nordeste do lugar onde o Jaxarta se dobra subitamente para o norte. Alexandre observou a importância desse ponto, que constituía um bastião natural contra os saqueadores do deserto. Dali era fácil repelir as incursões dos citas vindos do norte e do leste. O local oferecia uma excelente base estratégica para uma campanha nessas paragens e poderia adquirir igual importância para as comunicações pacíficas entre os povos. É lícito pensar que desde aquela época havia relações comerciais entre a planície e as regiões superiores da Ásia Central. Era lá que desembocava a rota de Kaschgar, a única que conduzia ao território dos serianos e descia ao longo da vertiginosa muralha do Tian-chan, que em alguns lugares tem cerca de 25 mil pés de altura. Em resumo, tudo contribuía para fazer dessa encruzilhada o lugar ideal para estabelecer o mercado central das populações da vizinhança.

---

90. Os parsis eram persas adoradores de Zoroastro. Foram obrigados a fugir para a Índia por causa da intolerância religiosa. [N.T.]

As relações pareciam assumir uma forma amistosa. Os abianos e os citas enviaram embaixadores ao rei para acertar tratados de paz e amizade. Na volta, Alexandre encarregou alguns heteres de acompanhar os embaixadores, sob o pretexto de transmitir saudações ao rei, mas na realidade para colher informações sobre as dimensões do território e o número de habitantes, seus costumes, aptidões físicas e maneiras de guerrear.

Nesse período, um movimento começou a esboçar-se na retaguarda do exército macedônio e ganhou extensão inquietante. O ódio contra o conquistador estrangeiro e a violência exaltada que caracterizou em todos os tempos a classe dominante desses territórios só precisavam de um pretexto e de um chefe para se transformar em rebelião selvagem. Espitameno, frustrado em suas esperanças, apressou-se a explorar esse descontentamento, tirando proveito da ausência de Alexandre e da confiança que este investira nele. Os sogdianos que haviam tomado parte, junto com ele, na fuga de Bessus e na sua captura formaram o núcleo da insurreição, à qual as populações das Sete Cidades parecem ter dado o primeiro impulso. As guarnições que Alexandre deixara nelas foram massacradas. A revolta rugiu em todo o vale do Sogd. A guarnição pouco numerosa de Maracanda não tinha condições de resistir e dava a impressão de estar destinada à mesma sorte. Massagetas, daerianos e saces do deserto – enfim, todos os antigos companheiros de armas de Espitameno –, incitados pela perspectiva da pilhagem e do butim, juntaram-se logo ao movimento. Espalhou-se pela Báctria o boato de que a assembleia dos hiparcos, convocada por Alexandre em Zariaspa, tinha como objetivo exterminar com um único golpe todos os chefes do território. Os sogdianos resolveram se antecipar ao perigo e assegurar a independência antes que fosse tarde demais. Oxiartes, Catanes, Coriano, Haustanes e muitos outros tomaram o partido de Espitameno. A notícia desses acontecimentos espalhou-se para além do Jaxarta e chegou até as estepes dos citas asiáticos. Sedentos de matança e de pilhagem, as hordas se reuniram nas margens do rio, a fim de atravessá-lo a cavalo e cair sobre os macedônios no momento em que os sogdianos tivessem alcançado o primeiro sucesso. De uma só vez, Alexandre ficou cercado por imensos perigos. A menor derrota ou o mínimo atraso poderiam acarretar sua morte e o aniquilamento do exército. Todo seu gênio e toda sua sorte não seriam o bastante para livrá-lo dessa perigosa situação.

Ele marchou com pressa para Gaza, a mais próxima das sete fortalezas, depois de ter enviado Cratero a Cirópolis – onde estava reunida a maioria dos bárbaros da região – com ordens de cercar o lugar e mandar construir aríetes. Chegando diante de Gaza, Alexandre logo iniciou o ataque às fortificações, aliás pouco elevadas. Enquanto os fundeiros, os arqueiros e as catapultas lançavam contra a muralha uma saraivada de projéteis, a infantaria pesada avançou para um assalto por todos os lados ao mesmo tempo. Escadas foram lançadas, as muralhas escaladas e os macedônios logo se apoderaram da cidade. Por ordem de Alexandre, todos os homens foram passados a fio de espada, as mulheres, as crianças e os bens foram entregues aos soldados e a cidade foi incendiada. A segunda fortaleza foi atacada e tomada de assalto naquele mesmo dia, e seus habitantes sofreram a mesma sorte. Na manhã seguinte, as falanges avançaram para os muros da terceira cidade, que também caiu no primeiro assalto. Os bárbaros das duas fortalezas seguintes viram erguer-se no horizonte a fumaça das cidades incendiadas. Alguns fugitivos, que tinham conseguido escapar do fogaréu, espalharam a notícia do massacre. Considerando-se perdidos, os bárbaros atiraram-se para fora dos portões e buscaram refúgio nas montanhas. Mas Alexandre previra essa eventualidade. Durante a noite, enviara a cavalaria na vanguarda com ordens de fechar os caminhos ao redor das duas cidades, de modo que os bárbaros desvairados encontraram as lanças dos esquadrões macedônios. Suas cidades foram tomadas e arrasadas.

Depois de ter se apoderado, em dois dias, das cinco cidades mais próximas, Alexandre voltou-se para Cirópolis, diante da qual Cratero e suas tropas tinham chegado na véspera. Maior do que as outras, cercada por uma muralha mais espessa e provida de uma cidadela, essa fortaleza era defendida por cerca de 15 mil homens, recrutados entre os bárbaros mais ferozes da região. Alexandre mandou que os aríetes fossem posicionados a fim de abrir brechas nas muralhas. Queria fazer o assalto logo. Enquanto toda a atenção dos sitiados estava voltada para o ponto mais ameaçado, Alexandre observou que o leito do rio que atravessava a cidade estava seco e permitia que se penetrasse nela. Deu ordem aos hipaspistas, aos agrianos e aos arqueiros para atacarem o portão, enquanto ele penetrava na cidade sem ser percebido, à frente de um punhado de soldados experientes, que conseguiram abrir o portão. Os macedônios lançaram-se para o interior da fortaleza. Vendo-se perdidos, os bárbaros opuseram uma feroz resistência e atiraram-se com furor contra as tropas que cercavam Alexandre. Seguiu-se uma horrível carnificina. Alexandre, Cratero e grande número de oficiais foram feridos. Por isso os macedônios combateram ainda com mais furor. Enquanto se apoderavam da praça do mercado, o restante das tropas escalou as muralhas. Depois de terem perdido 8 mil homens, os bárbaros, cercados por todos os lados, correram para a cidadela. Alexandre logo mandou que ela fosse sitiada. Sua tomada não lhe custou grandes esforços: a falta de água obrigou os bárbaros a capitular.

Depois da queda da sexta cidade, a sétima dificilmente poderia oferecer resistência séria. Segundo a narrativa de Ptolomeu, ela rendeu-se incondicionalmente antes mesmo de ser atacada. Alexandre castigou os insurretos com o máximo rigor, pois esse território era excepcionalmente importante. Ele não conseguiria se apoderar da Sogdiana enquanto não fosse senhor absoluto dos desfiladeiros. Para introduzir na Transoxiana a nova ordem que transformaria essa terra por alguns séculos seria necessário que o sangue do adversário corresse e a antiga ordem fosse aniquilada.

Apoderando-se das Sete Cidades, cujos habitantes restantes foram deportados sob grilhões e transferidos para a recém-fundada Alexandria do Tanais, Alexandre havia assegurado o retorno para a Sogdiana. Já era hora de levar auxílio para a guarnição de Maracanda, sitiada por Espitameno. Porém, as hordas citas, encorajadas pela revolta das Sete Cidades, já haviam se reunido na margem setentrional do rio, pretendendo cair sobre as costas do exército no momento em que ele batesse em retirada. Se Alexandre não quisesse perder o benefício das conquistas na margem do Tanais, precisaria reforçar consideravelmente a posição na margem do rio e tirar dos citas a vontade de renovar façanhas. Ele contentou-se, portanto, naquele momento, em enviar para Maracanda vários milhares de homens como reforço. Em vinte dias, a nova cidade estava devidamente fortificada para repelir os primeiros ataques inimigos e contava com casas suficientes para abrigar os novos colonos. A primeira população compôs-se de veteranos macedônios, de uma parte dos mercenários gregos, de todos os bárbaros da região que expressaram esse desejo e, por fim, das famílias trazidas à força das cidades destruídas. O rei celebrou os sacrifícios costumeiros e organizou jogos e combates de todos os tipos. Por fim, batizou a cidade com o nome de Alexandria.

Durante esse período, as hordas citas galopavam sempre na outra margem do rio e de vez em quando disparavam flechas contra os macedônios para incitá-los ao combate. Faziam uma balbúrdia ensurdecedora, afirmando que os intrusos estrangeiros jamais ousariam se medir com os citas; se, por infelicidade, quisessem ousar, aprenderiam a diferença que separava esses filhos do deserto e os persas efeminados. Alexandre decidiu atravessar o rio e atacá-los. Consultou os áugures, mas as vísceras só lhe ofereceram presságios desfavoráveis. Além disso, ainda não podia participar em mais um combate, pois não estava suficientemente curado da ferida que recebera quando da tomada de Cirópolis. No entanto, quando os citas redobraram a insolência e as mais alarmantes notícias chegaram da Sogdiana, o rei mandou que o adivinho Aristandro fizesse novos sacrifícios a fim de conhecer a vontade dos deuses. De novo as entranhas das vítimas não pressagiaram nada de bom: indicaram um perigo pessoal para o rei. Mesmo assim, declarando que preferia se expor aos piores perigos a ser motivo de zombaria dos bárbaros, Alexandre mandou que as tropas se desdobrassem ao longo do rio, deu ordem para que as fundas e as catapultas fossem postas em bateria e mandou preparar as peles de animais que serviam para atravessar os cursos de água. Enquanto os citas galopavam ao longo da margem oposta, dando gritos guturais, as legiões macedônias, equipadas com todas as armas, avançaram ao longo da margem meridional, precedidas pelas catapultas que começaram subitamente a lançar pedras contra os adversários. Os citas semisselvagens jamais tinham visto algo semelhante. Estupefatos e desconcertados, retiraram-se da margem, enquanto as tropas de Alexandre começavam a atravessar o rio ao som das trombetas. Fundeiros e arqueiros, os primeiros a chegar à outra margem, deram cobertura à passagem da cavalaria. Logo que esta atravessou o rio, os sarissóforos e os 12 mil pesados cavaleiros mercenários começaram o combate. Os citas, tão prontos para a retirada quanto incisivos no ataque, logo os cercaram por todos os lados, cobrindo-os com uma chuva de flechas. Mesmo evitando travar combate, molestavam duramente os macedônios, mais fracos em número. Nesse momento, os arqueiros, os agrianos e a infantaria leve lançaram-se sobre o inimigo. Logo travou-se um corpo a corpo em diferentes pontos. A fim de forçar a decisão, o rei deu a três hiparquias dos heteres e aos acontes montados a ordem de investir contra o adversário.[91] Ele próprio atirou-se no flanco do inimigo à frente dos outros esquadrões e não tardou a deslocá-lo, de modo que os citas, não podendo se dispersar para travar combates volantes, começaram a perder terreno e a bater em retirada. Os macedônios os perseguiram com as últimas energias. A rapidez dos movimentos, o calor opressivo e a sede tornaram a perseguição muito penosa. Alexandre, extenuado pelo combate, bebeu água estagnada, apanhada em uma das poças da estepe. Os efeitos dessa imprudência não tardaram a se fazer sentir. Alexandre nem por isso deixou de continuar perseguindo o inimigo durante muitas milhas. Subitamente, suas forças o traíram e ele tombou inconsciente. A perseguição foi interrompida. Carregaram o rei para o acampamento, tiritando de febre. Sua vida estava ameaçada, e a expedição corria perigo.

Mas ele se restabeleceu rapidamente. e a ofensiva contra os citas obteve os resultados desejados. O rei deles enviou embaixadores ao acampamento macedônio para apresentar desculpas a Alexandre. Eles declararam que a nação não tivera nenhuma participação nessas hostilidades, efetuadas à revelia do rei por um punhado de fanáticos seduzidos pela atração do butim. O rei dos citas deplorava os problemas que tinham causado. Declarou-se pronto a se submeter às ordens do "Grande Rei". Alexandre devolveu-lhe sem resgate os cerca de 150 prisioneiros feitos no decorrer do combate; esse sinal de generosidade impressionou grandemente os bárbaros. Junto com as extraordinárias proezas militares, conferiu a Alexandre uma auréola e um prestígio quase sobre-humanos. Do mesmo modo que às margens do Danúbio, sete anos antes, alguns povos não vencidos tinham vindo prestar-lhe homenagem, os saces também enviaram embaixadores para estabelecer um tratado de paz e amizade. Com esse fato, todos os povos residentes na vizinhança de Alexandria

---

91. Como foi esclarecido em outros pontos da narrativa, as hiparquias reuniam 24 esquadrões de cavalaria; os heteres, ou "companheiros de armas", eram integrantes da nobreza militar macedônia; e os acontes eram lançadores de dardos. [N.T.]

do Tanais ficaram pacificados e contraíram com o império os laços com os quais Alexandre teve de se contentar naquele momento a fim de poder retornar o mais cedo possível para a Sogdiana.

XXIV

MASSACRE DOS MACEDÔNIOS NA SOGDIANA ∽ CHEGADA DE ALEXANDRE ∽ FUGA DE ESPITAMENO ∽ SUBMISSÃO DA BÁCTRIA ∽ ESTADIA EM ZARIASPA ∽ EMBAIXADA DOS CITAS ∽ PROPOSIÇÕES DE FARASMANO ∽ UNIDADE DOS OBJETIVOS DE ALEXANDRE ∽ SEGUNDA REVOLTA NA SOGDIANA ∽ PACIFICAÇÃO DEFINITIVA DESSE TERRITÓRIO ∽ RETORNO A MARACANDA

Na Sogdiana, com efeito, a situação era das mais críticas. A parcela mais laboriosa e habitualmente tão pacífica da população havia se juntado à revolta fomentada por Espitameno – mais, talvez, por temor do que por convicção. A guarnição macedônia de Maracanda estava sitiada e isolada, mas conseguira repelir o inimigo, efetuar uma saída e se retirar sem perdas para a cidadela. Esse ataque ocorrera no momento em que haviam chegado os reforços destacados por Alexandre após a rápida rendição das sete fortalezas. Ao tomar conhecimento dessa notícia, Espitameno havia levantado o cerco e se retirado para oeste. Nesse ínterim, as tropas enviadas por Alexandre após a queda de Cirópolis – 66 cavaleiros macedônios, oitocentos cavaleiros gregos mercenários e 1,5 mil mercenários da infantaria pesada – chegaram a Maracanda. Alexandre os tinha colocado sob as ordens do lício Farnúcio, um diplomata que conhecia a língua do país, querendo antes de tudo reconciliar-se com a população e convencido de que a simples aparição de um destacamento do exército macedônio seria suficiente para derrotar os rebeldes.

Vendo que Espitameno tinha evacuado a região de Maracanda, os macedônios haviam se apressado a persegui-lo. Com a aproximação, ele mergulhara no deserto que servia de fronteira para a Sogdiana. Chegando lá, os macedônios acreditaram que era oportuno penetrar mais para dentro da estepe, a fim de castigar os citas do deserto que pareciam ter oferecido asilo aos rebeldes. Esse ataque intempestivo contra os citas teve como resultado permitir que Espitameno os conquistasse para sua causa e aumentasse suas tropas com seiscentos cavaleiros intrépidos, recrutados entre as tribos nômades da região. Ele avançou então até a orla da estepe, onde encontrou os macedônios. Sem deixar que tivessem tempo de se posicionar, Espitameno pôs-se a molestar a infantaria macedônia, a disparar contra ela flechas a distância, a fugir dos ataques dos cavaleiros helênicos, a esgotá-la com perseguições intermináveis nas quais os citas tinham vantagem graças à rapidez dos seus cavalos asiáticos, enfim, a renovar incessantemente os ataques em diferentes pontos, sempre de surpresa. Os cavalos dos macedônios estavam exaustos por causa das marchas extenuantes e da penúria de forragem. Inumeráveis cadáveres enchiam a planície. Farnúcio exigiu que os três chefes assumissem o comando das tropas, pois ele não era soldado e sua missão era a de um embaixador, não a de um militar. Eles recusaram-se a assumir a responsabilidade por uma expedição já tão gravemente comprometida. Começaram a bater em retirada em direção ao rio, a fim de resistir aos ataques do inimigo protegidos pelos juncos que cresciam na margem. Essa tentativa de escapar da morte fracassou pela ausência de um comando único. Chegando à beira do rio, Caranos, sem prevenir os outros chefes, passou para a outra margem com seus cavaleiros, a fim de se juntar novamente a Andrômaco. A infantaria, desvairada e acreditando-se perdida, correu atrás dele. Mal os bárbaros perceberam isso, lançaram-se sobre ela, a deslocaram e obrigaram os sobreviventes a se refugiarem em uma ilhota, onde foram transpassados de flechas. Alguns foram feitos prisioneiros e apunhalados. A maioria, inclusive os comandantes, morreu no transcorrer do combate. Só quatrocentos cavaleiros e trezentos soldados de infantaria conseguiram se salvar. Animado pelo sucesso e apoiado pela população, Espitameno voltou a montar o cerco a Maracanda.

Essas notícias obrigaram o rei a resolver no mais breve prazo a situação dos bandos de citas na beira do Tanais. Na recém-fundada cidade de Alexandria ele já possuía um posto de observação de primeira ordem e uma posição firme para as futuras operações. Não podendo fazer mais, pelo menos naquele momento, apressou-se a marchar em direção ao vale do Sogd, à frente da infantaria leve, dos hipaspistas e da metade das hiparquias, enquanto Cratero o seguia com o restante do exército. Chegou a Maracanda após quatro dias de marchas forçadas. Espitameno fugira ao receber a notícia dessa aproximação. O rei o perseguiu. Seu caminho conduziu-o através da região fluvial onde ainda jaziam os cadáveres dos guerreiros macedônios. Ele mandou enterrá-los com uma solenidade compatível com a rapidez de seus movimentos e retomou a perseguição do inimigo até o deserto que se estendia a perder de vista para o oeste e o norte. Chegando ali, renunciou a continuar a perseguição. Espitameno e suas tropas estavam virtualmente expulsos do território. Os sogdianos, conscientes da sua culpa e cheios de terror diante da cólera legítima do rei, com a aproximação deste, haviam se entrincheirado atrás das fortificações das cidades, mas Alexandre, querendo primeiro castigar Espitameno, passara diante delas sem se deter. Porém, no seu retorno do deserto, o rei começou a devastar o território, a queimar aldeias e a arrasar cidades. Os antigos estimam em cerca de 120 mil o número de bárbaros massacrados no decorrer dessas sangrentas represálias.

Depois de ter restabelecido a ordem na Sogdiana, Alexandre, deixando para trás Peukolaos com uma guarnição de 3 mil homens, foi para Zariaspa, na Báctria, para onde convocara todos os hiparcos do território. Será que os bactrianos, apavorados com o castigo exemplar infligido aos sogdianos, aceitariam submeter-se de bom grado? Será que tinham renunciado, desde o início, a se juntar a uma insurreição cujo resultado parecia incerto? Em todo caso, Alexandre não julgou necessário entregar-se a medidas de repressão na Báctria. Apenas uma duvidosa nota de nossas fontes menciona uma expedição punitiva que ele planejava contra essa província. Aqueles entre os Grandes que haviam se comprometido no levante da Sogdiana julgaram mais prudente refugiar-se nas montanhas e se entrincheirar em fortalezas.

O inverno que Alexandre passou em Zariaspa, entre 329 e 328, é curioso em muitos aspectos. A reunião dos notáveis da Báctria, a chegada de novos povos guerreiros do Ocidente, a recepção de inumeráveis embaixadas enviadas pelas nações europeias e asiáticas, a turbulência atlética do exército – sempre vitorioso e aguerrido pelos combates –, o contraste pitoresco oferecido pela dura vida do acampamento macedônio, o fausto oriental e a cultura helênica, tal é o quadro estranho, mas característico, que oferecia a corte desse rei juvenil. Ele sabia muito bem que seria necessário acrescentar, à glória de suas vitórias e de suas inaugurações, a pompa solene do Oriente, se quisesse que os povos recentemente conquistados ficassem espantados com uma grandeza que eles já se sentiam prontos para adorar como uma manifestação sobre-humana.

Lá Alexandre procedeu ao julgamento de Bessus. Em conformidade com os costumes persas, o regicida, sempre acorrentado, foi levado diante da assembleia dos Grandes, convocados a Zariaspa. O próprio Alexandre pronunciou o ato de acusação; os nobres, ao que parece, declararam-no culpado. Sempre seguindo os costumes orientais, Alexandre ordenou então que lhe cortassem o nariz e as orelhas, que fosse conduzido a Ecbatana e que ali fosse crucificado em uma árvore no dia da festa dos persas e dos medos. Depois de ter sido mutilado e açoitado diante dos Grandes, ele foi conduzido a Ecbatana para ser executado.

Por volta dessa mesma época, Fratafernes, sátrapa da Pártia, e Estassanor, sátrapa da Ária, chegaram a Zariaspa. Levavam acorrentado o infiel Arsames, que favorecera a insurreição de Satibarzanes, o persa Barzanes, que recebera de Bessus a satrapia da Pártia, e alguns outros Grandes que tinham colaborado com o usurpador. Os últimos vestígios de oposição estavam aniquilados.

Entre as embaixadas que chegaram ao acampamento do rei durante o decorrer do inverno, a dos citas foi uma das mais curiosas. No verão precedente, Alexandre encarregara alguns heteres de acompanhar de volta às suas casas os embaixadores bárbaros. Esses heteres agora retornavam, escoltados por uma segunda embaixada, que trazia ao rei da Macedônia a homenagem renovada do povo cita e os presentes que lhes pareciam mais preciosos. Seu soberano falecera havia pouco tempo. Seu irmão, que lhe sucedera no trono, apressava-se a transmitir a Alexandre garantia de fidelidade e de devotamento. A fim de provar intenções puras, lhe ofereceu a filha em casamento. Se Alexandre rejeitasse a proposta, que ao menos autorizasse os Grandes do exército e da corte a desposar as filhas dos seus dignitários e dos seus chefes de tribo. O rei bárbaro se declarava pronto a ir pessoalmente ao acampamento de Alexandre, se ele o desejasse. A resposta de Alexandre foi de acordo com o seu poderio e as circunstâncias do momento. Sem aceitar o projeto de união, enviou de volta os embaixadores cobertos de ricos presentes.

Ao mesmo tempo, Farasmano, rei dos corasmianos, tinha chegado a Zariaspa com uma escolta de 1,5 mil homens a fim de prestar homenagem ao Grande Rei. Ele temia que a hospitalidade encontrada por Espitameno entre os massagetas, tribo limítrofe da sua, o tivesse tornado suspeito aos olhos de Alexandre. Farasmano reinava no território do Oxus inferior. Propôs a Alexandre realizar uma expedição contra os colquianos, que declarava serem seus vizinhos; ofereceu-se, além disso, para servir-lhe de guia e para prover as necessidades do seu exército enquanto durassem as operações.

A resposta de Alexandre nos permite admirar sua unidade de objetivos. Ela nos revela que, apesar da ousadia, seus projetos baseavam-se em profundo conhecimento desses territórios cujo nome aparece pela primeira vez nos documentos que relatam as peripécias da conquista. Por observações pessoais e pelos relatórios de embaixadores, ele se convencera de que o oceano – que, segundo acreditava, se comunicava diretamente com o mar Cáspio – não era a fronteira setentrional do império persa; não podia considerá-lo como limite natural das conquistas na direção norte, pois nessa direção a planície dos citas ainda se estendia por distâncias incomensuráveis. Porém, ele percebia perfeitamente que devia apoderar-se a qualquer custo dos vales que cercavam o altiplano da Pérsia. Seu objetivo imediato era obrigá-los a se submeter. A posteridade reconheceu quanto ele tinha razão ao fazer do Eufrates e do Tigre, do Oxus e do Jaxarta, do Indo e do Hidaspe os pontos de apoio da sua soberania sobre a Pérsia e a Ariana. Por isso ele respondeu a Farasmano que não podia pensar naquele momento em penetrar nas províncias pônticas,[92] já que sua próxima campanha devia ter como objetivo conquistar as Índias. Uma vez senhor da Ásia, ele contava retornar à Hélade. Atravessaria então o Helesponto e entraria no Bósforo e no Ponto à frente dos seus exércitos. Pediu a Farasmano que tivesse paciência e reservasse sua colaboração para uma data ulterior. Limitou-se a fazer com ele um tratado de amizade. Recomendou-o aos sátrapas da Báctria, da Pártia e da Ária e mandou-o para casa, depois de tê-lo coberto de ricos presentes.

Porém, as circunstâncias ainda não lhe permitiam realizar a conquista das Índias. A Sogdiana estava submetida, mas a terrível punição que Alexandre

---

92. Regiões nas proximidades do mar Negro. [N.T.]

havia infligido às populações revoltadas, longe de acalmar os espíritos, parecia provocar, como contragolpe, reações inesperadas. Indignados com a brutalidade do tratamento a que haviam sido submetidos, os habitantes sentiram-se invadidos pela cólera e pelo desespero. Reuniram-se aos milhares nas fortalezas, nas montanhas, nos castelos dos senhores e nas terras altas que serviam de fronteira à Oxiana. Por toda parte onde a natureza lhes oferecia um refúgio, os rebeldes se reuniram em bandos ainda mais perigosos porque os revoltados não tinham nada a perder. Peukolaos, com seus 3 mil homens, não conseguia manter a ordem e proteger as terras baixas. Por todos os lados as massas entravam em ebulição, os insurretos se concentravam e só parecia faltar-lhes um chefe capaz de tirar proveito da ausência de Alexandre. Espitameno, que, a julgar por seu ataque nas margens do Polytimetos, tinha algum talento militar, não parece ter participado dessa segunda rebelião dos sogdianos. Caso contrário, como explicar que ele não tenha acorrido mais rapidamente com seus cavaleiros citas? O fato de que Alexandre tenha deixado a revolta adquirir tal extensão antes de intervir prova que naquele momento ele não dispunha das forças necessárias para reprimi-la. Os efetivos das guarnições que deixara nas cidades que havia fundado na Aracósia, no Paropamisos e na beira do Tanais tinham diminuído consideravelmente. Ele não devia ter mais do que 10 mil homens válidos. Só no transcorrer do inverno reforços numerosos chegaram do Ocidente: uma coluna de soldados de infantaria e de cavaleiros, recrutados por Nearco, sátrapa da Lícia, e por Asandro, estratego da Cária; uma segunda coluna, conduzida por Asclepiodoro, sátrapa da Síria, e por Menes, o Hiparco; uma terceira sob o comando de Epokillos, Mênidas e Ptolomeu, estratego dos trácios – ao todo, perto de 17 mil soldados de infantaria e 2,6 mil cavaleiros. Foi somente então que o rei teve tropas suficientes para pacificar a Sogdiana e perseguir os insurretos até os últimos refúgios. Deixando para trás, nos hospitais do acampamento, os cavaleiros macedônios feridos no transcurso da última campanha, sob a guarda de cerca de oitenta mercenários a cavalo e de alguns efebos reais, Alexandre deixou Zariaspa na primavera de 328. O exército dirigiu-se para o Oxus. Uma fonte que brotou subitamente da terra, ao lado da tenda real, foi interpretada pelo adivinho Aristandro como presságio de vitória. Porém, ele acrescentou que a vitória custaria muito caro. Foi necessário, com efeito, vigiar a cada instante para não se deixar surpreender pelos inimigos que caíam sobre as tropas de todos os pontos do horizonte. O rei dividiu o exército em dois grupos. Meleagro, Polisperchon, Atala e Górgias permaneceram em Bactres com suas falanges, a fim de manter o território sob controle. O restante das tropas, repartido em cinco colunas, comandadas respectivamente pelo rei, pelo hiparco Heféstion, pelo guarda-costas Ptolomeu, pelo estratego Perdicas e por Artabazes, sátrapa da Báctria – ao qual tinha se juntado o estratego Koinos –, penetrou na Sogdiana por cinco diferentes lados. Não sabemos nenhum detalhe sobre a sequência das operações. Só sabemos que todas as praças-fortes do território se submeteram, umas de bom grado, outras depois de terem sido tomadas de assalto. Em pouco tempo, a parte mais importante do território transoxiano – ou seja, o vale do Polytimetos – caiu novamente nas mãos do rei, e as cinco colunas vitoriosas convergiram para Maracanda. No entanto, o inimigo ainda ocupava as montanhas do leste e do norte. Temiam-se incursões de Espitameno, que estava refugiado entre os massagetas, sedentos de carnificina e de pilhagem. Por outro lado, era necessário tomar medidas rápidas e enérgicas para reorganizar o território e tirá-lo do marasmo físico e moral. Era importante, antes de mais nada, socorrer e apaziguar as populações, que estavam sem teto, sem abrigo e desprovidas do que era mais estritamente necessário. Com essa finalidade, o rei encarregou Heféstion de fundar novas cidades, reunir nelas os habitantes das povoações vizinhas e fornecer-lhes víveres. Alexandre enviou em seguida Koinos e Artabazes para a Cítia, a fim de capturar Espitameno, e pôs-se a caminho com o grosso do exército para completar a pacificação do território pela conquista dos últimos focos de dissidência. Apoderou-se deles sem dificuldade. Tendo terminado a obra, retornou a Maracanda para descansar.

Acontecimentos atrozes ensanguentaram os dias que ele lá passou.

XXV

ESTADIA EM MARACANDA ～ DEMISSÃO DE ARTABAZES ～ ASSASSINATO DE KLEITOS ～ DESESPERO DE ALEXANDRE ～ MORTE DE ESPITAMENO ～ TOMADA DAS FALÉSIAS SOGDIANAS ～ SOLDADOS ALADOS ～ ALEXANDRE SE APAIXONA POR ROXANE ～ RENDIÇÃO DE OXIARTE ～ TOMADA DO CASTELO DE CORIENO ～ PACIFICAÇÃO DA SOGDIANA

O velho Artabazes pedira para ser dispensado de suas funções e o rei nomeara para seu lugar, como sátrapa da Báctria, o hiparco Kleitos – o "negro Kleitos", como era conhecido. As semanas se passavam em caçadas e festins. Porém, um dia, quando acontecia uma festa dionisíaca, o rei ofereceu por descuido – dizem – um sacrifício aos Dióscuros.[93] Dioniso ficara irritado com isso. O rei caíra em desgraça, tendo sido advertido disso. Eis como as coisas se passaram. Alexandre recebera alguns frutos dos chefes da marinha e convidara Kleitos para saboreá-los junto com ele. Abandonando o sacrifício que estava em vias de realizar, Kleitos se apressara a ir para a casa do rei. Três cordeiros já consagrados correram atrás dele – o que era, segundo Aristandro, de mau agouro. O rei logo deu ordens para que fosse oferecido um sacrifício em nome de Kleitos, duplamente angustiado por um estranho sonho que tivera na véspera, no decorrer do qual vira o hiparco vestido de negro, sentado entre os filhos ensanguentados de Parmênion.

À noite, Kleitos foi jantar com o rei. O vinho correu em abundância até tarde.[94] Celebraram os altos feitos de Alexandre: suas proezas, declararam, ultra-

---

93. Nome pelo qual eram conhecidos, na mitologia, os irmãos Castor e Pólux. [N.T.]

94. Plutarco: "Ele era, no entanto, muito sóbrio, tanto no beber quanto no comer, como mostrou em diversas ocasiões, e principalmente por aquilo que disse à princesa Ada: como ela pensava agradá-lo enviando-lhe todos os dias carnes muito bem preparadas e muitas iguarias de forno e de confeitaria, e além de tudo também cozinheiros e confeiteiros que considerava excelentes em seu ofício, ele mandou lhe dizer 'que não tinha o que fazer com eles, já que seu governador Leônidas tinha lhe dado alguns bem melhores, ou seja: para o jantar, levantar-se antes do nascer do dia e marchar até

passavam as dos Dióscuros; o próprio Héracles não podia ser comparado a ele. Somente a inveja impedia que concedessem ao mortal honrarias semelhantes às desses heróis. Kleitos já estava muito excitado pelo vinho. Os acompanhantes persas do rei, a admiração exaltada dos efebos, as bajulações dos sofistas e dos oradores helênicos – dos quais o rei tolerava a intimidade – irritavam-no havia muito tempo. Essa maneira frívola de brincar com o nome de heróis legendários fez com que sua cólera transbordasse; para ele, essa não era a maneira como convinha celebrar os atos do rei, que não eram tão grandiosos quanto pretendiam os aduladores. A maior parte da sua glória cabia aos macedônios. O rei escutou com vivo desagrado essas palavras ofensivas, tanto mais que elas provinham de um homem que ele havia honrado mais do que todos. Manteve, todavia, silêncio. A discussão azedou. Chegaram ao ponto de denegrir também os méritos de Filipe. Quando afirmaram que ele não tinha realizado nada de extraordinário e que seu único título de glória era ter dado à luz o vencedor dos persas, Kleitos, furioso, ergueu-se para defender a memória do antigo rei e pôs-se a rebaixar as proezas de Alexandre. Ele glorificou a si próprio, assim como aos velhos estrategos, evocou a lembrança de Parmênion e de seus filhos assassinados e louvou a felicidade de todos os que tinham morrido ou que tinham sido executados a tempo de não verem os macedônios açoitados com as vergas médicas ou obrigados a pedir aos bárbaros autorização para aparecer diante do seu rei.[95] Vários velhos estrategos ergueram-se para contradizer suas palavras,

---

a noite e, para a ceia, comer pouco no jantar. Esse mesmo governador', dizia, 'ia muitas vezes abrir e inspecionar os caixotes onde estavam guardadas as colchas do meu leito e as minhas vestimentas, para ver se minha mãe não tinha posto lá nenhuma guloseima ou coisa supérflua'. Ele era menos afeito ao vinho do que parecia, mas o que fazia com que o considerassem assim era o longo tempo que permanecia à mesa, mais para conversar que para beber. Todas as vezes que podia, punha sempre em pauta alguma longa discussão, principalmente quando estava com muito tempo livre. Porque, quando ele tinha negócios com que se ocupar, não havia nem festim, nem banquete, nem jogo, nem núpcias, nem outros passatempos que o fizessem perder tempo, como fizeram a vários outros capitães – o que se pode reconhecer facilmente pela brevidade da sua vida e pela grandeza e multiplicidade dos altos feitos que realizou no tão pouco tempo em que viveu." [N.A.]

95. Plutarco: "Kleitos, que já tinha se excedido um pouco no vinho, além de ser por natureza um homem bastante grosseiro, arrogante e soberbo, encolerizou-se ainda mais [...] e, ficando de pé, pôs-se a replicar: 'Essa minha covardia te salvou a vida, a ti que te dizes filho dos deuses, quando tu já tinhas voltado as costas para a espada de Spitridates. Foi o sangue que esses pobres macedônios derramaram por ti, e as feridas que eles receberam combatendo por ti que te fizeram tão grande, a ponto de desdenhares o rei Filipe como pai e quereres a qualquer preço ser filho de Júpiter Amon.'

suscitadas pela cólera e pelo vinho, e esforçaram-se para apaziguar o tumulto. Alexandre voltou-se então para o seu vizinho de mesa, um heleno, e lhe disse: "Não vos parece que os gregos, entre os macedônios, são como semideuses passeando entre feras?" Mas Kleitos nem por isso deixou de vociferar e, dirigindo-se ao rei, gritou bem alto: "Esta mão que aqui está salvou-te em Granico! Continua, pois, a falar como te aprouver, mas não convides mais homens livres para tua mesa; contenta-te com bárbaros e escravos que beijam a bainha da tua túnica e se prosternam diante do teu cinturão persa!" Alexandre não pôde mais se conter. Pulou para apanhar as armas, mas seus amigos as tinham feito desaparecer. Gritou então, em macedônio, aos seus hipaspistas que vingassem o rei ultrajado. Nenhum deles se mexeu. Ordenou ao trombeteiro que tocasse o alarme e bateu-lhe no rosto quando não obedeceu. Exclamou que havia chegado ao mesmo ponto que Dario, quando este tinha sido raptado por Bessus e seus cúmplices, e que nada mais lhe restava a não ser o seu infeliz título de rei. Quem o traía era Kleitos, um homem que lhe devia tudo! Kleitos tinha sido arrastado para fora pelos amigos do rei. Porém, escutando o seu nome ser pronunciado, entrou por outra porta no salão do festim. "Aqui está Kleitos, ó Alexandre!", exclamou com um ar de desafio e pôs-se a entoar a canção "Ai, ai, pobre Grécia, onde tu caíste!".

Depois, recitou os célebres versos de Eurípides:

É o exército que conquista a vitória com sangue,
Mas a honra cabe apenas ao chefe triunfante;
Do cume das grandezas, ele despreza o povo,
Ele que, no entanto, nada é sem o povo...

Alexandre arrancou um dardo da mão de um dos guardas e atirou-o em Kleitos, que caiu morto. Assustados, os amigos se dispersaram. A cólera de

---

Irritado com essas palavras, Alexandre replicou-lhe subitamente: 'Perverso desgraçado que és, pensas que vai terminar ficando impune por tais coisas que vives comumente dizendo sobre mim, amotinando contra mim os macedônios?' E Kleitos replicou-lhe: 'Já estamos sendo punidos aqui e agora, pois Alexandre quer que recebamos pelos nossos trabalhos e labores uma tal paga que consideremos como bem-aventurados aqueles que morreram antes de ver os macedônios açoitados pelas vergas dos medas e obrigados a pedir aos persas para ter acesso e entrada perante o rei'." [N.A.]

Alexandre desvaneceu-se. O remorso, a dor e o desespero o invadiram. Dizem que ele retirou a arma do peito de Kleitos e apoiou o cabo contra o solo para suicidar-se sobre o cadáver. Os amigos conseguiram impedi-lo e levaram-no contra a vontade para a tenda. Lá, abatido pela dor e chorando copiosamente, pôs-se a invocar a morte e sua ama Laniké, que era irmã do defunto: eis como ele a recompensara pelos cuidados que ela tivera com ele! Seus filhos tinham perecido combatendo por ele! E ele tinha matado o seu irmão com as próprias mãos, embora Kleitos tivesse salvado a sua vida! Tornou a pensar em Parmênion e em seus filhos. Não parava de se acusar pelo assassinato dos amigos, de se amaldiçoar e de invocar a morte em altos brados. Durante três dias inteiros ficou prostrado sobre o cadáver de Kleitos, sem comer nem dormir, mudo de esgotamento. Somente alguns lamentos saíam de sua tenda. As tropas, cheias de ansiedade pelo seu rei, reuniram-se a fim de pronunciar o julgamento do morto. Declararam que ele tinha sido morto de maneira legítima. Clamaram longamente pelo rei, que não as escutou. Por fim, os estrategos tomaram coragem para entrar na sua tenda. Exortaram o rei a pensar no exército, no império. Disseram-lhe que, conforme os sinais revelados pelos imortais, o ato funesto fora cometido por instigação de Dioniso.[96] Eles conseguiram finalmente aplacar a sua dor. Alexandre ordenou que oferecessem um sacrifício ao deus, a fim de apaziguar sua cólera. Tal é, segundo nossas fontes, a maneira como se desenrolou esse tenebroso acontecimento. Porém, esses dados não são suficientes para estabelecer as condições exatas do drama e menos ainda para nos permitir emitir um juízo sobre o grau de culpa do assassino. Qualquer que tenha sido o horror do ato ao qual o rei se deixou arrastar pela cólera, esse horror não deve nos fazer esquecer que as palavras de Kleitos revelaram-lhe pela primeira vez a indignação e a desaprovação que sua maneira de agir tinham despertado naqueles em quem ele até então depositava toda a confiança; elas lhe fizeram avaliar subitamente o abismo que passara a existir entre ele e os macedônios.

O exército deixou Maracanda. A satrapia da Báctria, que Alexandre destinara a Kleitos, foi dada a Amintas. Koinos ficou para trás, a fim de cobrir a

---

96. O que não é de todo falso, já que Dioniso é o deus do vinho e da embriaguez. [N.T.]

Sogdiana, com a falange de Meleagro, quatrocentos cavaleiros, todos os acontes montados e os contingentes que até então estavam sob as ordens de Amintas. Heféstion partiu para Bactres com um destacamento do exército, a fim de prover o abastecimento das tropas durante o inverno. Alexandre dirigiu-se para Xenipos, para onde muitos revoltosos bactrianos tinham fugido. Com sua aproximação, eles foram expulsos pelos habitantes, que não queriam correr o risco de perder os bens por terem acolhido rebeldes. Estes atacaram os macedônios de surpresa, precipitando-se sobre as tropas de Alexandre ao cair da noite. Os insurretos, cerca de 2 mil cavaleiros, só foram repelidos depois de um combate renhido. Deixaram oitocentos dos seus no campo de batalha. Os sobreviventes, dizimados, sem chefe nem víveres, preferiram se render. O rei voltou-se então para a cidadela de Sisimitres, construída em plena rocha "no país bactriano". Seriam necessários esforços consideráveis para aproximar-se dela e esforços ainda maiores para preparar o assalto. Felizmente, Sisimitres rendeu-se antes do ataque.

Nesse ínterim, Espitameno, temendo ser isolado de toda a região da fronteira pelos sucessos dos macedônios, efetuara mais uma incursão na Sogdiana. À frente daqueles que haviam fugido com ele e de trezentos cavaleiros citas atraídos pela promessa do butim, apareceu subitamente em Bagae, na fronteira entre a Sogdiana e o deserto dos massagetas. Advertido desse ataque, Koinos apressou-se a marchar para lá. Depois de um combate sangrento, os citas foram forçados a bater em retirada com perdas consideráveis. Vendo fracassar essa última tentativa, durante a fuga sogdianos e bactrianos abandonaram Espitameno e se renderam a Koinos, conduzidos pelo persa Datafernes. Os massagetas, frustrados pela ausência do butim, pilharam as tendas dos dissidentes e fugiram para o deserto com Espitameno. Foram informados, então, de que Alexandre marchava contra eles, resolvido a pôr um termo definitivo na rebelião.

Conta-se que a bela esposa de Espitameno, a inspiradora dos seus planos mais audaciosos, entrou na tenda de seu senhor e, atirando-se em seus joelhos, suplicou que ele renunciasse aos seus projetos e se submetesse a Alexandre. Furioso, Espitameno expulsou-a, acusando-a de não mais desejá-lo e de querer seduzir o execrado macedônio. Ela retirou-se, dominando a cólera, retornou no crepúsculo e seduziu o príncipe com toda sorte de carícias. Suas lágrimas comoveram Espitameno. Ele puxou-a para si no divã, para esquecer as preocupações em seus braços, na embriaguez do vinho e do amor. Por volta da meia-noite, enquanto ele dormia, essa mulher vingativa apanhou o sabre do marido e cortou-lhe a garganta. Depois, entrou na tenda dos filhos e fugiu com eles para o acampamento de Alexandre. Mas o rei – dizem – afastou-se dela com horror e exilou-a no deserto. Segundo outra versão, foram os próprios citas, perseguidos por Alexandre, que decapitaram Espitameno e enviaram sua cabeça ao rei.

A morte desse adversário tão intrépido quanto criminoso pôs fim à revolta, e a paz reinou novamente no "Jardim do Oriente".

O inverno chegara. Era o último que Alexandre esperava passar naquele território. Os diferentes destacamentos do exército reuniram-se em Nautaca, a fim de estabelecer ali os quartéis de inverno. Os sátrapas das províncias vizinhas também foram para lá, notadamente Fratafernes, da Pártia, e Estassanor, da Ária, que tinham sido encarregados no ano precedente de missões oficiais concernentes ao reabastecimento do exército. Fratafernes recebeu ordens de se pôr em campo para capturar Autofradato, sátrapa dos mardos e dos tapurianos que desobedecera gravemente Alexandre. Estanassor retornou para sua terra. Atropatos foi enviado para a Média, a fim de substituir o sátrapa Oxidates, que faltara aos seus deveres. A Babilônia também recebeu um novo sátrapa, Estameno, que sucedeu a Mazaios, recentemente falecido. Sopolis, Mênidas e Epokillos voltaram para a Macedônia para recrutar novas tropas.

O inverno em Nautaca foi usado, ao que parece, para preparar a campanha das Índias, que Alexandre contava empreender no começo do ano seguinte, logo depois que as neves derretessem. Porém, antes de descerem para o sul, ainda era necessário apoderar-se de algumas fortalezas, situadas do outro lado dos desfiladeiros, que abrigavam os últimos rebeldes.

No começo da primavera, o rei voltou-se para as "falésias sogdianas", consideradas inexpugnáveis, onde Oxiarte havia se refugiado com a mulher e os filhos. A fortaleza estava abundantemente provida de víveres, de maneira a poder suportar um cerco de longa duração. Sua provisão de água também estava assegurada pelo derretimento das neves, que tornava mais perigosa a escalada dos rochedos. Chegando diante da fortaleza, Alexandre intimou-a a se render, prometendo poupar a vida de todos. Responderam-lhe "que ele antes precisava conseguir alguns soldados alados". Decidido a tomar o lugar, Alexandre mandou avisar às tropas, por meio de um arauto, que seria necessário escalar o rochedo vertiginoso que sobrepujava a posição inimiga.

Doze prêmios estavam reservados aos doze primeiros que conseguissem: de doze talentos para o primeiro a um talento para o décimo segundo. O rei prometeu cobrir de glória todos os que participassem da competição. Trezentos montanheses macedônios, treinados em escaladas perigosas, apresentaram-se e receberam as instruções necessárias. Depois, cada um deles se muniu de cordas e grampos. À meia-noite, avançaram para a parede do rochedo que era a mais abrupta – e, por conseguinte, a menos bem guardada. Começaram a subir, mas não tardaram a encontrar pedras soltas, placas de neve e blocos de gelo. O perigo e a dificuldade cresciam a cada passo. Trinta desses intrépidos soldados caíram no fundo do despenhadeiro. Por fim, ao alvorecer, os outros atingiram o cume e se puseram a agitar em todas as direções os seus lenços brancos. Logo que Alexandre percebeu o sinal combinado, enviou um segundo arauto em direção aos postos avançados inimigos para gritar-lhes que ele tinha conseguido soldados alados que já estavam acima das suas cabeças; dali por diante, toda resistência era inútil. Estupefatos por verem que os macedônios tinham conseguido escalar os rochedos, os bárbaros renderam-se e Alexandre entrou na cidadela. Um prodigioso butim caiu em suas mãos, assim como muitas mulheres e moças pertencentes à nobreza sogdiana e bactriana. Entre essas encontrava-se a filha de Oxiarte, Roxane, cuja beleza era legendária. Foi a primeira mulher pela qual Alexandre inflamou-se de amor. Ele tinha repulsa a fazer uso do direito do vencedor sobre os prisioneiros. Seu casamento com ela deveria selar a paz entre os dois países. Tomando conhecimento dessa notícia, Oxiarte apressou-se a ir para junto do rei, que o perdoou por causa da beleza da filha.

Ainda lhe restava tomar o castelo de Corieno, na Paretacênia – a região montanhosa do alto Oxus –, onde estava refugiado um grupo de dissidentes. Uma neve espessa ainda cobria os despenhadeiros arborizados e desprovidos de caminhos, que seria preciso atravessar. As intempéries, a geada e algumas violentas tormentas tornaram a marcha extremamente difícil. O exército carecia de tudo e sofria cruelmente. Muitos soldados morreram de frio no caminho. Só o exemplo do rei, que partilhava das privações e das provações de seus homens, mantinha a coragem das tropas. Contam que um dia Alexandre, que havia se sentado para se esquentar perto de uma fogueira, percebeu um velho soldado já meio congelado, a ponto de perder a consciência. O rei levantou-se, tirou as armas do soldado e fez com que ele se sentasse perto do fogo, em sua cadeira de campanha. Quando o veterano voltou a si, reconheceu o rei e levantou-se assustado. Alexandre lhe disse, sorrindo: "Veja, meu amigo, quando os persas se sentam na cadeira do rei, isso lhes custa a vida; enquanto, para ti, isso te ressuscitou!"

Por fim, chegaram diante da fortaleza, construída sobre um rochedo íngreme cercado de gargantas profundas. Só se chegava a ela através de um atalho estreito e tortuoso. O único lado abordável estava protegido por um despenhadeiro no fundo do qual corria uma impetuosa torrente. Alexandre, habituado a não considerar nenhum obstáculo como intransponível, logo ordenou que derrubassem alguns abetos nas florestas vizinhas e construíssem escadas para descer no despenhadeiro. Com uma dificuldade infinita, chegaram ao fundo do abismo. A torrente foi recoberta por uma armação em forma de abóbada sobre a qual jogaram terra. O despenhadeiro ficou cheio. Logo, as catapultas, posicionadas sobre essa plataforma, começaram a lançar projéteis contra a fortaleza que estava acima. Corieno, que até então havia zombado dos trabalhos dos macedônios, percebeu com terror como havia se enganado. A estrutura do rochedo o impedia de fazer uma incursão contra o inimigo, que, nos abrigos, estava protegido das pedras que os sitiados lhe atiravam do alto das torres. Os exemplos do passado o convenceram, sem dúvida, de que era melhor fazer as pazes com o inimigo antes que tudo estivesse perdido. Ele mandou pedir a Alexandre, por intermédio de um arauto, o favor de uma conversa na presença de Oxiarte. O rei concordou com o pedido, e Oxiarte soube remover os últimos escrúpulos de seu antigo companheiro de armas. Cercado por alguns de seus homens, Corieno compareceu diante de Alexandre, que o recebeu com a maior consideração, assinou com ele um tratado e felicitou-o por ter tido a sabedoria de confiar na palavra de um homem de bem, mais do que na espessura de seus rochedos. Ele o abrigou em sua tenda, enviou uma coluna de macedônios para a cidadela, para tomar posse dela, e pediu a Corieno que membros da sua escolta acompanhassem os macedônios. Alexandre prometeu poupar a vida de todos os que se submetessem. No dia seguinte, o rei, acompanhado por quinhentos hipaspistas, subiu até a fortaleza para fazer o reconhecimento do local. Ele admirou a força do lugar e elogiou algumas obras defensivas que nele tinham sido executadas. Corieno se comprometeu a cuidar, durante dois meses, da manutenção do exército. Nos riquíssimos armazéns da fortaleza pegou pão, vinho e carne salgada, que mandou distribuir por grupos aos soldados macedônios, muito castigados pelos duros trabalhos dos dias anteriores.

Alexandre restituiu a cidadela a Corieno, assim como todo o território circunvizinho. Depois retornou a Bactres com a maior parte do exército, após ter enviado Cratero para a Paretacênia, à frente de seiscentos cavaleiros da sua falange e de duas outras taxeias, para apoderar-se de Catanes e de Austanes, os últimos rebeldes sobreviventes. Os bárbaros foram vencidos após um combate sangrento. Catanes foi morto; Austanes foi aprisionado e levado até Alexandre; o território inteiro foi forçado a se submeter. Pouco depois, Cratero e suas tropas tomaram o caminho de Bactres.

Alexandre tentou instaurar na Oxiana um regime semelhante ao que implantaria nas Índias. A Sogdiana foi transformada em "marco transoxiano" e erigida a reino autônomo, porém dependente. Essa província, as cidades helênicas fundadas na margem do Tanais e, atrás delas, a grande satrapia da Báctria, que incluía o território muito populoso da Margiana, protegeram contra as hordas nômades a face do império voltada para o deserto e as grandes estradas que levavam a Hecatompilo e a Alexandria da Ária. Compreende-se que Alexandre não tenha querido anexar a Fergana. Contentou-se em ocupar solidamente o desfiladeiro que conduzia a ela. Uma província avançada a mais só teria enfraquecido o valor defensivo do marco setentrional do seu império. Sua obra estava terminada ali.

XXVI

CASAMENTO DE ALEXANDRE E ROXANE ~ TRANSFORMAÇÃO DOS MACEDÔNIOS ~
IMPORTÂNCIA DA CIVILIZAÇÃO HELÊNICA ~ RACIONALISMO E DEMOCRACIA ~ A CORTE
DE ALEXANDRE ~ CALÍSTENES E ANAXARCO ~ EXTENSÃO DA *PROSKYNESE* AOS MACEDÔNIOS ~
RECUSA DE CALÍSTENES ~ CONSPIRAÇÃO DOS EFEBOS ~ CONDENAÇÃO DE HERMOLAOS
E DE SEUS CÚMPLICES ~ CONDENAÇÃO À MORTE DE CALÍSTENES

Dois anos haviam decorrido desde que Alexandre chegara ao país e começara uma obra tanto mais exitosa quanto maiores tinham sido os obstáculos a vencer. A última campanha – uma das mais duras para as tropas macedônias – exigira vigilância ininterrupta, energia feroz, disciplina draconiana e combates reiterados contra dissidentes entrincheirados em fortalezas nas montanhas. Agora, a população acalmara, os chefes do país estavam impossibilitados de causar danos e suas fortalezas haviam sido destruídas. Alexandre perdoara todos os que tinham se submetido. A autoridade e o exemplo tinham contribuído para pacificar um grande número de cidades, nas quais os macedônios introduziram a civilização helênica. Havia sido instaurada uma nova forma de governo que parecia corresponder às necessidades políticas e militares do país. Nessa época foi celebrado o casamento do rei com a filha de um dos senhores sogdianos, e essa cerimônia assinalou o coroamento de sua obra. A inclinação pessoal do rei desempenhou grande papel nessa união, mas o casamento nem por isso deixou de ter uma dimensão política, tornando-se um símbolo visível da integração de Europa e Ásia. Não se tratava somente, para Alexandre, do fruto das suas vitórias, mas da pedra angular do seu poderio: doravante, ele se esforçaria para desenvolver e consolidar essa integração.

Podemos perguntar até que ponto essa fusão entre Europa e Ásia era possível. Para responder, é preciso examinar, primeiro, a posição respectiva das civilizações persa e helênica. A alma asiática é, de maneira geral, mais altiva, mais uniforme e mais limitada que a alma ocidental. Era impossível fazer tábula rasa dos seus preconceitos e costumes, bem como da individualidade profunda dos povos orientais. O trabalho de assimilação só podia se efetuar lentamente, por etapas sucessivas. Daí o cerimonial asiático com o qual se cercou Alexandre; daí os trajes que adotou quando não estava em campanha, que se aproximavam da vestimenta dos medos; daí o fausto da corte, que os orientais consideravam como "o manto do Estado" colocado nas costas do soberano. Daí, enfim, a lenda do seu nascimento divino, da qual ele ria de bom grado quando falava disso com seus confidentes.

Por outro lado, os macedônios tinham se despojado pouco a pouco do caráter rude e rústico, do qual os oradores da Ática zombavam abertamente apenas dez anos antes. Os tesouros da Ásia, o esplendor da nova existência, a embriaguez da vitória perpétua e a admiração pelo seu rei, que combatia no meio deles como no passado e os iluminava com os crescentes raios de sua apoteose, tudo contribuía para fazer com que esquecessem que, em seu país, eram pastores e camponeses. Lá, em seus lares, pastores, camponeses e habitantes das cidades, deslumbrados pelo impulso prodigioso que tinha alçado seu pequeno país à esfera da imortalidade e da grandeza históricas, escutavam as narrativas fabulosas dos que voltavam da Ásia e aprendiam rapidamente a se sentir o primeiro povo do mundo. A majestade dessa monarquia, que nascera em suas aldeias e em um único torrão de terra, crescia em seu espírito na proporção da distância fabulosa que os separava de Persépolis e de Ecbatana, da Báctria e das Índias.

Enfim, o povo helênico, disseminado em tantos pontos diferentes e sempre fadado ao particularismo e às dissensões internas – mesmo nos lugares onde a sua densidade era maior –, não podia ser comparado, quanto ao número, às multidões gigantescas que povoavam a Ásia. O que triunfou sobre o Oriente, em última instância, não foram *os gregos*, mas a *civilização helênica*. Por esse fato, ela se investiu de uma importância primordial. Os elementos dessa civilização, ou mais exatamente aquilo que ela trazia de essencial para a vida individual e coletiva, eram o racionalismo e a autonomia democrática. O racionalismo, com seu cortejo de benefícios e de taras – aqui, o ateísmo; ali, a superstição; muitas vezes os dois ao mesmo tempo –, havia desabituado os espíritos à antiga religião primitiva e tirado o respeito pelas forças divinas. Em seu lugar subsistiu um formalismo acanhado e uma interpretação convencional de cerimônias e cultos. A inteligência levava vantagem sobre a devoção. A frivolidade, o desejo de lucro, a vaidade, a arte de se valorizar tirando vantagem de talentos pessoais – tais foram, cada vez mais, as regras da moral prática. Nessas condições, a forma ideal da vida coletiva só podia ser a democracia. Como Sólon dissera outrora dos atenienses: "Enquanto agem cada um por sua conta, seguem o atalho das raposas; porém, a partir do momento em que agem de comum acordo, parecem atingidos pela estupidez." Quanto mais amplitude adquiria o regime democrático, mais a burguesia livre tinha necessidade de escravos e confiava neles para executar todo o trabalho, e mais esse individualismo se tornava nefasto. Ele sempre havia tornado mais agudas as rivalidades internas entre os Estados helênicos; tinha irritado os mais fracos, oprimindo-os sob o sentimento de inferioridade; tinha inebriado os mais fortes, satisfazendo o gosto pelo poder e pelos privilégios. Em resumo, tinha acabado por engendrar um estado de anarquia no qual todos os cidadãos paralisavam uns aos outros e que teria culminado em catástrofe, se as vitórias de Alexandre não tivessem aberto novas vias para essas energias transbordantes e não tivessem trazido um incomensurável campo de atividade para suas forças e sua cobiça. Que importava, a partir disso, que Esparta, Atenas e outras cidades mais ficassem à parte do movimento, cheias de malevolência e de rabugice? Que importava que os helenos da Táurida se batessem contra os citas ou que os da Magna Grécia e da Sicília não pudessem se entender com os vizinhos da península Italiana ou os púnicos?[97] O mundo novo do longínquo Oriente atraía os gregos aos milhares, às dezenas de milhares. Eles seguiam os oficiais recrutadores de Alexandre ou iam encontrá-lo por seus próprios meios, fosse para servir no exército, fosse para fazer comércio nos acampamentos, fosse para se estabelecer nas cidades recém-fundadas. Habituavam-se pouco a pouco à maneira de viver asiática e à adoração dos orientais pelo rei. Todos os "pen-

---

97. Habitantes de Cartago. [N.T.]

sadores" que não se obstinavam em condenar os novos tempos tornaram-se os maiores entusiastas de Alexandre; filósofos e gramáticos, retóricos e poetas, oradores e fazedores de epigramas, todos se compraziam em aplicar a ele alguns epítetos dos quais só tinham se servido até então para glorificar batalhas como as de Maratona e de Salamina, heróis como Perseu e Hércules, vitórias como as de Baco e de Aquiles. Mesmo as honras conferidas aos heróis legendários e aos deuses do Olimpo serviam para fazer o elogio do senhor todo-poderoso. Os sofistas não ensinavam, havia muito tempo, que todos aqueles aos quais se dirigiam preces como se fossem deuses eram originalmente apenas guerreiros valorosos, bons legisladores, homens divinizados? Do mesmo modo como uma família podia se gabar de descender de Zeus ou de Apolo, um homem podia, por suas proezas, se tornar digno do Olimpo, como outrora Hércules, ou merecer honras heroicas, como Harmodius e Aristogiton. Algumas cidades helênicas não tinham erguido altares a Lisandro, o destruidor do poderio ático? Não se tinha entoado o peã[98] em sua homenagem? Thasos não decidira celebrar a apoteose de Agesilau, o Grande e construir para ele um templo? No entanto, quantas das suas façanhas empalideciam quando comparadas às de Alexandre!

É possível fazer uma imagem aproximada do séquito do rei. O turbilhão incessante de interesses e apetites, o jogo secreto de rivalidades e intrigas, a alternância permanente entre festins e combates, as festas e as provações, o luxo e as privações, o serviço severo em campanha e os prazeres desenfreados nas guarnições, o avanço invencível através de territórios sempre novos, a vida no dia a dia, sem preocupação com o amanhã, todas essas características conferiam ao séquito de Alexandre uma atitude ao mesmo tempo aventureira e soberba, à qual convinha perfeitamente a auréola das suas vitórias. Eclipsadas por sua personalidade esmagadora, raramente vemos figuras individuais se destacar da multidão daqueles que o acompanhavam. Porém, o caráter delas aparece esboçado nos sentimentos em relação ao chefe. Assim é o nobre Cratero, do qual nos dizem "que amava o rei", ou o doce Heféstion,

---

98. Canto ou hino coral de invocação, celebração ou agradecimento em honra a Apolo, outras divindades ou mesmo indivíduos importantes, cantado em rituais ou atos públicos. [N.T.]

"que amava Alexandre". Assim são Ptolomeu, o Lágida, "sempre seguro e pronto para o serviço", o tranquilo Koinos, "devotado até a medula", ou o valente Lisímaco, "com estatura de gigante". Os caracteres gerais são mais fáceis de discernir: os nobres macedônios, militares, rudes, cheios de empáfia e de arrogância; os príncipes asiáticos, cerimoniosos, faustosos, mestres nas artes do luxo, do servilismo e da intriga; os helenos, no gabinete do rei – como o cardiano Eumeno –, ou como prepostos nos diversos serviços técnicos, ou ainda na qualidade de poetas, artistas ou pensadores, na escolta desse monarca que "mesmo sob as armas jamais esquecia as Musas".

Entre os helenos que seguiam Alexandre, no transcurso de seus deslocamentos, estavam dois homens de letras que desfrutavam de prestígio considerável na corte. Um deles era Calístenes, o Olintiano. Sobrinho e discípulo do grande Aristóteles, que o tinha recomendado ao seu pupilo real, ele acompanhou Alexandre na marcha ao Oriente a fim de ser a testemunha ocular das façanhas e transmitir à posteridade as proezas dos macedônios. Ele teria dito, ao que parece, que não estava junto do rei para adquirir glória, mas para conferi-la a ele, que um espírito divino residia nele e que o que convenceria as gerações futuras da filiação divina de Alexandre não eram as afirmações mentirosas de Olímpias, mas o que ele próprio diria em seus escritos. Só conservamos alguns fragmentos da sua crônica, mas eles mostram em que tom hiperbólico ele celebrou os atos do seu modelo real. Sobre a travessia das margens do golfo de Panfília, Calístenes escreve que "as vagas do mar se prosternaram diante de Alexandre, realizando uma verdadeira *proskynese*".[99] Antes da batalha de Gaugamelo ele nos descreve o rei levantando a mão direita aos deuses e invocando-os com as seguintes palavras: "Se eu sou verdadeiramente o filho de Zeus, então apoiai-me e fazei pender a balança em favor da causa helênica!" A elevada cultura, os talentos de orador e a atitude cheia de reserva conquistaram para ele a estima e a admiração de todos, inclusive as dos meios militares. Muito diferente era Anaxarco de Abdera, um homem do mundo, que seguia o rei por toda parte e muitas vezes o importunava. Um dia,

---

99. O termo servia para designar as genuflexões que os súditos do rei dos persas efetuavam diante do trono imperial. [N.A.]

durante uma tempestade, ele perguntou-lhe, ao que parece: "Tu trovejas, filho de Zeus?" Ao que Alexandre respondeu, sorrindo: "Eu não me mostro aos meus amigos sob um aspecto tão terrificante quanto tu desejarias, tu que desprezas a minha mesa porque nela servem-se peixes e não cabeças de sátrapas" – devolvendo assim a Anaxarco uma frase que ele próprio havia pronunciado algum tempo antes, vendo o rei saborear um prato de pequenos peixes que Heféstion lhe enviara. Pode-se julgar o estilo no qual ele deve ter redigido sua crônica pelos motivos de consolo que deu ao rei, depois do assassinato de Kleitos: "Será que tu não sabes, ó rei, por que Têmis está sentada ao lado de Zeus? É porque tudo aquilo que Zeus faz é direito e justo. Do mesmo modo, tudo aquilo que um monarca realiza deve ser reconhecido como justo primeiramente por ele próprio e em seguida pelo resto dos humanos."

Não se sabe exatamente quando as relações entre o rei e Calístenes começaram a azedar. Seja como for, Calístenes acreditou ter sido abandonado por Alexandre. Irritou-se com isso, começou a mostrar descontentamento na mesa do rei ou a atrair a atenção por um silêncio arrogante. Sempre pronto, habitualmente, a defender os atos do rei, acreditou que seria bom bancar o republicano e louvar "o bom e velho tempo". Contam que uma noite, no decorrer de um banquete, Alexandre pediu que ele fizesse o elogio dos macedônios. Calístenes cumpriu essa tarefa com uma arte consumada, para grande satisfação dos seus ouvintes. O rei disse-lhe então que era fácil glorificar aquilo que era glorioso em si mesmo, mas que ele mostraria melhor a sua mestria falando contra esses mesmos macedônios, para ensinar-lhes a tornar-se melhores revelando-lhes os defeitos. O sofista logo fez isso com ironia fustigante: só a desunião funesta dos gregos tinha fundado a grandeza de Filipe e de Alexandre; não era raro, no decorrer de uma revolta, ver um miserável alcançar as honras supremas. Furiosos, os macedônios quiseram se lançar sobre ele, mas Alexandre os conteve dizendo: "O olintiano acaba de nos dar um testemunho não da sua arte, mas do seu ódio contra nós." Calístenes voltou para casa e disse três vezes a si mesmo: "Pátroclo também teve que morrer; no entanto, era maior do que tu!"

Era natural que o rei recebesse os Grandes da Ásia conforme o cerimonial em uso na corte da Pérsia. Mas, para esses, era um sinal de desigualdade ultrajante ver os macedônios aproximarem-se do rei sem lhe testemunhar respeito por meio de formas de devoção idênticas às suas. Não se pode, portanto, ficar espantado de que o rei tenha pensado, em um dado momento, em tornar a *proskynese* obrigatória para todos os que comparecessem diante dele. Porém, como fazer com que os macedônios aceitassem isso sem reprovação? Um decreto só teria tido como efeito incitá-los à desobediência e talvez mesmo à revolta. Heféstion e alguns outros se encarregaram de introduzir a *proskynese* na corte. Tinha sido decidido pô-la em prática no próximo banquete. Anaxarco pronunciou um discurso em favor dessa reforma, mas Calístenes, em uma alocução endereçada diretamente ao rei, insurgiu-se contra ela com tal violência que Alexandre, visivelmente perturbado, não ousou mais insistir. Segundo outra versão, o rei teria enchido sua taça de ouro e teria primeiramente bebido à saúde de todos os que haviam prometido prosternar-se diante dele. A cada uma das vezes, o personagem saudado por Alexandre havia se levantado, depois de ter esvaziado sua taça, teria efetuado sua *proskynese* e teria sido abraçado pelo rei. Quando chegou a vez de Calístenes, Alexandre bebeu à sua saúde e depois prosseguiu a conversa com Heféstion, que estava ao seu lado. Calístenes levantou-se e avançou para abraçar o rei. Este fingiu não perceber que ele não tinha efetuado a *proskynese*; porém, um de seus heteres disse: "Não o abraces, ó, rei, ele é o único a não ter se prosternado diante de ti!" Com isso, Alexandre teria se recusado a lhe dar o abraço e Calístenes teria se desviado dele, dizendo: "Vou-me embora, pois, mais pobre de um beijo."

O filósofo tinha procurado provocar um escândalo. Heféstion assegurou ao rei que Calístenes havia se comprometido formalmente a fazer a *proskynese*. Lisímaco e outros heteres acrescentaram que a vaidade do sofista tornara-se insuportável: ele passeava pelo acampamento como se estivesse decidido a derrubar a monarquia e elogiava os tiranicidas, o que era ainda mais perigoso pelo fato de que muitos dos jovens nobres lhe eram apaixonadamente devotados, bebiam as suas palavras como oráculos e consideravam-no o único espírito independente entre os milhares de homens que compunham o exército.

Segundo uma instituição da época de Filipe, os filhos dos nobres macedônios eram chamados à corte desde o início da adolescência para servir como "efebos reais" no séquito imediato do rei e começar a carreira militar como guarda-costas. Eles constituíam, em campanha, a sua escolta particular, montavam guarda durante a noite na sua tenda, preparavam o seu cavalo e o acompanhavam por toda parte, na caça ou na mesa. Permaneciam sob sua autoridade direta; só ele tinha o direito de puni-los. Ele ocupava-se também da sua educação científica; por causa deles Alexandre se fazia seguir por tantos filósofos, poetas e retóricos.

Entre esses efebos reais havia um jovem chamado Hermolaos, filho de Sopolis, que o rei enviara de Nautaca para a Macedônia, para lá recrutar novas tropas. Hermolaos era um fervoroso admirador de Calístenes e de sua obra. Adotara com entusiasmo as opiniões e as tendências filosóficas do mestre. Via com irritação juvenil a fusão progressiva entre as civilizações persa e helênica, bem como os trotes aplicados pelos oficiais macedônios. Sua convicção de ter razão e o orgulho de se sentir lesado em seus direitos o incitaram a cometer um ato tão vão quanto irrefletido. No decorrer de uma caçada, um javali saiu de um espesso matagal. Segundo as regras da etiqueta, o rei tinha o direito de lançar o primeiro dardo. Porém, esse jovem, desprezando os costumes, permitiu-se lançar o chuço sem esperar a sua vez, e trespassou a fera. Era uma falta que o rei, sem dúvida, teria perdoado em outro. Em Hermolaos, porém, ela só podia ser premeditada. O rei mandou que ele fosse açoitado e retirou-lhe o cavalo. Hermolaos estava no ápice do furor. Calístenes apressou-se a lançar lenha na fogueira: disse-lhe que era velho demais para aceitar tal afronta e falou-lhe da glória de Harmodius, que apunhalara um tirano. Aquele que dormia em um leito coberto de ouro era mortal como qualquer outro. Assim amadureceu o desejo de vingança em Hermolaos. Seu amigo do peito era Sóstrato, o filho de Amintas, o Tinfeiano, aquele mesmo que fora acusado de cumplicidade com seus três irmãos quando do processo de Filotas e que buscara a morte no campo de batalha. Hermolaos confiou seu sofrimento a Sóstrato: a existência lhe pesaria, disse, enquanto não estivesse vingado. Sóstrato foi ainda mais fácil de convencer pelo fato de que esse mesmo Alexandre, que acabava de ofender tão cruelmente seu amigo, já tinha causado a morte de seu pai. Os dois jovens puseram quatro outros efebos reais a par do segredo: Antípater, filho de Asclepiodoro, o antigo governador da Síria; Epimenes, filho de Arseu; Anticles, filho de Teócrito; e Filotas, o Trácio, filho de Carsis. Eles decidiram assassinar o rei durante o sono, em uma noite na qual Antípater estaria de guarda.

O rei, dizem, permaneceu naquela noite mais tempo à mesa do que de costume. Por volta da meia-noite, quando quis se retirar para a tenda, uma síria, que possuía o dom da clarividência e o seguia havia alguns anos, surgiu bruscamente diante dele. Suplicou-lhe que não deixasse o salão do festim e continuasse a beber até de manhã. Nos primeiros tempos, o rei não tinha dado grande atenção a essa mulher. Porém, como suas previsões sempre se realizavam, ela pouco a pouco conquistara grande ascendência sobre ele, que decidiu seguir o conselho. O plano dos conjurados viu-se frustrado. Talvez isso não passe de uma lenda, como tantas que foram forjadas em torno de Alexandre. Mas uma coisa é certa: quando o rei voltou para a tenda, ao alvorecer, encontrou os pajens despertos a esperá-lo, embora o seu período de guarda já tivesse passado havia muito tempo. Tocado pelo que acreditava ser um sinal de devotamento, o rei felicitou-os pelo zelo e mandou-os embora, não sem ter entregue um presente a cada um deles. A bondade de Alexandre deveria tê-los comovido. Mas não se deu nada disso. Os infelizes jovens não renunciaram ao projeto. Decidiram adiar sua execução para o próximo turno de guarda de um deles. No dia seguinte, Epimenes encontrou o amigo Cáricles, filho de Menandro, e o pôs a par do complô. Assustado, Cáricles correu para a tenda de Euríloco, irmão do amigo, e exortou-o a salvar a vida do rei, revelando-lhe o projeto criminoso dos efebos. Euríloco foi com toda a pressa para a tenda real e falou da conjuração a Ptolomeu, o Lágida. O rei, informado da coisa, mandou deter os acusados. Interrogados e submetidos a tortura, confessaram tudo, notadamente que Calístenes estava a par da conspiração. O exército foi reunido em conselho de guerra. Os prisioneiros – salvo Calístenes, que não era um militar – compareceram diante das tropas. Os bravos macedônios ficaram indignados ao serem informados do complô e do perigo que ameaçara o rei. Alexandre perguntou aos conjurados o que eles tinham a dizer como defesa. Hermolaos tomou a palavra e falou como se fosse um mártir da verdade. Declarou que nenhum homem livre podia mais tolerar o orgulho de Alexandre; que a glória dos macedônios estava conspurcada pela impiedade do rei; que ele tinha exigido a execução de Filotas sem levar em conta a justiça, mandado apunhalar o venerável Parmênion por uma tropa de sicários e matado com as próprias mãos Kleitos, que no entanto lhe salvara a vida. Ninguém estava em segurança. O rei só tolerava em torno de si alguns escravos asiáticos. Tentava obrigar os macedônios livres a adorá-lo como um ídolo. O rei, prosseguiu, não ignorava que tinha traído o costume de seus pais ao envergar os trajes dos medas e entregar-se às volúpias orientais, que era objeto de desprezo de todos os homens independentes e que sua vida estava em perigo sempre que deixava o círculo de seres servis e degenerados que partilhavam seus vícios. Os conjurados tinham desejado libertar os macedônios da tirania antes que fosse tarde demais.

Revoltados com essas palavras ímpias, os macedônios condenaram Hermolaos e seus amigos a serem apedrejados, apesar da sua juventude. Calístenes foi acorrentado para ser julgado mais tarde, na presença de Aristóteles, do qual Alexandre começava a desconfiar. O rei escreveu sobre esse episódio a Antípater: "Os efebos foram apedrejados pelos macedônios. Quanto ao sofista, reservo-me o direito de castigá-lo, eu mesmo, assim como aqueles que o enviaram a mim e acolheram traidores nas suas cidades." Segundo Aristóbulo, Calístenes morreu na prisão, comido pelos piolhos, durante a campanha das Índias. Segundo Ptolomeu, ele foi torturado e enforcado.

XXVII

A ÍNDIA ∽ CONFIGURAÇÃO GEOGRÁFICA E ÉTNICA DO PAÍS ∽ A PORTA DAS ÍNDIAS ∽ RELAÇÕES DE ALEXANDRE COM ALGUNS PRÍNCIPES INDIANOS ∽ RETORNO A ALEXANDRIA DO CÁUCASO ∽ TEMPORADA EM NICAIA ∽ TRAVESSIA DO COFEN ∽ SUBMISSÃO DOS ASPASIANOS ∽ TOMADA DE ANDAKA E DE ARIGAION ∽ CHEGADA A NYSA ∽ A LENDA DE BACO ∽ TOMADA DE MASSAGA, DE ORA E DE BAZIRA ∽ CERCO E TOMADA DO ROCHEDO DE AORNOS ∽ CAMPANHA CONTRA OS ASSACENOS ∽ CAÇADA AOS ELEFANTES ∽ PRIMEIRA FROTA FLUVIAL NO INDO ∽ O EXÉRCITO MACEDÔNIO NO LIMIAR DAS ÍNDIAS

A Índia é um mundo em si, que se distingue de todos os países que a cercam pelo caráter geográfico e étnico, a cultura e a religião. Durante séculos, o universo ocidental só a conheceu de nome e a considerou como um país fabuloso situado nos confins da Terra. Ela é banhada de dois lados por oceanos, para os quais o comércio e a ciência só muito depois abririam rotas fáceis e seguras. Dos dois outros lados elevam-se em dupla e em tripla muralha os maciços montanhosos mais elevados da Terra, cujos desfiladeiros cobertos de neve, ao norte, e gargantas tórridas, a oeste, parecem só oferecer passagem ao peregrino, ao mercador ou ao saqueador do deserto, mas opõem uma barreira intransponível à interpenetração dos povos.

Desde que a população que a habita deixou de ser independente, a lembrança de suas origens várias vezes milenares naufragou nas quimeras situadas à margem do espaço e do tempo. Porém, nesses devaneios e lendas discernimos um passado extraordinariamente rico e diverso; adivinhamos o amadurecimento progressivo das forças políticas, hierárquicas e religiosas que levaram a civilização hindu à suprema perfeição. O conquistador macedônio parece ter visto esse país em pleno apogeu, quando nada ainda anunciava seu declínio.

Alexandre foi o primeiro europeu a transpor a porta das Índias. Nesse local, um rio vindo do Ocidente fende a muralha de montanhas que separa o país e o resto do mundo: é o Cofen. Sua fonte não está longe do ponto em que deságuam os numerosos cursos de água que irrigam a Báctria e a Ariana, e desce fervilhante para o leste – para o Indo de vagas poderosas –, engrossado por inumeráveis afluentes vindos do norte. Em vão algumas massas de rochedos, de uma grandeza selvagem, se opõem ao seu curso: as águas tumultuosas cavaram seu caminho através da pedra para se encontrar com o clima e a flora exuberante dos trópicos, depois de terem se demorado na prazenteira planície de Peshawar. Porém, essa não é ainda a Índia verdadeira. Os cinco rios do Pendjab, as inundações que ocorrem durante os meses de verão e o largo cinturão de desertos que se estende a leste e ao sul oferecem ao território sagrado do Ganges uma segunda zona de proteção. Pode-se dizer que a natureza quis afastar do filho favorito os perigos aos quais ela mesma o tinha exposto. Tudo o que o hindu conhece de augusto e de sagrado está ligado em seu espírito à bacia do Ganges. Nela nasceram suas crenças sobre a divisão das castas, engendradas por Brahma; nela se encontram seus locais de peregrinação mais veneráveis; nela corre o rio de águas sagradas. As tribos que habitam o deserto ocidental, embora aparentadas com os hindus pela raça e a religião, estão afastadas da pura doutrina bramânica: não souberam evitar os contatos com o exterior. Renunciaram à dignidade do regime monárquico, à integridade das castas e à interdição de se aliar com estrangeiros impuros, que são a condição e a prova de uma vida vivida em conformidade com as exigências divinas. São povos corrompidos que se misturaram com raças estrangeiras.

Além disso, os estrangeiros não tinham demorado a tirar proveito dessa porta. Alguns indianos haviam se estabelecido no altiplano do rio ocidental e até mesmo subido até suas fontes, situadas no Paropamisos. Mas não puderam resistir à corrente de povos vindos do Ocidente, atraídos pela brandura das planícies indianas, que lhes pareciam ser a morada dos bem-aventurados. Tal atração pelo Oriente é mais velha que a história. Muito cedo, hordas nômades deixaram as montanhas áridas da Ariana e as falésias desérticas do Korassan. Porém, demasiado selvagens para conquistar o território, permaneceram com seus rebanhos nas altas pastagens. Depois, os assírios tornaram-se poderosos. Porém, a orgulhosa Semíramis[100] viu os camelos das estepes

---

100. Ver nota 78, p. 221. [N.T.]

ocidentais fugirem diante dos elefantes do Oriente misterioso. E a Pérsia, que cresceu rapidamente e declinou com lentidão, pressentiu que um futuro magnífico a esperava nas margens do Indo, mas foi impedida de realizar esse sonho por causa das guerras ocidentais.

Assim, o poder dos Aquemênidas jamais se estendeu para além do Indo. O último território conquistado pelos Grandes Reis foi a planície situada no sopé do Paropamisos e habitada por alguns povos decaídos pertencentes à raça hindu. Foi de lá que o grande Dario enviou seus navios na direção do Sol levante para explorar as embocaduras dos rios. Era dali que vinham os elefantes dos derradeiros reis dos persas, os primeiros desses animais que foram vistos no mundo ocidental. Do outro lado do Indo estendia-se uma cadeia ininterrupta de Estados independentes, do leste até o deserto e do sul até a embocadura do Indo. Ela formava um tabuleiro de xadrez salpicado de pequenos principados e de repúblicas, animados por tendências políticas e religiosas contraditórias, tendo como característica comum a inveja recíproca, fazendo de tempos em tempos algumas alianças efêmeras, mas na maior parte das vezes divididos por querelas egoístas.

Com a pacificação da Sogdiana, Alexandre completara a conquista do império dos persas. A satrapia do Paropamisos, que ocupou em 329 e na qual fundou a cidade de Alexandria do Cáucaso, devia servir de ponto de partida para a campanha das Índias.

Alexandre já estabelecera relações com príncipes do outro lado do Indo, notadamente com o rei Taxiles (Takschaçila), cujo reino, situado na margem oriental do Indo, defronte à embocadura do Cofen, estendia-se para leste na direção do Hidaspe (Vitasta). Suas dimensões eram comparáveis às da satrapia do Egito. Esse príncipe, em guerra com vários vizinhos – notadamente com o rei Porus –, estava animado pelo desejo de aumentar seus territórios. Por isso convidou Alexandre, que ainda estava na Sogdiana, a efetuar uma expedição nas Índias e propôs juntar seu exército ao dele. Outro príncipe do território situado para aquém do Indo, chamado Sisikottos, também estava no séquito do rei. Ele havia fugido com Bessus para a Báctria no momento em que os macedônios haviam deixado a Aracósia; porém, vendo os projetos do usurpador culminarem em fracasso, aliara-se ao vencedor e o servia lealmente desde então.

Graças a essas relações, Alexandre pôde recolher informações suficientes sobre a configuração das Índias, os recursos do país e o caráter da população, para traçar de antemão o plano de campanha e, sem chances muito grandes de erro, tomar as medidas que se impunham.

A partir do momento em que o poderio real fora destruído na Pérsia, não havia necessidade de forças muito consideráveis para submeter as satrapias isoladas. Porém, os contingentes de que dispunha Alexandre eram claramente insuficientes para fazer a guerra nos Estados indianos, dotados de exércitos poderosos e de população muito numerosa. Alguns milhares de novos soldados tinham vindo engrossar o seu exército, é certo. Macedônios cumpriam – ao que parece – o serviço militar, enquanto mercenários trácios, agrianos ou helênicos eram atraídos para a Ásia pela perspectiva da glória e do butim. O número inicial de 35 mil combatentes com os quais Alexandre iniciara a campanha, em 334, devia ter duplicado no decorrer dos seis últimos anos, apesar das perdas causadas pelas provações incessantes, as marchas através da neve e dos desertos, as mudanças de clima e as alternâncias muito rápidas entre a superabundância e a penúria. Mas o rei mandara de volta para casa os aliados helênicos e tessalianos; deixara guarnições importantes nos arsenais e nas províncias conquistadas. A Báctria, por si só, imobilizava um destacamento de 10 mil soldados de infantaria e 3,5 mil cavaleiros. Efetivos semelhantes haviam permanecido em Alexandria da Aracósia, em Ecbatana, na Babilônia e no Egito, embora seja viável pensar que as guarnições das satrapias ocidentais tiravam da Europa, não do grande exército, os contingentes de que necessitavam. Prevendo a campanha das Índias, o rei reforçara as tropas recrutando soldados entre os povos belicosos da Ária e da Oxiana. O armamento da frota do Indo prova que o exército também incluía grande número de fenícios, cipriotas e egípcios. Quando Alexandre se pôs em marcha para as Índias, devia dispor de 120 mil soldados.

Se julgarmos pelos elementos que o compunham, esse exército praticamente não era macedônio a não ser no nome. Porém, havia permanecido assim quanto à estrutura. O fato de que ele teve êxito em realizar a campanha das Índias prova a força da sua disciplina, a excelência da sua administração, a autoridade dos seus generais e, antes de mais nada, o espírito combativo e a competência do seu corpo de oficiais. Ao conseguir assimilar tamanha quantidade de elementos estrangeiros e adaptá-los às formações macedônias, esse exército tornou-se, de alguma maneira, um núcleo de educação helênica. Seus quadros e métodos correspondiam à estrutura do novo império. Se Alexandre pôde deixar no Egito, na Síria, na Pérsia, na Báctria e mais tarde nas Índias alguns milhares de homens em armas, como soldados nas guarnições ou como cidadãos nas cidades recém-fundadas, se pôde substituí-los por um número ainda maior de asiáticos sem diminuir em nada o valor ofensivo e a disciplina das tropas, isso prova o caráter metódico do seu pensamento e sua confiança inabalável na justeza dos seus desígnios. Compreende-se, então, que ele não tenha se deixado perturbar pela oposição dos macedônios ou pelo liberalismo dos helenos. Com o arrebatamento da sua natureza dominadora, estava seguro de impor sua vontade aos fracos e aos fortes.

Alexandre deixou a Báctria no final da primavera de 327. Os desfiladeiros das montanhas, que dois anos antes ele atravessara com tanta dificuldade, agora estavam liberados pelo derretimento das neves. Ele dispunha de víveres em quantidade. Tomando a rota mais curta, atingiu após dez dias de marcha a cidade de Alexandria, situada na vertente meridional do Cáucaso.

O estado em que o rei encontrou a cidade frustrou suas expectativas. Neiloxeno não cumprira as funções de comandante em chefe com autoridade suficiente e foi destituído. O persa Proexis também perdeu o posto de sátrapa do Paropamisos. Houve um apelo às tribos vizinhas para que aumentassem a população da cidade. Alexandre deixou lá os soldados inaptos para o serviço. Entregou a Nicanor, da tropa dos heteres, o comando da guarnição local e ordenou que prosseguisse ativamente a construção da cidade. Tiriaspe foi nomeado sátrapa dessa província, cuja fronteira devia ser, no futuro, o vale do Cofen. Alexandre dirigiu-se então para Nicaia, através de uma região florescente e fértil. Os sacrifícios que ele ali ofereceu a Atena assinalaram, segundo o costume, o início da nova campanha.

O exército aproximou-se da fronteira do Paropamisos, que devia situar-se no lugar onde se fecha o vale do Cofen superior. Ali, o rio, já importante, mergulha nas profundas gargantas que formam a porta da bacia do Indo. Na margem meridional desdobram-se os contrafortes do Sefid-Kuh, nos quais se abrem as passagens do Khaibar, com sete milhas de comprimento, e que se estendem de Daka até Ali-Mesdjid e Djamrud, perto de Peschawar. Na margem setentrional, como barras transversais, sucedem-se diversas cadeias de montanhas que se destacam do alto maciço ocidental do Himalaia. O Choaspe (Kameh ou Kunar) e, mais a leste, o Guraios (Pandjkora), ambos engrossados por vários afluentes, delimitavam os numerosos cantões montanheses do território situado "para aquém do Indo", cujos habitantes eram designados pelo nome coletivo de *açvakas*, embora seus distritos, distintos uns dos outros, fossem governados por príncipes independentes. No vale do Cofen viviam os astacenos, chamados assim porque estavam estabelecidos a oeste (*asta*) do Indo.

De Nicaia, Alexandre enviara alguns arautos aos príncipes indianos residentes no vale inferior do Cofen e nas margens do Indo. Ele os convidava a vir prestar-lhe homenagem. O príncipe Taxiles e diversos rajás do território situado "para aquém do Indo" foram ao acampamento, seguidos por uma escolta suntuosa montada em elefantes ricamente enfeitados. Levaram para o rei presentes de valor inestimável e ofereceram-lhe 25 elefantes "para que ele os usasse ao seu bel-prazer". Alexandre os pôs a par dos seus projetos: no decorrer do verão, esperava pacificar todo o território que se estendia até o Indo. Ele recompensaria os príncipes que lhe haviam prestado homenagem e saberia forçar à obediência todos os que não se submetessem. Estabeleceria os quartéis de inverno à beira do Indo e partiria de novo, na primavera seguinte, para punir os inimigos do príncipe Taxiles, seu aliado.

Alexandre dividiu as tropas em dois exércitos. Um, sob as ordens de Perdicas e de Heféstion, devia seguir a margem direita do Cofen até o Indo, enquanto ele próprio contava percorrer com o segundo a difícil região situada ao norte desse rio e habitada por tribos belicosas. Esse duplo movimento tinha como objetivo separar as tribos estabelecidas no norte e no sul do Cofen e impedi-las de se agrupar para realizar uma resistência em comum. Os exércitos deviam convergir para os vales de Peschawar e de Attok. Uma vez senhor dos caminhos e dos desfiladeiros situados atrás dele, Alexandre poderia proceder sem temor à travessia do Indo.

Heféstion e Perdicas desceram ao longo da margem direita do Cofen com as falanges de Górgias, Koinos e Meleagro, a metade da cavalaria macedônia e a totalidade dos mercenários montados. Chegaram ao território dos gandaras, enquanto os príncipes indianos que haviam prestado homenagem ao rei retornavam às respectivas províncias. Heféstion recebera ordens de ocupar todas as praças-fortes importantes e, uma vez tendo chegado às margens do Indo, de começar imediatamente a construção da ponte pela qual Alexandre contava penetrar no interior das Índias.

Alexandre transpôs o Cofen, atravessou o desfiladeiro de Djellalabad e dirigiu-se para o leste, seguido pelos hipaspistas, pela outra metade da cavalaria, pela maior parte das falanges, pelos arqueiros, pelos agrianos e pelos acontes montados. Lá o Choaspes, cuja fonte está nas geleiras do Puschti-Kur, desce para a planície, cavando um vale selvagem entre as poderosas muralhas do Khond e a cadeia não menos elevada que o separa do vale do Guraios. Esse terreno se prestava mal aos movimentos do exército. Os aspasianos tinham ali aldeias, fortalezas e inumeráveis rebanhos. A alguns dias de marcha para o norte estava, à beira do Choaspes, a residência do príncipe. Essa cidade tinha importância estratégica ainda maior porque estava construída na rota que conduzia às fontes do Oxus, através das montanhas e do vale de Tschitral. Logo que Alexandre atravessou o rio, subiu o vale sempre mais encaixotado e chegou à fronteira meridional do território dos aspasianos, cujos habitantes se refugiaram em parte nas montanhas e em parte nas fortalezas, resolvidos a não se render sem combate. Nem por isso Alexandre deixou de avançar mais resolutamente. Partindo na frente com o conjunto da cavalaria e oitocentos hipaspistas a cavalo, logo chegou diante da capital dos aspasianos. Esta, cercada por uma dupla muralha, era defendida por forças importantes, desdobradas ao pé dos muros. Sem interromper a marcha, o rei deu logo o sinal de ataque. Após um corpo a corpo muito violento, no decorrer do qual ele foi ferido no ombro, assim como seus guarda-costas Leonatos e Ptolomeu, os bárbaros foram obrigados a se retirar para trás dos muros da cidade. Quando a noite caiu, a fadiga das tropas e sua própria ferida deixaram o rei impossibilitado de prosseguir o combate. Os macedônios montaram acampamento no pé das muralhas. O assalto começou no alvorecer do dia seguinte. As tropas de Alexandre escalaram a muralha e a ocuparam. Foi somente então que perceberam uma segunda muralha, muito mais forte.

Nesse ínterim, o grosso do exército tinha se juntado à vanguarda. Logo foi desencadeado um segundo ataque. As escadas de escalada foram colocadas, enquanto os arqueiros trespassavam as sentinelas postadas no cume da muralha; o topo da muralha foi logo ocupado em diversos pontos. Os inimigos não resistiram por muito mais tempo. Abriram os portões da cidade e tentaram fugir para as montanhas. Muitos foram mortos; os macedônios, enfurecidos pelo ferimento do rei, não pouparam ninguém. A cidade foi arrasada.

Esse sucesso fulminante teve todos os efeitos desejados. Uma segunda cidade, Andaka, rendeu-se incondicionalmente. O rei deixou nela Cratero com a infantaria pesada e deu-lhe ordens para se juntar novamente a ele em Arigaion, no vale do Guraios (Pandjkora), depois de ter submetido as cidades da vizinhança. Alexandre voltou-se então para o noroeste com o restante das tropas, na direção do Euaspla, onde esperava apoderar-se do príncipe desse país. Atingiu a cidade no segundo dia, mas a notícia da sua chegada o havia precedido. Encontrou a cidade em chamas e os caminhos que levavam às montanhas cobertos de fugitivos. Foi uma carnificina espantosa. Mas o próprio príncipe, seguido por numerosa escolta, tinha tido tempo de chegar às alturas.

Ptolomeu reconheceu a coluna do príncipe no meio da confusão e a perseguiu energicamente. Mas as inclinações das montanhas logo se tornaram muito íngremes para os cavalos. Ele apeou e, sem perder um instante, avançou intrepidamente à frente dos hipaspistas. Subitamente, o príncipe e sua escolta deram meia-volta e pularam sobre os macedônios. O próprio príncipe atirou-se sobre Ptolomeu e lançou-lhe um dardo em pleno peito. Salvo por sua couraça, Ptolomeu trespassou o príncipe com a lança, na altura dos quadris, e lançou-o por terra. A morte do príncipe definiu a vitória. Enquanto os macedônios perseguiam a escolta inimiga e massacravam os últimos sobreviventes, Lágida começou a despojar o príncipe de sua armadura. Os aspasianos, refugiados nas montanhas vizinhas, viram o seu gesto; precipitaram-se sobre ele com um furor selvagem, decididos a defender a qualquer custo o cadáver do chefe. Nesse meio-tempo, Alexandre chegara. Seguiu-se um terrível corpo a corpo, no transcurso do qual o cadáver só foi conservado com grande dificuldade. Por fim, depois de um combate muito árduo, os bárbaros, privados de chefe, retiraram-se para as montanhas.

Não desejando subir mais para os altiplanos, Alexandre contornou para o leste o curso do Euaspla, para atingir a cidade de Arigaion passando pelos desfiladeiros que davam acesso ao vale do Guraios. Encontrou a cidade também incendiada. Os habitantes haviam fugido para os altiplanos. A importância dessa localidade, que controlava a rota do Choaspes, fez o rei decidir reconstruir a cidade. Encarregou disso Cratero, que subia do sul. Deixou ali os macedônios que tinham sido colocados fora de combate no decorrer das últimas refregas e ordenou aos habitantes da vizinhança que se estabelecessem lá. Graças à posse de Andaka e de Arigaion, Alexandre era senhor dos dois desfiladeiros que conduziam ao Choaspes. No entanto, ele considerava necessário fazer com que os intrépidos montanheses, que ainda ocupavam uma posição ameaçadora no norte da cidade, sentissem a supremacia das armas macedônias. Alexandre deixou Arigaion e subiu para as áreas de pastagem do alto. À noite, ergueu acampamento no sopé das montanhas. Ptolomeu, enviado para fazer o reconhecimento, declarou que o número de fogueiras de acampamento era considerável e que era possível concluir disso que as forças inimigas ultrapassavam bastante as dos macedônios. Alexandre decidiu atacá-los imediatamente. Parte do exército permaneceu nas suas posições enquanto o rei partiu para atacar os cumes com o grosso das tropas. Logo que pôde ver as fogueiras dos inimigos, deu ordens a Leonatos e a Ptolomeu para que contornassem à direita e à esquerda a posição dos bárbaros, a fim de obrigá-los a dividir suas forças, atacando-os em três lugares ao mesmo tempo. Ele próprio marchou para as colinas onde se encontravam agrupadas as principais forças do inimigo. A partir do momento em que viram Alexandre se aproximar, os bárbaros caíram sobre ele. Travou-se um combate muito duro. Enquanto isso, Ptolomeu também avançou. Porém, como os bárbaros não desciam das colinas, ele foi obrigado a travar a luta em um terreno muito desigual. À custa de imensos esforços, conseguiu finalmente escalar os cumes, repelindo os inimigos, que se defendiam passo a passo, para a vertente da montanha que ele tinha deixado desocupada para não incitá-los a uma resistência desesperada – o que teria inevitavelmente acontecido se eles se vissem cercados. Leonatos, por seu lado, obrigara os inimigos a recuar. Alexandre já penetrava na massa principal dos bárbaros, colocada no centro. A vitória, duramente alcançada, terminou com um banho de sangue. Quarenta mil homens foram feitos prisioneiros. Imensos rebanhos de bestas de chifres – toda a riqueza desse povo montanhês – caíram nas mãos dos vencedores. Ptolomeu conta que o número de bois capturados se elevava a mais de 230 mil. Alexandre escolheu os mais belos e enviou-os para a Macedônia, para servirem nos trabalhos dos campos.

Nesse ínterim espalhou-se a notícia de que os assacenos armavam-se febrilmente no vale vizinho, o de Suastos: tinham recrutado mercenários do outro lado do Indo e já dispunham de um exército com 30 mil soldados de infantaria, 20 mil cavaleiros e trinta elefantes. Para atingir o território deles, o rei devia descer primeiro o vale do Guraios, cuja parte superior acabava de dominar. Ele partiu na frente com um pequeno número de soldados, enquanto Cratero o seguia mais lentamente com o restante do exército e as pesadas máquinas que tinham servido para o cerco de Arigaion. Os estreitos caminhos da montanha e as noites glaciais tornavam a marcha muito penosa. Com isso, o vale no qual desceram lhes pareceu ainda mais agradável e mais rico: só havia por toda parte vinhas em grinaldas, bosquezinhos de loureiros e de amendoeiras, aldeias pacíficas construídas nas encostas e incontáveis rebanhos espalhados pelas pastagens. Aqui, dizem, os notáveis da região, conduzidos por Akuphis, apresentaram-se diante da tenda do rei. Quando o viram, em todo o esplendor de suas armas, apoiado em sua lança e coberto com um elmo de penacho, ajoelharam-se tomados de admiração. O rei lhes disse que se levantassem e escutou suas palavras. Eles declararam que sua capital era Nysa e que eram originários do Ocidente. Viviam, desde sempre, independentes e felizes, governados por um conselho de trinta membros. Alexandre respondeu que lhes deixaria a liberdade e a independência, mas que Akuphis devia doravante presidir o conselho. Por fim, pediu-lhes que fornecessem ao seu exército um contingente de algumas centenas de cavaleiros. Os nisianos tinham a pretensão de ser os descendentes diretos da escolta de Dioniso, cujas marchas triunfais tinham levado o mito grego até as Índias.[101] Embora separados de seus lares por uma enorme distância, os valoro-

---

101. Na mitologia grega, Dioniso foi perseguido por Hera e vagou por várias partes da Terra, atravessando a Ásia, onde ensinou a cultura da uva. [N.T.]

sos macedônios, cercados pelas lembranças da juventude, acreditaram subitamente ter reencontrado a pátria.

Ainda hoje as tribos que habitam nessas regiões levam uma vida serena e dionisíaca. Os pífaros e os tamborins que alegravam seus cortejos, seus festins e suas paradas noturnas, o clima europeu dos vales e o caráter mediterrânico da paisagem, tudo devia contribuir para evocar a lenda de Baco no espírito daqueles que cercavam Alexandre: a realidade parecia casar com os dados da mitologia.[102]

Deixando Nysa, Alexandre dirigiu-se para leste, através do impetuoso Guraios, para o território dos assacenos. Com sua aproximação, esses últimos se retiraram para fortalezas; a mais importante era Massaga. O príncipe do país esperava resistir vitoriosamente aos macedônios. Alexandre montou acampamento no pé das muralhas da cidade. Confiantes em sua força, os inimigos efetuaram logo um ataque. Uma retirada simulada atraiu-os para uma meia hora de distância dos seus portões. Em desordem e com brados de vitória, puseram-se a perseguir os sitiantes, que acreditavam derrotados. Mas os macedônios, dando bruscamente meia-volta, lançaram-se sobre os indianos a toda a carga. Os soldados da infantaria leve vinham em primeiro lugar, seguidos pelo rei à frente dos falangitas. Após um curto combate, os indianos retiraram-se com sérias perdas. Alexandre perseguiu-os bem de perto. Pretendia transpor os portões ao mesmo tempo que eles, mas nesse exato momento uma flecha, lançada do topo da muralha, atingiu-o no pé e ele precisou voltar para o acampamento, levemente ferido. No dia seguinte, os aríetes começaram a bater nos muros, abrindo logo uma brecha. Os macedônios

---

102. Eis o que escreve Arriano a esse respeito: "Ninguém antes de Alexandre levou a guerra para a casa dos indianos. Porém, segundo uma tradição muito difundida, Dioniso, antecipando-o, teria entrado em campanha contra os indianos e os teria submetido. Hércules também, segundo algumas fontes menos seguras. Quanto à campanha de Dioniso, a cidade de Nysa é um testemunho comprobatório dela, assim como o monte Meros, a hera que ali cresce e o costume dos indianos de ir para o combate tocando tamborins e címbalos, com vestimentas multicoloridas como as das bacantes. – De Hércules não resta quase mais nada. Penso que a história do rochedo Aornos, que Alexandre tomou à força, mas do qual Hércules não pôde se apoderar, é uma fanfarronice dos macedônios, do mesmo modo que o nome de Cáucaso que eles deram ao Paropamisos, embora essa montanha não tenha nenhuma relação com o Cáucaso. Tendo igualmente descoberto uma gruta entre os paropamisianos, os macedônios afirmaram que era a caverna onde o titã Prometeu foi acorrentado por ter roubado o fogo." (*A Índia*, V) [N.A.]

quiseram se aproveitar disso para penetrar na cidade, mas a defesa heroica dos sitiados obrigou-os a se retirar no fim do dia. A noite passou em preparativos e em armamentos de todos os tipos. Foram construídos novos aríetes, tetos de proteção e, por fim, uma torre rolante cuja ponte levadiça devia permitir passar diretamente sobre a muralha. Pela manhã, as falanges reiniciaram o ataque. O rei postou alguns hipaspistas na torre e lembrou-os de que assim eles haviam tomado outrora a cidadela de Tiro. Todos ardiam para combater e para se apoderar da cidade que já lhes resistira demais. Baixaram a ponte levadiça e os macedônios lançaram-se por ela todos juntos. Cada um queria ser o primeiro a chegar ao topo das muralhas. Sob o efeito do peso, a ponte levadiça se rompeu e os valorosos combatentes foram lançados por terra, onde esmagaram uns aos outros. Vendo o acidente, os indianos arrojaram-se pelo caminho de ronda, dando gritos selvagens, e se puseram a atirar pedras, pedaços de madeira e projéteis sobre os macedônios. Abriram portas falsas e se lançaram para fora, para tirar proveito da confusão. Por toda parte os macedônios batiam em retirada, e foi com dificuldade que a falange de Alceto conseguiu proteger os feridos e os moribundos contra o furor dos indianos. Todos esses fracassos só fizeram inflamar ainda mais os macedônios. No dia seguinte, a torre reparada foi apoiada novamente contra a muralha; novamente a ponte levadiça foi abaixada; mas os indianos resistiram vitoriosamente a todos os ataques dos sitiantes, embora as suas fileiras se tornassem cada vez mais dispersas e o perigo aumentasse para eles a cada instante. Subitamente, seu príncipe foi atingido por uma flecha. A morte dele convenceu os sitiados a entabular conversações e a se entregar à clemência do vencedor. Alexandre, cheio de respeito pela extraordinária coragem dos adversários, mostrou-se pronto a interromper um combate que só podia terminar com um terrível derramamento de sangue. Exigiu que a cidade se rendesse, que os mercenários indianos entrassem para o exército macedônio e que lhe entregassem a família do príncipe. Essas condições foram aceitas. A mãe e a filha do príncipe foram levadas ao acampamento do rei. Os mercenários indianos saíram da cidade, cobertos com todas as armas, e acamparam a alguma distância do exército do qual eles doravante deviam fazer parte. Porém, cheios de horror com a ideia de se juntarem a estrangeiros para lutar contra os seus irmãos, eles tomaram a funesta resolução de fugir durante a noite e se retirar para o outro lado do Indo. Alexandre foi informado da coisa; convencido de que toda negociação seria inútil e toda contemporização perigosa, mandou cercá-los e massacrá-los durante a noite. Foi assim que se tornou senhor da fortificação mais importante do território dos assacenos.

A partir de Massaga parecia fácil terminar a ocupação de um território doravante sem senhor. Por conseguinte, Alexandre enviou algumas tropas para o sul sob o comando de Koinos, para tomar posse da fortaleza de Bazira, convencido de que ela se renderia sem resistir quando seus habitantes soubessem da queda de Massaga. Outra divisão, comandada por Alceto, foi para o norte, para a fortaleza de Ora, com ordem de bloquear a cidade até a chegada do grande exército. Logo, porém, más notícias chegaram de dois lugares. Alceto só conseguira repelir uma investida dos oritas à custa de graves perdas e Koinos, longe de encontrar Bazira pronta a capitular, só com grande dificuldade mantinha-se diante da cidade. Alexandre já queria ir em seu socorro quando foi informado de que Ora estabelecera relações secretas com o príncipe Abisares, recebendo reforços consideráveis, recrutados entre as tribos montanhesas da Caxemira. Alexandre logo enviou a Koinos ordens para estabelecer um acampamento entrincheirado nos arredores de Bazira, deixar ali alguns homens para cortar as comunicações da fortaleza e se juntar a ele imediatamente com o restante de suas tropas. O rei dirigiu-se para Ora. Embora bem fortificada e corajosamente defendida, a cidade não pôde resistir por muito tempo e foi tomada de assalto. Um rico butim e vários elefantes caíram nas mãos dos macedônios. Durante esse período, Koinos começara a levantar o cerco de Bazira. Logo que os indianos viram o seu movimento de recuo, lançaram-se para fora da cidade e se atiraram sobre os macedônios. Um combate muito duro foi travado, na sequência do qual eles foram obrigados a se retirar para trás das muralhas. Nesse momento, os baziritianos foram informados de que Ora acabava de sucumbir; os sitiados perderam a coragem. Sem esperança de salvar a praça-forte, abandonaram a cidade à meia-noite e se refugiaram na cidadela de Aornos, à beira do Indo, não muito longe da fronteira meridional do território dos assacenos.

Com a tomada das três praças – Massaga, Ora e Bazira –, Alexandre tornara-se o senhor de toda a região montanhosa situada ao norte do Cofen; no sul dessa região ficava o território do príncipe Astes de Peukela. Esse príncipe, ao que parece, aumentara seu território em detrimento dos vizinhos e pusera solidamente o pé na margem meridional do Cofen. Arrasara algumas terras de Sangaios, que havia se refugiado junto ao rei Taxiles. Quando Alexandre enviara alguns arautos aos príncipes indianos, para convidá-los a ir a Nicaia, nem Astes nem Assaceno responderam ao seu apelo. Porém, os sucessos alcançados pelas armas macedônias, a aproximação do rei e a morte de Assaceno convenceram o príncipe de Peukela a abandonar o principado e buscar refúgio em seu novo território situado ao sul do Cofen. Lá, entrincheirado em uma cidadela inexpugnável construída sobre um rochedo íngreme, ele esperava poder resistir ao exército macedônio. Mas Heféstion tinha montado seu acampamento no pé da fortaleza, da qual se apoderou depois de um cerco de trinta dias. Astes tinha morrido no decorrer do ataque e Sangaios, que estava na corte de Taxiles, tomou posse da cidade com o consentimento de Alexandre. A cidade de Peukela, privada de senhor e de defensor, rendeu-se de bom grado a partir do momento em que os habitantes viram Alexandre descer do território dos assacenos. Seu exemplo foi seguido por outras cidades menos importantes da região. Alexandre dirigiu-se então para o Indo, que alcançou na altura de Embolina, algumas milhas a montante da embocadura do Cofen.

Assim, no transcurso do verão, depois de uma série de combates muito duros, o rei submetera todo o território que ia do Paropamisos ao Indo. Heféstion tomara posse do terreno situado ao sul do Cofen, cujo vale estava fechado por montanhas áridas. As cidadelas de Astes e de Orobatis, das quais ele também se apoderara e nas quais estacionara guarnições macedônias, tornaram-se pontos estratégicos que dominavam toda a margem meridional do rio. No norte, os vales do Choaspes, do Guraios e do Suastos e os territórios dos aspasianos, dos guraianos, dos assacenos e dos peukelaotes tinham sido percorridos sucessivamente. Os bárbaros estabelecidos no Choaspes e no Guraios superiores tinham sido rechaçados para as montanhas. Enfim, Alexandre havia dominado o vale dos guraianos por meio das fortalezas de

Andaka e de Arigaion; o território dos assacenos por meio das praças-fortes de Massaga, de Ora e de Bazira; e a margem ocidental do Indo por meio da ocupação de Peukela. A partir desse dia o território, embora deixado na sua maior parte nas mãos de príncipes locais, foi colocado sob a dependência do império e governado por um sátrapa. Esse território recebeu o nome de Província Cis-índica.

Somente uma fortaleza, situada nas proximidades do Indo, permanecia ocupada pelos indianos. Os macedônios a chamavam de Aornos, querendo dizer com isso que nem os próprios pássaros podiam atingir o seu cume. A cerca de cinco milhas do lugar onde o Cofen se lança no Indo ergue-se um rochedo isolado, derradeiro contraforte das montanhas situadas a noroeste. Segundo os dados dos antigos, essa rocha tem uma circunferência de cerca de quatro milhas e eleva-se, em linha reta, a 5 mil pés de altura. No cume achatado dessa vertiginosa massa de pedra existia uma curiosa fortaleza que continha jardins, bosques e fontes, de modo que seus milhares de habitantes podiam viver ali durante todo o ano sem descer para a planície. Muitos indianos fugitivos dos territórios inferiores tinham se refugiado nesse ninho de águia, confiando na força desse covil considerado inexpugnável. Por isso mesmo, pareceu ainda mais necessário ao rei apoderar-se dele. Ele contava, sem dúvida, com o extraordinário efeito moral, sobre suas tropas e sobre os indianos, da conquista dessa fortaleza considerada invencível. E devia supor que o rochedo de Aornos, deixado em mãos inimigas, seria um perigoso centro de reunião e um foco permanente de dissidência. Uma vez que o território circunvizinho fora submetido e que a sólida posição no Indo permitia reabastecer o exército, qualquer que fosse a duração do cerco, Alexandre começou as operações, tão perigosas quanto audaciosas. Somente a sua inflexível vontade de tomar esse rochedo permitiu que o empreendimento tivesse êxito. Ele deixou Cratero em Embolina, na margem do Indo, e levou consigo os agrianos, os arqueiros, a taxeia de Koinos, os soldados mais ágeis das outras taxeias, duzentos cavaleiros dos heteres e cem arqueiros a cavalo. O rei ergueu acampamento ao pé do rochedo. Só um caminho em zigue-zague levava ao seu cume, tão judiciosamente construído que era possível defendê-lo em cada uma das suas curvas. Algumas pessoas que habitavam nas proximidades do

Aornos foram encontrar o rei, submeteram-se e propuseram conduzi-lo a um local de onde seria mais fácil atacar a fortaleza. Ptolomeu, o Lágida foi encarregado de seguir os guias indianos e escalar o rochedo com os agrianos, o restante da infantaria leve e a elite dos hipaspistas. À noite, sem se deixar observar pelos bárbaros, ele conseguiu subir por um atalho pedregoso e escorregadio e, à custa de esforços extraordinários, chegou ao local designado pelos guias. Entrincheirou-se solidamente atrás de uma barreira de lanças e acendeu uma fogueira. Vendo o sinal combinado, o rei decidiu fazer a ofensiva na manhã seguinte, esperando que Ptolomeu pudesse atacar ao mesmo tempo que ele. Porém, foi impossível que as tropas da planície ganhassem uma polegada de terreno. Os indianos, tranquilos por esse lado, lançaram-se ainda mais ousadamente para as alturas ocupadas por Ptolomeu, e só com grande dificuldade o Lágida conseguiu manter-se atrás das trincheiras. Seus agrianos e arqueiros fustigaram duramente o inimigo, que precisou se retirar para a fortaleza ao cair da noite. Essa tentativa infeliz provou ao rei que ele jamais se apoderaria da fortaleza se permanecesse na planície. Durante a noite, encarregou um homem que conhecia bem aqueles lugares de levar uma mensagem a Ptolomeu, dizendo-lhe que ele esperava atacar o inimigo no dia seguinte, em um ponto situado não muito longe do local onde o Lágida tinha feito a sua escalada. No momento em que os indianos se lançassem para conter o ataque, Ptolomeu devia descer das alturas, cair nas costas do inimigo e efetuar a qualquer custo a junção com as tropas de Alexandre. Assim foi feito: ao alvorecer, o rei postou-se com seus homens no lugar combinado. Os indianos se precipitaram para defender o acesso à trilha. O combate encarniçado durou até o meio-dia. Nesse momento, os inimigos começaram a ceder terreno. Ptolomeu, por seu lado, tentou o impossível. À noite, as trilhas estavam nas mãos de Alexandre, e as duas divisões do exército tinham efetuado a junção. A retirada acelerada dos indianos e o ímpeto dos macedônios, inebriados pelo sucesso, convenceram o rei a perseguir o inimigo, esperando penetrar na cidadela graças à confusão e à escuridão. Porém, ele não conseguiu isso, pois o terreno era muito estreito para uma tomada de assalto.

Ele se retirou para a colina ocupada por Ptolomeu. Esta estava um pouco abaixo do nível da fortaleza, separada dela por um largo e profundo despenhadeiro. Tratava-se de vencer as dificuldades criadas pela natureza desfavorável do terreno e de encher o despenhadeiro para poder posicionar os aríetes contra as muralhas. A operação foi realizada na manhã seguinte. O rei estava em todo lado, fazendo elogios aos soldados, encorajando-os e tomando parte ativa nos trabalhos. Rivalizando em ardor, os macedônios derrubaram árvores, fincaram-nas no solo, acumularam blocos de rochas e cobriram tudo com terra. No final do primeiro dia, um largo espaço de trezentos passos já estava preenchido. Os indianos, que haviam primeiramente zombado dessa tentativa temerária, no dia seguinte se esforçaram para demolir o que estava feito. Porém, o aterro logo avançou suficientemente para permitir que as catapultas e as fundas repelissem os ataques dos sitiados. No sexto dia o aterro atingiu uma colina situada no mesmo nível da fortaleza ocupada pelo inimigo. Da sua conquista dependia toda a sorte da empreitada. O rei escolheu alguns macedônios particularmente corajosos e encarregou-os de se apoderarem a qualquer preço dessa posição. Um corpo a corpo pavoroso não tardou a se travar. Alexandre se lançou à frente dos seus guarda-costas. A colina foi tomada de assalto à custa de um esforço sobre-humano. Esse sucesso, junto com o progresso lento mas contínuo do aterro, fez com que os indianos refletissem. Perderam a esperança de poder resistir por longo tempo a um inimigo que nem os rochedos nem os abismos detiam e que demonstrava, com façanhas cada dia mais espantosas, que a vontade e a energia humanas eram suscetíveis de virar em seu proveito até mesmo os mais terríveis obstáculos que a natureza lhes opunha. Eles propuseram a Alexandre, por intermédio de um arauto, entregar-lhe a fortaleza se ele lhes apresentasse condições aceitáveis. O objetivo era ganhar tempo até o cair da noite. Esperavam tirar proveito da escuridão para se espalhar pela planície, graças a alguns caminhos secretos. Alexandre adivinhou essa intenção. Retirou os seus postos de vanguarda e deixou que os indianos começassem a retirada sem perturbá-los. Depois escolheu setecentos hipaspistas, escalou os rochedos aproveitando-se da noite e chegou ao cume das muralhas abandonadas pelos sitiados. Logo que a coluna alcançou os diferentes pontos designados, os macedônios arrojaram-se com grandes brados sobre o inimigo, que só tinha conservado algumas armas leves para poder fugir com mais rapidez. Muitos indianos foram massacrados. Outros foram atirados no abismo. No dia seguinte, o exército penetrou na cidadela com tambores e trombetas. Numerosos sacrifícios e festas solenes assinalaram o desfecho feliz de um empreendimento cuja realização exigiu todo o gênio de Alexandre e o heroísmo de seus soldados.

As muralhas da cidadela foram ainda mais reforçadas. O rei estabeleceu ali uma guarnição macedônia. O príncipe Sisikottos, que soubera ganhar a confiança de Alexandre, foi nomeado governador de Aornos. Essa fortaleza era essencial para conservar a ordem em toda a região situada aquém do Indo. Ela permitia vigiar a planície que se estendia a perder de vista a seus pés e dominava a confluência entre o Cofen e o Indo.

Nesse ínterim, alguns movimentos perigosos haviam se esboçado na Assacênia; o irmão do príncipe Assaceno, morto no cerco de Massaga, havia reunido um exército de 2 mil homens e quinze elefantes, e estava refugiado nas montanhas do altiplano. Dominava a fortaleza de Dyrta. Acreditando-se suficientemente protegido pela aridez dessa região selvagem e desértica, ele esperava que o afastamento sempre maior do rei lhe permitisse reconquistar seu território – e talvez mesmo aumentá-lo. Alexandre julgou indispensável mostrar-lhe quanto se enganava. Logo depois da queda de Aornos, o rei apressou-se a marchar contra Dyrta, à frente de alguns milhares de soldados da infantaria leve. A notícia da sua aproximação bastou para pôr o pretendente em fuga; as populações da vizinhança seguiram-no precipitadamente. O rei enviou um pequeno grupo na vanguarda para descobrir os rastros do príncipe e, sobretudo, dos elefantes. Foi informado de que todos tinham fugido para o leste e se pôs em sua perseguição.

Espessas florestas virgens cobriam essa região, através das quais o exército era obrigado a abrir caminho penosamente. Capturaram alguns indianos isolados. Eles contaram que a população, atravessando o Indo, buscara refúgio no território dos abisaros, mas os quinze elefantes tinham sido deixados em liberdade nas clareiras que margeavam o rio. Um pouco adiante, os macedônios encontraram alguns pelotões de desertores que tinham abandonado o exército em fuga. Revoltados com a incompetência do príncipe, eles o haviam assassinado e traziam sua cabeça para Alexandre. Achando inútil perseguir um exército sem chefe em um território desprovido de estradas, o rei, seguido por suas tropas e por alguns caçadores indianos, desceu o Indo para capturar os elefantes. Dois deles escorregaram para o fundo de um despenhadeiro e os outros foram capturados vivos. Ali, nas espessas florestas que margeiam o Indo, o rei mandou derrubar algumas árvores para construir navios. Uma frota fluvial logo foi constituída. Os habitantes das margens do Indo nunca tinham visto coisa parecida. O rei embarcou com seu exército e desceu o curso do largo rio, cujas duas margens estavam salpicadas de cidades e aldeias. Desembarcou na ponte que Perdicas e Heféstion acabavam de lançar sobre o Indo.

As narrativas que os antigos fizeram dessa expedição descrevem de maneira viva e cheia de imagens as impressões inolvidáveis que teve o exército do Ocidente ao descobrir o mundo das Índias, no qual ele havia penetrado na primavera de 327. As estranhas formas da natureza, a exuberância da vegetação, os animais selvagens e os domesticados, os homens, sua religião e seus costumes, suas instituições e sua maneira de fazer a guerra, tudo era motivo de surpresa e de fascinação. Os prodígios dos quais Heródoto tinha falado pareciam amplamente ultrapassados pela realidade. Mas eles não tardariam a perceber que ainda estavam no limiar do universo desconhecido que se abria diante deles.

XXVIII

TRAVESSIA DO INDO ∽ SUBMISSÃO DO PRÍNCIPE TAXILES ∽ ESTADIA EM TAXILA ∽ DESAFIO DO REI PORUS ∽ DERROTA DE ESPITAKES ∽ CHEGADA À MARGEM DO HIDASPE ∽ FINGIMENTOS E FALSAS MANOBRAS ∽ TRAVESSIA DO RIO ∽ MORTE DO FILHO DE PORUS ∽ BATALHA DO HIDASPE ∽ MASSACRE DOS ELEFANTES ∽ MORTE DE BUCÉFALO ∽ CAPTURA DE PORUS ∽ VITÓRIA DOS MACEDÔNIOS ∽ RECONHECIMENTO DA REALEZA DE PORUS ∽ FUNDAÇÃO DE BUCEFÁLIA E DE NICEIA

Chegando ao Indo, o exército repousou para se recompor das fadigas da campanha de inverno. Depois, no início da primavera, as tropas, aumentadas pelos contingentes dos príncipes da satrapia Cis-índica, prepararam-se para atravessar o rio.

Nesse momento, uma embaixada do príncipe Taxiles apareceu diante de Alexandre. Confirmou-lhe o devotamento de seu senhor e entregou-lhe presentes suntuosos: 3 mil bois para sacrifícios, 10 mil carneiros, trinta elefantes de guerra, duzentos talentos de prata e setecentos cavaleiros indianos. Os embaixadores declararam, além disso, que o príncipe lhe oferecia a sua capital, a mais bela das cidades situadas entre o Indo e o Hidaspe.

O rei ordenou então que tivessem início as cerimônias destinadas a celebrar a passagem do Indo. Alguns sacrifícios foram realizados na beira do rio, junto com torneios equestres e jogos atléticos. Os presságios foram favoráveis, de modo que o rei realizou logo a travessia. Parte do exército transpôs o rio sobre uma ponte flutuante e o restante das tropas usou diversas embarcações. O rei e sua escolta tomaram lugar em dois navios de trinta remadores que tinham sido preparados para a tarefa. Novos sacrifícios celebraram o feliz resultado da travessia. Depois, o grande exército tomou a estrada para Taxila. Atravessou regiões muito povoadas, às quais a primavera conferia maravilhosa beleza. No norte erguia-se o maciço nevado que constitui a fronteira da Caxemira;

no sul desdobrava-se a imensa planície do Duab, que se estende a perder de vista entre o Indo e o Hidaspe. A uma hora da residência principesca, os soldados espantados viram pela primeira vez alguns penitentes indianos imóveis, solitários e nus, sob os raios abrasadores do sol ou o orvalho glacial das noites estreladas, imersos no êxtase silencioso do nirvana.

Quando Alexandre se aproximou da cidade, o príncipe Taxiles foi até ele, escoltado por elefantes cobertos de seda e de pedras preciosas. As tropas que o acompanhavam, com armaduras faiscantes, faziam ouvir uma música guerreira. O rei da Macedônia ordenou que o exército parasse a marcha. Então, o príncipe, destacando-se do cortejo, avançou para ele, saudou-o respeitosamente e se entregou em suas mãos, assim como o seu reino. Alexandre, tendo o príncipe à direita, entrou na suntuosa residência, à frente do exército. Uma série de festas e de manifestações de júbilo foi organizada em sua homenagem. O brilho foi ainda mais realçado pela presença de diversos rajás que vinham prestar homenagem a Alexandre e lhe entregar diversos presentes. O rei os confirmou em seus títulos e funções. Chegou a aumentar o território de alguns, segundo os méritos e os serviços que lhe tinham prestado. Taxiles foi generosamente recompensado pelo cuidado que tivera com o exército do sul e pelo respeito que sempre testemunhara pelo rei. O príncipe recebeu, das mãos do "rei da Ásia", vinte corcéis macedônios, trajes de gala dos medas, taças de ouro e de prata cinzeladas por artistas helênicos e um tesouro de mil talentos. Abisares, príncipe da Caxemira, enviou seu irmão a Taxila. Ele veio acompanhado pelos senhores mais nobres do país. Trouxe para Alexandre objetos preciosos: marfim e tecidos de incomparável fineza. Transmitiu ao rei o devotamento absoluto do irmão, refutando categoricamente os rumores segundo os quais esse último teria apoiado secretamente a revolta dos assacenos.

Não sabemos bem como foram resolvidos os negócios do Duab. Talvez Taxiles tenha sido nomeado príncipe dessa região e sua soberania se estendesse sobre todos os rajás estabelecidos aquém do Hidaspe. Suas relações com Alexandre quase não são mencionadas na sequência. O rei estabeleceu uma guarnição macedônia na residência e também deixou lá os homens inaptos para o serviço. A satrapia das Índias foi confiada a Filipe, filho de Machate.

Seu elevado nascimento e os sinais de devotamento que dera profusamente a Alexandre justificavam essa escolha. Seu posto era dos mais importantes: além do governo da província, estava encarregado de vigiar todas as tropas deixadas junto a Taxiles e aos outros príncipes da região.

Mas o príncipe de Taxila tinha uma razão particular para se submeter ao rei. Sua conduta era ditada pela hostilidade em relação a um vizinho mais poderoso, o rei Porus, da antiga dinastia dos Pauravas. Esse último possuía, na outra margem do Hidaspe, um reino com mais de cem cidades e um exército considerável. Porus tinha concluído alianças com vários príncipes da vizinhança, notadamente com o rei da Caxemira. Mas se, pelo lado do Indo, esse príncipe estava em guerra com Taxiles, pelo outro lado, ele tinha que temer a inimizade dos povos livres estabelecidos nos contrafortes do Himalaia, na parte do Duab situada para além do Acesines e no território dos cinco rios. A luta desses povos "sem rei" [*arattas*] contra os príncipes que reinavam entre o Hidaspe e o Acesines – e dos quais os Pauravas eram os mais poderosos – tornava o Pendjab vulnerável a uma agressão vinda do Ocidente.

De Taxila, Alexandre enviou um mensageiro a Porus, convidando-o a encontrar-se com ele na fronteira do principado para lhe prestar homenagem. O príncipe indiano respondeu que iria para a fronteira de suas terras, mas para receber Alexandre com armas nas mãos. Ao mesmo tempo, Porus convocou todos os aliados e pediu a Abisares que lhe enviasse sem demora os reforços que lhe havia prometido – apesar de todos os sinais de deferência que esse último acabava de dar a Alexandre. Depois, Porus avançou para o rio que servia de fronteira ocidental ao seu reino, resolvido a impedir os macedônios de transpô-lo. Ao ser informado dessas novidades, Alexandre deu ordem ao estratego Koinos para que retornasse ao antigo acampamento e construísse com toda a pressa alguns veículos capazes de transportar a frota do Indo por terra e conduzi-la rapidamente ao Hidaspe. Depois de ter realizado os sacrifícios e os jogos rituais, o exército macedônio deixou Taxila, aumentado por uma tropa de 5 mil homens fornecida por Taxiles e pelos príncipes da vizinhança. Alexandre deixou para trás todos os elefantes que havia capturado ou recebido de presente, pois seu aspecto assustava os cavalos macedônios e sua lentidão atrapalhava os movimentos das falanges.

Pouco depois de partir, o exército encontrou os primeiros aguaceiros tropicais. Os cursos de água se encheram e começaram a roncar, e os caminhos se tornaram mais difíceis; tempestades frequentes, que muitas vezes degeneravam em tufões, retardavam consideravelmente o avanço das tropas. Aproximavam-se da fronteira meridional do principado de Taxila. Um desfiladeiro muito longo e bastante estreito conduzia através do território de Espitakes, parente e aliado de Porus. A passagem estava barrada pelas tropas desse príncipe, que ocupavam as colinas situadas de ambos os lados do caminho. Graças a uma audaciosa manobra de cavalaria, dirigida pelo próprio Alexandre, os inimigos foram surpreendidos, expulsos de suas posições e agarrados em uma pinça. Só puderam voltar à planície com sérias perdas. Renunciando a defender por mais tempo o principado, Espitakes fugiu com o restante de suas tropas para juntar-se a Porus.

Cerca de dois dias depois, Alexandre atingiu o Hidaspe, que tinha, naquela estação, a largura de 1,2 mil passos. Percebia-se, do outro lado do rio, o imenso acampamento de Porus: seu exército estava desdobrado em formação de batalha e, diante dele, erguiam-se trezentos elefantes de guerra semelhantes a torres fortificadas. Viu-se o inimigo enviar destacamentos consideráveis, tanto na direção da subida quanto na da descida do rio, para reforçar os postos de sentinelas estabelecidos ao longo do rio e vigiar as raras passagens que o nível das águas ainda tornava praticáveis. Alexandre julgou que seria impossível transpor o rio diante dos olhos do inimigo. Montou acampamento na margem direita, em frente à posição de Porus. Depois, por meio de movimentos de tropas e de manobras incessantes, começou a semear perturbações no espírito dos indianos e a fatigar sua atenção. Estes, não sabendo onde Alexandre planejava atravessar o rio, relaxaram a vigilância. Alexandre enviou algumas tropas para fazer o reconhecimento da margem e destacou outras para o território de Espitakes, abandonado por seus defensores, para tirar proveito dele. Por fim, deu ordem de acumular no acampamento grandes quantidades de víveres, como se tivesse a intenção de passar o inverno ali. Chegou até a mandar espalhar nas fileiras do inimigo o rumor segundo o qual ele considerava a travessia do rio como algo impossível naquela época do ano e contava esperar o fim da estação das chuvas para tentar uma ofensiva.

Mas, ao mesmo tempo, os movimentos da cavalaria macedônia, as idas e vindas de barcos fortemente equipados e a movimentação reiterada das falanges – que permaneciam, muitas vezes durante horas, cobertas com todas as armas sob chuva torrencial – mantinham Porus temeroso de um ataque brusco. Várias ilhotas, situadas no meio do rio, deram lugar a escaramuças isoladas; parecia que essas línguas de terra seriam essenciais no dia em que viessem a tê-las seriamente nas mãos.

Nesse ínterim, Alexandre foi informado de que Abisares da Caxemira – apesar dos seus protestos de lealdade e de amizade – aproximava-se à frente de seu exército para ajudar Porus. Sem dúvida, jamais havia entrado nas intenções de Alexandre passar toda a estação das chuvas na inação. Porém, essa notícia o convenceu a precipitar as coisas, porque teria sido difícil, quando não perigoso, travar a luta contra as forças coligadas de Porus e de Abisares. Atravessar o Hidaspe naquele local era impossível. O leito do rio havia se tornado pouco seguro por causa da violência da corrente; a margem oposta era baixa, escorregadia e cheia de valas lodosas. Teria sido temerário conduzir as falanges para a outra margem sob as flechas do inimigo reunido em fileiras cerradas e postado em um terreno sólido. Seria necessário prever, além disso, que os cavalos macedônios, assustados pelo odor e pelo urro rouco dos elefantes, se recusariam a subir para a margem, procurariam fugir e pulariam das barcaças, semeando a confusão entre as tropas. Antes de mais nada, era fundamental desembarcar em boa ordem. Alexandre recorreu a um estratagema. Mandou tocar o alarme no acampamento à meia-noite; depois, mandou que alguns cavaleiros avançassem para diversos pontos da margem e deu-lhes ordem para que se preparassem para atravessar o rio com gritos de guerra e fanfarras. Também as falanges se reuniram à luz das tochas e se aproximaram ostensivamente dos trechos rasos do rio. O acampamento de Porus logo se animou. Os elefantes saíram em filas e as colunas da infantaria se desdobraram atrás dos juncos. Os indianos esperaram o ataque até de manhã, mas ele não veio. O mesmo alerta se renovou durante as noites seguintes, e todas as vezes Porus teve trabalho à toa. Ele cansou de deixar suas tropas em pé, sob pancadas de chuva, durante noites inteiras e contentou-se em fazer com que o rio fosse vigiado por um cordão de sentinelas.

A margem direita do rio é bordejada naquele local por uma fileira de colinas áridas que, três milhas acima do acampamento macedônio, transformam-se em um maciço montanhoso coberto por espessas florestas. Um pequeno afluente do Hidaspe desce borbulhando da sua vertente setentrional. No lugar onde ele se lança no rio, este desenha um ângulo de 45 graus para o leste e prossegue o curso, dominado à direita pela fileira de colinas áridas mencionadas acima e à esquerda pela planície. Diante da confluência entre a torrente e o Hidaspe, a meio caminho entre as duas margens, estende-se a ilha arborizada e rochosa de Jamad, situada pouco acima do local onde a estrada de Caxemira cruza o Hidaspe. Era lá que Alexandre decidira atravessar o rio.

Ele começou por desdobrar ao longo do rio um cordão de sentinelas bastante aproximadas umas das outras para poderem se comunicar entre si. Seus gritos, o clarão das fogueiras e as ruidosas manobras das tropas que tinham ficado na proximidade do acampamento teriam bastado para enganar completamente o inimigo, mesmo que ele não tivesse adquirido o hábito de considerar esses movimentos como meros fingimentos. Alexandre, por seu lado, informado de que Abisares não estava a mais do que três dias de marcha, preparara tudo para desferir um golpe decisivo. Cratero permaneceu nas proximidades do acampamento com sua hiparquia, a cavalaria dos aracosianos e dos paropamisianos, as falanges de Alceto e de Polisperchon e os 5 mil homens trazidos pelos príncipes indianos. Recebeu ordens para não se mover até o momento em que visse o inimigo deixar seu acampamento ou, vencido, recuar para a floresta. Se ele observasse que as forças de Porus se dividiam e que os elefantes tinham sido deixados para trás na margem oposta, não deveria tentar a travessia; porém, se os elefantes fossem conduzidos para cima, na direção do ponto onde teriam desembarcado os macedônios, ele deveria atravessar o rio com todas as suas tropas, pois só os elefantes eram capazes de fazer fracassar uma carga de cavalaria conduzida com vigor.

Uma segunda divisão do exército, composta pelas falanges de Meleagro, de Górgias e de Atala e pelos mercenários a pé e a cavalo, desceu uma milha e meia rio abaixo, com ordem de passar para o outro lado logo que visse a batalha sendo travada na outra margem. Pela manhã, o rei se pôs a caminho com uma terceira divisão do exército composta pelos hipaspistas de Heféstion, de Perdicas e de Demétrios, pela agema da cavalaria, pelos cavaleiros citas, bactrianos e sogdianos, pelos arqueiros daerianos a cavalo, pelas quiliarquias[103] dos hipaspistas, pelas falanges de Kleitos e de Koinos, pelos agrianos e pelos arqueiros. A chuva aumentou consideravelmente as dificuldades da marcha, mas teve a vantagem de disfarçá-la dos olhos do inimigo. Por prudência, o rei mandara suas tropas passarem por trás das colinas arborizadas que margeavam o rio. Ele chegou no final da tarde ao local fixado para a travessia. Os barcos que compunham a frota do Indo, que Koinos mandara desmontar e colocar em carroças, já tinham chegado, depois de remontados na floresta e cuidadosamente camuflados. O exército também dispunha de grande quantidade de peles e de traves para construir jangadas e barcaças. A noite transcorreu em preparativos febris. Puseram as embarcações na água, encheram as peles com palha e confeccionaram algumas barcaças. Aguaceiros torrenciais, acompanhados por longas séries de trovões, impediram que o manuseio das armas e as marteladas dos carpinteiros fossem ouvidos na outra margem. Os bosques espessos que cobriam o parapeito rochoso da ilha disfarçavam as fogueiras dos macedônios.

Pela manhã, a tempestade se acalmou e a chuva parou. O rio batia com força, roncando, ao longo das margens da ilha acima da qual o exército pretendia efetuar a travessia. O rei foi o primeiro a embarcar, acompanhado pelos guarda-costas Ptolomeu, Perdicas, Lisímaco e Seleucos, e por uma escolta escolhida entre a elite dos hipaspistas reais. Os outros barcos o seguiram, levando o restante dos hipaspistas. Por fim, em canoas, jangadas e barcaças vinham a cavalaria e a infantaria – ao todo, 4 mil cavaleiros, 1 mil arqueiros a cavalo, cerca de 6 mil hipaspistas e um quarto grupo de 4 mil homens formado por agrianos, acontes e arqueiros. Duas falanges ficaram na margem direita para cobrir o exército e vigiar a estrada da Caxemira.

Logo a frota atingiu a ilha arborizada, situada no meio do rio. Assim que contornaram a sua extremidade setentrional, os macedônios perceberam, na outra margem, alguns cavaleiros dos postos de vanguarda inimigos. Eles se

---

103. Ver nota 58, p. 124. [N.T.]

retiraram rapidamente. O terreno encontrava-se, portanto, livre e ninguém se oporia ao desembarque. Alexandre foi o primeiro a descer em terra. Os outros barcos aportaram, trazendo a cavalaria e o restante do exército. As colunas foram rapidamente formadas, e já se preparavam para marchar contra o inimigo quando perceberam que estavam em uma segunda ilha. As fortes ondas do rio, cujo leito desenha naquele local uma curva brusca para oeste, haviam cavado um caminho através das terras baixas da margem e formavam um novo braço de água, cuja corrente era muito violenta. Por longo tempo os cavaleiros se esforçaram para encontrar um vau, mas o canal era em toda parte muito largo e muito profundo. Não parecia haver nada a fazer além de embarcar novamente e contornar de barco a ponta dessa segunda ilha. Porém, a operação oferecia sérios inconvenientes, pois demandaria um tempo que permitiria que o inimigo enviasse um destacamento do seu exército de encontro aos macedônios. O desembarque poderia se tornar muito difícil ou impossível. Por sorte, as tropas descobriram um local onde se poderia, a muito custo, atravessar a pé. Com dificuldade infinita, os homens e os cavalos, amarrados uns aos outros, lutaram contra a força da corrente. Os soldados estavam com água até o peito, e só as cabeças dos cavalos emergiam. Um após outro, os diferentes destacamentos atingiram a margem oposta: primeiramente, na ala direita, a cavalaria turaniana; depois, seguindo-a imediatamente, os esquadrões macedônios e os hipaspistas; por fim, na ala esquerda, a infantaria leve. Contornando o rio que corria à sua direita, o exército dirigiu-se então para o acampamento de Porus. Para não fatigar inutilmente a infantaria, Alexandre deu ordem para que ela o seguisse lentamente e partiu na frente com a cavalaria e os arqueiros, comandados por Tauronos. Se Porus marchasse contra ele com todas as suas forças armadas, ele pensava que a cavalaria macedônia, bem superior à dos indianos, lhe permitiria deter o avanço até o momento em que a infantaria o tivesse alcançado; se, ao contrário, os indianos se retirassem, assustados com a súbita aparição do inimigo, seus 5 mil cavaleiros bastariam para persegui-los e dispersá-los.

Quando as sentinelas de vanguarda anunciaram a Porus a aproximação de tropas numerosas, ele acreditou no primeiro momento que se tratava do exército de Abisares da Caxemira. Mas será que o aliado teria se esquecido de lhe anunciar a sua vinda? Será que teria deixado de enviar mensageiros para lhe dizer que havia atravessado com sucesso o Hidaspe? Não, claro que as tropas eram macedônias. O inimigo havia efetuado sem incidentes uma travessia que deveria ter-lhe custado milhares de vidas, e agora era tarde demais para impedi-lo de fincar pé na margem indiana. Felizmente, as tropas que ainda eram vistas manobrando na outra margem pareciam indicar que só uma pequena fração do exército conseguira atravessar o rio. Porus deveria ter-se apressado em cortar a sua retirada e aniquilá-la; deveria ter tomado imediatamente a ofensiva. Essa tática lhe teria sido grandemente facilitada pelos seus carros de guerra e pelos elefantes. Porém, ele estava decidido a adiar qualquer combate decisivo até a chegada de Abisares. Enviou, pois, seu filho de encontro aos macedônios, à frente de 2 mil cavaleiros e de 120 carros de guerra, convencido de que essas forças bastariam para deter Alexandre.

Logo que o rei viu a aproximação desse destacamento através das pradarias que bordejavam o rio, ele acreditou que Porus avançava à frente de seu exército e que aquilo que percebia era somente uma vanguarda. Ordenou a seus cavaleiros que se preparassem para o combate. Porém, logo se deu conta de que nenhum outro exército seguia essa primeira coluna. Então deu ordem para atacar. Os cavaleiros turanianos arrojaram-se sobre o inimigo de todos os lados ao mesmo tempo, e os macedônios se lançaram na refrega, esquadrão após esquadrão. Os indianos procuraram resistir em vão. Apesar de uma corajosa resistência, não tardaram a ser completamente arrasados. Quatrocentos mortos ficaram no campo de batalha, entre os quais o príncipe. Os carros, incapazes de bater rapidamente em retirada pela margem escavada pelos cavalos e dissolvida pela chuva, caíram nas mãos dos macedônios, que se lançaram contra o inimigo com ardor redobrado.

Os sobreviventes do destacamento em fuga relataram a Porus a notícia da derrota, da morte do príncipe e da aproximação de Alexandre. Porus viu tarde demais com que inimigo estava lidando. O tempo urgia: era necessário reparar, se fosse possível, as consequências desastrosas do erro inicial. Sua única chance de salvação consistia em se lançar imediatamente contra o inimigo, sem lhe deixar tempo para reagrupar as forças, e tirar proveito do último trunfo que lhe restava: o número. No entanto, ele não podia deixar a descoberto a margem situada defronte ao acampamento macedônio, temendo que o pelotão que nele manobrava atravessasse o rio para pegar pelas costas as forças indianas. Por conseguinte, Porus deixou no acampamento uma trintena de elefantes e vários milhares de homens para observar os movimentos de Cratero e cobrir a margem. Ele próprio avançou na direção de Alexandre com toda a sua cavalaria – uma força de 4 mil homens –, trezentos carros de guerra, 30 mil soldados de infantaria e duzentos elefantes. A partir do momento em que deixou o terreno lamacento das pradarias, encontrou um campo arenoso que se prestava admiravelmente ao desdobramento das suas tropas e às manobras dos elefantes. Posicionou o exército em formação de batalha, segundo o costume indiano. A linha dos duzentos elefantes, separados uns dos outros por um intervalo de cinquenta metros, cobria quase uma milha. A infantaria estava um pouco atrás, agrupada em seções de 150 homens, e entre cada uma delas ficavam dois elefantes. A linha da infantaria ultrapassava a dos elefantes. Dois batalhões de 2 mil cavaleiros, reforçados por 150 carros, foram se posicionar nas extremidades das alas direita e esquerda. Cada um dos carros levava dois soldados pesadamente encouraçados, dois arqueiros munidos de grandes arcos e dois condutores armados. A força principal dessa linha de batalha residia nos duzentos elefantes, cujo efeito devia ser ainda mais terrificante pelo fato de que o comportamento da cavalaria – com a qual Alexandre contava para decidir o resultado da batalha – era imprevisível diante deles.

Teria bastado um ataque bem conduzido para aniquilar o exército de Alexandre. Os elefantes, sustentados pelas seções de infantaria, teriam atacado a linha inimiga, varrido a cavalaria e pisoteado a falange. A frente muito extensa, que ultrapassava os macedônios dos dois lados, teria podido facilmente arrasá-los se os carros e os cavaleiros das duas alas tivessem se movimentado ao mesmo tempo que os elefantes para cair, com um movimento giratório, nos flancos do inimigo. Em todo caso, cabia a Porus atacar primeiro para não deixar ao adversário a vantagem da ofensiva e a escolha do terreno. Porém, ele hesitou: Alexandre antecipou-se, tirando vantagem das menores falhas do adversário, com a perspicácia e a audácia que eram as únicas capazes de restabelecer o equilíbrio entre as forças presentes.

A superfície coberta pelo pequeno exército macedônio representava apenas 1/4 da imensa frente inimiga, com seus elefantes e seus carros de guerra. Também aqui, como em Granico, em Issus e em Gaugamelo, Alexandre devia recorrer à manobra chamada "frente oblíqua" e atacar com todas as forças um ponto rigorosamente determinado. Como a superioridade dos indianos residia nos elefantes, tratava-se de evitá-los; o ataque decisivo devia ser efetuado contra o ponto mais frágil da linha inimiga e ser executado com os elementos mais fortes do exército macedônio. Alexandre possuía 5 mil cavaleiros, enquanto o inimigo não tinha senão 2 mil dispostos em cada ala, mas muito afastados uns dos outros para poderem se prestar auxílio mutuamente. Além disso, os 150 carros que os flanqueavam só lhes ofereciam um apoio incerto. Inspirado em parte pela tática tradicional dos macedônios e em parte pela prudência, o rei decidiu atacar o inimigo o mais perto possível do rio, para não ser separado das tropas de Cratero. Logo que viu, ao longe, a linha de batalha inimiga, deu ordem aos seus cavaleiros para que parassem, até que as diversas quiliarquias da infantaria tivessem se juntado a eles. Estas chegaram em ritmo de ataque, ardendo de desejo de medir-se com o adversário. Para lhes dar tempo de retomar o fôlego e manter o inimigo a distância, ele ordenou à cavalaria que mantivesse ocupadas as tropas de Porus, atacando-as isoladamente. Agora a frente macedônia também estava organizada em formação de batalha: à direita encontrava-se a coorte nobre de Seleucos, depois a agema e as outras quiliarquias sob as ordens de Antígono – ao todo, 6 mil hipaspistas; à esquerda, a infantaria leve comandada por Tauronos. O rei recomendou-lhes que não travassem o combate antes de ver a ala esquerda do inimigo ser deslocada pela cavalaria e a desordem tomar as fileiras da infantaria colocada na segunda linha.

Os cavaleiros com os quais o rei contava travar o combate (as hiparquias de Heféstion e de Perdicas, assim como os arqueiros daerianos – ou seja, cerca de 3 mil homens) já avançavam obliquamente para a direita, enquanto Koinos, seguido pela agema e pela hiparquia de Demetrios, descrevia um arco, de maneira a se lançar sobre as costas dos cavaleiros inimigos a partir do momento em que os visse abalados pelo primeiro choque.

Logo que Alexandre chegou ao alcance dos cavaleiros inimigos, destacou os 1 mil daerianos para a frente, para cobri-los de flechas e perturbá-los com o ímpeto dos seus cavalos selvagens. Ele próprio encostou no flanco da cavalaria indiana, para atacá-la antes que ela tivesse tempo de se reagrupar após o ataque dos daerianos. O inimigo apressou-se a reunir seus cavaleiros para responder a esse ataque com uma contraofensiva. Porém, no mesmo instante Koinos atacou impetuosamente, pelas costas, os cavaleiros que um instante antes estavam diante dele. Apanhados de surpresa e perturbados em seus movimentos por esse segundo ataque, os indianos se esforçaram para constituir uma dupla frente, de modo a enfrentar as duas massas de cavalaria que os ameaçavam simultaneamente. Mas Alexandre atacou-os no mesmo instante em que efetuavam essa manobra. Eles não tiveram condições de sustentar o choque. Debandaram e procuraram abrigo atrás da linha sólida dos elefantes. Porus mandou então que as bestas fizessem 1/4 de volta e lançou-as contra a cavalaria macedônia. Assustados com seus urros, os cavalos de Alexandre se rebelaram e bateram em retirada. Nesse ínterim, a falange dos hipaspistas havia chegado. Os outros elefantes atacaram-na. Travou-se um combate atroz. As bestas pesadas desbarataram as fileiras cerradas dos macedônios e os espezinharam, matando-os a golpes de tromba e estripando-os com as presas. Os macedônios se defenderam com golpes de gládio e de sarissas. Cada nova ferida aumentava o furor das bestas. No entanto, os macedônios não cederam. Travaram contra os paquidermes uma luta individual, aliás, sem sucesso. Encorajados pelo avanço vitorioso dos elefantes, os cavaleiros indianos, que haviam se reagrupado com toda a pressa, lançaram-se sobre os cavaleiros macedônios. Porém, esses últimos, infinitamente mais vigorosos e mais bem treinados que eles, os repeliram uma segunda vez, obrigando-os a se abrigar novamente atrás dos elefantes. Koinos tornara a juntar as hiparquias do rei. Agora toda a cavalaria macedônia estava reunida e podia atacar em pelotões cerrados. Ela se arrojou sobre a infantaria indiana, que não lhe pôde resistir, debandou e fugiu na direção dos elefantes, perseguida de perto pelo inimigo. Alguns milhares de homens foram assim rechaçados para o horrível campo de carnificina dos paquidermes. Amigos e inimigos já não formavam mais do que uma massa confusa e sangrenta. As bestas, em sua maioria privadas dos condutores e enlouquecidas pelos gritos selvagens dos combatentes, atacavam e espezinhavam sem distinção todos os que se aproximavam delas. Os macedônios, que eram donos dos seus movimentos, puderam se retirar para o campo aberto; mas os indianos, obrigados a manobrar no meio das bestas soltas, não puderam nem se esconder nem se salvar. Porus, que dirigia a batalha do alto de um de seus elefantes, conseguiu reunir quarenta bestas ainda incólumes para efetuar um ataque final que decidiria a batalha. Alexandre lhes opôs os arqueiros, os agrianos e os acontes; com uma habilidade consumada, esses últimos conseguiram evitar as feras lançadas contra eles, abateram seus condutores a flechadas e, enfiando-se entre os elefantes, cortaram os seus tendões a machadadas. Muitas bestas já jaziam sobre o solo, juncado de mortos e de agonizantes. As outras, urrando furiosamente, hesitaram um instante e depois investiram uma última vez sobre a falange. Porém, esta não os temia mais.

Alexandre reunira seus cavaleiros do outro lado do campo de batalha, enquanto os hipaspistas tornavam a formar seus batalhões, escudo contra escudo. O rei deu então o sinal de ataque por todos os lados ao mesmo tempo, a fim de esmagar o inimigo, cuja massa em deslocamento já não era capaz de suportar essa dupla ofensiva. Os indianos não ofereceram mais resistência séria. Foi um salve-se quem puder generalizado. Para escapar à carnificina, os soldados, tomados de pânico, fugiram para os campos, para o interior das terras e para as savanas que margeavam o rio. Em conformidade com as instruções recebidas, Cratero e os outros estrategos tinham atravessado o Hidaspe sem encontrar oposição. Suas tropas desembarcaram na margem justamente a tempo de retomar a perseguição e substituir os soldados esgotados por oito horas de combate.

Mais de 20 mil indianos tinham sido mortos, entre os quais os dois filhos de Porus e o príncipe Espitakes, todos os comandantes da infantaria e da cavalaria e todos os condutores dos carros e dos elefantes. Três mil cavalos e mais de cem elefantes jaziam no campo de batalha; cerca de oitenta elefantes caíram nas mãos do vencedor. O rei Porus, vendo seu poderio rompido, seus elefantes vencidos e seu exército em debandada, buscara a morte no campo de batalha. Porém, sua couraça de ouro e a prudência da besta que o conduzia o protegeram por muito tempo. Por fim, uma flecha atingiu-o no ombro direito. Incapaz de prosseguir a luta e temendo cair vivo nas mãos do inimigo, ele deu meia-volta para escapar à desonra. No decorrer do combate, Alexandre não havia cessado de ver a silhueta atlética do rajá que encimava o conflito do alto de seu elefante ricamente adornado. O ancião real estava em toda parte, dando ordens às tropas, encorajando os homens, sempre presente onde era mais forte a refrega. Cheio de admiração por esse chefe intrépido, Alexandre decidiu segui-lo para proteger sua vida no transcurso da retirada. Porém, seu fiel corcel Bucéfalo abateu-se sob ele. Alexandre enviou o príncipe de Taxila em perseguição ao fugitivo. Quando Porus avistou seu antigo inimigo, deu meia-volta e, em um último sobressalto de energia, lançou um dardo contra o príncipe, que só deveu a salvação à agilidade de seu cavalo. Alexandre mandou então outros indianos atrás do rei, notadamente o príncipe Meroes, que tinha sido outrora amigo dele. Porus, esgotado pela perda de sangue e atormentado pela sede, escutou suas palavras sem resistir. Sua besta ajoelhou-se, levantou-o com a tromba e pousou-o suavemente em terra. Ele bebeu e se recolheu por um instante; depois, pediu ao príncipe Meroes que o levasse até Alexandre. Quando o rei o viu aproximar-se, apressou-se a ir até ele, escoltado por alguns de seus amigos. Admirou a máscula beleza do velho e a nobre altivez com a qual avançou, embora estivesse vencido. Afirmam que Alexandre perguntou-lhe, após as costumeiras saudações, como ele desejava ser tratado. "Como rei", respondeu-lhe Porus. Alexandre então lhe disse: "Agirei assim por minha própria autoridade; diga-me, de tua parte, quais são os teus desejos." Porus replicou que todos os seus desejos estavam contidos nessa única palavra.

Alexandre manteve a palavra: deu provas de uma generosidade real para com o vencido. A magnanimidade era, aliás, a melhor das políticas. Ele não realizara a campanha das Índias para impor sua dominação a esse país. Alexandre não podia pensar em anexar pura e simplesmente alguns povos cuja civilização estranha, mas muito desenvolvida, o impressionava sempre mais vivamente na medida em que avançava para o interior das terras. Tornar-se senhor de todos os territórios situados aquém do Indo, adquirir a supremacia do outro lado desse rio e assegurar assim uma tal influência da cultura helênica que ela culminaria, com o tempo, em uma fusão direta das Índias com o restante da Ásia – tais parecem ter sido as diretivas políticas que o inspiraram no transcurso da campanha. Não eram os povos, mas os príncipes que ele queria sujeitar. A situação de Porus, no território dos cinco rios, deve ter-lhe indicado a melhor política a seguir. Porus possuíra até então uma espécie de suserania sobre o território dos cinco rios, provocando o ciúme do príncipe de Taxila. Seu reino abarcava, propriamente falando, as planícies muito cultivadas situadas entre o Hidaspe e o Acesines, mas ele concedera alguns domínios importantes ao sobrinho Espitakes e ao neto Porus II, que reinavam, um a oeste e o outro a leste do Acesines, na terra dos gandaras. Sua preponderância política se estendia, portanto, até o rio Hidraotes, que constituía, a leste, a fronteira dos "indianos livres". Aliado a Abisares, ele chegara a tentar pôr as mãos no território deles. Embora essa tentativa tivesse resultado em fracasso por causa da resistência heroica dessas tribos, nem por isso sua hegemonia era menos inconteste em toda a bacia do Indo. Alexandre já tinha aumentado consideravelmente o poder de Taxiles. Confiar-lhe, além disso, todo o território dos cinco rios o levaria a lamentar a situação de dependência, dando-lhe ainda meios de emancipar-se. Os "indianos livres" não teriam deixado de ajudá-lo nisso, mesmo que fosse apenas por inimizade a Porus. Alexandre não podia assegurar melhor seu poderio sobre as Índias do que fundamentando-o na rivalidade entre esses dois príncipes. Seria necessário, portanto, que ele aumentasse o poderio de Porus, para contrabalançar o de Taxiles. Confiando a Porus um poder maior do que no passado e entregando-lhe o governo de todos os insubmissos, Alexandre assegurava sua hegemonia na região.

Essas foram, sem dúvida, as razões que incentivaram Alexandre a confirmar a realeza de Porus e a aumentar consideravelmente o poder dele. O macedônio contentou-se em fundar algumas cidades helênicas nas duas passagens principais do Hidaspe. Uma, situada no local onde a estrada da Caxemira atravessa o rio, onde os macedônios tinham penetrado pela primeira vez no território de Porus, recebeu o nome de Bucefália. A outra, cerca de duas milhas abaixo da primeira, no local em que a batalha tinha sido ganha, foi chamada de Niceia, em comemoração pela vitória. Alexandre concedeu ao exército um repouso de trinta dias nessa bela e rica região. Esse período foi consagrado aos funerais dos soldados mortos no campo de honra, aos sacrifícios de ações de graças, a torneios atléticos de todos os tipos e, por fim, à construção das duas cidades recém-fundadas.

XXIX

ESTADIA EM NICEIA ∾ PERSEGUIÇÃO A ABISARES E A PORUS II ∾ SUBMISSÃO DOS GLAUSOS ∾ TRAVESSIA DO ACESINES ∾ CONSTITUIÇÃO DA FROTA DO INDO ∾ TRAVESSIA DO HIDRAOTES ∾ CAMPANHA CONTRA OS CATEANOS ∾ TOMADA DE SANGALA ∾ SUBMISSÃO DE SOPITHES E DE FEGELAS ∾ CHEGADA AO HIFASE ∾ DESENCORAJAMENTO DOS MACEDÔNIOS ∾ DISCURSO DE ALEXANDRE ∾ LIMITES DO MUNDO ∾ PRESSÁGIOS FUNESTOS ∾ ALEXANDRE RENUNCIA A ALCANÇAR O GANGES ∾ INTENÇÕES POLÍTICAS DE ALEXANDRE NAS ÍNDIAS

Durante sua estadia em Niceia, Alexandre ocupou-se em consolidar a vitória. O mais urgente era regular as relações políticas com Abisares, que desejara pegar em armas contra ele, violando os juramentos. Por volta dessa época, Sisikottos, governador de Aornos, enviou um mensageiro ao rei para lhe dizer que os assacenos tinham assassinado o príncipe que Alexandre lhes tinha dado e haviam iniciado outra revolta. As relações anteriores entre essa tribo e Abisares e a duplicidade flagrante desse último permitiam supor com verossimilhança que o príncipe da Caxemira não era estranho a essa insurreição. Tiriaspe, sátrapa do Paropamisos, e Filipe, sátrapa das Índias, receberam ordens de reprimir o movimento.

Nesse momento, Porus II, príncipe dos gandaras – "Porus o covarde", como o chamavam os gregos –, enviou uma embaixada ao acampamento macedônio. Pretendia renegar o tio e acreditava poder se emancipar da tutela de seu benfeitor assegurando os favores de Alexandre. Qual não foi a estupefação dos embaixadores ao verem Porus I, que eles esperavam encontrar acorrentado aos pés do vencedor, sentado ao lado de Alexandre, com a posse do reino e cumulado de honrarias! A resposta que levaram ao seu senhor, da parte do vencedor magnânimo, sem dúvida não foi a que ele esperava. Alexandre recebeu com mais benevolência as homenagens das tribos livres mais próximas, cujos embaixadores lhe trouxeram ricos presentes. Essas tribos se submeteram de bom grado a um rei cuja força lhes parecia quase divina, já que havia curvado diante dela o monarca mais poderoso do território.

Pareceu ainda mais necessário a Alexandre submeter todos os que ainda hesitavam em reconhecer sua hegemonia. Abisares, sem dúvida acreditando-se protegido pelas montanhas que cercavam seu território, não havia enviado embaixadores ao rei nem justificado essa conduta. Alexandre decidiu efetuar uma expedição nas montanhas a pretexto de submeter algumas tribos dissidentes, mas na realidade para chamar novamente o príncipe aos seus deveres. Depois de ter repousado durante três dias à beira do Hidaspe, o rei se pôs em marcha; Cratero ficou para trás com o grosso do exército, a fim de prosseguir a construção das duas cidades. Acompanhado pelos príncipes Taxiles e Porus e seguido pela metade da cavalaria macedônia, por uma tropa de elite escolhida entre todos os contingentes da infantaria e pela maior parte das tropas leves engrossadas pelos trácios – que acabavam de ser trazidos por Fratafernes, sátrapa da Pártia e da Hircânia –, Alexandre pôs-se em marcha para o nordeste, para submeter os glausos ou glaukomicos, como os chamavam os gregos, que habitavam os contrafortes com florestas que dominavam a planície. A expedição também tinha como objetivo abrir a rota que levava a Caxemira, passando pela montanha. Temendo o pior, Abisares decidiu enfim solicitar o perdão do rei. Enviou uma embaixada a Alexandre, sob o comando de seu irmão, declarando que entregava sua pessoa e o reino nas mãos do rei. Como testemunho de sinceridade, enviou quarenta elefantes de presente. Mas Alexandre não se fiou nessas belas palavras. Ordenou a Abisares que aparecesse em pessoa diante dele, ameaçando, em caso de recusa, ir buscá-lo com o exército. Depois, prosseguiu o avanço pelas montanhas. Os glaukomicos se submeteram. Seu território muito povoado – abarcava 37 cidades que iam de 5 mil a 10 mil habitantes – foi entregue a Porus. As florestas da região forneceram a Alexandre a madeira de que ele precisava. Mandou derrubar grande quantidade de árvores. Os troncos, reunidos em jangadas, foram transportados por água até Bucefália e Niceia, onde uma gigantesca frota seria construída sob a supervisão de Cratero. Uma vez submetidas as Índias, Alexandre esperava servir-se dessa esquadra para descer o Indo e encontrar o mar.

O exército dirigiu-se em seguida para o leste, na direção do Acesines. O rei tinha sido informado de que Porus II, príncipe de Gandara, acreditando-se em perigo em consequência das relações amistosas que Alexandre havia travado com seu tio-avô e temendo não poder se fazer perdoar por suas intenções astuciosas, reunira tantos homens armados quantos foi possível e fugira em direção ao Ganges, carregando todos os seus tesouros. Chegando às margens do poderoso rio Acesines, Alexandre mandou o rei Porus de volta para o seu território, com ordens de reunir algumas tropas e todos os elefantes ainda capazes de combater depois da batalha do Hidaspe e trazê-los para ele. Depois Alexandre atravessou o rio, cujas águas corriam no fundo de um vale abrupto, crivado de esporões rochosos. Os redemoinhos da corrente fizeram afundar grande número de canoas, causando a morte de muitos soldados. Aqueles que efetuaram a travessia sobre as peles usadas para armar as tendas foram mais felizes. Koinos e sua falange ficaram na margem esquerda do rio para cobrir a travessia da retaguarda e cuidar do reabastecimento do grande exército. Alexandre percorreu rapidamente a parte setentrional da terra dos gandaras, sem encontrar resistência, e prosseguiu caminho para o leste, esperando alcançar o infiel Porus II. Deixou algumas guarnições nas principais cidades, para esperar a chegada dos batalhões de Cratero e de Koinos. Chegando ao Hidraotes, fronteira oriental do reino de Gandara, Alexandre enviou Heféstion para o sul, à frente das duas falanges, da sua hiparquia, da de Demetrios e da metade dos arqueiros, para atravessar todo o território do príncipe em fuga, submeter as tribos livres estabelecidas entre o Acesines e o Hidraotes, fundar uma cidade na margem esquerda do Acesines – no lugar em que a estrada cruzava o rio – e entregar todo esse território ao fiel Porus. Seguido pelo exército principal, Alexandre transpôs então o Hidraotes, cuja travessia foi mais fácil que a do Acesines, e penetrou no território dos "indianos livres".

Uma particularidade do Pendjab, que decorre das características e da configuração desse território, é que algumas repúblicas nascem ali a cada século, sob nomes sempre novos, e chegam mesmo a se conservar. Essa forma de governo, contrária ao autocratismo que reina no restante da Índia, provoca horror nos indianos que povoam a bacia do Ganges. Eles chamam com desprezo os habitantes do Pendjab de *arattas*, ou "povos sem rei". Mesmo os seus príncipes – quando têm um – não pertencem às antigas castas sagradas e não estão investidos de nenhum direito hereditário; são aventureiros e usurpadores. Parece que a realeza de Porus tinha a mesma origem. Ele desejara estender sua soberania a todo o território dos "indianos sem rei", mas os esforços tinham fracassado contra as poderosas e belicosas tribos estabelecidas do outro lado do Hidraotes. Só um exército europeu era capaz de vencê-las. Raros foram os povos que se submeteram sem combate; a maior parte esperou o inimigo com as mãos armadas, notadamente os cataros ou cateanos, que tinham a reputação de ser a tribo mais guerreira da região. Esses últimos, além do mais, não se contentaram em mobilizar as próprias forças; apelaram aos vizinhos e se coligaram com eles.

Tomando conhecimento desses preparativos, Alexandre marchou rapidamente para o leste através do território dos adraotes, que se submeteram de bom grado. Na tarde do terceiro dia, chegou diante da capital dos cateanos, chamada Sangala. Era uma cidade considerável, cercada de muralhas espessas. Estava protegida de um lado por um lago; do outro erguia-se, a alguma distância dos portões, uma colina que dominava a planície. Os cateanos ocupavam solidamente essa colina. Com a ajuda de aliados, tinham formado um triplo círculo, juntando seus carros de guerra uns aos outros, e tinham se reunido no interior desse poderoso acampamento entrincheirado. Estando eles próprios invulneráveis, podiam frustrar rápida e vigorosamente as manobras do inimigo. Alexandre logo se deu conta do perigo que essa posição lhe trazia; ela confirmava tudo o que lhe tinham dito acerca da ousadia e do talento militar dos cateanos.

Ele logo mandou que os arqueiros a cavalo avançassem para rodear o inimigo e disparar sobre ele uma chuva de flechas, a fim de impedi-lo de se lançar sobre o restante das tropas, que ainda não estavam organizadas em formação de batalha. Depois, colocou na ala direita a agema da cavalaria, a hiparquia de Kleitos, os hipaspistas e os agrianos, e na ala esquerda as falanges e a hiparquia de Perdicas. Os arqueiros foram repartidos entre as duas alas. A retaguarda do exército juntou-se a eles no decorrer do avanço. Os cavaleiros foram posicionados nos dois flancos, e a infantaria serviu para reforçar as fileiras da falange. Alexandre passou imediatamente ao ataque. Ele tinha observado que a fileira de carros era menos compacta do lado esquerdo do inimig, e o terreno ali estava mais desimpedido. Lançando um ataque de cavalaria contra o ponto mais frágil das obras defensivas, esperava levar o inimigo a efetuar um movimento que provocasse a ruptura do círculo. Lançou-se sobre o local designado, à frente de suas duas hiparquias. Porém, a linha dos carros permaneceu fechada. Uma saraivada de dardos e de flechas acolheu os cavaleiros macedônios. A cavalaria – muito leve – não era a arma que convinha a uma operação desse tipo. Apeando do cavalo, Alexandre colocou-se à frente da infantaria que já se aproximava e conduziu-a em passo acelerado para o ataque às fortificações. Os indianos foram rechaçados sem grande dificuldade. Retiraram-se para o interior do segundo círculo onde, tendo uma superfície mais restrita para defender, puderam cerrar as fileiras e combater com mais sucesso. O ataque era muito mais difícil para os macedônios: antes de poder abordar o segundo círculo, eles deviam limpar o terreno, retirando o que tinha sido derrubado. Logo avançaram em pelotões cerrados. Um combate mortífero foi travado, no decorrer do qual os macedônios tiveram de usar toda sua coragem para resistir a um inimigo que combatia com furor encarniçado. Quando o segundo amontoado de carruagens foi, por sua vez, arrombado, os cateanos, perdendo a esperança de poder resistir atrás do terceiro círculo, recolheram-se com toda a pressa ao interior da cidade.

Sem perder um só instante, Alexandre mandou que ela fosse cercada pela infantaria, a não ser pelo lado do lago (que era, aliás, pouco profundo). Depois, postou a cavalaria ao redor de todo o lago. Ele pensava que os cateanos, desvairados pelos fracassos da jornada, se aproveitariam da noite para abandonar a cidade e tentariam se salvar atravessando o lago. Não se enganara. Durante o segundo turno de guarda, as sentinelas a cavalo sinalizaram que uma multidão se reunia em silêncio ao pé da muralha. Os sitiados começavam a atravessar o lago a pé e tentavam fugir. Muitos deles foram detidos e abatidos pelos cavaleiros. Os outros se retiraram, urrando, para a cidade. O resto da noite transcorreu sem incidentes.

Na manhã seguinte, Alexandre mandou começar os trabalhos do cerco. Deu ordem para que fosse construída uma dupla circunvalação, que partia de uma margem do lago e ia dar na margem oposta, depois de ter dado a volta em torno da cidade. O próprio lago foi guardado por um duplo cordão de sentinelas. Naquele momento, alguns desertores da cidade anunciaram que os sitiados pretendiam tentar uma saída no transcurso da noite seguinte. Esperavam transpor as fortificações inimigas pelo lado do lago, onde havia uma solução de continuidade na circunvalação. Para frustrar o projeto, o rei agrupou três quiliarquias de hipaspistas, todos os agrianos e uma taxeia de arqueiros sob as ordens de Ptolomeu o Somatofilacta, no local onde estava quase seguro de ver aparecer o inimigo. Ordenou a Ptolomeu que se opusesse com todas as forças aos bárbaros, caso eles tentassem sair, e de soar logo o alarme para que o restante das tropas pudesse vir prestar-lhe auxílio. Ptolomeu foi para sua posição, que reforçou tanto quanto possível. Mandou trazer todos os carros intactos do antigo acampamento entrincheirado e jogar alguns feixes de espinheiros no lago, para deter os sitiados no momento em que tentassem fugir com o auxílio das trevas. Esses trabalhos ocuparam uma parte da noite. Por fim, no quarto turno de guarda, os macedônios viram abrir-se o portão lacustre da cidade. Os sitiados lançaram-se em grupos compactos. Ptolomeu logo mandou soar o alarme e se pôs em movimento com as tropas. Enquanto os indianos buscavam penosamente enfiar-se entre as carruagens e os espinheiros, Ptolomeu atirou-se sobre eles com suas coortes. Depois de um combate longo e desordenado, os indianos foram forçados a se retirar para a cidade.

Toda a possibilidade de fuga lhes tinha sido tirada. Nesse ínterim, Porus chegou ao acampamento, trazendo com ele 5 mil homens e o resto dos elefantes. Tinham acabado de montar as máquinas: aríetes e catapultas foram direcionados contra os muros. As fortificações foram fraturadas em diversos lugares. A operação teve pleno êxito. Ao cabo de pouquíssimo tempo, brechas enormes foram abertas nas muralhas. Lançaram-se escadas nelas e a cidade foi tomada de assalto. Alguns raros inimigos conseguiram fugir. Os macedônios massacraram sem piedade todos os que encontraram nas ruas. Conta-se que fizeram 70 mil prisioneiros, cifra que deve ser aplicada ao conjunto da população de Sangala. Mas os macedônios sofreram sérias perdas: tinham que deplorar cerca de cem mortos e 1,2 mil feridos, entre os quais o somatofilacta Lisímaco e inúmeros oficiais.

Logo após ter tomado a cidade, Alexandre enviou Eumeno de Cardes, com trezentos cavaleiros, para as duas cidades aliadas aos cateanos, para lhes anunciar a queda de Sangala e lhes ordenar que se rendessem. Se elas se submetessem de bom grado, os habitantes não teriam nada a temer. Alexandre os trataria com a mesma clemência com que tratava os outros indianos, que já começavam a considerar a amizade dos macedônios como um verdadeiro benefício. Mas alguns fugitivos, vindos de Sangala, espalharam rumores atrozes acerca da crueldade de Alexandre e da ferocidade de seus soldados. Ninguém acreditou nas palavras amistosas do conquistador. Com pressa febril, os habitantes das duas cidades fugiram, carregando tudo o que possuíam. Ao receber a notícia, Alexandre deixou imediatamente Sangala, a fim de perseguir os fugitivos. Porém, eles tinham tomado muita dianteira. Só algumas centenas deles, esgotados pela fadiga, caíram em suas mãos e foram massacrados. O rei retornou então a Sangala e mandou arrasar a cidade. Repartiu o território adjacente entre as diferentes tribos que haviam se submetido de bom grado. Porus foi encarregado de instalar guarnições nas cidades.

Depois do castigo exemplar infligido a Sangala, e para desfazer o efeito das notícias tendenciosas sobre a selvageria do conquistador estrangeiro, Alexandre esforçou-se para apaziguar as populações dando-lhes, sempre que podia, provas de clemência e serenidade. Tal maneira de agir teve o resultado desejado. Logo ele não precisou mais combater: os povos se submetiam à sua passagem. Alexandre penetrou então no território do príncipe Sopites, cujos domínios se estendiam para além dos primeiros contrafortes do Imaos até o distrito das salinas, situado nas fontes do Hifase. O exército aproximou-se da residência do príncipe. Sabia-se, de maneira segura, que Sopites estava ali, mas os portões permaneciam fechados, e não havia combatentes no topo das muralhas e das torres. A cidade estava abandonada ou tratava-se de um ardil de guerra? Subitamente os portões se escancararam. Seguido por um brilhante cortejo, vestido com sedas cintilantes e com a cabeça coberta por um turbante de pérolas e de pedras preciosas, o príncipe Sopites adiantou-se em meio às fanfarras e prestou homenagem ao rei. Ofereceu-lhe numerosos presentes de valor inestimável – entre outros, uma esplêndida matilha de cães-tigres. Seu principado foi-lhe deixado e, ao que parece, acrescido. Depois,

Alexandre prosseguiu o caminho e penetrou no território vizinho, pertencente ao príncipe Fegelas. O príncipe veio, ele também, perante o rei e prestou-lhe homenagem. Também permaneceu em posse do seu principado. Esse foi o território mais oriental que Alexandre atingiu no decorrer da sua marcha triunfal.

A tradição histórica obscureceu sem motivo esse episódio da vida de Alexandre. Nada certo se sabe acerca dessa fase da campanha. Mesmo os fatos mais tangíveis permanecem envoltos em mistério. Alguns macedônios contaram em casa que tinham sido testemunhas de coisas incríveis. Cratero teria escrito à mãe para lhe dizer que eles tinham chegado até o Ganges e tinham visto esse rio fervilhando de tubarões, coberto de vagas espumantes como o mar. Outros afirmaram que o Hifase assinalou o limite extremo do avanço macedônio, o que parece mais em conformidade com a verdade.

Conta-se que Alexandre avançou até o Hifase com a intenção de submeter o território situado além desse rio, pois ele não podia pensar em pôr fim à guerra enquanto tivesse inimigos diante dele. Foi informado, então, de que o território era rico, habitado por um povo dedicado à agricultura, hábil no manejo das armas e dotado de instituições políticas das mais sábias.

O poder pertencia a uma aristocracia que governava sem intrigas nem violência. Os elefantes de guerra eram ali mais vigorosos, mais selvagens e mais numerosos do que em qualquer outro lugar. Todas essas coisas aumentaram em Alexandre o desejo de entrar ali. Porém, os macedônios viam com apreensão o rei acumular provação sobre provação e perigo sobre perigo. Reuniram-se em diversas partes do acampamento, em grupos isolados, lamentando a sorte e jurando não mais seguir Alexandre, mesmo se ele lhes ordenasse. Quando o rei percebeu isso, convocou imediatamente os chefes das taxeias antes que a desordem e o desencorajamento se apoderassem das tropas. Disse-lhes que já que não queriam mais segui-lo com o mesmo entusiasmo de outrora, ele os tinha reunido para convencê-los da necessidade de prosseguir a expedição – ou se deixar convencer por eles da necessidade do retorno. Se todas as batalhas vencidas lhes pareciam desprezíveis e se eles desaprovavam suas ordens, ele não acrescentaria mais nenhuma palavra.

De sua parte, ele pensava que, aos olhos de um homem valoroso, a única finalidade da luta era a própria luta. Se alguém lhe perguntasse onde terminaria sua expedição, ele responderia que eles não estavam muito afastados do Ganges e do mar do Oriente. Uma vez lá, ele mostraria aos macedônios a rota marítima conduzindo ao mar da Hircânia e ao golfo Pérsico, às praias da Líbia e às colunas de Hércules. Os limites que Deus havia assinalado para o Universo deviam ser, no futuro, as fronteiras do império macedônio. Porém, do Hifase ao mar do Oriente restava mais de um povo a ser dominado, e do mar do Oriente ao mar da Hircânia os citas galopavam em liberdade! Será que os macedônios recuariam diante do perigo? Será que eles teriam medo do desconhecido? Mais tarde, quando tivessem conquistado o mundo, ele os levaria de volta para a Macedônia, cobertos de riquezas, de honrarias e de lembranças eternas.

Um longo silêncio sucedeu o discurso de Alexandre. Ninguém ousava nem contradizê-lo nem aprová-lo. O rei pediu em vão que os generais tomassem a palavra. Assegurou que os ouviria com benevolência, mesmo que a opinião deles diferisse da sua. Todos permaneciam em silêncio. Por fim, Koinos, filho de Polemocrato, o estratego da falange de Elimiotis, que havia se batido tantas vezes como um bravo e havia se comportado como um herói na batalha do Hidaspe, levantou-se e disse que já que o rei queria que o exército não só obedecesse às suas ordens, mas tivesse convicções próprias, ele tomava a palavra, não em nome dos chefes, porque eles estavam prontos a segui-lo até o fim do mundo, mas em nome da grande massa do exército, e não por demagogia, mas para dizer ao rei aquilo que ordenavam os acontecimentos. Sua idade, suas feridas e a confiança que lhe testemunhava o rei davam-lhe o direito de falar com franqueza. Quanto mais proezas Alexandre e suas tropas tinham realizado, mais era necessário assinalar-lhes um fim. Todos os guerreiros que tinham abandonado os lares desde o início da campanha, aqueles que permaneciam no exército e os outros, ainda mais numerosos, que estavam disseminados pelas cidades tinham a nostalgia da pátria e desejavam rever pais e mães, mulheres e filhos. Queriam terminar os dias no seio da família e partilhar com os seus as lembranças, as riquezas e a glória com que Alexandre os havia cumulado. Tal exército não era feito para ganhar novas batalhas. Que Alexandre o reconduzisse à Macedônia! Lá ele reveria a mãe e adornaria com troféus os templos da pátria. Se ainda tivesse sede de façanhas, poderia convocar um novo exército e marchar com ele sobre as Índias ou sobre a Líbia, até o mar do Oriente ou para além das colunas de Hércules. Os deuses benevolentes lhes concederiam novas vitórias. Porém, o maior benefício dos deuses era a moderação na felicidade. O inimigo devia ser menos temido que a cólera dos imortais.

O discurso de Koinos colheu aprovação unânime. A maioria dos ouvintes não pôde conter as lágrimas. O pensamento do retorno enchia os corações.

Irritado com as palavras do estratego e a adesão que encontravam, Alexandre mandou embora os oficiais. Convocou-os novamente no dia seguinte. "Decidi", disse, "prosseguir a marcha adiante, aconteça o que acontecer. Não forçarei nenhum macedônio a me seguir. Ainda existem bravos suficientes que aspiram a se entregar a novos combates. Os outros têm apenas que retornar para casa. Eu os autorizo. Poderão dizer, na Macedônia, que abandonaram o rei em pleno território inimigo." Alexandre deixou a assembleia sem acrescentar uma palavra e retirou-se para a tenda. Permaneceu fechado ali durante três dias, sem se mostrar a ninguém. Esperava que se produzisse uma reviravolta no espírito das tropas e que elas decidissem prosseguir a expedição. Os macedônios estavam acabrunhados com as censuras do seu rei, mas permaneceram inquebrantáveis. Decidido a seguir adiante, na manhã do quarto dia, Alexandre fez alguns sacrifícios para preparar a travessia do rio. Os presságios foram desfavoráveis. Então, ele convocou os heteres mais antigos e mais devotados e encarregou-os de comunicar ao exército que ele se resignava a tomar o caminho de volta. Os macedônios choraram de alegria e deram gritos de contentamento. Comprimiram-se em torno da tenda do rei e louvaram-no em altos brados – ele, que nenhum inimigo havia vencido – por ter se deixado vencer pelos sentimentos dos seus macedônios.[104]

---

104. Plutarco: "Alexandre, por conseguinte, irritado e furioso com a recusa dessa gente, manteve-se alguns dias na tenda, deitado no chão, dizendo que não lhes caberia nenhuma alegria por tudo o que tinham feito até então se não atravessassem também o rio Ganges, e que voltar atrás era o mesmo que confessar ter sido vencido. Porém, quando ele viu e considerou que havia uma grande pertinência nos discursos que seus amigos lhe faziam para convencê-lo e reconfortá-lo, e que os soldados vinham à sua porta gritar e lamentar, suplicando que os levasse de volta, finalmente compadeceu-se

Essa é a versão de Plutarco e de Arriano. Em Quinto Cúrcio e Diodoro encontramos a mesma narrativa, mas um pouco amplificada e ornamentada com detalhes inverossímeis. Para tornar as tropas favoráveis ao prosseguimento da expedição, Alexandre as teria autorizado a pilhar as margens do Hifase – ou seja, o território do príncipe Fegelas, que era seu aliado – e, durante a ausência dos soldados, ele teria dado presentes de todos os tipos às suas mulheres e aos seus filhos: vestimentas, víveres e o soldo de um mês inteiro. Depois, teria reunido os soldados que voltavam para o acampamento, cobertos de butim, e teria debatido diante do exército inteiro, e não diante do estado-maior, a importante questão da continuação da campanha.

Estrabão escreve: "Alexandre foi obrigado a retornar por causa de presságios desfavoráveis, do estado de espírito do exército – que se recusava a continuar a expedição, cansado das inauditas provações pelas quais tinha passado –, mas sobretudo porque as tropas tinham sofrido enormemente com as chuvas contínuas." Se quisermos compreender aquilo que realmente se passou no Hifase, devemos manter esse último ponto presente na memória. Clitarco nos esboça a miséria das tropas com traços mais dramáticos: "Poucos macedônios tinham sobrevivido, e os raros sobreviventes estavam à beira do desespero. Os cascos dos cavalos estavam gastos pela extensão das marchas, e as armas dos guerreiros estavam amassadas e quebradas pelos numerosos combates. Ninguém possuía mais vestimentas helênicas: alguns andrajos bárbaros, provenientes das pilhagens recentes e miseravelmente remendados, cobriam os corpos cheios de cicatrizes dos conquistadores do mundo. Tufões e tempestades se sucediam sem interrupção. Cataratas de chuva não pararam de cair nos últimos setenta dias."

As chuvas tropicais atingiam naquele momento o ponto culminante, fazendo com que em toda parte os rios transbordassem, inundando províncias inteiras. Imaginemos aquilo que podia sofrer um exército ocidental em

---

deles e se deixou convencer a retornar. No entanto, antes de partir, imaginou várias falsas e vãs invenções para aumentar e perpetuar a glória do seu nome naqueles rincões; mandou forjar armas maiores, manjedouras mais altas e, para os cavalos, freios mais pesados que os habituais. Mandou espalhá-los e deixá-los em diversos lugares. Também mandou construir ali grandes altares em honra aos deuses, pelos quais os reis dos prasianos ainda hoje têm grande veneração." [N.A.]

campanha por tão longo tempo sob essas cataratas diluvianas, em meio aos vapores desse clima tórrido, privado de vestimentas e da alimentação habitual. Reflitamos sobre quantos homens e cavalos deviam perecer em consequência das intempéries, e das doenças que deviam causar os miasmas de florestas e pântanos. Pensemos nos caminhos impraticáveis, nas marchas fatigantes, no crescimento constante da miséria, da mortalidade e do desespero – e compreenderemos que as tropas tenham sentido vergar ao mesmo tempo suas forças físicas e morais. Não nos espantaremos de que o descontentamento, a nostalgia e o abatimento tenham se apoderado desse exército até ali tão corajoso, tão combativo e tão entusiasta, nem de que o desejo de todos tenha sido abandonar essa terra maldita antes que começasse outra estação das chuvas. Se Alexandre não castigou impiedosamente todos os que se recusaram a segui-lo, se terminou por dobrar-se diante do estado de espírito do exército, em vez de rompê-lo por todos os meios de coerção que lhe forneciam os regulamentos militares, é porque tal estado de espírito não era de maneira alguma ditado por qualquer ódio contra ele; não era um motim, mas a consequência inevitável dos sofrimentos suportados no decorrer dos últimos meses.

Parece que a vontade de Alexandre era levar suas armas vitoriosas até o Ganges e as margens do mar do Oriente.[105] Porém, é mais difícil identificar os impulsos aos quais obedecia.

Talvez tenha sido levado a isso pelas narrativas que descreviam o colossal poderio dos príncipes que margeavam o Ganges, os tesouros inesgotáveis das suas residências e todos os prodígios do Extremo Oriente, dos quais ele ouvira falar muitas vezes na Europa e na Ásia. Talvez ele ardesse de desejo de fazer do "grande mar do leste" o limite do seu império e de ali descobrir novas comunicações mundiais. Talvez fosse atraído por essa sombria e misteriosa fatalidade da grandeza, que busca sempre um objetivo

---

105. Depois de terem-no contestado veementemente, os historiadores modernos aderiram à tese de Droysen. Ulrich Wilcken, notadamente, escreve em seu *Alexandre, o Grande*, p. 191: "De acordo com as melhores fontes, não pode haver dúvida de que Alexandre desejou realmente avançar até o Ganges. Independentemente da opinião que se tenha sobre isso, devemos inscrever essa vontade no retrato moral do nosso herói, se não queremos que nele falte um traço característico." [N.T.]

situado além do possível. Todos esses sentimentos devem ter dividido sua alma nessas jornadas trágicas nas quais ele buscou vencer o desespero e a angústia das tropas.

Talvez ele também quisesse reanimar pela última vez a coragem dos soldados, cuja energia enfraquecia diante do poderio arrasador da natureza tropical. Talvez esperasse que a audácia do novo projeto e o horizonte incomensurável que ele desdobrava diante do olhar dos macedônios inflamassem os homens e lhes fizessem esquecer os sofrimentos. Mas estava enganado. Seu apelo foi respondido com impotência e lamentos. O rei teve de recorrer a meios mais enérgicos. Procurou humilhar as tropas, dar-lhes o testemunho do seu descontentamento. Esquivou-se dos olhares dos amigos e os pressionou com sua desgraça. Esperava que a vergonha e o remorso os arrancassem da miséria e do desencorajamento. Consternados, os veteranos suportaram com resignação a cólera do rei. Durante três dias, um silêncio doloroso planou sobre o acampamento. Alexandre precisou reconhecer que todos os esforços eram vãos, que os argumentos ou a violência seriam ineficazes, que sua grandeza atingira os limites terrestres e que ele não devia despedaçar na beira do Ganges a palma de suas mais belas vitórias.

Tendo procedido aos sacrifícios rituais nas margens do rio, os deuses recusaram-lhe os sinais favoráveis ao prosseguimento da expedição: aconselharam-no a retornar. A notícia do retorno, que voava de boca em boca, suscitou uma esperança miraculosa no coração de todos esses desesperados. Agora, os sofrimentos estavam esquecidos e as tropas, cheias de alegria e de forças renovadas. Entre todos os que o cercavam, Alexandre foi sem dúvida o único a voltar para o Ocidente com um olhar cheio de tristeza e de nostalgia.

O retorno de Alexandre da margem do Hifase foi uma catástrofe, quando o consideramos sob o ângulo das suas ambições heroicas e espirituais. Mas era uma necessidade, quando o examinamos sob o ângulo da sua missão histórica e temporal. Esse retorno era coerente com tudo o que ele havia realizado até então. Pouco importa que essa decisão lhe tenha sido ditada por sua própria perspicácia ou sob a pressão dos acontecimentos. O alcance dela permanece o mesmo. Prosseguir a marcha para o Oriente teria sido sacrificar o Ocidente. Das províncias persas e sírias, Alexandre recebera relatórios que mostravam claramente os perigos que acarretava uma ausência prolongada do rei e do exército.

As desordens de toda natureza, as cobranças de impostos dos súditos, o orgulho dos sátrapas, as ambições pérfidas e a cupidez dos Grandes da Pérsia e da Macedônia, que já se tinham feito sentir enquanto o rei guerreava na beira do Indo, teriam assumido proporções inimagináveis se Alexandre tivesse se lançado em uma nova campanha contra os territórios do Ganges. Talvez a expedição tivesse provocado a dissolução do Império, cuja unidade era frágil. Porém, mesmo supondo que o extraordinário gênio de Alexandre tivesse permitido que ele estendesse a soberania até o Extremo Oriente, nada teria ameaçado tanto a existência da monarquia quanto algumas vitórias alcançadas à margem do Ganges. A formidável extensão desse rio teria exigido um número incalculável de guarnições macedônias. Os elementos ocidentais do exército de Alexandre teriam sido absorvidos pelas dimensões vertiginosas do continente asiático, e a fusão entre as civilizações persa e helênica teria sido uma quimera.

A esses fatos vinha se juntar uma segunda razão: um deserto com uma superfície igual a toda a península da Ásia Menor separa os territórios orientais da Índia e o território dos cinco rios. Sem uma árvore, sem uma erva, sem outros pontos de água além de estreitos poços artesianos, em alguns lugares a uma profundidade de trezentos pés, essa lúgubre extensão desértica, tornada inabitável pelas nuvens de areia transportadas pelo vento e pela poeira ardente em suspensão na atmosfera, forma um bastião quase intransponível que protege a bacia do Ganges. Um único caminho conduz da orla do maciço do Imaos, do Hifase e do Hesudre para os afluentes do Ganges – e os orientais afirmam, não sem razão, que essa rota constitui um vínculo frágil demais para permitir anexar à coroa da Pérsia o imenso território do Ganges e suas incríveis riquezas.

Enfim, a política de Alexandre, examinada à luz dos atos que realizou a partir do dia em que transpôs o limiar das Índias, permite afirmar que ele não pretendia ligar a bacia do Ganges ao seu império. Se mandou construir, logo depois da batalha do Hidaspe, uma frota na qual o exército devia descer o Indo para ir dar no golfo Pérsico, podemos deduzir daí, com certeza, que era pela rota do Indo, não pela do Ganges, que ele contava efetuar o retorno.

Aos seus olhos, portanto, a campanha do Ganges seria um simples passeio militar. É de presumir que ela teria colhido o mesmo resultado trágico que Napoleão obteve na campanha da Rússia. Nos dois casos, tratava-se de operações realizadas a uma distância muito grande das bases de partida, que se apoiavam em um conjunto de principados sujeitados ao conquistador pelos laços sempre revogáveis do reconhecimento, do medo e da ambição pessoal. Ousemos dizer: não parece que Alexandre tenha visto muito claramente o objetivo e o plano da sua futura campanha. Nesse ponto, igualmente, impõe-se um paralelo com a temerária expedição de Napoleão, mas com a seguinte diferença: Alexandre renunciou a ela.

XXX

CERIMÔNIAS RELIGIOSAS À BEIRA DO HIFASE ∾ MORTE DE KOINOS ∾ PROJETOS DO REI ∾ CONSTRUÇÃO DA FROTA DO INDO ∾ OS TRIERARCAS ∾ ÚLTIMAS RECOMENDAÇÕES DE ALEXANDRE ∾ NEARCO ALMIRANTE ∾ PARTIDA DA FROTA ∾ TRAVESSIA DAS CORREDEIRAS ∾ CAMPANHA CONTRA OS MALIANOS ∾ TRAVESSIA DO DESERTO ∾ TOMADA DE AGALASSOS ∾ TOMADA DA CAPITAL DOS MALIANOS ∾ TEMERIDADE DE ALEXANDRE ∾ FERIDA DO REI ∾ CONSTERNAÇÃO NO EXÉRCITO ∾ CURA DO REI ∾ RETORNO AO ACAMPAMENTO ∾ RECEPÇÃO TRIUNFAL ∾ SUBMISSÃO DOS MALIANOS E DOS OXIDRACOS ∾ ENTRADA NO INDO ∾ FUNDAÇÃO DE ALEXANDRIA DO INDO

Chegando à beira do Hifase, o exército macedônio preparou-se para tomar o caminho de volta nos últimos dias de agosto de 326. Por ordens do rei, as tropas construíram na beira do rio doze grandes altares em forma de torres para comemorar sua passagem, celebrar a memória e agradecer aos deuses, que lhes tinham permitido avançar vitoriosamente até ali. Alexandre fez sacrifícios nesses altares, enquanto as tropas se entregavam a jogos e a combates diversos.

Depois, o exército pôs-se em marcha para oeste. Logo atravessou regiões desconhecidas, chegando ao Hidaspe sem outra dificuldade além da chuva persistente, atingindo o Acesines depois de transpor as fronteiras do reino de Gandara. Ali ele encontrou terminada a cidade que Heféstion fora encarregado de construir no lugar em que a estrada cruzava o rio. Alexandre concedeu um breve repouso às tropas, em parte para permitir que se preparassem para a descida do Indo em direção ao "grande mar", em parte para colonizar a cidade.

Com esse objetivo, ele convidou os indianos das redondezas a se estabelecerem lá e deixou na cidade os soldados que estavam inaptos para o serviço armado. A morte de Koinos e as cerimônias de seus funerais também obrigaram o exército a prolongar a estadia.

Durante o período de repouso, o irmão do príncipe Abisares da Caxemira e diversos outros pequenos potentados dos altiplanos foram prestar homenagem ao rei e levar-lhe presentes de valor. Abisares, notadamente, enviou-lhe trinta elefantes e respondeu à ordem de Alexandre, que o havia intimado a comparecer perante ele, assegurando devotamento absoluto, mas desculpando-se por não poder ir: uma grave doença o mantinha imobilizado. Como os macedônios enviados à Caxemira confirmaram que ele dizia a verdade, e como a atitude do príncipe parecia oferecer garantias quanto à sua conduta futura, o rei nomeou-o sátrapa de sua província e fixou o montante do tributo que ele deveria pagar anualmente. Seu poder foi estendido ao principado vizinho de Arsakes (Uraça). Depois de ter realizado as cerimônias usuais para a consagração das duas cidades, Alexandre atravessou o Acesines. Em meados de setembro as várias divisões do exército concentraram-se em Bucefália e em Niceia, na beira do Hidaspe.

O rei concebera um projeto de vasta envergadura. Decidira não retornar à Macedônia pelo mesmo caminho trilhado na vinda, mas explorar também toda a bacia do Indo, submeter pelas armas os territórios situados entre o altiplano e o mar e espalhar neles as sementes da civilização helênica. As relações entre Alexandre e as Índias não eram as de um conquistador diante de um país conquistado. Seu objetivo era abrir novas comunicações entre Oriente e Ocidente, expandindo progressivamente os contatos já estabelecidos. Se o único laço entre essas províncias e o império fosse a satrapia das Índias, estabelecida no alto vale do Cofen, tais contatos não se desenvolveriam nem mesmo se manteriam. Essa satrapia constituiria, é claro, a principal via de comunicação. Mas, além dela, seria necessário que todo o vale do Indo estivesse sob o controle dos macedônios, de modo que os povos que habitavam no baixo vale desse rio sofressem a mesma influência que os do altiplano e os que se obstinassem em rejeitar essa influência ou se gabassem de escapar dela graças a virtudes guerreiras – como os malianos e os oxidracos – fossem severamente castigados. Tal influência teria de ser sustentada por colônias helênicas fundadas à beira do Indo. Alexandre já nutria esse projeto no momento em que deixara pela primeira vez o Hidaspe para marchar para o leste e ordenara a construção da grande frota fluvial com a qual esperava descer o curso do Indo. Agora que não podia prosseguir a campanha até o Ganges e o "mar do Oriente", entregou-se de corpo e alma a essa expedição, da qual esperava o máximo sucesso – embora ela não pudesse, evidentemente, lhe trazer o butim e a glória da campanha do Ganges.

No transcurso dos quatro meses durante os quais Alexandre ficara afastado do Hidaspe, o aspecto da região se transformara. A temporada das chuvas passara. Os cursos de água começavam a voltar para os antigos leitos, e alguns novos brotos de arroz, de um verde mais tenro, começavam a germinar na margem esquerda do rio, nas terras fertilizadas por uma camada de aluviões. A margem oposta, situada no sopé das colinas arborizadas, estava coberta de estaleiros em uma extensão de várias milhas. Neles viam-se navios de todos os tamanhos e todos tipos, terminados ou em construção. Comboios de madeira provenientes das montanhas, barcaças trazendo forragem e víveres, barcos onde se acumulavam armas e materiais de construção sulcavam o rio nos dois sentidos. As margens estavam animadas pela agitação febril de um exército que reunia uma multidão de nações.

O primeiro cuidado de Alexandre foi consolidar e reconstruir em alguns pontos as duas cidades, Bucefália e Niceia, que tinham sido edificadas em um terreno baixo; casas e muralhas de terra tinham sofrido consideravelmente com as inundações. Depois, procedeu-se à equipagem dos navios. Segundo os costumes helênicos, Alexandre designou 33 trierarcas entre os membros mais ricos e mais nobres do seu séquito. Sua nomeação se realizava segundo uma liturgia particular. Cada um deles devia equipar inteiramente um navio, honra que se tornou objeto de uma competição muito proveitosa para a conclusão da frota. A nomenclatura desses trierarcas nos dá uma informação sobre o séquito de Alexandre naquela época. Nos primeiros lugares aparecem 24 macedônios: os sete guarda-costas do rei, assim como Peucestas, que não tardaria a ser elevado também a essa dignidade; o estratego e hiparco Cratero; entre os estrategos das falanges, Atala; entre os quiliarcas dos hipaspistas, Nearco; em seguida Laomedon, que não era soldado, e Andróstenes, que contornou a Arábia com a frota depois do retorno à Babilônia. Não conhecemos os nomes dos onze outros macedônios. Vários deles, como Laomedon, participavam dos serviços civis ou da intendência, cuja importância é óbvia –

embora não seja feita menção a ela – quando pensamos nos efetivos e no poderio do exército. Depois vinham seis trierarcas helenos, notadamente o chanceler real Eumeno de Cardes e Medios, o Larissiano, um dos parentes do rei. Por fim, o persa Bagoas e dois príncipes reais de Chipre.

Fenícios, egípcios, cipriotas e gregos das ilhas e da costa asiática foram escolhidos para tripular a frota, repartidos em dois grupos: marinheiros e remadores. Em pouco menos de um mês, tudo estava pronto para a partida. Mil navios de todos os tipos estavam ancorados no rio. Oitenta deles tinham sido transformados em navios de guerra, e duzentos, sem ponte de comando, tinham sido adaptados para o transporte dos cavalos. Todos os outros navios requisitados na região estavam destinados ao transporte das tropas, dos víveres e do material de guerra.

A descida do rio devia começar no início de novembro. O rei convocou os heteres e os embaixadores indianos que estavam no acampamento para lhes comunicar as últimas decisões. Declarou que esperava "que a paz que ele tinha trazido ao território dos cinco rios fosse de longa duração e que suas determinações fossem respeitadas". O rei Porus foi confirmado em suas novas possessões que se estendiam até o Hifase, abarcando sete povos e 2 mil cidades; foram definidas as relações que manteria com os príncipes vizinhos: Abisares, Sopites e Fegelas. O príncipe Taxiles foi restabelecido como soberano independente. Os outros principados regionais foram vinculados às satrapias existentes, com o rei tendo fixado as obrigações e o montante dos tributos. Todos os contingentes indianos foram devolvidos aos lares.

Alexandre deu diretivas para a expedição naval: o próprio rei viajaria de barco, assim como os hipaspistas, os agrianos, os arqueiros e a escolta da cavalaria – 8 mil homens ao todo. Nearco foi nomeado almirante e recebeu o comando supremo da frota. Onesícritos de Astipaleia foi nomeado capitão do navio real. O restante das tropas, dividido em duas colunas, devia costear o rio: uma parte seguiria a margem direita ocidental, conduzida por Cratero, e a outra, mais importante, reforçada por duzentos elefantes, seguiria a margem esquerda, conduzida por Heféstion. As duas colunas receberam ordens de avançar o mais rapidamente possível, fazer uma parada depois de três dias de marcha rio abaixo e esperar a chegada da frota. Filipe, sátrapa das Índias, devia juntar-se a elas.

O dia da partida chegou. O embarque das tropas começou ao alvorecer. Dos dois lados do rio, Heféstion e Cratero tinham desdobrado falanges, cavalaria e elefantes em impecável formação de batalha. Enquanto as esquadras se punham em ordem uma após outra, o rei fez sacrifícios solenes na beira do rio, segundo o costume helênico. Adequando-se às instruções dos sacerdotes macedônios, começou por oferecer sacrifícios aos deuses da pátria, a Poseidon, à piedosa Anfitrite, a Oceano, às Nereidas e, por fim, ao rio Hidaspe. Depois, subindo em seu navio, avançou até a proa e fez libações com uma taça de ouro, invocando em voz alta o Hidaspe, o Acesines e o Indo. Enquanto renovava as libações em homenagem ao "ancestral" Héracles, ao "pai" Zeus-Amon e aos outros deuses, as trombetas soaram para dar o sinal de partida. Os remos começaram a bater em cadência, em meio às fanfarras e aos gritos de "Alalá!", e a frota de velas multicores, precedida pelos oitenta navios de guerra, pôs-se a caminho para descer o rio em perfeita ordem. Foi um espetáculo inesquecível, de inimaginável beleza: "Nada pode se comparar", diz Arriano, "ao rumor das pás dos remos erguendo-se e baixando em cadência em todos os navios ao mesmo tempo, comandados pelos mestres de tripulação, ritmando o movimento de seus homens, ao 'Alalá!' escandido dos marinheiros, quando mergulhavam todos juntos os remos na água. O clamores repercutiam de uma margem a outra com força dobrada, pois as falésias devolviam o eco. Adiante, como as florestas se fechavam em torno do rio, os gritos dos marinheiros repercutiam até o fundo dos bosques. Os hindus acorriam aos milhares para as margens e com estupor viam passar esse exército em viagem, com cavalos de guerra embarcados, velas multicores e a ordem impecável das esquadras. Aclamavam os barcos que passavam, respondendo com gritos de alegria ao chamado dos remadores. Margeavam o rio cantando, pois nenhum povo no mundo gosta tanto do canto e da dança quanto os hindus."

Após três dias de navegação, o rei chegou ao lugar onde Cratero e Heféstion deviam esperar a frota. Os acampamentos já estavam armados de ambos os lados do rio. As tropas repousaram durante dois dias, para deixar que o sátrapa Filipe tivesse tempo de juntar-se a elas com a retaguarda. Logo que as forças macedônias foram reunidas, agora com 120 mil combatentes, o rei tomou as disposições necessárias para submeter todo o território até a confluência do

Acesines e do Hidaspe. Filipe foi destacado para a esquerda do Acesines, para assegurar-se da margem ocidental do rio. Heféstion e Cratero prosseguiram o caminho à direita e à esquerda do Hidaspe, mas penetrando um pouco no interior do território. Todo o exército devia se reunir na confluência do Acesines para começar a campanha contra os malianos e os oxidracos. O rei havia sido informado de que esses povos, poderosos e belicosos, armavam-se febrilmente. Dizia-se que já se reuniam aos milhares na beira do Hidraotes, depois de terem deixado mulheres e filhos em lugar seguro. O rei pensou que, por isso, era ainda mais necessário avançar rapidamente para cair de surpresa sobre o inimigo antes que ele terminasse os preparativos. A frota se pôs a caminho depois de dois dias de repouso. Por toda parte onde ela atracou, os habitantes se submeteram de bom grado ou foram facilmente forçados a isso pelas armas.

Alexandre esperava levar cinco dias para chegar à confluência entre o Acesines e o Hidaspe. Tinha sido informado de que esse ponto era de difícil navegação, pois os dois rios, ao se misturar, formavam violentos redemoinhos e turbilhões, prosseguindo o curso através de um leito escarpado, tornado quase intransitável por cataratas e corredeiras perigosas. As tripulações da frota tinham sido advertidas disso, recebendo recomendação de máxima prudência. Na tarde do quinto dia, escutou-se na direção sul um ronco contínuo, semelhante ao rumor do mar no mau tempo. Assustados, os remadores da primeira esquadra hesitaram, não sabendo de onde provinha o barulho – do mar, de uma tempestade ou de alguma causa desconhecida. Logo tornaram a partir, tranquilizados pelos chefes. O rumor aumentou de volume e tornou-se ensurdecedor. Já se percebia uma barra espumante no lugar em que as ondas do Hidaspe e do Acesines se lançam verticalmente umas contra as outras, lutam por um instante com furor e desaparecem juntas com a velocidade do relâmpago entre as paredes escarpadas do vale. Mais uma vez, os pilotos exortaram os homens à prudência e lhes disseram para remar com todas as forças para vencer a corrente – que teria precipitado os navios nos turbilhões e os teria irremediavelmente despedaçado – e chegar o mais rápido possível ao outro lado das gargantas, onde o rio se alargava e se apaziguava de novo.

A corrente borbulhante arrastava a esquadra. Remadores e pilotos lutaram com energia sobre-humana para permanecer senhores dos navios. Vários barcos ficaram à deriva e foram lançados nos turbilhões, girando em círculos. Seus remos foram quebrados e seus flancos, despedaçados. Só por milagre escaparam do naufrágio. Os navios maiores corriam mais riscos. Dois deles, lançados um contra o outro, se espatifaram e afundaram; algumas embarcações mais leves foram projetadas contra as falésias; os navios cargueiros resistiram melhor: embora arrastados pelos turbilhões, eram muito largos para naufragar, e o impulso das vagas os recolocava na boa direção. O navio de Alexandre também foi apanhado em um redemoinho, e o rei correu risco de vida. Chegou a tirar a túnica para se lançar na água e se salvar a nado.

Não sem grandes perdas, a frota conseguiu atravessar a perigosa passagem. Só várias léguas abaixo o Acesines se torna mais largo e mais calmo. Nesse local, o rio contorna uma colina e esboça uma curva para a direita. A margem oposta, larga e plana, permitiu recolher os destroços e os cadáveres arrastados pela água. O rei mandou aportar e ordenou a Nearco que reparasse com a maior rapidez os navios danificados. Usou esse tempo para fazer uma incursão pelo interior, a fim de impedir que sibos e agalassos – que estavam separados dos malianos e dos oxidracos pelo curso do Acesines – se antecipassem ao ataque macedônio, juntando suas forças às dos vizinhos. Depois de uma marcha de seis milhas, no transcurso da qual Alexandre mandou devastar a região para espalhar o terror, o rei chegou diante da capital dos sibos. A cidade, bastante considerável, foi tomada de assalto sem dificuldade.

De volta ao Acesines, Alexandre encontrou a frota reparada e pronta para velejar. Cratero também havia chegado ao acampamento. Heféstion e Filipe tinham efetuado a junção na subida da confluência. O rei logo tomou disposições para a campanha contra os malianos, cujo território começava sete milhas abaixo, na confluência do Hidraotes, e se estendia ao longo para o norte. Alexandre sabia que os malianos estavam armados e prontos para o ataque. Eles deviam pensar que o exército macedônio desceria até a confluência do Hidraotes antes de penetrar em seu território, pois este se encontrava separado do Acesines por um deserto com várias milhas de largura e parecia inacessível a partir do local onde os navios tinham ancorado. O rei decidiu atacá-los de surpresa por onde eles não esperavam, ou seja, pela parte superior do território, não longe das fronteiras de Gandara e da terra dos cateanos, e rechaçá-los para o Hidraotes. Uma vez chegados à embocadura desse rio, só restaria aos malianos buscar refúgio na outra margem, onde cairiam nas mãos dos macedônios. Assim, a frota conduzida por Nearco foi para a embocadura do Hidraotes, para ocupar a área situada diante da confluência e cortar as comunicações entre o território dos malianos e a margem oposta. Cratero, seguido por suas tropas, pelos elefantes, pelas falanges de Polispérchon (que tinham estado, até então, sob as ordens de Heféstion) e pelas tropas de Filipe, devia chegar três dias depois ao acampamento de Nearco. Em seguida, ele e Nearco concentrariam as forças na margem direita do Acesines. Antes de partir, Alexandre dividiu o exército em três contingentes. Decidiu penetrar no interior do território à frente do primeiro batalhão para surpreender os malianos com um ataque súbito. Cinco dias depois do rei, Heféstion se pôs em marcha à frente do segundo batalhão para ocupar a linha do Hidraotes e capturar os fugitivos. Por fim, Ptolomeu, o Lágida partiu três dias depois com o terceiro batalhão para barrar o caminho daqueles que buscassem fugir pelo vale do Acesines.

Afirma-se que os malianos e os oxidracos, por seu lado, tinham renunciado às antigas querelas e se comprometido com uma assistência mútua. Tinham conseguido mobilizar um exército considerável, composto por 60 mil soldados de infantaria, 10 mil cavaleiros e setecentos carros de guerra. Porém, como pertenciam aos *arattas*, ou seja, aos "indianos sem rei", surgiram entre eles tantas dissensões que o exército se desagregou e os contingentes dos diferentes distritos retiraram-se para as suas respectivas praças-fortes. Essa informação está em uma fonte cuja autoridade é discutível, mas parece confirmada pelo caráter singular do plano de operações de Alexandre. Segundo outra versão, os malianos e os oxidracos estavam a ponto de se aliar, mas ainda não o tinham feito. Essa tese explicaria a pressa do rei: ele queria antecipar-se com um ataque súbito que os impedisse de concentrar as tropas.

No dia fixado para o ataque, em meados de novembro, Alexandre pôs-se a caminho seguido pelos hipaspistas, pelos arqueiros, pelos agrianos, pela falange de Python, pela metade das hiparquias macedônias e pelos arqueiros turanianos a cavalo. O deserto começava não longe do Acesines. O exército chegou a uma fonte de água depois de cinco horas de marcha e deteve-se para descansar ali. Os soldados encheram os cantis e se puseram novamente a caminho. O avanço prosseguiu tão rapidamente quanto possível durante o resto do dia e da noite que se seguiu. Na manhã seguinte, depois de uma marcha de cerca de oito horas, avistaram no leste a cidade maliana de Agalassos. Uma multidão de malianos havia se concentrado ali. Eles acampavam sem guardas nem armas diante das muralhas da cidade, que não podia abrigar a todos. Estavam de tal modo convictos de que um ataque através do deserto era impossível que não reconheceram o exército dos macedônios quando os cavaleiros de Alexandre já os atacavam a galope. Era muito tarde para pensar em opor resistência. Milhares de inimigos foram abatidos; os que puderam, fugiram para a cidade. Alexandre mandou que ela fosse cercada pela cavalaria, esperando, para começar o assalto, que a infantaria chegasse. Quando ela chegou, o rei despachou Perdicas com dois esquadrões e os agrianos para uma cidade vizinha, com ordens de bloqueá-la da maneira mais estrita, mas de não fazer nada antes que o restante do exército, imobilizado pelo cerco de Sagalassa, fosse prestar auxílio. O rei queria impedir que os fugitivos espalhassem pelo território a notícia da sua chegada. Depois, Alexandre partiu para o ataque. Os indianos, já muito sentidos pelo primeiro choque, perderam a esperança de poder defender as muralhas. Repelida dos portões e das torres, a maioria deles foi morta. Alguns milhares de sobreviventes entrincheiraram-se na cidadela e se defenderam com desespero. Conseguiram rechaçar diversos ataques dos sitiantes. Porém, o furor crescente dos macedônios, o exemplo e os encorajamentos do rei e, por fim, o esgotamento do adversário definiram a sorte da batalha. Os soldados de Alexandre se vingaram das dificuldades, massacrando os sitiados. Nenhum dos 2 mil defensores escapou.

    Tendo encontrado evacuada a cidade para a qual tinha sido enviado, Perdicas apressou-se a perseguir os fugitivos, exterminou todos os que não conseguiram refúgio do outro lado do rio ou nos pântanos e voltou para junto de Alexandre. Temendo que as margens arborizadas, situadas na subida do rio, servissem de esconderijo aos malianos e permitissem que eles efetuassem manobras diversionárias, Alexandre destacou para lá a falange de Python, o esquadrão de Demetrius e duas esquadras de infantaria leve com ordens de perseguir todos os indianos que encontrassem e abater os que não se rendessem. Alexandre, que esperava um combate muito duro, marchou com o restante das tropas contra a capital dos malianos. Mas o terror inspirado pelos cavaleiros macedônios era tamanho que os indianos sacrificaram a cidade. Temendo não poder defendê-la, retiraram-se para o outro lado do rio e ocuparam as colinas que encimavam a margem setentrional. Esperavam deter o avanço do inimigo graças a essa posição dominante.

Logo que o rei foi informado disso, pôs-se a caminho com o conjunto da cavalaria e ordenou à infantaria que o seguisse. Ao chegar à beira do rio, deu ordens às tropas para atravessá-lo imediatamente, sem se preocupar com as forças inimigas desdobradas na outra margem. Os indianos, espantados com a audácia da manobra, retiraram-se em fileiras cerradas, não ousando travar combate contra forças tão desiguais. Porém, quando viram que só tinham diante de si 4 mil ou 5 mil cavaleiros, toda sua linha, com a força de pelo menos 15 mil homens, deu meia-volta, lançou-se contra Alexandre e sua coluna de cavalaria e procurou expulsá-los da margem na qual eles já tinham fincado pé. Nesse terreno desfavorável, os cavaleiros macedônios só puderam se manter com grande dificuldade e resistiram graças a uma série de difíceis manobras que evitaram o corpo a corpo até a chegada da infantaria. Logo acorreram diversas colunas de soldados de infantaria, notadamente os arqueiros, que perceberam a falange amontoada na outra margem. Alexandre deu ordem de ataque, mas os indianos não ousaram esperar o confronto; deram meia-volta e fugiram para uma fortaleza da vizinhança. Os macedônios os perseguiram, massacraram certo número deles no transcurso da fuga e só se detiveram no pé das muralhas.

O rei logo mandou cercar a cidade. Porém, a noite caía e a infantaria não tinha chegado. Além disso, as tropas estavam tão fatigadas – a cavalaria, pela travessia do rio e pela perseguição ao inimigo, e a infantaria, pelas longas e penosas marchas – que Alexandre não tentou mais nada naquele dia. Porém, ao alvorecer, o rei, à frente da metade do exército, e Perdicas, à frente da outra metade, partiram para atacar as muralhas. Os indianos, incapazes de defender os muros, retiraram-se para a cidadela. Alexandre mandou arrombar um portão, penetrou na cidade à frente de seus homens sem encontrar resistência e chegou, de rua em rua, até o pé da cidadela. Ela estava cercada de poderosas muralhas, suas torres eram providas de numerosos defensores e os trabalhos de cerco, executados ao alcance das flechas do inimigo, eram os mais perigosos. Nem por isso os macedônios deixaram de começar a esburacá-las; outros trouxeram escadas de escalada e procuraram posicioná-las. Porém, a chuva de flechas vindas do alto das torres terminou por fazer com que até mesmo os mais bravos hesitassem. Então, Alexandre pega uma escada e a coloca contra o muro. Sobe por ela, brandindo a espada com a mão direita e o escudo com a esquerda, seguido por Peucestas e Leonatos. Um velho capitão chamado Abreas sobe por uma segunda escada. O rei chega ao topo. Protegido pelo escudo, ora atacando, ora se defendendo, faz cair para trás ou abate a golpes de espada os indianos que se atiram contra ele. Por fim, o lugar diante dele fica vazio. Sem perder um só instante, Alexandre salta sobre a muralha, seguido por Perdicas, Leonatos e Abreas. Os hipaspistas o seguem, dando gritos de guerra, mas as escadas se rompem com o peso deles. O rei, que combate no topo das muralhas, está isolado dos seus. Os indianos o reconhecem pela armadura brilhante e o elmo de penacho. Ninguém ousa aproximar-se, mas, do alto das torres e do fundo da cidadela, atiram nele flechas, dardos e pedras. Seus amigos gritam para que ele desça da muralha, pois sua vida está em perigo. Porém, com um golpe de vista, ele mede a altura da parede e salta para o interior do recinto: ei-lo sozinho diante do inimigo. Encostado na parede, ele o espera imóvel. Os indianos já se aproximam, o chefe atira-se sobre ele. Alexandre o trespassa com a espada. Abate outro com uma pedra. Um terceiro, depois um quarto, caem sob seus golpes. Os indianos recuam. Começam a atirar nele flechas de todos os lados ao mesmo tempo. O escudo ainda o protege, mas o braço começa a cansar. Peucestas, Leonatos e Abreas saltam. Ei-los ao seu lado. Abreas cambaleia, trespassado por uma flecha. Os indianos dão gritos de alegria e atiram com ardor redobrado. Uma flecha atinge o peito do rei e atravessa-lhe a couraça. Jorra grande quantidade de sangue e se escuta o pulmão sibilar. Na febre do combate, Alexandre não percebe isso. Ainda quer lutar. Impossível. O coração para de bater, o rosto empalidece, os joelhos vacilam, o olhar se nubla, um estertor sai do seu peito e ele desaba sobre o escudo. Os indianos se lançam com furor. Perdicas cobre o rei com o escudo sagrado de Ílion. Leonatos o protege contra os adversários. Mas as flechas os atingem, um após outro. É com dificuldade que eles conseguem se manter de pé. Enquanto o combate se prolonga, o rei perde muito sangue.

Uma indescritível confusão reina aos pés da muralha. Os macedônios viram o seu rei saltar para a cidade. Sabem que é impossível que ele se salve sozinho, mas não conseguem libertá-lo. Querem colocar escadas contra as muralhas, enfraquecê-las a golpes de aríete e de troncos de árvores, mas manobras tomam tempo, e um minuto perdido pode acarretar a morte do rei. É preciso ir para junto dele, custe o que custar: uns enterram grampos na parede e a escalam; outros aproximam-se do cume subindo nas costas dos seus camaradas. Eles veem o rei jazendo por terra, cercado por uma nuvem de inimigos. Peucestas cai, por sua vez. Soltando gritos de ódio e de dor, os soldados atiram-se no recinto. Agrupam-se rapidamente em torno do ferido e avançam em fileiras cerradas, com os escudos levantados. Outros arrojam-se contra o portão, arrancando os batentes, e se precipitam em formações cerradas para o interior da cidadela, dando urros selvagens. Mergulham sobre o inimigo e, dando livre curso à raiva, não poupam mulheres nem crianças. Toda a população é executada. Outros soldados carregam o rei inanimado sobre o seu escudo. A flecha ainda está enterrada em seu peito. Tentam retirá-la da ferida, mas suas barbelas a retêm. A dor faz o rei voltar a si. Em um suspiro, suplica que retirem a flecha e abram a ferida com sua espada. É obedecido. O sangue jorra em profusão. Ele perde novamente a consciência. A vida e a morte parecem disputar sua presa. Os amigos choram, reunidos em torno do leito. Os macedônios gemem ao redor da tenda. A noite é uma espera angustiante.

Rumores relativos ao combate, à ferida e à morte de Alexandre se propagaram pelo acampamento montado na embocadura do Hidraotes, provocando indescritível emoção. A notícia fatal voa de boca em boca. Por toda parte se escutam soluços e gemidos. Depois, os gritos se acalmam e os soldados perguntam-se com pavor o que vai acontecer. A incerteza, o desencorajamento e o melancólico silêncio do desespero terminam por prevalecer. Quem deve assumir o comando do exército? Como as tropas voltarão para os lares? Como conseguiriam abrir caminho através das extensões imensas, dos rios terríveis, das montanhas áridas e dos desertos intransponíveis? A quem podiam pedir conselho? Como se defenderiam, sobretudo, contra os povos belicosos que não hesitariam mais em retomar a liberdade e se vingar dos macedônios, agora que Alexandre não está mais ali para mantê-los no respeito? Quando chegou a notícia de que o rei ainda vivia, não acreditaram nela, tanto parecia impossível que ele sobrevivesse à ferida. Mostraram às tropas uma carta, anunciando que ele estava melhor e não tardaria a voltar curado para o acampamento. Porém, o exército aflito acreditou que a carta fora forjada pelos generais, para apaziguar os espíritos. Todos continuaram convencidos de que o rei morrera, deixando-os sem conselho e sem esperança.

Alexandre realmente escapara da morte. Sete dias depois, embora a ferida ainda não estivesse fechada, sua vida não estava mais em perigo. Os relatórios que recebeu do acampamento e o temor de que a notícia da sua morte provocasse desordens entre as tropas o incitaram a se juntar novamente ao exército sem esperar o restabelecimento completo. Mandou que o levassem ao Hidraotes e subiu em um navio, no qual tinham construído uma tenda para servir-lhe de lugar de repouso. Sem uma remada, para evitar as sacudidelas, o barco levado pela força da corrente aportou no acampamento quatro dias depois. A notícia da chegada de Alexandre o havia precedido, mas ninguém acreditara. Pensavam que o navio transportava os restos mortais do rei. Já se percebia entre as árvores da margem o navio que descia o rio em silêncio com a tenda de púrpura. Cheios de ansiedade, os soldados haviam se reunido aos milhares na beira da água. Então, Alexandre deu ordem para que a tenda fosse aberta, a fim de que todos pudessem vê-lo, e estendeu os braços em direção aos seus. Um imenso clamor subiu do peito dos veteranos. Eles levantavam as mãos para o céu, e lágrimas de alegria misturavam-se aos gritos de júbilo. Depois, o navio encostou sem choques e os hipaspistas levaram para a terra a liteira do rei. Mas ele mandou aprontar seu corcel, querendo atravessar a cavalo as fileiras de seus homens. Quando estes o viram novamente no meio deles, montado a cavalo, a alegria não conheceu mais limites. De todos os lados elevaram-se aclamações frenéticas que ressoaram longamente até o fundo das florestas. Alexandre aproximou-se assim da tenda que fora preparada para ele. Depois, desceu do cavalo para efetuar a pé o curto trajeto que ainda o separava dela. Todos os macedônios se comprimiram em torno dele para vê-lo de perto e tocar-lhes as mãos, os joelhos e a túnica. Deram-lhe uma acolhida delirante e o cobriram de flores. Os amigos que marchavam ao seu lado – Heféstion, Cratero e Ptolomeu, o Lágida – falaram-lhe com afeição, admoestando-o por ter se exposto assim ao perigo: esse era o papel de um simples soldado, não o de um comandante em chefe. O rei escutou com mais prazer as palavras que um guerreiro gritou-lhe do meio da multidão, com o sotaque da sua terra, a Beócia: "Ó, Alexandre, a ação é própria do homem, mas quem age deve padecer."

Por mais que se possa falar da temeridade de Alexandre, é certo que a rápida conquista da capital dos malianos causou profunda impressão em todas as povoações da vizinhança. Os próprios malianos – embora os macedônios só tivessem tocado em uma parte do seu território – perderam a esperança de poder resistir por muito tempo. Enviaram ao rei uma embaixada para pedir muito humildemente que aceitasse a sua submissão. Os oxidracos – ou sudracos – que dividiam com os malianos a reputação de serem o povo mais belicoso das Índias, e que dispunham de um exército considerável, também preferiram se render. Enviaram ao acampamento de Alexandre uma delegação composta pelos governadores das cidades, pelos senhores das províncias e por 150 nobres. Os embaixadores entregaram ao rei ricos presentes e lhe disseram que tinham plenos poderes para aceitar as suas condições. Pediram que ele os desculpasse por não terem se apresentado mais cedo, alegando que amavam a liberdade mais do que qualquer outro povo das Índias; conservavam a independência desde a época em que tinham sido vencidos por esse deus que os gregos chamam de Dionisos. No entanto, estavam prontos a se submeter a Alexandre porque, por suas proezas, ele certamente também pertencia à linhagem dos imortais. Declararam-se dispostos a obedecer ao sátrapa que ele lhes impusesse, a pagar-lhe um tributo anual e a entregar-lhe os reféns que desejasse. Alexandre exigiu mil homens colhidos entre as famílias mais nobres do país e deixou-os livres, seja para segui-lo como reféns, seja para escoltá-lo como companheiros de armas até que ele tivesse submetido as outras províncias da Índia. Os oxidracos enviaram-lhe os mil nobres prometidos e forneceram-lhe, além disso, quinhentos carros de guerra com tripulações completas – dois arqueiros e um cocheiro. Diante desse sinal de deferência, Alexandre liberou os mil nobres, cobrindo-os de honrarias, mas conservou os carros de guerra, que incorporou ao exército. O território dos oxidracos e o dos malianos foram vinculados à satrapia das Índias, governada por Filipe.

Quando ficou completamente restabelecido, Alexandre ofereceu sacrifícios e jogos aos deuses. Depois, deixou o acampamento na embocadura do Hidraotes. Aproveitara a estadia ali para mandar construir grande quantidade de novos barcos, o que lhe permitiu transportar pela água efetivos muito mais consideráveis que antes. Dez mil soldados de infantaria, os arqueiros e os agrianos, assim como 1,7 mil cavaleiros macedônios, embarcaram com o rei. Alexandre desceu o curso do Hidraotes, chegou ao Acesines, atravessou o território dos oxidracos, dobrou a embocadura do Hifase e chegou à confluência entre o poderoso Punjund e o Indo. Somente os abastanos tentaram resistir a Perdicas, mas o estratego os derrotou sem desacelerar a marcha. As outras tribos, próximas ou longínquas, enviaram embaixadores ao rei com presentes magníficos: musselinas leves e pedrarias preciosas, peles de serpente multicoloridas, carapaças de tartaruga, leões e tigres domesticados. Barcos que Alexandre mandara construir no território dos xantras vieram aumentar a frota. Do ponto de vista das comunicações, a confluência entre o Punjund e o Indo forma uma encruzilhada natural entre o delta do rio e o interior do território. Alexandre decidiu fundar ali uma cidade helênica que deveria vir a ter considerável importância, comandando o território e conhecendo grande prosperidade graças à atividade comercial da bacia do Indo. Também deveria assinalar o limite meridional da satrapia das Índias. Filipe instalou-se nela com uma guarnição considerável, formada por todas as tropas trácias e um elevado número de soldados de infantaria tirados das falanges. Alexandre encarregou-o especialmente de zelar pela segurança do comércio naquela região. Ordenou-lhe que construísse um vasto porto no Indo, com docas e entrepostos para grãos, e favorecesse o crescimento da riqueza dessa nova Alexandria.

XXXI

ESTADIA EM ALEXANDRIA DA SOGDIA ∽ CONFIGURAÇÃO DA BACIA INFERIOR DO INDO ∽ INFLUÊNCIA DOS BRÂMANES ∽ SUBMISSÃO DO PRÍNCIPE SAMBOS ∽ SUBMISSÃO DE MUSICANOS ∽ CAMPANHA CONTRA PORTICANOS ∽ MORTE DO PRÍNCIPE ∽ REVOLTA DE SAMBOS ∽ FUGA DE MUSICANOS ∽ REPRESSÃO À REVOLTA ∽ SUBMISSÃO DE MOERIS ∽ CHEGADA DE OXIARTE ∽ REVOLTA DOS HELENOS DE BACTRES ∽ CHEGADA A PATALA ∽ COMUNICAÇÕES DO IMPÉRIO ∽ ROTA MARÍTIMA ENTRE A ÍNDIA E A PÉRSIA ∽ EXPLORAÇÃO DO DELTA ∽ DESCOBERTA DAS MARÉS ∽ CHEGADA AO OCEANO ÍNDICO ∽ SACRIFÍCIOS A POSEIDON ∽ RETORNO A PATALA ∽ PREPARATIVOS PARA A PARTIDA ∽ NOMEAÇÃO DE NEARCO PARA A CHEFIA DA EXPEDIÇÃO NAVAL

Por volta do mês de fevereiro de 325, o exército macedônio deixou Alexandria para voltar à bacia inferior do Indo. Colocada sob o comando de Cratero, a maior parte das tropas, inclusive os elefantes, tinha sido transportada pela margem oriental do rio, onde os caminhos eram mais transitáveis e algumas tribos pareciam hesitar em se submeter. O rei desceu o curso do rio com as tropas enumeradas acima. O exército e a frota chegaram sem obstáculos ao território dos sogdos e se detiveram na sua capital, batizada de Alexandria da Sogdia e transformada em colônia helênica. Suas muralhas foram consideravelmente reforçadas; ela foi provida de um porto e de docas; por fim, fizeram dela a residência do sátrapa do Indo inferior, cujo território devia se estender da confluência com o Punjund até o mar. Python foi nomeado sátrapa da nova província e colocado à frente de uma guarnição de 10 mil homens.

Por sua posição, Alexandria da Sogdia dominava todo o curso inferior do Indo. Abaixo dessa cidade, o caráter do rio, da paisagem e das populações começa a mudar. Os desertos, que avançam na subida até as margens do rio, recuam para o horizonte e cedem lugar a terras pantanosas, férteis e muito povoadas. Nesse lugar o Indo se divide em diversos braços, e a influência do clima marítimo não tarda a se fazer sentir. Um segundo elemento, não menos característico, vem juntar-se a esses traços: enquanto uma planície uniforme desdobra-se a perder de vista em direção ao leste, o horizonte é limitado a oeste por uma poderosa cadeia de montanhas que se alonga para o sul, até o cabo Mouz, aproximando-se progressivamente do rio. O grande braço ocidental que se destaca do Indo, um pouco depois de Alexandria, banha o sopé dessa cadeia e em seguida retorna ao leito principal, depois de ter descrito uma série de meandros nos arredores de Hiderabad. Ali começa o delta.

Na Antiguidade, o rio contornava nesse local uma baixa cadeia calcária. Em nossos dias, ele terminou por abrir caminho através dela. Porém, continua-se a perceber nas colinas as ruínas de Alor, a antiga capital do Sindh, território que tem a graça e a fecundidade de um jardim. Alguns vinhedos em grinaldas crescem em ângulo reto; o incenso do clima seco da Arábia, os canteiros de flores das savanas tropicais e o milho das orlas pantanosas do rio crescem ali lado a lado. Cidades e povoações espalham-se pela região. Intensa atividade anima os canais e os cursos de água. A população, do tipo meridional e de tez escura, difere consideravelmente dos povos da bacia superior do Indo.

Ali, a casta dos brâmanes detêm indiscutível autoridade e desempenha papel preponderante nos negócios públicos. A política dos príncipes é determinada tanto por princípios religiosos quanto por ciúmes e rivalidades individuais. O caráter fanático do seu temperamento permaneceu imutável séculos afora, apesar das mudanças de dinastia e de religião.

Essas peculiaridades religiosas e étnicas não tardaram a se refletir na atitude das populações em relação a Alexandre. A submissão dos malianos quebrara a resistência nos territórios vizinhos, e o avanço do exército até Sogdia fora pouco mais que uma marcha triunfal. Mas o rei esperou em vão a submissão dos outros povos. Nem príncipes nem embaixadores de príncipes foram prestar homenagem ao senhor do Indo. A hostilidade velada dos brâmanes, ou a presunção, sem dúvida os havia incitado a desprezar o invasor estrangeiro. Só o príncipe Sambos se submetera de bom grado. Vassalo do príncipe Musicanos, mais poderoso, ele preferia servir a um soberano estrangeiro a servir a um príncipe da vizinhança. Alexandre nomeou-o sátrapa do seu território montanhoso ou, mais exatamente, deixou que ele ficasse com sua província, mas lhe impôs o mesmo regime que aos príncipes titulares da satrapia de Filipe.

A atitude independente de Musicanos e dos outros príncipes do Sindh obrigou o rei a recorrer à força mais uma vez. Deixando Alexandria da Sogdia, ele se dirigiu rapidamente para o sul, seguindo o braço do Indo que levava à residência de Musicanos. Atingiu suas fronteiras antes mesmo que o príncipe fosse advertido do ataque. Apavorado com a iminência do perigo, Musicanos buscou fazer com que suas veleidades de rebelião fossem esquecidas, aceitando uma submissão rápida e completa. Veio pessoalmente diante do rei, trouxe numerosos presentes – notadamente todos os seus elefantes – e entregou-se nas suas mãos, assim como o seu território. Confessou abertamente seus erros em relação a Alexandre, o que era a melhor maneira de obter o perdão. Alexandre deixou que ele ficasse com o território, mas obrigou-o a reconhecer a soberania macedônia. O rei ficou vivamente impressionado com a flora exuberante e a riqueza dessa província. A residência do príncipe, que comandava todo o país, foi reforçada com uma cidadela e provida de uma guarnição macedônia sob as ordens de Cratero.

O rei, seguido pelos arqueiros, pelos agrianos e pela metade das hiparquias, marchou em seguida contra o território dos praestes para submeter o príncipe Oxikanos – ou Porticanos, como também era chamado. Este estava entrincheirado em sua capital com um poderoso exército. O rei apoderou-se sem dificuldade de uma das primeiras cidades do principado. Mas o príncipe, de maneira alguma comovido com a magnanimidade de Alexandre em relação a Musicanos, esperou-o atrás das muralhas da sua residência. Alexandre chegou e começou o cerco. No terceiro dia, os trabalhos já estavam tão avançados que o príncipe teve de se retirar para a fortaleza da cidade e quis entabular negociações. Era tarde demais. Já se abria uma larga brecha nas muralhas, pela qual os macedônios penetraram na cidade. Apesar da resistência desesperada, os indianos foram vencidos e o príncipe foi morto. A queda da capital e a morte do príncipe facilitaram a conquista das numerosas cidades da região. Alexandre entregou-as à pilhagem. Esperava aterrorizar os outros povos pelo exemplo do castigo infligido aos praestes, levando-os a efetuar de bom grado uma submissão que ele estava em condições de lhes impor pelas armas.

Porém, alguns movimentos perigosos começavam a se esboçar onde eram menos esperados. O príncipe Sambos espantara-se com a impunidade – até mesmo a consideração – com a qual Musicanos fora agraciado por parte do rei. Assim, ele temia ser castigado ainda mais severamente pela deserção. Os brâmanes da sua corte, inspirados pelo ódio ao conquistador estrangeiro, souberam avivar os seus temores e atiçar o seu rancor. Terminaram por fazer com que ele cometesse o ato mais contrário aos seus interesses; fugiram com ele para o deserto situado do outro lado do Indo, deixando o país tomado pela revolta e pela anarquia. Alexandre apressou-se a voltar. A cidade de Sindimana abriu-lhe as portas e implorou de muito bom grado perdão, pois não participara da insurreição. Os habitantes da residência do príncipe entregaram seus elefantes e tesouros. As outras cidades não tardaram a seguir o exemplo da capital. Só uma – onde haviam se refugiado os brâmanes, instigadores da revolta – ousou resistir. Estava poderosamente fortificada, e os macedônios tiveram alguma dificuldade para vencê-la. Conta-se que eles construíram um subterrâneo até o meio da cidade e irromperam bruscamente na praça do mercado. Uma carnificina terrível pôs fim à revolta. Os brâmanes foram crucificados.

A casta sagrada, imersa em fanatismo cego e de maneira alguma assustada com a sorte dos brâmanes de Sambos, aproveitou-se da ausência do rei para inspirar no príncipe Musicanos e na população do território um horror inquebrantável ao estrangeiro. Os sacerdotes tinham compelido os rebeldes a massacrar as guarnições macedônias. A revolta estourava dos dois lados do Indo. Todos os habitantes acorriam às armas. Se a energia e o comando dos rebeldes tivessem se igualado ao seu furor, sem dúvida o rei teria ficado em situação crítica. Porém, com a sua aproximação, Musicanos fugiu para o outro lado do Indo. Alexandre enviou Python em sua perseguição. Ele próprio marchou sobre as cidades que, sem auxílio externo, sem chefes capazes e sem esperanças de salvação, não tardaram a cair em suas mãos. Os revoltosos foram severamente castigados. Numerosos indianos foram mortos no transcurso dos diversos ataques ou executados após a vitória. Os sobreviventes foram vendidos como escravos e as cidades, arrasadas. As poucas cidades poupadas foram providas de cidadelas e de guarnições macedônias, encarregadas de vigiar a região coberta de ruínas e de escombros. Musicanos e um grande número de brâmanes foram feitos prisioneiros, condenados à morte e enforcados na beira das estradas do território do qual eles tinham feito a desgraça.

O rei retornou em seguida para a nova cidade à beira do Indo. O rigor implacável com que esmagara a insurreição, as numerosas execuções e as devastações feitas no território de Musicanos pareceram dar frutos: os indianos compreenderam que era inútil resistir. O príncipe Moeris, de Patala, cuja soberania se estendia a todo o delta do Indo, foi o primeiro a se submeter. Apressou-se a ir até Alexandria para implorar a clemência do rei. Sua província foi deixada para ele. Alexandre lhe impôs as mesmas condições que havia imposto a Musicanos e aos outros príncipes vassalos das satrapias. Depois de ter recolhido, com Moeris, informações preciosas sobre o delta do Indo, as embocaduras do rio e o oceano onde ele se lança, Alexandre mandou-o de volta ao seu território com ordens de preparar tudo para receber o exército e a frota dos macedônios.

A submissão voluntária de Moeris, o último príncipe independente da bacia do Indo, punha fim às operações puramente militares da expedição. Não se previa mais nenhum combate de envergadura. No máximo, era possível esperar escaramuças isoladas ou perturbações locais, fáceis de reprimir. Era hora de retornar.

O rei queria percorrer as províncias costeiras, das Índias à Pérsia, para descobrir a rota marítima que ligava os dois países. Ainda não pacificadas, elas abrigavam tribos independentes. O projeto não exigia todo o exército, cuja manutenção, fácil nas ricas províncias indianas, encontrava dificuldades insuperáveis nas extensões desérticas atravessadas pela rota costeira. Além disso, más notícias haviam chegado das regiões situadas no nordeste do império, que precisavam receber um poderoso corpo expedicionário. Oxiarte, príncipe da Báctria, que acabara de chegar ao acampamento, informou ao rei que as colônias helênicas dali tinham se revoltado. Algumas dissensões entre antigos combatentes haviam degenerado em lutas sanguinárias. Animados pelo temor do castigo, os revoltosos tinham se apoderado da cidadela, incitado os bárbaros a desertar e proclamado rei um agitador chamado Atenodoro, que prometera reconduzi-los à pátria macedônia. Um certo Bicon, invejoso da realeza de Atenodoro, tinha jurado abater o rival. Tendo-o convidado para jantar na casa de um rico bárbaro chamado Boxus, ele o apunhalara no transcurso do banquete. Depois, procurara se justificar diante do exército reunido, mas os oficiais precisaram recorrer à força para impedir que as tropas o linchassem. Unidos contra ele, tinham-no amarrado em um cavalete de tortura e preparavam-se para esquartejá-lo quando um grupo de soldados se lançou sobre os carrascos, libertou o prisioneiro e se pôs a caminho sob seu comando, somando cerca de 3 mil homens, para retornar à Grécia. Tudo permitia crer que esse aglomerado seria facilmente devolvido à razão pelas outras tropas da satrapia. Porém, era preferível prever o pior e se preparar para todas as eventualidades. A ordem também não reinava na satrapia do Paropamisos. Por seu despotismo e suas iniquidades, Tiriaspes sublevara a população contra ele; queixas relativas à sua má administração chegavam periodicamente ao rei. Ele foi destituído e substituído por Oxiarte, que retornou para assumir seu posto na Alexandria do Cáucaso. Ainda mais alarmantes eram as notícias do interior da Ariana. O persa Ordanes tinha proclamado independência e usurpado o poder sobre os ariaspes, estabelecidos no vale do Ctimandro. Lá, sobretudo, era importante fazer aparecer um forte exército macedônio para sufocar a revolta no berço.

O rei decidiu enviar para a Aracósia cerca de 1/3 do exército. Esse destacamento era formado pelas falanges de Atala, de Antígono e de Meleagro, por uma parte dos arqueiros e por todos os elefantes. Também incluía os heteres a pé e a cavalo que haviam se tornado inaptos para o serviço militar e estavam voltando para a pátria. Cratero assumiu o comando. Segundo as instruções recebidas, ele devia "marchar sobre a Carmânia através da Aracósia e da Drangiana, reprimir as inovações perigosas introduzidas nessas regiões e ordenar aos sátrapas dessas províncias que enviassem comboios de víveres para a costa deserta da Gedrósia", que Alexandre esperava percorrer nas semanas seguintes. Após a partida de Cratero, Alexandre deixou a Sogdia. Desceu o rio com a frota, enquanto Python passava para a margem esquerda com os arqueiros montados e os agrianos, para colonizar as cidades recentemente fundadas. Reuniria nelas as populações da vizinhança, reprimiria os últimos vestígios de desordem e se juntaria ao grosso do exército em Patala. O restante das tropas, comandado por Heféstion, também desceu em direção a Patala, costeando a margem direita do Indo.

Logo no terceiro dia de viagem, Alexandre soube que, em vez de preparar tudo para recebê-lo, o príncipe de Patala fugira para o deserto com a maior parte dos habitantes, assustados talvez com a aproximação do conquistador e provavelmente aterrorizados pelos brâmanes. Alexandre acelerou a marcha, mas todas as aldeias já tinham sido evacuadas. Chegou a Patala por volta do fim de julho. As ruas e as casas estavam vazias, todos os bens mobiliários tinham sido levados e a grande cidade estava morta. Ele logo enviou tropas leves para seguir o rastro dos fugitivos. Alguns foram levados até o rei, que os recebeu com inesperada benevolência e os mandou de volta para dizer aos compatriotas que voltassem aos lares. Não tinham nada a temer; o rei lhes garantia o livre exercício dos cultos, das leis, dos costumes, do comércio e da agricultura. Com tais garantias, a maior parte deles retornou aos domicílios e Alexandre pôde enfim dedicar-se ao grande projeto que dependia da posse do delta do Indo.

Ele pressentia – ou sabia – que o oceano no qual se lança o Indo era o mesmo que forma o golfo Pérsico. Por conseguinte, devia ser possível alcançar por mar as embocaduras do Tigre e do Eufrates. Seu império, que pela primeira vez punha em contato povos situados a distâncias incomensuráveis e se assentava bem menos sobre o poder das armas do que sobre o interesse vital das populações, devia ser concebido e organizado de maneira a permitir o desenvolvimento das comunicações marítimas e a criação de trocas sempre mais numerosas entre as regiões mais afastadas. Alexandre nunca perdeu de vista essa ideia. As cidades do Irã e da Turânia, fundadas para assegurar a posse militar dessas províncias, também constituíam pontos de descanso no itinerário das caravanas. As praças-fortes edificadas nas Índias asseguravam a rota da Ariana para o mar e a navegação no Indo e em seus afluentes. Alexandria do Egito já tinha se tornado, no decorrer de quatro ou cinco anos de existência, o principal cruzamento de todo o comércio mediterrânico. Essa vasta rede de comunicações intercontinentais devia chegar ao auge com a ocupação do delta do Indo, a abertura de rotas comerciais – já demarcadas por uma série de cidades helênicas – e a projetada junção entre as embocaduras do Indo, do Tigre e do Eufrates.

A cidade de Patala, situada na nascente do delta, seria a intermediária natural entre o comércio do interior e o oceano. Heféstion foi encarregado de fortificar cuidadosamente a cidadela e de construir nas proximidades um vasto porto provido de docas e de estaleiros. Simultaneamente, o rei enviou destacamentos para a região desértica que começava nos arrabaldes ocidentais da cidade para cavar poços e tornar férteis esses territórios. Também por esse lado ele queria facilitar o acesso às caravanas e abrir comunicações por via terrestre com a bacia do Ganges e o Dekkan. Somente uma incursão de hordas estabelecidas no deserto interrompeu por um momento o andamento dos trabalhos.

Quando a construção da cidadela estava quase terminada e as docas do porto já muito adiantadas, o rei decidiu explorar pessoalmente as embocaduras do Indo para estudar as possibilidades que elas oferecem ao comércio e à navegação e fazer um cruzeiro pelo oceano em que nenhum grego jamais havia navegado. Resolveu seguir primeiramente o braço principal do rio. Enquanto Leonatos costeava a margem interior do delta, à frente de mil cavaleiros e de 9 mil soldados de infantaria, o rei desceu o rio nos navios mais rápidos. Alexandre não contava com pilotos experientes, pois os habitantes de Patala não eram navegadores e os moradores das margens fugiam à aproximação dos macedônios. Confiava apenas na coragem e na habilidade de seus homens e não previa a terrível provação à qual seriam submetidos pela violência das marés oceânicas.

Estavam no meio do verão. As águas atingiam o nível mais elevado. Por toda parte as margens baixas estavam submersas, o que complicava extraordinariamente a navegação. O primeiro dia passou sem incidentes. Porém, no segundo dia – a frota devia estar a cerca de dez milhas de Patala – um forte vento sul atingiu a água em contracorrente, erguendo vagas enormes que se quebravam espumando. Vários navios afundaram e muitos outros foram seriamente danificados. Os macedônios apressaram-se a atracar na margem para reparar os estragos. O rei aproveitou para enviar um esquadrão de infantaria para o interior das terras, a fim de trazer até ele alguns moradores.

Queria interrogá-los sobre a natureza desse fenômeno. A frota pôs-se novamente a caminho no dia seguinte, guiada por pilotos indianos. O rio se alargava entre suas margens planas e áridas. Eles começaram a sentir o vento fresco do mar. As vagas aumentavam sem cessar, complicando o trabalho dos remadores. Um vento forte soprava do alto-mar. O rio, refluído pelo vento, se tornava mais agitado a cada minuto. A frota entrou em um canal indicado pelos pescadores capturados na véspera. As águas subiam. Com toda a pressa, os barcos foram levados para perto da margem. Porém, mal tinham lançado âncora, as águas começaram a baixar tão rapidamente quanto tinham subido. Quatro barcos logo se acharam em seco ou afundaram no lodo. Os marinheiros estavam desconcertados. Várias horas passaram. Por fim, as tripulações se puseram a trabalhar para liberar os barcos e torná-los novamente capazes de navegar. Subitamente, o fenômeno inexplicável se renovou: as vagas cresceram, rugindo, submergiram a margem lamacenta e ergueram os barcos encalhados, arrastando-os em desordem para o interior das terras ou despedaçando-os uns contra os outros. Muitos ficaram sem o fundo e naufragaram. O perigo crescia com o nível das águas. À custa de sérias perdas, o rei teve a primeira experiência com as marés oceânicas. A cerca de dez milhas da embocadura verdadeira, o fluxo e o refluxo eram ainda mais violentos pelo fato de que eles tinham de lutar contra a formidável coluna de água do Indo e porque o estuário do rio, com mais de dez milhas de largura, lhes oferecia uma fácil via de penetração.

Logo que Alexandre sobrepujou esses perigos e descobriu a sua periodicidade – o que lhe permitiu escapar deles –, enviou dois sólidos barcos para a embocadura do rio, para encontrar a ilha de Skilluta. Os pescadores afirmavam que ela estava situada não longe do oceano, com uma enseada espaçosa e abrigada do vento. Os capitães dos barcos enviados para o reconhecimento voltaram e confirmaram as informações: a ilha era de dimensões medianas e tinha água doce. Alexandre mandou reparar a frota e foi para lá com os navios disponíveis. Dali já se percebia a barra espumante do Indo, dominada pela linha horizontal do oceano, e só se distinguia com dificuldade a margem oposta do rio, plana e desprovida de vegetação. Resolvido a transpor a embocadura propriamente dita, para ver se ela era navegável, Alexandre prosseguiu com algumas unidades. A costa ocidental logo desapareceu completamente do seu campo de visão, e o oceano agitado estendeu-se ao infinito diante dele. Após duas horas de navegação, atingiu uma segunda ilha, situada mais a leste, cercada por uma praia arenosa na qual as vagas quebravam com estrondo. Como a noite caía, os navios aproveitaram a maré montante para retornar à primeira ilha, onde o restante da frota tinha permanecido. Um sacrifício solene em honra a Amon celebrou essa primeira aparição do oceano e a desaparição das terras situadas no extremo sul das regiões habitadas. Na manhã seguinte, o rei tornou a partir para alto-mar, aportou na ilha situada em pleno oceano e renovou sacrifícios, conforme as indicações de Amon. Depois, lançou-se de novo ao mar para ver se percebia uma nova terra. Quando as costas desapareceram no horizonte e nada mais subsistia além dos círculos cintilantes do mar e do céu, Alexandre imolou vários touros em homenagem a Poseidon e mandou que eles fossem entregues às ondas. Em seguida, em uma taça de ouro, ofereceu libações às Nereidas, aos Dióscuros[106] salvadores e a Tétis de pés de prata, mãe de seu ancestral Aquiles. Rogou que eles ajudassem as esquadras e os conduzissem salvos para o Ocidente, até a embocadura do Eufrates. Depois selou a invocação, atirando a taça de ouro no mar.

Depois das cerimônias, Alexandre juntou-se novamente à frota e retornou com ela para Patala. A construção da cidadela estava terminada e a do porto, em via de conclusão. Python também havia chegado, tendo cumprido com sucesso a missão que lhe tinha sido confiada: todas as terras baixas estavam pacificadas e as cidades novas, colonizadas. O rei tinha explorado o braço direito do Indo e reconhecido os obstáculos que ele apresentava à navegação: nessa época, os ventos da monção e a estiagem das águas se combinam para tornar o rio pouco navegável. Então ele decidiu descer o braço oriental do Indo para conferir se haveria ali mais facilidades para a navegação. Depois de tê-lo seguido durante bom tempo, perceberam que o lençol de água se alargava e formava um vasto lago, semelhante a uma baía, alimentado por muitos

---

106. Nereidas eram as cinquenta filhas de Nereu, um deus marinho primitivo, espécie de "velho do mar". Dióscuros, "filhos de Zeus", eram os irmãos Castor e Pólux. Como, na juventude, eles se dedicaram a combater a pirataria, foram considerados deuses marinhos e eram invocados durante as tempestades. [N.T.]

rios, de todas as dimensões, que desciam do leste. Ali encontraram alguns peixes do mar. A frota atracou no local da margem que os pilotos indígenas indicaram como o mais propício. O rei deixou a maior parte das tropas ali, sob as ordens de Leonatos, e prosseguiu viagem com trirremes e barcos de trinta remadores. Atravessou o lago e chegou ao mar sem ter encontrado a barra espumante que torna tão perigoso o braço ocidental do Indo. Mandou ancorar os navios bem perto da embocadura e, com seus heteres, efetuou uma viagem de três dias pela margem, em parte para estudar a natureza da costa, em parte para descobrir nela algumas fontes para uso dos futuros navegantes. Depois, tornou a encontrar os navios e retornou com eles para Patala, enquanto o restante do exército tornava a subir a margem para perfurar poços nessa região ressequida. De Patala, o rei retornou uma segunda vez ao lago, tomou as disposições necessárias para nele mandar construir um porto e deixou ali uma pequena guarnição para vigiar os trabalhos. Estavam prontos os preparativos de seu grande projeto. Para realizá-lo, porém, faltava o mais difícil e mais perigoso: descobrir a rota marítima que ligaria o Indo ao Eufrates. Para fazer plenamente justiça à audácia dessa empreitada, é preciso lembrar que a arte da navegação e da topografia ainda engatinhavam. A construção dos navios estava longe de ser perfeita, e os arquitetos navais não tinham ideia das dificuldades da navegação oceânica. Os únicos pontos de referência eram as estrelas e a costa, cuja proximidade aumentava o perigo para os barcos. A imaginação dos helenos povoava o oceano com toda espécie de monstros e de criaturas fantásticas, e os macedônios, sempre intrépidos quando se tratava de enfrentar um inimigo visível, sentiam-se desamparados diante das traições do mar. Por fim, quem devia assumir o comando da expedição? O rei, bastante audacioso para não se furtar aos empreendimentos mais ousados, e decidido a alcançar a vitória sobre o oceano, não podia assumir pessoalmente o comando da frota, pois durante a campanha das Índias haviam eclodido no império perturbações que podiam requerer a sua presença a qualquer momento. Além disso, a rota terrestre para a Pérsia era das mais difíceis. Para atravessar essas regiões tórridas e desérticas, os veteranos macedônios precisavam ser conduzidos por ele, o único no qual tinham plena confiança. Quem devia ser escolhido como chefe da frota? Quem possuía bastante sangue frio e coragem, habilidade e devotamento? Quem tinha bastante autoridade para dissipar os temores e as ideias preconcebidas das tropas e para substituir a angústia delas por uma confiança inquebrantável em sua própria coragem, em seu chefe e no feliz resultado da empreitada?

O rei comunicou todas essas apreensões a Nearco e pediu-lhe conselho. Nearco propôs alguns chefes, um após outro, mas o rei rejeitou todos: um não lhe parecia bastante enérgico; outro não parecia bastante devotado para se expor a perigos tão grandes; o terceiro carecia de experiência em questões náuticas; o quarto não compreendia as reações da tropa. Outros, enfim, só estavam animados pelo desejo de rever a pátria e suspiravam por uma existência mais pacífica. Nearco conta, em suas memórias, que terminou por propor a si mesmo: "Ó, rei, estou pronto a assumir o comando da frota e me comprometo, com a ajuda dos deuses, a conduzir os navios e as tripulações sãos e salvos até a Pérsia, com a condição de que o mar seja navegável e a expedição não exceda as forças humanas." O rei começou por recusar. Não podia expor o amigo a semelhantes perigos. Nearco insistiu e Alexandre não lhe ocultou que, de fato, ele parecia ser o homem que melhor convinha a esse posto.

Os soldados veneravam o chefe da frota e conheciam os laços de amizade que o ligavam ao rei. Nessa nomeação, poderiam ver uma garantia para eles próprios, pois Alexandre jamais teria colocado um amigo tão querido e um general tão experiente à frente de uma empresa cujo resultado lhe parecesse duvidoso. Foi assim que Nearco, filho de Andrômito, nativo de Creta e cidadão de Anfípolis, foi promovido a chefe da expedição naval. O rei não podia ter feito uma escolha mais judiciosa. No início, os homens haviam se mostrado amedrontados e inquietos. Porém, a designação do chefe, a perfeição e o esplendor dos equipamentos dos navios, a segurança com a qual o rei lhes prometia o sucesso e a glória de tomar parte na expedição mais audaciosa e mais perigosa jamais tentada sobrepujaram as apreensões e fizeram com que eles esperassem com impaciência o dia da partida. Embarcaram com alegria, encorajados pelo exemplo do próprio Alexandre, que fora o primeiro a alcançar o alto-mar depois de ter transposto a barra do Indo.

Alexandre havia se informado sobre o regime das monções. Elas sopram regularmente do sudoeste durante o verão e do nordeste durante o inverno.

Mas a monção do inverno se transforma em um vento leste regular ao longo da costa da Gedrósia. Esse vento, após algumas variações, começa em outubro, se estabiliza por volta do final do mês e, em seguida, sopra sem interrupção até fevereiro. Era necessário tirar proveito dessa peculiaridade favorável à exploração costeira.

A partida foi fixada para o final de outubro. O exército de terra foi o primeiro a se pôr em marcha porque, de um lado, a efervescência que se manifestava no interior do império exigia o pronto retorno de Alexandre e, de outro, era necessário perfurar poços ao longo da costa e construir ali depósitos de víveres, a fim de permitir que a frota se reabastecesse de tempos em tempos. Por isso, o rei deu ordem para que a frota permanecesse no porto até o início de novembro. Depois, a abasteceu com provisões para quatro meses e aprontou-se para deixar Patala à frente das tropas.

LIVRO
Quarto

XXXII

CONSTITUIÇÃO DA GEDRÓSIA ∽ DESERTO DA MISÉRIA ∽ PARTIDA DE PATALA ∽ SUBMISSÃO DOS ARBITAS, DOS ORITAS E DOS GEDROSIANOS ∽ LITORAL DOS ICTIÓFAGOS ∽ MISÉRIA ASSUSTADORA DO EXÉRCITO ∽ CHEGADA NA CARMÂNIA ∽ PÉRIPLO DE NEARCO ∽ ENCONTRO DE NEARCO COM ALEXANDRE ∽ EMOÇÃO DO REI ∽ CHEGADA DE CRATERO E DOS SÁTRAPAS ∽ JÚBILOS E SACRIFÍCIOS AOS DEUSES

As poderosas montanhas que limitam, a oeste, a bacia do Indo vão do Cofen ao oceano Índico. Seus últimos contrafortes, com 1,8 mil pés de altura, inclinam-se sobre as estrepitosas vagas do mar. Cortados por raros desfiladeiros, formam uma barreira intransponível entre o delta do Indo e o deserto costeiro da Gedrósia, entre o território do Sindh e a alta estepe da Ariana. A leste estende-se uma região úmida e tropical, sulcada por numerosos cursos de água e provida de vegetação luxuriante. Ela é habitada por uma população muito densa, que tem um comércio desenvolvido, vida fácil e possui todos os monumentos e instituições de uma civilização muito antiga. Porém, a noroeste, para além dos territórios-fronteiras formados por um acúmulo de rochedos superpostos, estende-se um labirinto de falésias íngremes, de despenhadeiros escarpados e de estepes montanhosas no meio dos quais se ergue, desnudo e lúgubre, o planalto de Kelat, petrificado pelo gelo ou calcinado pelo sol. Ele é chamado, com justiça, "deserto da miséria". Está cercado ao norte e a oeste por trechos de rochedos abruptos, ao pé dos quais rebenta o oceano de areia da Ariana, com seu ar irrespirável, onde pairam nuvens avermelhadas levantadas pelo vento e dunas movediças, nas quais o viajante se perde e os camelos afundam. Assim é a desolação do caminho que conduz ao interior das terras. Porém, a do litoral é ainda maior. Quando se sai das Índias em direção ao oeste, logo se vê abrir uma profunda bacia no fundo da qual um rio se dirige ao mar; é o último curso de água do caminho. Percebem-se ainda alguns campos de trigo ao pé das montanhas e algumas raras aldeias disseminadas na planície: são os últimos vestígios da vida humana, e durante vários meses não serão encontrados outros. No norte, alguns desfiladeiros em zigue-zague ligam essa "planície" à alta estepe de Kelat. A oeste, as montanhas dos Oritas se estendem até o mar. Só quando elas são ultrapassadas começam verdadeiramente os horrores do deserto. A costa é plana, arenosa, causticante, sem mato nem arbustos, sulcada pelos leitos pedregosos das torrentes ressequidas. De longe em longe, ao longo da margem, encontram-se cabanas de pescadores construídas com algas e ossos de peixes. Os raros habitantes são ainda mais miseráveis que o território. É possível andar para o interior durante horas sem perceber outra coisa além das falésias gredosas, sulcadas por torrentes que se enchem bruscamente na estação das chuvas e se precipitam para o mar, devastando tudo na passagem. Seus leitos ficam secos no resto do ano, recobertos de urzes, mimosas e tamargueiras selvagens que servem de covil para lobos e chacais.

Nuvens de mosquitos zumbem noite e dia nessa atmosfera inflamada. Por trás das falésias, a perder de vista, desdobra-se o deserto da Gedrósia, percorrido por raras tribos nômades. A solidão, a aridez e a secura são os males menores. Um sol ofuscante brilha o dia inteiro. O vento levanta uma poeira tórrida que incomoda olhos e pulmões. Quando anoitece, reina um frio glacial, e o silêncio assustador das noites só é perturbado pelo uivo dos predadores. Em parte alguma existe um abrigo ou uma campina para se deitar. Em parte alguma existe um caminho preciso ou uma só referência no horizonte. Conta-se que a rainha Semíramis[107] atravessou esse deserto quando retornou das Índias. Dos 100 mil homens de seu exército, vinte teriam chegado com ela à Babilônia. Ciro também usou esse caminho e esteve a ponto de morrer nele. Mesmo o Islã fanático não ousou penetrar ali. O califa proibiu que seu general Adballah pusesse os pés nesse território medonho, visivelmente atingido pela maldição divina.

Alexandre usou essa rota. Não foi para eclipsar as proezas de Ciro e de Semíramis, nem – como afirmaram alguns historiadores – para "apagar a

---

107. Ver nota 78, p. 221. [N.T.]

lembrança das perdas sofridas durante a descida do Indo com perdas ainda maiores". Ele, simplesmente, não tinha escolha. Não podia permitir que alguns territórios desocupados e alguns povos insubmissos, situados entre as satrapias do Indo e o golfo Pérsico, comprometessem a unidade militar do império. Podia permiti-lo ainda menos pelo fato de que as montanhas abruptas, situadas na orla do deserto, ofereceriam, quem sabe, abrigo para hordas saqueadoras e sátrapas revoltados. Além disso, era preciso levar em consideração a frota, que devia seguir a costa para abrir a rota marítima entre a Índia e a Pérsia. Ora, a frota não podia permanecer vários meses sem se reabastecer de víveres e de água. Era necessário que ela fizesse escala de tempos em tempos. Devia permanecer com a terra ao alcance da vista, por causa do estado rudimentar das ciências náuticas naquela época. Para que a expedição pudesse ter êxito e atingir plenamente seu objetivo, era indispensável tornar a costa abordável, perfurar poços, criar depósitos de mantimentos e impedir qualquer resistência por parte dos habitantes. Para isso, era necessário incorporar ao império as populações dos distritos menos pobres. Essas razões levaram Alexandre a retornar através da Gedrósia, embora a natureza desértica da região certamente não lhe fosse desconhecida. Ele não podia renunciar ao seu grande desígnio, vencido pelas dificuldades com as quais inevitavelmente se chocaria. Também não devia temer os sacrifícios que lhe custaria tal empreitada. Estava proibido de escutar a voz da humanidade e do temor, quando se tratava de atingir objetivos de importância mundial, dos quais ele esperava resultados surpreendentes.

As tradições não fornecem informação sobre o número de homens que o rei conduziu através da Gedrósia. É possível avaliar em cem o número de navios da frota, e suas tripulações em cerca de 12 mil homens e 2 mil epibatas.[108] O exército que Cratero tinha sido encarregado de conduzir através da Aracósia deve ter sido consideravelmente mais forte. Sabemos, com segurança, que as forças totais do rei somavam cerca de 120 mil homens no momento em que ele estava na Alexandria da Sogdia. Avaliando em cerca de 30 mil

---

108. Os epibatas eram soldados que serviam nos navios de guerra e eram encarregados de defendê-los. [N.T.]

o número dos soldados deixados com os sátrapas indianos e nas cidades recém-fundadas, é possível deduzir que entre 30 mil e 40 mil combatentes seguiram o rei através do deserto.

Alexandre deixou Patala e o território das Índias por volta do fim do mês de agosto de 325. Atingiu rapidamente a primeira cadeia de montanhas e transpôs o desfiladeiro setentrional. Por volta do nono dia, chegou ao vale do Arbios, aquém do qual viviam os arbitas, enquanto os oritas estavam estabelecidos nos contrafortes situados do outro lado do rio. Nenhuma das duas tribos tinha se submetido. Alexandre separou o exército em duas divisões para percorrer os territórios e devastá-los, se fosse necessário. Três colunas – conduzidas pelo rei, por Leonatos e por Ptolomeu – tomaram a dianteira, enquanto Heféstion seguia com o restante do exército. Alexandre dirigiu-se primeiramente para o mar, a fim de mandar cavar poços para a frota e atacar de surpresa os oritas, que pareciam ser numerosos e belicosos. Com a aproximação dos macedônios, os arbitas evacuaram as aldeias e se refugiaram no deserto. Alexandre chegou ao rio Arbios, que foi facilmente atravessado, pois era estreito e estava quase seco. Uma marcha noturna através da região arenosa que se estendia para o oeste conduziu-o, ao raiar do dia, até os campos bem cultivados e as aldeias dos oritas. A cavalaria recebeu ordem de avançar, cobrindo o máximo de terreno possível, enquanto a infantaria seguia em formações cerradas. Graças a essa tática, as aldeias foram atacadas e tomadas, uma após outra. Por todo lado onde os habitantes procuraram resistir, lutando com flechas envenenadas contra os dardos macedônios, foram rapidamente dominados, suas aldeias incendiadas e eles próprios degolados ou aprisionados para serem vendidos como escravos. O território inferior dos oritas foi submetido sem grandes perdas. Ptolomeu o Lágida foi atingido por uma flecha envenenada, mas sua ferida não tardou a cicatrizar. Alexandre montou acampamento nos arredores de uma fonte de água e esperou a chegada de Heféstion. A partir do momento em que as duas divisões se juntaram, o rei prosseguiu a rota em direção a Rambacia, a maior aglomeração do território dos oritas. Alexandre decidiu fazer dela a capital da satrapia de Oritide e colonizá-la. Heféstion recebeu ordem de proceder à reconstrução da cidade, que levou o nome de Alexandria de Oritide, enquanto o rei se colocava a caminho com a metade dos hipaspistas e dos agrianos, a escolta da cavalaria e os arqueiros montados, para pacificar as montanhas que separavam o território dos oritas e a Gedrósia. Ele fora informado de que oritas e gedrosianos tinham se amontoado em quantidades consideráveis nos desfiladeiros pelos quais passava a rota que levava à Gedrósia, a fim de impedir o avanço dos macedônios. Logo que esses últimos se aproximaram da entrada das passagens, os bárbaros fugiram, diante de um inimigo do qual eles temiam ao mesmo tempo a força e a cólera. Os chefes dos oritas foram encontrar Alexandre, lançaram-se humildemente a seus pés e se entregaram em suas mãos, assim como o seu povo e o seu território. Alexandre deu provas de uma generosidade que eles não esperavam. Convidou-os a restaurar suas aldeias destruídas e prometeu-lhes segurança e paz. Ordenou-lhes que obedecessem ao sátrapa Apolofanos e executassem prontamente suas ordens, principalmente aquelas que tratassem do reabastecimento da frota. Leonatos, o guarda-costas, foi deixado na satrapia à frente de um considerável exército formado por todos os agrianos, por uma parcela dos arqueiros, por algumas centenas de cavaleiros tirados dos macedônios e dos mercenários helênicos, por um número equivalente de soldados da infantaria pesada e por tropas asiáticas. Leonatos recebeu ordens para esperar a chegada da frota e preparar tudo para acolhê-la, para terminar a colonização da cidade e reprimir as perturbações que pudessem se manifestar no território. Apolofanos foi encarregado de fazer uma incursão pelo interior das terras e requisitar grandes quantidades de gado e de víveres para prover as necessidades do exército.

Alexandre deixou Oritide para ir à Gedrósia. A orla plana e quente da costa já se tornava mais larga, o calor mais debilitante e a rota mais difícil. Durante vários dias as falanges atravessaram extensões de areia no meio das quais magros bosques de palmeiras ofereciam de tempos em tempos uma débil sombra. De longe em longe cresciam tufos de mirra que exalavam um odor ainda mais inebriante pelo fato de que ninguém colhia a sua seiva. Os mercadores fenícios que seguiam o exército com uma caravana de camelos colheram naquele local muito dessa matéria preciosa, tão apreciada no Ocidente com o nome de mirra arábica. Algumas tamargueiras odoríferas floresciam nas proximidades do mar. As raízes tortuosas do nardo rastejavam pela terra, e o solo estava coberto de urzes espinhosas nas quais as lebres, expulsas de suas moradas pela aproximação do exército, se deixavam apanhar como pássaros em uma arapuca. Porém, a cada dia a costa se tornava mais árida. A areia abrasadora bebia a água dos riachos. Logo a vegetação desapareceu. Tão longe quanto a vista alcançava não se via nenhum vestígio de animal ou de ser humano. As tropas receberam ordens de marchar à noite e repousar de dia. O rei enviou destacamentos para perfurar poços e ver se a costa oferecia aos navios possibilidades de abordagem. Alguns cavaleiros, sob o comando de Thoas, retornaram e disseram que ao longo do mar só havia miseráveis cabanas de pescadores, construídas com conchas e ossos de tubarões. Os habitantes, pobres e incultos, viviam de peixe seco e bebiam água salobra que se estagnava no fundo de buracos cavados na areia. Os macedônios haviam atingido a costa dos ictiófagos. Afastando-se dela, encontrariam sem dúvida algumas aldeias; o exército devia marchar para o interior para encontrar as provisões que começavam a faltar. A região foi alcançada após várias marchas noturnas, no transcurso das quais já não foi mais possível manter as tropas em ordem. Lá foram encontrados víveres, mas em pequena quantidade. Parte deles foi distribuída aos homens e outra foi embalada. Marcados com o selo real, os pacotes foram colocados nos camelos para serem conduzidos ao litoral. Porém, logo que Alexandre se pôs a caminho com as primeiras colunas, os guardas encarregados de acompanhar o comboio quebraram os selos, apoderaram-se dos víveres e distribuíram as provisões aos soldados e aos camelos, sem se preocupar com o dia de amanhã. Alexandre não os puniu, mas ordenou aos habitantes que requisitassem todo o trigo, as tâmaras e o gado que pudessem encontrar no interior do território e os levassem à costa. Alguns homens de confiança foram deixados para trás para assegurar a proteção desses comboios.

 O exército seguiu seu caminho. Aproximava-se a parte mais terrível do deserto. A fome, a miséria e a desordem aumentavam dia após dia. Por distâncias de dez, quinze milhas, não havia sinal de água. A areia era macia, causticante e se encrespava como o mar no mau tempo. Formava dunas nas quais os soldados se enterravam até a metade das coxas. A esses tormentos vinham se somar a escuridão das noites e a anarquia crescente que reinava nas fileiras do exército. Ora os homens tombavam, prostrados pela fome e a sede; ora erravam a esmo, transformados em feras selvagens pela miséria e as privações. Cavalos, camelos e mulas foram abatidos, e a sua carne foi dividida. As tropas desatrelaram as bestas de carga que puxavam as carroças e abandonaram feridos e doentes à própria sorte. Prosseguiam a marcha com uma pressa trágica. Os que ficavam para trás não encontravam, no dia seguinte, nenhum vestígio do grande exército. Era em vão que buscavam alcançá-lo. Pereciam com cãibras atrozes sob o sol causticante do meio-dia ou se perdiam no labirinto das dunas, onde morriam lentamente de inanição. Felizes aqueles que alcançavam um poço antes do raiar do dia! Podiam então ter algumas horas de repouso. Quase sempre, porém, eram obrigados a prosseguir a marcha até a hora em que o sol soçobrava em um halo acobreado e a areia tórrida queimava os pés cobertos de feridas. Então, os animais caíam por terra, agonizando, e o sangue jorrava dos olhos e da boca dos soldados. Eles se deixavam cair no chão. Em um silêncio de morte, as falanges dizimadas desfilavam como espectros diante dos camaradas agonizantes. Quando se aproximavam, enfim, de uma fonte de água, todos se arrojavam sobre ela e bebiam com uma pressa febril, pagando sua imprudência com uma morte dolorosa. Um dia o exército montou tendas à beira de um leito quase seco. Um magro filete de água gotejava entre as pedras. Subitamente, o leito do rio encheu, as águas rebentaram rugindo. Armas, animais, tendas, seres humanos, tudo foi varrido pela violência da corrente. Antes que pudessem se recuperar do estupor, a devastação estava no auge. A tenda de Alexandre e uma parte de suas armas foram carregadas pela tromba d'água, da qual o próprio rei só escapou com grande dificuldade. Acumulavam-se horrores em cima de horrores. Quando se ergueu um vento violento que desordenou as dunas e apagou as pistas sob uma tempestade de areia, extraviando completamente os guias autóctones, os mais bravos perderam a coragem. Todo o exército sentiu-se irremediavelmente perdido. Alexandre reuniu em torno de si os cavaleiros mais vigorosos – não mais do que um punhado – para ir à procura do mar. Exortou-os a fazer um esforço supremo e a segui-lo. Partiram para o sul, através das dunas profundas, mortificados pela fome e a sede, em um estado de total exaustão. O cavalos caíam no chão e os cavaleiros não podiam dar mais um passo. Só o rei, desafiando a fadiga, seguiu caminho com cinco homens. Finalmente, avistaram o mar. Arrastaram-se até ele e, com as espadas, cavaram buracos na areia para encontrar água doce. Uma fonte jorrou e eles enfim puderam saciar a sede. Alexandre retornou com toda a pressa para os escombros do exército, para conduzi-lo até a praia. Uma vez lá, os indígenas reencontraram o caminho. Durante sete dias eles guiaram o exército ao longo do deserto, no lugar onde a água não faltava e onde até mesmo, de tempos em tempos, havia aldeias providas de víveres. No sétimo dia, dirigiram-se para o interior através de pomares cobertos de frutos e de vales acolhedores. Chegaram enfim a Pura, a capital da satrapia da Gedrósia.

Foi assim que o exército atingiu a meta da viagem. Em que estado lastimável ele chegou! A marcha através do deserto tinha durado sessenta dias. No entanto, os sofrimentos e as perdas dessas poucas semanas ultrapassavam tudo o que o exército sofrera desde que partira da Grécia. As falanges, que tinham deixado as Índias orgulhosas das vitórias e carregadas de butim, estavam reduzidas a 1/4 de seus efetivos. Esses últimos vestígios do exército que havia conquistado o mundo estavam irreconhecíveis, com homens pálidos e descarnados, em farrapos, quase sem armas; os raros cavalos sobreviventes estavam esfalfados e esqueléticos. Tudo oferecia a imagem viva de profunda miséria, desolação e abatimento. Depois de entrar em Pura, o rei concedeu às tropas um repouso bem merecido, para permitir que recuperassem as forças e deixar que os retardatários tivessem tempo de chegar. O sátrapa de Oritide e da Gedrósia, que recebera ordens de prover com víveres os caminhos do deserto e cuja negligência privara o exército dos magros recursos da região, foi destituído. Thoas substituiu-o à frente da satrapia.

Depois Alexandre pôs-se a caminho da Carmânia, onde esperava encontrar Cratero com seu exército e vários governadores das províncias superiores, que ele havia convocado. O mês de dezembro chegara sem notícia da frota. A empreitada confiada ao valente Nearco era cheia de perigos, e a incerteza de seu êxito causava no rei as mais vivas inquietações. Instruído pelas experiências recentes, Alexandre estava inclinado a temer o pior. Essa costa sinistra que servia de túmulo para a maioria do exército era, para as suas esquadras, o único e derradeiro refúgio. Deserta, arenosa, sem portos, ela parecia menos um abrigo do que um perigo suplementar que se juntava à fome e às intempéries. Bastava uma única tempestade, um único erro de itinerário, para que a frota desaparecesse sem deixar vestígios.

Alexandre já começava a perder a esperança quando o hiparco da região foi encontrá-lo e lhe disse que Nearco tinha ancorado com toda a frota na entrada do porto de Harmozia, a cinco dias de marcha para o sul. Tendo sido informado de que o rei estava no altiplano, o almirante deixara as tropas solidamente entrincheiradas atrás das muralhas e de um fosso e não tardaria a comparecer diante de Alexandre. Este não pôde conter a alegria. Mas a impaciência, a dúvida e as preocupações terminaram por levar vantagem: Nearco não chegava. Os dias se passavam, um após outro, sem nenhuma mudança. Mensageiros atrás de mensageiros foram enviados na direção indicada pelo hiparco. Uns voltaram dizendo que não tinham encontrado os macedônios da frota e não puderam obter de ninguém a confirmação da sua chegada. Outros não voltaram. Por fim, Alexandre deu ordem para que pegassem o hiparco, que tinha sem dúvida forjado essa história para zombar da aflição do exército e do rei. Mandou que ele fosse posto a ferros e jogado na prisão. O rei estava mais triste e mais abatido que nunca.

O hiparco dissera a verdade. Nearco e a frota estavam de fato na costa da Carmânia. Tinha realizado com sucesso uma empreitada cujos perigos excediam as forças humanas e cujos riscos haviam sido decuplicados por um concurso de circunstâncias desfavoráveis.

As dificuldades tinham começado desde o Indo. Mal Alexandre atravessara a fronteira das Índias, os habitantes, acreditando-se enfim livres, seguros da impunidade, fomentaram perturbações inquietantes. A frota perdeu a segurança. Como o papel de Nearco não era defender o território, mas conduzir a frota ao golfo Pérsico, ele decidiu deixar Patala sem esperar a época dos ventos regulares de leste. Levantou âncora em 21 de setembro. Poucos dias depois, deixou para trás os canais do delta. Mas, nesse momento, um forte vento sul o obrigou a se refugiar na segurança do promontório que separa a Índia e o território dos arbitas. Forçado a esperar um vento mais propício, permaneceu durante 24 dias em um porto que batizara de Alexandria. Só em 23 de outubro pôde partir novamente. Ora navegando na direção do vento entre falésias rochosas, ora lutando contra as enormes vagas do oceano, dobrou a embocadura do Arbios e chegou perto de Coccala, depois de ter enfrentado, em 30 de outubro, uma terrível tempestade que causou a perda de três navios. Lá ele fez escala durante dez dias, para se recompor das fadigas e consertar os navios danificados. Era o lugar onde Leonatos vencera os bárbaros alguns dias antes. Apolofanos, sátrapa da Gedrósia, morrera no decorrer da refrega. Provido de víveres em quantidade suficiente, Nearco tornou a partir na direção oeste e chegou, em 10 de novembro, diante da embocadura do Tomeros, cujas margens encontrou ocupadas por uma considerável massa de oritas armados, resolvidos a impedir a qualquer custo o desembarque da frota. Um ataque ousado conseguiu pô-los em debandada. A frota ancorou no estuário, e as tropas puderam desembarcar para um repouso bem merecido.

A frota chegou em 21 de novembro diante da costa dos ictiófagos, esse deserto apavorante onde tinham começado as provações do exército de terra. O exército do mar também sofreu muito. A penúria de víveres e de água doce se fazia sentir mais cruelmente a cada dia. Encontraram, por fim, em uma aldeia de pescadores, situada atrás do promontório de Bagaia, um nativo de nome Hidrakes que consentiu em embarcar como piloto: graças a ele, a frota ousou realizar etapas mais longas e pôde navegar tirando proveito da noite. Dobraram a costa desértica e arenosa da Gedrósia, mas as privações suscitaram crescente descontentamento entre as tripulações. Os homens já começavam a se amotinar quando avistaram finalmente as costas da Carmânia, com pomares florescentes, palmeirais e vinhedos. A época das provações tinha passado. Aproximava-se o término tão desejado da viagem: o golfo Pérsico já se abria diante da frota, que estava novamente em território conhecido. Nearco distinguiu à esquerda o promontório avançado de Maceta, que fazia parte da Arábia, de onde eram expedidas a canela e outras especiarias para a Babilônia.

A frota ancorou na embocadura do Anamis, na costa da Harmozia, e os marinheiros ergueram acampamento na beira do rio. Não havia notícia do exército de terra, do qual se tinha perdido qualquer rastro desde a costa dos ictiófagos. Ocorreu então que alguns soldados de Nearco, enviados ao interior para procurar víveres, viram ao longe um homem usando uniforme macedônio. Dirigiram-se rapidamente a ele e choraram de alegria ao reconhecê-lo: era um soldado helênico. Perguntaram quem ele era e de onde vinha. Ele respondeu que chegava do acampamento de Alexandre, que não estava muito distante dali. Muito felizes, eles o conduziram até Nearco, a quem o soldado declarou que Alexandre estava acampado a cinco dias de marcha para o interior. Nearco estudou com o hiparco o meio de encontrar-se com Alexandre. Enquanto ele retornava ao acampamento para pôr tudo em ordem e mandar executar trabalhos de fortificação, o hiparco foi com toda a pressa ao acampamento do rei para anunciar-lhe a chegada da frota, pensando obter os favores de Alexandre ao ser o primeiro a levar-lhe a boa notícia.

Por fim – registramos aqui as palavras do próprio Nearco –, as medidas de segurança adiantaram-se suficientemente para permitir que o almirante deixasse o acampamento, acompanhado por cinco ou seis oficiais, e se dirigisse ao interior do território. No caminho, encontraram emissários de Alexandre. Eles não reconheceram nem Nearco nem Arquias, tanto o seu aspecto físico estava modificado: cabelos e barbas desgrenhados, rostos e corpos macilentos, as vestes em farrapos, sujas de alcatrão.[109] Quando Nearco perguntou-lhes onde estava o acampamento do rei, os mensageiros se contentaram em indicar-lhe a direção e prosseguiram seu caminho. Arquias adivinhou a razão do mutismo e disse: "Esses homens estão à nossa procura; não é espantoso que não nos reconheçam, porque devemos ter uma aparência completamente diferente da que tínhamos nas Índias. Digamos a eles quem somos e perguntemos aonde eles vão." Nearco os interpelou. Eles responderam que buscavam Nearco e o exército do mar. Nearco respondeu-lhes: "Eu sou aquele que vós buscais. Conduzi-nos ao rei." Eles os puseram no carro, dando gritos de alegria, e os levaram ao acampamento. Alguns cavaleiros tomaram a dianteira, galoparam até a tenda do rei e lhe disseram: "Nearco, Arquias e cinco outros oficiais vão chegar." Como não puderam fornecer nenhuma informação sobre o restante das tropas, o rei acreditou que esse punhado de homens tinha sido salvo por milagre, mas que o exército e a frota tinham sido aniquilados. O seu pesar foi ainda maior do que antes. Nesse momento,

---

109. Essa substância era utilizada na impermeabilização dos navios. [N.T.]

Nearco e Arquias entraram na tenda. Alexandre reconheceu-os com dificuldade. Então, estendeu a mão a Nearco, levou-o a um canto e chorou durante muito tempo. Depois, pronunciou as seguintes palavras: "Minha dor é menos torturante pelo fato de que eu vos revejo, a Arquias e a ti. Mas diga-me: como o meu exército e a minha frota pereceram?" Nearco respondeu-lhe: "Ó, rei, teu exército e tua frota estão sãos e salvos: nós viemos para te anunciar a boa notícia." As lágrimas do rei redobraram, enquanto os assistentes rejubilavam-se. Ele jurou por Zeus e por Amon que essa notícia lhe causava mais prazer do que a posse de toda a Ásia.

Cratero já tinha chegado à Carmânia, depois de ter atravessado sem obstáculos a Aracósia e a Drangiana à frente de seu exército e de seus elefantes. Tendo sido informado das enormes perdas de Alexandre, apressou-se a levar-lhe tropas novas e bem treinadas. Os comandantes que o rei deixara cinco anos antes na Média chegaram ao mesmo tempo que ele. Eram Cleandro com os veteranos dos mercenários, Herakon com os cavaleiros mercenários que outrora tinham sido comandados por Mênidas, Sitalco com a infantaria trácia e Agaton com os cavaleiros odrisianos – ao todo, 5 mil soldados de infantaria e mil cavaleiros. O sátrapa Estassanor, da Ária e da Drangiana, e Farasmano, filho de Fratafernes, sátrapa da Pártia, tinham descido igualmente para a Carmânia com camelos, cavalos e rebanhos de bois, não sabendo ainda que o exército já tinha chegado e querendo proporcionar-lhe os víveres necessários para a travessia do deserto. Camelos, cavalos e bois foram repartidos entre os diferentes batalhões do exército. A natureza benfazeja do clima carmaniano, os cuidados e o repouso concedidos aos soldados e, por fim, a presença constante do rei – cuja atividade nunca foi mais intensa nem mais eficaz – logo apagaram os vestígios dos sofrimentos suportados e devolveram ao exército macedônio a ordem e a confiança em si mesmo. Depois o rei organizou grandes festas públicas para agradecer aos deuses pelo feliz resultado da campanha das Índias, pelo retorno do exército e pelo miraculoso salvamento da frota. Alexandre ofereceu sacrifícios a Zeus, o salvador, a Apolo, o afastador de flagelos, a Poseidon, que sacode a terra, e aos deuses do mar. Procissões e coros alternaram-se com combates simbólicos. No transcurso das procissões, Nearco, com a testa coroada, caminhava ao lado do rei, também coroado, enquanto as tropas os aclamavam sem parar, neles jogando flores e bandeirolas. Nearco teve de contar as peripécias da viagem diante de todo o exército reunido. O almirante, os outros chefes e muitos homens da tropa foram ricamente recompensados pelo rei, que lhes deu presentes, promoções e honrarias. Peucestas, que até então tinha sido porta-escudo de Alexandre, e que tinha salvado sua vida quando do ataque contra a capital dos malianos, foi nomeado o oitavo guarda-costas.

Por volta da mesma época, Alexandre deu ordens para as operações seguintes: a frota devia prosseguir o périplo ao longo do golfo Pérsico, subir o curso do Pasitigris e ancorar diante de Susa. Heféstion, acompanhado do grosso do exército de terra, dos elefantes e das bagagens, devia seguir pela costa, cujo clima era temperado naquela época do ano, para evitar a neve e o frio que reinavam no interior do território, e efetuar sua junção, na planície de Susa, com a frota e o restante do exército.

À frente da cavalaria macedônia, da infantaria leve e de uma parte dos arqueiros, Alexandre decidiu retornar a Susa pelo caminho mais curto, aquele que atravessa as montanhas e passa por Pasárgada e Persépolis.

XXXIII

RETORNO DE ALEXANDRE À PÉRSIA ∽ PUNIÇÃO DOS SÁTRAPAS REVOLTOSOS ∽ PROFANAÇÃO DO TÚMULO DE CIRO ∽ CONDENAÇÃO DE ORXINES ∽ ESCÂNDALO E FUGA DE HARPALO ∽ FESTAS NUPCIAIS DE SUSA ∽ FUSÃO DE ORIENTE E OCIDENTE ∽ PAGAMENTO DAS DÍVIDAS DO EXÉRCITO ∽ MORTE DE CALANOS ∽ CONFRONTAÇÃO DO HELENISMO COM O BUDISMO ∽ REORGANIZAÇÃO DO EXÉRCITO ∽ ALISTAMENTO DOS RECRUTAS ASIÁTICOS ∽ DESCONTENTAMENTO CRESCENTE DOS MACEDÔNIOS

Alexandre retornou para os territórios que havia submetido muitos anos antes. Era hora! Sérias desordens haviam eclodido em vários lugares. O espírito de licenciosidade e de presunção que animava os sátrapas do antigo império dos persas havia se apoderado rapidamente dos novos governadores. Muitos sátrapas, persas e macedônios, livres de qualquer controle pela ausência do rei, tinham se aproveitado do poder para oprimir o povo, dando livre curso à rapacidade, sem poupar nem mesmo templos e túmulos. Pensando que Alexandre jamais voltaria das Índias, haviam criado guardas de mercenários e tomado providências para assegurar a posse das províncias pela violência, com os planos mais temerários e as esperanças mais loucas. A exaltação contínua dos últimos anos – no transcurso dos quais as tradições tinham sido transtornadas, as disposições rompidas e os limites do possível recuados ao infinito – tinha tirado do eixo o seu espírito e só lhes permitia sonhar com empresas grandiosas ou alimentar ambições desmedidas. Mesmo o antigo império dos persas começava a levantar a cabeça. Rompendo os frágeis laços urdidos por Alexandre, alguns Grandes já tinham tentado fundar principados independentes ou incitar as populações à revolta, pensando que a antiga monarquia dos Aquemênidas não tardaria a ser restaurada. Quando, à ausência prolongada do rei e aos progressos contínuos do despotismo e da arbitrariedade, veio somar-se a notícia de que o exército macedônio morrera no deserto da Gedrósia, em muitos lugares houve uma explosão de fanatismo que deixava prever, em breve prazo, o desabamento do edifício apressadamente esboçado.

No momento em que Alexandre e seu exército chegaram às províncias ocidentais, encontraram uma perigosa efervescência. A situação era crítica: o menor sinal de hesitação ou de fraqueza poderia provocar o desmoronamento do império, sepultando sob escombros o seu fundador. Só sanções inexoráveis e medidas repressivas enérgicas podiam salvar o rei e o império. A clemência e a magnanimidade teriam sido interpretadas como admissão de impotência, desencorajando os povos que permaneciam fiéis à causa do rei. Só uma justiça inflexível podia restaurar os direitos dos povos espezinhados e restabelecer a confiança no poderio real. Era necessário punir impiedosamente, para devolver ao reino o seu antigo esplendor e inspirar em todos o terror do monarca. Também é possível que Alexandre tenha sido mergulhado nesse humor melancólico que torna tão temíveis os autocratas e os ditadores. Seu caráter havia se transformado desde que percebera sua boa estrela declinar à margem do Hifase e assistira à agonia de milhares de soldados no deserto da Gedrósia. Estavam longe as aspirações da juventude, a embriaguez e a exaltação das primeiras vitórias! Muitas vezes iludido, seu entusiasmo começava a se tingir de amargura. Ele havia transformado o mundo; agora percebia que também havia sido transformado. Aprendera a conhecer a fragilidade dos sonhos e a inconstância das coisas.

Alexandre já fora obrigado a punir na Carmânia. Destituíra o sátrapa Aspastes, que se submetera em 330 e conservara a província. Aspastes comparecera em vão perante o rei para assegurar humildemente o seu devotamento. Quando o inquérito confirmou as suspeitas que pesavam sobre ele, Alexandre entregou-o às mãos do carrasco. Sibirtios tinha sido designado para sucedê-lo na Carmânia. Mas Thoas, que tinha substituído Apolofanos no território dos oritas, caiu doente e morreu, de modo que Sibirtios foi enviado em seu lugar para Oritide. A Carmânia foi confiada a Tlepolemo, filho de Pitofanes, que tinha fielmente servido o rei na satrapia da Pártia. As desordens fomentadas no interior da Ariana pelo persa Ordanes – pois a morte de Mênon, sátrapa da Aracósia, tinha deixado livres as suas mãos – tinham sido facilmente reprimidas por Cratero, no transcurso de seu avanço. Ele levou até

Alexandre os rebeldes acorrentados. O rei deixou para ele a decisão de castigá-los como mereciam. A satrapia da Aracósia foi dissolvida e vinculada a Oritide e à Gedrósia.

Más notícias também chegaram das Índias. Taxiles anunciou que Abisares, príncipe da Caxemira, morrera e Filipe, governador da satrapia das Índias, fora assassinado pelos mercenários colocados sob suas ordens. No entanto, os guarda-costas do sátrapa macedônio tinham sufocado a revolta e executado os seus chefes.

Alexandre confiou provisoriamente o governo dessa satrapia ao príncipe de Taxila e a Eudemo, chefe dos trácios que tinham ficado nas Índias, ordenando que reconhecessem o filho de Abisares como sucessor no trono da Caxemira.

Herakon, Cleandro e Sitalco receberam ordem de vir imediatamente da Média com todas as suas tropas. Eram acusados de graves faltas pelos habitantes de suas províncias e por seus próprios soldados. Ao que parece, tinham pilhado templos, violado sepulturas e oprimido cruelmente os súditos. Só Herakon conseguiu se justificar e foi inocentado. Cleandro e Sitalco foram considerados culpados, assim como seiscentos soldados, reunidos em um campo e massacrados. Essa justiça rápida causou considerável emoção. Não se ignoravam as razões que o rei teria para poupar esses dois homens, que tinham participado da execução de Parmênion. Os veteranos, por sua vez, eram mais necessários que nunca, considerando as perdas sofridas pelo exército. Os povos se deram conta de que o rei efetivamente os protegia e não tolerava que fossem tratados como gado. Os sátrapas e os governadores, em contrapartida, perceberam com terror o destino que os esperava se não comparecessem diante do trono com as mãos limpas. Conta-se que muitos deles, sabendo-se culpados, apressaram-se em reunir o máximo possível de tesouros, em reforçar suas guardas pessoais e em se armar. Alexandre enviou logo uma determinação a todos os sátrapas, ordenando-lhes que dispensassem todos os soldados que não tivessem sido recrutados em seu próprio nome.

Nesse ínterim, o exército deixara a Carmânia em direção à Pérsia. O sátrapa Frasaortes, que Alexandre colocara no comando dessa província, morrera durante a campanha das Índias. Orxines, que pertencia a uma das maiores famílias do território, assumira o poder, invocando o seu nascimento e o prestígio do seu nome. Mas não tardou a mostrar-se muito inferior à tarefa. O rei começou a manifestar descontentamento ao ver que o bosque sagrado que cercava o túmulo de Ciro estava completamente abandonado. Quando da sua precedente estadia em Pasárgada, ele tinha dado ordens para que a cripta contendo o ataúde fosse aberta e o túmulo decorado, e tinha encarregado alguns magos de zelar por ele, celebrando noite e dia as cerimônias rituais. Eis que ele encontrava a cripta aberta, o ataúde arrombado, o cadáver lançado por terra e os tesouros pilhados. Deu ordem a Aristóbulo para que recolocasse os despojos do Grande Rei no ataúde, de modo que tudo fosse restabelecido em seu estado original e ele próprio selasse com o selo real a pedra que fechava a cripta. Alexandre tentou descobrir os autores da profanação. Os magos encarregados de vigiar o sepulcro foram detidos e torturados, mas não sabiam de nada. Foram libertados. As investigações posteriores também não deram resultado. Ninguém pôde ser responsabilizado pelo crime. Porém, como o sátrapa fora tão negligente a ponto de deixar que um ato tão ímpio fosse perpetrado? Logo iriam descobrir que ele era culpado de outras ações criminosas. Alexandre tinha deixado Pasárgada para ir a Persépolis, a residência de Orxines, de quem os habitantes se queixaram amargamente. Acusavam-no de ter cometido os mais graves abusos para saciar sua cupidez. Afirmaram que ele havia pilhado os templos, profanado as tumbas reais e despojado os cadáveres de seus ornamentos sagrados. Alexandre ordenou um inquérito que confirmou as acusações. Orxines foi enforcado. O governo da satrapia foi confiado ao guarda-costas Peucestas. Ele parecia especialmente apto a administrar a primeira província da Pérsia: havia assimilado inteiramente as maneiras asiáticas, usava vestimentas médicas, conhecia bem a língua do país e dominava perfeitamente o cerimonial persa – o que agradava os habitantes de Persépolis.

Por volta da mesma época chegou Atropatos, sátrapa da Média. Trazia consigo o medo Bariaxes, que tinha ousado cingir uma tiara com o nome de "rei dos persas e dos medos", pensando provavelmente que a população da satrapia, revoltada com as cobranças de impostos pelas guarnições macedônias, não tardaria a proclamar independência. Ele foi executado, assim como todos os participantes da conjuração.

O rei transpôs em seguida os desfiladeiros pérsicos e prosseguiu caminho para Susa, onde as cenas da Carmânia e da Pérsia se repetiram. As populações não hesitavam mais em vir expor-lhe as queixas, sabendo que ele escutaria com ouvidos benevolentes. O sátrapa Oxatres, da Paretacena, teve de comparecer diante do rei junto com seus acusadores. O bárbaro orgulhoso não conseguiu se justificar, e o rei apunhalou-o com a própria mão.

O pai do condenado, Abulites, sátrapa de Susa, apressou-se a correr para junto do rei. Ele também cometera mais de um delito e nem mesmo tinha assegurado o reabastecimento da guarnição. Acreditou dobrar o rei com ricos presentes e ofereceu-lhe 3 mil talentos de ouro. Alexandre deu ordem para que eles fossem atirados aos cavalos e perguntou ao sátrapa se o dinheiro saciava os animais. Depois, mandou aprisioná-lo. O inquérito confirmou seus crimes e ele foi executado.

Assim se sucediam, um após outro, castigos exemplares, e todos os que não se sentiam com a consciência tranquila temiam, com razão, pelo futuro. Entre esses estava Harpalo, filho de Machate e irmão de Filipe, governador da satrapia Cis-índica, morto recentemente. Amigo de infância de Alexandre, ele havia se tornado útil ao rei, que o tinha cumulado de favores desde o início do reinado. Como sua constituição física o tornava inapto para o serviço militar, Alexandre o tinha nomeado tesoureiro-geral. Uma vez ele já havia cometido graves grosserias e, pouco antes da batalha de Issus, fugira com um certo Tauriscon, que lhe havia sugerido carregar o cofre real.

Os dois homens tinham tido primeiramente a intenção de ir para junto do rei de Épiro, que guerreava na Itália. Mas Harpalo mudara de ideia no caminho e se instalara em Megara para levar uma vida de luxo. Alexandre, no entanto, lembrando a época em que Harpalo, Nearco, Ptolomeu e alguns outros tinham-no defendido contra as cóleras de seu pai e sofrido por isso as penas do exílio, o tinha perdoado. Ele o chamara de novo para junto de si e lhe confiara novamente a caixa real. Então, Harpalo fora nomeado guarda dos fabulosos tesouros de Pasárgada, de Persépolis e da Ecbatana, além de controlador dos funcionários encarregados de recolher os tributos das satrapias ocidentais. Sua autoridade se estendia a todo o oeste da Ásia. Enquanto Alexandre penetrava sempre mais longe para o leste, Harpalo, habituado aos esbanjamentos e aos prazeres mais dispendiosos, começou a tirar do tesouro real para aumentar o luxo de sua própria mesa. Entregava-se igualmente a uma devassidão desenfreada. Sua vida era um escândalo público. Os cançonetistas áticos zombavam dele publicamente, e os homens mais sérios cumulavam-no de desprezo. O historiador Teopompo enviou nessa época uma carta aberta a Alexandre, suplicando que ele "pusesse finalmente um termo aos excessos desse bufão". Longe de se contentar com a venalidade das mulheres asiáticas, dizia, Harpalo tinha mandado trazer para a Ásia uma certa Pitionice, a mais célebre cortesã de Atenas. Depois de ter sido alojada na casa da cantora Balquis, ela havia se domiciliado, com sua amiga, na casa da alcoviteira Sinope. Harpalo se submetera aos seus caprichos com uma docilidade repugnante; quando ela morreu, gastara somas alucinantes para erigir-lhe dois mausoléus. Espantavam-se, com toda a razão, por ver dois edifícios comemorarem em Atenas e na Babilônia a lembrança de uma prostituta, enquanto nenhum dos governadores pensava em erguer um monumento aos bravos que haviam morrido em Issus pela glória de Alexandre e pela liberdade da Grécia. Essa Pitionice – que o primeiro recém-chegado ateniense poderia ter em troca de dinheiro – tivera a audácia de fazer com que Harpalo erguesse para ela templos e altares, sob o nome de Afrodite-Pitionice, afrontando abertamente a cólera dos deuses e a majestade do rei. Mas isso não era tudo: no dia seguinte à sua morte, Harpalo mandara vir de Atenas uma segunda amante, a não menos célebre Glicéria. Ele tinha lhe presenteado com o palácio de Tarso e mandado erguer-lhe uma estátua, ao lado da de Alexandre, na praça sagrada do Rossus, onde esperava erigir uma a si mesmo. Decretara que ninguém devia conceder-lhe uma coroa de ouro sem ter previamente oferecido uma a Glicéria; que deviam dirigir-lhe preces e conferir-lhe o título de rainha. Em resumo, o tesoureiro real acumulara sobre uma mulher de má vida todas as honrarias devidas à mãe ou à esposa de Alexandre.

 Esse relatório, e outros redigidos no mesmo tom, tinham chegado ao rei. Ele primeiramente acreditou que eram falsos, tanto lhe parecia impossível que Harpalo fosse bastante louco para provocar sua cólera de maneira tão inconsiderada. Ao fugir, porém, Harpalo confirmava todas as acusações. Acreditara que Alexandre jamais voltaria das Índias. Ele agora via quanto havia se enganado e que castigos terríveis se abatiam sobre os que tinham cometido o mesmo erro. Perdendo a esperança de obter um segundo perdão, carregou todo o dinheiro que achou ao alcance das mãos – no total, a enorme soma de 5 mil talentos –, recrutou 6 mil mercenários, atravessou com eles a Ásia Menor, acompanhado por Glicéria e pela filhinha que tinha tido com Pitionice, chegou à corte jônia e armou trinta navios para voltar para a Ática. Cidadão honorário de Atenas, amigo dos oradores mais influentes da cidade e idolatrado pela multidão, a quem tinha mandado distribuir trigo gratuitamente, estava certo de ser acolhido de braços abertos e de escapar da cólera de Alexandre, se este reclamasse a sua extradição.

Enquanto o último culpado se punha, assim, a salvo da justiça do rei, Alexandre entrava em Susa, à frente do exército. Heféstion ali chegou em fevereiro de 324 com o restante das tropas, os elefantes e as bagagens, e Nearco tornou a subir o rio com a frota, depois de ter contornado a costa do golfo Pérsico. Os sátrapas e os governadores militares, convocados por ordem do rei, chegaram com suas escoltas, assim como alguns príncipes e alguns Grandes do Oriente, que Alexandre convidara. Os estrangeiros afluíram das províncias mais remotas da Europa e da Ásia para assistir às solenidades que estavam sendo preparadas em Susa.

Tratava-se de celebrar uma festa maravilhosa, que devia ficar sem equivalente nos registros históricos. Alexandre acreditava poder, enfim, efetivar aquilo que era o motor profundo das suas vitórias e das suas medidas administrativas. Pensava que o abismo que separava a Europa e a Ásia estava fechado; que a arrogância dos macedônios vencedores estava quebrada; que a confiança estava restabelecida entre os povos asiáticos. Pareceu-lhe, portanto, chegado o momento de proclamar e de mostrar, de maneira tangível e grandiosa, que a união entre Oriente e Ocidente tornara-se uma realidade. Esse era o sentido simbólico das grandes festas nupciais de Susa, no transcurso das quais o rei, seus generais e uma multidão de soldados deviam celebrar núpcias com as filhas da Ásia.

As testemunhas oculares descreveram longamente essa festa, que ultrapassou em solenidade e magnificência tudo o que o espírito humano pode conceber de mais maravilhoso. A grande tenda real foi ampliada para a ocasião.

O dossel, forrado com brocados de ouro, se assentava sobre cinquenta colunas de *vermeil* e de prata, engastadas de pedras preciosas. As paredes eram forradas com tapeçarias suntuosas, representando cenas mitológicas, suspensas por traves de ouro e de prata. A tenda, por si só, cobria quatro estádios. Uma mesa tinha sido armada no centro: de um lado estavam enfileirados os cem divãs reservados aos esposos, assentando-se em pés de prata e recobertos com tapetes nupciais. No meio dessa fileira estava o trono do rei, levemente elevado e rutilante de pedrarias. Os lugares reservados aos convidados reais alinhavam-se em frente. Por todos os lados se desdobravam as mesas dos estrangeiros de escol, dos soldados e dos marinheiros. No fundo da tenda tinham sido preparadas 92 câmaras nupciais, cada uma mais suntuosa que as outras.

As trombetas do exército, reunidas sob a tenda imperial, tocaram juntas para anunciar o começo da festa. Os 9 mil convidados do rei sentaram-se à mesa do festim. Uma nova fanfarra anunciou a todo o acampamento que o rei oferecia libações aos deuses. Os convidados fizeram o mesmo com as taças de ouro que Alexandre lhes ofertara como lembrança. Uma terceira fanfarra anunciou a entrada das noivas, que, segundo o costume oriental, avançaram em uma longa procissão, cobertas com véus. Cada princesa dirigiu-se para o esposo que lhe estava destinado: Estatira, filha do Grande Rei, para Alexandre; sua irmã mais moça, Dripetis, para Heféstion, o favorito do rei; Amastris, filha de Oxatres e sobrinha do Grande Rei, para Cratero; a filha de Atropatos, príncipe dos medos, para Perdicas; Artakama, filha do venerável Artabazes, para Ptolomeu, o Lágida, o guarda-costas; sua irmã Artonis, para Eumeno, o chanceler; a filha do ródio Mentor, para Nearco; a filha de Espitameno da Sogdiana, para Seleucos, o chefe dos efebos reais, e assim por diante até que cada uma das moças tivesse se juntado ao seu noivo. Nesse momento, o rei deu em Estatira o beijo nupcial e todos os noivos seguiram-lhe o exemplo. O festim durou até tarde da noite, quando os casais se retiraram para as câmaras nupciais.

As festas se sucederam durante cinco dias consecutivos. As embaixadas estrangeiras, as cidades e as províncias do império, os aliados da Europa e da Ásia entregaram ao rei inumeráveis presentes. As coroas de ouro, por si sós, ultrapassavam o valor de 15 mil talentos. O rei também se expandiu em generosidades. Havia muitos órfãos entre os recém-casados. Alexandre ocupou-se deles como um pai. Ofereceu ricos presentes a todos os que tinham assistido à cerimônia e um dote a cada um dos macedônios que tinham desposado moças asiáticas – cujo número elevava-se a mais de 10 mil. Novos festins e banquetes, representações teatrais, procissões e divertimentos preencheram os dias seguintes. Ecoava um alegre tumulto no acampamento. Aqui, eram rapsodos e harpistas vindos da Magna Grécia e da Jônia; ali, jograis e dançarinos de corda indianos; mais adiante, mestres de equitação e acrobatas, executando fantasias sobre cavalos persas; mais além, dançarinas helênicas, tocadoras de flauta e trupes de comediantes. Também foram montados alguns dramas, pois era a época das grandes festas rituais chamadas dionisíacas. As representações terminaram com uma comédia satírica intitulada "Agenos", escrita, ao que parece, pelo bizantino Python e cujo personagem principal era Harpalo, o tesoureiro manco. Depois os arautos proclamaram que o rei assumiria todas as dívidas do exército: bastava que cada qual declarasse o seu montante e o rei as pagaria, usando o seu tesouro pessoal. No começo, raros ousaram confessar o que deviam. A maioria, sobretudo oficiais e suboficiais, temia que Alexandre quisesse simplesmente saber o nome daqueles cujo estilo de vida excedia o soldo. Quando o rei foi informado disso, censurou-os pela falta de confiança. Em diversos lugares do acampamento mandou instalar mesas recobertas por montes de moedas de ouro e ordenou que fossem pagas todas as faturas apresentadas, sem indagar o nome dos devedores. Então, soldados e oficiais afluíram para as mesas e se regozijaram – menos, talvez, por se verem livres das dívidas do que por não terem que declarar seus nomes. Pois a maioria deles tinha vivido de maneira mais do que despreocupada. Apesar do butim conquistado e dos reiterados presentes do rei, o exército estava tão pesadamente endividado que foram necessários mais de 20 mil talentos para liquidar os débitos. Os oficiais, notadamente, tinham gasto sem fazer contas, e como o rei tinha muitas vezes censurado a sua prodigalidade, estavam satisfeitos de poder se livrar das dívidas sem ter de fornecer explicações a Alexandre. Conta-se que Antígenes, que comandara os hipaspistas na batalha do Hidaspe e perdera um olho no cerco de Perinto, em 340, também aproximou-se das mesas e fez com que lhe entregassem uma soma considerável. Sua avareza era tão legendária quanto sua bravura. Percebeu-se que ele não tinha nenhuma dívida; os documentos que apresentou eram falsos. Alexandre ficou irritado com esse ato desonesto. Baniu Antígenes da corte e retirou-lhe o seu comando. O valente estratego ficou tão desesperado com isso que tentou se suicidar. O rei perdoou-o, chamou-o de volta à corte, devolveu-lhe o seu comando e até mesmo permitiu que conservasse a soma que lhe tinha sido dada indevidamente.

Na época do grande resgate das dívidas, Alexandre distribuiu presentes principescos e coroas de ouro a todos os que haviam se distinguido por bravura, resistência ou dedicação. Coroou o guarda-costas Peucestas, sátrapa da Pérsia, que o tinha coberto com seu escudo na cidade dos malianos; o guarda-costas Leonatos, governador de Oritide, que tinha combatido ao seu lado no transcurso desse mesmo ataque e tinha vencido os bárbaros às margens do Tomeros; o almirante Nearco, que tinha realizado o glorioso périplo do Indo ao Eufrates; Onesícritos, capitão do navio real durante a descida do Indo; o fiel Heféstion, construtor de cidades; o peleio Lisímaco; Arístonos, filho de Piseu; o hiparco Perdicas; Ptolomeu, o Lágida; e por fim, Python de Ecordios.

A todas essas festas, que acompanharam o grande festim de Susa, veio somar-se uma cerimônia inesperada, ao mesmo tempo mais séria e mais comovente. Alexandre encontrara um asceta nas Índias, diante da cidade de Taxila, e o convidara a ir à sua tenda. Fascinado pelo poderio do rei e pelo amor à verdade que o inspirava, o asceta decidiu seguir o exército macedônio, apesar da desaprovação de seu mestre e dos sarcasmos de seus confrades. Sua piedade, sua sabedoria e sua brandura radiante lhe valeram a admiração do rei e de muitos nobres macedônios. Ptolomeu, o Lágida e o guarda-costas Lisímaco, entre outros, frequentavam-no assiduamente. Chamavam-no de Calanos, repetindo a palavra que ele empregava para saudá-los. Seu verdadeiro nome teria sido Esfines. Era muito idoso. Chegando à Pérsia, sentiu-se doente pela primeira vez na vida. Disse ao rei que não queria definhar lentamente e preferia morrer antes que os sofrimentos físicos o obrigassem a romper com sua maneira habitual de viver. As objeções de Alexandre não tiveram influência sobre ele. Nas Índias, respondeu, seria indigno deixar a doença perturbar a serenidade da alma; sua religião lhe recomendava subir na fogueira. O rei viu que nenhuma súplica o faria voltar atrás na decisão. Ordenou, portanto, que o guarda-costas Ptolomeu preparasse tudo e conferisse à cerimônia toda a solenidade possível. No dia fixado, as falanges desfilaram em trajes de gala e se desdobraram em torno da fogueira. A cavalaria e a infantaria fizeram o mesmo, assim como os elefantes, cobertos com os mais belos arreios. Em seguida vieram algumas coortes trazendo vasos com incenso, taças de ouro e vestimentas reais, para lançá-los nas chamas. Depois, surgiu Calanos. Como já estava muito fraco para caminhar, tinham-lhe trazido o seu garanhão niceiano. Porém, não tendo podido montá-lo, precisou ser carregado em uma liteira. Quando o cortejo chegou ao pé da fogueira, Calanos desceu, despediu-se dos macedônios que o cercavam e pediu-lhes que honrassem a sua memória, festejando alegremente esse dia com o rei. Deu o garanhão niceiano de presente a Lisímaco e distribuiu as taças e as vestimentas entre os assistentes. Começou depois a cumprir os ritos fúnebres. Aspergiu-se com água lustral como um touro consagrado, cortou uma mecha dos cabelos e dedicou-a à divindade. Em seguida, coroou-se segundo os costumes indianos e subiu na fogueira cantando hinos védicos. Lançou um derradeiro olhar ao exército, voltando o rosto para o Sol, e ajoelhou-se para orar. Era o sinal combinado. Acenderam a fogueira. As trombetas tocaram. O exército deu o grito de guerra e os elefantes fizeram ouvir um estranho urro, como para glorificar a alma do mártir. Calanos permaneceu imóvel, ajoelhado, perdido no êxtase até o momento em que as chamas o encobriram.

Arriano diz que Alexandre não quis assistir ao fim do sábio. E relata o que o mais idoso dos ascetas, o mestre de Calanos, respondera ao rei, quando este o convidara a segui-lo: "Se Alexandre é filho de Zeus, eu o sou igualmente. Não desejo nada que Alexandre seja capaz de me dar e não temo nada que ele possa me fazer. Enquanto estiver vivo, a terra das Índias me bastará. Quando morrer, deixarei sem desprazer meu invólucro carnal para finalmente participar de uma vida mais pura." Na ocasião da morte de Calanos, ainda segundo Arriano, Alexandre teria pronunciado as seguintes palavras: "Este venceu inimigos mais poderosos que os meus."

Há algo profundamente simbólico nesse encontro do rei, que encarnava a sabedoria do Ocidente, com o asceta hindu nativo das margens do Ganges. Eles representam os pólos opostos das respectivas civilizações, que Alexandre esperava abraçar e fundir em uma síntese.

O rei não obedecia a um simples capricho. Todos os seus atos decorriam de um primeiro impulso que havia brotado espontaneamente da história do povo helênico. Somente o enfraquecimento moral do exército à beira do Hifase o fizera compreender que os instrumentos de seu poder não eram infinitos. Depois, no deserto da Gedrósia, ele deve ter igualmente percebido que a natureza era mais forte que a vontade humana. Mas nem as formas nas quais esperava moldar sua obra nem a nova ordem que havia instaurado no mundo foram vencidas, nem à beira do Hifase nem no deserto da Gedrósia.

A obra não permitia que ele parasse no meio do caminho. Para ele, voltar atrás era tão impossível quanto é, para um rio, retornar à nascente.

Um segundo ato, não menos fundamental, devia se seguir às festas nupciais de Susa. Desde a morte de Dario, Alexandre havia incorporado numerosos contingentes asiáticos ao seu exército. Porém, até ali, essas tropas tinham combatido com as armas e a tática específicas dos seus países de origem. Eram consideradas corpos auxiliares, formações de ajuda. As tropas macedônias as tratavam com condescendência, apesar da resistência e da energia de que elas tinham dado provas durante a campanha das Índias. Quanto mais o rei trabalhava para aproximar as diversas nacionalidades, mais indispensável se tornava apagar, no seio do exército, qualquer diferença entre vencedores e vencidos.

O melhor meio de conseguir isso era alistar os asiáticos nas fileiras das tropas macedônias e outorgar-lhes as mesmas armas e as mesmas honrarias que aos combatentes helênicos. Cinco anos antes, o rei já havia tomado as primeiras medidas nesse sentido, recrutando jovens em todas as satrapias do império e oferecendo-lhes instrução militar macedônia. Nada podia contribuir tanto para a helenização dos povos quanto habituar a juventude persa aos regulamentos militares macedônios, acolhê-la em pé de igualdade no seio do exército imperial e insuflar-lhe um espírito militar que desempenharia nela o papel de espírito nacional, de modo que o império unificado engendrasse um novo patriotismo.

Múltiplas considerações incitavam o rei a não retardar o amálgama por mais tempo. Como consequência da campanha das Índias e da travessia da Gedrósia, o número dos macedônios em serviço ativo tinha caído para 25 mil. Cerca da metade deles estava mobilizada desde 334. Depois de tamanhas provações, os veteranos, é claro, só tinham um desejo: descansar e desfrutar em paz do butim conquistado. Alexandre deve ter sentido que precisava do entusiasmo e do ardor de jovens recrutas para realizar seus vastos desígnios. O orgulho, o amor-próprio e a teimosia dos velhos macedônios ameaçavam paralisá-lo. Tanto mais que os veteranos estavam habituados a uma camaradagem e a uma liberdade de atitude em relação ao rei que não eram mais admissíveis nas novas circunstâncias. Era possível temer que as cenas do Hifase se repetissem sob um pretexto qualquer, pois os soldados sabiam perfeitamente que o rei não cedera ao esgotamento geral, mas à explícita vontade de todos de não dar mais um passo adiante. Parece que, a partir desse momento, o rei se isolou pouco a pouco de seus macedônios. Certos acontecimentos contribuíram para aumentar a sensação de perda de afeição. A desconfiança com a qual o exército acolhera a anulação das suas dívidas prova que as tropas não mais devotavam ao rei a mesma confiança de outrora. Alexandre, sem dúvida, tinha esperado reconquistar a afeição de seus homens com uma generosidade ilimitada e pela celebração de suas próprias núpcias junto com as de milhares de veteranos. Enganara-se. Uma crise perigosa se delineava no horizonte, e cada decreto tendendo à helenização do império não fazia senão precipitá-la. O rei, por isso, tinha pressa de cercar-se de uma nova força militar, à frente da qual ele poderia enfrentar suas velhas falanges, se elas fizessem menção de se revoltar.

Os sátrapas dos territórios conquistados e das cidades recém-fundadas foram ao acampamento de Susa com os jovens recrutas, convocados pela lei de 331 – ao todo, 30 mil homens armados à maneira macedônia e treinados em todas as manobras da tática helênica. Ao mesmo tempo, a cavalaria foi inteiramente reorganizada. Os cavaleiros bactrianos, sogdianos, arianos e partas, assim como os persas, que se distinguiam por sua beleza e por outras qualidades, foram repartidos entre as loches.[110] Foi constituída uma quinta hiparquia, metade composta por cavaleiros macedônios, metade por asiáticos. Alguns persas foram introduzidos nas fileiras da agema da cavalaria, notadamente Artabelos e Hidarnes, filhos do defunto sátrapa Mazaios; Cofeno, filho de Artabazes; Sisines e Fradasmenes, filhos de Fratafernes, sátrapa da Pártia; Histanes, irmão de Roxane; os irmãos Autobares e Mitrobaios; e, por fim, Histaspes, príncipe da Báctria, que recebeu o comando da agema.

Essas medidas provocaram a cólera das tropas macedônias. Alexandre, dizia-se, tomava o partido dos bárbaros; desprezava a Macedônia e preferia o Oriente. Já alguns anos antes, quando começara a adotar os trajes médicos, alguns homens ponderados e sábios tinham previsto as desgraças que traria consigo essa reforma infeliz. As predições estavam em via de se realizar: as preferências do rei iam para aqueles que nem sequer sabiam a língua e os costumes de seu país. Peucestas fora cumulado de honrarias porque professava abertamente seu desprezo pela Grécia. De que servia que Alexandre celebrasse núpcias junto com os macedônios se os forçava a desposar mulheres asiáticas e, para cúmulo da impiedade, seguindo o cerimonial persa? Seria possível ver sem repugnância adolescentes cobertos com armas macedônias e bárbaros recebidos com as mesmas honras que os veteranos de Filipe? Não, não, era muito visível: Alexandre estava cansado dos macedônios. Todas as suas medidas tendiam a afastá-los do poder. Ele só esperava a primeira oportunidade para eliminá-los definitivamente.

Assim resmungava a velha guarda. A taça estava cheia. Uma gota a mais e transbordaria.

---

110. Nome dado a um dos grupamentos de uma falange do exército macedônio. [N.T.]

XXXIV

PARTIDA DE SUSA ∽ DESCIDA DO EULAIOS ∽ VISITA AOS CANAIS DO TIGRE E DO EUFRATES ∽ CHEGADA A OPIS ∽ REVOLTA DOS VETERANOS ∽ DISCURSO DE ALEXANDRE ∽ ALEXANDRE DÁ BAIXA NO EXÉRCITO MACEDÔNIO ∽ CONSTITUIÇÃO DA GUARDA PERSA ∽ PARENTES DO REI ∽ REMORSOS DOS VETERANOS ∽ PERDÃO DE ALEXANDRE ∽ FESTIM DE RECONCILIAÇÃO ∽ CONSEQUÊNCIAS DA REVOLTA DE OPIS ∽ RETORNO DOS VETERANOS PARA OS LARES

Alexandre decidira subir o Tigre com o exército e ir até Opis, onde se bifurcam as rotas da Média e do Ocidente. A situação geográfica da cidade permite entrever o objetivo da marcha. Ele tinha interesse em se informar exatamente sobre a natureza das embocaduras do Tigre e do Eufrates, sobre a navegabilidade desses rios e sobre o estado das barragens – as do Tigre, em particular –, das quais dependia a prosperidade das terras baixas. Assim, entregou a Heféstion o comando do exército, com ordens de ir para as margens do Tigre pela rota habitual. Ele próprio embarcou nos navios de Nearco com seus hipaspistas, a agema e um forte contingente de cavaleiros. A frota já tinha subido o Eulaios e estava ancorada perto das muralhas de Susa. Alexandre pôs-se a caminho com ela no mês de abril e desceu o rio. Chegando ao mar, deu ordem para que fosse deixada no estuário a maior parte dos barcos que tinham realizado a viagem das Índias, pois estavam muito danificados. Escolhendo os veleiros mais rápidos, decidiu penetrar no golfo Pérsico, enquanto o restante dos navios alcançava novamente o grande rio usando o canal que ligava o Eulaios ao Tigre, não muito distante das respectivas embocaduras.

O rei começou por descer o Eulaios e penetrou no golfo Pérsico. Contornou a costa, examinou a entrada dos diferentes canais até a embocadura do Tigre e tornou a subir este último depois de ter dado as instruções necessárias para a fundação de uma nova Alexandria, situada nas proximidades do mar, entre o Tigre e o Eulaios. Logo reencontrou o restante da frota e, um pouco acima, o exército de terra conduzido por Heféstion, que montara acampamento na margem do rio. Prosseguindo o caminho, a frota esbarrou em barragens erguidas outrora pelos persas para tornar impossível qualquer ataque inimigo vindo do mar. Alexandre mandou demoli-las, menos porque ele não tivesse nenhum ataque a temer por aquele lado do que para abrir o rio ao comércio e à navegação. Os canais estavam bloqueados ou assoreados. O rei deu ordem para que fossem dragados e recolocados em boas condições. Por fim, mandou reparar as eclusas rompidas e construir barragens suplementares.

O exército e a frota devem ter chegado a Opis por volta do mês de julho. As tropas montaram acampamento nos arredores da cidade. O descontentamento dos macedônios não diminuíra nem um pouco desde a partida de Susa. Ao contrário. As marchas fastidiosas, que lhes pareciam inúteis, e a construção das barragens, que lhes parecia indigna de soldados, tinham acabado de exasperá-los. Rumores tendenciosos, referentes às intenções do rei em relação a eles, se propagaram e provocaram uma perigosa efervescência no acampamento. Os atos de insubordinação se multiplicavam.

Alexandre convocou a assembleia dos soldados. O exército se reuniu na planície de Opis. O rei subiu à tribuna e declarou que tinha "uma boa notícia para anunciar aos macedônios". Muitos deles, esgotados por longos anos de serviço, pelos ferimentos e pelas provações suportadas, aspiravam legitimamente a trocar as armas, que tinham carregado tão gloriosamente, por um merecido repouso. Ele não queria estabelecê-los como colonos nas cidades recém-fundadas, como havia feito com os outros inválidos. Sabia com que alegria reveriam a pátria. Por isso, decidira mandar de volta aos lares todos os homens que se tivessem tornado inaptos ao serviço ativo. Os que preferissem permanecer só tinham que se manifestar. Ele recompensaria tal prova de dedicação com tamanha generosidade que a sorte deles pareceria ainda mais invejável que a dos veteranos que optassem por retornar. Esse exemplo redobraria o ardor da juventude macedônia e aumentaria nela o desejo de conquistar a mesma glória dos antepassados. Como a Ásia estava submetida e pacificada, muitos homens podiam ser licenciados: 13 mil soldados de infantaria e 2 mil cavaleiros seriam suficientes para assegurar a ordem no império, de modo que 10 mil soldados podiam voltar aos lares.

Um alarido ensurdecedor cortou-lhe a palavra. Gritaram que "Alexandre buscava se desvencilhar dos veteranos para comandar um exército de bárbaros. Para isso tinha alistado os 30 mil novatos e feito os cavaleiros asiáticos entrarem nas hiparquias. Tal decisão era uma ofensa a eles, manchava-lhes a honra. Depois de tê-los feito derramar até a última gota de sangue, mandava-os embora com desprezo. Ele os rejeitava, velhos e sem forças, e os devolvia para as famílias em um estado bem diferente daquele em que os tinha recrutado". O tumulto logo atingiu o paroxismo: "Que Alexandre licencie todos! Que parta em campanha com seu pai onipotente e vá conquistar o mundo com seus queridinhos asiáticos!"

A desordem estava no auge, os veteranos desembainhavam as espadas, a vida do rei começava a correr perigo. Cheio de cólera, Alexandre desceu da tribuna e avançou sem armas para a multidão descontrolada, seguido pelos seus generais. Agarrou com mão vigorosa os líderes da rebelião mais próximos e atirou-os aos seus guarda-costas. Depois, apontou para os outros e deu ordem para que fossem detidos. Treze foram rapidamente dominados. "À morte!", urrou Alexandre. Seguiu-se um silêncio assustador. Os veteranos tremiam.

O rei já tinha tornado a subir à tribuna, cercado por guarda-costas, generais e fiéis hipaspistas. Fulminou o exército com o olhar e discursou:

Não é para vos impedir de partir que me dirijo a vós pela última
vez. Vós podeis ir para onde quiserdes, pouco me importa! Porém,
quero vos mostrar aquilo em que vós haveis vos transformado,
graças a mim! Meu pai, Filipe, vos fez realizar grandes coisas.
Outrora vós éreis miseráveis e erráveis através das montanhas com
vossos rebanhos, sem teto, expostos aos ataques de trácios, tribalos
e ilírios. Meu pai vos domiciliou em aldeias e cidades. Substituiu
vossas peles de animais pelo uniforme dos guerreiros. Ele vos
tornou senhores dos bárbaros da vizinhança. Abriu para a vossa
indústria as minas do Pangaion e permitiu que vossos navios
singrassem os mares. Pôs a vossos pés a Tessália, Tebas, Atenas e
o Peloponeso. Exigiu, e obteve, a hegemonia suprema sobre todos
os helenos para marchar contra os persas. Tudo isso fez Filipe.

Grandes coisas por si mesmas; mas nada, quando comparadas ao que foi realizado depois. Meu pai só me deixou um pouco de prata e de ouro. Encontrei no tesouro sessenta talentos, e quinhentos talentos de dívidas. Tomei emprestados oitocentos talentos para começar a campanha. Embora os persas tivessem a hegemonia dos mares, abri para vós o Helesponto. Venci os sátrapas do Grande Rei em Granico. Submeti as ricas satrapias da Ásia Menor e vos deixei usufruir dos frutos da vitória. Eu vos distribuí as riquezas do Egito e de Cirene; vos dei a Síria, a Babilônia e a Báctria; vos entreguei os tesouros da Pérsia, os objetos preciosos da Índia e o oceano. Meus sátrapas, meus governadores e meus generais, eu os escolhi entre vós. Que vantagens tirei de todos esses combates, afora a púrpura e o diadema? Nada conservei para mim, e ninguém pode apontar tesouros meus, a menos que mostre o que pertence a todos vós. Além do mais, por que eu acumularia tesouros, já que como e durmo como vós? Mais de um entre vós leva uma vida mais agradável que a minha, pois à noite é necessário muitas vezes que eu vigie para que vós possais dormir tranquilos. Será que estou preservado de angústias e preocupações, enquanto vós afrontais sofrimentos e perigos? Quem pode afirmar que se preocupou mais comigo do que eu com ele? Aquele entre vós que tiver feridas, que as mostre. Eu lhe mostrarei as minhas. Nenhum membro do meu corpo deixou de ser atingido. Carrego feridas de todos os tipos de armas. Recebi golpes de espada e de faca, de pedra e de clava, de flechas, de dardos e de catapultas, enquanto lutava para vos cobrir de glória e de riquezas, enquanto vos conduzia de vitória em vitória, através dos continentes e dos mares, das montanhas, dos desertos e dos rios! Eu me casei da mesma forma que vós, e vossos filhos serão parentes dos meus. Paguei vossas dívidas sem perguntar como haveis podido vos endividar com um soldo tão elevado e um butim tão considerável. A maioria de vós recebeu coroas de ouro por bravura e, por admiração, imortalizei vossa memória. Quanto àqueles que morreram no transcurso das batalhas, sua morte foi gloriosa e sua sepultura, honrosa. Suas estátuas de bronze se erguem nos templos da pátria, e seus parentes são venerados e isentados de impostos.

Enquanto vos comandei, nenhum de vós morreu fugindo do inimigo. Agora eu tinha a intenção de mandar de volta para os lares aqueles entre vós que estão cansados de combater, para que causem orgulho e admiração em vossas famílias. Mas todos vós quereis ir embora? Então, parti! Quando estiverdes de volta à nossa terra, dizei que vosso rei Alexandre, que dominou os uxianos, os aracosianos e os drangianos, que se aliou aos partas, aos corasmianos e aos hircanianos das margens do mar Cáspio, que escalou o Cáucaso, que atravessou o Oxus, o Tanais e o Indo – que só Dioniso havia alcançado antes dele –, assim como o Hidaspe, o Acesines e o Hidraotes, e que também teria atravessado o Hifase se vós não o tivésseis impedido, que desceu ao longo do Indo até o oceano, que atravessou o deserto da Gedrósia, que ninguém antes dele tinha percorrido com um exército, e cuja frota abriu a rota do Indo para a Pérsia através do oceano, dizei que vós haveis abandonado este rei e o haveis deixado sob a proteção dos bárbaros vencidos. Essas coisas, quando as contardes, vos tornarão, sem dúvida, gloriosos aos olhos dos homens e vos farão ser amados pelos deuses! Parti!

    Tendo dito essas palavras, Alexandre desceu da tribuna e voltou para a cidade. Consternados, os macedônios permaneciam imóveis e silenciosos. Ninguém ousava seguir o rei, além dos guarda-costas e dos amigos. Porém, pouco a pouco, o pasmo e o silêncio começaram a se dissipar. O exército obtivera o que desejava: tinha dado baixa, não era mais um exército. Todos se perguntavam com angústia: aonde ir? Que fazer? Os homens estavam privados de vontade, de conselho. Uns queriam ficar, outros partir. O tumulto e os gritos redobraram. Ninguém mais comandava, ninguém mais obedecia. O exército que tinha conquistado o mundo não era mais que uma multidão amorfa, em via de dissolução.

    Alexandre havia se retirado para o castelo real de Opis. Estava em um estado de excitação tão violento que se recusava a ter qualquer cuidado consigo mesmo. Não queria ver nem falar com ninguém. Os amigos montavam guarda diante do castelo. Executaram suas ordens: os chefes da revolta foram afogados no Tigre. Assim transcorreram dois dias.

Completa anarquia reinava no acampamento macedônio. As consequências funestas do motim não tardaram a se fazer sentir. Os soldados tinham obtido bem mais do que haviam pedido: abandonados à própria sorte e à própria vergonha, impotentes e sem apoio, sem ordens para se orientar e sem forças para agir, o que poderiam realizar, a menos que fossem impelidos pela fome ou pelo desespero?

Alexandre podia esperar o pior. Para fazer frente ao perigo, devia tomar medidas extremas. Mas antes queria tentar um derradeiro esforço para levar os macedônios ao arrependimento e humilhá-los completamente. Seu projeto era dos mais ousados. Após ponderadas reflexões, decidiu entregar-se inteiramente às tropas asiáticas, organizá-las de acordo com o modelo do exército macedônio e outorgar a elas todas as honrarias que outrora havia conferido aos combatentes helênicos. Ele tinha o direito de esperar que tal decisão causasse profunda impressão nos seus veteranos; quando vissem romper-se os últimos laços que os ligavam ao rei, implorariam perdão ou correriam à armas. Nesse caso, Alexandre estava seguro de alcançar a vitória sobre essa massa amorfa e sem chefes, graças ao devotamento e ao ardor dos seus seguidores. Podia confiar inteiramente neles. No terceiro dia, convocou os persas. Comunicou-lhes a decisão, investiu vários deles com o título honorífico de "parentes do rei" e reconheceu, segundo o costume oriental, o seu direito de beijá-lo. Depois, as tropas asiáticas foram repartidas em esquadrões e em falanges. Foi criada uma "escolta persa", os "fiéis persas da infantaria", uma "coorte persa de hipaspistas com escudo de prata", os "fiéis persas da cavalaria" e uma "escolta real de cavaleiros persas". Algumas sentinelas persas montaram guarda em torno do castelo, encarregadas de assegurar o serviço pessoal do rei. Depois, Alexandre enviou aos macedônios a ordem para que deixassem o acampamento e se dispersassem, a menos que preferissem nomear um chefe e enfrentá-lo de armas nas mãos para reconhecer, depois de vencidos, que nada podiam sem ele.

Logo que os macedônios souberam da proclamação real e da constituição do novo exército, logo que viram sentinelas persas em torno do castelo, não puderam mais se conter. As tropas se entregaram ao remorso e à angústia. Reuniram-se diante do castelo real e amontoaram as armas diante dos portões do palácio em sinal de submissão. Gemeram e imploraram ao rei, dizendo que entregavam a vida nas suas mãos, que ele podia tratá-los como bem lhe aprouvesse e era livre para castigá-los como mereciam os ingratos, os amotinados e os insurretos. Os soldados pediram que os deixassem entrar, para se aproximarem do rei como suplicantes e lhe entregarem os instigadores da revolta, declarando que ficariam noite e dia diante do castelo até que Alexandre se compadecesse.

Permaneceram assim durante dois dias e duas noites, sem se cansar de clamar pelo rei e de lhe implorar em altos brados.

Por fim, os portões do palácio foram abertos e o rei surgiu. Quando viu seus veteranos em tal estado de prostração, quando ouviu seus clamores mesclados com gemidos, não pôde segurar as lágrimas por mais tempo. Aproximou-se deles para lhes falar. Mas os macedônios se comprimiram ao seu redor sem interromper as queixas, como se temessem as primeiras palavras do rei e receassem que sua cólera ainda não tivesse sido apaziguada. Um velho capitão de cavalaria, chamado Calines, que era a bravura em pessoa, pronunciou as seguintes palavras: "Ó, rei, aquilo que mais nos faz sofrer, a nós macedônios, é ver que tu nomeaste os persas teus parentes, que eles doravante podem se glorificar de ser 'os parentes de Alexandre' e têm o direito de te abraçar, enquanto tu jamais concedeste tamanha honra a nenhum macedônio!" Logo, o rei exclamou: "Vós todos que aqui estais, eu agora vos chamo de meus parentes e quero vos chamar assim a partir deste dia." Ele avançou para Calines para abraçá-lo, e todos os macedônios abraçaram o rei, um de cada vez. Depois, tornaram a apanhar as armas e retornaram ao acampamento, cantando hinos de júbilo.

Alexandre ordenou que preparassem um grande banquete para festejar a reconciliação, oferecendo sacrifícios aos deuses. Quase toda a tropa tomou parte no festim. No meio sentava-se o rei, cercado pelos macedônios; depois vinham os persas e, por fim, os contingentes dos outros povos da Ásia. O rei bebeu nas mesmas taças que as tropas e fez as mesmas libações que elas. Videntes helênicos e magos persas realizaram os ritos habituais. Depois o rei invocou os deuses: rogou que lhe concedessem a felicidade, assim como ao seu exército, que assegurassem a unidade do império e que mantivessem a concórdia entre persas e macedônios. Avalia-se em 9 mil o número de convivas; todos fizeram simultaneamente as mesmas libações e cantaram os mesmos hinos.

Tal foi o desfecho dessa crise perigosa e, em todos os aspectos, decisiva. A nova ordem alcançara uma grande vitória moral. As últimas resistências do velho espírito macedônio foram definitivamente quebradas. Os privilégios que o rei até então concedera às tropas macedônias não existiam mais. Recrutas asiáticos foram incorporados ao exército helênico com as mesmas graduações e as mesmas denominações que os combatentes macedônios, sem diferenciação entre vencedores e vencidos. Só passaram a contar o valor pessoal e o grau de devotamento ao rei.

Embora a personalidade do rei, à luz desse incidente, surja mais poderosa e dominadora que nunca, ela sozinha não basta para explicar tudo. Se o sistema político de Alexandre saiu vitorioso dessa prova, é porque o novo edifício imperial, tão rápida e ousadamente edificado, já estava bastante sólido para que se pudessem retirar sem perigo os andaimes e os calços que o tinham sustentado até então. Porém, se os veteranos de Opis tivessem vencido, será que eles não teriam posto fim à embriaguez de Alexandre, provando que, como Íxion, em vez de abraçar uma deusa, ele abraçara uma nuvem?[111] Sim, se eles tivessem permanecido macedônios. Porém, não mais o eram. Já tinham assimilado grande parte das novas formas que combatiam tão duramente. Estavam adaptados à vida asiática, da qual negavam, no entanto, qualquer direito à existência.

O erro ao qual sucumbiram foi o orgulho de quererem se considerar vencedores de um estilo de vida que já os tinha vencido e transformado internamente. Ao quebrar com mão poderosa a ferramenta que lhe permitira edificar a obra dos novos tempos, Alexandre proclamava que a obra estava concluída, e dali por diante ninguém poderia questioná-la. Apesar das incertezas que o futuro comportava, apesar das modificações que a forma ex-

---

111. Segundo a mitologia, Íxion foi um rei da Tessália que se tornou motivo de horror ao assassinar o sogro. Rejeitado por todos, foi acolhido por Júpiter, que o levou para viver no Olimpo. Na morada dos deuses, Íxion apaixonou-se por Juno e tentou seduzi-la. Ofendida, a deusa queixou-se ao seu esposo Júpiter, que resolveu dar uma lição no tessaliano, fazendo com que ele tivesse um encontro amoroso com uma nuvem com a forma de Juno. Dessa união nasceram os centauros. [N.T.]

terior do império ainda poderia sofrer, a união entre os mundos helênico e asiático – com todos os seus benefícios e defeitos – estava fundada por alguns séculos.

O novo espírito triunfara gradualmente sobre todos os obstáculos, e o retorno dos veteranos também devia contribuir para isso. Nunca um número tão grande de tropas voltara do Oriente, e esses 10 mil combatentes tinham assimilado a vida asiática mais profundamente do que todos os contingentes anteriores. Seu exemplo, sua glória, seu butim, tudo aquilo que traziam em matéria de opiniões e de ideias, de novas necessidades e conhecimentos, teriam, sobre os seus, uma influência não menos considerável que aquela que eles próprios haviam exercido sobre os povos orientais.

A partida dos veteranos efetuou-se com especial solenidade. Alexandre anunciou aos combatentes que eles receberiam o soldo até o momento em que chegassem à Grécia; além disso, ofereceria um talento de ouro a cada um. Ordenou-lhes que deixassem sob sua guarda os filhos que tinham tido com mulheres asiáticas, para evitar perturbar a paz dos seus lares. Ele zelaria para que fossem educados no respeito das tradições macedônias e faria deles bons soldados. Quando tivessem se tornado homens, os mandaria para a Macedônia e os devolveria aos pais. Também prometeu cuidar das crianças cujos pais tinham morrido no campo de batalha. Elas receberiam o soldo paterno até que estivessem bastante grandes para ganhar um soldo equivalente por seus próprios méritos e adquirir a mesma glória a serviço do rei.

Na Macedônia, tudo estava pronto para receber as tropas com honra. Alexandre enviara ao regente a ordem para que lhes reservasse os primeiros lugares em todas as cerimônias públicas, no estádio e no teatro. Como testemunho da preocupação sincera que tinha por eles, havia designado para acompanhá-los o mais fiel dos seus generais, o hiparco Cratero, que amava ternamente. Ele agradeceu-lhes calorosamente pela abnegação e pela bravura de que tinham dado provas no decorrer de dez anos. Recomendou-os aos deuses e depois, com lágrimas nos olhos, despediu-se dos bravos guerreiros que se comprimiam em torno dele chorando.

Foi assim que os veteranos deixaram Opis, acompanhados pelos estrategos Polisperchon, Kleitos e Górgias, talvez também por Antígenes, chefe dos hipaspistas, e pelos cavaleiros Polidamas e Adamas. Por causa da saúde muito abalada de Cratero, Polisperchon foi nomeado comandante adjunto das tropas.

As instruções recebidas por Cratero não se limitavam ao repatriamento dos veteranos. O objetivo principal da missão era retomar a direção dos negócios europeus no lugar de Antípater, que iria para a Ásia com novas tropas. Muitas coisas concorriam para tornar indispensável essa permuta. Em primeiro lugar, as divergências entre o regente e a rainha-mãe tinham atingido um grau de hostilidade preocupante. É possível presumir sem grandes riscos de erro que a culpa disso cabia, sobretudo, a Olímpias. Alexandre sempre a honrara e cobrira de presentes, mas tinha lhe proibido de intervir nos negócios públicos. Mas essa mulher ambiciosa não se cansava de urdir intrigas, de endereçar ao filho críticas e queixas, de censurá-lo abertamente pela amizade com Heféstion – de quem ela sentia ciúmes – e, sobretudo, de enviar para a Ásia relatórios acusadores contra o regente. Antípater, por seu lado, queixava-se amargamente dos procedimentos da rainha-mãe em relação a ele e das suas reiteradas tentativas de se envolver nos assuntos do Estado. Seus esforços tinham sido em vão. Alexandre tinha o hábito de dizer: "Antípater não sabe que uma única lágrima de minha mãe basta para apagar mil cartas como a sua." É possível que as constantes recriminações da mãe tenham terminado por indispor Alexandre contra o regente. Mas também não é impossível que Antípater – de quem Alexandre dizia que, sob um exterior muito modesto, tinha um interior de púrpura – tenha terminado por abusar do poder. Não se sabe exatamente que motivos fizeram de repente eclodir o conflito, nem por que a rainha-mãe deu queixa contra Antípater, reivindicando a Macedônia para ela e o Épiro para a filha Cleópatra. Seja como for, tais disputas incitaram o rei a chamar o regente. Arriano diz expressamente: "Não foi para fazê-lo cair em desgraça que Alexandre ordenou que Antípater fosse juntar-se a ele na Ásia. Ele queria simplesmente evitar que um acontecimento funesto, talvez irremediável, nascesse dessas querelas entre a mãe e o vice-rei." Assim, Antípater foi autorizado a conservar o poder até a chegada de Cratero, que voltava para a Macedônia à frente dos veteranos.

XXXV

INDIFERENÇA DOS GREGOS ∽ HONRAS DIVINAS ∽ CARÁTER ANTROPOMÓRFICO
DA MITOLOGIA ∽ SIGNIFICAÇÃO DA APOTEOSE ∽ RETORNO DOS PROSCRITOS ∽
LEITURA DO DECRETO DE ANISTIA ∽ INDIGNAÇÃO EM ATENAS ∽ PROCESSO DE HARPALO ∽
CORRUPÇÃO DOS DEMOCRATAS ∽ ASSASSINATO DE HARPALO ∽ COMISSÃO DE INQUÉRITO ∽
CONDENAÇÃO E EXÍLIO DE DEMÓSTENES ∽ DERROTA POLÍTICA DE ATENAS ∽
SUBMISSÃO DA GRÉCIA ∽ FIM DA ERA DEMOCRÁTICA

Se o mundo helênico tivesse sido dotado de uma consciência nacional sadia e vigorosa, as vitórias de Alexandre em Granico, Issus e Gaugamelo, a libertação dos gregos que habitavam na Ásia Menor, a aniquilação do poderio comercial de Tiro e o desmoronamento do império dos persas deveriam ter desarmado os malevolentes e entusiasmado os céticos. O povo helênico não teria deixado de se associar com alegria a uma obra na qual ele não somente tinha o direito, mas o dever de tomar parte, em virtude dos tratados. Lamentavelmente, os Estados que dirigiam a opinião pública tinham outra concepção de patriotismo e de interesse nacional. Vimos que Atenas se preparava para pôr o seu poderio naval a serviço da Pérsia no mesmo ano da batalha de Issus. No momento do assassinato de Dario, o rei Agis estava em campanha contra os macedônios, e os pequenos Estados só esperavam uma vitória dos espartíatas para se declarar contra Alexandre.

A calma voltara à Hélade depois da derrota dos espartíatas em 330. Porém, o velho rancor e a secular obstinação não tinham se modificado. Os mais clarividentes permaneciam insensíveis à grandeza da época. Em um discurso pronunciado no outono de 330, Esquines dizia: "O que pode existir de inaudito e de inesperado que não tenha se realizado em nossos dias? Não temos vivido uma vida humana ordinária, e nosso tempo parecerá miraculoso aos olhos da posteridade." Quantos prodígios tinham ocorrido desde aquela época! No entanto, esses cinco anos tão ricos em proezas extraordinárias, realizadas no longínquo Oriente, haviam decorrido na Hélade em meio a intrigas mesquinhas e à indiferença generalizada. Lá longe estava a conquista da Pérsia e da Báctria, a descoberta das Índias e a abertura do oceano Índico. Aqui estavam as "combinações" tortuosas de uma política de conluios e as frases ocas de demagogos ávidos por aplausos.

Terminara a era dos pequenos Estados independentes. Sob todos os pontos de vista, a Hélade, cujo poderio político se esboroava dia a dia, não podia se sustentar diante do novo edifício macedônio com profundas relações com a Pérsia. A transformação das condições econômicas e sociais exigia uma completa reformulação da constituição dos Estados. Alexandre pensava em deixar para as cidades helênicas o cuidado de resolver os problemas de administração comunitária, englobando-as no poderio e na autoridade de sua imensa monarquia. Esta dominaria as constituições locais como uma gigantesca superestrutura. Somente a morte prematura de Alexandre – ou, se preferirem, o individualismo inerente ao gênio helênico – impediu que essa obra desse todos os frutos.

Foi para realizá-la que Alexandre quis obrigar os helenos a conceder-lhe, eles também, honras divinas. É preciso não esquecer que tal exigência não parecia, para os antigos, nem tão exorbitante nem tão blasfematória quanto parece à primeira vista. Também não é possível ignorar o caráter político dessa apoteose. O paganismo helênico sempre concebeu os deuses sob a forma antropomórfica, conforme as palavras do antigo pensador: "Os deuses são homens imortais, e os homens são deuses mortais." Nem a história sagrada nem o dogma assentavam-se então em textos revelados, imutáveis. Os problemas religiosos não tinham nenhuma outra norma que não fosse o sentimento e a opinião dos homens – mas um sentimento e uma opinião dirigidos e interpretados por oráculos e áugures. Se lembrarmos que os sacerdotes do santuário de Amon tinham afirmado – apesar de alguns sorrisos – que o rei era realmente filho de Zeus; se pensarmos que Alexandre, da linhagem de Hércules e de Aquiles, conquistara e transformara o mundo, realizando proezas mais surpreendentes que as de Dioniso; se recordarmos que o racionalismo tinha esvaziado das almas as aspirações religiosas mais profundas, só deixando subsistir práticas exteriores do culto, celebrações públicas e festas periódicas – então compreenderemos facilmente que a ideia de conceder honras divinas a um homem e deificá-lo não parecia insensata aos gregos da época. Os séculos seguintes provam abundantemente que tal concepção estava em conformidade com o espírito antigo. Alexandre, o Grande não foi o primeiro a reivindicar honrarias que os príncipes mais insignificantes e os homens mais corrompidos puderam comprar a preço vil, no decorrer dos anos ulteriores. Uns considerarão Alexandre como um gênio que acreditava sinceramente em sua própria divindade. Outros verão na sua apoteose uma medida ditada pelo oportunismo político. Porém, qualquer que seja a opinião que adotemos, conhecemos uma palavra do rei que deve corresponder ao seu sentimento íntimo: "Sem dúvida, Zeus é o pai de todos os homens, mas, por uma misteriosa predileção, ele escolhe os melhores para fazer deles seus filhos." Os povos do Oriente estão habituados a honrar seu rei como um ser de origem superior, e essa crença em uma filiação divina está na base de toda monarquia e de toda soberania. Esse sentimento se transforma conforme os costumes e os preconceitos, mas o reencontramos ao longo dos séculos.

Eis por que Alexandre aceitou a "adoração" que os bárbaros endereçavam ao rei como ao "homem semelhante aos deuses". Se o mundo helênico devia participar da monarquia, era necessário começar por impor aos helenos essa crença na divindade do monarca, que já era praticada na Ásia e na qual Alexandre via a base da sua realeza.

Na época em que eram tomadas, na Pérsia, as última medidas tendendo à fusão de Oriente e Ocidente, alguns mensageiros chegaram à Grécia e solicitaram às cidades helênicas que promulgassem uma lei concedendo honras divinas a Alexandre. Em Atenas, Dêmado submeteu a proposição ao povo. Píteas levantou-se e se pronunciou contra ela. "É contrário às leis de Sólon", declarou, "honrar outros deuses além daqueles que foram honrados por nossos pais." Alegaram que ele era muito jovem para opinar em uma questão tão grave, mas ele respondeu, sem se deixar confundir, que Alexandre era ainda mais jovem que ele. Licurgo também insurgiu-se contra a proposição da lei: "Como será possível honrar como deus um homem cheio de injustiças, que afronta abertamente a moral e a decência?" Mas Demóstenes – que outrora tinha sido contrário à deificação dos reis da Ásia – aconselhou o povo a não recusar ao rei todo-poderoso as honras reservadas aos deuses olímpicos. Os atenienses aderiram à proposição de Dêmado. Em Esparta a lei também foi votada sem outra forma de processo. Um decreto lacônico dizia: "Visto que Alexandre quer ser deus, que o seja." Os outros helenos seguiram o exemplo das cidades principais, e os embaixadores helênicos que foram em seguida à Babilônia levaram coroas rituais e assumiram o caráter de teoros[112] sagrados.

Logo chegou à Grécia uma segunda ordenação sobre os proscritos dos Estados helênicos. Muitas medidas de banimento resultavam de alterações na situação política e tinham atingido, sobretudo, os adversários dos macedônios. Antigamente, os proscritos quase sempre tinham sido acolhidos nos exércitos dos reis da Pérsia, onde encontravam colocação e meios para prosseguir a luta contra a Macedônia. Depois do desmoronamento da Pérsia, eles erravam pelo mundo, sem teto e sem pátria. O número desses párias devia ter aumentado consideravelmente, sobretudo depois que Alexandre enviou aos sátrapas a ordem para que dispensassem todos os mercenários. Quanto mais numerosos e desesperados, mais perigo representavam para a paz da Grécia, ameaçando perturbar a ordem favorável à Macedônia. O meio mais simples de evitar o perigo era permitir que os proscritos voltassem para os lares. Os que tinham sido banidos sob a influência do partido macedônio veriam o rancor se transformar em reconhecimento e engrossariam o número dos partidários de Alexandre. Doravante, os Estados se tornariam responsáveis pela paz interna da Grécia, e os inevitáveis conflitos forneceriam a Alexandre a oportunidade para intervir na condição de árbitro soberano.

O decreto de anistia era contrário ao que estava estipulado no pacto de Corinto, que garantia a soberania de cada um dos Estados. Podia-se prever que sua execução daria origem a complicações inextricáveis no que dizia respeito à restituição dos bens confiscados e dos direitos cívicos. Porém, Alexandre soube fazer valer considerações mais altas. O ato de clemência dirigia-se,

---

112. Ver nota 43, p. 76. [N.T.]

antes de tudo, aos inimigos da Macedônia. Chegara o tempo de enterrar as inimizades nacionais na Ásia e as rivalidades políticas na Europa para impor-lhes a unidade de uma monarquia universal. Para Alexandre, conferir tamanha extensão ao seu direito de mercê era fazer uso, pela primeira vez, dessa soberania à qual ele esperava habituar os gregos.

Ele enviou à Grécia o estagirita Nicanor para anunciar que o rei anistiava todos os proscritos. O decreto real devia ser lido nos jogos olímpicos de 324. A notícia espalhou-se antes da hora. De todos os lados, os exilados afluíram para Olímpia, para ouvir ser proclamada a palavra libertadora, que causou extraordinária emoção nos pequenos Estados. Enquanto uns se rejubilavam por reencontrar parentes e amigos, outros viam nesse édito um insulto à soberania nacional e o execravam como fonte de dissensões contínuas. Em Atenas, Demóstenes se propôs a ir até Olímpia para discutir com os plenipotenciários de Alexandre e fazer com que eles compreendessem a inoportunidade da medida e o caráter inviolável do pacto de Corinto. Os esforços foram inúteis. No transcurso da centésima décima quarta Olimpíada, no início de agosto, na presença de helenos de todos os territórios – entre os quais estavam 20 mil proscritos –, Nicanor, o Estagirita mandou que o campeão dos arautos lesse o decreto do rei.

O decreto dizia: "Do rei Alexandre a todos os proscritos das cidades helênicas, saudações! Não fomos a causa da vossa proscrição. Mas queremos permitir que todos os exilados voltem para a pátria, com exceção daqueles sobre os quais pesa uma maldição. Por conseguinte, enviamos ordem a Antípater para obrigar pelas armas as cidades que se opuserem ao vosso retorno."

Aplausos e clamores de júbilo saudaram as palavras do arauto. Em longas processões, acompanhados pelos compatriotas, os proscritos retornaram aos lares, pelos quais havia tanto tempo suspiravam.

Somente Atenas e os etólios se recusaram a aplicar o decreto do rei. Um escândalo inesperado, habilmente explorado, deu corpo à resistência e reforçou a oposição.

Como vimos, Harpalo, o antigo tesoureiro real, havia embarcado para a Ática com trinta navios, 6 mil mercenários e os imensos tesouros dos quais ele tinha a guarda. Havia chegado sem obstáculos à enseada de Municia. O estratego Filocles, que comandava o porto, foi facilmente comprado, e Harpalo entabulou prontamente relações com os "democratas" mais influentes. Aristogiton, Moirocles Demon, Calístenes, Aristônico e Cefisofon não souberam resistir às suas liberalidades. Mesmo Dêmado acreditou que era possível conciliar um presente de 6 mil estáteres com suas opiniões favoráveis à Macedônia. Cáricles, genro do virtuoso Fócion, sentia-se suficientemente comprometido pelos sessenta talentos que tinha reclamado a Harpalo para a construção do mausoléu de Pitionice na beira da estrada sagrada. Confiando nos amigos, o tesoureiro real acreditou que podia se domiciliar em Atenas. Mandou pedir ao povo que lhe concedesse o direito de asilo, assim como a seus navios. Os oradores, conquistados de antemão para sua causa, usaram o que tinham de melhor para defender a demanda. Lembraram que os atenienses tinham uma dívida de reconhecimento a quitar para com Harpalo, que lhes fizera outrora uma distribuição gratuita de trigo. Disseram que eles tinham o louvável hábito de se mostrar piedosos para com os que se colocavam sob sua proteção e, além disso, já tinham conferido ao antigo tesoureiro a condição de cidadão honorário. Demóstenes insurgiu-se contra essa tese. Não era possível acolher Harpalo, disse, pois a cidade seria lançada em uma guerra injusta e inútil. Fócion, que Harpalo buscara em vão cooptar, aderiu a essa opinião. O povo rejeitou, portanto, a requisição de Harpalo.

Porém, esse último não perdeu a coragem. O estado de espírito que reinava em Atenas, como consequência do recente édito de Alexandre, pareceu-lhe bastante favorável para permitir que tentasse um novo procedimento. Zarpou para Tenaros, depositou lá a maior parte dos seus tesouros e voltou para Atenas com cerca de setecentos talentos. Mas Antípater já tinha recebido ordem de prender o tesoureiro em fuga e entregá-lo à justiça do rei. O povo não dava a impressão de querer se opor a isso. Harpalo foi logo abandonado por todos os que tinha comprado. Só Fócion esforçou-se para impedir que ele fosse entregue a Antípater. Demóstenes fez o mesmo e sugeriu ao povo que os tesouros de Harpalo fossem armazenados na cidadela, aguardando que os plenipotenciários de Alexandre viessem recolhê-los. O povo adotou essa moção e encarregou o próprio Demóstenes de efetuar o depósito do dinheiro e dos objetos preciosos. Alguns dias depois, a assembleia do povo foi tomada por uma pergunta: o que seria feito com Harpalo? Quando a questão chegou à ordem do dia, Demóstenes apareceu diante do povo com o rosto pálido e o pescoço envolto em bandagens, declarando que uma laringite aguda o impedia de tomar a palavra. O povo acolheu-o com acessos de riso e gritos animais. Houve uma indignação generalizada. Gritaram que "ele não tinha uma doença de garganta, mas a doença do ouro" e que Harpalo lhe enviara durante a noite uma taça de ouro pesando vinte talentos, a qual ele tinha admirado muito na véspera. Como o orador procurava se justificar, mas o povo não o deixava falar, um gozador gritou: "Calai-vos, pois! Vós bem sabeis que, nos festins, a palavra pertence àquele que segura a taça!" O povo decidiu, então, fazer com que o tesoureiro real fosse detido até que Alexandre enviasse alguém para buscá-lo.

Preso, Harpalo encontrou rapidamente um meio de fugir. Voltou com toda a pressa para Tenaros, recuperou os tesouros e embarcou para Creta. Lá, foi assassinado por Tímbron da Lacedemônia, que fugiu para Cirene carregando o restante dos tesouros, enquanto os outros "amigos" de Harpalo se dispersavam. O escravo que fazia a contabilidade do morto foi detido em Rodes e entregue a Filoxeno, o novo tesoureiro de Alexandre para todas as províncias situadas aquém do Taurus.

Ao que parece, Alexandre esperava que os atenienses acolhessem Harpalo de braços abertos, com suas tropas e seus tesouros. Ele tinha enviado às províncias marítimas a ordem de mobilizar a frota para atacar imediatamente a Ática. No acampamento de Alexandre já se falava de uma guerra contra Atenas – e os macedônios se rejubilavam, por causa da antiga inimizade. Na realidade, se os atenienses tivessem tido a clara intenção de se opor ao retorno dos proscritos e de defender sua soberania contra as exigências de Alexandre, a chegada de Harpalo lhes teria fornecido uma excelente oportunidade para isso. Acolhendo-o de braços abertos, teriam dado uma prova de independência. Seus tesouros, assim como seus 6 mil mercenários, teriam permitido que resistissem por longo tempo. Mas eles preferiram recorrer a meias medidas, que, longe de lhes oferecer uma solução honrosa, nada mais fizeram do que reforçar a influência macedônia na Ática. Demóstenes compreendeu tão pouco a importância dessa alternativa política que tomou partido contra a independência ameaçada de Atenas – pelo menos até o desastroso caso da taça. A história de Harpalo, em vez de ser usada a favor dos interesses da cidade, tornou-se um enorme escândalo. Acrescentando-se aí a rivalidade dos demagogos, ela serviu aos interesses da Macedônia, inesperadamente.

Sabia-se em toda parte que o ouro de Harpalo havia comprado a maioria dos chefes políticos. O povo, que receava a cólera de Antípater e de Alexandre, começou a considerar uma traição o fato de eles terem aceitado os presentes do tesoureiro. Temia-se que o rei reclamasse o dinheiro e exigisse uma prestação de contas. Sabia-se que Harpalo dispunha de 750 talentos no momento em que chegou à Grécia, mas na cidadela só foram encontrados 350 talentos. Quando se soube que o escravo de Harpalo estava nas mãos de Filoxeno começaram a circular listas com os nomes dos beneficiários e o montante das somas pagas. Demóstenes não figurava nelas. Fosse porque estava certo da sua inocência, fosse porque desejava restabelecer a reputação comprometida, ele apressou-se a submeter ao povo uma proposta de lei para a criação de uma comissão de inquérito encarregada de estabelecer quem tinha ou não tirado proveito das liberalidades de Harpalo. Pediu que o Areópago[113] fosse encarregado do caso, que lhe fossem dados plenos poderes e que os culpados fossem punidos com a pena de morte. Teve início uma série de processos, nos quais foram misturados todos os maiores nomes de Atenas. Interrogatórios e investigações duraram seis meses. O nome de Demóstenes foi acrescentado à interminável lista dos acusados. Embora as provas da sua culpa não tenham sido suficientemente estabelecidas e o processo movido contra ele pareça bastante sumário, é certo que não pôde explicar o desaparecimento do dinheiro que devia ter depositado na cidadela. Depois, foi instituído um tribunal de heliastas,[114] composto por 1.500 jurados. Piteas, Hipérides, Mnesecmo, Himérios e Estrátocles sustentaram a acusação. Diversos culpados foram condenados à

---

113. Ver nota 16, p. 42. [N.T.]

114. O tribunal de heliastas era formado por cidadãos atenienses sorteados entre os homens com mais de trinta anos, boa reputação e sem dívidas para com o Estado. Era usado para julgar os delitos mais graves, já que o número elevado de jurados não permitia a influência da riqueza dos acusados sobre o resultado do julgamento. [N.T.]

morte e executados, conforme a lei proposta por Demóstenes. Depois chegou a vez dele mesmo. Foi em vão que tentou se desculpar, alegando que a acusação estava baseada em uma delação forjada por Calímedon com a ajuda de informações fornecidas por alguns proscritos de Megara, e que ela visava derrubar a democracia. Foi em vão que se apresentou diante do tribunal acompanhado pelos filhos. Foi condenado a pagar cinco vezes o montante daquilo que lhe tinha cabido, e como estava impossibilitado de reunir tão considerável soma, foi jogado na prisão. Achou, porém, um meio de se evadir seis dias depois. A mesma sorte foi reservada a Aristógiton, a Filocles e aos outros culpados.

O desfecho do processo de Harpalo foi desastroso para Atenas sob todos os aspectos. Os heliastas, que eram a emanação direta da vontade popular, compreenderam bem a palavra dos acusadores, dizendo que o seu papel era julgar os acusados, mas que um outro os julgaria por sua vez, tornando-se necessário bater tanto mais forte quanto mais os culpados estavam em evidência. Condenaram sem comedimento – muitas vezes, sem discernimento –, dando assim ao rei o direito de se mostrar tão severo quanto eles. O adversário mais temível da monarquia macedônia precisou fugir da sua pátria. Com o exílio de Demóstenes, o velho partido democrático perdeu o seu mais ilustre sustentáculo. Com o exílio de Filocles, o Estado perdeu um general que o povo tinha elevado mais de uma vez à dignidade de estratego supremo. Em compensação, Dêmado permaneceu em Atenas, apesar da condenação, e sua influência tornou-se ainda mais considerável pelo fato de que os homens que ascenderam ao poder depois do processo eram insignificantes, medrosos e sem escrúpulos. A política ateniense tornou-se mais instável do que nunca e se tingiu de servilismo. Tinham se recusado a deixar os exilados voltarem. Tremiam ao vê-los deixar Megara e atravessar a fronteira da Ática, cobertos pela anistia do rei. No entanto, não fizeram nada para proteger a cidade. Limitaram-se a enviar a Alexandre uma embaixada de teoros que lhe pediu permissão para não receber os proscritos. Essa decisão, muito desastrada, ia de encontro aos interesses da independência ateniense, pois, de um lado, o governo proclamara a vontade de permanecer fiel ao pacto de Corinto e, de outro, a recusa categórica do rei não podia deixar dúvidas.

Incoerente e tímida, a democracia ateniense provou que era incapaz de defender até mesmo a aparência de uma liberdade que, além disso, não estava mais no espírito dos tempos. A derrota de Atenas marcou a ruína da democracia, que até então dominara a vida dos povos helênicos. Agora, Atenas era obrigada a se curvar diante do princípio monárquico, tal como ele decorria do novo reino helenístico. Desfez-se o último sustentáculo que o velho partido democrático possuía na Grécia, e foram varridos os últimos obstáculos políticos que barravam o caminho para os novos tempos.

Doravante, a Grécia devia se comportar perante o império de Alexandre exatamente como os países asiáticos.

XXXVI

OBRA DE ALEXANDRE ∽ *POLÍTICA* DE ARISTÓTELES ∽ CIVILIZAÇÃO DOS "BÁRBAROS" ∽ REFORMA FISCAL E ADMINISTRATIVA DE ALEXANDRE ∽ PROSPERIDADE DO IMPÉRIO ∽ ROTAS TERRESTRES ∽ MERCADOS E PORTOS ∽ ROTAS MARÍTIMAS ∽ ESCULTURA E ARQUITETURA ∽ POESIA ∽ CIÊNCIAS ∽ VIDA SOCIAL ∽ HELENISMO, ESTILO UNIVERSAL ∽ TRANSFORMAÇÃO DOS POVOS ASIÁTICOS ∽ EVOLUÇÃO DOS MACEDÔNIOS E DOS GREGOS ∽ TEOSSINCRASIA

A ação era para Alexandre aquilo que o pensamento era para Aristóteles. Porém, se o filósofo, entrincheirado em um silêncio propício à meditação, podia dar ao seu sistema metafísico a perfeição e o rigor que só pertenciam às ideias, Alexandre era forçado a agir em meio a um turbilhão de acontecimentos e de reações imprevistas que o obrigavam a tomar decisões imediatas. Sua obra governamental parece à primeira vista um simples esboço, com muitas imperfeições, e a maneira pela qual foi elaborada parece depender da paixão, do capricho ou do acaso. Mas não esqueçamos que aquilo que determinava seus atos e o impulsionava a criar novas condições de vida eram pensamentos que brotavam como relâmpagos de um conflito de circunstâncias gigantescas. Também não esqueçamos que cada um desses pensamentos fulgurantes abria horizontes sempre mais vastos, suscitava antagonismos sempre mais violentos e lhe impunha tarefas sempre mais árduas.

A pobreza das tradições históricas não nos permite penetrar na oficina de criação dessa atividade, nem apreender o intenso trabalho intelectual e moral desse adolescente que propôs a si mesmo tarefas sobre-humanas e as realizou. As informações que temos mal permitem reconstituir fragmentos da sua obra. Porém, sua amplitude deixa entrever a potência criadora que era necessária para concebê-la e concretizá-la, e dá a medida do gênio de Alexandre.

O mais audacioso de todos os seus atos, aquele que os moralistas mais severamente censuraram, foi quebrar a ferramenta com a qual realizara sua própria obra. Ou, se preferirem, foi ter jogado no abismo, que suas vitórias deviam preencher, a bandeira com a qual se havia posto em campanha no tempo em que prometia aos helenos saciar o ódio contra os bárbaros.

Em uma memorável passagem da *Política*, Aristóteles declara que sua tarefa não é definir a forma ideal do Estado, mas encontrar a constituição mais apropriada às coletividades humanas: "Qual é a melhor constituição e a melhor vida para a maioria dos Estados e dos homens, não exigindo deles mais virtude do que a que possui o comum dos mortais nem mais cultura do que aquela que se pode ter sem ser particularmente favorecido pela natureza ou pelas circunstâncias – em poucas palavras, uma constituição com a qual a grande maioria dos homens possa se mover?" O filósofo responde: trata-se de encontrar a constituição que decorra logicamente das condições dadas: "Porque é mais fácil melhorar a constituição de um Estado do que fazer outra para ele, do mesmo modo que é mais fácil transformar seus conhecimentos do que adquirir novos."

O filósofo, como se vê, leva longe a preocupação com o real. Porém, quando fala da "maioria dos Estados e dos homens" só pensa, evidentemente, no mundo helênico, pois considera os bárbaros "como plantas ou animais".

Alexandre também é realista. Mas, ao contrário de Aristóteles, não se contenta com as "condições dadas": suas vitórias criaram condições novas. O espaço interior, no qual ele deve edificar um sistema político, engloba todos os povos da Ásia até o Indo e o Jaxarta. Ele viu que os bárbaros não eram "como plantas ou animais", mas seres humanos com necessidades, costumes e virtudes particulares. Aprendeu que sua maneira de viver também continha elementos sadios e qualidades que haviam sido perdidas por uma parcela daqueles que os tratavam como bárbaros. Se os macedônios eram soldados notáveis, era porque Filipe lhes havia inculcado as virtudes militares. Alexandre fizera o mesmo com trácios e paiônios, agrianos e odrissianos, e esperava proceder da mesma maneira com os asiáticos. A campanha das Índias mostrou a que ponto os seus esforços tiveram sucesso. Quanto à cultura helênica, os lavradores, os pastores e os carvoeiros macedônios não possuíam mais dela do que os seus vizinhos semicivilizados estabelecidos do outro lado do Ródope e do Hemus. Dolopes, etólios, ainianos, malianos e camponeses de Anfissa eram considerados bárbaros em todo o restante da Grécia.

Pela riqueza em valores artísticos e científicos, a incomparável flexibilidade intelectual e o virtuosismo com o qual ela procedera ao desenvolvimento das faculdades individuais, a civilização helênica tornara os homens mais inteligentes, mas não os tornara melhores. As forças morais nas quais se fundamenta a vida das famílias, das cidades e dos Estados haviam empobrecido no transcurso de sua ascensão e, como as uvas esmagadas depois da vindima, delas só restava o bagaço. Se Alexandre se tivesse contentado em conquistar a Ásia para dá-la aos helenos e aos macedônios, se tivesse permitido que eles reduzissem à escravidão as populações asiáticas, helenos e macedônios teriam se tornado "asiáticos" na pior acepção da palavra. Será que tinham sido baseadas na tirania e na servidão as admiráveis colônias gregas, fundadas ao longo dos séculos pelo gênio helênico e cujos brotos sempre verdejantes não paravam de se estender e de prosperar? Será que o gênio helênico não tinha trazido um acréscimo de vitalidade para os líbios do golfo de Sirte, os citas do lago Maiotica e as tribos celtas dos Alpes e dos Pirineus? Será que os mercenários helênicos, cujas tropas perambulavam pelo mundo em número sempre crescente e não poucas vezes derramavam o sangue em detrimento da mãe-pátria, não provavam que a Grécia não mais oferecia espaço suficiente para o excesso de energia que ela mesma gerava? Será que o poderio dos bárbaros – que não passavam de escravos aos olhos dos helenos – não se mantinha somente graças aos contingentes armados que a Hélade punha a serviço deles?

Aristóteles tinha razão quando recomendava construir com base nas "condições dadas". Porém, ele não levou sua investigação filosófica suficientemente longe: aceitou essas condições tais como existiam, quer dizer, sob uma forma já caduca e estreita. O mundo asiático havia desmoronado sob os golpes da conquista heleno-macedônia, e esse processo revela quão claudicante, carcomido e avariado estava esse edifício. Porém, essa não passa de uma das facetas da revolução produzida por Alexandre. Os monumentos e a civilização do Egito não remontavam a milhares de anos? A Síria e a Babilônia não ofereciam uma seara de conhecimentos técnicos, observações astronômicas e documentos literários? Nos ensinamentos sublimes dos parsis, na religião e na filosofia dos povos hindus um novo mundo não se abria ao pensamento humano, um mundo diante do qual os helenos, tão orgulhosos de seu próprio saber, deviam se curvar e calar? Na verdade, os asiáticos não eram de maneira alguma bárbaros como os ilírios, os tribalos ou os getas. Não eram selvagens ou semisselvagens como imaginavam os gregos em seu desdém por todos os que não falavam a sua língua. Perante eles, os conquistadores não tinham somente a dar, mas a receber: era preciso transformar os conhecimentos deles e adquirir novos.

Essa foi a segunda parte da obra a que Alexandre se havia proposto: a organização da paz, mais difícil do que a simples conquista. Tal organização devia justificar a obra e a fazê-la durar.

Diante do estado de anarquia no qual encontrou o império ao retornar das Índias, Alexandre viu os defeitos que subsistiam no edifício apressadamente levantado. A severidade dos castigos devia servir para remediar perigos imediatos, prevenir novos crimes e fazer com que opressores e oprimidos sentissem que eram governados com olho clarividente e mão firme. Porém, depois desses anos de confusão e de febre, depois da exaltação das paixões, dos apetites e dos gozos entre os vencedores, do temor, da amargura e da cólera entre os vencidos, o mais difícil era apaziguar os espíritos, pacificar os corações e impor uma pulsação regular a todo um continente.

O destino não permitiria que Alexandre realizasse tal obra: ele já transpusera o zênite da sua vida. Sua boa estrela começava a declinar. Sombras se alongavam pouco a pouco sob seus passos.

Não sabemos até que ponto Alexandre modificou ou deixou subsistir na Pérsia o antigo sistema administrativo, o cadastro e o mecanismo tradicional dos impostos. Arriano sustenta que, se o rei pronunciou sentenças tão severas quando retornou a Susa, foi para assustar "os que havia nomeado sátrapas, hiparcos ou monarcas". Sabemos incidentalmente que Cleômenes de Náucrates, que administrava a Arábia egípcia, aumentou os direitos aduaneiros sobre os cereais e comprou todo o trigo que crescia na província para tirar proveito da alta no mercado de Atenas; também sabemos que impôs uma taxa sobre os crocodilos sagrados. Quanto a Antímenes de Rodes, que tinha sido investido de certas funções na Babilônia – sem que possamos definir exatamente quais –, dizem-nos que pusera novamente em vigor um imposto sobre as importações, que estava em desuso, e organizara um sistema de seguro graças ao qual o valor de cada escravo que fugia era reembolsado ao seu proprietário mediante um pagamento de dez dracmas por cabeça. Temos apenas detalhes insignificantes sobre administração das cidades, dinastias, estados religiosos (Éfeso, Comane etc.) e príncipes tributários.

Um dos fermentos mais poderosos do renascimento econômico deve ter sido a formidável massa de metal nobre que a conquista da Ásia colocou nas mãos de Alexandre. Até a Guerra do Peloponeso,[115] Atenas tinha sido a maior potência capitalista do mundo helênico, pois nos subterrâneos da Acrópole possuía 9 mil talentos em dinheiro, além de objetos preciosos de ouro e de prata. Sobretudo graças a esse caixa ela assegurara supremacia política sobre os Estados da liga do Peloponeso, que permaneciam no estágio da economia natural. Tratava-se agora de somas totalmente diferentes. Sem contar o butim conquistado no acampamento persa em Issus, em Damasco e em Arbelos, Alexandre encontrou 50 mil talentos em Susa, outro tanto em Persépolis, 6 mil em Pasárgada e um importante tesouro em Ecbatana. Ele teria depositado nessa cidade a soma de 180 mil talentos. Não é possível estimar o valor dos jarros de ouro e de prata, da púrpura, das pedras preciosas e dos inumeráveis objetos de arte que caíram em suas mãos nas diversas satrapias e nas Índias.

Enquanto a nova realeza, que agora reina sobre a Ásia, devolve à vida os tesouros improdutivos dos Aquemênidas, enquanto o coração do império recomeça a bater, enviando até as fronteiras uma vaga de ouro e de riquezas, enquanto a circulação dos bens se intensifica dia a dia, vemos a atividade renascer nos membros entorpecidos do reino, com a ressurreição e a difusão da vida econômica de um território do qual a dominação persa havia secado todas as forças.

Heródoto diz que o montante anual dos tributos pagos no império dos persas elevava-se a 14,5 mil talentos. Segundo outra fonte, o montante dos tributos pagos durante os últimos anos do reinado de Alexandre teria atingido 30

---

115. Ver nota 17, p. 42. [N.T.]

mil talentos. Quando da morte do rei, haveria não mais que 50 mil talentos em caixa. Esmagadora era a massa dos tributos recebidos *in natura*. Estima-se que a corte custava anualmente 13 mil talentos. Ora, cada sátrapa, cada hiparco e cada dinasta seguia o exemplo do Grande Rei. Indicações recolhidas aqui e ali permitem afirmar que Alexandre pôs fim a esses abusos. Outrora, a presença do Grande Rei em uma cidade ou uma província causava sua ruína, enquanto agora a chegada da corte real representava um enriquecimento. O luxo com o qual o rei se cercou, sobretudo durante os últimos anos de vida, não oprimia mais o império, mas era uma fonte de bem-estar e de prosperidade. Dizem que o rei, querendo dar roupas novas para os criados da corte, deu ordem para que comprassem todos os estoques de púrpura da Jônia, e esse é apenas um exemplo. Sátrapas e estrategos não mais podiam cobrar tributos *in natura*, pois o montante das receitas legais era suficiente para lhes assegurar um nível de vida em conformidade com suas funções. Por mais que se possa falar de esbanjamentos, pelo menos havia a vantagem de eles enriquecerem produtores e comerciantes. Graças aos seus presentes – por exemplo, a doação de um talento a cada veterano de Opis que retornou ao lar –, o rei assegurava que todos, inclusive os homens afastados da tropa por tempo de serviço, tivessem o bastante para viver. Quando os soldados gastavam mais do que ganhavam, o rei pagava as dívidas com incansável generosidade. Nunca recusava subsídios a poetas e artistas, a músicos e filósofos, e subvencionava largamente todos os que se dedicavam a pesquisas científicas. Aristóteles, por exemplo, recebeu oitocentos talentos para prosseguir suas importantes pesquisas em história natural.

Lembremos de passagem alguns dos grandes trabalhos que Alexandre mandou executar: a reconstrução dos canais da Babilônia, a desobstrução dos túmulos do lago Copais, a restauração dos templos helênicos (aos quais dedicou 10 mil talentos), a construção da barragem de Clezomene e a perfuração do istmo de Teos.

Esses poucos exemplos são suficientes para dar uma ideia das consideráveis vantagens que as vitórias de Alexandre trouxeram para a vida econômica. Talvez essa influência de um só homem, estendendo-se a tantos domínios, seja única na história. Mas não era fruto do acaso. Resultava de um vasto plano, concebido e realizado metodicamente. Quando todos os povos da Ásia fossem sacudidos de seu torpor, quando o Ocidente se tivesse habituado aos gozos do Oriente e o Oriente se tivesse iniciado nos gozos do Ocidente, quando os ocidentais estivessem instalados na Báctria ou nas Índias e os asiáticos de todas as satrapias estivessem reunidos na corte da Babilônia, todos seriam levados a desejar os produtos das suas terras, e isso tanto mais ardentemente pelo fato de que não os encontrariam nos novos locais de residência. As trocas comerciais atingiriam uma amplitude até então desconhecida. Se quisessem que a síntese dos modos e dos costumes – que emprestava brilho e esplendor à corte – se tornasse a moda dominante e se instalasse nas satrapias, nas moradas dos príncipes e em todos os escalões da sociedade, era necessário permitir que ela se espalhasse através de uma rede de rotas seguras e cômodas que incluiriam mercados e portos. Alexandre preocupou-se com isso desde o início. Paralelamente às medidas militares, o vemos fundar cidades e realizar atos de colonização, incessantemente. Muitas dessas cidades permanecem até nossos dias como os centros comerciais mais prósperos da Ásia. Junto com o desenvolvimento das trocas terrestres, a navegação mercantil aumentou rapidamente no Mediterrâneo, e Alexandria logo assumiu o primeiro lugar na vida comercial do Oriente Médio. Só restava protegê-la contra as investidas dos piratas etruscos e ilírios para fazer dela um porto único no mundo. O rei esforçou-se, enfim, com zelo incansável, para abrir novas rotas marítimas. Nós vimos à custa de que esforço sobre-humano ele conseguiu estabelecer comunicações por mar entre as embocaduras do Indo e as do Tigre e do Eufrates. Veremos adiante que ele pensava em contornar a Arábia para prolongar essa rota até a ponta setentrional do mar Vermelho e em mandar explorar as margens do mar Cáspio por uma esquadra de navios construídos nas florestas da Hircânia, na esperança de descobrir uma passagem para o oceano Índico.

Outro ponto central da história de Alexandre foi a fusão dos povos efetuada sob sua direção. No decorrer desta obra, muitas vezes falamos dos meios dos quais ele se serviu para conseguir isso e dos obstáculos e dos perigos que teve de suplantar. Durante esses dez anos, um mundo desconhecido tinha sido descoberto e conquistado, milhões de súditos tinham sido submetidos à dominação de um soberano estrangeiro, as barreiras que separavam Oriente e Ocidente tinham sido derrubadas, e as rotas que dali por diante deviam ligar os territórios do Levante e do Poente tinham sido abertas. Eis o que escreveu um antigo poeta: "Todos os elementos da vida tinham sido misturados como numa taça, e todos os povos da Terra se embriagavam com esse filtro de amor, esquecendo os velhos rancores e a antiga impotência." O sonho de Olímpias se realizara: a coluna de fogo que ela vira brotar do seu seio, na véspera das suas núpcias, incendiara o Universo e consumira as fronteiras. Seus reflexos ainda flutuavam como um halo fosforescente sobre os desertos do Norte e nas florestas do Ganges.

Alexandre fundiu, em suas formas supremas, a ardente vitalidade da Grécia, que aspirava a encontrar um corpo, e as massas inertes da Ásia, que aspiravam a encontrar uma alma. Até ali, elas se buscavam cegamente, sem se achar. Agora, finalmente, a Hélade se fartava na superabundância da Ásia, e a Ásia se saciava com as delícias do gênio grego. Os povos sentiam-se subitamente despertos para a vida: Alexandre tinha rematado a obra esboçada por Dioniso.

Examinar as consequências dessa fusão de povos ultrapassa os limites desta obra: elas ocupam a história dos séculos ulteriores. Porém, aí já se discernem as sementes que deviam fecundar a arte, a ciência e a religião e dar um impulso imprevisto à vida intelectual e moral da época.

A arte grega se transforma no contato com o fausto oriental. Abandona pouco a pouco o arcaísmo primitivo para adquirir um caráter altivo e monumental. A austera gravidade das estátuas se reveste pouco a pouco de ornamentos suntuosos. O sombrio esplendor dos templos egípcios, as necrópoles fantásticas de Persépolis, talhadas na própria rocha, as ruínas gigantes da Babilônia, os santuários hindus, com seus ídolos com cabeça de serpente e seus elefantes agachados, sustentando as colunas – o artista helênico vai se apoderar de todos esses elementos decorativos para incorporá-los às formas da sua estética tradicional. Assim nasceu o projeto titânico de Deinócrates, que queria esculpir no monte Athos uma estátua colossal de Alexandre, segurando na mão direita uma cidade de 10 mil habitantes, enquanto um rio, jorrando da mão esquerda, se lançaria em cascatas no Mediterrâneo. Assim também nasceu o plano de Alexandre, que pensava edificar, em memória do pai, uma pirâmide de dimensões iguais às de Gizé.

A poesia também tentou participar da nova vida, mas já estava muito esgotada para assimilar o ambiente feérico das lendas persas ou a solenidade supraterrestre dos salmos e das profecias monoteístas. Recaiu rapidamente em uma imitação estéril das obras-primas clássicas e deixou para o Oriente o cuidado de compor os milhares de epopeias, romances e canções de gesta que transmitiram às gerações futuras a lembrança do herói Iskander.[116]

A transformação que se efetuou no domínio das ciências nem por isso deixou de ser mais fecunda. A ciência precisava assimilar a extraordinária quantidade de novos conhecimentos trazidos por Alexandre em todos os aspectos da atividade humana. O rei, discípulo de Aristóteles e iniciado em tudo o que médicos, filósofos e retóricos helênicos haviam descoberto até então, testemunhava vivo interesse por todas as questões científicas. Numerosos sábios o acompanharam no transcurso das campanhas. Observavam, exploravam e colecionavam. Faziam os mapas dos territórios e das estradas. Essa época assinalou igualmente o início de uma nova era no domínio da história. Dali por diante, era possível estudar as questões em seus próprios locais e comparar as lendas dos povos com seus monumentos, suas instituições e seus costumes. Apesar de todos os erros que resultaram disso, estabeleceu-se pela primeira vez o método das ciências históricas e geográficas. Em mais de um aspecto a ciência helênica tinha muito a aprender com o Oriente. A grande tradição das observações astronômicas conservada na Babilônia, a medicina muito desenvolvida que parece ter existido nas Índias e os conhecimentos extraordinários dos sacerdotes egípcios em anatomia e mecânica foram retomados pelos pensadores helênicos e com eles adquiriram nova significação. O gênio grego atribuíra uma virtude específica à metafísica, que representava a soma de todos os conhecimentos. Agora, os diversos ramos do saber se emancipavam um a um: as ciências exatas, apoiando-se na sua própria experiência, começaram a se desenvolver isoladamente,

---

116. Filho mais novo do príncipe de Épiro que, na Antiguidade, segundo a lenda, combateu povos asiáticos que invadiram a Europa. [N.T.]

enquanto a filosofia, dividida quanto às relações entre o pensamento e a realidade, ora declarou que os fenômenos eram insuficientes para as ideias, ora que as ideias eram insuficientes para os fenômenos.

Nova vida social se edificou sobre o progressivo desaparecimento dos preconceitos nacionais e a confrontação cotidiana de opiniões e costumes. Como, em nossos dias, certas concepções, maneiras de pensar e até mesmo modas atestam a unidade do mundo moderno, na época helenística constituiu-se, do Nilo ao Jaxarta, um estilo de vida baseado em certo número de convenções uniformemente adotadas pela "boa sociedade". A língua e as maneiras da Ática tornaram-se obrigatórias nas cortes de Alexandria e da Babilônia, de Bactres e de Pérgamo. E quando o império helênico perdeu a independência política em proveito do império romano, o helenismo começou a implantar-se em Roma, graças à influência que exercia sobre os espíritos e a cultura intelectual. Assim, podemos considerá-lo como o primeiro estilo universal. O antigo império dos Aquemênidas não passava de um agregado de povos que, em comum, só tinham a mesma servidão; o império helênico usufruía de uma unidade de cultura, de gosto e de costumes que sobreviveu ao seu desmembramento.

A influência das transformações políticas sobre um povo está em relação direta com a participação desse povo nos negócios do Estado. No início, os povos da Ásia assistiram com melancólica indiferença às transformações radicais que resultavam da mudança de dinastias. Se Alexandre começou por se curvar diante das convicções e dos preconceitos deles, é porque não tinha outro meio para arrancá-los do torpor. O sucesso de seus esforços foi muito diferente, é claro, conforme o caráter dos povos com os quais se relacionava. Enquanto os uxianos e os mardos ainda deviam aprender a lavrar a terra, os hircanianos a viver honestamente e os sogdianos a alimentar seus velhos pais em vez de matá-los, o egípcio se desvencilhava lentamente da prevenção contra os "estrangeiros sem castas" e o fenício começava a abominar os sacrifícios humanos a Moloch.

No entanto, é preciso esperar a época ulterior para ver se constituir um modo verdadeiramente comum de sentir, pensar e viver. Para a maior parte dos povos asiáticos, o fundamento da moral e do direito – que consistia, para o grego, em certo número de princípios éticos e jurídicos – era a religião, que exercia uma espécie de encanto sobre os seus espíritos. Esclarecer esses povos, ajudá-los a quebrar as cadeias da superstição, despertar neles o desejo da inteligência, habituá-los ao manejo das ideias, em suma, emancipá-los e conferir-lhes uma entidade histórica – tal é a tarefa que o helenismo determinou para si na Ásia e, aliás, terminou por cumprir, embora com algum retardo.

Em contrapartida, as transformações nos povos grego e macedônio ocorreram com desconcertante rapidez. No reinado de Alexandre, ambos conheceram a exaltação da vontade de poder, o transbordamento das energias e das paixões, a glorificação do momento e o triunfo do realismo. No entanto, como evoluíram de maneira diferente! Trinta anos antes, o macedônio ainda era um rústico, preso à gleba e vivendo a mesma vida monótona de sua pobre pátria. Agora, ele não pensa em mais nada que não seja a glória. Sente-se senhor de um novo mundo e está mais orgulhoso de poder desprezá-lo do que de tê-lo conquistado. Das campanhas ininterruptas nasceu a consciência do seu valor, a rudeza militar, o desprezo pelo perigo e o gosto pelo risco. Assim como o pensamento e a fisionomia dos povos permanecem marcados pelas vicissitudes da sua história, nada caracteriza melhor o macedônio da nova geração do que as cicatrizes obtidas em dez anos de guerra e as feições buriladas e endurecidas por todas as provações.

Muito diferentes são os helenos que permaneceram em seus lares. Sua época estava terminada. Nem a sede de novas ações nem a consciência do seu poder político os excitavam mais. Outrora tão vigorosos e empreendedores, contentam-se agora em ruminar recordações. As fanfarronices tomam o lugar das proezas, e eles só buscam o prazer sob a sua forma mais superficial: a mudança. Quanto mais frívolo, vaidoso e inconstante torna-se cada indivíduo, mais ele se recusa a se dobrar a qualquer autoridade, e mais a Grécia afunda nessa agitação febril, brilhante e oca que sempre assinala o começo da decadência dos povos. Todos os sentimentos fortes e positivos desapareceram. Os helenos nem mesmo têm a consciência de não passarem de escória: o racionalismo realizou sua obra.

No entanto, é preciso dizer que esse racionalismo, qualquer que seja a aversão que se possa sentir diante de seu caráter nivelador, quebrou a força do paganismo e trouxe para a religião uma espiritualidade revigorada. Nada foi mais eficaz, desse ponto de vista, que o estranho fenômeno conhecido pelo nome de "teossincrasia" – fusão de deuses –, para o qual todos os povos sob influência helênica contribuíram no decorrer dos séculos seguintes.

Se admitimos que divindades, cultos e mitos do paganismo eram a expressão viva e direta da diversidade étnica e histórica dos povos mediterrânicos, então eles ofereciam um obstáculo quase intransponível à obra de unificação que Alexandre perseguia. A unidade que ele queria instaurar devia começar por encarnar-se nele próprio. Como sempre, ele foi diretamente ao cerne do problema, acolhendo em seu séquito, em pé de igualdade, o áugure lício Aristandro, o asceta hindu Calanos e o mago persa Austanes, e oferecendo preces e sacrifícios às divindades de egípcios, persas e babilônios, a Baal dos sírios e a Jeová dos judeus. Cumpria todos os ritos e as cerimônias desses cultos, mas deixava deliberadamente de lado, como uma questão a ser debatida, o problema da sua significação e do seu valor intrínseco. Quando, de tempos em tempos, encontrava concepções esotéricas ou doutrinas secretas de certas comunidades religiosas, sabia que representavam – sob a forma panteísta, deísta ou niilista – crenças que desempenhavam, na vida dos povos estrangeiros, o mesmo papel que a metafísica desempenhava entre os helenos cultos. O exemplo do rei deve ter influenciado cada vez mais gente. Começou-se, com mais ousadia que antes, a adotar deuses estrangeiros e a reconhecer neles os próprios deuses, a comparar e a compatibilizar lendas e teogonias de diferentes países. Entreviu-se pela primeira vez que os povos honravam em seus deuses, sob uma figuração mais ou menos bem-sucedida, uma única divindade; todos buscavam exprimir, de maneira mais ou menos profunda, o mesmo pressentimento do sobrenatural, do absoluto ou do soberano bem, e as diferenças existentes entre nomes, atributos e funções dos deuses não passavam de fenômenos exteriores, efêmeros e ilusórios.

Em Alexandre encarnou-se o antropomorfismo do paganismo helênico. Um homem tornou-se deus, um deus ao qual pertencia o reino deste mundo. Nele, o homem está no cume das coisas terrestres; por ele, a humanidade rebaixada é obrigada a adorar um mortal.

XXXVII

RETORNO DE ALEXANDRE À MÉDIA ∽ OS CAMPOS NICEIOS ∽ DISPUTA ENTRE EUMENO E HEFÉSTION ∽ CHEGADA A ECBATANA ∽ AS DIONISÍACAS DE 324 ∽ MORTE DE HEFÉSTION ∽ DESESPERO DE ALEXANDRE ∽ SUBMISSÃO DOS COSSEANOS ∽ MARCHA PARA A BABILÔNIA ∽ CHEGADA DAS EMBAIXADAS OCIDENTAIS ∽ CRIAÇÃO DA GRANDE FROTA ∽ PREDIÇÃO DOS MAGOS DA BABILÔNIA ∽ ENTRADA DE ALEXANDRE NA BABILÔNIA ∽ PREDIÇÕES DE PITÁGORAS DE ANFÍPOLIS ∽ ANGÚSTIA CRESCENTE DE ALEXANDRE

Durante doze anos Alexandre estivera em campanha, sem interrupção. Recebera numerosas feridas, das quais mais de uma pusera sua vida em perigo. Superara dificuldades sobre-humanas. Conhecera as piores angústias no decorrer de sua audaciosa caminhada – entre outras, os acontecimentos dramáticos à beira do Hifase, a marcha esgotante através do deserto da Gedrósia e a revolta dos veteranos em Opis. Matara Kleitos com as próprias mãos e mandara executar Filotas e Parmênion. No entanto, o futuro lhe reservava provações ainda mais dolorosas.

Pouco depois da partida dos veteranos, ele deixou Opis com o restante do exército a fim de retornar a Ecbatana.

Durante a estadia do rei nas Índias, a Média, particularmente, sofrera com a rapacidade e o orgulho dos funcionários macedônios. Embora eles tivessem sido severamente punidos, o rei devia manifestar sinais de simpatia pela população que, incitada várias vezes à revolta, permanecera fiel ao regime estabelecido. Barsaentes, que havia agitado em vão a bandeira da insurreição, fora entregue à justiça do rei pelo sátrapa Atropatos. No entanto, a situação criada pela fuga de Harpalo e pela pilhagem do tesouro real obrigava Alexandre a proceder a um inquérito e a pôr ordem nos negócios dessa província. Além do mais, a grande rota através das montanhas médicas ainda não era bastante segura para permitir comunicação regular entre as satrapias sírias e o interior. Entre os povos montanheses que habitavam a região situada entre a Armênia e o deserto carmaniano estavam os cosseanos, populações semisselvagens do maciço do Zagros, que ainda não tinham sido suficientemente submetidas e atacavam os comboios que se aventuravam através dos desfiladeiros. Essas foram, sem dúvida, as razões que incitaram o rei a adiar para a primavera seguinte o retorno à Babilônia, assim como as expedições projetadas no sul e no oeste.

Ele deixou Opis por volta do final do mês de agosto de 324 e pegou a rota para Ecbatana. As tropas, divididas em diversos batalhões, o seguiram através dos distritos setentrionais da Sitacena. Alexandre atravessou Carrae e chegou a Sambata após quatro dias de marcha. Ficou ali sete dias para deixar que as tropas tivessem tempo de se juntar a ele. Depois, em três dias, atingiu Celoneia (Holwan), situada a algumas milhas dos desfiladeiros do Zagros. A cidade era habitada por alguns helenos, estabelecidos na região desde as primeiras guerras pérsicas e que haviam mais ou menos conservado a língua e os costumes antigos. De lá, Alexandre foi para a região montanhosa da Bagistana, onde visitou os jardins que se estendiam ao pé das montanhas e que, segundo se dizia, tinham sido plantados por Semíramis. Avançando ainda mais, penetrou nos campos niceios, onde pastavam as gigantescas manadas de cavalos dos Grandes Reis. Ali encontrou de 50 mil a 60 mil animais, e o exército montou acampamento durante algum tempo. Atropatos, sátrapa da Média, veio saudar o rei na fronteira da província. Dizem que levou consigo cem amazonas armadas com machados e pequenos escudos. Um lamentável incidente veio perturbar esses dias de repouso. Eumeno e Heféstion faziam parte do séquito de Alexandre. Eumeno de Cardes, que detinha o primeiro lugar no séquito do rei e que Alexandre apreciava por sua competência e sua habilidade – ele tinha muitas vezes homenageado Eumeno, notadamente no transcurso das festas nupciais de Susa, quando do seu casamento com a filha de Artabazes –, tinha uma reputação deplorável no que se referia a questões de dinheiro. Dizia-se que era avarento e não hesitava em fazer o seu interesse pessoal passar à frente do seu dever como arquigramata.[117] Um dia em que o tesouro estava vazio – isso remonta à campanha das Índias –, Alexandre tinha apelado

---

117. O mesmo que chanceler. [N.T.]

para a generosidade dos seus Grandes e havia lhes confiado o cuidado de financiar a preparação da frota. Eumeno devia participar das despesas com a soma de trezentos talentos, mas ele contribuiu com apenas cem, afirmando que, apesar de todos os seus esforços, era-lhe impossível fornecer mais. Ora, Alexandre conhecia a riqueza dele. A sovinice de Eumeno irritou-o de tal modo que o rei resolveu humilhá-lo publicamente. Não lhe fez nenhuma censura, mas recusou a soma oferecida e deu ordem para que pusessem fogo em sua tenda no meio da noite, apagando o incêndio quando o cardiano, ensandecido, tivesse retirado dela todos os seus tesouros, expondo-se assim à zombaria pública. Mas o fogo propagou-se tão rapidamente que a tenda foi logo devorada pelas chamas, destruindo também os arquivos da chancelaria. O ouro e a prata fundidos que foram encontrados entre as cinzas foram avaliados em mais de mil talentos. Alexandre deixou que Eumeno ficasse com o dinheiro, mas enviou a todos os sátrapas e aos governadores de província uma circular determinando que lhe mandassem cópias dos seus arquivos. Eumeno, que "combatia com as plaquinhas e o estilete, e não com a lança e a espada", não era bem visto pelos oficiais macedônios, apesar da influência e da autoridade que desfrutava junto ao rei. Heféstion, entre outros, que era levado a encontrá-lo diariamente, por suas estreitas relações com Alexandre, tivera diversas vezes contas a ajustar com ele. Essa inimizade é, aliás, compreensível quando se pensa na nobreza de caráter do peleano. Tudo o que sabemos sobre ele confirma a sua natureza elevada e cavalheiresca, assim como o seu apego tocante e ilimitado pelo rei. Alexandre amava nele o companheiro das brincadeiras de infância. Todo o esplendor do trono e as transformações profundas que haviam terminado por perturbar o espírito de mais de um dos seus confidentes não tinham modificado em nada a atitude de Heféstion. Sua amizade conservara o frescor entusiasmado da adolescência, idade à qual ambos praticamente ainda pertenciam. Conta-se que um dia Alexandre recebeu de sua mãe uma carta cheia de censuras e de recriminações. Ele teria desejado escondê-la do amigo. Mas este, inclinado sobre o seu ombro, a lera ao mesmo tempo que ele; então o rei, sem dizer nada, encostou nos lábios dele o anel ornado com o selo real, cena que oferece um quadro comovente dos sentimentos que os uniam.

Heféstion e Eumeno tinham discutido muitas vezes, e a antipatia recíproca só esperava um pretexto para se manifestar abertamente. Um presente que o rei deu a Heféstion foi suficiente para desencadear o ciúme do cardiano e provocou uma altercação, no transcurso da qual ambos perderam a moderação. Alexandre pôs fim à disputa. Deu a Eumeno um presente igual ao de Heféstion e, voltando-se para este, censurou-o por esquecer tão facilmente o senso da sua dignidade. Mandou que os dois adversários prometessem se reconciliar. Heféstion recusou-se, considerando-se ofendido, e Alexandre teve dificuldades para acalmá-lo. Finalmente, por amizade ao rei, ele terminou por estender a mão ao cardiano.

Depois de ter liquidado o incidente e ter repousado durante trinta dias nos campos niceios, o rei, seguido pelo exército, partiu para Ecbatana, aonde chegou por volta do final de outubro, após sete dias de marcha. As antigas tradições, lamentavelmente, nada nos transmitiram acerca dos decretos, das fundações e das medidas administrativas que parecem ter ocupado o rei durante o tempo da sua estada na capital dos medos. Mas temos uma descrição detalhada das festas que ele celebrou lá, notadamente das dionisíacas.

Alexandre estabeleceu residência no palácio real. Esse palácio – um monumento datando do apogeu do poderio médico – se estendia ao pé da cidadela e cobria sete estádios. O esplendor do edifício tocava o prodígio. Todo o madeirame era de cedro e de cipreste, o teto e as colunas dos vestíbulos e dos salões inferiores estavam revestidos com placas de prata e de ouro, os telhados eram cobertos com telhas de prata. O templo de Anitis, situado nas proximidades do palácio, era decorado de maneira idêntica. As colunas eram coroadas com capitéis de ouro maciço e o telhado era coberto com telhas de prata e de ouro. Sem dúvida, muitas dessas riquezas deviam ter sofrido com as depredações dos governadores macedônios, mas o conjunto nem por isso deixava de oferecer um espetáculo de extraordinária magnificência. A beleza dos arredores casava com o luxo da residência real. Atrás do palácio erguia-se uma colina artificial, trazendo no cume a cidadela fortificada com ameias e torres, subterrâneos e criptas contendo o tesouro imperial. Diante do palácio desdobrava-se por cerca de três milhas a cidade gigante dominada ao norte pelo cume cintilante do alto Oronte, do qual desciam os aquedutos majestosos de Semíramis.

Nessa cidade verdadeiramente real Alexandre celebrou as dionisíacas, no outono de 324. Inaugurou-as com os grandes sacrifícios, por meio dos quais, todos os anos, agradecia os deuses pela felicidade com que o tinham cumulado. Depois seguiram-se festividades de todos os tipos – jogos atléticos e procissões, torneios poéticos e desfiles de tochas. Banquetes e festins preenchiam os intervalos. No transcurso dessas festas, Atropatos, sátrapa da Média, fez-se notar por suas liberalidades. Ele convidara o exército inteiro para um gigantesco festim, e todos os estrangeiros que tinham acorrido, de perto ou de longe, para assistir ao espetáculo juntaram-se para admirar a longa fileira de mesas em torno das quais estavam os macedônios. No intervalo das fanfarras, os soldados e os oficiais brindavam à saúde do rei e mandavam anunciar pelos arautos os presentes que lhe ofereciam. Aclamações frenéticas saudaram as palavras de Gorgos, instrutor de esgrima: "Ao rei Alexandre, filho de Zeus-Amon, Gorgos oferece uma coroa com 3 mil peças de ouro e, se ele sitiar Atenas, 10 mil armaduras e a mesma quantidade de catapultas, sem contar todas as outras armas de tiro das quais ele possa precisar."

Tal era a atmosfera ruidosa e tumultuosa na qual se desenrolaram essas jornadas. Mas o coração de Alexandre estava cheio de tristeza. Heféstion estava doente. Glaukias, seu médico, apelara em vão para todos os recursos sem conseguir fazer a febre baixar. Alexandre não podia deixar de comparecer às festas. Era preciso que deixasse a cabeceira do amigo para se mostrar ao exército e ao povo. Era o sétimo dia, e os efebos acabavam justamente de terminar os combates. Alexandre estava no meio da colorida multidão que enchia o estádio quando lhe trouxeram a notícia de que Heféstion estava agonizando. Ele foi com toda a pressa para o palácio e entrou no quarto do doente: Heféstion acabara de morrer. A mão dos deuses não podia ferir Alexandre de maneira mais cruel. Durante três dias ele ficou prostrado junto do cadáver bem-amado, arrasado pela dor e pranteando seu tão belo amigo, que o destino arrancava dele na flor da idade. O tumulto das festas foi subitamente sucedido por um silêncio impressionante. O exército e o povo lamentaram a morte do mais nobre dos macedônios, e os magos apagaram os fogos nos templos, como se fosse pela morte de um rei.

Quando os primeiros dias de luto passaram e, com preces e súplicas, os amigos do rei conseguiram separá-lo do cadáver do amigo, Alexandre deu ordem para que fosse preparado o comboio fúnebre que devia conduzir à Babilônia os restos mortais de Heféstion. Seguindo a sugestão de Eumeno, os estrategos, os hiparcos e os heteres ofereceram armas, objetos preciosos e obras de arte de todos os tipos para adornar o carro fúnebre. Perdicas foi encarregado de acompanhá-lo à Babilônia. Lá devia erguer-se a pira e ocorreriam, na primavera, os funerais solenes. Deinócrates partiu com Perdicas a fim de dirigir a construção do estrado monumental. Três mil artistas helênicos foram para a Babilônia para participar da cerimônia.

Logo o rei retomou os assuntos do império, mas sua alma permanecia enlutada pela morte do amigo. O futuro não mais o atraía, a esperança o havia deixado; seu espírito atormentado vagava de projeto em projeto, sem poder se decidir por nenhum. O único consolo parecia ser arquitetar novos planos, mas a tristeza não tardava a dominá-lo novamente. Sua coragem estava quebrada: não acreditava mais nem em si mesmo nem no favor dos deuses.

O ano de 324 chegava ao fim e uma espessa neve já cobria as montanhas quando Alexandre deixou Ecbatana para se dirigir à Babilônia, passando pelo território dos cosseanos. Escolheu essa época do ano porque as tribos de salteadores não poderiam deixar os vales para procurar refúgio no cume das montanhas. Enquanto o grosso do exército o precedia pela estrada principal, ele partiu na direção sul com tropas leves. Os vales foram percorridos por duas colunas, uma comandada pelo rei e outra por Ptolomeu o Lágida. As hordas, aliás pouco numerosas, foram vencidas uma após outra, apesar da feroz resistência, e seus antros foram destruídos. Muitos bárbaros foram mortos ou feitos prisioneiros e outros, forçados a se submeter. Alexandre impôs que renunciassem à vida nômade, fundassem aldeias e passassem a se dedicar à agricultura. Ao cabo de quatro dias, o povo independente, que até então bloqueava os desfiladeiros, teve de renunciar à luta – a exemplo dos uxianos, cadusianos, mardos e paretacenos – e recebeu do vencedor os primeiros rudimentos da civilização.

Alexandre desceu para a Babilônia em pequenas etapas, a fim de deixar que as diferentes colunas tivessem tempo de se juntar a ele. Queria concentrar todas as forças naquela cidade, que devia servir doravante de metrópole do império e residência do rei. Por sua grandeza, sua glórtia secular e sua posição geográfica, a Babilônia era particularmente adequada para assumir esse papel. Era a encruzilhada para onde afluíam todas as mercadorias do sul, as essências odoríferas das Índias e as especiarias da Arábia. Situada a meio caminho entre os povos do Oriente e do Ocidente, estava no entanto mais próxima desse Ocidente para o qual Alexandre voltava os olhos, agora que conquistara a Ásia. No Ocidente estavam a Itália, essa Itália onde o esposo de sua irmã, o rei de Épiro, perdera a honra e a vida, a Ibéria rica em prata e povoada de colônias fenícias, cujas cidades-mães pertenciam agora ao novo império, e, enfim, Cartago, sempre fiel à aliança com os persas e que não tinha parado de guerrear contra os helenos da Sicília e da Líbia. As profundas metamorfoses do Oriente tinham levado a reputação de Alexandre até as colunas de Hércules, e os povos mais longínquos contemplavam seu poderio, uns com apreensão, outros com esperança. Eles tiveram de reconhecer que era preciso estabelecer boas relações com aquele que tinha nas mãos os destinos do mundo. Pensaram em preparar o seu próprio futuro, facilitando-lhe a vinda.

Também esses povos longínquos enviaram embaixadores ao acampamento de Alexandre, ora para levar-lhe homenagens e presentes, ora para solicitar sua arbitragem nos conflitos que os punham em luta com os vizinhos. Foi somente então, diz Arriano, que o rei e seu séquito compreenderam que ele tinha se tornado o senhor da terra e do mar. Alexandre mandou que lhe entregassem a lista dos embaixadores, a fim de determinar a ordem das audiências. Em primeiro lugar vinham os portadores de mensagens sagradas, os embaixadores de Élis, de Amônion, do templo de Delfos, de Corinto e de Epidauro, segundo a importância do santuário que os tinha enviado. Depois vinham os que lhe traziam presentes, os que solicitavam a sua arbitragem, os que estavam encarregados de negócios privados e, por fim, os delegados helênicos que vinham protestar contra o retorno dos proscritos.

Os historiadores da época de Alexandre não se deram ao trabalho de enumerar todas essas embaixadas. Só citam aquelas que se distinguiam das outras por uma peculiaridade qualquer, e só estudando a história dos respectivos povos podemos adivinhar as razões que motivaram sua vinda. Arriano diz, sem mais detalhes, que essas embaixadas incluíam enviados dos brutianos, dos lucanianos e dos etruscos; porém, ao contrário daquilo que afirmam outros autores, ele duvida de que entre eles houvesse embaixadores de Roma.

É natural que as cidades gregas da Itália, desunidas e apáticas, tenham depositado toda a esperança no conquistador da Ásia, em vez de tirar proveito por si próprias desses anos tão favoráveis à expansão do gênio helênico. Porém, é igualmente natural que os habitantes da península Itálica tenham receado a sua vinda, temendo ver serem arrancadas deles as cidades costeiras que haviam tão penosamente conquistado. Alexandre não tinha enviado aos habitantes de Crotona algumas peças do butim conquistado em Gaugamelo, sob o pretexto de que um dos seus combatera contra Xerxes em Salamina? Será por casualidade que nenhuma embaixada samnita é citada? Ou será que não veio nenhuma? Em todo caso, será que os governantes patrícios de Roma, que sempre deram prova de tanta perspicácia política – e que tinham sabido se aliar aos lucanianos e aos apulianos na luta contra os samnitas –, puderam crer que era útil angariar o favor daquele que ameaçava tomar partido contra eles no momento em que buscassem submeter as cidades gregas da Campânia? Uma passagem de outro texto informa-nos que Alexandre encarregou os antiatas, que eram súditos dos romanos, de dizer-lhes que ele os castigaria se persistissem em efetuar as incursões marítimas às quais se entregavam juntamente com os etruscos.

A embaixada dos etruscos se explica pelos inumeráveis conflitos que suas reiteradas incursões faziam nascer entre eles e as cidades helênicas. Os atenienses não acabavam justamente de montar uma expedição para fundar, na entrada do mar Adriático, uma colônia que protegesse seus navios, servindo ao mesmo tempo de armazém para as suas mercadorias e de escala para os seus navegadores?

É fácil adivinhar o objetivo perseguido pelas embaixadas cartaginesas, líbias e ibéricas. A conquista da Fenícia por Alexandre devia incitar não somente Cartago, mas as colônias púnicas da África do Norte e da Ibéria a manter boas relações com o soberano de um poderoso império, do qual eles tinham a temer muito mais do que uma simples rivalidade comercial.

Entre as outras embaixadas enumeram-se as dos citas, dos celtas e dos etíopes. Essa última tinha aos olhos de Alexandre, sem dúvida, uma importância ainda maior pelo fato de que ele agora planejava contornar a Arábia por mar e prolongar até a costa oriental do Egito a rota marítima que ligava o Indo ao Eufrates.

Já tinha sido enviada para a Fenícia a ordem para recrutar marinheiros e construir navios, que deviam ser transportados, peça por peça, até os estaleiros do Eufrates. Nearco e sua frota tinham recebido uma mensagem, ordenando que subissem o rio e ancorassem diante da Babilônia. A campanha contra as tribos árabes devia começar logo após a chegada do rei àquela cidade. Simultaneamente, Heráclido, filho de Argaios, fora enviado para as margens do mar Cáspio com uma equipe de carpinteiros, a fim de derrubar árvores na floresta hircaniana, reunir grande quantidade de madeira para construção e constituir uma esquadra de guerra, composta de navios com e sem ponte, segundo a tradição helênica. O objetivo da expedição era explorar o mar Cáspio, verificar se ele oferecia passagem para o norte e ver se era possível tomar essa rota para chegar ao oceano Índico. Graças a essa expedição, Alexandre também devia pensar em efetuar a campanha contra os citas, sobre a qual ele havia conversado cinco anos antes com o rei dos corasmianos. Durante esse período, o exército de terra recebera consideráveis reforços, que deviam se concentrar na Babilônia no início da primavera. Alexandre, evidentemente, arquitetava projetos gigantescos. Queria efetuar, ao que parece, três campanhas simultâneas, no norte, no sul e no oeste. Talvez pensasse em confiar sua execução a vários generais, cada um agindo isoladamente, enquanto ele permaneceria na Babilônia para coordenar as operações.

As tropas e seus chefes devem ter descido para a Babilônia com impaciência febril, receando ou esperando novas campanhas. Não sabiam quão abatido o rei estava pela morte do amigo, nem se seus projetos fantásticos tinham como única finalidade impor silêncio ao desgosto que o consumia. Ignoravam quão enfraquecida estava a sua alegria de viver e como a sua alma estava cheia de pressentimentos fúnebres. Sua juventude tinha descido ao túmulo junto com Heféstion. Embora tivesse chegado somente ao limiar da idade madura, começava a envelhecer: o pensamento da morte se insinuara nele.

O Tigre tinha sido atravessado e os telhados da capital se perfilavam no horizonte quando alguns caldeus da casta mais nobre, os sacerdotes astrólogos da

Babilônia, foram ao encontro do exército. Aproximaram-se do rei, chamaram-no à parte e rogaram que não prosseguisse a marcha para a Babilônia: a voz do deus Bel lhes revelara que a entrada na cidade lhe traria desgraça. Alexandre respondeu-lhes citando o verso do poeta: "O melhor adivinho é aquele que prediz a felicidade." Eles insistiram: "Não chegue à Babilônia olhando para o oeste. Contorne a cidade, a fim de entrar nela olhando para o leste."

Por conseguinte, Alexandre deu ordem para que o exército montasse acampamento na margem oriental do Eufrates. Esperava atravessar o rio no dia seguinte e fazer um desvio para entrar na capital como se chegasse do oeste. Porém, o rio era bordejado de pântanos. Só no interior da cidade havia pontes. Teria sido necessário fazer um longo caminho para atingir os arrabaldes ocidentais da Babilônia. Afirma-se que o sofista Anaxarco empregou todos os argumentos filosóficos para vencer a superstição do rei. Porém, é mais verossímil pensar que Alexandre considerou essa perda de energia e de tempo como desproporcional ao perigo imaginário com o qual os magos o ameaçaram. Aliás, eles deviam ter excelentes razões para querer retardar sua entrada na Babilônia. No ano de 330 Alexandre lhes dera ordens para reconstruir o templo de Bel, que estava em ruínas desde o reinado de Xerxes. Durante sua ausência, os trabalhos tinham sido suspensos e os caldeus tinham desviado em seu proveito os enormes rendimentos dos domínios sagrados, destinados à manutenção do santuário. Não seria de espantar que os astrólogos lhe pedissem que não entrasse na Babilônia, ou pelo menos se esforçassem para retardar ao máximo a sua chegada. Alexandre decidiu não seguir o conselho dos caldeus e entrou à frente do exército nos bairros orientais da cidade. Foi recebido com alegria pela população, que celebrou o retorno com festas e banquetes.

Aristóbulo diz que estava na Babilônia, naquela época, Pitágoras de Anfípolis, que pertencia a uma linhagem de sacerdotes e era muito versado no exame das entranhas das vítimas. Seu irmão Apolodoro, que desde 331 era estratego dessa província, havia cometido malversações enquanto Alexandre estava nas Índias. O rei o tinha convocado a Ecbatana. Conhecendo os castigos exemplares que Alexandre costumava infligir aos sátrapas pouco escrupulosos, Apolodoro pensava no futuro com apreensão. Assim, ele enviou um mensageiro até seu irmão, na Babilônia, pedindo-lhe que interrogasse para ele as entranhas. Como Pitágoras tinha mandado perguntar-lhe quem ele mais temia, o irmão lhe respondeu: o rei e Heféstion. Com base nisso, o arúspice[118] procedeu aos ritos habituais e escreveu para Ecbatana para dizer ao irmão que logo Heféstion não seria mais um perigo para ele. Apolodoro recebeu a carta na véspera da morte de Heféstion. Pitágoras interrogou em seguida as vítimas a respeito de Alexandre. Encontrou a mesma disposição das entranhas e enviou a mesma resposta ao irmão. Apolodoro logo foi encontrar-se com o rei para lhe mostrar que seu devotamento era maior do que qualquer temor. Disse-lhe que Pitágoras, depois de ter consultado as vítimas, lhe anunciara a morte de Heféstion com vários dias de antecedência e acrescentou que o irmão não havia descoberto nada de bom no que dizia respeito ao rei. Exortou-o a ser prudente e a evitar os perigos dos quais os deuses o advertiam. Uma vez chegado à Babilônia, Alexandre mandou convocar Pitágoras para indagar-lhe o que o tinha motivado a escrever ao irmão uma carta tão alarmante. "O fígado da vítima não tinha cabeça", respondeu Pitágoras. Alexandre agradeceu sua franqueza e mandou-o embora com todos os sinais de benevolência. Porém, ficou impressionado com essa coincidência entre as predições do arúspice helênico e as exortações dos astrólogos caldeus. Sentiu-se oprimido pelas muralhas da cidade que talvez devesse ter evitado. Sua estadia prolongada no palácio lhe causava uma inexprimível angústia. Porém, era impossível deixar a capital.

Novas embaixadas acabavam de chegar dos territórios helênicos. Elas incluíam vários macedônios, assim como delegações de trácios, de ilírios e de outras províncias que vinham apresentar queixa contra o regente Antípater. Este enviara à Babilônia seu filho mais velho, Cassandro, para defender sua causa. Talvez ele quisesse dar ao rei uma prova renovada de devotamento, pois Jolas, seu filho caçula, já estava junto de Alexandre.

A escolha não foi feliz. Cassandro, que na Macedônia sentia-se o filho do principal funcionário do país, não soube refrear o caráter arrebatado

---

118. Sacerdote que previa o futuro examinando as vísceras dos animais sacrificados. [N.T.]

na presença do soberano. Na primeira audiência, desatou a rir ao ver os persas colocarem o joelho no chão e tocarem com a testa os degraus do trono. Sua insolência provocou descontentamento em Alexandre, que lhe mostrou a inconveniência da atitude. Os queixosos expuseram todas as reclamações contra Antípater. O filho insurgiu-se contra eles e chamou-os de caluniadores. Alexandre cortou-lhe a palavra: "O que estás dizendo? Crês que esses homens fizeram uma viagem tão grande pelo simples prazer de caluniar o regente?" Cassandro respondeu-lhe que eles tinham interesse em vir à Babilônia, onde era impossível realizar qualquer inquérito; a viagem traía má-fé. "Eu reconheço muito bem os sofismas de Aristóteles", replicou Alexandre, no cúmulo da irritação, "graças aos quais provam-se ao mesmo tempo o verdadeiro e o falso. Mas desgraçado de vós, se eu souber que haveis causado dano a essas pessoas." Infelizmente, não sabemos qual foi o resultado dessa intervenção. Da mesma forma, nada exato nos foi transmitido acerca das negociações com os embaixadores helênicos. Podemos presumir, contudo, pelas conversações anteriores – no decorrer das quais os casos em litígio tinham sido resolvidos com a satisfação das duas partes, e as recriminações contra o retorno dos proscritos tinham sido definitivamente rejeitadas –, que devia se tratar apenas de felicitações pelas vitórias alcançadas nas Índias, de uma troca de presentes e de ações de graças realizadas para agradecer os benefícios do rei. Alexandre respondeu aos sinais de deferência outorgando honrarias especiais aos embaixadores e restituindo às cidades outrora pilhadas por Xerxes todas as estátuas e imagens votivas que ele pudera resgatar em Pasárgada, em Susa e na Babilônia.

Os assuntos locais da grande residência devem ter obrigado o rei a prolongar a sua estadia. Em todo caso, as tradições nos dizem que Alexandre, constatando com os próprios olhos o pequeno avanço dos trabalhos cuja execução havia prescrito – notadamente a reconstrução do templo de Bel –, deu ordem para proceder a eles ativamente e sem mais delongas. Como as tropas estavam momentaneamente desocupadas, mandou que elas se engajassem nos canteiros de obras. Vinte mil homens trabalharam durante dois meses, removendo entulho e limpando os arredores do edifício.

XXXVIII

CHEGADA DOS NAVIOS DA FENÍCIA ∾ PROJETO DE CONQUISTA DA ARÁBIA ∾ EXPLORAÇÃO DAS COSTAS ARÁBICAS ∾ ILHA DE ÍCARO ∾ INSPEÇÃO NOS CANTEIROS DE OBRAS DO PALLACOPAS ∾ VISITA À REGIÃO ∾ FUNDAÇÃO DE ALEXANDRIA DA ARÁBIA ∾ VISITA AOS TÚMULOS REAIS ∾ ALEXANDRE PERDE O DIADEMA ∾ RETORNO À BABILÔNIA ∾ INCORPORAÇÃO DOS NOVOS RECRUTAS ∾ DIONISO, O MESSÊNIO SENTA-SE NO TRONO ∾ FUNERAIS DE HEFÉSTION ∾ DOENÇA DO REI ∾ MORTE DO REI (323)

Alexandre pôde, enfim, deixar a Babilônia. A esquadra fluvial, construída por Nearco, alcançara a capital depois de ter atravessado o golfo Pérsico e estava fundeada diante das muralhas da residência. Os navios da Fenícia também tinham chegado. Duas quinquerremes, três quadrirremes, doze trirremes e trinta birremes tinham sido transportadas peça por peça dos estaleiros da costa até Tapsaco, onde tinham sido remontadas para descer o Eufrates. Além disso, o rei tinha dado ordem de construir alguns navios na própria Babilônia. Como só cresciam palmeiras na região, ele mandou derrubar os ciprestes que havia em profusão nos jardins reais. A frota logo atingiu grande número de unidades. Como o rio não oferecia nenhum porto capaz de abrigá-la, Alexandre mandou escavar, não longe da residência, um imenso tanque provido de quebra-mares, bastante vasto para conter mil navios. Na sequência de uma proclamação real, marinheiros, carpinteiros e mercadores chegaram da Fenícia e dos outros territórios litorâneos do Mediterrâneo para usar a nova rota comercial ou para se alistar na marinha. Enquanto esses preparativos progrediam ativamente, Micalo de Clezomene foi enviado com quinhentos talentos para a Fenícia e a Síria, a fim de recrutar o maior número possível de pescadores e navegadores. O rei queria fundar colônias nas margens e nas ilhas do golfo Pérsico, a fim de favorecer o comércio nessas águas meridionais e assegurar proteção ao litoral da Arábia. Alexandre conhecia os variados produtos desse país e esperava drená-los com muita facilidade para a Pérsia, pois a costa da península lhes oferecia uma venda mais fácil. O imenso deserto que se estende das fronteiras do Egito até os portos de Tapsaco e da Babilônia estava cheio de tribos de beduínos que perturbavam as satrapias vizinhas. Obrigando-os a se submeter, Alexandre não somente assegurava o tráfego nas estradas e a paz nas fronteiras, mas também abria comunicações mais rápidas entre o Egito e a Babilônia. Mas, para isso, seria necessário conquistar a ponta setentrional do mar Vermelho e colonizar a Arábia para, em seguida, unir as rotas terrestres que atravessavam a Arábia à rota marítima que contornava a costa e cuja exploração constituía o objetivo da próxima expedição naval.

Três navios já tinham deixado o rio para efetuar incursões pelo mar. Arquias foi o primeiro a voltar com sua trirreme; descobrira uma ilha ao sul do estuário do Eufrates; era pouco extensa, muito arborizada e habitada por um povo pequeno e pacífico, que honrava a deusa Artemis e deixava pastar em liberdade os cervos e as cabras selvagens destinados ao seu culto. A ilha situava-se em frente do golfo de Gerra, onde começava a grande rota transarábica que levava ao mar Vermelho e ao Mediterrâneo. Muito estranhamente, Alexandre deu à ilha o nome de Ícaro, herói da mitologia que desejara atingir o Sol e pagara por sua temeridade afogando-se nas ondas. Deixando a ilha de Ícaro, Arquias contou que tinha chegado diante de uma segunda ilha, situada a sudeste da primeira, chamada de Tylos por seus habitantes. Era grande, "nem pedregosa nem arborizada", favorável à agricultura – em suma, uma ilha bem-aventurada. Ele poderia ter acrescentado que ela estava no meio dos recifes de ostras perlíferas, sobre os quais mais de uma lenda havia se espalhado entre os macedônios.

O segundo barco, conduzido por Andróstenes, retornou pouco depois. Ele seguira a costa e observara grande parte das praias arábicas. Dos três navios enviados em exploração, o pilotado por Hieron de Soles tinha ido mais longe. Sua missão consistia em contornar toda a península da Arábia e penetrar no golfo que entrava pelo Egito até algumas milhas de Heroompólis. Explorara uma porção considerável da costa, mas não ousara aventurar-se tão longe. Trazia a notícia de que as dimensões da península eram enormes, provavelmente iguais às das Índias. Navegara para o sul, até um promontório que avançava pelo mar, a perder de vista. As margens desertas e arenosas da região tornavam a continuação da viagem muito difícil.

Enquanto na Babilônia e nos arredores se procedia ativamente aos trabalhos ordenados por Alexandre, enquanto a construção dos quebra-mares, a escavação do tanque, a desobstrução da torre de Bel e a edificação da grandiosa pira para os funerais de Heféstion avançavam rapidamente, o rei desceu o curso do Eufrates com alguns navios a fim de visitar os canteiros de obras de Pallacopas. Esse canal está cerca de vinte milhas abaixo da Babilônia. Parte do Eufrates na direção oeste e vai dar em um lago que se perde em uma série de pântanos situados na fronteira arábica. O canal é muito importante para toda a região, pois quando as águas do rio aumentam de volume na primavera e o sol do verão faz derreter a neve das montanhas armênias, toda a região seria arrasada por inundações se o Eufrates não encontrasse uma série de canais por onde transbordar, dos quais o de Pallacopas é o principal. Ele protege o rico vale da Babilônia superior e desvia o excesso das águas para regiões longínquas e ressequidas, que irriga e fertiliza. Mas quando a cheia passa e o nível do Eufrates baixa, no outono, é preciso fechar rapidamente as eclusas para o rio não seguir a inclinação mais fácil, abandonando o leito. Esse trabalho é muito penoso. O local onde o canal tem início é argiloso, e os aterros não oferecem resistência suficiente à corrente do rio. Na primavera, os diques do canal correm a todo momento o risco de ser carregados e no outono, todos os anos, o trabalho de fechamento custa muito esforço e dinheiro.

Desejando resolver esse problema, Alexandre foi até lá, para inspecionar os canteiros de obras. Dez mil homens trabalhavam ali havia três meses sob as ordens do sátrapa da Babilônia. O rei desceu ao longo do rio, a fim de explorar suas margens. Uma hora abaixo da embocadura do canal, encontrou uma margem sólida que preenchia todas as condições requeridas. Ordenou que escavassem ali o novo canal e o unissem, na direção noroeste, ao antigo leito do Pallacopas. Depois, a embocadura primitiva foi aterrada. Alexandre esperava que esses trabalhos facilitassem ao mesmo tempo a abertura e o fechamento do canal. A fim de conhecer melhor a natureza da região, retornou ao

Pallacopas, costeou o canal, chegou ao lago e seguiu a fronteira árabe. A beleza das margens e, mais ainda, a importância da região o impeliram a fundar ali uma cidade destinada a facilitar o acesso à Arábia e a proteger a Babilônia contra incursões de beduínos. Ele logo assentou as primeiras fundações e estabeleceu uma colônia que foi habitada por mercenários gregos, veteranos e voluntários nativos.

Nesse ínterim, ficara pronta a pira monumental para Heféstion. Os jogos funerários em sua memória podiam começar. Esse fato, juntamente com a chegada das novas tropas, obrigou o rei a retornar para a residência. Alexandre – dizem – não tinha nenhuma apreensão com a ideia de voltar para a Babilônia, já que as predições dos caldeus não tinham se realizado na sua última estada nessa cidade. A viagem de retorno começou sob os melhores auspícios. No caminho, o rei quis visitar os túmulos dos primeiros reis persas, que tinham sido edificados no meio dos pântanos. Alexandre pilotava a sua embarcação. Ele a conduziu através de um lago cuja grande profundidade e os juncos tornavam difícil sua navegação. Subitamente, um brusco golpe de vento arrancou a causia[119] real que ele levava na cabeça segundo o costume macedônio. O diadema desprendeu-se dela, caiu no fundo do lago e ficou enganchado nas plantas, perto de um velho túmulo submerso. Um marinheiro fenício, que estava no barco, mergulhou para buscá-lo. Conseguiu alcançá-lo e colocou-o na cabeça para nadar mais comodamente. Sinal funesto: o diadema real cingindo a testa de um estrangeiro! Os adivinhos, que o rei mantinha sempre junto de si, o exortaram a apagar esse presságio mandando decapitar o marinheiro. Alexandre se recusou, mas mandou açoitá-lo por ter faltado com o respeito para com o diadema. Depois, presenteou-o com um talento para agradecê-lo pela coragem e recompensá-lo por ter recuperado o emblema da realeza.

Em seu retorno à Babilônia, Alexandre inspecionou as novas tropas que estavam reunidas ali. Peucestas, sátrapa da Pérsia, mobilizara 20 mil homens, tirados dos habitantes da sua província, e um importante contingente de cosseanos e de tapurianos que pertenciam aos povos mais belicosos da Ásia.

---

119. Espécie de chapéu de abas largas usado pelos reis da Macedônia. [N.T.]

Filoxeno chegara da Cária com um exército. Menandro trazia outro da Lídia. Mênidas regressara da Macedônia com vários esquadrões de cavalaria. O rei recebeu-os com uma alegria manifesta, sobretudo os contingentes persas. Felicitou Peucestas por seu nobre porte e agradeceu aos homens pela prontidão com que tinham respondido à sua convocação e à dos sátrapas.

A nova formação que Alexandre deu a uma parte da sua infantaria é das mais significativas, porque prova que ele pretendia guerrear contra os povos itálicos. Até então, a falange era composta de dezesseis grupos de soldados de infantaria macedônios pesadamente armados. Doravante, ela englobaria três grupos de macedônios, doze grupos de persas – em parte arqueiros e em parte soldados da infantaria pesada armados com dardos de caça – e, por fim, três grupos de macedônios que fechavam a marcha. A nova repartição transformava inteiramente a tática macedônia.

A falange, invencível diante dos povos asiáticos, recebeu assim uma nova fisionomia, tirada dos povos da Itália: o rei de Épiro, cunhado de Alexandre, lutara contra formações desse tipo. Uma transformação assim teria de impressionar os espíritos. Além disso, espalharam-se rumores segundo os quais a ordem de armar numerosos navios tinha sido enviada às províncias mediterrânicas, e já se falava à boca pequena de campanhas tendo como objetivos a Sicília, a Ibéria e a África. Parecia, na verdade, que enquanto a frota se apoderaria por mar dos territórios costeiros da Arábia, o exército de terra marcharia para o oeste, a fim de submeter os bárbaros do Ocidente e os inimigos da civilização grega na África e na Itália.

Alexandre procedeu, ele próprio, à incorporação dos contingentes persas. A cerimônia ocorreu no jardim real. O rei estava sentado em um trono de ouro, com a fronte cingida pelo diadema e coberto com a púrpura imperial. Em ambos os lados do trono havia amigos sentados em cadeiras mais baixas e com pés de prata. Atrás deles, à distância protocolar, enfileiravam-se eunucos de pé, com os braços cruzados, segundo o costume asiático, vestidos com o traje médico. Coluna após coluna, as novas tropas desfilaram diante do rei. Ele passou-as em revista e repartiu-as entre as diversas falanges. A inspeção durou vários dias. Uma tarde, o rei, tomado subitamente pelo cansaço, levantou-se do trono, depositou nele o diadema e o manto de púrpura e dirigiu-se para um tanque do jardim a fim de se banhar. Conforme o hábito, seus amigos o seguiram, enquanto os eunucos permaneceram imóveis. Entrementes, um desconhecido atravessou a passos lentos a fileira de eunucos que, segundo os costumes persas, não tinham o direito de intervir, subiu um a um os degraus do trono, colocou o diadema e a púrpura e sentou-se no lugar do rei, olhando fixamente para a frente. Os eunucos rasgaram as suas vestes, bateram no rosto e no peito e deram gritos de horror ao verem esse presságio fatal. Nesse exato momento, o rei voltou do banho e empalideceu ao perceber o seu duplo sentado no trono. Mandou perguntar ao desgraçado quem ele era e o que desejava. Esse último permaneceu mudo longo tempo, com o olhar aparvalhado. Por fim, falou: "Eu me chamo Dioniso e sou de Messena. Fui acusado e trazido da praia coberto de correntes. Agora, o deus Serapis me libertou; ele me ordenou que cingisse a púrpura e o diadema e me sentasse aqui sem pronunciar palavra." Ele foi submetido a tortura para saberem se tinha intenções criminosas e para fazê-lo confessar o nome de seus cúmplices, mas persistiu em dizer que tinha agido por instigação do deus. Era evidente que perdera a razão. Os adivinhos exigiram que fosse morto.

Era o mês de maio de 323. Toda a cidade da Babilônia retinia com um tumulto guerreiro. Os jovens recrutas, impacientes para receber finalmente o batismo das armas, exercitavam-se no combate segundo as novas formações. A frota, pronta para lançar-se ao mar, saía quase todos os dias para se aperfeiçoar no manejo dos remos e das velas, sob o olhar de milhares de espectadores reunidos nos terraços da residência. O rei assistia quase sempre a esses exercícios e jogos, felicitando os vencedores e entregando-lhes pessoalmente coroas de ouro. Sabia-se que iriam entrar em campanha. Pensava-se que os funerais de Heféstion assinalariam o início dos sacrifícios e dos festins com os quais Alexandre tinha o hábito de inaugurar operações militares. Inúmeros estrangeiros tinham vindo assistir a essas festas, notadamente alguns delegados da Hélade que, em virtude da decisão tomada pelo povo de Atenas de conceder ao rei as honras divinas, tinham assumido o caráter de teoros sagrados. Revestidos dessa dignidade, compareceram diante de Alexandre e lhe dedicaram as coroas votivas que tinham trazido da Grécia. Por sua vez, os teoros do rei voltaram de Amônion, para onde tinham ido perguntar ao deus como deviam ser inumados os despojos de Heféstion. O deus tinha respondido que lhe concedessem honras heroicas. Logo após a recepção dessas embaixadas, o rei deu ordem para que os funerais começassem.

Uma parte das muralhas da Babilônia tinha sido derrubada e na imensa brecha erguia-se, com a altura de duzentos pés, com cinco andares superpostos, a monumental casa funerária na qual Alexandre despendera 10 mil talentos, aos quais tinham se somado 2 mil talentos ofertados pelos amigos do rei, os Grandes, os embaixadores e o povo da Babilônia. O edifício inteiro resplandecia de ouro e de púrpura. Pinturas e estátuas acumulavam-se até o topo. No cume do catafalco erguiam-se gigantescas efígies de sereias, pela boca das quais ecoavam coros cantando os hinos dos mortos.[120] A pira foi entregue às chamas entre os cortejos, as deplorações e os sacrifícios rituais. Enquanto os turbilhões de chamas expandiam-se em direção ao céu, Alexandre viu o maravilhoso cenotáfio se consumir diante dos seus olhos, deixando para trás desolação e luto. Depois procederam à apoteose de Heféstion. O próprio Alexandre dedicou as primeiras oferendas ao amigo glorificado. Dez mil animais foram sacrificados em sua memória e divididos entre o exército, que tomou parte integralmente no festim fúnebre.

Outras solenidades ocorreram durante os dias que se seguiram. O rei fez aos seus deuses os sacrifícios costumeiros. Ele já tinha fixado o dia em que a

---

120. Diodoro apresenta uma descrição impressionante desse cenotáfio: "O monumento erguia-se sobre uma base quadrada, com um estádio de lado, e consistia em cinco andares de grandeza decrescente, atingindo a altura de 130 alnas. Suas faces externas eram decoradas com um luxo prodigioso. Do andar inferior saíam 240 proas de quinquerremes, douradas e trazendo nos seus parapeitos alguns arqueiros de joelhos e outras figuras. No segundo andar estavam fixados gigantescos candelabros com a altura de 15 alnas, ornamentados com coroas de ouro e com águias de asas abertas, em direção às quais se erguiam serpentes. Em torno do terceiro andar corria um friso dourado representando uma cena de caça; em torno do quarto, uma batalha de centauros, e em torno do quinto, alternadamente, leões e touros. Algumas panóplias de armas macedônias e bárbaras – símbolos da fusão dos exércitos persas e helênicos – encabeçavam o todo. No cume, por fim, erguiam-se enormes sereias ocas, no interior das quais deviam tomar lugar os coros invisíveis dos mortos." Esse monumento, no qual os estilos grego e asiático se interpenetram tão curiosamente, não era uma simples pira: parece mais provável – embora nós não tenhamos a esse respeito nenhum testemunho preciso – que se tratasse de um túmulo [*tumulus*]. "A ideia de Alexandre", diz Wilcken, "era sem dúvida dedicar ao amigo preferido um esplêndido heroon, digno, pela grandeza e o fausto, das colossais construções da Babilônia, e que eternizasse, no coração da Ásia, a glória de Heféstion, assim como os dois templos de Alexandria fariam no Ocidente." [N.A.]

frota devia içar velas. A campanha contra a Arábia ia começar. O rei invocou os deuses que trazem a felicidade e também, a conselho dos adivinhos, aqueles que afastam a desgraça. Enquanto os soldados do exército festejavam ruidosamente o rei e bebiam à sua saúde o vinho que ele tinha mandado distribuir-lhes, Alexandre reuniu os amigos em um banquete de adeus oferecido ao almirante Nearco. Era 30 de maio, por volta do fim do dia. A maioria dos convidados já tinha partido quando o tessaliano Médios, um dos heteres, pediu ao rei que participasse de uma pequena ceia íntima. O rei, que tinha afeto pelo nobre tessaliano, aceitou o convite e foi para a sua casa. O humor alegre dos convivas o animou. Separaram-se na aurora, prometendo reencontrar-se nessa mesma noite.

Alexandre voltou para o palácio, banhou-se e dormiu já com o dia claro. À noite, retornou à casa de Médios. Beberam, como na véspera, até uma hora avançada. Quando o rei voltou para casa, sentiu-se adoentado. Banhou-se, fez uma refeição leve e deitou-se com febre. Na manhã de 1º de junho, despertou coberto de suor. As violentas emoções dos últimos dias e a sucessão ininterrupta de festins nos quais havia tomado parte o tinham enfraquecido. Ele teve de ser carregado do seu leito até o altar, para proceder aos sacrifícios que tinha o hábito de realizar todas as manhãs. Depois, estendeu-se sobre um leito de descanso na sala da guarda, mandou entrar os generais e deu a cada um as instruções necessárias para a próxima campanha. O exército de terra devia se colocar em marcha no dia 3, e a frota, com a qual ele contava embarcar, no dia seguinte. Por volta do fim do dia, desceram-no até o Eufrates. Ele subiu a bordo de um barco e fez com que o conduzissem aos jardins situados na outra margem. Banhou-se e passou toda a noite a tiritar de febre.

No dia seguinte, depois de ter feito as suas abluções e cumprido os sacrifícios rituais, foi até a chancelaria, onde ficou deitado até a noite. Médios foi visitá-lo e procurou distraí-lo com uma conversa. O rei convocou os generais para a manhã seguinte. Depois de ter comido um pouco, deitou-se. A febre aumentou. Seu estado piorou. Ele não dormiu durante a noite.

Na manhã de 3 de junho, depois do banho e do sacrifício, o rei recebeu Nearco e outros oficiais da frota. Declarou que a partida deles devia ser adiada por causa da sua doença, mas que pensava estar suficientemente restabelecido para poder embarcar no dia 6. Ficou deitado em sua sala de banhos. Mandou que Nearco se sentasse na cabeceira e pediu-lhe que lhe contasse, mais uma vez, as peripécias da viagem. Alexandre ouviu-o com a maior atenção, dizendo que se rejubilava por logo poder se defrontar com perigos similares. Porém, nesse meio-tempo, seu estado piorou ainda mais e a febre aumentou. Ele nem por isso deixou de convocar os oficiais da frota para a manhã do dia 4, depois do banho e do sacrifício, e deu-lhes ordem para que estivessem prontos para recebê-lo a bordo e para levantar âncora no dia 6. À noite, porém, depois do banho, teve um novo acesso de febre. Suas forças declinavam visivelmente. Passou mais uma noite penosa, durante a qual não pôde dormir. Pela manhã, sacudido por calafrios, fez com que o carregassem até diante da grande bacia, onde realizou o sacrifício com dificuldade. Recebeu os oficiais, deu mais algumas ordens para a partida da frota e conversou com os estrategos sobre alguns postos de oficiais que faltavam ser preenchidos. Deixou-lhes o cuidado de designar os titulares, mas recomendou-lhes que os submetessem a um exame muito severo.

Chegou o dia 6 de junho. O rei estava cada vez pior. No entanto, fez com que o levassem ao altar e realizou o sacrifício. Ordenou que adiassem de novo a partida da frota. A noite foi muito agitada. Na manhã seguinte, ele mal teve forças para invocar os deuses. Ordenou aos estrategos que se reunissem no vestíbulo do palácio, enquanto os quiliarcas e os pentacosiarcas se reuniam no corredor. Depois, fez com que o transportassem para o interior do palácio. Sua fraqueza aumentava a cada instante. Quando os estrategos entraram, ele ainda os reconheceu, mas não pôde falar com eles. Aquela noite e o dia e a noite seguintes se passaram em angústia. A febre persistia. O rei jazia inanimado.

As tradições contam – e nós acreditamos nelas sem dificuldade – que a doença de Alexandre provocou uma extraordinária consternação no exército e na cidade. Os macedônios cercaram o palácio. Queriam ver o seu rei, temendo que já tivesse morrido e estivessem escondendo deles a notícia fatal.

Não se deixaram convencer nem pelas súplicas nem pelas ameaças, e se recusaram a ir embora antes que tivessem lhes aberto os portões. Então, sem pronunciar palavra, desfilaram em silêncio diante da cama real. Alexandre, erguendo um pouco a cabeça, estendeu a todos a mão direita e despediu-se dos veteranos, saudando-os com o olhar. Naquele dia – era 10 de junho – Python, Peucestas, Seleucos e alguns outros foram até o templo de Serapis e perguntaram ao oráculo se era conveniente levar Alexandre ao santuário para que ele suplicasse ao deus que o curasse. O deus lhes respondeu: "Não o tragam. Estará melhor se ficar onde está." No dia seguinte, 11 de junho,[121] Alexandre deu o último suspiro. Ainda não completara trinta e três anos.

Nenhum documento digno de fé nos permite saber se Alexandre expressou antes de morrer, por meio de palavras ou de sinais, as suas vontades concernentes à herança do império, à forma de regência ou às primeiras medidas a serem tomadas após a sua morte. Se não o fez é porque a lucidez e a força de espírito devem ter-lhe faltado no momento em que percebeu que o fim estava próximo. O adeus mudo que dirigiu aos macedônios foi, sem dúvida, a derradeira manifestação da sua consciência enfraquecida. A agonia, que se seguiu, escondeu dos seus olhos a ruína de tudo o que havia realizado, tudo o que havia desejado.

Com seu derradeiro suspiro começaram a discórdia entre seus Grandes, a rebelião no exército, a queda de sua casa e o desmoronamento do império.

---

121. Dia 28 do mês Daisios – de acordo com o calendário macedônio – de 323. [N.A.]